냉전 아시아의
문화풍경 2

: 1960~1970년대

아시아 문화연구 총서 — 2

냉전 아시아의 문화풍경 2
: 1960~1970년대

성공회대 동아시아연구소 편

현실문화

발간의 말

성공회대 동아시아연구소는 지난 5년간 동아시아 지역 내 문화교통의 흐름을 이론적·현장적으로 포착하고자 다양한 시도를 해왔다. 그리고 이제 그간 축적해 온 연구의 성과들을 《아시아 문화연구 총서》라는 이름으로 출간하게 되었다.

지역의 문화연구는 지역에서 벌어지는 복합적인 관계들을 동시대적으로 체험하고 역사적으로 되물을 수 있는, 깨어 있는 감각과 사유를 필요로 한다. 《아시아 문화연구 총서》는 우리가 이 작업을 '두텁게' 실행하고 있다고 섣불리 답하기 위한 것이 아니라 오히려 우리가 지금 무엇을 발견하고 무엇을 문제화할 것인가를 묻기 위한, 일련의 과정적인 결과물이 될 것임을 말해 두고 싶다.

아시아 사회의 문화적 구조에는 식민화와 냉전이라는 역사적 경험들이 축적되어 있고 그 위아래로 지구화의 현재적 흐름들이 끊임없이 교차하고 있다. 오늘날 요구되는 문화연구란 이 시간적·공간적 혼종과 복합의 풍경을 크로키하고 나아가 그 풍경의 이면과 심층을 천착해 들어가는 그런 작업일 것이다. 문화연구자들이 대면해야 하는 것은 아시아라는 지역의 특수한 정치적·사회적·문화적 환경이 낳은 수많은 생활의 장면, 심성의 장면, 욕망의 장면, 제도의 장면, 권력의 장면이다.

우리의 관심의 방향은 여럿이고 그래서 아시아 지역의 문화적 실천과 실천 주체들의 여러 문제들을 지속적으로 찾아내고 사유해 나갈 수 있을 것이다. 지역적 관계 구조의 역사성을 비판적인 문화정치학적 관점에서 탐색해 들어갈 《아시아 문화연구 총서》가 독자 여러분의 진지한 관심과 만날 수 있기를 기대한다.

차례

발간의 말 · 5

글문을 열며 · 10

냉전풍경 1: 운동하는 아시아 그리고 아시아의 다중

25 　아시아에서 1960~70년대 비동맹/
　　제3세계운동과 민족 · 민중 개념의 창신 　　　　_ 백원담

99 　1960~70년대 베트남전쟁 반대운동에서
　　'아시아'에 대한 시선의 부상 　　　　_ 미치바 지카노부

129 　'화교'에서 '화인'으로
　　: 냉전시기 인도네시아 화인들의 정체성 변화 　　　　_ 박경태

냉전풍경 2: 국민국가의 문화 구상, 그 제도와 재현의 임계

163 전후 한국과 중국의 인구정책과 여성 _ 이선이

203 변동하는 중국의 문화민족주의
: 홍콩 문화냉전의 충격들 _ 로윙상

225 냉전기 국민화 프로젝트와 '전통문화' 담론
: 한국·타이완의 사례를 중심으로 _ 윤영도

251 동아시아에서 사회주의 인민의 표상
: 1970년대 리영희의 중국 논의를 중심으로 _ 박자영

냉전풍경 3: 미디어장(場)의 구성과 작용

277 　냉전시기 필리핀의 영화정책 　　　　　　　　　　_ 조엘 데이비드

297 　1960년대 한국영화 다시 읽기
　　　: 반공과 발전 논리를 중심으로 　　　　　　　　_ 염찬희

331 　텔레비전의 정치와 담론
　　　: 1960년대 타이완의 텔레비전 정착과정 　　　　_ 커위펀

371 　1960~70년대 텔레비전 드라마를 통한 '공공'이데올로기
　　　형성에 관한 연구: 한국·일본을 중심으로 　　　_ 이종님

냉전풍경 4: 일상 대중문화의 역학과 욕망학

403   1960년대 중후반 개발 내셔널리즘과
         중산층 가정 판타지의 문화정치학   _ 김예림

433   음악적 공공 공간과 '순수/퇴폐'의 문화정치(학)
         : 1970년대 냉전기 한국과 태국에서 청년문화의 출현과 종언
                                              _ 신현준, 뷔리야 사왕초트

473   주변부 스포츠 이벤트의 탄생과 국가나르시시즘
         : 1970년대 아시아 국제축구대회의 근대표상   _ 이동연

주와 참고문헌 · **496**

글문을 열며

냉전의 경험과 냉전연구의 역사적 해후가 갖는 문화적 의미망

지금으로부터 34년 전 고등학교 2학년이었던 나는 경주로 수학여행을 떠났다. 그런데 경주 불국사와 포항제철을 방문하고 포항 바닷가에서 찍은 사진 한 장은 우리 현대사의 한 장면을 포착한다. 다름 아닌 평화봉사단으로 온 영어회화반 선생과 함께 찍은 여고생들의 모습이다. 그 당시 교회나 중고등학교에는 어김없이 평화봉사단으로 온 미국의 젊은이들이 있었고, 그들은 영어회화를 가르치면서 한국 학생들에게 자연스럽게 미국문화를 접할 다양한 기회를 제공했다. 미국의 저명한 한국현대사학자 브루스 커밍스(Bruce Cummings) 역시 평화봉사단의 일원으로 한국을 방문했고, 그것을 계기로 한국현대사 공부를 시작했음은 잘 알려진 사실이다.

그로부터 10년 뒤 나는 이 평화봉사단과 다시 해후를 하게 되었다. 당시 나는 대학원 석사반에서 중국현대문학 공부를 하던 중《민중문화운동의 실천론》이란 책을 엮어내며 〈신식민지주의와 평화부대에 관한 노트〉라는 글을 번역·소개하게 된 것이다. 그 작업을 하면서 경악하지 않을 수 없었던 것은 내가 만났던 평화봉사단, 그 선한 얼굴을 한 청년이 'peace-army'라고 하는 케네디 정부의 신식민지주의 세계전략의 일환으로 만들어진 '평화부대' 소속이었다는 것이다. 그들은 핵배낭을 메고 적진에서 전투를 할 수 있는 군사훈련을 받은 것은 물론이고, 문화적으로 접점을 형성해 미국에 대한 적대감을 일소하고 미국에 대한 문화적 선망, 아메리칸드림 혹은 아메리카나이제이션의 사명을 띠고 우리나라를 비롯해 제3세계국가들에 미국 국방비의 1/3을 쓰면서 파견되었다. 군사점령이나 경제침략에 앞서 문화선봉대로서 관계의 유화와 냉전시기 미국 중심의 이데올로기전쟁, 곧 문화냉전에서 우위를 점하는 구체적인 전략 속에서 세계 각국에 배치되었던 것이다. 우리나라에서 그들은 대부분 중고등학교나 교회의 영어 회화 선생이나 선교원으로서 선망하는 나라와 그 언어로서 미국과 영어에 대한 환상을 재생산해 내며 어린 한국 청소년들의 정서적·문화적 토대 형성에 많은 영향력을 끼치게 된다. 분단 한국에서 우리들은 일상과 심미생활 속에서 오리엔탈리즘과 냉전성을 이렇게 내재화해 온 것이다.

그리고 다시 20년 뒤인 2005년 나는 연구성원들과 함께 한국학술진흥재단 기초인문학 지역연구 프로젝트 지원을 받아 냉전 아시아에 대한 연구를 시작하게 되었다. 1975년에서 시작된 문화냉전과의 인연은 30년 너머 지속된 것이다. 그 장구한 세월 동안 나의 문제인식이 문화냉전이라는 명확한 개념으로 포착된 것은 한류를 계기로 시작된 아시아에서 대중문화 교통에 대한 공동연구 성과물 《냉전 아시아의 문화풍경 1》(현실문화연구, 2008) 머리글에서 밝힌 바와 같다. 그런데 공동연구진의 구성을 보면 나를 정점으로 일종의 피라미드형으로 세대가 분포되어 있어서 각기의 개인적인 경험이 다르다. 특히 1980년대 후반에 태어난 연구자의 경우 연구책임자인 나의 경험 전달은 마치 우리 세대가 6·25를 말하는 윗세대에게 거의 적의에 가까운 반응을 표현한 것처럼 냉전적 경험 자체가 우스꽝스러운 것일 수도 있다. 그러나 그 냉전성은 우리 일상·심미 과정에 깊숙하게 내면화되어 있어서 부모세대들이 갖는 공통의 경험과 문제인식과 갈등·절합해 온 측면이 오히려 우리 세대가 다른 연구진 공통의 관심사였다는 점은 역설적이다.

지역연구의 문화적 전치(轉置), 인터아시아적 문화연구라는 접근법 혹은 지적 정향성

그런 점에서 우리들이 개념적 접근법을 채택한 것은 어쩌면 자연스러운 일이겠다. 지역연구의 문화적 전치, 문화냉전, 문화아시아, 인터아시아 등이 그것이다. 그것은 애초 연구기획을 함께 하고자 만난 공동연구진들이 한류를 통한 아시아에서 문화교통 문제를 집중 연구하면서 전후 아시아에서 문화구성과 아시아정체성 형성에 대한 논의를 집적해 온 결과, 한반도와 아시아의 오늘을 설명하는 데서 관건적 고리가 오리엔탈리즘과 함께 냉전이라는 점을 확인한 성과라고 할 수 있다. 세계와 아시아에서의 냉전연구가 우선 정치적 범주에 치중해 있고, 문화적 차원에서의 연구 성과 역시 아시아가 배제되어 있거나 일국 중심이라는 점에서 선행연구의 검토는 우리가 아시아를 범주로 문화냉전 연구를 추동하게 한 근인의 하나다. 예컨대 서구의 문화냉전 연구는 여전히 서구 중심으로 이루어졌다. 프랜시스 손더스(F. Saunders, The Cultural Cold War: the CIA and the World of Arts and Letters, 2000)의 경우, 제2차 세계대전 이후 유럽에서 문학, 학술, 대중잡지, 영화, 국제회의, 자선단체 그리고 추상미술에 이르기까지 광대한 영역에 걸친 문화활동이 사실상 미국이 주도하는 냉전논리에 의해 조종되었음을 밝히고 있고, 냉전이 정치적 논리를 넘어 문화적 논리로 확장되고 있음을 주장했다. 놈 촘스키(Noam Chomsky)는 〈냉전과 대학(The Cold War and the University)〉이라는 인터뷰를 통해 전후 냉전 초기부터 유럽을 무시한 미국의 세계접수라는 인식 속에서 지식과 문화를 미국 중심으로 재편해 가는 모습을 포착하고 있지만, 그것이 아시아와의 연관성을 직접적으로 제기하고 있지는 않다. 이들 논의들은 냉전연구의 방법론적 전환이라는 차원에서 커다란 성과들을 가져왔지만, '문화냉전'의 문제를 동아시아를 비롯한 전 지구적 차원으로까지 포괄하지는 못하고 있다.

아시아에서 문화냉전 연구는 일본과 타이완에서 시작되었는데, 일국적 문제(요시미 슌야, 吉見俊哉)나 일본과 타이완 등 직접적 주변관계에 국한해(마루카와 데쓰시, 丸川哲史) 있다는 점에서 한계가 있다. 마루카와의 '냉전문화론'은 일본이 전후 아시아에 대해 상실한 '기억'을 문제 삼음으로써 동아시아 권역 내 교차연구의 필요성을 제시하지만 '자국'적 입장에 강박되어 있다. 타이완의 천광싱(陳光興)은 '제국의 눈'이라는 개념적 표상으로 타이완의 아류제국주의 욕망을 주제화한 것에서 확인되듯이 타이완사회에서 반복적으로 재생산되는 식민-냉전 구조를 통해 강화되는 '국족주의(國族主義)'를 비판하면서, 탈식민·탈냉전의 과제를 이루기 위한 '방법'으로서 동아시아적 시야의 확보를 주장하고 있다. 그러나 미국 중심의 세계구도에 대한 대항개념으로서 제시한 '화인세계(華人世界)'라는 범주는 논란의 여지가 많다. 찰스 암스트롱(C. K. Armstrong, The Cultural Cold War in Korea, 1945-1950, 2003)은 '문화냉전'의 관점에서 냉전 초기 한반도에서의 문화는 냉전정치의 중요한 부지(site)가 되고 있다는 점과 북한에서의 냉전적 문화구성이 민족화하는 측면을 치밀하게 분석하고 있지만, 일국사를 넘어 '동아시아적' 관점에서 진행한 연구는 보이지 않는 것이다.

그런데 냉전 아시아를 연구 물목에 떠올리고 전후 아시아의 문화적 맥락을 더듬어가고자 연구작업에 돌입했을 때 가장 먼저 부딪친 장벽은 다름 아닌 우리가 섭렵해야 할 기초자료가 우리 손에 있지 않다는 자료의 착위(錯位)문제였다. 아시아의 역사가 아시아에 의해 제대로 쓰여본 적이 없다는 사실과, 세계와 아시아에서 모두 쉽게 확인되는 학문의 역사적 비대칭성으로 인해 그 주체 설정이 아직도 어렵다는 점이었다. 따라서 우리는 국내에서의 학제적 연구 추동은 물론 아시아의 연구진들을 직접 조직하는 작업을 서두르지 않으면 안 되었다. 한국만이 아니라 문제의 지역적 보편성을 포착하고 냉전 아시아 혹은 아시아에서 문화냉전의 궤적을 찾아나서던 행로는 비단 우리만이 아닐 것이라는 것이 우리들의 확신이었다. 선행연구 과정에서 만난 많은 아시아의 친구들은 공통의 문제인식을 가진 아시아의 동학들을 선뜻 소개해 주었고, 우리는 그렇게 함께 냉전 아시아의 지평으로 나아가는 일을 어느새 '즐김'하고 있었다고 해도 과언이 아니다. 냉전을 일국적 맥락이 아니라 아시아라는 지역적 범주에서 고민해 왔지만 역부족으로 문제인식만 담지하고 있던 뛰어난 아시아의 연구진들을 만날 때마다 서로가 눈빛과 문제인식을 교감하고 맹렬하게 쟁론하던 순간순간들. 그것은 식민과 냉전으로 갈라지고 찢기고 너덜너덜 기형적으로 급조된 아시아를 해체하고 인터아시아적 시좌에서 아시아를 문화적으로 재구성하고자 하는 의지와 역사적 순행의 시간들로 기억될 것이다.

우리가 공유한 공통의 문제인식은 다름 아닌 냉전문화를 동아시아에서 국민화의 제도적 장치이자 내재화·일상화 원리로 본다는 것이다. 그것은 세 가지 시점(視點)으로 포착되었다. 우선 거시적 관점에서 식민체제로부터 냉전체제로 연속/전환되는 과정에서 아시아 각국이 '국민문화'를 형성하고 제도화하는 과정에 대해 분석하는 것이다. 다음으로 미시적 관점에서 '냉전'이 의식적·심미적·일상적·문화적 차원에서 국민화된 사람들에게 내재화되는 과정을 분석한다. 세 번째는 역내 문화교통(intra level)과 관련해 각국의 '냉전-국민' 문화가 서로 모방·전파·내지·교차되는 양상을 문제 삼는다.

아시아·동아시아에서 '냉전문화' 연구가 절실한 이유는 그것이 각국의 '국민문화 형성'과 밀접한 관련을 지니기 때문이다. 아시아에서는 냉전체제가 시작되면서 국민국가가 형성되었기 때문에 각 국가들의 이념적·제도적, 나아가 일상적 영역에서 '냉전'은 가시적 혹은 비가시적 형태로 각 국가의 주체인 '국민'을 구성하는 작동원리가 되어온 것이다. 여기서 냉전문화가 동아시아 각국 국민문화 형성 안으로 분절·고착되는 과정은 중첩적이다. '식민지체제와 냉전체제의 연속성 혹은 이중구조'의 차원과, 미국 지배하로 귀속된 자유진영과 공산진영이라는 '대척공간 형성'이라는 차원이 동시에 작동되기 때문이다. 동아시아에서 냉전은 대동아공영권이라는 식민지시대 거대한 지역체제가 자유진영과 공산진영이라는 대척구도를 기반으로 각각의 국민국가로 분절되는 과정에 은장된 '공통분모'라고 할 수 있다. 즉 냉전은 과거 식민종주국과 식민지, 자유진영과 공산진영을 막론하고 각 국민국가의 틀이 고착되는 과정에서 동아시아인의 의식적·일상적 차원을 규정짓는 문화논리가 되는 것이다.

우리의 냉전연구는 2년에 걸쳐서 진행되었다. 냉전 아시아의 궤적으로 보면 그 역사의 무게를 결코 감당할 수 없는 시간성일 터이지만, 우리의 학문 조건은 여전히 그 수준이라는 점을 감안하면서 인터아시아적 관계성을 찾아나간 것이 오히려 우리의 다음 단계 작업을 추동하는 힘이 되었다고 한다면 어설픈 변명이 될 지 모르겠다.

신자유주의 세계화시대 문화냉전의 재맥락화 의미

이 연구는 선행연구의 성과와 한계를 바탕으로, 일국적 시야를 넘어 '동아시아적 관점'에서 '냉전문화'에 대한 상호교차적이고 입체적인 연구로 진행되었다. 동아시아의 '국민문화' 형성을 '냉전문화'와의 관련 속에서 연구하는 것이 이 연구의 우선 전제라면, '냉전문화' 연구에 '인터아시아적 시각'을 확보할 때 역내 문화 간의 모방·전파·변용·대치라는 다각적 차원에서의 교차적·입체적 연구가 가능하며 비로소 동아시아 '국민문화'의 형성에 관한 구체적·심층적 연구에 도달할 수 있다는 것이 이 연구의 두 번째 전제다.

1권에서는 동아시아의 탈식민적 재편과 문화냉전/냉전문화의 전개(1940년대-1950년대)라는 주제하에 '식민체제와 냉전체제의 연속/이중구조'문제를 해명하는 데 역점을 두었다. 이 과정에서 우리가 확인한 것은 아시아는 매우 다르다라는 사실, 그리고 역사는 표상체계가 아니라는 사실이다. 같은 아시아라 해도 식민의 경험과 탈식민화, 근대적 국민국가가 형성되는 과정의 역사적 경험이 매우 다르다는 것이다. '식민체제와 냉전체제의 연속/이중구조'는 대동아공영권을 주도했던 일본과 그 체제하에 있었던 남한·타이완·싱가포르·인도네시아 등에서 특징적으로 나타난다. 일본의 경우, 패전 이후 맥아더가 이끄는 GHQ(연합군사령부) 체제로 들어가면서 식민역사에 대한 반성과 극복의 기회를 차단당한 채, 미일안보체제에 힘입어 재차 동아시아의 강국으로 성장했다. 그리고 미일안보체제는 동아시아에서 비단 일본뿐 아니라 과거 식민지였던 다른 국가들에서도 식민체제의 극복 과정이 좌절/왜곡되는 데 보이지 않는 방조자의 역할을 해왔다. 한국과 타이완에서 '냉전'은 식민적 유산을 그대로 업고 근대국가의 체제를 다지는 기반을 제공했다. 박정희와 장제스(將介石) 정권의 독재체제에서 진행된 근대화정책, 경제개발계획, 국민정신교육, 문화예술정책 등은 냉전체제와 식민체제가 효과적으로 상보를 이룬 예다. 이들이 각기 욕망한 아시아의 맹주, 빈공아시아의 기치는 아시아에서 자기오리엔탈리즘과 냉전이 결코 피해 양상만이 아니라 본질주의적 아시아라는 패권아시아의 운작원리였음을 여지없이 표지해 준다.

이번 2권은 냉전문화의 내재화와 국민문화의 표상체계(1960~1970년대)라는 주제로 아시아·동아시아에서 냉전이 자유진영과 공산진영이라는 '대척공간'의 구도 속에 서로 다른 '국민문화' 형성의 기본 논리가 되는 점에 천착했다. 그것은 사상-제도-일상이라는 3개 층차에서 냉전문화에서 국민문화로 전화되는 과정에 아시아 상상의 해체와 재구성문제, 자유진영과 공산진영이라는 대척공간의 형성 속에서 '국민화/국민문화' 프로젝트의 전개문제, '조국 근대화' 기획 속에서 국민의 통합 그리고 균열 속에서 새로운 주체형성 문제를 다루고 있다. 자유진영의 경우 식민체제-냉전체제로 이어지는 과정에서 미국문화에 대한 동경과 모방이 국민문화 형성 원리로 작동했다고 한다면, 중국이나 북한·베트남과 같은 공산진영에서는 식민체제나 미국화를 적대시하는 형태로 국민문화가 형성된다는 것이 초기 문제인식이었다. 그러나 인터아시아적 교차연구 과정에서 탈냉전의 역학은 초기부터 우리의 문제인식이 갖는 한계를 뒤흔들었고, 그런 점에서 대척공간이 상호 역상(逆像)을 이루면서도 오리엔탈리즘의 강력한 동형구조를 형성하는 것과 탈냉전의 동력이 초기부터 그려나가는 다른 아시아의 기획과 그 역사적 실패는 아시아정체성과 주체형성 문제를 새롭게 사고하게 하는 중요한 계기가 되었다고 할 수 있다.

남는 문제들

아직도 아쉬운 것은 아시아를 범주로 한 냉전연구를 여러 조건의 문제로 겨우 2년으로 일단 마감해야 한다는 것이다. 물론 사상-제도-일상이라는 3개 층차에서 전후 아시아가 구성되는 과정을 오리엔탈리즘 외에 냉전이라는 문제틀로 보아내기까지 우리의 문제인식은 확실히 치열했다고 장담할 수 있다. 짧은 시간이었지만 우리가 주목한 것은 아시아의 각 나라들에서 냉전은 어떤 의미였는가를 인터아시아적 시좌에서 집적하는 작업이고, 그 성과를 아시아의 역사적 오늘에 재맥락화하여 아시아의 역사를 아시아의 내재적 시각에서 다시 써내는 것이다. 거기서 서구에 의해 표상되는 아시아가 아니라, 사상—제도—일상·심미 과정에 내재화된 냉전성을 파헤치고 그 남루한 '생날' 역사를 아시아의 연구자들이 함께 대면하며 문제의 역사적·문화적 전치를 이루어내고자 부단히 노력했다는 것이 최고의 성과가 아닌가 한다.

확실히 우리의 작업은 그 시간성의 부족만큼이나 아직 제 궤도에 올랐다고 할 수 없다. 가장 안타까움으로 남는 것은 냉전 아시아로 아시아를 명명했지만 연구의 진전과정에서 거듭 확인한바, 냉전화가 되어간 아시아에서 그 냉전화를 넘어서려 했던 흐름들이 냉전 초기부터 역력하다는 사실로부터 냉전과 탈냉전의 길항관계 속에서 아시아를 입체적으로 재현해 내지는 못했다는 것이다. 그러나 '냉전 아시아의 문화풍경'이라는 책의 제목이 우리가 애초에 잡았던 연구계획보다도 많은 문제들을 포괄할 수 있는 문을 열어둔 의도를 내비치고 있다는 점에서 남은 과제들이 우리를 포함한 아시아의 많은 뛰어난 연구자들에 의해 인터아시아적으로 재가동되기를 간절히 바랄 뿐이다.

촘스키의 〈냉전과 대학〉이라는 글을 대하고 냉전의 종주국인 미국이 자체 냉전화되는 지점으로서의 대학사회의 변화를 알게 된 것은 우리 학문제도를 돌아볼 수 있는 귀한 계기가 되어 주었다. 피에르 부르디외(Pierre Bourdieu)의 〈호모 아카데미쿠스(Homo Academicus)〉 역시 프랑스의 대학제도라는 것이 아카데미즘과 저널리즘의 박투라는 아비투스 속에서 학문연구라는 자기정체성을 유지해 가는 프랑스 대학의 역사와 현재를 보여주고 있다. 미국의 컬럼비아대학 동아시아도서관에서 찾아본 많은 냉전 관련 자료들은 우리가 문제인식을 숙성시키는 데 많은 도움이 되어주었지만, 그것은 아시아가 지킬 수 없었던, 빼앗긴 아시아의 궤적들을 다시 조직화하는 일이 아시아적 학문의 시작이라는 과제를 절감케 했다. 자료를 우리 손으로 찾아내고 재구성하는 일부터 시작해야 하는 것이다. 그런데 이렇게 출발하면 정말 한국과 아시아에서 학문연구의 역사와 현재, 그 세계적이고 아시아적 맥락에서의 강고한 비대칭성을 극복할 수 있는 걸까. 촘스키가 전언하듯이, 전후 미국은 세계지배질서의 재편 속에서 유럽을 배제하고 자기기획을 관철해 갔다. 그렇다면 인터아시아적 문화연구라는 우리의 방법론, 아시아적 학지(學知) 구성의 접근법, 지적 정향성은 그 패권적 학문, 문화지배 전략과 옳게 대척하고 있는 것인가. 우리 안의 오리엔탈리즘과 내면화된 냉전성을 과연 우리의 상보적 미래지향과 이 대안적이지만 주변부 학문공동체의 기획으로 극복해 갈 수 있을까.

 서구에 의해 표상된 담론 구성물로서의 아시아가 아니라 전후 아시아가 겪어온 구체적인 역사 속에서 아시아를 대면하는 일은 아직 많이 어렵다. 탈냉전시대에 냉전이라는 긴 맞뚜레(터널)를 아직 빠져나오지 못한 한반도적 살이(삶), 분단한국에서 진정한 탈냉전이란 무엇이며, 어떻게 가능한가 하는 문제는 역사적 사안이 아니라 오늘 우리가 대면하는 현실 속에 놓여 있다. 그것은 용산참사, 쌍용자동차, 미디어악법, 압도적인 비정규직 노동구성이라는 오늘의 우리 현실을 주체적으로 돌파하는 일과 결코 무관하지 않은 것이다.

 보수화의 극점을 향해 치닫는 오늘의 우리 사회와 벼랑 끝 줄다리기로 연명하는 북한, 하나의 시장으로 빠르게 통합되고 있는 아시아, 미국의 금융위기와 베이징 컨센서스(Beijing Consensus)와 과학적 발전관의 동력으로 포스트 개혁·개방을 맞고 있는 중국 등 아시아를 가로지르는 크고 작은 힘들의 횡단을 지켜보면서, 다른 한편 노동과 결혼에 의한 이주, 문화월경 등 우리 안의 아시아와 우리 밖의 아시아를 안으면서 냉전 아시아의 문화풍경을 상기하는 심경이 편칠 않다. 문제의 관건은 유비쿼터스시대에 유동하는 지식과 정보의 권력관계 속에서 오늘의 아시아를 움직이는 흐름들 안에 분명히 놓여있을 주체형성의 맥락을 어떻게 잡아내는가 하는 것이 아닌가 한다.

    이 연구는 한국학술진흥재단의 지역연구 지원으로 이루어졌다. 한국연구재단으로 변모한 학술진흥재단의 프로젝트 지원이 갖는 정면과 반면의 함의, 결코 지금으로서는 극복이 불가능한 국가지원에 의존한 프로젝트형 연구진행의 문제를 안으며 다음 연구의 경로를 가는 마음이 무겁다. 그러나 길을 가다보면 희망은 광야로 열려 있을 것이란 믿음으로 오늘도 우리 연구진과 서로의 동력을 부추긴다. 그리고 함께 공동연구와 자료작업에 동참한 한국과 아시아의 문화연구진들, 오래도록 우리의 작업을 기다려준 아시아의 친구들에게는 보다 치열한 연구 동력으로 다시 만날 것을 약속하고자 한다. 한편 우리의 작업을 꼼꼼하게 다듬어준 현실문화연구의 좌세훈 씨의 애씀이 없었더라면 이런 모양새를 갖추지 못했을 것임을 밝혀둔다.

2009년 8월 무더위
항동골에서   백원담

냉전풍경 1

운동하는 아시아 그리고 아시아의 다중

**냉전풍경 1:
운동하는 아시아
그리고
아시아의 다중**

〈아시아에서 1960-70년대 비동맹/제3세계운동과 민족·민중 개념의 창신〉(백원담)은 아시아에서 시작된 비동맹운동(Non Alignment movement)과 제3세계운동(Third World Movement)을 전후 아시아에서 지역정체성이 구성되는 과정으로 이해하고 이에 주목한다. 비동맹운동과 제3세계운동이 태동하고 발전하며 전화되는 역사적 시공간들은 전후 아시아에서 신생국들이 정치적 독립과 경제적 자립, 군사적 안보라는 현안과제의 해결을 위해 서로 결집하고, 각축하고, 새로운 상관관계를 이루어가는 궤적을 그대로 게시하고 있다. 이 작업을 위해 이 연구는 아시아 내셔널리즘이라는 개념과 관점을 가지고 접근했다. 아시아에서 발아한 비동맹운동에서 제3세계운동으로 전화되는 과정의 중요 회의 및 결의문을 중심으로 국가 주도 연대운동의 이념적 수준과 현안을 파악하고 그것의 한계가 그 가치지향과 무관하게 근대적 국민국가 건설의 어려움 속에 역사적 실패로 귀결되는 내함을 살펴보았다. 이와 더불어 아시아에서 민족국가 형성의 다양한 경로 및 그것을 추동하는 민족의 실체로서의 인민/민중의 형성과정을 논구했다. '아시아에 의한 아시아'의 가능성을 찾아나갔던 비동맹운동과 지역연대운동의 면모는 그것을 만들어가는 실질적인 힘들, 사회 기층적 아시아다움의 주역들을 찾아나가는 작업에 다름 아니기 때문이다.

〈1960-70년대 베트남전쟁 반대운동에서 '아시아'에 대한 시선의 부상〉(미치바 지카노부)은 베트남전쟁 반대운동(ベトナム反戦運動)을 시작으로 한 일본의 무당파 시민운동에서 '아시아'에 대한 관심이 어떤 형태로 출현하고 있는가를 검토했다. 특히 베트남전쟁 반대운동의 기록할 만한 사상가이자 연구자였던 쓰루미 요시유키(鶴見良行, 1926-94)의 궤적을 따라 이 문제를 구체적으로 살펴보았다. 제1절에서는 베헤렌(ベ平連) 즉 '베트남에 평화를! 시민연합(ベトナムに平和を!市民連合)'을 중심으로 베트남전쟁 반대운동에서 '아시아'에 대한 관심이 생겨나는 과정을 추적한다. 제2절에서는 반전운동 외의 다른 시민운동 영역, 즉 국제연

대운동, 반공해운동, 민주화지원운동, 성(性)침략 반대운동 등에서 공통적으로 '아시아'에 대한 관심이 부상하는 상황을 탐색했다. 또한 쓰루미 요시유키의 사상 및 운동이 갖는 '아시아'의 관련 양상에 대해 개관했다. 모두 중요한 문제이긴 하지만, 이 글에서는 다양한 운동 주체가 서로 '만나게 되는' 과정 즉 공통의 문제를 공유하고 공동의 행동을 해나갔는가의 문제 그리고 이 과정에서 아시아를 둘러싼 새로운 상상력이 구성되는 문제에 초점을 맞추고자 했다.

〈'화교'에서 '화인'으로 : 냉전시기 인도네시아 화인들의 정체성 변화〉(박경태)는 동남아에서 냉전이라는 굴곡을 통과하면서 화인들의 정체성이 어떻게 변화했는가를 인도네시아의 화인 사례를 중심으로 추적한다. 인도네시아로 이주해 간 화교들은 현지 사회와 조화롭게 살고 있었으나, 17세기에 네덜란드의 식민정부가 화교들을 중간착취자로 등용하면서 현지 주민들과 갈등관계에 놓이기 시작했다. 이것은 전형적인 분리통치(divide and rule) 정책에 해당하는 것인데, 이런 정책을 도입하고 유지한 이유는 화인과 현지인들이 결합해서 식민정부에 대항할 것을 두려워해서였다. 식민정부의 강력한 분리정책 때문에 화인들이 현지 사회로 자연스럽게 화하는 것은 중단되었다. 독립 이후에 탄생한 수카르노 정권은 화인들에 대해 경제적으로는 탄압을 했을지언정 정치나 문화의 측면에서는 수용적이었다. 그러나 쿠데타를 통해 정권을 장악한 수하르토 정권은 정치적·문화적으로 철저한 탄압의 시기였고, 화인들이 자신의 정체성을 버리도록 강요한 동화정책의 시기였다. 냉전시대 현지의 화인들은 사회주의 국가인 '중국의 간첩'으로 오인 받지 않기 위해서 현지 국적을 취득할 수밖에 없었고, 결국 인도네시아에 사는 중국 국민인 '화교'에서 중국계 현지인인 '화인'이 되어갔다.

아시아에서 1960~70년대 비동맹/ 제3세계운동과 민족·민중 개념의 창신

글·백원담

들어가며

전후(戰後) 아시아를 반추할 때 우리는 제일 먼저 반서구제국주의의 극복으로서 민족해방운동의 포화를 떠올린다. 그러나 그러한 탈식민화과정은 세계지배질서의 재편 속에 정확하게 포진되어 있어서 동서 냉전체제로 편제되는 불운한 아시아의 역정을 덧난 생채기처럼 곱씹지 않으면 안 된다. 그리고 어김없이 쏟아지는 탄식, 아시아는 왜 범아프리카나 범아랍권 같은 공동체적 관계상이 불가능했으며, 불행한 관계의 역사만이 전장의 고혼(孤魂)처럼 낡은 기억의 편린들을 재생하며 아시아라는 구천을 떠도는 것일까. 전후 아시아는 과연 구식민지의 상흔과 냉전이라는 장벽에 꼼짝없이 갇혀 '열전(hot war)'이라는 동족상잔의 계급적·민족적 참상을 울며, 국제질서의 거대한 음모 속에 보다 음흉

한 지배관계를 체득해야 하는 운명을 살 수밖에 없었던 것일까. 빛이 없는 세계, '절대한 세계금고 아래층에서, 분망한 발짓을 날려보는 두부땅 권투선수들, 그 눈물비린 피의 강만 흘러가는(신동엽, 〈권투선수〉)'…….

　이 글은 아시아에서 시작된 비동맹운동과 제3세계운동을 전후 아시아에서 지역정체성이 구성되는 과정으로 이해하고 이에 주목한다. 비동맹운동과 제3세계운동이 태동하고 발전하며 전화되는 역사적 시공간들은 전후 아시아에서 신흥독립국이 정치적 독립과 경제적 자립, 군사적 안보라는 현안과제의 해결을 위해 서로 결집하고, 각축하고, 새로운 상관관계를 이루어가는 궤적을 그대로 게시한다. 전후 아시아는 '죽은 시인의 사회'가 아니었다는 것이다. 아시아에서 민족운동은 정치적 독립과 사회적 해방이라는 정확한 탈식민화의 방향성을 갖고 추동되었다. 물론 그 지향은 서구적 근대를 추수하는 것이 아니라 아시아적 근대화모델을 찾아나가는 것이었다. 그러나 신흥독립국들은 탈식민화라는 급격한 변혁을 추동할 사회적 자원의 역부족을 절감했고, 따라서 아시아적 피해 양상의 보편성을 인식하고 상호관계성으로 이 문제에 대처하고자 했다. 1947년 네루가 인도의 독립 (1947. 8. 15) 이전에 아시아관계회의(1947. 3~4)를 주도한 것은 이의 절박함을 웅변으로 입증한다. 아시아에서 비동맹운동의 대두는 아시아에서 근대적 민족국가 형성과정과 정확하게 궤를 같이하며, 전쟁 반대와 세계적인 냉전체제에 저항하며 지역협력 노선으로서 '아시아에 의한 아시아' 재편의 실제적 경로를 가시화해 갔다고 하겠다. 그러나 아시아에서 탈식민화의 근대적 역정들은 반서구적 궐기로 동일화할 수 없는 복잡한 맥락을 갖는다는 문제가 있다. 일본의 아시아 식민지화로 인해서 서구 중심의 오리엔탈리즘이 서구/일본이라는 오리엔탈리즘이라는 아시아의 자기오리엔탈리즘화라는 문제의 심화 지점 또한 드러낸다. 버마의 경우 반(反)영국과 반인도의 맥락, 그리고 동아시아 전체는 중국과의 전통적 비대칭관계의 재현에 대한 두려움과 의구심 그리고 소수 화교들에 의한 경제권 장악의 문제들이 중첩되어 있는 것이다. 또한 중국, 인도, 일본이라는 강대국들과 여타 아시아와의 비대칭적 관계들 또한 몇 겹의 모순관계를 엉킨 실타래로 얽어놓는다. 그리고 미국에 의한 전후 일본의 소거와 한국전쟁 특수로 인한 일본의 아시아적 귀환 역시 문제적이다.

한편 전후 아시아라는 지역을 추상할 때, 그 안팎으로 접속되는 단위가 근대화의 시간성과 마찬가지로 복수(複數)적이라는 사실, 즉 제국·진영·민족·권역·초국가(supranation) 등등의 다양한 단위가 아시아와 연동되어 작용한 사실 또한 염두에 두지 않으면 안 된다. 그 역사적 사실은 근대적 아시아 안의 민족단위들과 그 관계 지향은 대단히 '가치 지향적'이었음을 확인하게 하기 때문이다.

이 연구는 전후 아시아에서 민족, 국족, 종족의 다양한 단위들이 민족국가의 형성 혹은 정치적 독립과 사회적 해방의 다양한 흐름을 아시아적 근대화의 기획이 각축 혹은 절합하는 과정으로 이해하고 그 방법적 경로를 '아시아에 의한 아시아' 구성과정으로 포착하며, 그것의 가장 강력한 표현인 비동맹운동과 제3세계운동이라는 전향적인 아시아 지역화기획을 탐토하고자 한다. 이 작업을 위해 이 연구는 아시아 내셔널리즘[1]이라는 개념과 관점을 가지고 접근해 들어갈 것이다. 곧 냉전기 아시아에서 내셔널리즘의 대두 양상은 각 정치세력이 사회적 힘을 조직해 나가는 방향과 방식, 곧 민족적 정체성과 계급적 정체성이라는 정치적 정체성을 어떤 방향으로 어떻게 조직해 나가느냐에 따라 다르게 표출된다. 기본적으로는 민족적 정체성이 계급적 정체성을 아우르며 탈식민화를 위한 반제민족해방운동의 초기 단계를 이끌다가 사회적 해방이라는 진정한 탈식민화와 근대화과정을 위해서는 계급적 정체성이 정치적 정체성의 핵심을 이루며 민족적 정체성의 실질을 찾아가기 때문이다. 단적으로 말하면, 저항적 내셔널리즘과 관변민족주의가 역사적으로 부침하면서 근대적 민족국가와 아시아를 추동해 간다고 설명할 수 있다.

따라서 이 연구의 다음 과제는 아시아에서 민족국가 형성의 다양한 경로 및 그것을 추동하는 민족의 실체로서 인민/민중의 형성과정을 논구하는 것으로 이어진다. 아시아에 의한 아시아의 가능성을 찾아나갔던 비동맹운동과 지역연대운동 움직임들의 면모는 결국 그것을 만들어가는 동력의 실질, 사회 기층적 아시아다움의 주역들을 찾아나가는 작업에 다름 아니다. 그런 점에서 이 연구는 아시아에서 아시아다움을 구성해 가는 문제를 1960년대 비동맹운동이 본격화되는 시기에 각 민족국가의 과제가 정치적 독립에서 경제적 자립과 군사적 안보, 그리고 사회적 해방이라는 민중적 이해관계의 해결로 이행되는 과정에서 필연적으로 대두되는 주체형성의 문제로 놓고 이를 논의해 나갈 것이다. 세계사에서 1960년대는 비동맹운동의 파고가 미국의 대(對)아시아 혹은 제3세계 전략의 수정을 가져오고(신식민지주의와 제3세계 근대화론), 프랑스 드골의 제3의 힘, 사회주의 중국의 아시아적 귀환, 중국과 소련의 이념분쟁, 아프리카에서 민족해방운동의 광범한 전개와 지역적, 제3세계적 결집 등 강고한 동서냉전의 양극체제가 다극체제로 전화되는 역사적 결절점이라고 할 수 있다.

여기서 나의 관심은 1960년대라는 세계사적 전환의 시간성 속에서 비동맹운동 또한 새로운 전환의 시기를 맞고 제2차 아시아·아프리카(AA)연대회의를 기점으로 제3세계운동으로 전화되는 맥락에 집중된다. 비동맹회의와 AA연대회의는 비서구를 기반으로 태어난 쌍생아와 다름없지만, 인도와 중국을 주축으로 미·소 화해 무드와 중·소 갈등의 강력한 자장을 타면서 기본노선에서 갈등하게 된다. 그리고 이 시점이 아시아에서는 그 어느 때보다도 경제적 근대화 욕망이 거대한 파고를 이루며 정치적·경제적 모순이 격화되는 시기다. 아시아에서 60년대란 국가권력이 반제민족주의 이념과 전략에 기초해 연대했던 비동맹운동과는 달리 실질적 주체 역량이 보편적 피해 양상을 인식하면서 국민국가 내부에서의 자기 동력화와 함께 국민국가의 경계를 넘어 횡적인 연대고리를 찾아나가며 사회 기층적 아시아다움을 형성해 나가는 단계로 파악되는 것이다. 거기서 1960년대 이후의 아시아라는 시공간성을 단수로 상정할 수 있느냐 하는 것은 문제적이다. 1960년대 아시아에서 각 민족국가는 국민경제의 형성 등 다급한 자기 과제에 직면해 민족적 이해를 참칭하며 국민국가 간 새로운 이합집산의 관계적 결집을 해나가는 한편, 국민국가 내부에서는 지배세력의 성격에 따라 '민족'과 민족주의가 호명되고, 국민국가의 구성원으로서 국민화/민중화라는 주체화의 격돌이 이루어지는 가운데 국민/민중 개념이 각축하며 이후 역사의 진전을 추동하게 된다. 그러나 이것은 매우 다양한 면모로서 국민국가의 역사적 특수성에 따라 양상화하는 형국이다. 결코 민족적 저항과 민중적 해방이라는 하나의 보편성으로 수렴하기에는 그 복수의 시간성과 공간성이 중첩되고 교착하고 절합하는 역사적 생동성을 아시아적 근대화의 다양한 흐름으로 안아내기 어렵다는 것이다. 그러나 이 복수성을 다 드러내어 역사적으로 재맥락화하기에는 지면과 연구자 역량의 한계가 너무 뚜렷한 것을 이 연구의 전제로 하지 않을 수 없는 현실이 있다.

    애초에 이 연구는 1960~70년대라는 시기 설정과 그 시간대에서 제3세계운동의 성격을 민주화 열기로 특징화하며 위의 문제에 접근하는 것으로 기획되었다. 그런데 시기 문제에서 1960년대라면 제3세계에 속하는 아시아 국가 대부분의 경우, 탈식민화에 의한 정치적 독립은 이루지만 민족-국가 일체화를 이루고 근대적 국가 기능을 제대로 가동하지 못하는 단계로서 이 시기 제3세계운동의 성격을 반독재 민주화투쟁으로 일반화하기에는 어려움이 있다. 아시아의 신흥독립국들은 인적 자원의 부족 속에서 '민족'의 참여적 이익이 전적으로 무시되거나 억눌리는 사태가 빈번한 가운데 국가에 의한 '민족'의 호명과 저항적 민족주의의 첨예한 대립이 보편화되는 것은 사실이다. 그러나 필리핀·타이완의 경우도 그렇고, 남한으로 보면 1980년대에 이르러서야 이론적 수용만이 아니라 남한의 반파쇼민주화운동과 민족통일운동을 제3세계운동의 일환으로서 위치 지우며, 제3세계운동의 연대적 성격을 인식하면서 문화운동을 중심으로 각국의 제3세계운동 경험의 수용과 실제적 연대가 이루어졌다는 점에서 1960~70년대라는 시기 설정은 개별 국가적 차원에서 맞지 않는 것이 사실이다. 특히 남한에서의 제3세계운동은 1980년대를 정점으로 한다는 점에서 이 연구의 주제와 관련해 시기적으로 1980년대를 대상으로 하는 것이 타당할 수 있다는 것이다. 그러나 민족의 호환을 둘러싼 갈등요소가 축적되는 시기로 보면 1960~70년대로 거슬러 가보지 않으면 안 된다는 것이 연구자의 판단이다. 특히 미국의 제3세계 전략의 변환이 이루어지는 1960년대 초반에 아시아에서 제3세계 근대화론의 실험무대가 된 곳이 바로 남한이라는 점이 이 논의를 강행할 수 있는 역설적 힘이 되었다.

베네딕트 앤더슨(Benedict Anderson)[2]은 인도네시아의 전후 현대사를 민족(Nation)과 국가(State)라는 두 추상적 범주 사이의 투쟁과 대립의 역사로 보고, 독립운동을 주도한 민족주의세력의 대표로서 수카르노(Sukarno)가 국가체제 건설에 실패하고 수하르토(Suharto)에 의한 신질서(New Order)체제에서 국가의 민족에 대한 승리를 이루는 과정을 논파한 바 있다. 수카르노의 실패는 전후 '민족=국가'에 기반을 둔 비동맹운동이 그 세계적인 파장과는 달리 실제 개별 민족-국가 체제 건설에서는 얼마나 많은 어려움에 봉착해 있었는지를 잘 반영해 준다.

아시아와 비동맹운동

네루의 아시아 내셔널리즘과 비동맹노선

전후(戰後) 인도 수상 네루(Jawaharlal Nehru)의 중립노선은 식민지 해방과 근대적 민족국가를 형성해 가는 독립 인도의 현실과 미래에 대한 고민의 소산이다. 아울러 네루의 노선은 또한 아시아와 세계에 대해 평화공존을 위한 새로운 상(像)의 가시화와 그 다원평등의 지역질서와 세계질서의 구현을 위해 인도의 위상과 역할을 피 흘리는 전장 아시아의 현실 속에서 찾아나간 실천적 지향의 표현이었다.

네루의 중립외교 노선은 1947년 3월 인도차이나의 민족해방운동 문제를 둘러싼 아시아관계회의(Asian Relations Conference, 뉴델리)를 주도한 것에서 비롯한다. 1949년 1월 '아시아19국회의'[3]를 주도한 네루는 이 회의를 통해 인도네시아의 독립운동을 옹호하고 네덜란드의 인도네시아 침략을 비난했다. 한국전쟁 당시에도 중국과 미국을 부지런히 중재하며 조속한 종전을 촉구했던 네루는 1952년 10월 아시아·태평양평화회의(Asia and Pacific Rim Peace Conference, 세계평화회의의 지역회의)'[4]를 중국 베이징에서 개최하며 미국의 세계지배 전략, 특히 아시아·태평양에 대한 폭력적 간섭에 저항하는 동력을 추동했다. 이는 네루의 행보가 중화인민공화국의 건설(1949)과 함께 아시아와 세계에 대한 중국의 입장과 동보를 취하면서 나아갔음을 말해준다. 네루는 중국의 저우언라이(周恩來)와 함께 이 회의를 주도했다. 네루는 1953년 7월 한국전쟁 정전협정 체결에 이르기까지 중국으로부터 중립외교의 한계를 지적 받기도 했다. 그러나 네루는 1954년 제네바협정(Geneva Accords)에서 한국 문제는 물론 동남아시아의 민족해방운동과 독립운동을 지지했고, 중국·인도네시아 및 다른 아시아 국가와 함께 아시아와 세계평화를 위해 부단한 노력을 지속함으로써 냉전이 열전으로 격화된 전후 아시아에서 현대 세계의 평화적 재편을 아시아의 평화운동으로 이끌어간 의미를 새기게 하고 있다.

요컨대, 아시아·태평양평화회의의 주된 의제는 아시아·태평양 지역에서 미국을 비롯한 외세가 무력간섭과 전쟁 유발로 아시아·태평양 여러 국가들의 민족해방과 민족적 독립을 위한 투쟁을 무화시키는 세계사적 반동에 항의하며 아시아·태평양의 평화공존을 촉구하는 것이다. 회의에서 발표된 '아시아·태평양평화회의의 세계인민에 대한 호소'의 글을 보면 제일 먼저 미국이 세균병기나 대량살상무기로 한반도를 초토화하는 한국전쟁의 참상을 비롯해 베트남과 말레이에 대한 무력간섭, 일본의 전쟁기지화와 군국주의 부활, 아시아·태평양 여러 국가들의 민족해방과 민족적 독립 투쟁에 대한 간섭 등 미국의 아시아전략과 그 구체적 관철로 아시아·태평양의 평화가 위협 받는 상황을 보고하고 있다. 그리하여 회의는 '아시아·태평양 지역의 제인민이 공통의 목적, 곧 전쟁에 반대하고 평화를 쟁취하는 목적을 단호하게 지지하면서 사회제도와 생활양식이 각기 다른 아시아·태평양 여러 국가가 평화와 호혜의 협력 속에 공존'을 위한 6가지 요구를 제출했다.[5)]

비동맹운동의 대두와 전개

한편, 1954년 4월에는 콜롬보에서 '동남아시아5개국수상회의(콜롬보회의)'가 열렸다. 참가국은 버마, 실론(지금의 스리랑카), 인도, 인도네시아, 파키스탄 등 5개국으로 각국 수상들은 이 회의가 아시아에서 상호이해를 위한 최초의 계기이며, 극동·아시아 지역의 안정과 평화의 사활적 문제가 제네바회담에서 검토된 시점에 모였다는 점에 의미를 두었다.[6] 회의에서는 '수소폭탄 및 기타 대량파괴병기' 문제가 아시아의 평화를 위협한다는 점, 그리고 중화인민공화국의 국제연합(UN) 대표권 문제를 거론해, 이 대표권이 아시아의 안정과 세계의 긴장 완화, 특히 세계가 극동문제에 대해 좀 더 현실적인 접근을 하는 데 도움이 될 수 있다는 점에 동의했다. 물론 이 회의는 아프리카국가들의 민족해방운동을 염두에 두고 식민지주의가 세계의 "각 지역에 아직까지 잔존하고 있고, 이러한 상태의 존속은 기본적인 인권의 침범이고, 세계평화에 대한 위협"임을 분명히 하고, 각국의 국민주권 및 독립을 위한 이들 국가 인민의 정통한 요구는 인정되어야 하고, 그들 각국 인민들의 자결권 행사를 가능하게 해야 한다"는 견해를 표명했다. 여기서 프랑스와 여타 관련국에 베트남 식민지배의 종식을 비롯한 인도차이나 문제에 대한 제네바협정의 충실한 이행을 촉구한 것이나 아프리카에서 식민지주의 문제 등을 논한 것은 전후에도 아시아·아프리카에서 중심 문제는 제국주의적 지배 관철에 대한 민족주의 저항이라는 민족모순임을 천명한 것으로 볼 수 있다.

한편 이 콜롬보회의는 민주주의와 민주제도에 대한 신념을 확신하고, 각 나라에서 민주제도 본래의 자유를 보장·유지할 것을 결의했으며, 이에 대해 대외공산주의자, 반공주의자 혹은 기타 기관이 간섭하는 것에 항의하는 확고한 결의를 선언했다. '이러한 간섭은 각 나라의 주권, 안전 및 정치적 독립, 아울러 그 자체 인민의 사고방식이나 욕구에 따라 발전·진보하는 각국의 권리에 대한 위협'이기 때문이다. 냉전구도에 편입되기를 바라지 않는 비동맹국가의 입장이 이 회의를 통해 다시 한 번 가시화되고 있음을 확인할 수 있다. 민주주의란 민족주권 평등에 기초하여 인민에 의해 주체적으로 발전·진보하는 것임을 천명함으로써 아시아에서 근대적 국민국가 형성과 사회민주화 실현의 주체적 경로를 원칙적으로 제기하고 있다.

이 콜롬보회의에서 1955년 아시아·아프리카회의의 개최를 결정하는데, 그것이 비동맹운동의 실질적 개시라 할 수 있는 반둥회의(Bandung Conference, 1955. 4)[7]다. 그런데 초기 비동맹운동을 아시아가 주도한 의미를 살피기 위해서는 반둥회의 보름 전에 개최된 '아시아 제국(諸國) 인민회의의 결의(이하 '아시아 인민회의')[8]를 주목할 필요가 있다. 그것은 아시아·아프리카로 연대회의가 확장되기 이전에 아시아적 문제군을 집약하고, 아시아적 문제군에 기초해 세계평화의 문제를 제기한 의미와 인민연대회의라는 명명에서 보듯이 아래로부터의 아시아연대를 표방함으로써 주체형성의 경로 문제를 제출한 의의를 동시에 안고 있다. 이 회의는 네루와 저우언라이가 선언한 평화5원칙[9]을 고수할 것을 확인했고, 정치·문화·외교·경제 문제 등에 관한 결의를 채택했다. 여기서 주목할 것은 아시아 각국이 처한 현실문제를 조목조목 구체적으로 짚어내고, 그 문제에 대한 공동의 입장을 분명하게 밝힌다는 점이다. 이후 지속된 비동맹회의들의 결의 채택 역시 같은 방식을 취하게 된다.

'아시아 인민회의'의 특징을 정치결의 내용 속에서 살펴보면, 전후 아시아의 각 민족단위가 처한 상황과 문제의 소재가 여실하게 드러난다. 미국이 주도하는 아시아전략, 곧 냉전 이시이를 만들어가는 미국의 분열주의적 아시아 재편 기획에 따라 아시아사회가 겪는 어려움이 그 주된 내용이다. 회의는 이를 다음과 같이 열거하며 전체 아시아 인민의 이름으로 문제의 보편성을 확인하고 적극적 해결을 촉구하고 있다.

대량살상무기의 금지와 감시, 아시아 여러 나라를 분열시킨 군사조약·군사동맹 및 아시아에 설치되는 외국 군사기지의 아시아에 대한 위협, UN기구 내에서 중화인민공화국에 합법적인 지위를 부여하는 것, UN의 본래 목적을 부활시키는 것, 아시아국가 간 외교관계의 정상화, 인종차별 금지, 식민지주의와 내정간섭 반대, 아랍제국 인민의 자유와 민족적 독립을 위한 투쟁 등이 그것이다. 여기서 특히 아시아에서 미국이 주도한 군사동맹 및 외국 군사기지 설치 문제[10]와 UN에서의 중화인민공화국에 대한 지위 부여 문제, 아시아국가 간 외교관계 정상화 문제 등은 각별히 유의해 볼 필요가 있다. 이 회의는 미국이라고 구체적으로 명기하지는 않았지만, 강대국에 대해 전면 군축과 핵병기 실험의 금지 및 그 즉시 정지 요구는 물론, 대량살상무기 제한 실시에 대해 엄격한 국제 감시를 수립할 것을 요구했다. "우리들은 전 아시아가 1955년 8월 6일을, 즉 히로시마가 원자폭탄에 의해 폭격된 10주년 기념일을 원자병기나 수소병기 등의 대량살상무기 사용에 항의하는 날로 기념할 것을 요구한다"고 결의한 것이다.

여기서 주목할 것은 일본이 아시아를 피식민지화하며 병영체제로 유린했던 과거 역사에도 불구하고 오키나와 미군기지 철수나 일본의 UN 가입을 촉구하고 있다는 점이다. 이는 일본을 미국과의 종속적 관계나 미-일과 아시아의 비대칭적 관계가 아니라, 아시아의 일원으로서 위치시키고 일본과 아시아 여러 국가들이 상호 수평적 관계를 형성해 나가야 한다는 의지를 다름 아닌 일본에 의해 식민지 침략을 받았던 피해 아시아가 표명하고 있음을 보여준다. 물론 전후 아시아에서 미국에 의한 일본의 소거가 갖는 부정적 함의와 파장에 대해 이 회의가 구체적으로 따져 묻지 않는 것은 1955년 일본의 '평화헌법' 이후 55년체제로 접어드는 국면의 성격[11]과 함께 명확하게 논의에 부쳐질 필요가 있다.

한편, '아시아 인민회의'는 앞서 1954년 열린 콜롬보회의에서 제기한 것보다 분명한 입장으로 중화인민공화국의 UN 내 합법적 지위 부여 문제를 제기했다. UN 안전보장이사회에 대해 장제스(蔣介石)의 타이완이 차지한 UN 의석을 중화인민공화국에 부여하고 모든 UN 가입국이 중화인민공화국을 정식으로 승인할 것을 촉구한 것이다. 이는 미국이 인정한 타이완 정부의 정통성에 정면 반대하면서 미국 주도의 전후 아시아질서 구축에 반기를 든 것이다. '아시아 인민회의'는 또한 UN이 미국의 이해관계 때문에 본래의 취지를 관철하지 못하는 데 문제를 제기하면서 UN이 본래 정신을 회복하고 국제기구로서 직무를 다할 것을 요청했다.[12] 무엇보다도 회의는 아시아국가 간 외교관계의 정상화를 제안했다. 이는 냉전적 분열이 아니라 새로운 다방향성·쌍방향성 아시아적 관계상을 제시한 것으로서 의미가 크다.

'아시아 인민회의'는 또한 아시아 일부 지역에 식민지주의 혹은 반(半)식민지주의가 존재하는 문제 또한 분명하게 제기한다. 탈식민지시대 식민지·반식민지의 온존 혹은 재식민화의 현실은 외국의 간섭과 주권침해에 의한 것이다. 따라서 이러한 조건하에서 아시아 인민이 자유의 권리를 향유할 수 없는 것은 말할 나위가 없는 것이니, 회의는 타이완, 인도차이나, 한반도, 인도, 인도네시아, 오키나와제도, 말레이시아는 물론 아랍 지역에 이르기까지 식민지 침탈과 관련된 각국과 지역의 현실문제를 구체적으로 거론하고 각기 해결방안을 제시했다.

우선 타이완에 대해서는 타이완을 비롯한 연안 섬들에 주둔한 외국군대('아메리카 무장부대'로 표현)의 철수와 타이완과 연안 섬들을 중국에 반환할 것을 촉구했다. 또한 인도차이나에서 미국이 협정을 위반하고 베트남에 강권을 행사하는 것을 비판하면서 어떠한 국외세력도 인도차이나 국내 문제에 간섭하지 말 것과 제네바회의 정신에 충실할 것을 촉구했다. 한반도(조선)에 대해서는 '조선 인민 자신이 자기의 운명을 결정하는 것이 움직일 수 없는 조선 인민의 권리'임을 분명히 하고, 한반도에서 모든 외국군대의 철수, 조선문제의 평화적 해결을 위해 국제 정치회의의 가능한 이른 시일 내 소집과 문제의 해결과 관련이 있는 모든 나라의 회의 참가, 조선휴전협정 조항의 엄격한 준수, 전 조선 인민 및 북조선과 남조선의 각 의회가 평화적 통일을 위해 새로운 노력을 경주할 것을 강력하게 요구했다.[13]

이처럼 '아시아 인민회의'는 아시아에 개입하는 외부세력이 아시아에 제국주의의 지배를 부활시키고, 아시아 인민을 피지배 상태로 전락시키려는 저의를 분명하게 드러내는 것에 대해 강력하게 규탄했다. 그리하여 아시아의 신흥독립국들이 각국의 문제에 대해 아시아의 상호 평등한 관계성의 회복을 통해 주체적으로 해결해 나갈 수 있음을 확신하고 있다. 회의는 무엇보다도 외세의 간섭을 벗어나기 위해 아시아 각국이 상호 문화, 외교, 경제, 사회협력 관계를 강화하는 계획을 가시화하고 있다. 특히 경제문제에서 이 회의는 전후 아시아국가가 받는 경제적 압박을 제거하고 상호 호혜관계의 형성을 통해 균형발전을 촉구함으로써 불행한 과거의 역사를 극복할 것을 제안했다.

① 중국과 기타 나라에 대해 미국이 강행하고 있는 '금수(禁輸)정책'을 곧 없애고, 타이완해협에서 공해(公海)상의 운항 자유를 곧 원상태로 복구하는 것, ② 아시아 나라의 경제정책을 작성하고, 이에 따라 다양한 형태의 경제상 식민지주의를 없애고,

경제적 침입과 지배를 방지하는 것, ③ 호혜, 완전한 평등, 타국의 내정 불간섭 및 평화의 옹호와 촉진을 토대로 국제간 경제관계를 조성하는 것, ④ 무역의 자유로운 흐름에 대한 차별 대우나 제한 기타 장애를 없애고, 관계국의 절실한 수요에 대해 적절한 배려를 하는 것, ⑤ 정책 작성에서 어떠한 나라나 나라들(諸國群)을 차별 대우하지 않고, 아시아 나라의 무역 불균형 상태를 시정하고, 무역관계의 다양성과 균형이 있는 상태를 촉진하는 것, ⑥ 아시아 나라들을 급속히 공업화하고, 각 나라의 필요에 따라 농촌의 공업화에 주의를 기울이고 이를 각 나라의 건전한 경제발전의 기초로 삼으며, 또한 상호 원조하도록 함께 조치해 지역 간 거래를 촉진하는 것, ⑦ 공공의 정보국, 연구기관, 무역촉진위원회, 상업회의소 같은 기구를 통해 무역과 경제의 발전에 대한 정보를 교환하는 것.[14]

이러한 상호 연대적 공통발전의 기획은 전후 10년, 아시아가 냉전 아시아로 일방적으로 편제당하는 것이 아니라 지역관계 및 세계의 역학관계 속에서 독립적인 물적 토대의 구축을 통해 아시아의 평화와 번영을 구도하고자 전력하던 사실을 충분히 입증해 준다. 그것은 1975년 베트남전쟁 종결 이후 동남아시아국가연합(ASEAN)이 새롭게 공동 경제발전 계획을 수립한 것 이상으로 냉전 초기에도 아시아 각국은 상호의 경제 상태에 천착하고 평화 아시아의 경로를 가시화한 것으로 평가되어야 할 것이다. 물론 이러한 경제협력 기획은 아시아 각 나라의 신속한 경제발전을 추동하려는 의도가 더 큰 것이 사실이다. 그런 점에서 그것은 아시아의 전후 탈식민화 과정에서 근대적 자본축적 구조의 형성에서 국가의 역할이 커지는 문제,

곧 권위주의 정권의 대두 가능성을 내재하는 것이기도 했다. 압축적 근대화에 걸맞은 정치체제의 구축은 자체 발전모델을 전범화·유형화하지 못함으로 인해 권위주의체제로 전환될 여지를 안기도 하고, 미국의 제3세계 근대화론과 같은 새로운 지배전략에 의해 지도세력의 변질을 낳을 가능성 또한 얼마든지 있었다.

아시아·아프리카회의(일명 반둥회의, 이하 문맥에 따라 반둥회의 혹은 AA회의)[15] 이후 본격화된 비동맹운동은 전후 아시아뿐만 아니라 아프리카에서 저항적 민족주의의 발흥과 그것의 지역 및 지역 간 연대 수준을 가늠하게 한다. '아시아·아프리카(이하 AA)의 지위를 검토하고, 각 국민이 경제·문화·정치 면에서 전면적 협력을 달성하는 방법과 수단에 대해 토의'하고자 소집된 반둥회의의 의미는 탈식민의 계기를 냉전체제로의 편입으로 왜곡당하는 과정을 AA가 주체적 결집에 의해 적극적으로 대응·극복해 가는 세력권 정치의 파탈, 곧 탈냉전의 기획이라는 점에 있다고 하겠다. 반둥회의의 최종성명은 경제협력, 문화협력, 인권과 자결, 종속 인민의 문제, 세계평화와 협력의 촉진, 세계평화와 협력 증진에 관한 선언[16] 등을 담고 있다.

AA회의는 경제협력을 제일 우선으로 명기한 대로 AA 지역 경제개발 촉진의 긴급성을 인정하고, 상호 이익과 주권의 존중을 기초로 하는 경제협력에 대한 공통의 희망을 표명했다. 외자도입을 포함한 역외 국가와의 협력의 유익성과 필요성, 회의 참가국 중 국제적 결정과 쌍무 결정에 따른 원조가 경제개발계획에 공헌하고 있음을 인정하고, 역내 국가 간 상호 기술원조(기술자 훈련, 계발 목적의 시험사업과 시설, 노하우 교환, 현존 국제기관과의 협력에 의한 지식·기술을 습득하기 위해 일국적 또는 지역적 훈련기관·연구기관의 설치)에 합의했다. 그리고 UN에 경제개발을 위한 특별

기금의 조속한 설치 및 국제부흥개발은행(IBRD) 자금의 대부분을 AA에 대여하고, 국제금융공사(IFC)의 신속한 설치를 통한 공평한 투자와 국가 간 합병사업의 추진을 장려할 것을 촉구했다. 그리고 역내에서 산출된 상품의 가격 안정, 다각적 통상·지불 범주의 확대 원칙을 승인하고, 쌍무적·다각적 협정을 통해 원산품의 국제가격과 수요 안정을 위해 회의 참가국이 집단조치를 강구하고 UN국제상품무역상설자문위원회 등이 공동방침을 취할 것, 수출품 증대 및 역내 상품전시회 촉진, 통상사절단, 실업가 단체의 교환 장려, 정보 및 견본 교환, 내륙국 통과무역을 위한 편의 제공 등을 권고했다. 아울러 해운의 중요성 인식을 통해 화물운임 문제 검토, 국가적·지역적 은행 및 보험회사의 설립 장려, 원자력의 평화적 개발의 중요성, AA 대표성이 보장된 국제원자력기관 설치, AA 정부가 원자력의 평화 이용에서 관계국이 제공하는 훈련과 시설 이용 등에 관해 권고했다. 경제협력 문제를 이처럼 장황하게 설명하는 것은 전후 10년 AA 신생독립국들이 처한 경제문제와 그 자구적 해결책을 살펴봄으로써 이 문제들이 이후 어떻게 미국을 비롯한 선진대국들의 이해와 각축하며 비동맹운동의 부침 및 개개 국가의 이후 전개에 작용하는지를 확인하기 위해서다(박태균, 2003).

    1948년 미국의 냉전전략은 조지 케넌(George F. Kennan)이 제안한 마셜플랜(Marshall Plan, 유럽부흥계획)에 의해 구체화된다. 유럽경제를 부흥시켜서 소련과 그 세력권을 포위·무화시키고자 한 것이다. 미국은 아시아에서도 중국대륙의 국공내전에 개입해 국민당 총력 지원이라는 마셜플랜의 아시아 버전을 감행한다. 그러나 미국의 시도는 중국공산당의 승리로 실패로 돌아가고, 이로써 새로운 아시아전략을 일본의 아시아적 부활로 가져가는 과정에서 한국전쟁이 발발하자 미국은 전격적으로 한반도를 초토화하며 주도권을 잡고자 했다. 그러나 한반도에서 냉전이 아닌 열전을 통해 아시아지배 기획을 관철하고자 한 미국의 선택은 중국의 항미원조투쟁(抗美援朝運動)이라는 무력개입과 비동맹세력의 노력으로 무산되었다. 그 후 아시아에서 미국의 냉전전략은 난관에 부딪히고, 이에 케네디 정부는 월트 윌리엄 로스토(Walt Whitman Rostow) 등 제3세계 근대화론자들의 제3세계 경제부흥을 통한 비동맹·제3세계 내부분열과 세계적인 위계적 지배질서의 재구축에 적극적으로 나서게 된다.

반둥회의(AA회의)의 의미는, 비동맹운동 연구에서 흔히 간과되지만 문화협력 관련 부분에서 더욱 두드러진다. AA회의는 각국의 상호 간 이해를 촉진하는 가장 유효한 방법의 하나로 문화협력의 증진을 꼽았다.

> AA는 종교와 문명의 발상지이고, 이 종교와 문명은 타문화와 문명을 풍부하게 하고 자신도 풍부하게 만들었다. 이렇게 AA 문화는 정신적, 보편적 기초를 지니고 있다. 불행한 점은 AA 국가 간 문화접촉이 과거 수세기 중단되었다는 것이다. AA 제인민은 이제 문화접촉을 부활하고 또 새로운 세계와 새로운 문화접촉을 발전시킨다는 강한 그리고 마음으로부터 절실한 희망으로 벅차 있다. …… AA회의는 AA 대부분 지역에 식민지주의 존재가 문화협력을 방해하고 인민의 민족문화를 압박하는 것이라는 사실에 주목……. 몇 개 식민제국은 그 종속 인민에 대해 교육·문화의 분야에서 기본권리를 부정하고, 종속 제인민의 개성 발달, 다른 제인민과의 문화교류를 방해하고 있다. 이것은 튀니지·알제리·모로코에서 특히 현저하고, 이들 지역에서는 그 주민이 자국의 언어나 문화를 배우는 인민의 기본권리가 억

압되고 있다. 아프리카대륙의 다른 지역에서는 아프리카인 및 유색인민에게 똑같은 차별 대우가 행해지고 있다. …… AA회의는 AA 국가 간 문화협력의 발전을 꾀하지만…… 관용과 보편이라는 고대로부터의 전통을 지키고 회의는 AA의 문화협력은 보다 광범한 세계의 협력이라는 입장에서 발전되어야 한다고 확신……. AA에는 교육·과학·기술의 시설이 아직 빈약한 나라가 많다. 회의는 그 나라 출신의 유학생, 연습생에게 편의를 제공할 것을 권고했다. 이러한 편의는 아프리카에 거주하고 현재 고등교육을 받을 기회가 주어지지 않는 AA 인민에게 제공되어야 한다.[17]

위의 내용은 크게 주의를 끌지 못하는 것으로 보이지만, 당시로써는 상당한 문제지점이 아닐 수 없다. 특히 식민지주의의 존재로 문화협력이 방해 받고 인민의 민족문화가 천시되며 교육·문화 분야에서 인민의 기본권리가 부정되는 상황은, 북한에서 김일성이 인텔리의 부족을 절감하며 이의 확보에 부심해 노동자의 인텔리화와 인텔리의 노동자화를 꾀한 과정에서도 여실히 볼 수 있듯이, 자립적 국가건설이나 민주사회건설에 필수 불가결한 과제가 아닐 수 없다. 그러나 그것이 AA의 문화협력으로 해결될 수 있다면 식민지적 피해 양상으로서의 세계적인 문화불균형 상태의 극복과 일국 내 식민지 학술권력 구도를 재편하고 주체적 학문·지식체계의 정립 속에서 민족국가건설 및 자립적 근대화의 기획을 실현할 가능성이 열리게 되는 것이다. 이는 또한 민족 구성원의 주체화 문제와도 직접적인 관련이 있다. 물론 국가 단위 교육문화 기획이라는 것은 지배엘리트의 양성구조로 화할 여지가 더 많지만, 인민의 기본권리로서 교육·문화의 보급은 신생독립국에서는 절실한 문제가 아닐 수 없다.

한편 여기서 민족과 민중이 아니라 '국민' 혹은 '인민'이 호명되는 것을 볼 수 있는데, 이는 반식민지주의 민족해방운동의 전략 단위 및 주체 역량의 조직화화 연관된 문제로서 주목할 필요가 있다. 여기서 '인민' 개념은 '아시아 인민회의'에서처럼 AA 대다수 구성원의 보편적 존재양식을 표상한다. 이 문제는 1957년 이집트 카이로에서 열린 '아시아·아프리카인민연대회의(이하 AA연대회의 혹은 카이로회의)'[18]에서 보다 구체적인 입장으로 개진된다.

AA연대회의는 이 회의가 AA 나라 인민과 특히 관계있는 국제문제를 토의하기 위해 카이로에 모였다고 밝히고 있다. 이는 AA 인민의 높은 단결과 공동의 행동계획이 달성되었음을 증명하는 것으로, 회의는 결의의 실현 촉진을 위해 항상적 조직의 설치를 전원일치로 가결하고 반둥회의에서 채택된 10개 원칙을 국제관계의 기초로 삼을 것을 재차 선언했다. AA연대회의 결의·선언문은 선언과 정치결의, 경제·기술협력에 대한 경제위원회의 보고, AA 국가의 사회적 발전문제, 문화교류 및 협력문제, 조직문제에 관한 결정 등으로 구성되어 있다. 이 중에서 특히 정치결의와 조직결정을 중시해 볼 필요가 있다.

정치결의는 핵무기와 군축에 관한 결의, UN에 관한 결의, 제국주의에 관한 결의, 인권차별에 관한 결의 등을 내용으로 한다. 특히 UN에 관한 결의에서는 AA 각국 상황 등에 따른 강구방안을 제출하고 있다. UN에 AA연대회의의 대표성이 발현되지 않는 문제에 대한 시정, UN에서 중국의 합법적 혹은 정당한 지위문제 해결, 몽골의 UN 가입 등을 강력하게 촉구하는 것이다. 제국주의에 대한 결의는 더욱 주목을 요한다. 정치결의는 제국주의란 표현을 쓴다. "우리는 제국주의적 야심이 타국 내정간섭이나, 세계

평화에 역행하는 군사적·정치적 조약이나 동맹을 창출하게 한다는 것을 확신한다. 제국주의적 야심은 민족적 정부에 대한 다양한 음모, 국제관계에서 부단한 긴장의 창성, 작은 나라가 당연히 갖는 자유·주권·독립의 권리의 박탈을 낳는다. 그 결과 차가운 전쟁이 선동되고 군확(軍擴)경쟁이 옹호된다. 이러한 요인은 인류의 참화를 가져오는 열전을 야기하는 방아쇠로 작용할 우려가 있다"는 것이다. AA연대회의는 아시아가 처한 문제의 성격을 식민지주의의 잔존과 제국주의의 지속적 위협으로 놓는다. 그리고 제국주의의 실체를 다음과 같이 규정했다. 형태와 외양의 차이를 불문한 일체의 제국주의, 다른 나라의 내정을 간섭하고, 다른 나라를 봉쇄하는 세력권을 형성하고, 세계의 평화를 위기에 빠뜨리며, 제인민의 바람을 억압하는 군사적·정치적 조약이나 동맹을 체결하고, 인접국에 대한 위협을 조성하고, 그러한 나라들이 군사예산을 증액시키지 않을 수 없게 하고, 따라서 그 나라의 인민에게 경제적 부담을 떠안게 하는 세력 등이 그것이다. 이는 제국주의의 다양한 형태와 내용을 AA연대회의에 참가하는 아시아의 입장에서 제기한 것으로서 의미가 있다. 그것은 구제국주의와 변별되는 것으로서 다양한 정치적·군사적 강압관계 유형이 포괄적으로 제기되고 있다. 거기에는 냉전체제에 대한 문제인식 또한 분명하게 드러나 있다. 냉전적 세계 유지의 틀 자체가 군사적·정치적 조약과 동맹의 형태로 유연하게 구조화되고 있음을 폭로하는 것이다. 회의는 반둥정신에 준거해 각 나라에서 벌어지는 침탈상황을 21개 사항으로 정리해 보고·규탄하고 있다. 여기서 눈여겨볼 지점은 한반도(조선)와 베트남 상황에 대한 부분이다.

> 회의는 조선의 통일이 어떠한 외국의 강제 없이 조선 인민 자신의 손에서 평화적으로 실현되어야만 한다는 조선 인민의 요구

를 지지한다. 회의는 모든 외국군대는 조선 영토에서 철퇴해야 한다는 조선 인민의 요구를 확인한다. 회의는 또한 조선휴전협정의 조항을 엄격하게 지킬 것, 휴전을 영구평화로 발전시켜야 한다는 조선 인민의 요구를 확인한다. 회의는 조선의 평화적 통일을 실현하기 위해 관계국 회의가 조속히 소집되어야 한다고 생각한다. 회의는 또한 모든 조선 인민 공통의 복지와 세계평화를 위해 북·남조선 당사국이 서로 직접 만날 것을 권고한다. …… 회의는 베트남 인민의 다음과 같은 정당한 요구를 지지한다. 제네바협정의 완전한 실시, 남베트남에서 제국주의자의 간섭의 정지, 베트남협정에 따라 베트남통일을 실현하기 위해 전토(全土)에서 자유로운 총선거를 토의하기 위한 남·북 베트남 양 당국 간 대화회의를 개최하는 것이다.

AA연대회의는 아시아문제의 핵심인 탈식민화와 강권세력에 의한 간접적 분할지배 문제 등에 대해 당사자 해결의 원칙과 평화적 해결 경로, 무엇보다 인민의 요구가 외세에 의한 지배관계의 타파라는 점을 분명히 하고 이 문제에 대한 국제사회의 원칙적 해결을 촉구하는 것이다. AA연대회의는 인종차별 문제에 대해서도 구체적으로 검토한다. 위에서 인민의 요구로서 아시아의 문제를 제기하고 있는 대로, 이 대목은 AA 인민의 상태를 집중 조명한 부분으로 볼 수 있다. 특히 인종차별이 남아프리카공화국을 중심으로 제국주의의 결과로서 인종차별정책이 자행되는 현실에 주목하면서 다음과 같은 사항을 결의하고 있다.

1. 존재하는 모든 형태의 인종차별정책을 비난한다.

2. 남아프리카공화국이 UN의 결정을 조직적으로 우롱하는 태도에 유감을 표하며, 남아프리카공화국에 대해 UN의 성숙한 참가국으로 UN헌장 서약에 따라 행동할 것을 주의 환기한다.

3. 인종차별을 실시하는 모든 나라에서 다음과 같은 보장조치를 취하도록 세계 모든 나라 정부에 권고한다. 인종차별·인종분리·인종혐오 정책을 합법화하는 일체 법령 폐지, 모든 사람에 대해 어떤 차별도 없이 언론 자유와 결사·집회의 권리 부여, 피부색·인종·신조에 불문하고 일정 연령 이상의 모든 사람에게 선거권과 피선거권 부여, 남·녀 동일임금 지급과 강제노동 폐지, 어떠한 제한도 없이 평등한 시민권 부여, 유럽인이 유색인민에게서 토지를 뺏는 것을 가능하게 한 일체의 토지법 폐지, 모든 개인 및 단체에 대해 모든 시민이 동의하는 계획경제 속에서 자기의 부의 자원을 진흥할 권리 부여.[19)]

이는 반둥회의로부터 문제의 역점이 아시아에서 아프리카에 걸쳐 있다는 점을 환기한다. 비동맹회의의 이념이 반제국주의 혹은 반식민지주의에 무게가 실리는 바와 같이 AA연대회의는 반제국주의 민족해방전쟁을 통한 민족 혹은 민족국가의 구성과정에 있는 아프리카의 상태를 주목하고 있고, 구미국가들 안에서 하위국민으로 인종주의에 의해 피해를 받으며 살아가는 대다수 유색인종에 대한 문제 또한 부각시키고 있다. 이는 국민국가 단위에서의 지배·피지배관계가 구체적으로 제기되기보다는 구미세계의 제국주의 역사의 당대적 귀결로서 인종정책 및 인종문제의 본질, 그 실제적 해결과정을 촉구하는 것이다. 이는 AA 인민의 상태를 포괄한다는 점에서 이후 1960년대 전개될 민족·민중의 호명 및 개념화과정이 이루어지는 문제의 진전을 예상케 한다. AA 국민국가 내부에서 이산자나 인종문제는 상대적으로 드러나지 않고 있다는 문제와 함께 디아스포라라고도 명명할 수 없을 만큼 구미국가에 국민화되어 있는 AA 인민의 상태, 특히 노예무역과 식민화의 결과로서 AA 인민이 구미국가에서 하등국민으로 구성되어 있고 차별적인 존재양식으로 고통 받는 문제에 초점을 맞추는 점을 눈여겨볼 필요가 있다.

1960년대에 이르러 아시아에서 '인민' 혹은 '국민'은 각 나라의 국민국가 건설과정에서 '국민화'과정을 통해 새롭게 재구성된다. 각 민족국가 형성과정에서 지배세력의 성격에 따라 민족을 둘러싼 호명의 각축과 국민과 인민/민중의 개념 및 주체화과정의 대립 양상이 다양하게 펼쳐지고, 그 가운데서 인민/민중이 역사적 주체로서 국민국가 건설에 집체적으로 자기 개진을 이루게 되는 것이다. 그런데 여기서 아시아로부터 아시아·아프리카로 연대범위가 확대되면서 냉전의 체제내화가 상대적으로 간과되는 것은 문제적이다. 비동맹세력의 등장으로 2극체제에 균열이 이루어지고, 그로써 세계가 삼분되는 과정에서 포착되어야 할 것은 국가 간 연대의 내용과 형식의 문제이고, 거기서 얼마나 내용적으로 냉전적 세계체제가 균열되고 있는가 하는 점이 포착되지 않는 것이다. 요컨대, 근대적 국민국가 형성과정이 탈식민화·탈냉전화 과정과 중첩되는 AA국가에서, 대다수 인민의 삶의 실제, 일상생활과 심미의식 속에 내재화된 냉전성의 문제를 본격적으로 논의해야 할 것이다. 물론 아시아와 아프리카를 뭉뚱그려서 논의할 수 없는 문제의 골은 분명히 있다. 특히 전후 아시아는 탈식민화를 위한 민족해방운동 자체가 급격하게 냉전적 구도에 편제되었고, 거기서 근대적 국민국가의 형성은 곧 미·소 양국의 세력권에 편제되는 과정과 중첩된다. 따라서 국민국가들은 탈식민화를 위한 내셔날라이제이션화로서 자기 정체화를 이루게 되는데, 거기에는 각기 지배세력의 성격에 따라 아메리카나이제이션과 소비에트나이제이션이 추동되고 그로써 '국민'과 '인민'으로 재구성되는 것이다. 그리고 그 이전의 저패나이제이션 또한 일종의 문화구성 요소로서 건재한 것 또한 문제적이라고 할 수 있다. 그리고 무엇보다도 국가권력의 하향적 국민화과정과 아래로부터의 저항적 민족화와 그것이 추동하는 민중주체화과정이 추돌·절충하는 양상의 복수성이 아시아다움의 정체성을 표상하는 것이다.

프란츠 파농(Frantz Fanon)은 민족해방, 민족부흥, 인민에게 국가 반환, 연방 등등 어떤 이름을 갖다 붙이든 탈식민화는 언제나 폭력적인 현상일 수밖에 없다고 갈파한 바 있다(Fanon, 1961).

> 탈식민화란 쉽게 말해서 어떤 종(種)의 인간을 다른 '종'의 인간으로 바꾸는 것을 말한다. 과도기 같은 것은 전혀 없고 오로지 전면적이고 완전하고 절대적인 대체만 가능하다. …… 우리는 이미 모든 탈식민화의 초기적 특성인 일종의 백지 상태에 관해서 이야기하기로 엄밀하게 규정했다. 그것이 특별히 중요한 이유는 해방된 그날부터 식민지 민중이 요구하는 최소한의 것이 바로 그러한 상태이기 때문이다. 그 성공의 여부는 사회구조 전체가 뿌리에서부터 변화되느냐에 달려 있다. …… 그 변화의 필요성은 격렬하고 강렬한 원초적 상태로 식민화된 사람들의 의식과 삶 속에 존재한다. …… 탈식민화는 역사적 과정이다. …… 탈식민화는 개개인에게 큰 영향을 주고 그들을 근본적으

로 변화시키기 때문이다. 탈식민화는 초라하고 보잘것없던 방관자들을 특별한 배우로 변화시키고, 그들에게 역사의 밝은 조명을 비춘다. 또한 탈식민화는 그들의 존재에 새로운 인간이 가져온 자연스러운 리듬을 부여하며, 그와 더불어 새로운 언어와 새로운 인간성을 부여한다. 즉 탈식민화는 새로운 인간의 창조다. …… 그동안 식민화되었던 '사물'이 스스로를 해방시키는 과정을 통해 인간으로 탈바꿈하는 것이다. 그러므로 탈식민화에서는 식민지적 상황을 철저히 의문시할 것이 요구된다. "꼴찌가 첫째가 되고"라는 유명한 문구로 표현할 수 있을 것이다.[20]

계급적·인종적 전복이 아니면 아시아·아프리카에서 탈식민화는 불가능한 기획이라는 것이 파농의 논지다. 특히 파농이 문제 삼는 것은 식민성의 문제이고, 식민성이 일상과 심미생활에 내재화된 문제이고 그것의 전복을 통한 탈식민화의 가능성을 열어낼 수 있다고 하지만, 아시아에서는 여기에 냉전성의 문제가 중첩된다. 예컨대 북한에서의 국민 만들기나 사회주의 중국에서의 인민화과정(백원담, 2008)과 남한에서의 국민 만들기와 타이완에서의 국민화과정은 정확하게 역상(逆像)을 하고 있지만, 그러나 본질적으로는 국가 주도의 탈식민화와 냉전성이 게재된 동원 메커니즘을 통해 이루어진다는 점에서 오리엔탈리즘과 냉전이 각 민족국가 구성과정에 작동하는 방식을 잘 살펴볼 필요가 있다. 혹독한 문화냉전 속에 냉전성을 문화적으로 내재화해, 혼종적 민족성·민중성을 담지하게 되는 문제가 그것이다.

한편, AA연대회의는 조직문제에 관한 결정을 통해 AA 인민의 문제가 국제관계 속에서 보편성을 가지고 있음을 확인하고, 이의 공동해결을 위해 상설기관 설치를 결의하며 비동맹회의의 조직적 결집을 이루어냈다. 이로써 AA연대회의는 AA인민연대위원회(AAPSC: Afro-Asian PeopIe's Solidarity Committee)와 AA인민연대기구(AA인민연대회의상설서기국 Afro-Asian People's Solidarity Organization)를 두고 서기장 1명과 각국 대표 서기국원 11명을 선임했고, 미가입 국가에 대해서는 '각국 AA인민연대위원회'를 설립해 참여를 촉구하고자 했다. 그리고 모든 가입국에 대해서는 각기 능력에 따라 재정기금 납부의무를 두고, 이 재정기금을 통한 예산 운영을 서기국이 담당하게 된다. AA연대회의는 AA인민연대이사회의 제1회 회의를 1958년 1월 카이로에서 개최할 것을 결정했다. 이로써 비동맹운동은 조직적 결집체로서 이후 1960년대 부침을 거쳐 비동맹운동의 조직틀은 유지하고 오늘에 이르고 있으며, 다른 한편으로는 인도와 중국의 불협화음과 인도차이나전쟁, 아시아에서 아프리카로의 주도적 위상이 전화되면서, 1970년대에 이르러 보다 실천적인 연대활동은 제3세계운동으로 점화되어 새로운 양상을 이루게 된다.

아시아 내셔널리즘, 비동맹운동, 제3세계운동

아시아 내셔널리즘과 비동맹운동

비동맹이란 영어로는 'Non Alignment'다. 이 새로운 개념은 제2차 세계대전 직후인 1940년대 말에서 50년대 초에 걸쳐, '중립', '적극적 중립', '제3지역'이라는 기성의 개념을 피해 새로운 이념을 표현하는 언어의 모색 속에서[21] 그리고 네루의 소극적 중립화 외교노선이 중화인민공화국의 성립과 함께 저우언라이와의 공조 속에서 적극적인 방향으로 전화되는 과정에 인도에서 생거나 1950년대 말 세계적으로 정착되었다.

> 비동맹운동은 제2차 세계대전 후 동서냉전이 '열전'으로 화할 위험을 내재하고 격화되는 국제환경 속에서 식민지 지배를 벗어난 신흥국가들이 정치적 독립을 이루고, 경제적 발전 등을 시작하기 위한 정책 및 운동으로서 발생했다. 그것은 신흥이고 약한 국가들이 동서 어느 블록에도 가담하지 않고 독자적 길을 걷는 혹독한 최후의 막다른 선택의 소산이었다. 동맹에 불가담, 국제적 대립과 그 대립에 따른 분쟁에 대한 불개입에 의해 평화와 안정을 확보하려는 정치적 바람과 함께 동서 양 진영에서의 경제적 지지와 원조를 최대한 누리고자 하는 타산도 있음을 부정할 수 없다.[22]

여기서 정책 및 운동이라는 표현을 주시해 보아야 한다. 그것은 비동맹이 엄밀한 규정이나 체계화된 이론을 갖고 등장한 것이 아니며, 그런 점에서 '주의'로 명명되는 것이 아니라 참여국들의 국익에 기초하거나 그 추구를 목적으로 하는 '가능한 한 거대한 정책 및 운동에 지나지 않는다'는 점을 상기해 주기 때문이다. 비동맹운동이 명확한 이론을 갖지 못했다는 점은 기본적으로 비동맹운동의 한계를 드러낸다. 1970년대 이후 비동맹운동이 비대해지고 참여국의 자격기준도 모호해짐에 따라 그 원칙이나 목적도 폭넓게 상정된다. 리비아의 가다피(Muammar al-Qaddafi)가 '본래의 비동맹 정신에 충실한 나라는 다섯손가락 안에 꼽을 지경이며, 비동맹 내에 제국주의자·식민주의자의 앞잡이가 있다'고 비판한 대로 비동맹운동 자체의 변질은 예견된 바다. 제6차 비동맹수뇌회의(1979. 9 쿠바 아바나)에 이르면 비동맹운동의 창시자 중 한 사람인 유고슬라비아의 티토(Josip Broz Tito)조차 비동맹이라는 용어가 국제관계에서 낡은 개념이라고 지적하기에 이른다.

그러나 1961년 6월 이집트 카이로에서 열린 제1회 베오그라드 비동맹 수뇌회의(1961. 9) 준비회의 대사급위원회에서 비동맹회의의 참가자격 곧 비동맹 자격 기준을 둔 것은 비동맹운동의 출현이 역사적 필연이었음을 확인케 한다. 준비회의에서 결정된 비동맹국의 참가자격 기준은 다음과 같다. 정치·사회 체제가 다른 국가의 평화공존과 비동맹에 기초한 자주적인 정책을 수행 혹은 이 같은 정책에 찬성해야 하며, 민족독립운동을 일관되게 지지해야 한다. 강대국의 분쟁에 관련된 군사동맹의 가맹국이어서는 안 되고, 강대국과 쌍무적 군사협정을 맺고 있어서는 안 되며, 지역 방위조약 참가국인 경우 그 협정 또는 조약은 강대국의 분쟁과 관련해 의도적으로 맺어져서는 안 된다. 외국에 군사기지를 인정하고 있는 경우 그 승인이 강대국의 분쟁과 관련해 성립되어서는 안 된다. 그러나 비동맹에서의 군사동맹, 군사협정, 방위조약, 군사기지 규정은 엄격한 금지가 아니라 소극적 차원이다.

1979년 9월 제6차 비동맹수뇌회의 최종선언에서는 비동맹정책과 그 자주적 역할이 강화되고, 그것이 '비동맹운동의 제원칙'과 '비동맹운동의 불가결한 제목적'으로 정리되어 있다. 비동맹운동 20여 년이 흐르고 나서야 운동 원칙과 목적이 정립되는 것이다. 원칙만 살펴보면 아래와 같다. 민족독립, 주권, 영토보전, 주권평등. 모든 나라의 자유로운 사회적 발전. 비동맹제국의 강대국 혹은 블록의 적대와 영향에서 독립. 군사협정, 그로부터 생겨나는 동맹참가 반대. 제국주의, 식민지주의, 신식민주의, 시오니즘을 포함한 인종주의, 모든 형태의 확장주의, 외국 점령, 지배 및 패권에 반대한 투쟁. 모든 국가 간의 적극적 평화공존. 평화와 안전보장의 불가분. 타국 내정·외교문제 불간섭과 불개입. 모든 국가들이 그 정치제도를 결정하고, 경제적·사회적·문화적 발전을 협박·방해·억압 없이 추구하는 자유. 신국제경제질서의 수립과 평등에 기초를 둔 국제협력의 발전. 식민지나 외국지배에 있는 모든 인민의 자결과 독립에의 권리 및 민족해방운동의 투쟁 지지. 인권과 기본적 자유의 존중. 세계와 적대적인 군사·정치·이론의 거부, 천연자원에 대한 항구 주권. 합법적으로 설정된 국제적 경계선의 불가침. 무력사용 또는 무력사용의 위협을 행사하지 않음, 무력에 의한 협박이나 무력의 행사가 초래한 상태의 불승인 및 분쟁의 평화적 해결.[23]

　　1964년 10월 카이로에서 개최된 제2차 비동맹수뇌회의에 이르면 회원국은 25개국에서 57개국으로 늘어난다. 그러나 1965년 6월 개최 예정이던 제2차 반둥회의는 개최국인 알제리의 정변으로 유산(流産)되고, 지도부를 구성했던 인도네시아의 수카르노 등이 정치적으로 실각하게 되었으며, 인도와 파키스탄이 전쟁에 돌입하게 되면서 비동맹운동은 위기를 맞게 된다. 보다 근본적으로는 인도가 주도하는 비동맹운동의 중립화 평화노선과 중국이 주도하고 인도네시아가 동조한 AA연대회의 반제국주의 노선의 대치·갈등이 미·소관계, 중·소 이념분쟁의 결을 타면서 일련의 분리맥락을 이룬 점을 원인으로 들지 않을 수 없다. 1960년대 후반기에 비동맹운동은 세계적인 평화무드 속에서 퇴조세가 뚜렷했으나 아프리카의 자원민족주의의 대두와 함께 새로운 세력이 규합하면서 아프리카 주도로 새로운 단계를 맞게 된다.

아시아가 추동하고 1960년대 아프리카 민족해방운동의 광범한 전개와 신흥독립국이 다수 생겨남에 따라 아프리카로 주도성이 옮겨간 비동맹운동은 1960년대 말 일시 침체를 거쳐 1970년 9월 잠비아의 루사카에서 개최된 제3차 비동맹수뇌회의를 계기로 아프리카의 주도성 속에서 한편으로는 인도차이나전쟁에서 미국의 책략을 비판하는 가운데 반서구·반미적 경향을 강화했다. 다른 한편으로는 선진공업국의 공산품과 개발도상국의 자원 간 불균형을 규탄하고 자원민족주의를 표방하며 라틴아메리카까지를 포괄해, 아시아·아프리카·라틴아메리카 곧 AALA의 역동성에 의해 기존 국제질서를 다수의 정치로 재편해 나가며 제3세계를 가시화하게 된다.

이러한 비동맹운동의 역사적 대두와 전개, 전환과정은 비동맹운동이 아시아 혹은 아시아·아프리카 '인민'의 상태에 주목하고 그 사회적 생존의 입지에 근거해 강권적 세계질서에 공동으로 대처해 가는 대응방안들을 제출해 냈지만, 인민의 자발적 동의나 결단에 기초했다기보다는 위로부터의 연대방식이었다는 데 근본적 한계가 있다. 그것은 이념적으로는 내셔널리즘에 기반해 계급적 정체성과 민족적 정체성 혹은 그 결합으로서 정치적 정체성을 형성하면서 탈식민과 탈냉전의 기획을 이끌어냄으로써 아시아의 경우 아시아 내셔널리즘이라는 매우 강렬한 보편성을 담지해 낸 바 있다. 그러나 바로 그 내셔널리즘이라는 한계, 민족적 정체성을 누가 주도해 가느냐에 따른 계급적 갈등과 기본적으로 식민지 지식인들의 체제내화적 자기 개진이라는 반동적 상황이 연출되면서 정권의 존립 기반 자체가 흔들리고, 이로써 국가 단위의 주도성은 현격하게 약화되고 변질된다. 맥마흔 볼(W. MacMahon Ball)은 아시아 내셔널리즘의 특징을 3중의 혁명으로 규정한 바 있다.[24] 첫째, 외국의 정치적 지배에 대한 반항과 식민주의·제국주의에 대한 반항이며, 이는 민족자결과 민족독립의 요구로서 표현된다. 둘째, 빈부의 격차에 대한 사회적·경제적 반항, 셋째, 인종적 반항이며 이것은 서양에 대한 동양의 반항이다. 그런데 맥마흔 볼의 이러한 아시아 내셔널리즘의 특징화는 제2차 세계대전 이전의 아시아 내셔널리즘 대두와 전개에 근거한 측면이 강하고, 냉전적 세계체제로의 전화 이후 아시아가 그 안에 대립적으로 편제되면서 오리엔탈리즘과 냉전성이 중첩되는 측면은 간과한다는 점에서 한계를 드러낸다.

김영준은 1970년대로 넘어가는 시점에서 '동남아 민족주의'라는 개념으로 아시아 내셔널리즘의 문제를 논의한 바 있다.[25] 필자가 김영준의 논의에 주목한 것은, 그가 반공주의적 입지에서 '아세아 민족주의'를 포착하고 아시아 지역주의의 가능성을 조심스럽게 논의하는 광경이 당시의 한국의 지식풍경을 그대로 드러내주기 때문이다. 그는 정치적 입장의 한계에도 불구하고 많은 지점에서 당시 한국 지식계에서 아시아를 대면하는 정도를 가늠하게 했다. 김영준의 논지에서 가장 흥미로운 대목은 동남아 민족주의를 '아세아 민족주의'와 같은 개념으로 사용한다는 것과, '아세아 민족주의'의 성격을 반제국주의적 반식민지주의의 그것으로 특징지을 수 있지만, 그것을 일률적으로 반서구적으로 규정할 수는 없다고 파악한 점이다. 김영준은 반공 한국의 경색된 국면에서 '아세아 민족주의'는 서구에 대한 반항을 구심력으로 언어적, 문화적, 종교적, 인종적 공통기반 없이, 그리고 경제정책에 관한 이견에도 불구하고 주요 사회경제적 계급을 단결시킬 수 있었고, 그런 점에서 반서구라는 부정적 요소가 독립의 쟁취를 위한 힘을 결속시킬 수 있었던 유일한 원동력이었다는 사실은 인정한다. 그러나 다른 지역의 민족주의와 달리 아시아 내셔널리즘은 반서구제국주의와 함께 아시아 내부에서 상호 관계적 모순들로 교착되어 있다는 점에서 오리엔탈리즘이라는 문제틀로만 접근할 수 없는 문제의 핵심을 잘 포착하고 있다. 아시아 내셔널리즘의 자기 전개를 쉽게 지역정체성으로 가름할 수 없다고 보는 것이다. 예컨대 버마의 경우 반영국적이면서도 반인도적이고, 필리핀의 경우 반미적이며 반일적, 베트남의 경우 반프랑스, 반미, 반일 등의 중층적 관계의 역상들이 투영되고 있으며, 특히 일본에 의한 아시아 침략으로 인해 반일적 측면과 화교의 동남아시아 경제권에 대한 반발로서 반중국적 흐름들이 내부적 갈등을 야기하며 지역정체성 형성에 심각한 걸림돌이 되고 있다는 점을 지적함으로써 아시아 내셔널리즘이 쉽게 지역주의 형성의 기반이 될 수 없는 문제들을 제기해 내는 것이다. 위와 같은 요인들에 의해 아시아는 서구와 같은 지역적·군사적 통합(NATO)이나 경제적 통합(EEC)을 기대하기 힘든 것은 물론 민족주의운동의 형태에서도 범아랍주의나 범아프리카주의의 형태를 취할 수 없는 것이 사실이고, 그런 점에서 동남아 민족주의는 기본 성격에서 19세기 서구 민족주의와 다를 뿐만 아니라 다른 식민지 민족주의와도 다른 양상임을 역설하고 있는 것이다.

    아시아는 안팎의 어려운 조건 속에서 서구의 근대적 민족국가 건설과정과 같은 부르주아계급의 형성과 전(全) 계급적 확산, 국민/시민을 통한 주권정치의 변화경로를 단계적이 아니라 동시적으로 해결해야만 하는 과제를 안게 되고, 그런 점에서 민족적 정체성에 의한 민족해방이라는 탈식민화의 추동과 계급적 정체성이 추동하는 사회적 해방운동을 자기 필연으로 하게 된다. 그러나 이러한 정치적 정체성을 구성하는 민족적 정체성과 계급적 정체성은 하나의 국민국가 단위에서 민족국가 형성의 자기 경로를 추동해 가는 것이 아니라 세계적인 지배질서의 변화와 함께 그 직접적인 영향 아래 전후 아시아가 재편된다는 데 문제의 초점이 있다. '국제관계의 변화와 반응에서 독립될 수 없는 한 주체적일 수 없으며, 이러한 까닭에 아시아 민족주의는 식민지 민족주의임과 동시에 국제관계에서의 민족주의로서의 성격을 농후하게 띠게 된다'(김영준, 1969).

따라서 김영준은 아시아의 근대화를 외부적인 충격과 내부적인 요인의 반응 간 상호작용을 통한 전개과정으로 이해하고 아시아 근대사를 1969년 당시까지 5단계로 구분하며, 동남아에서 중립주의가 대두된 배경을 정치적 독립을 위한 민족주의의 발흥과 연대로 설명하는 가운데, 지역주의적 전망을 조심스럽게 제기하고 있다. 특히 동남아 민족주의와 중립주의의 직접적 관계, 곧 동남아 중립주의는 국민국가 단위의 민족주의를 기반으로 중립주의가 대두되고 연대 고리가 형성되는 측면을 분석하는데, 동남아시아에서 중립노선의 강한 흐름(線索)은 경제적·지정학적 측면, 지도 세력의 성격 측면, 근대화의 의식구조 측면, 그리고 역사와 철학적 측면 등의 요인에 근거한다는 것이다. 여기서 1960년대 미국의 동아시아전략 수정이라는 국제질서의 영향관계가 동남아시아에 작동한 측면을 경제적 이해관계에 입각해 설명하는 부분은 동남아시아에서 권위주의 정권의 대두과정 문제를 보다 심도 있게 접근할 때 좀 더 구체적인 맥락을 파악할 수 있을 터인데, 1969년 당시 박정희 독재정권의 개발독재 노선과 반공주의 상황에서는 쉽게 이야기되기 어려운 측면을 가늠해 볼 수 있다.

그런데 이러한 분석에서 쟁론화할 부분은 아시아에서 비동맹 중립노선이 국가권력에 의해 정치적 독립과 경제적 자립, 지정학적 요인 등에 의해 냉전의 개입을 회피하기 위한 불가피한 선택이었다는 점과 아울러, 이러한 선택은 아시아의 신생국 내에서 반서구적·반식민지적·민중적 이해관계에 근거했다고 보는 점이다. 아시아에서 전근대 지배계급으로서 봉건귀족은 구식민지 시기 서구 식민지 세력에 보호되었지만, 민족독립을 쟁취한 전후 민족자본가가 대두되고 이들은 대개 반서구적 입장을 취했다는 점, 그리고 대다수 민중은 구식민지 시기 봉건지주와 매판자본가 세력에 의해 억압과 착취를 당한 보편적 피해 양상 속에서 반서구적·반식민지적 투쟁을 전개해 왔고 정치세력으로 성장해 왔다는 점에서, 이들이 현실정치를 추동한 측면이 강하다는 것이다. 따라서 사회주의 세력의 증대 등 아시아 내셔널리즘에 근거한 중립주의 비동맹 연대운동이 국가단위의 결속을 통해 이루어졌지만, 그 실질에서는 민중적 입지에 입각해 있었다고 보아야 한다는 것이다. 김영준은 민족국가 형성과정 중에 새로운 지도층이 대두되고 그들의 혁신적 성격이 중립주의 노선의 대두와 전개 요인의 한 요인이 된다고 설명했다.

    그러나 이것은 각국의 현실적 조건에서 매우 세밀한 분석을 요한다. 이를테면, 인도네시아에서 수카르노의 정치적 실각과 수하르토의 대두 문제, 비동맹운동의 주도성을 놓는 측면과 민주독재의 파동 등은 신생 독립국가에서 민중적 입지와 변혁적/혁신적 지식인이 새로운 정치세력으로 권력화되기 어려운 지점을 잘 설명해 주기 때문이다. 또한 베트남의 경우 계급적 각축과 미국의 개입 등으로 인한 전면전의 상황에서 비동맹노선보다는 사회주의를 채택하게 되는 과정 등에서 알 수 있듯이 단순히 경제적 이해에서 기능주의적으로 중립노선을 채택한 것이 아닌 스스로 냉전적으로 편제되지 않으면 안 되는 상황 또한 뚜렷하게 포착되는 것이다. 필리핀과 타이완, 한국(남한)이 각각 반공아시아의 종주국을 자처하며 각축했던 국면 또한 비동맹과 동맹의 역학관계가 전후 아시아를 재구성해 갔다는 점을 여실하게 증명해 준다. 그리고 미국에 의해 전후 아시아에서 소거되었던 일본이 한국전쟁에서 미국의 후방기지로서의 필요성, 그리고 1950년대 아시아에서 비동맹운동의 대두와 성장에 따라 미국이 아시아전략을 수정하고, 신식민지주의로 명명되는 문화냉전의 강화와 제3세계 근대화론에 의한 경제개발 기획이 추진되는 가운데 아시아에 경제적으로 귀환하는 과정이 1960년대 아시아에서 새로운 민족문제를 야기한 측면을 간과해서는 안 될 것이다.

한편 재미있는 분석은 아시아에서 근대화의식의 구조가 중립주의의 배경이 되었다고 분석한 점이다.

> 동남아는 민족독립 후 전자본주의적 생산양식의 해체과정에서 근대화과정에 이행하여 왔다. 이와 같은 근대화과정에 있어 대중은 자본주의와 사회주의를 다 같이 근대사회의 하나의 유형으로 동일시하기 쉽다. 특히 노동집약법에 의한 중공식 경제건설은 과잉인구에 자본의 부족을 특징으로 하는 동남아제국을 유인하기 쉽게 하며 중공의 건설을 개인자유의 희생보다도 국력증강의 관점에서 생각하기 쉽다는 데 중립주의의 또 하나의 동기를 찾을 수 있다. (김영준, 1968)

김영준은 국방대학원 소속 교수로서 어디까지나 반공주의적 입장, 냉전적 시각에서 동남아 민족주의의 특징을 포착하고 설명해 가며, 그것이 중립주의노선을 채택하게 되는 배경을 설명하고 있다. 그럼에도 불구하고, 아시아에서 냉전체제에 일방적으로 편입되기보다는 자기 필요성에 의해 비동맹으로 거부하거나 주동적으로 편제된다는 점을 가능한 한 객관적 입지에서 분석해 들어감으로써 매우 흥미로운 토론거리를 제공한다. 김영준은 역사적 · 철학적 전통이 아시아에서 중립주의 발흥의 동기가 되고 있다는 점 또한 주시한다. 힌두교나 불교의 관용성 관념은 마르크스주의나 서구민주주의가 지니는 이데올로기로서의 절대성에 대해 기본적으로 거부감을 가짐으로써 쉽게 동화되지 못하고 일정한 거리감을 유지하며 생래적으로 거부하거나 자기정체성을 오히려 강화한다는 것이다. 이러한 지적은 기존의 전근대적 사상관념이 신흥독립국 대다수 국민에게 내재화되어 있음으로서 강한 자기정체성을 이루고 그것이 일종의 옥시덴탈리즘으로서 서구의 제국주의적 근대화와 대치한다고 보는 서구에서의 분석 시각에 문제를 제기한 것으로서 규정적이라는 한계는 내포하지만 흥미로운 논의거리가 아닌가 한다. 그것은 서구적 연원을 갖는 보편민주주의나 사회주의에 쉽게 동화될 수 없는 아시아적 정체성의 내면을 들여다보게 하는 의미를 가지며, 전후 아시아에서 대중민족주의가 강력한 표상체계를 만들어냈음을 예증하기도 한다.

김영준의 이러한 분석은 이전에 《사상계(思想界)》와 《청맥(靑脈)》을 중심으로 한국사회에서 변모하는 아시아와 그것을 추동해 온 비동맹운동의 흐름에 촉수를 세우고 나름의 분석 시각을 가져왔던 비판적 지식계의 세계 인식에 힘입은 바 크다.

> 특히 아시아・아프리카회의와 중・쏘 이데오로기 분쟁은 세계 질서를 뒤흔드는 무엇보다 중요한 계기이기도 하며 우리나라와 끊을래야 끊을 수 없는 연쇄관계에 있으므로…… 一九五五년에 개최되었던 반둥회의의 의의는 아시아, 아프리카의 세력권이 미・쏘의 세력권의 굴레를 벗어나려는 시점이요 세계사의 "客體부터 主體로의 전환점"이라는 역사적 의의를 갖고 있다. 더욱이 스카르노는 UN 탈퇴에 뒤이어 지난 三月 十九일에는 자국내의 외국인소유의 선박회사를 몰수한다는 반서방적 태도를 공고히 하였다. …… 캄보디아의 시아누크공도 지난 三月一일 자국 수도 프놈팬에서 인도지나 인민대회를 열어 미국 및 월남

정부를 공공연히 비난하고 중공의 민족해방전선에 동조함을 밝혔다. 앞으로 六월에 있을 제二회 아시아 · 아프리카회의의 向方은 말할 것도 없이 비동맹, 중립의 기치 아래 아시아 · 아프리카의 독자적이고 주체적인 단결과 노선을 재확인하여 세계좌표의 이동을 기성의 것으로 고정화 시킬 것임에 틀림없다. …… 一九五六년 二월 스탈린 격하운동으로부터 시작되어 一九六一년 十월 二十二차 공산당대회에서 막바지에 접어든 중 · 쏘 이데오로기 분쟁도 '아시아의 아시아', '아시아의 주체성' 이라는 아시아적 정치의식이 도사리고 있음을 간과할 수 없다. 맥마흔 · 볼 교수가 말하듯 '중국의 공산주의나 동아시아의 여러 지역에서의 사회혁신운동이 반드시 대중의 명석하고 의식된 志向은 아니라 하더라도 동아시아대중의 정치적의식이 급속히 성장되어 있고 정부가 인민의 동향에 귀를 기울이고 있음은 주의할 만한 사실이다.' 이것이 곧 아시아 내셔널리즘의 향방을 설정해 주는 요소가 아닐 수 없다.[26]

미국의 아시아 전문 기자 에드거 스노(Edgar Parks Snow)는, 존 페어뱅크(John K. Fairbank)가 '단순한 기자나 옵서버의 경지를 넘어 역사에 참여한 인물'이라고 에드거 스노의 아시아 경계를 넘던 행보를 극찬한 대로, 자서전적 아시아 근현대사 기록이라 할 수 있는 책에서 미국과 세계가 아시아의 역사적 부상에 주목할 것과 아시아는 아시아인의 손에 맡길 것을 촉구한 바 있다.[27] 심재훈은 1965년이란 한일회담 문제로 들끓고 베트남 파병을 결정한 시점에서 스노의 《중국의 붉은 별(Red Star Over China)》과 자서전을 통독해 〈아시아인의 아시아〉라는 글로 아시아와 한국의 문제에 대한 인식의 전환을 도모하는 것이다.

　　김영준은 중립주의 혹은 비동맹의 역사적 발전단계를 3단계로 획기(劃期)한다. 1947년 8월에서 1954년 6월로 네루 외교의 성장을 기축으로 그 근간이 형성되는 창조기, 1954년 7월에서 1958년 4월로 중립주의 기본 이념이 평화 5원칙으로 확립되고 반둥정신으로 보급되어 AA 지역에 확대되는 중립주의의 확립 · 전개 시기, 1958년 5월에서 1969년 말 당시까지 중립국의 수가 증대해 국제정치상의 영향력은 커졌지만, 입장의 차이가 내부적으로 복잡화 · 다양화해지는 한편 동시에 쇠퇴의 기세를 보이는 시기가 그것이다. 이는 앞서 1958년 카이로에서 열린 'AA연대회의'를 비동맹운동의 정점으로 파악한 것과 크게 다르지 않고 아시아에서 아프리카로 비동맹운동의 중심이 이동하는 1960년대의 흐름을 보아낸 것 또한 다르지 않다는 점에서 획기의 문제는 크게 없는 것으로 볼 수 있다. 다만, 비동맹에서 제3세계로 전화되는 지점의 문제를 파악할 때, 정치적 독립이 경제적 자립을 위한 필요요건이었으므로 독립이 달성된 이후에는 경제적 발전과 군사안보적 측면에서 적극적으로 냉전에 편제되어 간 사실과 아시아에서 비동맹운동의 후퇴와 제3세계운동으로의 전화가 일정한 시간성을 두고 이루어지는 지점을 포착하지 못한 점을 지적해 둔다. 이는 1969년도 말엽이라는 역사적 시점과 김영준의 정치적 입장에서 비롯한 것이다.

　　1960년대 중엽 이후 아시아는 경제적 근대화를 초점으로 많은 힘의 이동이 이루어진다. 특히 베트남전쟁 이후 격동하는 아시아는 한편에 집단방위체제 형성과 다른 한편 지역경제협력의 방면에서 세력적 결집이 두드러진다. 그중에서도 1967년 ASEAN의 성립은 비동맹의 정치적 연대를 이루었던 흐름과는 다른 맥락들이 양극체제로에서 다극체제로 선화하는 세계정세를 타고 그것이 직접적으로 연관되면서 이합집산되고 있음을 여실히 드러내준다. 정치적·군사적 동맹에 반대했던 1965년 이전의 분위기와는 많이 다른 양상이 펼쳐지는 것이다. 집단적 방위협력 문제는 물론 미국의 아시아전략과 직접적으로 맞물려 있다. 1965년 한일협정 체결을 둘러싼 미국과 일본의 이해관계가 일치된 측면과 이에 경제적 근대화의 기치로 정치권력 기반을 공고히 하려던 박정희 정권의 정권 유지 욕망이 공모하면서 한국사회는 굴욕적 한일협정을 반대하는 투쟁이 거세게 일어난 바 있다. 그리고 동남아 지배권 장악을 기도한 미국의 베트남전쟁 개시 또한 한국군이 참전하면서 한국사회를 격동의 세월로 몰아갔다. 이는 당시 다극화 흐름을 조율하며 냉전적 주도성을 유지하려는 미국의 세계전략과 경제적 근대화기획을 통한 아시아지배 전략이 아시아적 삶에 정확하게 관철되고 있음을 직시하게 한다. 중국이 중소논쟁을 지속하면서도 문화대혁명(1966~76)으로 혼돈에 빠지고, 인도네시아에서 수카르토의 정치적 실각(1966) 등 비동맹과 AA연대회의 주도세력이 봉착한 어려움 속에서 아시아는 군사안보협력과 경제협력이라는 미망 속에서 동남아시아조약기구(SEATO)의 무력화문제나 아시아태평양각료이사회(ASPAC)의 군사동맹화와 같은 논의만 무성했을 뿐 실제적인 집단방위기구의 설치는 어려운 국면을 맞고, 오히려 각국의 이해관계가 경제협력이라는 실리를 중심으로 힘의 이동이 이루어지는 것으로 파악할 수 있다. 1967년 타이, 싱가포르, 말레이시아, 필리핀, 인도네시아 등 5개국에 의해 발족한 ASEAN, 한국이 주도한 아시아태평양각료회의(ASPAC: Asian and Pacific Council, 1966, 서울)의 발족, 아시아개발은행(ADB: Asian Development Bank, 1966, 마닐라) 총회 같은 움직임들은 경제를 중심 사안에 놓은 지역협력의 추세를 반영한다.

    그러나 각국의 경제구조나 발전단계의 차이와 불균형은 아시아가 실질적인 경제협력보다는 미국과 일본의 공격적인 규모의 경제에 흡입되어

가는 양상은 자명한 결과라고 하겠다. 다만 중국이 어려운 경제조건 속에서도 동남아시아와 아프리카에 무상원조를 지속하는 것 또한 새로운 경제적 냉전의 국면을 조성하며 베트남전쟁의 군사적 충돌과 함께 아시아인에 의한 아시아를 전시체제 속에서 건구해 가야 하는 과제를 제시하며 냉전 아시아의 새로운 단계의 풍경을 열어냈다고 할 수 있다. 1970년대 접어들면서 중국과 미국, 중국과 일본의 화해 분위기가 조성되며 아시아의 봄을 연상시키지만 그러나 베트남은 여전히 전시 중이었고, 한국과 같이 종속적 경제발전의 트랙을 가고 있는 나라들은 권위주의 정권에 의한 정치적 탄압과 국민화, 경제적 착취의 깊은 골을 드러냈다. 1970년대 아시아는 광범한 반독재 정치민주화운동들이 아래로부터 주체적 국면 전환의 계기들을 열어내며 새로운 아시아, 사회 기층적 아시아의 가능성을 가시화한다고 해도 과언이 아니다. 아시아에서 비동맹운동의 제3세계운동의 전환이란 바로 이러한 새로운 아래로부터 민족적·민중적 주체 동력의 형성과 그에 의한 민족국가와 아시아의 근대적 전환을 의미한다.

마오이즘과 제3세계

아시아에서 제3세계운동은 미국의 제3세계 근대화론에 의한 경제원조·차관제공 등 간접 공략과 무력에 의한 직접 개입, 군사동맹과 조약기구, 군대주둔 등에 의한 피해를 직접 받으면서 비동맹운동의 질적 심화를 이룬 측면이 두드러진다. 그 이념적 지반은 물론 네루의 중립노선과 아시아 탈식민적 민족해방운동 이념을 주도한 아시아 내셔널리즘이다. 그러나 이를 좀 더 사상적 보편으로 정리하자면, 세계사의 1960년대와 마오쩌둥(毛澤東)사상의 연관 속에서 그것을 재정초할 필요가 있다. 마오의 세계전략과 마오이즘이 제3세계의 이론적 지주를 이룬다고 보는 것이다.

마오는 미국과 소련을 양극으로 하여 중간지대가 있다고 보고, 그 중간지대 국가들의 스펙트럼을 식민지를 보유하고 있는 국가, 식민지를 빼앗겼지만 강력한 독점사본이 지배하는 국가, 식민지에서 완진한 민족해방을 이룬 국가와 명목상으로는 독립국이지만 아직 종속국(附屬國)인 국가로 구분한 바 있다.[28] 1963년에 이르러 마오는 다시 중간지대를 유럽과 비유럽의 아시아・아프리카・라틴아메리카로 구분하고 미국과 소련에 대해 이들 국가가 각기 불만을 드러내고 있다는 점을 역설하고, 미국과 소련을 각기 극복 대상으로 삼았다. 그리고 중간지대 국가들과의 연대 가능성을 짚으면서 국가 영수가 아니라 인민의 입장에서 인민의 연대를 만들어가는 것이 중요하다고 강조했다. 아울러 소련과의 불편한 관계에 대해 그 관계 수준이 일본보다도 좋지 못하다고 평가하면서 이의 원인을 미・소 양국이 핵무기를 가지고 전 세계를 통치하고 있으며, 일본과 다른 유럽 선진국들 또한 미・소의 영향력 아래 있다는 데서 찾고 있다. 마오는 중간지대에 대해 유럽과 일본의 제국주의국가와 발달된 자본주의국가를 한 축으로 하고, 다른 한 축은 아시아・아프리카・라틴아메리카의 광대한 경제 낙후국에 두고, 이 두 부분이 미국의 압력에 반대하고 있는 것으로 인식한다. 그리고 동유럽 각국이 소련의 억압에 반대하는 문제를 발생시키고 있다고 분석한다. 제국주의 세력도 미제국주의에 반대하고 있다는 입장인 것이다. 이러한 마오의 중간지대론은 미국과 소련을 제1세계로 하여 그것에 의해 주도되는 세계지배 구도에 대한 대항의 관점이자 전략이라고 할 수 있다.

1964년에 이르면 마오는 중간지대를 제3세계로 명명하고 두 개의 제3세계를 제시했다. 아시아・아프리카・라틴아메리카의 제3세계와, 자본주의가 고도로 발전했지만 미국에 압박을 받는 제3세계가 그것이다. 그로부터 10년 뒤 마오는 중국을 제3세계로 성격 짓고, 제3세계 국가들의 상호 협조와 제3세계 인민의 단결을 역설했다. 그리고 세계 구분에서 미국과 소련을 제1세계로 놓는다. 중간파인 일본, 유럽, 오스트레일리아, 캐나다를 제2세계로 구분하는데, 그 기준은 원자탄을 보유한 정도에 두고 있다.[29] 마오는 중국이 제3세계라는 입장을 견지하면서 그러나 중국이 제3세계를 이끄는 것이 문제가 아니라 제3세계가 서로 단결하는 것이 중요하다고 역설하면서 제1세계와 제2세계는 제3세계의 단결에 주의를 기울여만 한다고 경고했다.[30]

마오의 사상이 마르크시즘을 통과해 중국적으로 재구성되는 시기는 1937~47년의 옌안(延安)시기로 볼 수 있다. 〈중국혁명전쟁의 전략문제〉(1936. 12)로부터 〈실천론〉·〈모순론〉(1937. 7~8), 〈지구전론〉(1938), 〈중국혁명과 중국공산당〉(1939), 〈신민주주의론〉(1940), 〈우리의 학습개조〉(1941), 〈연안문예공작자회의에서의 강화〉, 〈학습과 시국〉(1944), 〈연합정부론〉(1945) 등 이 시기에 발표된 마오의 입장들은 마르크시즘의 중국화(Sinocization of Marxism), 혹은 내셔널 마르크시즘이라는 마르크시즘의 이론적 전변 궤적을 보여준다. 말하자면, 이 시기의 저작 등을 통해 마오의 혁명론이 마오이즘으로 사상화되는 것이다. 많은 연구자들은 마오야말로 중국 사상전통의 충실한 재현자임을 역설해 왔다. 마오이즘은 중국혁명의 요구에 따라 강력한 내셔널리즘을 장착하고 마르크시즘의 경제결정론적 경향을 반결정론적으로 전화시키며, 반봉건·반식민의 중국이라는 조건 속에서 농민을 주체화시키기 위해 의식혁명을 중시했다. 이러한 마오이즘의 아시아적 의미는 마오가 〈연합정부론〉에서 제기한 불평등관계의 폐지와 실제상의 진정한 평등 지위를 획득하는 국제관계 원칙 및 피식민지 국가들의 민족해방과 독립적이고 민주적인 민족국가와 민주세도 형성에 대한 문제 제기에 집중되어 있다고 하겠다.

중국 인민은 많은 외국 정부가 중국에 대한 불평등조약을 폐지하고 중국과 평등한 새로운 조약을 맺는 조치에 대해 환영한다. …… 이러한 실제상의 진정한 평등 시위는 결코 외국 정부가 그 지위를 부여한 것에 의한 것이 아니라 주로 중국 인민의 자기 노력으로 쟁취한 것이어야 하며 노력의 길은 바로 중국을 정치적·경제적·문화적으로 새로운 신민주주의국가로 건설해 내는 것이다. 그렇지 않다면 단지 형식상의 독립, 평등만 있을 뿐 실제적으로는 있을 수 없는 것이다. …… 일본 인민의 민주제도가 없다면 일본 파시스트주의와 군국주의를 철저하게 제거할 수 없을 것이며, 태평양의 평화를 보증할 수 없다. 우리는 카이로회담의 조선 독립에 대한 결정이 정확하다고 인정하며, 중국 인민은 응당 조선 인민이 해방되도록 도울 것이다. 우리는 인도 독립을 희망한다. 독립적·민주적 인도는 인도 인민의 요구일 뿐만 아니라 세계평화의 요구이기도 하기 때문이다. 남태평양 각국—버마, 말레이시아, 베트남, 필리핀—에 대해서도 우리는 이들 국가의 인민이 일본 침략자를 패퇴시킨 뒤, 독립적이고 민주적 국가제도를 건립할 수 있는 권리를 충분히 획득하기를 희망한다. 타이에 대해서도 유럽 파시스트 부속국을 다루는 방법에 따라 처리해야만 할 것이다.[31]

이 연합정부론이 발표될 당시(1945. 2) 동남아는 거의 일본의 점령하에 있는 상태였고, 명목상으로는 영국, 네덜란드, 프랑스, 미국의 식민지였다. 마오가 연합정부론을 통해 동남아의 상태와 문제 해결 경로에 대해 제시한 것은 구미국가들이 전후의 식민지 처리 방침에 대해 입장을 제출하지 않은 단계에서 매우 중대한 의미가 있다. 마오는 유럽제국주의에 의한 아시아의 식민화 역사를 염두에 두고 탈식민화를 위한 아시아 민족해방운동의 전개 속에서 동남아시아의 미래상을 제기한 것이다. 시기적으로 중국공산당 또한 아직 항일민족해방전쟁을 지속하는 과정이었다는 점을 감안하면 마오가 일본의 패퇴를 전망하고, 국민당과의 대내전을 통한 사회주의 중국의 성립을 예상하고, 근대적 민족국가 건설의 조건과 경로, 국가 안전보장과 경제발전 등의 기획을 구체화하고 있었다는 것은 경이로운 통찰이 아닐 수 없다.

이는 사회주의 중국의 미래는 아시아와 세계의 새로운 세계상을 제시하는 것으로 마오이즘이 민족국가 단위를 넘어 새로운 근대기획의 보편성을 담지하고 있고, 그로써 서구의 근대와는 다른 또 다른 근대기획을 가시화한다는 의미를 함축한다고 하겠다. 그리고 이는 마르크시즘의 중국화, 마오이즘이 내셔널한 성격과 세계사적 보편성을 동시에 보유하고 있음을 현시해 준다. 나는 이를 아시아 내셔널리즘과 마르크시즘의 절합으로 이해한다. 다수 민족이 혼일(混一)적으로 거주하고 장기간 서구제국주의의 통치하에 있던 아시아에서 민족국가의 형성은 서구와는 다른 궤적을 그리기 때문이다. 요컨대, 서구에서는 민족국가가 수립되기 이전에 이미 부르주아 민족이 그 형성과정을 완료했다. 그러나 아시아에서는 서구제국주의의 식민지 침탈과 지배로 인해 민족과 그 특징의 형성이 방해 받고, 민족의 형성은 민족해방운동으로서 서구제국주의 및 그 식민적 지배수탈 구조와의 격렬한 투쟁 속에서 이루어졌다. 다시 말해 아시아에서 내셔널리즘은 이러한 민족운동의 이념적 지향으로서 대두하게 되는데, 그런 점에서 그것은 태생적으로 한편으로 근대의 억압성에 대한 현상 타파의 저항성과 다른 한편에 통합논리로서의 자민족 중심성을 내재하게 된다.[32] 저항적 내셔널리즘과 문화적 내셔널리즘, 문화민족주의가 그것이다. 그리고 아시아 내셔널리즘 정치적 독립의 측면에서만 민족의 해방을 위한 이념이 아니라 사회적 해방을 위한 경로로 나아가는데 그것은 계급적 정체성의 형성과 그것이 정치적 정체성의 실제적 내용을 이루는 사회주의적 지향성을 내포하고 있다고 할 것이다.

마오이즘 또한 아시아 내셔널리즘의 정면과 반면을 내재하고 내셔널한 마르크시즘의 면모를 드러낸다. 마오이즘은 아시아 내셔널리즘의 전형으로서 설명될 수 있는데, 다케우치 요시미(竹内好) 또한 중국혁명의 성공과 그것의 세계사적인 아시아적 의미와 일본의 전도를 놓고 아시아 내셔널리즘에 주목한 바 있다(백원담, 2008). 마오쩌둥의 주의주의는 마르크스주의 이론의 결정론적 경향을 희석시켰던 것만큼 마오쩌둥의 강력한 내셔널리즘 경향은 마르크스주의를 중국혁명의 필요에 맞게 변용시켜 나갔다. 마르크스주의 지식인으로서의 삶을 시작할 때부터 마오의 마음에 뿌리 깊이 박혀 있던 내셔널리즘 경향은 중국혁명이 세계혁명의 중심이 될 것이라는 신념을 불러일으켰다. 1930년에 이미 마오는 "혁명은 반드시 고조될 것이며 이는 서방에서보다 중국에서 더 빨리 일어날 것"이라고 예견했다. 모리스 마이스너(Maurice Meisner)는 마오의 이런 자신감 속에는 미래의 국제적 혁명질서를 건설하는 데 중국이 아주 특별한 역할을 할 것이라는 신앙이 자리 잡고 있었으며, 그 세계혁명을 향한 열망과 목표는 내셔널리즘에 대한 충동과 서로 얽혀 있었고, 정통적인 마르크스주의를 견지하면서 내셔널리즘 정서를 억제하려 했던 중국의 다른 마르크스주의자들에게서 마오쩌둥이 이탈한 것도 바로 이 영역, 즉 트로츠키가 한때 "메시아적인 혁명적 내셔널리즘"이라 명명했던 이 불충한 영역에서였다[33]고 지적했다.

마오의 내셔널하고 주의주의적인 경향은 1957년 반우파투쟁(1957년

6월 8일 마오쩌둥의 지시로 우파분자에 대한 전면적인 비판이 개시됨) 대약진운동을 통해 또 한 번의 전변을 이룬다. 사회주의 시기 마오이즘은 중국 현실에서의 내부모순과 경제기획의 실패와 무관하게 근대 극복의 새로운 기획으로서 세계사적 보편성을 가지기 시작한다. 한반도에서 열전으로 맞붙은 미국과 중국의 격돌과 정전은 소련이 아니라 사회주의 중국에 대한 세계적 신뢰를 이끌어내기에 충분했을 것이다. 그리고 스탈린의 사망과 흐루쇼프(흐루시초프)의 등장, 네루와 저우언라이의 비동맹운동 주도, 스탈린격하운동 등으로 인한 소련의 국제적 지위 하락, 1958년부터 중국이 감행한 수정사회주의 비판 등으로 사회주의 중국은 1960년대 세계사의 전진을 이끌 지도적 지위를 자연스럽게 부여받게 되었다. 당시 미국 언론이 중국의 부상과 함께 중국 고립화정책이 무의미함을 역설하면서 중국의 국제적 지위가 부상한 것이 인접국의 정치적·군사적 안정과는 무관하다는 것을 설파하는 방법의 채택을 제안한 것은 이러한 국제 사정과 미국의 곤혹스러움을 잘 반영한다.[34] 다른 아시아 국가들과의 연대에 대한 마오의 중간지대론이나 '미국은 종이호랑이(老紙虎)[35]라는 마오의 1955년 이후 미국과 서방에 대한 경계와 경쟁논리, 제3세계론과 제2세계와의 연대론 등도 이러한 자신감에서 비롯한 것이라 할 수 있다. 그러나 1960년대 초반의 시간성으로 보면, 마오는 대약진운동과 인민공사의 실패로 인해 중국 내부에서 이미 정치적으로 실각한 상태였다고 해도 과언이 아니다. 그런데 상징적 존재로서의 마오는 그 특유의 인민주의적 문화혁명으로 중국의 역사를 다시 한 번 들어올렸다. 정치적 실각 상황을 인민의 힘으로 전복시키는 문화대혁명의 세계사적 충격과 파장 정도는 문화대혁명에 대한 엄청난 관계 자료와 연구가 입증한다.

한편, 중소이데올로기논쟁이 제3세계운동의 이념적 지향을 선명하게 한 측면 또한 중시해 보지 않으면 안 된다. 여정동은 앞서 인용한 내용에 이어 1965년 한국군의 베트남전 참전의 국면에서 이의 문제를 날카롭게 논파한 바 있다.

三月 二十三일 인민일보와 紅旗지에서는 쏘련 공산당지도부를 '후르시쵸프 수정주의의 신종자' '제국주의의 앞잡이'라고 정면으로 공격하여 중 · 쏘 이데오로기 분쟁의 제二기로 치달리고 있다. 후르시쵸프 시대의 대립보다 지금의 입장은 베트남의 火焰이라는 급박한 사정 때문에 정세는 일층 심각하다. 쏘련은 공산당협의회의 공동코뮤니케 발표 당시부터 중공이 가만히 있지 않을 것이라고 예상은 한 바 있으되 중공의 거동은 예상이상의 독설을 퍼붓고 있는 것이다. 이에 대한 모스크바의 공식적인 반응은 볼 수 없으나 모스코 언론계의 일반적인 공기는 '쏘련이 침묵을 지킬 이유는 없다' 는 것이다. 이유로는 첫째 反쏘선전의 확대는 국제공산주의 운동의 단결에 큰 장해가 온다는 것, 둘째 베트남 문제에 대한 쏘련 정부의 眞意가 곡해되고 베트남 분쟁의 처리는 아시아 제국과 쏘련간에 좋지못한 영향을 주게 되고, 셋째 신흥의 여러나라의 공산당이 중공노선에 추종하면 그나라의 혁명운동이 돌이킬 수 없는 손해를 받을 염려가 있다는 것등이다. 이러한 중 · 쏘분쟁은 국제공산주의의 운동의 다각화와 '아시아의 아시아'에의 전환이라는 기본정신이 깃들고 있는 것이다. 사실 동북남아시아의 여러 국가들—버마, 비율빈, 태국, 캄보디아, 인도네시아, 중공 등—은 한결같이 국가이익을 위주로 하는 외교정책의 수립과 양극화된 힘의 자력권

속에서 벗어나 '세력균형의 희생물로부터 세력균형의 담당자로' '세계사의 객체로부터 주체로의 전환'이라는 노선을 줄다름질치고 있다.[36]

1960년 11월 모스크바에서 개최된 국제공산당대회에서 소련은 아시아·아프리카의 신생독립국들을 사회주의화하기 위한 과도기적인 이론적 모델로서 민족민주주의국가 그리고 이것을 위한 전략으로 민족민주주의노선을 제시했다. 원래 볼셰비키는 집권과 더불어 3단계혁명론을 주장했다(김영준, 1969). 김영준의 설명에 따르면, 제1단계는 식민지세력의 배제, 제2단계는 식민지세력에 대치된 새로운 민족주의정권, 제3단계는 공산정권의 수립이며, 제2단계에서는 부르주아지가 주도세력이 되고 과도기적으로 공산당이 이에 협력하는 일종의 연립정권론이다. 그런데 제2차 세계대전 이후 제1단계의 목표는 어느 정도 달성되었으나 제2단계에서 신생독립국들은 사회주의를 표방하면서도 이후 경로에 대한 전망은 구체적으로 가시화하는 상황에 있었다. 본래 소련의 입장에서 중립화노선이란 미국의 이해를 돕는 것으로서 냉전구도에서 인정될 수 있는 입장이나 세력이 될 수 없었다. 그러나 1950년 한국전쟁을 거치면서 비동맹 중립화노선의 의미가 커지고, 그것이 세계 냉전체제에 저항하며 지역적·세계적으로 자기 경로를 가시화해 내가면서 이를 '국제정치상의 현실적 세력'으로 인정하지 않을 수 없게 된 것이다. 이 상황적 조건의 변화에 대응하기 위한 전략이 바로 민족민주주의노선이라 할 수 있다. 소련은 쿠바, 가나, 기니, 말리, 인도네시아를 민족민주주의국가라 부르고, 국내 기반이 취약한 공산당보다도 강력한 민족주의 정권을 지원하고 이데올로기와는 무관하게 경제·기술·군사 원조를 제공했다. 그리고 민족민주주의국가를 정의함에 있어서 비동맹과 반서구, 서구의 경제적 영향력의 극소화, 공산당에 대한 관용 및 자주적인 국가경제의 발전이라는 4개 요소를 들었다. 이와 같은 소련의 전력 선환에 대해 정면으로 도전한 것이 사회주의 중국이다.

　한국전쟁에 참전한 사회주의 중국의 선택, 그리고 네루와 함께 주도한 저우언라이의 평화공존 5개 원칙과 비동맹운동의 주도, AA연대회의 주도 등 중국의 아시아 혹은 제3세계 전략은 사회주의 종주국으로서의 소련의 지위를 위협하기에 충분했다고 할 수 있다. 중국은 특히 이데올로기와 경제의 일치를 주장하며 AA연대회의의 정치노선을 반제국주의로 확정하고 미국의 베트남전 개입을 비판하며 반미연합 세력을 추동해 가는 가운데, 인도와 소련의 협착관계에 정면으로 문제를 제기한 바 있다. 중국이 사회주의혁명에 승리함으로써 사회주의 세력권이 강력하게 구축된 것은 사실이다. 그러나 비동맹운동에서 중국의 위상과 역할에 주목해 볼 때, 중국은 건국 초기부터 동아시아 정세에 주도적으로 결합해 들어갔다는 점을 염두에 둘 필요가 있다. 비동맹운동은 중국의 대아시아전략, 중국의 힘과 행보에 의거해 비동맹 중립화노선을 발전적으로 이끌어냈다고 할 수 있다. 인도와 중국의 공조관계는 1950~60년대 아시아의 민족해방운동 열기와 근대적 국민국가 건설의 지대한 작용을 미치며 전후 20년의 냉전구조를 파탈해 온 것이다. 1953년 스탈린 사후 1956년부터 서서히 불거지기 시작한 중·소분쟁은 냉전 세력권의 하나가 자체 분열하는 계기를 이루었고 흔히 그렇게 평가되지만, 그러나 중국의 부상으로 전후 아시아 내셔널리즘이 재'발흥'했다고 해도 과언이 아니다. 그것은 레닌이 아시아에서 민족운동의 구체적 전개 속에서 민족자결의 문제를 사고하고 민족국가의 형성문제를 사고한 측면과 맞물려 있다. 그런데 스탈린 사후 흐루쇼프가 우호적 대미관계노선을 취하자 이를 수정주의노선이라고 반대해 온 중국은 소련의 민족민주주의노선이 갖는 책략성을 정면으로 공격했고, 아시아 · 아프리카를 새로운 계급전선으로 닦아 세우는 작업을 지속하고 있었던 것이다.

그러나 문화대혁명의 파고 속에서 사회주의 중국의 급진노선은 제3세계운동에 긍정적으로만 작용한 것은 아니라고 할 수 있다. 당시 호치민(胡志明)이 대중국 관계나 대소련 관계에서 보인 조심스러운 행보는 이러한 문제의 지점을 통찰한 결과라 할 수 있다. 그리고 미국의 베트남전 개입으로 베트민(베트남독립동맹, 월맹)과 미국이 전면전으로 치달은 것은 세계사를 격동의 국면으로 이끈 또 하나의 역사적 사태라고 할 수 있다. 1960년대 중반 미국에서의 반전운동과 프랑스 68혁명 등은 아시아를 세계의 중심에 놓고 사고한 전형적인 예증이 아닌가 한다.

비동맹운동은 전쟁의 참화 속에서 그 주도적 해결을 위해 발아되었다. 그리고 그것은 1960년대 중반에 이르러 세계사 모순의 대리전을 치르는 불행한 지대가 아니라 세계사의 모순과 직접적으로 격돌하는 정치적 · 문화적 부지(site)가 되었다. 베트민의 반미항쟁은 세계사의 흐름을 아시아로부터 전화시켜 나간 중요한 전환점이 아닐 수 없다. 베트남전을 둘러싼 아시아 안에서의 각축, 중소이데올로기분쟁 등 아시아는 세계사의 전진을 타진하는 중요한 시험대로 역사의 전면에 나서게 된 것이다. 거기서 비동맹의 중립화노선은 자기 생명을 다한 듯해 보인다. 제3세계로서 아시아의 새로운 전환과 그를 위한 각축, 고뇌하는 아시아는 제3세계로서의 자기 면모를 보다 갱신하지 않으면 안 되었다고 할 수 있다.

개발 한국에서 내셔널리즘의
각축과 민중의 대두

흔히 1960년대는 세계적인 혁명의 폭발과 그 좌절의 시대로 명명된다. 그것은 주로 미국의 동아시아 지배전략 수정을 통한 신식민지주의 전략의 가동이 낳은 파장과 연관되어 있다. 미국은 1950년대 후반 비동맹운동의 고양에 따른 위기 인식 속에서 케네디 정권의 등장과 함께 동아시아 전략을 수정한다. 평화부대(Peace Corps) 창설[37]과 제3세계 근대화론으로 집약되는 신식민지주의, 군사조약·동맹 및 아시아에 설치된 외국 군사기지가 그것이다. 미국은 아메리카나이제이션으로 개념화할 수 있는 미국문화의 목적의식적 유포를 통해 침략주의적 본질을 분식(粉飾)하고, 신흥독립국들을 '저발전의 발전' 기획으로 세계경제에 종속적으로 편입시키고, 일본의 전략기지화를 통해 동아시아에 대한 세력권 편제를 다시 시도하는 것이다. 그런데 이의 수행은 민족국가 단위에서 수구보수세력이나 군부세력을 중심으로 한 권위주의 정권의 수립을 통한 간접적 방식으로 이루어졌고 이의 국가 간 동맹체제(동남아시아조약기구 등)를 획책했다. 따라서 무엇보다 그 지배의 합법적·물질적 토대 구축에서 왜곡되는 지배계층의 조작과정을 문제 삼지 않으면 안 될 것이다. 이러한 외세 의존적 지배구조는 필연적으로 그 이해관계의 관철과정에서 억압과 착취를 수반하지 않을 수 없고, 특히 억압구조의 자율성이 없는 그것은 필연적으로 자유의 억압을 수반하므로 1960년대 아시아에서 혁명의 폭발과 좌절은 이러한 억압구조에 대한 항거, 반파쇼민주화 투쟁의 대두와 패퇴로 설명된다.

한국은 1960년대를 통해 고도성장과 자본의 급속한 축적을 이루었다. 그러나 '종속의 심화(외자도입)를 통한 독점의 완성(국가 주도의 경제개발

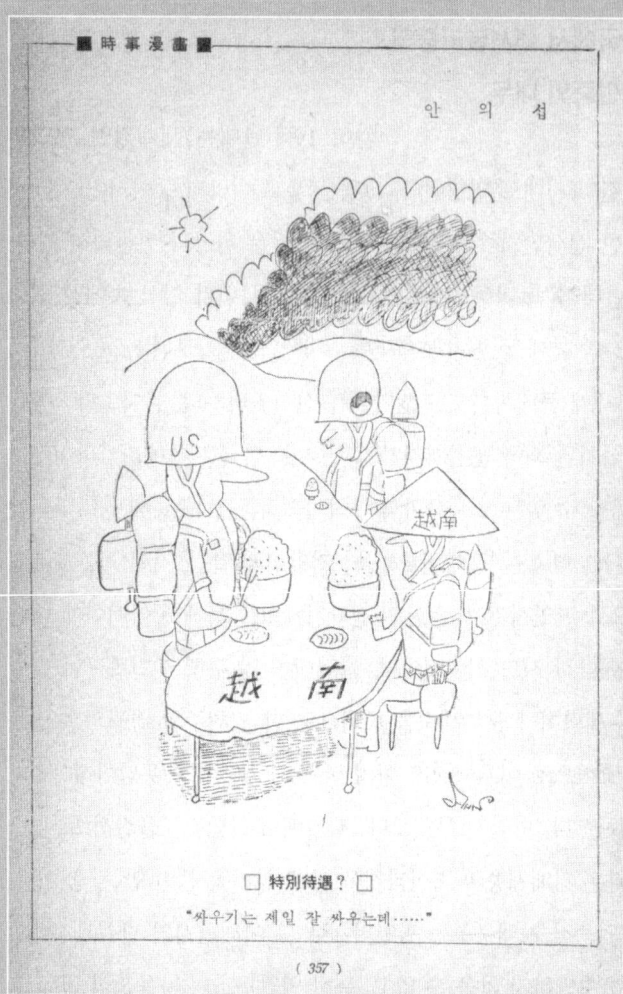

안의섭의 시사만화(《사상계》, 1966년 2월 호).
가난한 조국의 번영한 근대화와 반공아시아를 위해 베트남으로 간 맹호부대,
청룡부대 용사들, 그들 대한남아들은 조국근대화의 미몽에 비루한 목숨을
내놓았지만, 그 33만의 목숨값은 그 엄청난 파괴와 살육행위를 담보로 하면서도
헐값에 불과했다. 그리고 미국의 절대한 용병인 그들이 구국영웅, 반공기수로
표상되는 순간 우리 일상과 심미생활 속에는 미국화와 아류제국주의의 미망 또한
깊게 뿌리를 내리었다.

베트남 하노이 전쟁기념관 앞 공원에 있는 레닌 동상과, 저녁 무렵 동상 곁을 맴돌며 놀고 있는 아이들.
하노이 인문대학 학생들은 설문조사에서 가장 존경받는 외국인으로 레닌을 꼽았다. 해방전쟁의 승리와 시장화의 역사적 맥락 속에 강고한 레닌, 대다수 베트남 사람들의 삶과 정신에 내재화되어 있는 레닌과 소련은 어떤 의미일까.

계획)'을 기본 골조로 함으로써 1960년대 말에 이르러 세계자본주의의 위기 속에서 모순이 극대화된다. 외자기업을 중심으로 한 부실기업의 속출 등은 그 현실태다. 해외 의존도가 높은 경제구조는 위기극복 조정구조의 한계를 드러냈고, 결국은 베트남전쟁 같은 특수경기에 의존해 위기의 극복을 종속의 심화로 결과하게 된다. 1970년대 외국인기업에 대한 특혜 부여와 노동착취의 심화, 민중들의 생존권 억압이 두드러지고, 이를 위한 각종 법적·제도적 장치가 마련된다. '외국인 투자기업의 노동조합 및 노동쟁의조정에 관한 임시특례법'(1970년 1월 1일), '국가보위에 관한 특별조치법'(1971년 12월 27일) 제정과 노동법 개악 등이 그것이며, 1972년 10월유신은 가히 압권이라 하겠다. 그러나 1970년 11월 전태일의 분신사건을 시발로 노동자를 위시한 민중들의 생존권적 몸부림은 정권의 폭압에 맞선 민주화운동의 전개 속에서 이후에 민주노조운동이라 일컬어지는 자주적 노력으로 발전하게 된다. 당시 운동의 수준은 운동이념 및 실천이론이 정립되지 못한 상태에서 재야 세력 및 일부 종교계와 학생들을 중심으로 한 심정적 성격이 강한 것이었다. 그것은 1970년대 전반에 걸쳐 지식인 중심의 민중 지향적 운동 풍토에서 강하게 부각된다. 운동이념이라고 해봐야 프랑크푸르트학파 중심의 비판사회학 서적 등을 통해 개량주의·수정주의를 접하는 것이 고작이었고, 이는 변혁운동의 초기 단계에서 민족적 자존심이 강하게 부각되는 특수한 현상으로 나타난다. 예컨대, 제3세계 후진 자본주의국가의 변혁운동에서 그것은 과학적 이념에 입각한 운동의 전개에 앞서 자본주의의 폐해에 대한 즉자적 대응으로 나타난다. 즉, 민족공동체의 강조로 과거 회귀적(봉건시대로의) 혹은 민족주의적 성격이 강하게 대두되는 것이다.[38]

이 문제를 한국에서의 내셔널리즘의 역사적 전개를 통해 다시 살펴보면 다음과 같다. 1960년 4·19혁명은 남한의 단독정부 수립 이후 남한의 지배권력이 갖는 역사적 한계에 기인한 남한사회의 모순을 포착하고 이를 국가-민족의 대립구노 속에서 민족 혹은 사회의 국가에 대한 단죄이자 근대적 국민국가 건설에 대한 사회적 입장이 개진된 것으로서 지대한 의미를 갖는다. 여기서 중요한 것은 전후 냉전질서 속에서 한국에서는 에스닉 내셔널리즘(ethnic-nationalism)이 탈식민의 근대기획으로 좌우 스펙트럼을 그리며 전개되는 과정에서 진보적 내셔널리즘을 아시아적 지평에서 살피는 일이다.

1963년 전후, 한국의 대표적 지성지라고 할 수 있는 《사상계》는 4·19혁명 이후 민족주의와 근대화에 대한 논의를 주도한다.[39] 아울러 보다 진보적 색채를 띠는 《청맥》은 굴욕적 한일협정이 맺어진 반민족적 폭압현실 속에서 민족주의의 논의 특집을 마련한다.[40] 여기서 임방현은 〈한국민족주의전망〉을 통해 한국민족주의와 근대화 논의가 활성화된 것은 4·19와 5·16을 계기로 민족의 진로를 놓고 표면화되었으며, 동남아시아나 중근동, 아프리카의 일처럼 멀었던 이 주제들이 지식계와 사회의 화두가 된 것은 전적으로 '민중적 차원에서의 문제의식이 발아'된 것으로 포착한다. '역사상 민족주의가 문제로서 제기되는 것은 민중이 집단적으로 행동함에 있어서 민족적 의식이 가장 절실한 주체적 계기가 되기 때문'이라고 보는 임방현은 네루의 아시아 내셔널리즘의 기치를 소개하면서 8·15 이후, 좌우 세력이 각기 이데올로기로 내세웠던 민족주의를 넘어 1960년대 한국민족주의의 성격을 매우 진보적이었던 것으로 평가한다. 요컨대 그것은 아메리카니즘에 대한 비판적 자세라는 평가와 함께 아시아·아프리카의 민족주의와 구분되면서도 본질적으로는 그것과 연계성이 있는 것으로 파악한다. 곧 한국민족주의는 한국사회에 내재한 아메리카니즘과 그에 의존한 정치풍토에 대한 자기비판의 자세이며, 근대화를 통한 자주·자립을 향한 운동이자 민족 재통일의 운동 가능성을 내포하는 민족의식이자 민족운동으로 분명하게 규정하고 있는 것이다.

'…… 8·15 해방후 우익진영에서 對左정치투쟁의 이데올로기로서 내걸었던 민족주의는…… '냉전'이데올로기'에 의하여 단일민족사회를 양극화시키려는 내외의 움직임에서 그 한 측면으로 나타났다. 동기에 있어서도 그렇거니와 그 결과에 있어서는 더욱 뚜렷하게 좌·우 극한 대결과 국토분단이라는 현실을 반영하고 이를 가속하는 작용을 수행…… 이와 같은 현상과 작용은 냉혹한 권력정치로서의 국제정치의 여러 조건들이 불가피하게 우리에게 엄습해왔던 것에 그 원인을 찾아야…… 4·19로써 수구세력에 의한 한국적 보수정치가 붕괴되고, 5·16에서 그 잔존세력이 파탄에 직면한 것을 계기삼아 우리사회에서는 비로서 민족주의문제가 본격적으로 문제삼아지게…… 이 단계에 있어서 민족주의란…… 한국적 보수정치와 그 온상으로서의 국제적 배경에 대한 새로운 비판이요 안티테제로서 등장하게 된 것…… 4·19 이후 급속히 성장한 민족의식이 구체적으로는 한국보수정치의 도피처요, 유일한 거점인 제도표피만으로서의 의회민주주의에 대한 비판, 한국보수정치의 국제적 배경이라는 미국의 대한 원조정책 및 실적비판을 매개로 하여 이루어졌음을 주목해야…… 첫째로 한국민족주의의 성격을 압도적으로 우리 사회에 영향하던 '아메리카니즘'에 내한 사기비판의 자세라고 특징지을 수 있을 것 같다. 그것은 동시에 '아메리카니즘'이 내포하는 가치의식, 사고, 행동방식에 의존함으로써 연명해온 한국보수정치의 본질과 풍토에 대한 자기비판이라고 해도 좋을 것이다. 이에 더하여 지금 우리 앞에는 對比姿勢로서의 한국민족주의라는 새로운 과제가 제기되고 있다. 자본주의 발전정도가 낮은 고전적 식민지 종속국의 경우 민족주의는 먼저 민족적 억압에서 탈출하려는 운동으로서 나타났다. 그리고 이러한 양상을 우리는 제2차대전후 주로 '아시아·아프리카'의 내셔널리즘에서 많이 보아왔다. …… 한국과 미국간의 전통적 우의를 생각하더라도 亞阿民族主義 특성이 그대로 이 경우에 들어맞을 수는 없다. 여기에 한국민족주의와 그 상황의 특성이 있다. 그렇다 하더라도 해방후 오늘날까지 거의 일방적인 가치관이오, 사고, 행동양식으로 우리에게 영향했던 '아메리카니즘'에서 이제 막 탈피하여 제모습을 찾으려는 운동이 한국민족주의의 현단계적 성격이라는 점에서는 亞阿民族主義의 일반적 성격과 전혀 무관한 것이라고만은 할 수 없을 것이다. 둘째로 우리는 한국민족주의의 성격을 근대화를 통한 자주·자립을 향한 운동인 동시에 그다음 단계로 분단된 국토, 양분된 민족을 재통일시키려는 운동가능성까지를 내포하는 민족의식이오 민족운동이라고 특징짓고 싶다. 만약 북한지역에도 해방 20년동안 大蘇偏向-對中共偏向에서 한걸음 앞서나가려는 의식이 싹트고 있다고 가정하거나, 싹터야 한다고 우리가 주장할 수 있다면, 그 역사적 방향은 필연적으로 민족주체성을 매개로 한 국토, 민족재통일에의 의식이어야 할 것…… 한국민족주의의 성격을 자주·자립을 향한 민중의 '이데올로기'인 동시에 통일과업까지를 예

견하는 보다 고차원의 '이데올로기'로서 규정짓는 것은 바로 그 때문이다.[41]

홍석률은 1960년 4·19 직후 통일 논의의 대두, 한미경제원조협정 반대운동, 한미행정협정 체결 요구 등 한국에서 민족주의의 분위기가 무르익자 미국의 대한(對韓)정책이 전환되는 지점을 포착해 '한국의 민족주의를 경제발전의 건설적 목적으로 동력화하는 문제를 논의한 바 있다(홍석률, 2002). 미국의 원조와 한국의 자원을 군사적 목적에 집중해서 사용하는 것이 아니라 경제발전을 위해 사용하도록 전환하는 노력, 한국의 점증하는 민족주의를 경제건설의 동력으로 유도한다는 정책은 당시 미국의 대한정책의 기본틀을 형성했다는 것이다. 그리고 5·16쿠데타 주도 세력들이 집권 초기에 외국의 간섭과 예속에 저항하는 차원의 민족주의적 정서를 일부 갖고 있었고, 경제정책에서도 '내포적 공업화론' 등 민족경제 구조의 자립적 완결성을 추구하는 측면이 있었지만, 이러한 측면들이 급속히 탈각되고 이들이 내세운 민족주의가 경제개발을 위해 민족주체성과 자조, 자활의 의지 등 정서적·문화적 차원의 강조에 그치게 된 것은 이와 같은 미국의 대한정책에 의한 유도와 밀접한 관련이 있다고 분석했다. 1960년대 한국의 역사적 환경 속에서 구축된 민족주의의 내용은 경제개발이라는 목적에 부합하는 차원의 민족주의 요소는 허용하지만, 반면 강대국의 간섭과 예속에 저항하거나, 민족의 통일을 이야기하는 차원의 민족주의는 관 주도 민족주의에 의해 희석되거나 체제 밖으로 배제되었다는 것이다.

그런 점에서 당시 임방현이 박정희의 관 주도 민족주의와 대별되는 진정한 한국민족주의의 성격적 특성을 안티아메리카니즘과 근대화를 통한 자주·자립 운동이고 민족의식이자 민족운동으로 규정한 것은 당시 비판적 지식계의 상황인식과 지향을 드러내주는 중요한 자료가 아닐 수 없다. 특히 임방현은 '한미 동맹체제의 단순 도식에서 한미일 삼각관계, 더 나아가서는 다기화한 다원 환경으로 이행하기 시작하는 현 단계 이후의 발전과정에서 감상적 민주주의는 그 내실의 실천성으로 말미암아 민중과의 밀착 없이 겉돌 수도 있는 위험성'에 대해 경고하면서 '한국민족주의가 자주자립의 과학적 방안을 당면문제로 하고, 국토 민족통일을 그 궁극목표로 하는 주체적 개념으로 확립되어야 할 것과 한국민족주의의 실천 담당층으로 민중에 뿌리박은 새로운 정치 지도세력의 정리·성장·정착의 필요성'을 역설한다.

임방현을 비롯한 《청맥》 필진들의 한국민족주의 논의와 한일협정을 둘러싼 당시 한국사회의 팽배한 탈냉전 인식 및 현상 타파 의지는 한입협정 반대투쟁과 경제발전론과 문화사회적 맥락에서의 '민족화'담론에서 구체적 면모를 확인할 수 있다. 그런데 비판적 지식계가 '민족적' 성격을 부여한 경제에서 '내포적 공업화론'과 '민족화담론'은 정확하게 박정희 군사독재 정권의 조국근대화론과 문화민족주의와 각축하는 양상을 띤다는 점에서 문제적이다. 홍석률은 1960년대 박정희 정권의 관 주도 민족주의와 이에 대비되는 지식계의 민족주의가 상호 경쟁 대립하는 양상을 민족담론의 각축전으로서 분석하고 있다. 박정희 민족주의는 근대화론과 민족의 정서적·문화적 유대관계와 우수성을 강조하는 민족주의 요소의 결합이라는 특징을 갖으며, 양적 성장을 추동하기 위해 민족문화와 역사에 대한 자부심 내지 민족의 우수성을 강조하는 정서적·문화적 측면의 민족주의를 동원한다는 것이다. 반면 지식계의 저항적 민족주의는 민족경제의 자기 완결성을 주장하는 내포적 공업화론을 주장하고, 자본주의의 세계경제가 강요하는 예속성에 대한 경계 내지는 저항의 논리를 담고 있었으며, 민족이라는 정치경제적 공동체가 당면한 현실문제를 주로 제기하고 민족적 특수성과 우월성보다는 보편성을 강조했다는 점을 대비했다. 박정희 민족주의는 지배이데올로기로서 이들 지식계 민족주의를 체제 밖으로 배제했고, 따라서 지식계 민족주의는 현실문제의 대치 속에서 저항적 민족주의 담론과 세력을 형성해 나간 것이 한국민족주의의 특징이라 할 수 있다. 1970년대에 이르러 전태일 분신사건(1970)과 광주대단지사건(1971)으로부터 폭발된 광범위한 민중적 저항은 박정희 개발독재체제의 폭압성과 이에 대항하는 반파쇼민주화투쟁이 고조되고, 이로써 한국민족주의는 민족적 실체로서의 '민중'의 발견과 세력화로 자기 전화를 이룬다.

한편 한국민족주의는 한미행정협정과 한일협정 등 미국의 대아시아 전략의 변화와 대한정책의 전환 속에서 모순의 충돌 양상으로 자기 전개를 이루어왔다는 점에서 그것은 일국적 경계 안에 놓이는 것이 아니라 세계에 대한 부단한 인식의 변화 속에서 자기 정위의 문제로 연마되었다고 해도 과언이 아니다. 이의 구체적 정황을 당시 지식계의 동향 속에서 살펴보면 《사상계》는 1965년 7월 호에 '움직이는 세계'라는 특집란을 두고 지속적으로 세계의 변화에 촉수를 세워 왔음은 물론 '몰락과 상극의 세계'라는 제하의 특집에서 〈덜레스 외교의 와해〉(이기원), 〈미·영의 대(對)후진국정책〉(박준규), 〈드골의 제3세력의 꿈〉(정종식), 〈흐루시초프 이후의 공산권〉(동원), 〈지도부에 비친 중·쏘와 래일〉(R.맥파르카르, C. W 데이어), 〈亞·阿의 민족주의〉(김상현)가 실려 있는 것이다. 《사상계》의 이 특집은 〈한미행정협정의 문제점〉(박관숙)에 대한 강한 비판적 시각과 〈비중이 큰 우리의 對阿관계: 동부아프리카 7개국을 돌아보고〉(이수영) 외에도 기존의 '움직이는 세계'라는 기획란에도 〈요동하는 라틴 아메리카 정국〉〈아랍민족주의의 이합집산〉〈월남전은 어디까지 확대될 것인가?〉〈존슨 외교와 아시아

제국의 분쟁〉 등은 물론 가장 특별하게는 〈현 한일회담 저지투쟁의 정당성〉이라는 서울대학교 한일문제연구회의 탁월한 분석과 분명한 입장의 글을 게재함으로써 어느 때보다도 세계성세와 한일협정, 한미행정협정 등 남한사회가 겪고 있는 종속적 재편으로 인한 문제의 심각성을 잘 드러내주면서 아시아에 대한 인식의 확장과 심화를 꾀하고 있다.

한편 《청맥》은 1965년 3월호 '국제권력의 재편성'이라는 특집에서 〈종막으로 가는 양극시대〉(최종기) 분석에 이어 〈신식민주의와 민족주의의 갈등〉(이기원) 문제를 논의한 데 이어, 1965년 6월호 '아시아는 변형하고 있다'는 특집 속에서 〈전개될 아시아의 새 양상〉(여정동), 〈아시아인의 아시아〉(심재훈), 〈亞·阿회의와 아시아의 진로〉(강범석) 등을 다루고 있다. 그리고 1965년 7월호에 '$와 해병대'라는 기획특집으로 〈동남아의 반작용〉(전남석) 〈고독한 미국인〉(정종식)을 게재하고, 일본의 재무장과 중국의 군사력 강화를 예의 주시하는 〈일본의 군대: 일본 자위대의 성격과 목표〉(이진영), 〈중공의 핵실험〉(심재훈) 등을 이어서 싣고 있다.

이 두 정론지가 1965년을 통해 이처럼 활발하게 주변국과의 관계 및 아시아·아프리카 비동맹세력의 흐름을 포착하고 있는 것은, 물론 가까이로는 1964년 6·3사태로 치달은 바와 같이 굴욕적인 한일협정체결 반대투쟁이 실패로 돌아가고 한미행정협정이 미루어지면서 주둔군 미군의 횡포가 나날이 거세어지는 것을 목도하면서 미국의 아시아전략의 재편과 그에 대한 주체적 대응방안을 고민해 간 흔적들이 역력하다.

여정동은 반둥회의의 의의를 "아시아, 아프리카의 세력권이 미·소의 세력권의 굴레를 벗어나려는 시점이요, 세계사의 개체로부터 주체로의 전환점이라는 역사적 의의를 가지고 있다"고 평가한 바 있다. 그리고 "중국의 공산주의나 동아시아의 여러 지역에서의 사회혁신운동이 반드시 대중의 명석하고 의식된 지향은 아니라 하더라도 동아시아 대중의 정치적 의식이 급속히 성장되어 있고 정부가 인민의 동향에 귀를 기울이고 있다는 사실"로서 인식하며, 이것이 곧 아시아 내셔널리즘의 향방을 설정해 주는 요소라고 역설했다(여정동, 1965). 그러나 또한 이러한 민족국가 단위 혹은 그 수평적 연계로서의 문화적·정치적 내셔널리즘이 갖는 한계를 정확하게 짚어내면서 경제적 자립의 토대를 만들어가는 일의 중요성을 역설하며 미국의 아시아 경제개발, 제3세계 근대화전략을 날카롭게 간파하고 있다.

문화적·정치적 내셔널리즘은 대항의식의 경향이 있으나 아시아의 현상은 정치적 우위를 가다듬기 전에 자각적인 경제개발이 긴요하다. 여기에 기술과 자본이 필요하다. 이러한 허점을 이용하여 개발된 양 진영 특히 미·소 양국은 경제협력이라는 끈(紐)을 추진국들에 달게 되는 것이다. 이러한 경제능력이란 '끈정책'을 곧 새로운 제국주의정책이라 云謂할 수는 없겠으나 한스·콘의 이른바 내셔널리즘의 일면성인 신성한 이기주의(Sacroegoism)가 언제 표면화 될런지 알 수 없는 것은 사실이다. 이와 같이 아시아 경제개발은 미묘한 입장에 처해 있다. 때문에 건전한 아시아 내셔널리즘의 전개는 '아시아의 아시아'라는 자각적인 노력으로 아시아 내셔널리즘의 국제화가 이루어져야 하고 개별국가 특유의 내셔널리즘을 지양하고 다수 국가의 집단적인 내셔널리즘 말하자면 내셔널리즘의 집단화가 이루어져야만 한다. 아시아 내셔널리즘의 국제화란 세계와의 협력을 통한 아시아의 건설을 의미하는 것이요, 내셔널리즘의 집단화란 아시아 제국이 주체적인 입장에서 상호간 호혜 평등의 원칙

아래 부패화를 방지하고 건전화를 지향하며 전 세계의 대열에 참여함을 의미한다.[42]

확실히 아시아를 위시한 아프리카 신생국들이 치열한 민족의식과 세계의 남북구도 및 동서 냉전구도의 인식 속에서 비동맹-제3세계의 기치 아래 결집되어 나아간 것은 냉전질서 속에서 미국과 소련이 각기 주도한 국제주의의 세력권 속에서 저항적 민족주의의 세계적 연대, 소련 주도의 프롤레타리아 국제주의나 미국의 책략적 국제주의와는 다른 새로운 인터내셔널리즘의 대두를 의미하며, 그것이 세계질서의 재편을 추동하면서 평화공존의 가능성을 열어낸 의미는 아무리 강조해도 지나치지 않다. 다케우치 요시미가 아시아의 내셔널리즘에 시선을 돌리고 일본의 아시아주의에 비수를 들이댄 것은 바로 이러한 세계사 전환의 국면을 통찰하고 탁상공론이 아니라 행동의 철학으로서 아시아 민족주의를 수용하고, 실천적 지평에 동참할 것을 촉구한 것은 바로 이러한 맥락이다.

따라서 이를 세심하게 전현(展現)해 내어 공통의 역사 경험으로 공유하는 작업이 필요하다. 그것은 몇 가지 경우로 진행해 볼 수 있다. 우선 서로가 참조체계를 이루며 상호발전을 모색한 경험의 역사화작업이다. 1960년대 북한은 중소분쟁으로 인한 어려운 입지를 자력갱생론으로 극복해 감으로써 제3세계 국가들에 하나의 발전모델을 제시한 것이나 비동맹운동과의 연계를 이룬 점의 세계사적 의미를 잘 안아낼 필요가 있다. 그것은 남북한 전체와 세계의 대면구도로 보면 박정희가 반공적 아시아주의의 기치를 들고 한일협정과 베트남파병으로서 안으로는 개발독재를 추동하고 밖으로는 미국의 주구로서 아시아 반공맹주를 자처해 비동맹국가로부터 소외된 반역적 역정과 비견된다. 이는 한국이 베트남파병에 이어 오늘날 경제발전과 사회민주화의 발전 국면에서도 미국에 경제적으로 더욱 예속되고, 이라크파병이라는 세계사적 반역을 행할 수밖에 없는 문제의 심연을 통찰하게 한다.

지금 통일은 국민들에게 새로운 희망을 주는 새로운 상징으로 등장하고 있다.…… 통일은 처음부터 끝까지 민중의 일이다.…… 통일문제는 민중 스스로가 관여하고 따지고 밀고 나가야 한다.…… 먼저 우리는 분단의 민족사에 대한 반성으로부터 시작해야 할 것이다.…… 분단 체제의 모든 가치와 논리 그리고 정책과 그 실행을 반성해야 한다. 다음으로 이 반성이 진실하고도 진지했다면 그것은 현재의 우리, 현재의 나의 희생을 요구함을 깨달아야 한다.…… 이 위대한 희생 없이는 통일은 결코 실현되지 않을 것이며, 이것은 또 새로운 반역이 될 수도 있다.…… 우리는 이제까지 정치적 자유의 확보를 위해 싸웠다. 정치적 자유는 그 자체도 기본적인 것이지만 보다 큰 민족적 자유를 확보하기 위한 수단이기에 더욱 중요한 것이다.…… 적어도 집권자에 의해 확대된 만큼의 민족적 자유를 민족 전체가 향유할 정치적 자유가 확보되어야 함을 주장해야 할 것이다. 당연히 이를 위한 법적인 또한 현실적인 제 조치가 단행되어야 한다. 왜냐하면 민족 전체에게 확보되지 못한 민족적 자유란 민족 전체에게는 새로운 외압이며 따라서 이것은 말만 있고 실체가 없는 자유이기 때문이다. 이렇게 확대된 자유 위에서 통일을 향한 전진이 이루어져야 한다. 통일을 향하여 경제구조가 바뀌어야 하고 국토계획이 마련되어야 하며 민족인 동질성을 함양하는 문화구조가 세워져야 한다. 첫째는 정치, 경제, 문화 어디서나 자주성을 확보하는 것이다. 다음은 하나의 민족을 향해 서로 개혁해 나가야 한다. 그 개혁은 조국은 하나라는 민족 전래의 입장으로 다시 돌아가고 다시 창조하는 것을 의미한다. 그 하나의 조국은 두 개의 국가 때문에 피해 받은 민중의 조국임은 물론이다. 따라서 두 개의 국가란 그러한 상황에서 권력을 장악한 몇 사람의 것이요 민중의 조국은 끝까지 하나임을 자각시키는 일이다. 그 현실적인 단계로 지금 일컬어지는 복합국가론 같은 것은 신중하게 검토되어야 하며, 이것은 또 외형의 문제이고 내부체제에 있어서 복합사회라고 할 제 제도와 체제의 병존과 같은 사회체제도 연구되어야 할 것이다. 이것은 아마 동서 양 진영이 아니라 제3세계 또는 이스라엘의 사회체제에서 교훈을 얻을 수 있을 것이다. 물론 이것은 하나의 민족, 하나의 국가를 향한 현실적인 하나의 단계이지 궁극의 목표는 아니다. 적어도 각 분야에서 대외의존이 청산되고, 자주성이 세워지고, 이에 따라 통일민족의 의식과 도덕이 확립된다면 복합적 사회체제가 불가능하다고는 할 수 없을 것이다.[43]

'민중의 조국' 건설, 지금으로부터 37년 전 장준하 선생은 1972년 남북정권이 발표한 7·4남북공동성명을 민족통일이라는 대의에 입각해서 전격 지지하는 입장을 취했다. 그러나 이후 박정희 정권에게 통일 의지가 없음을 확인한 장준하 선생은 남북공동성명이 정권안보 차원의 허구적 기만행위였음을 통탄하며 위와 같은 문제 제기를 한 바 있다. 요컨대 장준하 선생의 입장은 다른 것이 아니다. 통일문제에 대한 민족주의적 시각을 제대로 갖는 것이다. 그러한 장준하 선생의 문제 인식은 오늘날에도 여전히 유효하다. 민족국가의 경계를 넘는 시야의 확보를 탈정치화된 맥락이 아니라 오히려 정치화된 맥락 속에서 이루는 것, 그리하여 시민적 '자유'라는 근대적 환상을 욕망하는 것이 아니라 분단이 국가의 형태로 변하면서 분단의 현실 자체가 개개인의 사생활 및 공동생활 속에 하나의 억압구조로서 내실화되어 반민중적·반민족적 삶을 강요당해 온 기층민중적 삶의 현실과 문화상태를 직시하고, 남북한 민중의 보편적 이해를 실현하는 '민족적 자유'의 경로를 고뇌해 보아야 하는 것이다. 그리고 무엇보다도 장준하의 복합국가론의 구상은 제3세계, 아시아라는 공간적 확장 속에서 그 관계상을 제대로 보아냈기 때문에 가능했던 것이라고 할 수 있다.

네루가 상상했던 평등아시아, 마오의 중간지대 획정과 세계구도의 전환, 비동맹과 제3세계의 다원평등한 세계상, 그리고 장준하의 복합국가론. 신자유주의 세계화시대 자본의 세계적인 이동과 노동의 유동이라는 물적 토대의 변화가 경계의 사고를 넘어서는 공간적 횡단과 시간적 종횡의 지평을 요구한 지 이미 오래되었다. 그러나 WTO에 이어 FTA, 미국발 금융위기, 세계적 공황상태에서 각 국민국가적 삶을 사는 대다수 사람들이 맞고 있는 생존의 위기는 아시아의 전후 다른 아시아와 세계를 상상하고 현재화하려 했던 바로 그 짧지만 오래된 미래들 속에서 복합적 '민족'과 '민중'으로의 새로운 정체화 가능성을 발견해 낼 수 있지 않을까 모르겠다.

결론에 대신하여

나는 꽤 오랜 시간을 아시아에서 복수(複數)의 시간성 속에 복수의 내셔널리즘들이 사상 연쇄를 이루는 장관을 많은 역사기록에서 확인하고 그 재현에 애써왔다. 그러나 근대의 학문구조 속에서 아시아 근현대사에 관한 많은 문헌자료들은 그것이 놓인 장소의 착위(錯位, 예컨대 아시아연구에 가장 적합한 장소는 미국의 아시아 관련 연구소와 도서관들이다)와 오리엔트화되거나 '확연히 구별되는' 영역으로서 자기 오리엔리엔트화하는 이중 삼중의 과정 속에서 결코 복수의 시간성을 순수하게 드러내놓지 않았다.

게다가 '로컬적인 것의 복원'에 대한 안팎의 의구심에 끊임없이 시달려야 한다. 특히 그 잘난 포스트 콜로니얼리즘의 기억과 차이의 정치학과 개입의 전술들은 아시아학의 재구성을 위한 어떤 노력도 식민주의적이고 냉전적 기원을 가진 지역학에 수렴되거나 혹은 그 강한 타자에 의한 패권적 학지(學知)의 구성방식을 내면화한 자기 오리엔탈리즘을 파생시킬 것을 '염려'한다. 아시아에 의한 아시아학의 재구성이 혹시나 서구 중심의 강고한 학문질서에서 완강하게 독립하여 강고한 서구학문의 위상과 대등한 평형적 복수성을 구현할까 전전긍긍하는 형국이랄까. 변연(邊緣)의 지식이 가까스로 획득한 메트로폴리탄적 지위는 그 유지를 위해 아시아를 끊임없이 학적 자원으로 대상화하면서 아시아에서 일어나는 학문의 주체화전략을 계서화하는 일을 등한하지 않는 것 같다.

그러나 무엇보다 어려운 현실은 아시아를 복수의 시간성과 중첩되는 공간성 속에 재정위하기에는 각 민족국가 형성의 역사적·현실적 조건에 따라 각기 드러나는 특수성들이 너무나 각양각색의 파장을 그리고 있다는 것이다. 그 특수성들은 각 민족국가의 언어와 이산단위만큼이나 산재되어 있거나 패권주의적 지역학의 시각 속에 윤색되고 잠문맥화되어 있음으로써 서구의 '발명'에 저항할 '발견'의 양적 쾌거와 궤적 만들기란 거의 환상에 속한다. 게다가 문화의 세계화 시대, 그 거대한 아카이브는 포르노그래피적으로 시장통에서 팔려나기 위한 상품의 생산지로 계토화되고 각종 자료들은 탈역사화된 조합으로 주형되고 포장되고 있다.

그리고 확실히 오늘의 부상하는 아시아는 국민국가의 현실적·가치론적 영향력이 여전히 강고한 정치적·문화적 부지(site)다. 따라서 아시아라는 지역적 전망은 국가의 '실익'과 관련된 단기적 정책 실험이나 국가경제 성장과 발전전략의 확대재생산을 위한 국가담론으로 기능함으로써 아시아 지역화의 학술작업은 언제든 이데올로그적 수행 역할에 동원되는 현실을 목도하지 않으면 안 된다. 아시아 지역에서는 '국민'이라는 정체화 기제, 민족주의, 애국주의가 강력한 영향력을 행사하고 있으며, 역사문제·안보문제는 물론 경제통합이 가속화되는 오늘날에도 이해관계를 둘러싼 국민국가 간 갈등관계가 잠재해 있다. 이러한 아시아적 지반에서 개방적인 지역전망이나 지역적 시민(성)과 같은 정체성 정치를 구현해 내는 전환의 기획이 어떻게 가능하겠는가.

역동하는 현실은 언제나 우리의 입각점이다. 서구가 아시아를, 아시아가 아시아를 타자화해 온 역사적인 아시아가 지금 그 어느 때보다도 국경을 가로지르는 선들과 관계들을 통해 새로운 자기정체성을 구성해 가는 와중인 것이다. 따라서 '서구적 보편이 규정해 준 정체성에 의해 억압된 하위정체성을 재인식하고, 우리 안의 보편성을 발견해 타자화된 정체성을 저항적으로 재구성하는' 작업을 지금 이 조선 속에서 지속해 나가지 않으면 안 될 것이다.

전후 아시아에서 탈식민화를 위한 민족해방운동은 세계적인 냉전질서의 구축과 맞물림으로써 냉전의 체제화에 대한 대응을 필연으로 하게 된다. 따라서 그것은 서구의 부르주아 내셔널리즘과는 달리 민족모순의 격화를 극복하기 위한 저항적·진보적 내셔널리즘을 대두시킨다. 그런데 탈식민화과정이 양극 세력권의 편제로 왜곡되는 과정에서 민족 내부의 갈등이 양산됨으로써 저항적·진보적 내셔널리즘은 내용적 분화와 자기 전개를 하며 각축하게 된다. 한반도, 베트남과 인도네시아 등에서 확인되는 바와 같이 전후 세계질서의 재편과정에서 구제국주의 세력이 자기이해 관철, 곧 구식민지의 실지(失地) 회복을 통한 전후 경제파탄을 해결하고 제국의 체면을 유지하고자 최후의 강권 행세를 한다. 여기에 전후 세계질서를 주도하는 미국이 적극 개입해 새로운 제국의 질서를 구축하는 과정에 사회주의 소련의 세력권 구축과 각축하면서 민족해방운동은 내부의 계급갈등을 격화하며 또다시 혹독한 국지전을 치르지 않으면 안 되었다. 전후 아시아에서 민족해방전쟁은 각기 피식민 역사의 구체적 조건 속에서 냉전적 편제와 길항하며 저항적 내셔널리즘과 수구적 내셔널리즘의 세력화와 각축을 통해 민족국가 건립을 놓고 벌이는 갈등 양상을 야기하고, 그것이 냉전 아시아의 또 다른 풍경을 그리는 것이다.

　이른바 비동맹주의 혹은 제3세계주의가 그것이다. 이 연구는 이를 아시아 내셔널리즘의 대두 및 그것이 만들어낸 연대 양상으로 파악하고 그것이 지역적 혹은 지역 간 연계고리에서 발의되고 상호관계 속에서 발전되는 과정을 오늘의 아시아적 지평에 재맥락화하고자 했다. 나는 아시아에서 내셔널리즘들은 민족적 삶의 토대가 분열됨으로써 그 외압에 의한 민족 해체로부터 민족의 결집을 촉구하고 그것의 민족해방운동으로의 전화 속에서 그 세계사적 모순에 대항한 해방의 연대전선이 만들어지고, 그 민족적 발현이 계급적 이해관계 따라 각축하며 새로운 세계상을 구현해 가는 데 새로운 민족적 구성을 이루어갔던 점에 주목해 왔다. 그런 점에서 아시아의 내셔널리즘은 단수와 복수의 민족적 경계를 수없이 넘나들면서 민족을 기준으로 차이를 본질화하는 민족적 경계를 넘나들면서 새로운 상호관계성을 확보해 가는 복수의 실재성을 있는 그대로 증언하고 있다고 해도 과언이 아니다.

그러나 아시아 혹은 지역 간 연대 전 발전과정을 제대로 조직하기란 쉬운 일이 아니다. 전후 시기부터 외세에 대한 저항 혹은 내부 갈등이 증폭되는 1950년대에 비동맹운동이 집중적으로 대두되고 1960년대 접어들면서 권위주의체제에 대항한 반파쇼민주화투쟁의 국면에 이르면 내셔널리즘을 둘러싼 이데올로기적 갈등 양상을 표면화한다는 점에서 저항적 내셔널리즘과 수구적 내셔널리즘의 대치 양상으로 규명하는 것이 요구되지만 이를 하나의 보편상으로 재현해 내기에는 각 민족국가 형성의 역사적·현실적 조건에 따라 각기 드러나는 특수성을 간과해서는 안 된다.

따라서 방법은 따로 없다. 한 민족국가의 내셔널리즘의 각축적 전개 양상을 아시아적 지평에 펼쳐놓고 재절합해 가는 것이다. 그것을 아시아 내셔널리즘의 한 양상으로 파악하고 그 이중성을 끄집어내어 유형화하고, 그것이 국민국가와 아시아적 맥락에서 길항적으로 전화되는 과정을 주목하면서 그것이 한편으로는 저항적 내셔널리즘으로 다른 한편으로는 문화적 내셔널리즘으로 절합하고 각축하는 양상을 다양한 근대화를 진행해 가는 복수의 시간성 속에서 지역적으로 재맥락화해 새로운 아시아 지역화의 사상 자원으로 삼아가는 것이다.

그런데 아시아를 구상할 때 그 아시아라는 범주에서 접속되는 단위 또한 아시아에서 근대화가 복수의 시간성을 가진 만큼 복잡하고 중층적이라는 사실을 간과해서는 안 될 것이다. 즉 아시아는 제국·진영·민족·권역·초국가(supranation) 등 다양한 단위와 견고하게 혹은 역사적으로 연동되어 왔다는 것이다. 그것은 아시아를 사고할 때 가장 헤어나오기 힘든 어려운 문제를 제기한다. 요컨대 근대적 아시아에서 각 민족단위들의 관계상은 매우 '가치 지향적'이었다는 것이다. 그것이 표현된 양상은 일본의 대동아공영권, 인도와 중국의 아시아연대회의 등 새로운 아시아지역주의의 상상, 한국과 필리핀 등의 반공아시아의 욕망, 최근의 유교적 아시아주의 등과 같이 '아시아는 하나다'라는 아시아본질주의의 흐름들은 서구의 오리엔탈리즘과 동형구조를 이루며 자기중심성과 주변화의 기획을 그 안에 내재하며 다양한 역사적 궤적을 이루고 있는 것이다. 그러나 내가 강조하고자 하는 것은 그 가치지향의 각축상이다. 그것은 아시아에서 근대의 기획들이 제출되고 그것이 각각의 입장에 따라 관계적 세계상을 그리며 자기전개를 이루며 충돌·연대해 간 역사적 경험들은 아시아가 어렵지만 새로운 관계적 정향을 모색해나갈 수 있는 천혜의 보고라고 해도 과언이 아니다. 한편에 비동맹으로부터 제3세계로 이르는 연대운동의 대두와 발전 속에서 네이션스테이트와 내셔널리즘의 한계를 넘어서는 대안적 지역주의 혹은 인터내셔널리즘의 지향이 끊임없이 모색되었고, 다른 한편에서는 패권적 지배의 환상 속에서 일본을 대체할 아제국주의(亞帝國主義)의 몽상, 미국의 전략적 파트너로서 아시아 제패를 꿈꾸는 반공아시아주의의 패권적 기획이 각축하는 양상은 아시아가 다수의 사상적 지향이 경합하고 투쟁하는 문화정치의 부지, 문화지대임을 현시해 준다.

  이 글은 우선 아시아에서 발아된 비동맹운동으로부터 제3세계운동으로 전화되는 과정의 중요 회의 및 결의문을 통해 아시아에서 연대운동의 대두 원인과 발전적 전개의 부면들을 포착하고자 했다. 거기서 국가 주도

연대운동의 이념적 수준과 현안문제들을 파악하고 그 연대운동의 한계가 그 가치 지향과 무관하게 근대적 국민국가 건설의 어려움 속에 역사적 실패로 귀결되는 내함을 살펴보고자 했다. 이 글은 아시아에서 지역주의적 연대흐름을 아시아 내셔널리즘의 역사적 개진과 한계로 포착하고 있는데, 여기서 비동맹운동과 제3세계운동으로부터 한국의 1960~70년대가 비껴서 있었다는 것은 논의의 전개를 어렵게 만든 주요 원인을 이룬다. 그러나 오히려 아시아에서 어느 국가보다도 냉전성이 관철된 반공한국의 역상(逆像)을 게시함으로써 국민국가 단위에서의 근대화기획의 각축과 주체형성 과정을 통해 아시아적 근대화의 보편상을 찾아가는 궤적을 남기고자 했다.

여기서 반공아시아를 선도하고자 한 이승만-박정희의 패권적 지역화기획이 필리핀과 타이완, 그리고 동남아조약기구 등 여타 패권적 아시아지역화 기획의 각축·공모하는 양상, 그리고 반공아시아의 기획이 비동맹운동과 제3세계적 아시아지역화의 기획과 충돌하며 냉전국면을 파탈하는 과정은 새로운 과제로 새긴다.

이 글의 원래 제목은 '제3세계 민주화열기와 민족민중 개념의 창신'이었다. 여기서 민주화열기 문제는 이 시기 제3세계에서 국가와 민족의 대립과정에서 각기 '민족'의 호명을 둘러싼 첨예한 각축이 실상은 국가의, 민족에 대한 승리로 결과 되면서 권위주의정권이 대두되고 이에 의한 압축적 근대화기획이 추진되는 과정과 직접적 관련이 있다. 국가기능의 작동을 위해 중앙집권화되고 능률화된 관료국가의 등장, 혹은 미국의 제3세계 근대화론에 의한 아시아지배전략의 변화 속에서 군부엘리트 등에 의한 대리정권이 '민족'을 호환하며 종속적 근대화의 추진 속에서 저항적 민족주의에 대한 탄압과 소외계층을 양산하게 된다. 따라서 제3세계적 아시아에서는 이러한 압축적 근대화과정에서 민족과 민중이 동시에 소외되는 가운데 개발독재세력과 정치적·경제적 억압으로부터의 자유를 위한 항쟁이 보편화된다는 점에서 민주화열기를 주제화한 것이다. 그러나 여기서 이 항쟁의 동력이 형성되는 과정에 보다 집중하게 되어 비동맹운동과 제3세계운동의 아시아적 대두에 보다 중점을 두었다. 그런 점에서 민주화열기 문제는 다양한 양상의 재현을 통해 재논의를 요한다.

● **백원담**

1996년 〈중국 신시기 후현대문학비평론 연구〉로 연세대학교에서 박사학위를 받았고, 현재 성공회대학교 중어중국학과 교수로 재직 중이다. 동아시아문화공동체포럼 기획집행위원장, 중국 상하이대학 대학원 문화학과 해외교수이고, 미국 컬럼비아대학 방문교수를 지냈으며, 《진보평론》, 《황해문화》 편집위원으로 활동하고 있다. 아시아의 새로운 관계상을 모색하기 위해 아시아 역내 문화 교통 및 사상적 회통에 대한 폭넓은 연구를 진행하고 있다. 주요 저서로는 《동아시아의 문화선택, 한류》(2005), 《인문학의 위기》(1999) 등이 있으며 〈냉전기 아시아에서 아시아주의의 형성과 재편〉(2007), 〈아시아내셔널리즘과 5·4〉(2008) 외 다수의 논문이 있다.
arum@skhu.ac.kr

1960~70년대 베트남전쟁 반대운동에서 '아시아'에 대한 시선의 부상

글·미치바 지카노부 | 옮김·송태욱

머리말

이 글에서는 베트남전쟁반대운동(ベトナム反戰運動)을 시작으로 한 일본의 무당파 시민운동에서 '아시아'에 대한 관심이 생겨난 과정과 그중에서도 특별히 기록할 만한 사상가 또는 연구자였던 쓰루미 요시유키(鶴見良行: 1926~94)의 궤적이라는 두 가지 테마를 서로 관련시켜 가면서 논하기로 한다. 제1장에서는 '베트남에 평화를! 시민연합(ベトナムに平和を! 市民連合)'을 중심으로 베트남전쟁 반대운동에서 '아시아'에 대한 관심이 생겨나는 과정을 추적한다. 제2장에서는 반전운동 외의 다른 시민운동 영역, 즉 국제연대운동, 반공해운동, 민주화 지원운동, 성(性)침략 반대운동 등에서 공통적으로 '아시아'에 대한 관심이 떠오르게 되는 상황을 말하고, 제3장에서는 쓰루미 요시유키와 '아시아'의

관련 양상을 개관한다. 모두 중요한 문제이긴 하지만, 이 글에서는 다양한 운동 주체가 어떤 형태로 서로 겹치는 영역을 발견하고 공동행동을 해나갔는가 하는 것과 거기에서 어떻게 더욱 새로운 상상력이 생겨났는가 하는 문제에 대한 윤곽을 그리는 데 그치기로 한다. 언젠가 다른 기회에 더욱 상세하게 서술할 생각이다.

베트남전쟁 반대운동과 '아시아'

1960~70년대 일본의 사회운동

통상 '베트남전쟁 반대운동'이라고 하는 이 운동은 1965년 2월에 시작된 미군의 북베트남 공중폭격(북폭)에 대한 항의운동을 전개한 시점을 기점으로 보고 있다. 베트남전쟁 반대운동의 시대는 다양한 시민·주민 운동이 분출한 시기였고 동시에 학생·신좌익 운동의 절정기이기도 했다. 그 시기는 전후(戰後) 일본의 '번영'이라는 의미를 다양한 형태로 다시 묻는 시대이기도 했는데, 전쟁에 가담하는 일본 정부에 대한 비판은 베트남전쟁을 배경으로 경제발전과 '평화'를 구가하는 자신들의 생활 자체에 대한 비판이나 재검토와 연결되어 있었다. 1970년대에 들어서자 출입국관리법 반대투쟁이나 일한연대운동(민주화 지원, 기생관광 비판 등), 공해수출 반대운동, 반공해·반개발 주민운동, 반전 시민운동, 여성해방운동 등 여러 운동들이 서로 과제가 겹친 형태로 전개되어 나아가게 된다.

이러한 상황에서 반전 시민운동 안에서는 '아시아'를 의식하는 새로운 운동으로 전개되어 나가는 부분이 나타났고, 이와 동시에 '반전 시민운동' 자체는 일상적 구조인 '안보(미일안전보장조약)'[1] 체제를 비판하고 그 구조의 강화에 저항하는 운동으로서 '포스트 베트남전쟁기' 고유의 활동 영역을 설정해 나갔다(물론 양자가 공약 불가능한 형태로 나뉘어 있었던 것은 아니다).

'베트남에 평화를! 시민연합'의 전개

베트남전쟁 반대운동에서 '아시아' 문제는 어떻게 부상했는가. 이 점에 대해서는 '베트남에 평화를! 시민연합'의 활동을 중심으로 살펴보기로 한다. '베트남에 평화를! 시민연합'은 당시까지 일본의 '평화운동'이 일본사회당·일본공산당·일본노동조합총평의회(日本勞動組合總評議會) 등 정당이나 노동조합의 전국 중앙조직(National Center), 혹은 전학련(全學連)[2] 같은 학생운동의 전국 중앙조직이 주요 담당자였던 것과 달리 개인 참여의 '시민운동'이라는 형태로 떠맡았다는 데에 특징이 있다. 사람들이 당파나 조직의 일원으로 운동에 참가하는 것이 아니라 개인적으로 참가해 다른 개인과 함께 한 사람의 인간으로서 생각하고 행동하고 사회에 요청한다는 사고가 이 운동의 기축에 있었던 것이다. 당파에 속한 자도 속하지 않은 자도 대등한 개인으로 발언하고 행동할 것을 요구했고, 그 때문에 당파나 조직의 이해를 운동 안으로 끌어들일 수 없었다. '베트남에 평화를! 시민연합'은 "베트남에 평화를", "미국은 베트남에서 손을 떼라", "베트남을 베트남 사람의 손에", "일본 정부는 미국의 전쟁정책에 협력하지 말라"라는 목표를 내세우고 이에 찬동하는 개인이나 그룹은 누구라도 '베트남에 평화를! 시민연합'을 자처할 수 있었다.[3] 이리하여 자립분산형의 이 운동은 일본 각지로 확대되었고, 전국적으로 400개에 가까운 지역 '베트남에 평화를! 시민연합'이 탄생했다.[4]

'베트남에 평화를! 시민연합'이 내세운 "베트남에 평화를!"이라는 슬로건은 베트남 민중(人民)에 대한 동정과 미국에 대한 분노에서 출발해 전쟁 수행을 위해 완전 가동하는 안보체제='전쟁기계'의 가시화와 그 '기계'의 일부인 자신의 발견을 매개로 하여 자신의 '가해성'에 대한 물음으로 심화되었다. 그리고 '반안보(反安保)'라는 과제는 그 결절점이 되었다.

'가해'라는 이 관점은 '베트남에 평화를! 시민연합'의 대표였던 작가 오다 마코토(小田實)가 1966년에 '베트남에 평화를! 시민연합'이 주최하는 국제회의에서 정식화한 것이다.[5] 오다 마코토는 한 사람 한 사람의 인간은 국가가 벌인 전쟁에 동원되어 전사하거나 부상당하고 또는 공중폭격으로 죽임을 당하거나 사랑하는 사람을 잃거나 하는 '피해자'의 입장에 있고, 동시에 그 '피해자'로서 국가에 동원되는 입장 자체가 교전국이나 점령지, 식민지에 대해서는 '가해자'이기도 하다는 사실을 간과해서는 안 된다고 했다. 그리고 전장에서 '가해자'인 인간은 동시에 전쟁의 '피해자'이기도 하다는 것이다. 이 '가해'와 '피해'의 중층성에 대한 인식은 '가해'와 '피해'를 상쇄해 문제를 무화하기 위한 것이 아니라 '가해'와 '피해'가 좋든 싫든 서로 뒤얽히는 총력전, 제국주의하 인간 생활의 실태를 똑바로 볼 수 있게 하기 위한 것이었다. 그것은 '피해' 경험에 매몰된 전후 일본의 일국주의적 '평화' 의식을 비판할 때 중요한 의미를 지니며, 동시에 오로지 '가해성'에 대한 비판으로 일관하는 논지를 세우고 가해를 하는 국가를 변혁하는 '전위' 주체로서 자신을 특권화하는 신구좌익의 주체성론—혁명 주체의 구축론—에 대해, 제도 안에 묶여 꼼짝할 수 없게 된 생활자의 양상·생활을 통해 생활 자체를 바꿔나가는 '보통 사람'의 변혁론으로서 의미를 갖는 것이기도 했다. 거기에서 제출된 문제의식은, 그렇다면 어떻게 해서 이러한 '가해/피해'의 구조에서 벗어날 수 있을까, 하는 것이었다. 그것은 '가해 상대—자신들이 상처를 준 '피해자'들—와의 관계구조를 발견하고, 그 관계구조를 개인에게 강요하는 국가라는 존재에 눈을 돌리게 한다는 발견의 논리를 포함하고 있었기 때문에 제2차 세계대전 후 일본의 사회운동사에 중요한 패러다임 변화를 가져다준 발상이었다.[6] 이러한 관계구조에 대한 의식이야말로 고도성장에서 희생된 공해 피해자나 공동체 파괴에 저항하는 농민들, 일본과 '제3세계'의 관련 등에 대한 시선을 낳았던 것이다. 이것은 동시다발적인 현상인데, 오다 마코토가 단독으로 개척한 시야(視野)라기보다는 동시대에 공유되던 다양한 현상을 뛰어난 형태로 언어화한 사람이 바로 오다 마코토였다고 이해해야 할 것이다.

그 후 베트남전쟁 반대운동은 1970년 6월을 정점으로 '1970년 안보' 투쟁이 수습되면서 그 구심력과 동원력을 잃어가게 된다. '베트남에 평화를! 시민연합'의 기관지에서도 '전기(轉機)'가 이야기되고,[7] 한편 그 활동을 지속하는 가운데 '반전' 과제는 다양화되고 다원화된다.

'베트남에 평화를! 시민연합' 운동에서는, 전쟁에 반대하는 미국 병사의 저항운동과 연대해 미군기지 기능을 저지시키고 기지 자체의 해체를 목표로 하는 '반군운동(反軍運動)'이 이 시기부터 새로운 전개를 보이기 시작한다. 그리고 이후 '반전 자위대원(反戰自衛官)'[8]과의 연대나 군수산업에 대한 '한 주(株) 갖기 운동' 등에 달려들게 된다. 1972년 후반에 접어들면 평화 교섭이 임박했다는 전망 속에서 미군 철퇴 후 또는 '베트남전쟁 후'의 운동에 대한 모색이 시작된다. 1973년 1월에는 파리평화협정이 체결되고, '베트남에 평화를! 시민연합'은 1974년 1월에 해산 집회를 개최한다.

'베트남에 평화를! 시민연합' 운동에서 '아시아'의 부상

이 무렵 '베트남에 평화를! 시민연합' 운동 내에서는 급속하게 '아시아'가 부상한다. 여러 사람들의 증언을 종합해 보면, '베트남에 평화를! 시민연합' 안에 "아시아를 알자"는 관심이 일어난 데는 쓰루미 요시유키가 중심적인 역할을 한 듯하다(나중에 설명하기로 한다). 1971년부터 와다 하루키(和田春樹) 등은 남북 분단하의 남베트남에 기업이 진출하는 것에 대한 비판 운동을 시작하고, 나중에 '하이에나기업 시민심사회(ハイエナ企業市民審査會)'를 결성해, 남베트남에 가담해 전쟁 이권을 찾아다니려는 일본 기업에 대한 항의 운동을 전개한다. 또한 평화협정이 체결된 후 정부와 재계가 '부흥' 사업에 관여하기 시작하자, 전쟁 가담에 대한 반성 없이 전쟁에서 돈을 번 자들이 이번에는 '부흥' 사업으로 돈을 벌어들이려 한다며 비판을 강화하고, 오다 마코토 등은 '경제단체연합회(經濟團體聯合會)'[9)]에 대한 데모를 호소한다. 이러한 움직임을 개관할 수 있는 것으로,《아사히저널(朝日ジャーナル)》1972년 1월 14일자의 특집 〈우리는 아시아를 모른다(私たちはアジアを知らない)〉를 들 수 있다. 게재된 논문은 오다 마코토의 〈'토민'과 '일본호병'('土民'と'日本好兵')〉, 가토 유조(加藤祐三, 도쿄대학)와 쓰루미 요시유키의 대담 〈아시아를 걸으면서 생각한다(アジアを歩きながら考える)〉, 니시카와 준(西川潤, 와세다대학)의 〈아시아 분단으로 나아가는 일본 자본(アジア分斷へ進む日本資本)〉, 다케우치 이쿠오(竹內郁郎, 도쿄대학)의 〈각국의 매스컴에서 보는 일본 비판(各國のマスコミにみる日本批判)〉, 와다 하루키의 〈'하이에나 기업'과 우리들: 소니·도요타의 남베트남 진출에 항의하며(ハイエナ企業とわれわれ: ソーニ・トヨタの南ベトナム進出の抗議して)〉였다. 와다의 논문은 위에서 말한 '하이에나 기업'을 비판한 것이다. 오다의 논문은 좌익 사이에서 '아시아' 붐이 일기 시작하는

것에 대해, 그것이 공허한 슬로건이거나 위에서 내려다보는 태도로 가득 차 있다는 것을 비판하고 "우리 일본인 한 사람 한 사람이 아시아에 대해 아무것도 모른다는 데서 시삭하시 않으면 안 된다"고 주장하며, 한 사람 한 사람이 '아시아 지도'를 만들 것을 제창하고 있다. 오다는 이 무렵부터 급속하게 '아시아'와의 연결을 생각할 필요가 있다고 주장하게 된다.《아사히 저널》의 특집 제목은 오다의 이러한 문제 제기에 따른 것이었다. 가토와 쓰루미의 대담은 실제로 아시아로 가서 그곳에서 직접 만나고 경험한 것들을 논의한 것이다.

1974년 12월 우라와(浦和)에서 열린 '베트남에 평화를! 시민연합' 전국 간담회에서 쓰루미 요시유키는 "일본, 미국 양 정부에 의해 시작되고 있는 아시아에 대한 토대 작업에 어떻게 대응해 나갈까도 생각해야 할 것이다"라고 말했다.[10] 일본 기업의 아시아 진출이 '포스트 베트남'에 의해 가속화하고 있다는 것, 그것은 일본이 미국과 공동으로 아시아를 재편하게 될 것이라는 사실을 꿰뚫어본 발언이었다. 1973년 6월에는 '베트남에 평화를! 시민연합' 등 반전 시민운동과 반공해운동 등의 여러 단체가 공동으로 '둘도 없는 지구와 생명: 인간=환경파괴와 싸우는 6월 도쿄행동(かけがえのない地球と生命: 人間=環境破壞とたたかう六月東京行動)'에 전력을 다했다.[11] 반전 시민운동의 과제가 경제침략과 그로 인한 환경파괴 문제와 연결됨으로써, 지금까지 없었던 반공해운동과의 공동행동이라는 연대가 탄생했다. 이 연결은 1974년 6월의 '아시아인회의(アジア人會議)' 때까지 계승된다(나중에 설명하기로 한다). 1974년 8월에 열린 '반전 시민운동 전국 간담회'에서 '베트남에 평화를! 시민연합'은 12월에 해산한다고 발표하는데, 그때 오다 마코토는 1975년 6월에 '아시아 사람들과의 모임(アジアの人びととの集まり)'을 기획하고 있다고 보고했다.[12] 이에 대해서는 왜 아시아인가, 라는 의문도 나왔지만 각 신문사는 "'베트남에 평화를! 시민연합', 12월에 해산 / 아시아 중심의 새로운 운동을 지향한다"(아사히신문), "아시아에 대한 '경제침략'을 고발 / '베트남에 평화를! 시민연합' 해산 후 반공해와 관계를 맺는 새로운 운동"(마이니치신문)이라고 보도했다. 이 전국 간담회의 보고를 실은 《'베트남에 평화를! 시민연합' 뉴스(ベ平連ニュース)》의 편집후기에서 야마구치 후미노리(山口文憲)는 "지금 '베트남에 평화를! 시민연합'에 유령이 배회하고 있다. 아니, 유령이 아니라 일종의 감기려나. 그 이름은 '아시아 감기'다. 실제로 극도로 창궐하고 있다"라고 말했다. 또한 1974년 1월 '베트남에 평화를! 시민연합' 해산집회에서 사무국장인 요시카와 유이치(吉川勇一)의 보고에서는 다음과 같은 인식의 전환이 나타나 있다.

'베트남에 평화를! 시민연합' 초기에 베트남 문제로 많은 사람들이 모였다는 것은, 극단적으로 말하면 자신의 생활과 분리해 베트남을 위해 데모를 할 수 있었기 때문이라고 말할 수 있지 않을까요? 그러나 특히 한국의 문제, 김대중 문제, 박정희 정권의 문제로 데모를 하는, 그런 것들에 대해 어떤 주장을 하려고 할 때는 그것이 자신들의 생활이고 자신들의 책임, 일본의 책임이라는 것과 결부시키지 않고 논하거나 행동할 수는 없습니다. '베트남에 평화를! 시민연합' 운동을 해온 9년 동안 우리의 운동은 그렇게 되어왔던 것입니다. 자신의 생활, 자신이 기대고 서 있는 이 일본의 정치와 사회를 빼고는 생각할 수도 행동할 수도 없다는 데까지 이르렀습니다. 최근의 상황은 점점 아시아라든지 제3세계라든지 우리의 생활이나 정치와의 관련을 빼고

는 정치를 말할 수 없게 되었습니다.[13]

이 보고에서는 '포스트 베트남전쟁기'에 주목해 '아시아'가 중요한 키워드가 되었다는 것을 확인할 수 있을 것이다.

1970년대 일본 시민운동에서 '아시아'의 부상

아시아태평양자료센터

'베트남에 평화를! 시민연합' 운동으로부터 이렇게 '아시아'로 전개되는 움직임 가운데서는 한 가지 중요한 것을 확인해 두어야 한다. 바로, 아시아태평양자료센터(PARC: Pacific Asia Resource Center)의 설립이다. 아시아태평양자료센터의 전신은 '베트남에 평화를! 시민연합' 운동 중에 창간된 잡지 《AMPO》('AMPO'는 안보(安保)의 일본어 발음을 알파벳으로 표기한 것.—옮긴이)였다. 1970년에 있을 미일안전보장조약의 자동연장을 앞둔 1969년, 《AMPO》는 '베트남에 평화를! 시민연합'이 안보조약의 폐기를 목표로 운동을 전개해 나가기 위한 미디어 《주간 안포(週間アンポ)》를 창간했을 때 이것과 함께 일본의 민중운동을 해외로 발신하기 위한 계간 영문잡지로 창간되었다.

잡지 제작에는 무토 이치요(武藤一羊) 외에 '베트남에 평화를! 시민연합'에 모여 있던 더글러스 러미스(Douglas Lummis) 등 '외국인, 베트남에 평화를! 시민연합', '우려하는 아시아학자 위원회(CCAS=Committee of Concerned Asian Scholars)'의 멤버가 협력했다. '우려하는 아시아학자 위원회'에는 마크 셀던(Mark Selden), 허버트 빅스(Herbert Bix), 존 W. 다워(John W. Dower) 등이 관계하고 있었다.[14] 《AMPO》는 서구만이 아니라 제3세계 각국의 민중운동 진영에 보내졌고, 이것과 교환하는 형태로 다양한 운동미디어가 《AMPO》 편집부로 보내져 왔다. 보내온 잡지에는 매스미디어가 보도하지 않는 수많은 뉴스가 포함되어 있었고, 이를 활용하는 것을 축으로 아시아·태평양 지역의 정보 수집과 연구를 주요 목적으로 하여 설립된 것이 아시아태평양자료센터다.

아시아태평양자료센터의 설립은 《AMPO》 편집에 관계했던 그룹, 무토 이치요가 《AMPO》와는 별도로 기타자와 요코(北澤洋子) 등과 함께 발행하고 있던 제3세계의 혁명운동·이론 잡지인 《연대(連帶)》, 그리고 쓰루미 요시유키가 합류하는 형태로 진행되었다. 발기인에는 오다 마코토, 요시카와 유이치, 다카하시 다케토모(高橋武智), 와다 하루키 등 '베트남에 평화를! 시민연합' 인맥을 중심으로 히다카 로쿠로(日高六郎), 이노우에 기요시(井上淸) 등의 저명한 사회과학자, 혼다 가쓰이치(本多勝一), 그리고 반공해운동의 우이 준(宇井純)도 포함되어 있었다(설립 후의 이사회에는 우이 준 외에 그와 함께 반공해운동에 몰두하던 마쓰오카 노부오(松岡信夫)도 참여했다).[15] 아시아태평양자료센터는 1973년 9월 정식으로 발족했다. 이에 수반되어 잡지 《AMPO》는 아시아태평양자료센터가 발행처가 되었고 부제는 'A Report on the Japanese People's Movement'에서 'Japan-Asia Quarterly Review'로 바뀌어 일본의 운동을 해외로 보도할 뿐만 아니라 제3세계의 정보를 싣거나 아시아태평양자료센터의 연구 성과를 발표하는 장으로서도 기능하게 되었다.

아시아인회의

　이 무렵 아시아 각국에서는 군사독재 정권의 인권침해에 대한 다양한 저항운동이 발전하고 있었다. 말레이시아·싱가포르의 치안 체제, 인도네시아의 수하르토 체제, 타이의 군사쿠데타, 한국의 박정희 유신독재 체제, 필리핀의 계엄령 등 동아시아에서는 후일 '개발독재'로 일컬어지는 군사독재 체제가 확립되어 강화되고 있었다. 무토 이치요에 따르면, 독재에 저항하는 이 사람들의 운동과 연계하려는 생각이 이때 처음으로 부상했다고 한다. 그때까지 아시아와 비정부적 형태로 맺은 관계는 코민테른 이래의 공산주의자 네트워크, 일본노동조합총평의회·사회당 등이 중국·북한 등과 '대표단'이라는 형태로 교류한 좌파의 관계를 제외하면 그리스도교도의 교육·인권·생활 개선 활동 같은 것밖에 없었으며 시민운동이 관계를 모색한 경험은 없었다고 한다.[16]

　이러한 반독재·민주화운동에 대한 관심은 단순한 동정이나 보편적 정의에 대한 이념에서 생긴 것이 아니었다. 그것은 이 시대에 가시화된 '아시아'와 일본의 구체적인 관련에 대한 인식에 따른 것이었다. 즉 1960년대 중반부터 확대된 일본 기업의 대(對)아시아 투자와 이를 통한 일본 정부·기업과 독재정권의 유착 문제라는, 일본인 자신에게 '가해'의 문제가 가시화된 것이기도 했던 것이다. 스에히로 아키라(末廣昭)는 "1965년 아시아의 여러 나라에서 생긴 일련의 움직임(베트남전쟁, 인도네시아의 군사쿠데타, 한일조약, 아시아아프리카회의의 중지)과 1966년 사토 에이사쿠(佐藤榮作) 총리가 제창한 동남아시아개발각료회의 개최"를 지표로 하여 "일본이 미국의 대아시아 전략을 대신 떠맡기 시작하고, 아시아용 경제협력이 무역이나 기업 진출에 앞서 본격화된다"고 말했다.[17] 우선은 정부 개발원조라는 형태로 아시아 개발에 관여하기 시작하고 아시아 각국의 '개발 체제'의 확립을 기다려 — 정경아(鄭敬娥)에 따르면 아시아의 여러 반공국가에서 지역주의적 개발주의가 확립되는 것은 1965년 전후다[18] — 1970년대에 접어들면 투자가 급속하게 확대된다. '아시아'의 가시화란 '아시아'와 일본이 이러한 형태로 밀접한 관계를 맺게 되는 사태를 가리켰던 것이다.

1974년 6월에 열린 아시아인회의(The Conference of Asians, 정식 명칭은 '아시아의 경제개발과 환경의 미래에 관한 회의' 즉 The Conference of Asians on the Future of Economic Development and the Environment)는 그러한 형태로 가시화된 '아시아'에 관심을 갖는 일본의 다양한 운동조직과 아시아 각국의 지식인·활동가가 개최한 최초의 국제회의였다. 이 회의를 제창한 사람은 '베트남에 평화를! 시민연합'의 대표였던 오다 마코토였는데, 그는 이미 1972년부터 이 회의를 구상하고 있었다. 이 구상이 공개된 것은 앞서 본 대로 1973년 8월에 있었던 반전 시민운동 전국 간담회 석상에서였다. 이 무렵에는 아직 회의의 명칭이나 개최 시기, 운영을 담당할 그룹의 구성은 정해지지 않은 상태였다. 이 회의는 '베트남에 평화를! 시민연합' 등의 반전 시민운동, 공해 반대운동(자주강좌),[19] 그리스도교도의 운동(SODEPAX), 이렇게 세 운동단체가 연합해 운영을 담당했다. 이 연대에서는 그 전해인 1972년의 '인간=환경파괴와 싸우는 6월 도쿄행동' 이래의 행동과 인간관계의 축적이 커다란 의미를 갖고 있었다.

논의의 축은 두 가지, 즉 아시아에 대한 일본의 경제침략 실태를 밝히는 것과 개발에 따르는 아시아의 환경문제를 논의하는 것이었다.[20] 회의 일정을 보면 첫 이틀(6월 8~9일)은 견학여행(exposure)에 할당해 국제공항 건설에 반대하는 산리즈카(三里塚) 농민과의 교류, 게이요(京葉 : 도쿄와 지바 옮긴이) 공업지대의 공해 실태(특히 지바(千葉)에서 공해를 발생시킨 플랜트를 필리핀으로 이전하려던 가와사키(川崎)제철공장) 등을 시찰했다. 다음 이틀간(10~11일)은 후지사와(藤澤) 시의 절에서 합숙하며 자기소개를 하는 시간을 갖고 몇 사람이 발제를 했다. 그러고 나서 3일간(12~14일)은 하지오지(八王子) 시의 세미나하우스에서 각 테마별로 분괴모임을 열고 논의를 심화시켰다. 여기까지는 비공개로 열었고, 마지막 날인 15일은 일반에 공개하는 대중집회를 열었다. 회의가 비공개로 열린 것은 각국 참가자의 안전을 고려했기 때문이다. 매스미디어의 취재도 거부했고, 저널리스트는 아시아에 관심이 있는 개인 자격으로 초대되었다. 한국과 인도네시아에서 참가할 예정이던 사람은 본국에서 출국할 수가 없어 회의에 참석하지 못했다. 필리핀 참가자는 이름조차 공표할 수 없었다.

회의에서는 '힘과 돈의 그물망'과 싸우는 사람들의 '유대'를 통해 "아시아 사람들은 하나"임을 선언한 '공동선언(The Joint Declaration of Asian People)'과 '행동결의'를 채택했고, 그 외에 박정희 정권을 비난한 '한국 문제에 관한 결의'(재일 한국인의 한민통[21] 일본 지부가 제기), 아시아 각국의 정치탄압에 항의하는 '정치범에 관한 결의', 노동자의 대량해고와 저임금 노동에 대한 '타이의 일본 섬유 관련 대기업에 대한 항의', 일본 기업이 청부한 필리핀의 항만 건설로 현지 민중에게 대규모의 피해가 발생한 일에 항의하는 '선언문', 여성노동자에 대한 경제적 착취, 성적 노예화, 정치적 탄압에 항의하는 '여성문제에 관한 결의' 등을 한데 모았다.

제2회 아시아인회의는 이듬해인 1975년 8월에 타이에서 열렸는데, 그 이후에는 계속되지 못했다. 도쿄회의의 '행동결의'에서는 각국에 항상적인 기관을 만들고 연락센터를 설치하는 문제도 제기되었지만 경제 · 인권 · 환경을 잇는 네트워크는 테마가 너무 큰 탓이었는지 지속되지 못했다. 다만 환경에 관해서는 이미 탄생해 있던 아시아환경협회(Asian Environmental Society)와 결합하면서 일본의 자주강좌 그룹이 각국과의 연대를 심화시켜 나갔다. 우이 준 등은 1979년 10월 '제1회 아시아지역 환경문제 민간단체 세미나(First Regional NGO's Seminar on Asian Environment)'를 도쿄에서 개최했다.

무토 이치요는 아시아인회의에 대해 다음과 같은 에피소드를 남겼다.

> 회의가 끝난 날 밤, 싱가포르에서 참가한 청년은 택시에서 "전 도쿄에 와서 처음으로 아시아인으로서의 의식을 가졌습니다"라고 말했다. 동승한 말레이시아의 젊은 변호사가 "그렇습니다. 말한 그대롭니다"라며 "우리는 완전히 분단되어 있습니다. 필리핀에 대해서도, 인도네시아에 대해서도 무엇 하나 아는 게 없습니다. 아는 건 영국에 대해서뿐입니다" 하고 덧붙였다.
>
> "도쿄에 와서 처음으로"라는 부분에 통절한 울림이 있었다. 동남아시아 민중운동의 활동가들이 불완전하나마 공공연하게 회합할 수 있는 곳은, 지금으로서는 다른 의미에서 어려움이 있는 베이징과 하노이를 제외하면, 아시아에서는 세 곳밖에 없었다. 도쿄와 홍콩, 방콕이다. 그리고 도쿄란 아시아에 올라타 경제와 민중의 생활을 착취하는 미니 일본제국의 중심이었다. 그 말에는 아시아의 민중(人民)이 서로 만나서 자기의 동일성을 확인할 수 있는 곳이 그곳밖에 없다는 것에 대한 어떤 감회가 포함되어 있는 것 같았다.[22]

다시 말해 '아시아'라고 해도 서로 분단되어 있어서 그 분단을 넘어 만날 수 있는 곳이 다름 아닌 일본의 수도, 분단을 만들어내는 정치·경제 권력의 수도라는 아이러니에 대해 말했던 것이다. 일본에서 '아시아'와의 이러한 관련을 생각할 때 그 복잡한 위치를 자각하지 않고는 침략자의 입장을 반복하기 쉬울 것이다. 공해 반대운동에서 이 아시아인회의에 참가한 자주강좌의 히라야마 다카사나(平山隆貞)는 다음과 같이 회의를 정리했다.

> 일본의 산업구조 안에 아시아가 모순의 쓰레기장으로 편입된 오늘날, 우리 일본의 공해(의 잠재적) 피해자가 일본 제국주의의 수익자, 그 공동 가해자라는 입장을 인식한 상태에서 일본 국내의 공해를 없애고 또 아시아(에 한하지 않고)로의 공해수출을 저지하는, 즉 일본 제국주의의 안쪽을 물어뜯는 싸움을 떠맡지 않는다면, 아시아 그리고 일본제국주의에 침략당한 모든 나라의 사람들과 강력하게 유대를 형성해 나갈 수는 없을 것이다.[23]

동시대적으로 돌아보면, 이 책임의식은 경제적으로 아시아에 진출하는 중심 기업에 대한 폭탄투쟁을 전개한 '동아시아 반일무장전선'과도 내용이 연결된다. '동아시아 반일무장전선'의 대기업 폭탄투쟁이 전개된 것은 주로 1974~75년이었는데, 그들은 '가해자'인 일본의 책임의식을 추궁한 결과 폭탄투쟁으로 기업의 기능을 정지시키고 반성을 촉구하고자 지하활동에 들어간 청년들의 작은 조직이었다.[24] 그러나 여기서 오다 마코토가 말하는 '가해자'와 '피해자'라는 중층성을 이어받는다는 관점은 오직 '가해자'라는 것에 대한 공격으로만 첨예화되었다.

'아시아'를 지향하는 여러 운동

이 아시아인회의가 일본의 경제침략을 매개로 한 아시아의 환경과 인권문제에 초점을 맞추고 있었던 것은, 이 시기 다국적기업의 활동이 각국의 독재정권과 파트너십을 심화시키는 형태로 진행되어 저임금 중노동, 기업 철수, 환경파괴 등의 문제를 일으키고 있었고 이에 대한 항의나 저항이 자주 정치권력에 의해 억압되었던 것 등의 사실에 의해 뒷받침되었다. 이 때 사람들은 복수의 단일쟁점(single issue)에서 출발하지만 공통된 동아시아의 정치경제적 체제(regime)에 대항했던 것이다. 1982년에 쓰루미 요시유키는 다음과 같이 말했다

> 제3세계에서는 평화운동, 핵무기 반대운동이 그다지 열렬하지 않은 것으로 보입니다. 그러나 끊임없이 토지에서 폭력적으로 쫓겨나는 아시아의 농민만큼, 혹은 직장을 빼앗겨 파업투쟁을 하려면 감옥에 갈지도 모르는 아시아의 노동자만큼 절박한, 몸의 안전이라는 의미의 '평화'를 바라는 사람도 많지 않을 것입니다. (중략) 반제국주의 운동이 제3세계의 평화운동입니다.[25]

이리하여 아시아로의 공해수출(公害輸出), 즉 일본 국내의 환경기준에서는 조업을 할 수 없게 된 기업이 아시아로 플랜트를 이전해 조업을 지속하고 무역마찰을 해소하려고 생산거점을 이전하려는 동향에 대해, 이를 감시하고 저지할 목적으로 공해수출 반대운동에 몰두하게 된다.

1973년 9월, 타이의 차오프라야 강에 염산, 수은, 가성소다를 흘려보낸 아사히글래스(旭硝子: 미쓰비시 그룹―옮긴이)에 대한 항의운동을, 우이 준을 대표로 하는 반공해운동 '자주강좌' 그룹과 '베트남에 평화를! 시민연합'계 그룹이 공동으로 벌인 일이 그 발단이다. 이미 1972년 가을부터 '자주강좌' 그룹의 기관지 《자주강좌》에서는 일본 기업의 아시아 진출 상

황이나 환경오염 문제에 대한 정보를 싣기 시작하고, 그 하위 그룹으로 '자주강좌 아시아·그룹'이 결성되었다. 이 아시아·그룹의 주요 활동가였던 히라야마 다카사다와 '베트남에 평화를! 시민연합' 운동의 활동가였던 이노우에 스미오(井上澄夫)가 공동으로 시작한 것이 '도야마(富山)화학의 공해수출을 막는 실행위원회'였다. 일본 국내에서 소독약 머큐로크롬을 제조하고 있던 도야마화학이 수은 오염을 이유로 플랜트를 한국의 인천으로 이전해 생산을 재개한다는 정보를 입수한 그들은 도야마로 현지조사를 떠나 현지의 반공해운동이나 재일한국인의 운동과도 연대하면서 1974년 4월 도쿄의 도야마화학 본사로 찾아가 항의데모를 벌였다. 같은 무렵, 인천의 YWCA도 플랜트 건설에 반대하는 결의를 했고 이에 대해 인천시장에게 거부 요청을 했다. 결국 그동안 서로 만나지 않고 있던 한국과 일본이 협공하는 형태의 운동으로 도야마화학이 플랜트를 한국에 이전하려는 시도를 막는 데 성공한 것이다.[26]

이 성공을 발판으로 "제2, 제3의 도야마화학을"이라는 슬로건으로 조사활동을 진행한 그들은 일본화학(日本化學)이 한국 울산에 크롬 가공 공장을 세운다는 사실을 알고 그 반대운동을 전개했다. 일본화학은 일본 각지에서 심각한 육가크롬(hexavalent chrome) 오염을 일으키고 있었다. 실행위원회는 그 후 몇 년간에 걸쳐 플랜트 건설과 조업에 반대하는 운동을 계속했다. 그들은 기관지 《공해에 눈감지 말라!》(公害を逃すな!)를 매월 발행했다. 운동의 과정에서 일본화학이 제2차 세계대전 중 강제연행된 조선인·중국인 노동자를 사역해 크롬광산을 채굴한 사실 등을 발견했고, 동시에 노동조합이 경제적 풍요를 중시해 공해수출 문제에 진지하게 몰두할 수 없는 성격이 있다는 현실을 발견해 나갔다.

이러한 공해수출 문제에 몰두하는 그룹은 일본 각지에서 생겨나, 이

그룹들이 공동으로 1976년 4월 '아시아로의 공해수출을 고발하는 시민 대집회'를 열었다. 이 집회는 도야마화학의 공해수출을 그만두게 하는 실행위원회 외에 가와사키제철의 필리핀 민다나오 진출을 고발해 온 '지바 공해 주크(塾)', 미쓰비시(三菱)석유가 오키나와(沖繩) 긴완(金武灣)에 CTS(석유비축기지)를 건설하는 것을 반대하는 '오키나와 CTS문제를 생각하는 모임(沖繩CTS問題を考える會)'이 호소 단체가 되어, "아프리카행동위원회, 은행을 고발하는 모임, 일본타이청년우호운동, 일본소비자연맹, 라틴아메리카행동위원회, 자주강좌실행위원회 등 40개가 넘는 단체의 사람들"이 참가해 열렸고, 여기서 '반공해수출통보센터'의 설립이 결정되었다.[27] 그 후 1976년 11월부터 《공해에 눈감지 말라!》는 반공해 수출 통보센터의 기관지가 되어 "제3세계로의 공해수출을 감시하는" 잡지로 재정립되었다. 통보센터의 활동은, 예컨대 1977년 10월에 1년 전 타이의 정치탄압 희생자를 추도하는 '타이 민중문화의 밤'을 연(아시아태평양자료센터와 합동으로)데서 보인 것 같은 아시아 각국의 민중문화 운동과도 관계를 맺어나갔다. 기관지에는 한국 시인 김지하의 시, 타이의 민중연극, 필리핀 교육연극협회(PETA) 등에 대한 기사도 실렸다.

 이 그룹의 초기 운동에서 초점이 일본의 한국으로의 공해수출 문제에 있었다는 점에서 보면, 그들은 '일한연대운동(日韓連帶運動)'이라 불리는 한국민주화 지원운동에도 관여하고 있었다. 일한연대운동은 주로 1973년 8월의 김대중 납치사건에서 충격을 받은 일본 지식인·저널리스트 등이 '가깝고도 먼 나라'였던 한국의 현실을 보고 지금까지 무관심했던 데서 전환해 일본과 한국의 관계 양상을 다시 보는 것을 공통의 목적으로 하여 출발한 운동이고, 1974년 4월에 발족한 '일본의 대한(對韓) 정책을 바로잡고, 한국의 민주화 투쟁과 연대하는 일본연락회의(日韓連)'를 주요 연락센터로 하여 전개되었다.[28] 대표는 저널리스트 아오치 신(靑地晨), 사무국장은 당시까지 '베트남에 평화를! 시민연합' 운동에도 깊이 관여해 온 도쿄대학 교수 와다 하루키였다. 여기에는 공해수출 반대운동만이 아니라 기생관광에 반대하는 그리스도교도·여성들의 운동, 재일한국인 정치범 구원운동, 재일한국인·조선인에 대한 민족차별 극복운동, 김지하·김대중 구원운동 등이 합류했다. 여기서도 역시 개개의 단일 쟁점이 하나의 정치경제적 구조의 관련을 매개로 서로 연결되는 구도를 발견할 수 있다. 일한연대운동 내에서는 1975년 4월 아오치 신, 오다 마코토, 나카지마 마사아키(中嶋正昭), 와타누키 레이코(綿貫礼子)를 대표위원으로 하고 일한의 정치적·경제적·군사적 유착을 조사하고 고발하는 '일한조사운동(日韓調査運動)'도 시작되었다.[29]

이 일한연대운동에도 참가하고 있던 기생관광 반대운동은, 1973년 7월 서울에서 열린 제1회 일한교회협의회 석상에서 한국 여성이 일본 남성의 관광매춘 문제를 호소한 일이 발단이 되었다. 그리고 얼마 후 그리스도교도의 운동과 다양한 페미니스트가 합류하는 형태로 1973년 12월 '기생관광에 반대하는 여성들의 모임(キーセン觀光に反對する女たちの會)'의 결성으로 이어졌다. 이때 저널리스트 마쓰이 야요리(松井やより)는 성을 사는 남성들의 행동을 문제 삼기 위해 '매춘(買春, 가이슌)'[30]이라는 말을 고안했다.[31]

이 배경에는 1970년대가 되어 본격화된 일본 기업의 아시아 진출에 수반되는 남성 사업가의 성행동이라는 문제가 있었다. 이미 베트남전쟁 시기에 미국병사의 R&R(Rest and Recreation)을 목적으로 한 성산업의 발전이 있었고,[32] 여기에 새로운 참가자로서 일본 남성이 등장했다. 경제침략, 공해수출, 반민주적 정권과의 유착과 아울러 성침략의 문제가 동시에 부상한 것이다. 이러한 현실에 직면해 관광개발과 성산업의 관련, 선진국 남성의 개발도상국 여성에 대한 성적 착취를 추궁하는 페미니즘 운동/연구도 시작되었다. 이 성적 착취・성폭력과 군사적・경제적 침략의 문제는 여성해방운동을 통해 제기되고 있던 문제였다.[33]

1974년 6월 아시아인회의 때는, 여성문제 분과모임이 마련되지 않았던 데 항의한 화가 도미야마 다에코(富山妙子)를 중심으로 분과모임이 열렸는데, 여기에 모인 사람들을 중심으로 "우선 공부하는 모임을 열자"고 하여 8월에 '아시아 여성들의 모임(アジア女たちの會)'이 결성되었다.[34] '아시아 여성들의 모임'은 1977년 3월에 기관지 《아시아와 여성해방(アジアと女性解放)》을 창간해 한국만이 아니라 아시아 각지에서 일어나는 성침략의 문제나 여성노동의 문제, 아시아 여성의 인권문제를 제기했다. 이 모임이 나중에 '아시아여성자료센터(アジア女性資料センター)'나 '여성국제전범법정(女性國際戰犯法廷)' 운동으로 전개된 일은 널리 알려져 있다.

베트남전쟁 반대운동 시대에 나타난 '가해자'로서 일본인의 인식은 '가해/피해'의 관계를 낳는 정치적・경제적・군사적 구조에 눈을 돌리게 함과 동시에 이 구조를 전환하는 것을 공통의 문제의식으로 만들었다. '아시아'라는 타자는 이 관계구조 안에서 구조적・역사적으로 마주해야 할 타자로서 등장한 것이다. 예컨대, 와다 하루키는 '베트남에 평화를! 시민연합'이 해산된 후 자신들의 궤적을 다음과 같이 돌아보았다.

> '베트남에 평화를! 시민연합'은 단지 베트남의 사자(死者)를 깊이 생각하자는 데서 출발했다. 그리고 (중략) 그 후의 과정에서 '베트남에 평화를! 시민연합' 사람들은 아시아와 한국과 마주해 나갔다. '베트남에 평화를! 시민연합'은 해산되었지만 베트남에

서 한국으로 문제를 치환하는 형태로 사태가 진행되는 일은 없었다. 베트남과 한국을 축으로 하여 전 아시아와 일본의 관계가 다시 파악되려 하고 있었던 것이다.[35]

이 관계를 더욱 나은 것으로 바꿔나가려는 '연대' 운동은 직감적 행동이나 심정에만 의존하는 형태로 조직해 나가는 것은 불가능하고, 좋든 싫든 간에 정보 수집·조사·분석, 그리고 자신의 위치에 대한 되물음이라는 지적인 작업이 필요했다. 복잡하게 뒤얽힌 문제의 구조연관을 아는 데는 이러한 '조사·분석' 수법이 공통의 운동 문화가 될 수밖에 없었다고 할 수 있다. 그리고 '조사·분석'을 위한 현지와의 직접교류나 진출 기업의 본사가 있는 일본과 현지 쌍방의 공동행동을 추구하는 것은 운동 자체를 실체적으로 '국제화'해 나가는 효과가 있었을 것이다. 이러한 일련의 과정에서 정치 문화로서 'NGO'가 등장하는 것을 볼 수 있다.

쓰루미 요시유키와 '아시아'

'교사로서의 베트남전쟁' : 베트남전쟁과 쓰루미

쓰루미 요시유키는 베트남전쟁기 이전부터 평생에 걸친 관심으로서 '국적(과 그것으로부터의 자유)'과 자신의 '존재'에 대한 질문을 안고 있었던 것으로 보인다. 미국에서 외교관의 아들로 태어난 그는 일본과 미국의 이중국적을 가지고 성장했다. 국적을 선택할 시기인 18세 때는 양국이 전쟁 중이어서 미국 국적은 선택되지 않은 채 끝났다. 그가 나중에 취직하게 되는 국제문화회관은 록펠러의 기부로 설립된 미일친선을 위한 기관이었는데, 요시유키는 그곳에서 '지미파(知米派)' 지식인으로서 일을 해나가게 된다. 그런 그가 '일본'과 '미국' 쌍방의 존재방식에 의문을 제기하고, '아시아'에 시선을 향하고 있는 양자에서 이탈하는 새로운 사고를 추구해 나가는 계기가 된 것은 베트남전쟁이었다. 1965년 6월 남베트남에서 우연히 공개처형을 보게 된 그는 '아시아'에 대한 강한 의식을 갖게 되었고, 또 미군 탈주병을 만난 일에서 국가원리를 상대화하고 더욱 보편적인 저항의 가능성을 강력하게 추구하게 되었다.[36]

1966년 5월에는 전쟁을 지탱하는 '전체의 구도'를 탐구할 필요성을 호소했는데, 이것은 일본·미국 그리고 아시아가 어떤 정치적·경제적·군사적 관계로 연결되어 있는가 하는 관심을 일찌감치 제출한 것이었다.

> 내가 이데올로기적 대립과는 차원을 달리하는 지점에서 초조와 불안을 느끼는 것은, 일본이라는 국가·사회가 어떤 형태로 베트남전쟁에 관여하고 있는가 하는 전체적 구조가 누구의 눈에도 분명하지 않다는 점 때문이다. 베트남전쟁이 일본에 어떤 전쟁인가 하는 것은 역으로 일본이 베트남전쟁과 어떤 관계가 있는가 하는 분석 없이는 생각할 수 없다. (중략) 우리는 베트남전쟁과 너무나도 세분화된 무수히 많은 파이프로 연결되어 있어서 아무도 이 무수한 파이프 전체의 구도를 알 수 없는 것이다.[37]

1967년 10월에 발표한 논문 〈일본국민으로서의 단념(日本國民としての斷念)〉에서는 전쟁을 수행하는 주권국가에 대한 반전운동은 '반체제운동'이지 않을 수 없고, 따라서 국가의 구성원으로서 '국민'이라는 입장을 단념하고 개인 차원에서 국가와의 관계를 다시 물어야 한다고 주장했다.[38] 이러한 관점에서 아시아와 일본인 자신들의 관계, 이 관계를 규정하는 구조에 대한 사고가 깊어지고, '우리 안의 베트남'이라는 인식[39]을 매개로 일상생활에서 '사회화된 안보'에 대한 비판[40]으로 논의가 전개된다. 오다 마코토와 함께 미국의 반전회의에 참가한 쓰루미 요시유키는, 아시아에 대해 가해자가 되어 있는 미국이라는 존재를 스스로 비판하는 미국인 자신이 가해자라는 것에서 벗어날 수 없다고 오다가 호소하는 것을 접하고 '가해/피해'의 중층성을 둘러싼 인식틀을 "논리의 문제만이 아니라 한 사람 한 사람의 국제적 커뮤니케이션의 방법으로 배웠다"고 회상했다.[41] 1970년 2월에 이들 논고를 모은 최초의 저작 《반권력의 사상과 행동(反權力の思想と行動)》을 간행한 쓰루미는 후기(後記)에서 "미국을 실마리로 일본을 고찰하는 방향과는 반대로 아시아를 실마리로 일본을 고찰하고 운동을 설계하는 방향이 지금의 우리에게 불가결하다"고 말했다.[42] 쓰루미는 1972년에 "미국의 침략에 대한 베트남 민중의 저항이 없었다면 베트남전쟁 반대운동 역시 존재하지 않았을 것이기 때문에 '가해자-피해자' 관계에 대한 인식 역시 베트남 민중에 의해 주어졌다"[43]라는 점을 지적했다. 여기서 쓰루미의 인식 전환이 베트남과 일본의 관계를 발견하는 것으로서 다시 파악되고 있음을 알 수 있다.

'일본인에서 벗어난 삶의 방식'으로서의 아시아
: 베트남전쟁 말기에서 포스트 베트남으로

1970년 4월, 쓰루미는 필리핀 바타안(Bataan) 주의 수출자유지역(保稅[輸出]加工區)을 직접 보고 거기에서 이른바 '신제국주의(쓰루미의 용어로 말하자면 '통합제국주의)' 문제로 관심을 심화시켜 나갔다. 쓰루미의 '아시아' 연구의 관점은 그러한 비군사적인 지역 지배나 '원조'를 통한 지배기구로 향함으로써 '포스트 베트남전쟁 시기'의 지역 재편을 문제화할 계기를 확보하고 있었다. 1972년에 쓰루미는 다음과 같이 말했다.

> 전쟁을 계기로 일본과 베트남이 (권력도 운동 측도) 연결되었다는 것은 새로운 식민주의나 제국주의 구조를 배워나가는 데는 그다지 나쁜 출발점이 아니다. 전쟁에 어울리는 각각의 사회는 그 잠재적 가능성을 전면적으로 개발하고 국제적인 구조가 사람들의 눈에 그대로 드러나기 때문이다. 사실 우리는 일본의 군산복합체가 어느 정도로 미국 군산복합체의 하청인이 되어 있는가를, 탈주한 미국 병사를 원조하는 활동에서 배웠다.
> 그러나 전쟁으로 연결되었다는 것은 전쟁으로밖에 연결되지 않았다는 것을 의미하기도 한다. (중략) 앞으로 일본, 아시아, 미국의 관계는 좀 더 평범한 형식으로 지배가 관철되어 갈 것이다. 예컨대 기술원조, 개발원조, 교육원조, 그리고 아시아태평양 경제권 등을 자본의 논리가 관철하는 형태로 말이다.[44]

이러한 '평범한 형식'에 의한 '지배'의 문제란 바로 파리협정 성립 이후에 '부흥' 사업을 통해 베트남에 개입해 '아시아'로의 경제적 진출을 모색하던 일본 자본의 문제이기도 했다. 쓰루미는 '아시아' 문제에 몰두할 수 있는 시민운동적 감각을 지닌 '독립적인 연구자'를 키울 수 있도록 1971년 5월부터 '아시아 공부모임(아시아 주크)'을 시작했다. 이 공부모임은 당초 쓰루미가 근무하고 있던 국제문화회관의 사업으로 시작되었는데, 나중에 쓰루미는 이곳을 떠나게 되지만, 1974년 3월까지 계속되었다. 그 호소문에서 쓰루미는 "우리는 여기서 한 걸음 멈춰 서서 아시아의 여러 국민의 희망과 어려움을 치밀하게 다시 공부할 필요가 있다"고 호소했다.[45] 이 공부모임에는 '베트남에 평화를! 시민연합' 운동의 젊은 활동가도 다수 참가했다. '베트남에 평화를! 시민연합' 운동 내에 급속하게 '아시아'가 부상한 데는 쓰루미의 이 공부모임도 큰 역할을 했을 것이다.

이리하여 쓰루미는 동남아시아에서 진행되고 있는 새로운 지역 재편의 동향을 다음과 같이 분석하기에 이른다.

> 지금 동남아시아에서 진행되고 있는 것은 미국을 총사령부로 하고 일본과 유럽공동체(EC) 세력이 이에 협력하는 새로운 제국주의적 재편의 노력이다. 미국의 베트남전쟁은 당연히 이러한 전체적인 겨냥도하에서 이루어지고 있다. 현재 진행되는 신제국주의적 재편은 다음의 여러 점에서 19세기의 제국주의적 식민지 경영과는 다르다. (중략) 신제국주의는 총체로서의 발전도상국 사회의 모든 분야에 침투하려고 한다. 이는 궁극적으로 제국주의에 의한 인간 개조다. (중략) 신제국주의의 또 다른 특징은 국적을 이탈했다고 칭해지는 국제기관이 이 재편에서 중요한 역할을 한다는 점이다. UN, UNESCO, 아시아태평양경제사회위원회(ECAFE: Economic and Social Commission for Asia and the Pacific), 세계은행, IMF, 아시아개발은행 등 모든 국제기관이 이 과정에 가담하고 있다. 이 때문에 전 세계의 자본가가 단결하고 있는 것처럼 보인다.[46]

나중에 쓰루미는 이 '신제국주의적 재편'을 '통합제국주의'라고 명명했다. 쓰루미는 자신도 설립에 가담한 '아시아태평양자료센터'에서 '아시아공부모임'을 재개함과 동시에 다국적 기업과 자유무역지역 연구의 프로젝트를 주도해 나갔다. 1977년에는 《AMPO》의 특별호(제30, 31 합본)로서 '자유무역 지역과 아시아의 공업화' 프로젝트의 보고서가 출판되었고, 쓰루미는 여기에서 '오하라 겐'이라는 필명으로 자유무역 지역의 실태와 자동차산업을 중심으로 한 지역경제 통합의 동향을 분석했다. '통합제국주의'란 여기서 채택된 핵심어다. 이 자유무역 지역을 대상으로 한 구조분석은 세계적으로 봐도 가장 선구적인 것이라고 할 수 있다. 쓰루미 자신은 "불과 논문 2편을 쓰는 데 약 7년의 세월이 필요했다"고 말했는데,[47] 이리하여 쓰루미의 '아시아'에 대한 첫 관심은 재편되고 있는 '아시아'의 정치경제적 '전체 구조'에 대한 이해라는 형태로 실현되었다. 나중에 엄청난 반향을 일으킨 《바나나와 일본인(バナナと日本人)》(1982)[48]은 이 연구 계보에 속한다.

한편, 쓰루미는 "어떻게 하면 (중략) '당하는 쪽' 나라의 '당하는 쪽' 사람들과 실천적으로 관계를 맺어나갈 수 있을까" 하는 문제를 제기하고 일본 사람들은 스스로 "일본인에서 벗어나"지 않으면 안 된다고 주장했다.[49] 여기서는 "일본 국민으로서의 단념" 모티프와 '아시아'에 대한 실천적 관심이 결합된 형태로 나타나 있었다. 아시아를 향한 그의 관심도 한편으로 현실의 '가해/피해' 관계에서 온 것임과 동시에 이 관계를 변경하기 위한 '구상력'을 키워 일본문화의 구조 전환이 필요하다는 인식에 기초하고 있었다.

아시아를 알려는 노력은 일본문화가 갖는 우등생 같은 폐쇄적

체질을 누그러뜨리는 역할을 할 것이다. 동남아시아를 아는 운
동이라는 제창은 일본에 부족한 지식과 정보를 보충하기 위한
것이 아니다. 아시아를 빼놓은 채 발전해 온 것은 일본 자본주
의 발전의 구조적 왜곡이다. 오늘날 같은 일본의 번영 뒤편에
존재하는 반면(半面)이라고 해도 좋을 것이다. 아시아의 여러
작은 나라들의 민중과 일본의 민중이 대등하게 교제할 수 있는
회로를 구축한다면, 그것은 당연히 일본사회의 변혁으로 이어
질 것이다.[50]

  이 시대의 '아시아'에 관한 다양한 사회운동과 공통의 문제의식을 말하고 있음을 알 수 있다. 쓰루미는 이 구상력이라는 것에 대해 "가장 자유로운" 운동으로서 '공해=주민운동'을 들고 있다.[51] 공해의 '피해자' 운동으로 시작된 이 운동이 얼마 지나지 않아 스스로의 가해성을 인식하게 되고, '가해/피해'의 관계성 자체의 변혁으로 향했다고 생각되기 때문이다. 이러한 형태로 '아시아'로 향한 시선은 일단 '가해/피해'의 구조 변혁이라는 공통의 이해를 가지고 여러 운동을 연결시켜 나가게 된다.
  이러한 시대상황과 깊은 내적 연관을 맺으면서, 이 시기 쓰루미의 '아시아' 연구는 '아시아'를 걷는다는, 몇 훗날까지 이어지는 자세를 확립하면서도 이를테면 '제국'의 내재적 비판이라는 관심이 강해졌다고 할 수 있다.

'아시아'를 통한 변용: 쓰루미 아시아학의 형성

  그러나 얼마 후 쓰루미와 시민운동의 거리에 변화가 찾아왔다. 쓰루미는 1977년에 쓴 〈신좌익 재고(新左翼再考)〉에서, 그때까지 몰두하고 있던 운동론을 그만두고 운동에 대한 조사 보고의 역할을 자신의 임무로 받

아들이고 싶다고 선언했다. 이 선언은 얼마 후 쓰루미가 아시아태평양자료센터의 활동 자체에서 멀어지는 것으로 이어졌다.[52] 1970년대 중반까지 군정하에서 억압받던 아시아의 지식인·활동가의 네트워크를 형성하는 데 힘을 쏟고 있던 쓰루미는 정치운동에 대한 직접적 관여가 아니라 자신의 역할을 아시아 사회 속으로 더욱 깊이 밀어 넣고, 아시아의 '변경'에서 다른 역사상(像)·사회상을 끄집어내는 쪽으로 옮겨갔다. 쓰루미와 친했던 저널리스트 요시카와 시노부(吉岡忍)는 "반체제 문화인으로서 아시아를 본다는 태도와는 다른 관점을 깨달았던 것이 아니었을까" 하고 분석하고 있지만[53] 그것은 반체제운동 자체 안에 있는 '중앙주의'를 상대화하고 사람들의 생활 쪽에서 국가를, 그리고 근대를 파악하고 상대화해 나가는 관점을 만들어낸 것이었다. 그는 말년에 이 '중앙주의'에 대해 다음과 같이 말했다.

> 식민주의는 상당히 나쁜 짓을 했습니다만 그것에만 초점을 맞추면 중앙주의 사관이 되어버립니다. 변경을 걸으며, 이러한 사관에 수정을 촉구하지 않으면 안 됩니다.[54]

1977년에 이미 아시아 여성들의 모임이 개최한 학습회인 '온나다이가쿠(女大學)'의 제1회 강사로 초청된 쓰루미는, 일본인이 지금까지 자신들의 근대를 비판적으로 파악할 때 참조해온 두 개의 축, 즉 구미(歐美)·중국·조선에 덧붙여 "핵을 갖지 않은" 동남아시아 사회를 세 번째 축으로 가질 필요가 있다고 말했다.[55] 이러한 발상이 조합되어 그의 전환은 서서히 진행된 것으로 보인다. 1980년대 이후 그의 '아시아학'은 국경선에 의해 구분되어 정주자, 농경민을 중심으로 기술되는 역사상에서 벗어나 정주보다는 '이동', 육지보다는 '늪' '해변' '바다', 중심보다는 '변경'에 시선을 고정한 역사상의 탐구로 명확하게 방향을 바꾸었다. 그것은 그가 '제국'의 안쪽보다는 '제국'의 바깥으로, '제국'이 감당할 수 없는 세계로, 그것을 통한 '제국(의식)'의 상대화 가능성으로 나아갔음을 보여준다.

그렇지만 그것은 쓰루미가 '시민운동'과 절연한 것을 의미하지는 않는다. 말년에 쓰루미는 자신의 저작을 "일본 시민을 위해 썼다"고 말했는데, 거기에는 "일본사회가 갖고 있는 일종의 일국주의 같은 것을 좀 더 깨뜨리고 싶다", "일본 문화의 폐쇄성이랄까 단일민족론 같은 환상을 깨뜨리고 싶다"라는 관심이 평생 관통하고 있었다.[56] 그것은 베트남전쟁 반대운동에 관계할 때 싹튼 것이고, '포스트 베트남전쟁기'의 '아시아'와 자신의 관계를 되묻는 과정에서 싹튼 하나의 상상력이 지속되어 생긴 궤적이었을 것이다.

쓰루미는 두 번의 '전기(轉機)'를 경험했다. 첫 번째 전기는 베트남전쟁 반대운동 중에 스스로가 '가해자'로 연루된 베트남, 그리고 아시아 민중의 발견이었고, 두 번째 전기는 '아시아'에 대한 시선 자체의 초점이 전환되었던 일이다. 거기에 일관되게 존재했던 것은 '근대 일본'의 상대화와 반성, 그리고 '일본'을 둘러싸고 형성된 식민지적 근대의 규율 훈련과는 다른 상상력과 '지도(地圖)'를 가진 새로운 시민의 형성이라는 목표였다. 쓰루미가 마지막까지 "일본 시민을 위해"라고 말했던 것은 그의 이러한 격투가 계속되었음을 보여준 것이다.

● 감사의 말

이 글을 쓸 때 아오야마(靑山正) 씨, 모토노(本野義雄) 씨, 후지바야시(藤林泰) 씨, 엔도(遠藤洋一) 씨, 요시카와(吉川勇一) 씨, 무토(武藤一羊) 씨, 아라카와(荒川俊兒) 씨 등에게서 귀중한 이야기를 들을 수 있었습니다.

그리고 사이타마(埼玉)대학 공생사회(共生社會)연구센터는, 소장하고 있는 '베트남에 평화를! 시민연합 자료', '우이 준 자료', '쓰루미 요시유키 문고' 및 그 밖의 자료를 참조할 수 있게 해주었습니다. 이 자리를 빌려 감사의 말씀을 드립니다.

● **미치바 지카노부(道場親信, MICHIBA Chikanobu)**
와코(和光)대학 사회과학대학 인류학과 부교수로 재직 중이며, 일본 사회과학사 운동론을 전공했다. 주요 저서로는 《사회운동의 사회학(社会運動の社会学)》(공편저, 2004), 《점령과 평화: '전후'라는 경험(占領と平和: '戰後'という經驗)》(2005), 《저항의 동시대사: 군사화와 신자유주의에 저항해서(抵抗の同時代史: 軍事化とネオリベラリズムに抗して)》(2008), 《동경남부지구지 집성(東京南部サークル雜誌集成)》(2009) 등이 있다.
michiba@wako.ac.jp

● **송태욱**
번역가로 연세대학교 국문과 동대학원을 졸업하고 문학박사 학위를 받았다. 도쿄외국어대학 연구원을 지냈으며, 현재 연세대에 출강하고 있다. 지은 책으로 《르네상스인 김승옥》(공저), 옮긴 책으로 《탐구 1》, 《형태의 탄생》, 《윤리 21》, 《포스트콜로니얼》, 《천천히 읽기를 권함》, 《번역과 번역가들》, 《연애의 불가능성에 대하여》, 《트랜스크리틱》, 《소리의 자본주의》, 《비틀거리는 여인》, 《사랑의 갈증》, 《세설》, 《눈의 황홀》, 《베델의 집 사람들》, 《일급 비평가 6인이 쓴 매혹의 인문학 사전》 등이 있다.
songtw@dreamwiz.com

'화교'에서 '화인'으로

— 냉전시기 인도네시아 화인들의 정체성 변화

글 • 박경태

들어가며

유럽이 아닌 다른 모든 지역과 마찬가지로 동남아시아도 유럽 열강들의 팽창정책 대상 지역이어서 타이를 제외하면 수백 년 동안 식민지배를 받았다. 그러다가 제2차 세계대전이 끝나면서 식민지배가 종식되고 각 식민지들은 독립을 선포해 근대국가로서 첫 걸음을 내딛게 되었는데, 각 나라들은 외세의 지배에서 벗어나 독립을 얻었다는 기쁨에 덧붙여서 자기 권리를 주장한 영토를 자기 스스로의 힘으로 통치해야 한다는 현실과 마주해야 했다. 독립국가로서 통치를 하기 위해서는 영토뿐만 아니라 그 영토를 채울 성원도 당연히 있어야 했고 그 성원들이 그 국가를 자기의 국가로 인정해야만, 다시 말해서 자신이 그 국가의 성원임을 받아들일 수 있어야만 했다. 따라서 식민지를 경험한 대부분 동남아 국가들이 20세기 후반부에 걸쳐서 해왔던 일은 식민지배에서 독립해 국가라는 틀을 만들고(state-making) 그 국가를 구성하고 인정하는 민족을 만드는(nation-building)[1] 과정이었다고 해도 과언이 아니다.

물론 한국(남한)에서도 독립 후에 등장한 권위주의 정권들에 의해 민족 만들기가 끊임없이 추진되었다. 다문화사회 담론이 강하게 떠오르는 요즘의 시각으로 보면 우리의 단일함을 지나치게 강조한 것으로 보이는 국민교육헌장 제정, 국기에 대한 맹세 외우기, 단군과 이순신 장군 동상 만들기 등이 의도적으로 진행되었다. 그러나 동남아 지역에서 민족을 만드는 과정에는 한국에서 민족 만들기 과정과는 다른 문제들이 있었다. 그것은 식민지배를 받기 이전에는 이 지역에 오늘날의 국민국가와 영토가 일치하는 단일한 국가가 없었다는 점, 그리고 민족이 되어야 할 사람들의 종족 구성이 매우 다양했다는 점이다. 즉, 국경(영토)의 문제와 민족의 문제다. 이러한 특성을 명확히 드러내기 위해 동남아 국가와 한국의 상황을 비교해 보자.

동남아 국가들과는 달리 한국은 독립 이후에 국경을 둘러싼 문제가 없었고, 민족에 누가 포함될 것인가에 관한 문제가 제기되지 않았다. 국경에 대한 문제 제기가 없었던 이유는, 우리가 식민지배를 받기 전에 이미 오늘날의 국경과 일치하는 영토를 가진 국가(왕조국가)를 형성하고 있었기 때문이다. 즉, 영토에 관한 한 수백 년 동안 유지된 왕조국가가 근대국가로 옷만 갈아입은 상황인 셈인데, 그 사이에 있었던 식민지 시대의 영토조차도 그 전후와 완전히 일치하는 국경을 유지했다. 그래서 한국은 영토에 관한 한 독립과 더불어 과거의 것을 단지 회복하는 기계적인 과정만이 필요했을 뿐, 독립한 국가의 영토를 어디까지 할 것인가를 놓고 씨름하는 정치적인 과정은 필요 없었다. 한편 민족의 자격을 둘러싼 문제 제기가 없었던 이유는, 한국이 종족적·인종적으로 볼 때 동남아 국가에 비해 상대적으로 동질적인 사람들로 구성되었기 때문이다. 세계적으로 볼 때 한국은 하나의 종족집단이 민족 대부분을 차지하는 매우 드문 사례에 해당한다. 이러한 균질성은 독립 후의 영토 내에서 하나의 민족을 만들어내는 데 장점으로 작동했으며, 따라서 민족 만들기와 관련해서 별다른 저항이 없었다.

한국과는 달리 동남아 국가들은 독립한 이후 국경과 민족의 자격을 정하는 과정에서 심각한 문제를 겪었다. 물론 식민지배를 당하기 전에도 오늘날의 국가 개념에 해당하는 수많은 왕조(부족)국가가 있었지만, 규모의 측면에서 훨씬 작았고 지리적으로 확산되어 있던 까닭에 언어, 문화, 역사, 정치 등 모든 측면에서 서로의 유사성도 훨씬 적었다. 서양의 제국주의가 동남아에 진출할 때까지만 해도 같은 국가에 속한다는 느낌을 전혀 갖지 않고 있던 이 지역 국가들이 자신들을 지배하기 시작한 세력의 국적에 따라 동일한 식민지가 되었고, 이런 국경은 독립과 더불어 주권국가의 영토로 확정되었다. 그러나 식민통치자가 같았다는 점 빼고는 함께 묶을 수 있는 공통분모가 없다는 점은 동남아에서 각 국가의 건설 이후에 수많은 지역분쟁, 영토분쟁을 낳았다. 공통점이 적은 지역들을 묶어서 국가를 건설해야 하는 상황은 바로 이질적인 사람들을 동질적인 민족으로 재탄생시켜야 하는 필요성을 낳았다. '민족이 되어야 하는 사람은 누구인가'라는 질문은 '민족이 될 자격이 있는 사람은 누구인가'라는 질문이 되었고, 이것은 다시 역으로 '민족이 될 자격이 없는 사람은 누구인가'라는 질문으로 이어졌다.

동남아에서 민족이 될 자격을 둘러싼 논쟁의 핵심에 바로 화인(華人)들이 있다. 고향 땅인 중국을 떠나 다른 나라에 사는 중국인, 또는 그 후손인 화인. 그들이 고향이 아닌 나라에 정착해서 살고 있고 민족 자격과 관련해서 논쟁을 겪는 이유는 동남아의 식민 역사와 독립 이후 냉전 기간에 이루어진 민족 만들기 역사에서 찾을 수 있다. 이 글은 식민지배로부터 독립한 이후 새로운 국가와 민족을 만들어가기 시작한 동남아에서 냉전이라는 굴곡을 통과하면서 화인들의 정체성이 어떻게 변화했는가를 인도네시아의 화인 사례를 중심으로 추적한다. 화인연구 권위자 중 한 사람인 왕궁우(Wang Gungwu)는 화인 정체성과 관련해서, 인도네시아는 동남아에서 "가장 복잡하고 모순된 모습"을 보여준다고 말했다(Wang, 1988, p. 16). 워낙 다양한 동남아 각국 화인들의 사례를 인도네시아라는 하나의 예로 대표할 수는 없지만, 화인의 정체성과 관련해서 인도네시아가 갖는 극적 특성을 고려한다면 이를 통해서 동남아 화인 전체의 정체성 문제에 관해 좋은 시사점을 찾아낼 수 있으리라 생각한다.

인도네시아의 화인 사례를 분석하기에 앞서 다음 장에서는 이민자의 종족관계를 설명하는 이론들을 점검해 보고, 그 후에는 동남아 화인의 역사와 명칭의 변화를 살펴본다. 4장에서는 본격적으로 인도네시아 화인의 정체성 변화를 다루는데, 유럽의 식민지배가 그 이후의 화인 정체성에 끼친 영향을 살펴보고 나서 냉전시기의 인도네시아가 국가건설 과정에서 시도한 민족 만들기가 화인 정체성에 끼친 영향을 살펴본다.

이민자의 종족관계를
설명하는 이론들

한 사회에서 다수자와 소수자가 어울리는 모습은 여러 가지가 있을 수 있다. 미국의 경험을 분석한 밀턴 M. 고든(Milton M. Gordon)은 다수자와 소수자가 어울리는 모습을 실명하는 이론으로 앵글로 동화론, 융합론, 문화적 다원주의론을 꼽았다(Gordon,

1964, pp. 84~159).[2)]

앵글로 동화론(Anglo-conformity)은 소수자인 새로운 이민자들이 자기 조상의 문화를 모두 버리고 앵글로색슨 집단의 행동과 가치를 받아들이며, 이렇게 해서 소수자는 그 사회에서 다수자와 동등한 성원이 될 수 있다는 논리다. 여기에서 동화는 문화적 동화만이 아니라 구조적 동화도 함께 의미하는데, 후자는 전자보다 이루기가 더 어렵다. 예를 들어보자. 새로운 사회에 합류하고 나서 소수자들은 다수자들과 같은 학교에 다니고, 같은 종교기관에 다니고, 같은 극장에서 영화를 본다. 그러나 비록 소수자가 자기 문화와 삶의 방식을 버리고 다수자 쪽에 문화적으로 동화된다 해도, 누구나 다수자가 장악하는 사회구조에서 그들과 동등한 역할을 차지하는 것은 아니다. 미국의 사례에서 유럽인 가운데 뒤늦게 미국에 이민 간 아일랜드계나 이탈리아계 등은 시간이 지나면서 초기 이민자이자 주류인 앵글로 문화에 동화되었다. 그러나 아프리카계나 아시아계 등은 같은 방식과 같은 정도로 동화되지 않았다. 이런 점에서 앵글로 동화론은 이민자 종족관계의 현실을 설명하는 데 일정한 한계를 드러낸다.

융합론(melting pot)은 앵글로색슨 사람들이 이민자들과 생물학적으로 결합함으로써 양자의 문화도 섞이게 되고, 따라서 누구의 주도권도 존재하지 않는 새로운 유형을 탄생시킨다는 논리다. 대량의 이민으로 형성된 오스트레일리아와 미국은 애초에 앵글로색슨계가 먼저 자리를 잡았고 이후에 다양한 유럽국 출신들이 모여서 만들어졌다. 융합론의 관점에서 보면, 오스트레일리아와 미국은 여러 나라의 문화가 섞여서 유럽의 어느 나라와도 다른 고유한 문화를 형성하게 되며, 실제로도 그런 측면이 있다. 그런데 융합론은 다양한 소수자가 다수자와 동등한 능력이 있으며 동일한 대우를 받는다고 가정하는데, '동등한 융합'은 환상에 불과할 수 있다. 게다가 비록 이민국들이 독특한 문화를 형성했다고 하지만, 그것도 보기 나름일 수 있다. 즉 다수자와 소수자가 녹아들기는 했지만 동일한 비중으로 녹아든 것이 아니라 다수자가 중심인 상태에서 소수자는 양념을 살짝 친 정도에 불과할 수 있다는 것이다. 만약 융합론이 맞다면 다수자와 소수자는 아무런 차별 없이 동등한 대접을 받아야 하는데, 현실은 여전히 다수자가 중심에 있고 소수자는 보조 역할에 그치는 경우가 많다.

문화적 다원주의론(cultural pluralism)은 국가의 정치경제적 통합과 시민권을 벗어나지 않는다는 전제하에서 이민자들이 자기 고유의 문화를 유지할 수 있다는 논리다. 문화적 다원주의론은 다양한 하위문화가 평등하게 타당성을 지니며 여러 모습으로 공존한다고 본다. 이 유형에서는 다수자와 다양한 소수자가 섞여 있지만, 융합론과 달리 개체들이 고유의 특성을 그대로 유지하며 존재한다. 예를 들어 우리는 사과, 감자, 삶은 달걀, 오이 등 다양한 재료를 넣고 버무려서 샐러드라는 전혀 새로운 결과물을 만드는데, 이것은 개별 재료를 따로 먹는 것과는 전혀 다른 요리다. 하지만 그릇 안에 있는 재료들은 여전히 각자의 속성을 지니고 있다. 앞의 융합론에서 본 것 같은 생물학적 결합이나 화학적 반응이 아니라 공간적 결합만 일어난 셈이다. 이런 점에 착안해서 문화적 다원주의론을 모자이크 이론 또는 샐러드볼(Salad Bowl) 이론이라고도 한다. 그러나 이 이론은 소수자와 다수자가 평화롭게 공존하는 모습을 미리 가정하고 설명하려는 시도라고 볼 수 있으며, 따라서 양자가 겪는 갈등의 측면을 제대로 설명해 내지 못하는 문제가 있다.

이 세 이론은 기본적으로 모두 기능론적 접근법에 해당한다. 만약 이 이론들을 동남아 화인들의 현실에 적용한다면 그들이 경제적으로 성공한 부분에 대해서는 설명력이 있을지 몰라도, 정치적으로 배제되고 문화적으로 억압당했던 기억에 대해서는 설명해 낼 수 있는 것이 별로 없을 것이다. 이러한 기능론적 접근과는 달리 갈등론적 접근에서는 다수자와 소수자가 이렇게 조화롭게 살아가는지보다는 두 집단 사이 경제적 계층화와 권력문제에 초점을 맞춘다. 이런 점에 주목하는 시각이 내부식민지론(internal colonialism)이다. 이 이론은 소수자가 다수자에게 종속되어 경제적으로나 정치적으로 착취당한다는 점에 주목해 식민지 국가들이 식민 종주국의 착취 대상이 되는 것과 마찬가지로 사회 안의 소수자도 일종의 내부 식민지가 되어 다수자의 이익을 위해 착취당하고 있음을 보여준다. 특히 이 이론은 어느 나라가 저절로 식민지가 된 것이 아니라 식민 종주국이 자국의 이익을 위해 식민지 국가를 침략하고 주권을 빼앗은 결과로 그렇게 된 것처럼, 내부 식민지도 자연 발생적으로 나타나는 것이 아니라 다수자가 자기들의 이익을 위해 적극적으로 찾고 만들어낸 결과로 본다.

물론 내부식민지론도 동남아의 화인 현실을 완벽하게 설명해 내지는 못한다. 이 이론에 따르면, 소수자는 여러 측면에서 사회의 밑바닥에 놓여 있고 착취를 당해야 옳다. 노예로 끌려와서 해방이 된 지 100년이 훨씬 더 지난 지금도 사회의 '저층계급'[3)]이라는 인상을 지우지 못하는 미국의 흑인을 생각해 보면 내부식민지라는 표현이 매우 설득력 있게 느껴진다. 그러나 동남아의 화인은 비록 정치적으로는 열세에 놓여 있을지라도 경제적으로는 오히려 대다수 토착민보다 지위가 우월하다. 폭력, 총기, 살인, 약물중독 같은 우범자 집단의 인상을 주는 것도 아니며, 문화적으로 다른 존재로 여겨질 수는 있어도 열등한 존재로 비춰지지는 않는다. 따라서 내부식민지론을 동남아 화인에게 적용할 때는 일부 조건을 유보하는 것이 필요하다.

동남아 종족 구성의 다양성을 고려해서 이 지역 국가들이 겪는 종족갈등을 분류한 칼 H. 랜드(Carl H. Landé)에 따르면, 동남아 화인들이 겪는 갈등은 토착사회와 다른 문화적 배경을 갖는 그들이 식민지 통치전략에 따라 동남아에 대규모로 이주를 해와서 이질적 종족관계를 형성한 결과다 (Landé, 1999).[4] 식민통치 이전에 이주해 온 화인들은 규모도 작고 남성 중심이어서 현지 여성과의 결혼을 통해 토착사회에 비교적 잘 동화되었던 데 비해, 이후에 온 화인들은 규모도 매우 크고 식민지라는 특수한 상황에서 식민지배자와 토착민 사이에 독특한 지위를 차지하는 종족으로 자리를 잡았다. 이런 상황은 토착민과 이주해 온 화인 사이에 경제적·물질적 이해관계의 차이를 만들어냈고, 이는 갈등의 씨앗으로 커갔다.

그렇다면 식민지 시절에 식민지배자와 토착민 사이에 존재한 화인의 독특한 지위는 무엇일까? 중개상소수자이론(middleman minority theory)은 동남아의 식민지 상황과 관련해 중요한 시사점을 제공한다. 이 이론은 유럽의 유대인, 동아시아의 화인, 동아프리카의 인도인 등이 현지 사회에서 차지하는 '중개상'의 위치를 설명하는 것인데, 요약하자면 외부에서 들어온 중개상소수자는 한 사회의 상층부와 하층부 사이에 자리를 잡아서 양자를 연결하는 역할을 한다는 것이다. 이 이론에 관심을 갖는 연구자 중에는 중개상소수자들이 현지 사회에서 받는 적대감 때문에 주변부 일자리로 밀려난 사실에 관심을 두는 사람도 있고, 중개상소수자들이 끼어들어 가는 것을 가능케 하는 현지 사회의 '지위 격차'에 주목하는 연구자들도 있다. 후자에서는 중세사회에서 농민과 귀족 사이의 격차, 식민 사회에서 식민세력과 원주민 사이의 격차 등이 지위 격차에 해당한다. 에드나 보나시츠(Edna Bonacich)는 여기에 덧붙여서 새로 이주해 온 사람들이 자신을 정착자가 아니라 일시 체류자(sojourner)라고 느끼기 때문에 중개상이 되는 측면이 있다고 지적한다. 이주자들이 자신을 일시 체류자라고 느끼면 '빨리 열심히 악착같이' 일해서 돌아갈 생각을 하게 되므로 평범한 삶을 사는 현지인과는 다른 삶의 방식을 갖게 되며, 결국 자기 나라로 돌아갈 것이어서 쉽게 접고 떠날 수 있는 직업을 택하게 된다. 그리고 떠날 예정이라서 이주자들은 현지 사회와 접촉해서 관계를 축적할 필요도 없으며, 언어나 문화적인 수용을 할 필요도 없게 되는데, 이런 모든 조건이 체류자로 하여금 중개상소수자가 되게 하는 요소가 된다(Bonacich, 1973, pp. 583~586).

중개상소수자이론은 미국의 흑인과 라틴계 거주지에서 소매점을 운영하는 비율이 높은 한국계 이민자들의 상행위를 설명하는 데도 적용될 수 있다. 미국의 다른 소수자에 비해 이민 역사가 짧고 자영업 종사 비율이 월등하게 높은 한국계 이민자들은 백인과 비백인(흑인과 라틴계) 사이에 존재하는 지위 격차에 들어가서 전형적 중개상소수자의 역할을 수행하고 있다고 볼 수 있다. 그런데 이 이론을 지나치게 단순화해서 적용하면, 중개상소수자는 상류층을 위해 하류층을 대리 착취하는 존재로 악마화된다. 예를 들어 이 이론을 극단적으로 적용하면, 1992년 로스앤젤레스에서 폭동이 일어났을 때 한국계 상점들이 흑인과 라틴계 사람들에게 대거 방화와 약탈을 당한 이유는 한국계 이민자들이 미국 상류층인 백인과 하류층인 흑인이나 라틴계 사이에 끼어서 전자를 위해 후자를 대리 착취했기 때문으로 설명된다. 다시 말해, 한국계는 가난한 동네에 들어와 장사를 하면서 지역사회에는 아무런 기여를 하지 않고 마치 '흡혈귀'처럼 흑인이나 라틴계의 돈을 착취해 백인 동네에 살면서 그들에게 갖다 바친다는 것, 백인 동네에 세금을 내버린다는 것이다.[5]

동남아에서 화인들이 차별을 받는 현상을 분석할 때 중개상소수자이론을 동원하는 것은 현실을 이해하는 데 도움을 주기는 하지만, 문제의 원인을 화인들의 존재 자체에 돌려버림으로써 문제를 해결할 현실적 가능성이 사라져버린다는 문제점이 있다. 즉, 이 이론을 따라갈 경우에 화인들이 차별을 받는 이유는 그들이 일시 체류자고 중간착취자 성격을 띠는 직업을 갖기 때문이며, 따라서 차별을 극복하기 위해서는 화인 모두가 빨리 현지 주민화하고 직업을 바꿔야 한다는 비현실적 결론에 이르게 된다. 오랜 세월을 살면서 이미 현지 국가의 국민이 된 화인들에게 일시 체류자의 성격을 버리라는 것은 하나마나 한 처방이다. 게다가 이 이론에만 의지해서 문제를 진단하면 차별적인 현실을 낳게 한 다른 요인을 간과하는 오류를 범하게 된다. 예를 들어 현재의 화인들이 처한 상황은 화인들의 직업 특성에 기인하기도 하지만, 오래전 식민지 시절부터 축적된 식민정부 통치정책의 결과이기도 하고, 독립 이후 새로운 국가를 건설하고 민족 만들기를 하는 과정에서 동남아 각국 정부가 의도적으로 취한 배제적이고 차별적인 정책의 결과이기도 하다. 이렇게 볼 때, 결국 동남아 화인의 현재 모습을 제대로 이해하기 위해서는 앞서 살펴본 기존의 이론뿐만 아니라 화인들이 식민정부와 독립 이후의 정부들로부터 받아온 정책이 함께 고려되어야만 함을 알 수 있다.

동남아 화인의 역사와 명칭

동남아 화인의 역사

화인은 한국을 포함해 전 세계 90여 개국에 흩어져서 살고 있다(국가안전기획부, 1995, p. 16). 화인은 2005년 현재 약 3,800만 명이며, 이 중 77%는 아시아에 살고 있다. 화인이 가장 많이 사는 나라는 인도네시아로

약 757만 명이 살고 있으며, 타이(705만 명), 말레이시아(619만 명), 미국(338만 명), 싱가포르(268만 명) 등의 순이다.[6] 인도네시아에서 화인은 총 인구의 불과 3%를 차지하며 토착 정치엘리트에게 각종 권리를 크게 제약 받으면서도 주요 경제부문에서는 독점적 지위를 구축하고 있다.

 동남아 지역에 화인들이 진출한 역사는 매우 길어서 기원전 3세기에 중국인들이 배를 타고 동남아 지역에 들어왔다는 기록이 있다. 그러나 중국인들이 본격적으로 동남아에 진출한 것은 대체로 동남아에 해당하는 난양(南洋) 지역과의 무역을 송나라 정부가 적극적으로 후원하기 시작한 11세기 이후로 알려져 있다. 이런 정책은 몽골족이 세운 원나라에 들어서도 지속되어서 동남아에 진출한 중국 상인이 점증했다. 그러나 원나라를 멸망시키고 14세기 중엽 탄생한 명나라는 외국무역을 통제해서 동남아와의 무역은 조공무역만을 허용할 뿐 사무역(私貿易)은 일체 금지시켰는데, 이 정책은 오히려 현지에서 활동하던 화인 가운데 상당수를 중국으로 돌아오지 않게 함으로써 현지에 정착한 화인의 숫자를 늘리는 결과를 낳았다. 그러다가 명나라 정부는 외국무역을 부활시켜 정부의 수입을 증대시키고자 1567년에 중국 상인들의 사무역을 허용했는데, 이로써 중국인들의 난양 진출이 크게 활성화했다(조흥국, 2000, pp. 10~12).

 17세기 중엽 등장한 청나라는 중국인의 이민에 새로운 계기를 제공했다. 이때 일부 중국인들은 한족이 아닌 만주족이 세운 청나라에 대항해 중국 남부인 광둥성과 푸젠성에서 끝까지 저항을 계속했는데, 청나라 정부는 난양의 무역상들과 저항세력의 접촉을 차단하기 위해 일종의 쇄국정책을 도입했다. 이 정책은 외국무역을 근본적으로 국가의 안전을 위협하는 것으로 간주해 동남아와의 무역을 당국의 철저한 통제하에 두기 위한 노력이었다. 그럼에도 17세기 중엽부터 19세기 말에 이르는 청나라 시대에 동남아의 화인 인구가 늘어난 것은 주로 서양인들의 동남아 진출과 관련되어 있다. 동남아의 맹주가 될 수 있었던 청나라가 쇄국정책을 펴는 틈을 타서 유럽 국가들은 동남아에 진출해 곳곳에 전진 기지들을 설치했는데, 영국은 싱가포르를 비롯해 말레이반도와 보르네오 섬에 진출했고, 네덜란드는 현재 인도네시아가 된 수마트라, 칼리만탄, 술라웨시 등으로, 프랑스는 인도차이나반도로, 스페인은 필리핀으로 진출했다(조흥국, 2000, p. 13).

특히 19세기에 들어서면서 중국에서 대규모 이민이 동남아로 들어오게 되었다. 산업화가 확산되면서 서양은 더 많은 원료가 필요해졌고, 1869년에 수에즈운하가 개통되면서 이런 수요는 더욱 확대되어서 각종 주석, 담배, 고무 등의 생산은 획기적으로 늘어났다. 이런 현실은 식민지에 만성적인 노동력 부족을 낳았는데, 워낙 인구가 희박했던 지역인 데다 토착농민들이 자신의 거주지를 떠나서 광산이나 개인농장의 가혹한 조건에서 일하기를 꺼려했기 때문이었다. 결국 필요한 노동력은 외부에서 충원되어야 했는데, 이때 중국은 풍부한 인구를 가진 좋은 노동력 공급지가 되었다. 때마침 19세기 중국은 잦은 가뭄이나 홍수 같은 자연재해, 그에 따른 기근, 무능한 정부와 외세에 대항하는 각종 반란, 인구폭발 등으로 얼룩져 있어서 노동력을 외국으로 보내기에 좋은 조건을 갖추고 있었다. 이런 상황 때문에 중국을 떠나서 동남아로 향한 사람은 1838~39년에 2,069명, 1849~50년에 1만 929명, 1890년에 9만 5,400명으로 증가했고, 1895년에는 무려 19만 901명에 이르렀다(유인선 외, 1990, pp. 204~206).[7]

동남아 화인사회는 20세기에 두 차례 큰 변화를 맞게 되었다. 첫째는 1911년 신해혁명을 전후로 중국에서 일기 시작한 민족주의운동이 동남아 화인사회에도 영향을 미쳐서 화인들의 중국 지향성 강화 또는 재중국화(re-sinicization)가 일어났다는 점이다. 이런 현상은 화인들의 경제력이 커진 상황에서 그리고 동남아 현지의 식민지에서 민족주의운동이 일어나는 상황에서 발생했기 때문에 향후에 민족주의끼리의 갈등이 일어날 가능성을 내포하고 있었다. 둘째는 전후(戰後)에 각 식민지들이 독립하면서 토착 정치엘리트가 주도하는 국민국가가 출범하면서 화인이 토착 정부의 압박 때문에 현지 사회에 동화 또는 통합될 수밖에 없는 상황을 맞았다는 점이다. 특히 1949년에 중국이 공산화되면서 더 이상의 새로운 이민이 없어진 상황은 중국민족적 정체성에서 현지 국민적 정체성으로 발전할 가능성을 더욱 크게 해주었다(조흥국, 2000, pp. 14~16).

화교인가 화인인가

외국에 사는 중국인을 부르는 명칭은 매우 다양하다. 그중 화상(華商), 화공(華工), 화농(華農) 등은 이주자의 직업에 따른 명칭이고, 신교(新橋)와 노교(老橋)는 해외이민의 시점이나 현지화의 정도에 따른 명칭이다. 법률적, 문화적, 민족적 개념으로 분류한 명칭으로는 화교(華僑), 화인(華人), 화족(華族), 화예(華裔) 등이 있다. 김경국 등에 의하면, 역사적 기준에 근거해서 중국 해외이민의 역사를 돌아보면 그들의 명칭은 화교에서 화인으로 변화한 것이며, 중국과의 정서적 거리를 근거로 보면 중국인의 후손을 의미하는 화예(Chinese descendents)에서 중국계 사람을 의미하는 화족(ethnic Chinese)으로 변화한 것이 된다(김경국 외, 2005, pp. 672~673). 여기에서는 중국계 이민자를 부르는 대표적 명칭인 화교와 화인을 중심으로 각각의 의미와 차이를 살펴보도록 하자.

한국 사람들은 한국에 사는 중국계 사람을 화교라 부른다. 화교는 두 한자 '꽃 화(華)'와 '높을 교(僑)'로 이루어져 있다. 여기에서 華는 중국 사람들이 스스로를 높여서 부르는 표현이고, 僑는 '타관살이하다' 또는 '임시적 거처'의 의미다. 따라서 이 두 글자의 합성어인 화교는 중국이 아닌 외국에서 임시로 사는 중국(국적) 사람을 원래 의미한다. 동남아로 간 중국인들이 결과적으로는 영구 이주해 간 정착자가 되었지만, 애당초 그들은 그곳에 정착을 하러 간 것이 아니라 잠시 체류하러 갔다. 따라서 그들은 국적으로 볼 때 중국 사람이 틀림없고, 따라서 그들을 화교라고 부르는 데는 아무런 문제가 없었다. 화교라는 명칭이 언제 어떻게 처음 사용되기 시작했는가에 대해서는 이견이 있지만, 중요한 것은 이 명칭이 19세기 말 해외이민이 갖는 효용가치를 중국이 인정하면서부터 사용되기 시작했다는 점이다. 당시의 중국 정부는 혈통주의에 근거한 국적법을 제정해 중국 혈통을 지닌 모든 사람을 중국 국적으로 규정했고, 따라서 외국에 사는 중국 혈통의 사람은 중국 국적을 지녔기 때문에 중국의 공민으로 인정되는 화교로 불리게 되었다(김경국 외, 2005, pp. 675~677).

일시 체류자로 왔던 화교들은 시간이 지나면서 점차 동남아 현지 사회에 동화되었고 독립 이후 각 지역에 국민국가가 출범한 이후로 대부분 현지 국적을 취득하게 되었다. 현지 국적의 취득은 곧 중국 국적의 상실을 의미하고,[8] 따라서 국적 개념에 기초한 화교라는 명칭이 더 이상 적합하지 않음을 의미한다. 여기에 새롭게 등장하는 개념이 화인이다. 화인은 중국이 아닌 외국에 살면서 중국 국적을 갖지 않고 자신이 사는 현지 국가의 국적을 취득한 중국 혈통의 사람들을 의미하는데, 실제로는 중국 국적의 유무에 관계없이 보다 넓은 의미로 사용된다. 화교와 화인의 개념적 특성을 좀 더 엄밀하게 구분하자면, 화교가 정치적이거나 법률적 속성을 반영하는 개념인 데 비해 화인은 민족적 속성을 반영하는 개념이라 볼 수 있다. 하지만 경우에 따라서는 중국 국적의 유지 여부에 관계없이 모두를 화교라고 부르기도 해서 화교와 화인이 혼용되는 측면이 있다.[9]

인도네시아의 민족 만들기와
화인 정체성의 변화

식민지배와 화인

동남아 국가들은 모두 예외 없이 다종족 국가다. 이런 특성 때문에 동남아 국가들은 독립 초기부터 다양한 종족을 통합해 동질적인 하나의 특성을 갖는 집합으로 만들려고 노력해 왔는데, 결국 통합의 목적은 새로 탄생한 국가에 충성하는 새로운 민족을 만들어내는 데 있었다. 다시 말해 '하나의 국가, 하나의 민족'을 만들어내는 것이었는데, 흔히 국민국가(또는 민족국가 nation-state)라 부르는 근대적 국가 형태가 바로 그것이다. 그런데 국민국가는 국가와 민족이 일대일로 결합한 모습을 가정하지만, 민족이 하나의 동질적 특성을 갖는 경우는 오히려 소수에 불과하다. 실제로 1971년에 131개 국가를 대상으로 앤서니 D. 스미스(Anthony D. Smith)가 실시한 조사에 따르면, 단일한 종족으로 이뤄진 나라는 한국을 포함해서 12개국에 불과했고, 한 종족이 90% 정도를 차지한 나라도 25개국에 뿐이었으며, 반면 5개 이상의 종족으로 구성된 나라는 53개국에 이르렀다(이광규, 1996, p. 22). 구소련이 해체된 이후인 1993년에 이뤄진 데이비드 웰시(David Welsh)의 주장에 따르더라도 당시에 존재했던 대략 180개 국가 중에서 종족적으로 동질적인 국가는 20개국이 채 되지 않는다(Welsh, 1993, p. 45).[10)]

동질적인 종족으로 구성된 나라들은 일종의 '종족적 민족(ethnic nation)' 개념을 갖는 데 비해, 국민국가의 대다수를 차지하는 다종족 국가는 '사회적 민족(social nation)' 개념을 갖게 된다. 어차피 하나의 종족으로 이뤄진 국가가 아니므로 성원들이 종족적(혈연적) 이유가 아니라 여러 사회적 이유 때문에 뭉치는 것이다.[11] 사회적 이유 중 하나는 바로 식민지배의 유산이다. 비교적 인접한 지역에 살았다고는 하지만 정치적으로 묶일 아무런 이유가 없던 사람들이 동일한 식민지배를 받았다는 이유로 단일 국가의 성원이 되고 동질적인 민족인 양 느끼게 된 것(또는 그렇게 느껴야만 하는 것)이 오늘날 동남아 국가들이 마주한 현실이다. 인도네시아도 예외가 아니다. 한반도의 10배에 가까운 면적, 1만 7,000개 넘는 섬들, 세계에서 네 번째로 많은 2억 3,000만 명의 인구, 300개가 넘는 언어와 742개 종족이 어울려 사는 지역이 하나의 나라로 묶인다는 것은 자연 발생적으로 일어나기 매우 어려운 일이다. 이런 다양함이 히나로 묶이게 된 배경인 인도네시아의 식민지배는 거기에 더해 소위 '화인문제'의 진정한 원인이기도 하다.

유럽의 동남아 지배는 전적으로 자신들의 이익을 위한 것이었다. 유럽은 급속한 자본주의 발전 결과로 쏟아져 나온 각국의 상품들을 소비할 시장과, 그런 상품 생산을 뒷받침할 원료 공급지가 필요했다. 그런 필요에 따라 동남아를 '개척'한 유럽은 효율적인 착취를 위해 다양한 정책을 실행했는데, 그중 식민지 독립 이후 동남아 각국에서 민족 만들기와 관련해 중요한 영향을 초래한 것이 화인 '도입' 정책이었다. 안 그래도 종족 측면에서 복잡한 인적 구성을 갖는 동남아에서 식민정부의 화인 도입 정책은 이 지역의 종족 지형을 훨씬 더 복잡하게 만들었다.

현재의 인도네시아 땅에서 식민지 이전에 화인과 토착민의 관계는 적대적이라기보다는 오히려 공존의 성격에 가까웠으며, 화인들은 토착문화에 매우 동화된 모습을 보였고, 이슬람으로 개종하거나 이슬람식으로 개명하는 경우도 많았다. 그러나 식민지배가 시작되면서 양자의 관계는 달라지기 달라졌다. 네덜란드인들은 17세기 초 현재의 자카르타인 바타비아

(Batavia) 지방에 정착해서 동인도회사라는 주식회사의 형태로 식민지를 개척한 후, 그곳의 중국인들이 식민지 경영에 유용함을 곧 발견했다. 동인도회사는 화인을 중간인으로 하는 징세도급제를 실시했는데, 이것은 국가에 일정한 액수를 미리 지급하고 획득한 특정의 서비스를 행하거나 이윤 추구 활동에 종사할 수 있는 독점권을 말한다. 이를 통해 화인들은 식민정부에 일정한 돈을 내고는 현지인들에게서 이익을 취할 수 있게 되었지만, 반대로 현지인들에게 화인들은 중간착취자의 존재로 자리 잡는 계기가 되었다(신윤환, 2000, pp. 436~438). 식민정부에 의해 독특한 지위를 부여받은 화인은 식민지배자도 아니고 그렇다고 토착민도 아닌 제3의 집단이 되었는데, 이는 우연한 결과라기보다는 식민정부가 식민지를 효율적으로 통치하기 위한 이른바 분리통치(divide and rule)의 정책을 도입한 결과로 보아야 한다. 식민정부가 분리통치를 도입하고 유지한 이유는 화인과 현지인이 결합할 것을 두려워해서였다. 식민정부의 강력한 분리정책 때문에 화인들이 현지 사회로 동화하는 것은 중단되었다.

식민정부의 분리정책은 매우 효과적이었다. 식민지 시절의 인도네시아(자바)와 버마(지금의 미얀마)를 연구한 존 시드넘 퍼니벌(John Sydenham Furnivall)은 각각의 집단이 얼마나 분리되어 있었던가를 다음과 같이 묘사한다.

> 자바 방문객과 마찬가지로 버마 방문객들은 중국인, 인도인, 그리고 원주민(native)들이 뒤범벅된 데서 첫 충격을 받는다. 그렇다, 뒤범벅이다. 그들(버마의 각 집단)은 섞여 있기는 하지만 화학적으로 결합하지는 않는다. 각 집단은 자기 고유의 종교, 문화, 언어, 사고방식, 생활방식을 갖는다. 개인적으로 마주치

기는 하지만 시장에서 (물건을) 사고팔 때에만 만난다. (그들은) 하나의 정치 단위 안에서 나란히 공동체의 일부를 구성하지만 (버마는) 서로 분리된 다원주의 사회다(Furnivall, 1948, p. 304).

네덜란드 식민정부는 인도네시아 식민지인들을 유럽인, 동양계 외국인(화인과 인도인), 토착민으로 분리하고, 화인으로 하여금 토착민을 '관리'하게끔 하는 체제를 만들었지만, 정작 화인과 토착민 사이의 갈등은 주요 갈등이 아니었다. 이런 사실은 인도네시아에서만 나타난 것이 아니다. 동남아 사회 전체에서 최소한 20세기 이전의 식민지 기간에 있었던 주요한 인종, 종족 갈등은 식민통치자와 화인 사이의 갈등이었다. 식민지 시대 인도네시아에서도 네덜란드인과 화인 사이에 많은 갈등이 있었는데, 1740년 바타비아에서 화인 약 1만 명이 학살된 것도 토착민이 아니라 네덜란드 식민정부와 군대에 의해 일어난 일이었다.[12]

원래 전통사회에서 중국인은 국가에 대한 귀속의식보다는 자기 출신 지역에 대한 귀속의식을 더 강하게 갖고 있었다. 식민지배 이전까지 인도네시아 화인들도 문화적으로는 중국 정체성을 갖고 있더라도 그들은 자기 출신 지역을 '중국'으로 생각을 하지 않았고, 따라서 집단으로서 화인정체성을 갖고 있지 않았다. 오히려 그들의 정체성은 출신 지역에 따라, 즉 방언집단에 따라 형성되어 각 집단 내에서 친목을 나누고 결혼을 하곤 했다. 민족적 정체성이라기보다는 문화적 정체성인 셈이다. 그러나 식민지배가 시작되어서 네덜란드인에 의해 똑같은 '중국인'으로 되면서 인도네시아 화인들은 자신을 서서히 동질적인 중국계로 느끼기 시작했다.

특히 1870년 이후 대규모로 중국인들이 인도네시아로 이주해 오기 시작한 것은 화인이 현지 사회에 동화되는 것을 가로막고 중국 정체성을 키우는 요인으로 작용했다. 이때부터는 여성과 가족을 동반해 이주할 수 있게 되면서 현지인과의 통혼을 통한 섞임이 줄어들어 중국인 혈통과 문화를 유지하기가 한결 수월해졌다. 이때 새로 이주해 온 사람들은 새로 왔다는 의미에서 신객화인(新客華人)이라 불렸는데, 이들은 때마침 불기 시작한 중국의 민족주의 열기를 갖고 들어와서 인도네시아 화인의 정체성과 충성심을 중국 쪽으로 돌려놓는 역할을 했다. 이러한 재중국화 현상에 힘입어 인도네시아에는 중국인 학교가 대거 세워지고, 중국의 정치, 종교, 문화단체들과 연결된 조직들이 탄생했다. 비록 19세기 말과 20세기 초에 중국에서 민족주의가 고양되면서 동남아에도 그 물결이 번져 토착민 민족주의와 긴장관계가 있기는 했지만, 그것도 오래지 않아 곧 가라앉았다. 화인들의 중화민족주의가 토착민 민족주의와 갈등을 일으키지 않았던 이유는 기본적으로 둘 다 서양 제국주의에 반대하는 성격이 있었기 때문이었으며, 심지어는 화인들의 중화민족주의는 토착민 민족주의를 고양하는 자극제 구실을 하기도 했다. 하지만 화인들의 이런 움직임은 결국 토착민들에게 화인들은 역시 자기들의 일부가 아니라는 의심을 갖게 해 독립 후에 '화인문제'가 발생하게 하는 기초가 되었다(신윤환, 2000, pp. 439~451; Suryadinatia, 2007, p. 77, 95).

독립 이후의 민족 만들기

독립 후 일어난 주요 갈등의 주체는 토착민과 화인이었다. 그렇게 된 가장 중요한 이유는 동질의 민족을 만들어야 한다는 근대적 강박관념에서 나왔다. 국민국가의 이상적 형태는 국가의 성원이 단일한 민족에 속한다고 믿는 것이며, 단일한 민족은 종족적으로도 동질적인 것이 가장 바람직하다. 그러나 200년 전의 서유럽에서 출발한 이러한 국민국가의 모델은 제2차 세계대전 이후 탄생한 동남아 신생국들이 모델로 삼기에는 무리가 있었다. 전혀 동질적이지 않은 종족들을 묶어서 단일한 민족으로 만들어야만 국민국가 건설이 가능한 동남아 상황은 과거의 유럽과는 전혀 달랐던 것이다. 그래서 동남아 국가들은 국민국가 건설을 위해 의도적으로 민족 만들기를 시작했다.

왕궁우는 동남아 국가들의 민족 만들기는 두 가지를 가정하고 있다고 주장한다. 첫째는 이 국가들이 아직 민족을 갖지 못하고 있으며, 그러므로 민족 만들기를 할 필요가 있다는 가정이고, 둘째는 국민국가라는 것이 실제로 만들어낼 수 있는 대상이라는 가정이다. 이는 마치 집을 짓고 길을 닦는 것처럼 국민국가도 뚝딱뚝딱 만들어갈 수 있다는 얘기며, 따라서 최종적으로 만들려는 완성품이 무엇인가를 시작하기 전에 미리 알아야 한다는 얘기다(Wang, 2004, p. 3). 그러나 이는 국민국가가 탄생한 유럽의 경우를 고려해 볼 때 다소 생소한 것일 수밖에 없다. 긴 세월 동안을 함께 살아와서 언어, 종교, 역사 등을 공유하던 유럽의 각 지역 사람들이 자기들에게 맞는 근대적 정체(polity)를 서서히 만들어낸 것이 국민국가라는 사실에 비춰볼 때, 식민지배를 함께 받았다는 것을 제외하면 공통점이 별로 없는 사람들을 묶어서 단일한 국민국가를, 그것도 서양의 것과 동등한 정도의 국민국가를 만들어내는 것은 동남아 국가들로서는 쉬운 일이 아니었다. 게다가 공통점이 더욱 없다고 생각되는 존재인 화인을 포함해서 민족을 만드는 일은 더욱 어려웠다.

제2차 세계대전 이전에는 중국인의 정의는 간단해서, 자신이 중국인이라고 느끼는 사람은 중국에 살건 동남아에 살건 모두 중국인이었다. 그러나 이런 정체성은 중국이라는 국가나 민족에 대한 동일시라기보다는 자기의 출신 지역에 따라서, 즉 광둥·푸젠·객가·하이난 등과 같은 방언집단과 그 문화에 대한 동일시였다. 일종의 문화적 정체성인 셈이다. 그러나 쑨원(孫文)의 삼민주의(三民主義)에서 민족 개념이 등장한 이후 1920년대와 30년대가 되면서 동남아 화교들의 문화적 정체성은 중국 민족주의에 대한 정체성으로 변화하는 모습을 보였다. 이런 정체성은 수많은 중국인 학교가 세워져서 다음 세대로 전승되었고, 1937년 중일전쟁이 일어나고 일본이 동남아를 침략하면서 더욱 강화되었다. 그러나 전쟁이 끝나고 동남아 각 지역이 식민지로부터 독립해 각 국민국가가 출범하면서 현지 국가의 민족주의적 지도자들은 화인들의 이런 중화민족주의적 정체성을 경계하게 되었다(Wang, 1988, p. 2).

인도네시아는 식민통치에 저항해 온 민족주의자들이 1945년에 독립을 선포하고 4년간 네덜란드에 대항해서 투쟁한 후인 1949년에 탄생했다. 그러나 국가를 이루야 할 성원들이 갖고 있던 다양한 속성은 독립 이후에 수많은 갈등의 원인이 되었다. 1950년부터 1959년까지의 인도네시아 정치체제는 대의제민주주의 시기로 불린다. 이 체제는 종족 간의 요구사항들은 공개적이고 공식적인 정당체제를 통해 조정되고 갈등은 의회 내에서 협상과 타협을 통해 조정되는 틀을 갖고 있었다. 그러나 대의제민주주의는 당시 인도네시아에서 종족과 관련해 가장 중요한 두 가지 문제, 즉 이슬람과 국가의 문제, 중앙과 지방의 갈등을 풀지 못했다. 의회정치의 한계를 느낀 수카르노(Sukarno, 1949~66) 대통령은 1959년에 군부의 도움을 받아 일종의 친위 쿠데타를 일으켜서 자신이 교도(敎導)민주주의(Guided Democracy)라고 부른 체제(1960~65)를 시작했다.

수카르노는 자신이 주창했고 인도네시아 독립의 철학적 기조가 되었던 판차실라(Pancasila, 판카실라)를 인도네시아 국가의 기본 이념으로 선택했다. 판차실라는 5개 원칙이라는 의미인데, 민족주의, 국제주의, 민주주의, 사회정의, 신에 대한 믿음을 의미했다(고우성, 2002, 34). 이런 좋은 원칙들에도 불구하고 이 체제는 대통령에게 실제적으로 무한한 권력을 부여하는 독재체제와 다를 바 없었고, 수카르노는 강압, 설득, 흡수라는 방법을 구사하며 종족문제의 해결을 시도했다. 그러나 수카르노 개인의 카리스마에 의지한 정권은 오래 버티지 못했고, 군부와 공산당에 기초한 수카르노 체제는 양자가 분열을 일으키면서 무너졌다. 이어 쿠데타로 권력을 장악한 수하르토(Suharto)의 시대(1966~98)는 신질서(New Order) 시대로 불리는데, 이 시대도 앞 정권과 마찬가지로 권위주의적 정권이었다. 신질서 시대도 수카르노 시대와 마찬가지로 판차실라를 국가 이념으로 채택했고, 민족문제와 종교문제에서도 수카르노 시대의 기술들을 이어받아 그때와 같은 방식으로 처리했는데, 중요한 것은 이때의 화인에 대한 기본적인 정책 목표는 통합이 아니라 토착민에게 동화시키는 것이었다는 점이다(Liddle 1997, pp. 286~289).

    독립 이후부터 수카르노의 하야에 이르는 1950년부터 1965년까지는 인도네시아가 국가의 틀을 만들고 민족을 만드는 형성기였다. 이 기간 인도네시아의 토착 엘리트들은 화인이 장악한 경제력을 회수하는 전략을 사용했다. 이것은 국가경제의 기틀을 확립한다는 실질적 의도도 있었지만 화인이 장악한 국내 유통과 소규모 생산 부문은 국민 형성과 정치 동원을 위한 선전 도구로서도 훌륭한 가치가 있었기 때문이다. 예를 들면, 인도네시아 정부는 1950년에 벤텡(Benteng) 프로그램을 발표했는데, 이는 총 수입품목의 30%에 해당하는 분량은 '민족' 수입업자만이 취급하게 한 것이다. 여기에서 민족은 토착 인도네시아인만을 의미함으로써 화인들을 배제하려는 의도를 분명하게 했다. 그러나 이 프로그램은 경험이 없는 토착인들이 이름만 빌려주고 실제 경영은 화인이 그대로 담당하게 되는 소위 알리바바(Ali Baba) 체제로 변질되고 말았다.[13]

1959년의 대통령결정 10호는 외국인이 농촌지역에서 유통업에 종사하는 것을 전면 금지했다. 비록 인도네시아 국적을 소유하고 있던 화인들에게는 해당하지 않는 조치였지만, 당시 국적법이 애매해서 농촌지역에서 화인들이 불이익을 받는 일이 허다했다. 이 조치의 결과로 이듬해인 1960년에 인도네시아를 떠나 중국으로 재이주한 화인이 10만 명에 이르는 것으로 알려졌다. 한편 수카르노 대통령은 교도민주주의가 시작된 1960년 이후에는 다국적기업 국유화 조치를 취했는데, 비록 화인 기업을 목표로 취한 조치는 아니라 해도 결과적으로는 화인 기업들에 큰 영향을 끼쳤다(Suryadinata, 2007, 82~83; 신윤환 2000, pp. 459~460).

교도민주주의 시기의 화인정책은 기본적으로 경제적 탄압이었지만 정치적으로나 문화적으로는 수용적이어서, 전체적으로는 통합정책이었다고 볼 수 있다. 실제로 수카르노의 집권기에 화인 7명이 장관에 임명되었고, 국회의원을 지낸 화인도 있었고, 바페르키(Baperki)와 같이 다수가 화인으로 구성된 사회정치 조직도 있었다. 비록 일반 화인들에게까지 확산되지는 못했지만, 1963년에는 화인들이 '민족통합을 위한 기구'를 구성해서 정부 조직의 일부가 되기도 했다(Tan, 1997, pp. 28~31). 반면에 그후 시작된 수하르토 대통령의 신질서 시기는 문화적 탄압의 시기였고, 화인들이 자신의 정체성을 버리고 현지 사회에 동화하도록 의도한 동화정책의 시기였다. 이와 관련한 매우 노골적인 정책들을 살펴보자. 1966년에 '임시국민의 자문기구 결의안' 32조에 따라서 1개 신문을 제외한 모든 신문과, 상점·회사 등의 공공장소에서 중국어와 중국문자 사용이 금지되었다. 중국어로 가르치는 모든 학교도 문을 닫았다. 1967년 대통령훈령 14조에 따라

문화적·종교적 표현과 중국 전통은 가족 내 의식에서만 가능하도록 제한되었다. 이에 따라 음력설을 축하하려고 집 밖에 뭔가를 내거는 것 같은 사소한 중국 전통도 금지되었다. 1967년의 대통령포고령 240호는 화인들의 중국식 이름을 인도네시아식으로 개명하게끔 했으며, 인종적 배제와 차별을 피하려면 동화해야 한다고 명시했다(Tan, 1997, p. 72).

한편, 인도네시아에서 민족 만들기가 진행되는 동안 중국과 인도네시아의 관계도 화인의 정체성 형성에 영향을 끼쳤다. 동남아 화인들은 자신이 살고 있는 국가에 충성을 하는 것이 아니라 중국의 이익을 위해 봉사할 것이라는 의심을 언제나 받아왔다. 특히 중국이 공산화한 1949년 이후에는 화인들은 사회주의 중국의 '제5열'이라는 의심을 받아왔는데, 이는 전후 맥락과 중국의 대외정책을 고려해 보면 지나치게 단순한 논리가 아닐 수 없다. 즉, 자기들의 정치적 목적을 이루기 위해 화인들을 중국의 간첩인 양 취급했다는 것이다. 하지만 이런 논리가 나름대로 퍼졌던 이유는 첫째, 그 논리가 냉전 상황에 잘 들어맞았고, 둘째, 동남아 신생국들의 민족주의적 지도자들이 국내의 정치적 목적을 위해 이런 논리를 이용했기 때문이었다(김두진, 1990, p. 276).

1949년 건국 후 별다른 화인 관련 정책을 갖지 못했던 중국은 1950년대 중반에 이르러서야 명확한 입장을 갖기 시작했다. 가장 중요한 문제는 화인의 이중국적 문제였다. 속지주의 원칙에 입각해 현지에서 태어나 현지 국적을 갖고 있는 화인들은 기존의 국민당 시절부터 유지해 온 혈통주의 때문에 자동으로 중국 국적을 갖게 되었다. 토착민 입장에서 볼 때 화인이 외국 국적을 보유하는 현실은 그들이 자기 나라 사람이 아니라는 의구심을 갖게 하는 중요한 요인 중 하나였다. 이에 대해 중국은 1955년 인도네시아와 조약을 체결함으로써 이중국적을 폐기하고 모든 화인은 하나의 국적을,

특히 거주국의 국적을 가질 수 있게끔 했다. 이는 기존의 혈통주의를 공식적으로 포기함으로써 화교들에게 획기적 변화를 초래한 사건이었다. 당시 화인에 대한 중국 정부의 공식 입장은 1956년에 버마 화인들을 대상으로 한 저우언라이(周恩來) 총리의 연설에서 잘 나타나 있다. 이 연설에서 저우언라이 총리는 화인들이 거주국의 국적을 취득하고 거주국에서 봉사할 것을 권장했으며, 중국 국적을 보유하는 화인들도 거주국과 거주국의 법률을 존중할 것을 독려했다(조정남, 1998, p. 55).

이런 입장에도 불구하고, 냉전기의 레드콤플렉스에 시달리는 동남아 정부에 화인들은 언제나 꺼림칙한 존재였다. 특히 친공산주의적이던 수카르노 정권을 무너뜨리고 등장한 수하르토 정부는 매우 강경한 반공주의 입장을 취했고, 중국이 인도네시아 화인들을 이용해 자국의 이익을 증진시킬 의도가 있는 것으로 우려했다(김두진, 1990, p. 299). 실제로 중국은 화인의 현지 국적 취득을 권장하면서도 그들을 이용하려는 의도가 있었던 것으로 보인다. 예를 들어, 1978년 만들어진 새로운 화인정책은 중국에 들어와 있는 화인 지식인들이 떠나는 것을 줄이고, 외국에 있는 전문직 화인들을 중국으로 유인하고, 외국 화인들로부터 송금과 투자를 늘리려는 목표가 있었는데(Suryadinata, 2007, pp. 22~23), 이런 것들도 동남아 국가들에는 화인들에 대한 의혹을 풀지 못하게 하는 이유가 되었다.

독립 이후 국민국가 건설을 시작한 동남아 국가들은 냉전의 틈바구니에 끼어 자본주의와 사회주의 사이에서 선택을 해야만 했다. 그 안에 살던 화인들도 새로운 선택에 직면했는데, 사회주의 중국의 탄생은 더 큰 부담으로 다가왔다. 만약 일시적 체류자로 남으려면 중국과 타이완 중에서 선택을 해야 했고, 영구 거주자가 되고 그 나라 국민이 되려면 새로 출범한 국민국가에 충성을 보여야 했다. 그러나 화인들은 '친중국'이라는 의심의 눈길을 벗어나기 어려웠고, 심지어는 '한번 중국인이면, 어떤 선택을 하더라도 영원한 중국인'이라는 식의 인종주의적 편견의 대상이 되기도 했다(Wang, 2001, pp. 63~64). 화인들이 이런 의심과 편견에서 벗어나는 방법은 다수자가 요구하는 대로 자신의 정체성을 완전히 버림으로써 주류 사회의 일원임을 증명하는 길밖에는 없다. 그래서 화인들은 '동남아화'해 갔다. 냉전 기간에는 아주 적은 수의 미등록(불법) 이민만이 있었을 뿐 중국에서 오는 새로운 이민은 끊겼다. 중국과의 접촉이 줄어들었고 화인사회는 안정되었다. 토착세력의 다양하고도 강력한 동화정책에 힘입어 화인들은 점차 현지화해 갔으며 스스로를 현지 정부와 토착민에 동일시하게 되었다(Suryadinata, 2007, pp. 54~57).

결론

중국과 인도네시아가 화인의 국적에 관한 조약을 체결한 1955년 당시의 화인 인구는 245만 명이었고, 그중 인도네시아 국적만을 가진 사람은 145만 명, 이중국적을 가진 사람은 100만 명이었다. 조약 체결 후 유예기간이 지나고 나서 1960~62년, 이중국적 소유자 100만 명은 어느 국적을 가질 것인가를 선택해야 하는 상황에 직면했다. 이것은 어느 쪽에 설 것인가를 물어보는 질문이었고, 결국 내가 누구인가를 묻는 질문이었다. 이중국적 화인들의 다수인 65%는 인도네시아 국적을 선택했다(Tan, 1997, pp. 33~35).[14] 그렇다면 1962년 이후에는 화인 인구의 절대다수인 200만 명 이상이 중국과는 정치적으로나 법률적인 관계가 없는 인도네시아 국민이 되었다는 얘기다. 그렇다면 그 이후에 화인들은 토착민들과 똑같은 대우를 받고 그들과 구별되지 않는 사람들이 되었을까?

외부의 시각은 그렇지 않았다. 화인들은 여전히 모두 똑같은 중국계로 보일 뿐이었다. 냉전 기간 각종 불이익을 받으면서 강제로 '동화를 당한' 화인 입장에서는 매우 억울한 일이 아닐 수 없다. 화인들이 토착민들에게 이렇게 보인 이유는 그들이 상대적으로 성공한 집단이어서 눈에 잘 띄어 그랬을 수도 있고, 또 인도네시아 정체성보다는 중국 정체성을 더 강하게 갖는 이민 1세대들이 아직 존재해서 그럴 수도 있다. 게다가 화인들을 이용해서 자신의 이익을 채우려는 중국의 존재도 그런 인상을 주었을 수도 있다(Suryadinata, 1997, p. 10).

인도네시아에 있는 화인들은 단일한 집단이 아니다. 예를 들어 언어적으로 볼 때 화인들은 모든 상황에서 중국어(방언)을 사용하는 집단과 말레이어를 사용하는 집단이 있고, 상황과 자신이 속한 계층에 따라 중국어, 말레이어, 인도네시아어를 혼용하는 집단으로 나뉜다. 한편 문화적으로 보면 화인들은 동화의 정도가 높고 인도네시아어를 사용하는 페라나칸(peranakan)과, 동화의 정도가 낮고 중국어(만다린이나 중국 방언 중 하나)를 사용하는 토토크(totok)로 나뉘고, 법적으로 보면 인도네시아 국민과 외국인으로 나뉘는데, 이 중 외국인은 다시 중국 국적자, 타이완 국적자, 특정 국적이 없는 자로 나뉜다. 비록 대다수는 정치적으로 수동적이기는 하지만, 이들을 정치적 성향으로 구분해 보면 친자카르타파, 친베이징파, 친타이페이파, 특별한 지향이 없는 사람들로 나뉜다(Suryadinata, 1985, p. 11). 이 중 일반적으로 화인을 나누는 방식은 페라나칸과 토토크인데, 중국 문화에 대한 각종 금지가 실시되고 나서 화인들은 점차 현지화, 페라나칸화해 갔다. 그러나 그렇다고 이것이, 화인들과 토착민과 완전히 같은 존재가 되는 것을 의미하지는 않았다. 인도네시아 화인들은 비록 중국말을 잃고 중국에 대한 정치적 동질감을 잃었지만, 토착민과는 여전히 구분되는 존재로 비친다. 그들은 스스로를 인도네시아 사람이라고 생각하지만 중국계 혈통임을 잘 알고 있으며, 특히 페라나칸들은 스스로를 토착민도 아니고 토토크도 아니라고 생각하는 딜레마를 안고 있다(Tan, 1997, pp. 49~50).

동티모르, 아체, 이리안자야 등에서 같은 끊임없이 터져 나오는 자치와 분리독립의 목소리를 보면, 국민국가의 기준으로 볼 때 인도네시아가 아직 국가 건설이나 민족 만들기 과정을 끝낸 것이 아니라고 할 수 있다. 그러나 그 사이에 냉전이 끝나고 세계화의 물결이 인도네시아에도 밀려들어 왔다. 국민국가의 건설도 아직 끝나지 않았는데, 그것을 넘어서는 세계화의 물결이 들어온 것이다. 그렇다면 국민국가에 편입되기를 기다려온 화인들은 이제 더는 그런 애를 쓰지 않아도 되는 것인가? 그렇지 않다. 능력이 있는 일부 화인에게는 다른 나라로 떠남으로써 국제시민이 될 수 있겠지만, 대다수는 자기에게 주어진 공간에서 살아갈 수밖에 없다. 아시아의 금융위기 직후 있었던 1998년의 대규모 화인 학살사건[15] 이후에도 인도네시아를 떠난 사람이 많이 잡아도 전체의 3.7%에 불과하다는 사실을 보면, 사람들은 여전히 국민국가라는 테두리 안에서 살아갈 수밖에 없다 (Suryadinata, 2007, pp. 62~63).

인도네시아 화인 대부분은 페라나칸에 해당한다. 그들은 자신이 인도네시아 국민이라고 생각하지만, 동시에 중국계 혈통을 갖고 있음도 잘 알고 있다. 그들이 자신의 정체성과 자기 자녀들의 정체성에 대해 어떻게 생각하는가는 본인들에게 달린 문제지만, 동시에 인도네시아 정부와 토착민들이 그들을 어떻게 생각하는가, 어떻게 받아들이는가에 따라서 달라질 수도 있는 문제다. 역사적 경험은, 폭력적인 동화정책이 소수자를 다수자와 동등한 존재로 만들지 못했음을 보여준다. 그런 폭력이 강할수록 오히려 소수자는 고립되고 이질적인 존재로 변해 갔다. 인도네시아뿐만 아니라 앞으로 동남아 화인의 정체성이 거주 국가에 완전히 동화되는 방향으로 갈지 아니면 중국 정체성의 강화로 이어질지는 알 수 없다. 그러나 미래의 정체성은 기존의 국민국가가 요구했던 것과 같은 방식의 양자택일이 아닐 수도 있다. 중국적인 문화를 가진 인도네시아의 훌륭한 시민이 얼마든지 가능할 것이다. 다만 그러기 위해서는 국가 성원에 대한 포용력 있는 재정의가 필요하고, 동시에 건강한 정치와 경제가 필요하다. 과거의 경험으로 보면, 국가의 지배장치가 제대로 작동되지 않을 때 분배구조가 왜곡되고, 정치경제적 위기가 있을 때 화인배척운동이 일어나곤 했다. 민주화가 이루어지고 경제적으로 정의로운 사회가 되면 인도네시아 화인의 정체성도 새롭게 변모해 갈 것이다.

● 이 논문은 《다문화사회연구》 제2권 2호(2009. 8)에 게재된 논문을 일부 수정한 것이다.

● **박경태**
1994년 미국 텍사스주립대학(오스틴)에서 〈아시아계 이민노동자들의 자영업이 미국 흑인노동시장에 끼치는 영향〉으로 박사학위를 받았으며, 현재 성공회대학교 사회과학부 교수로 재직하면서 인종적·민족적 소수자문제를 공부하고 있다. 미국 캘리포니아 주립대학(리버사이드), 캐나다 요크대학과 토론토대학의 방문교수를 지냈다. 그동안 한국사회 안의 소수자인 이주노동자, 화교, 혼혈인에 관한 연구를 해왔고, 현재는 다문화주의와 디아스포라에 관한 연구를 진행하면서 소수자와 다수자가 진정으로 평화롭게 공존하는 사회를 꿈꾸고 있다. 주요 저서로는 《인권과 소수자 이야기》(2007), 《소수자와 한국사회-이주노동자, 화교, 혼혈인》(2008), 《인종주의》(2009)가 있다.
ktpark@skhu.ac.kr

냉전풍경 2

국민국가의 문화 구상, 그 제도와 재현의 임계

**냉전풍경 2:
국민국가의
문화 구상,
그 제도와
재현의 임계**

〈전후 한국과 중국의 인구정책과 여성〉(이선이)은 1950년대 말부터 60-70년대에 걸쳐 한국과 중국 양국에서 행해진 '근대화 프로젝트' 과정에 초점을 맞춰 인구와 경제의 상관관계 인식에 당시 냉전이라는 국제정세가 어떠한 영향을 미쳤는지를 규명했다. 한국의 경우, 미국의 제3세계 원조정책과 냉전정책의 전환이 박정희의 발전주의정책의 이해관계와 맞물리면서 맬서스의 인구론을 적극적으로 받아들인다. 반면, 중국의 경우는 사회주의 이념이 맬서스주의와의 타협을 어렵게 했을 뿐 아니라 마오쩌둥의 '인구=자원론'이 막강한 영향력을 행사하고 있어 산아제한론이 힘을 얻기 어려웠다. 더불어 이 글은 국가의 인구정책이 여성의 일상에 미친 영향 그리고 이에 대한 여성들의 대응 양식을 검토했다. 이 작업을 통해 출산을 통제하려는 여성의 욕망은 다자다복 사상에 지배 받는 '가족'의 영향력 축소에 국가권력을 적극적으로 이용했지만 국가의 여성동원정책이 그에 걸맞은 인구정책을 수반했다고 보기는 어렵다는 사실을 밝혔다.

이제 홍콩에서 좌파가 된다는 것은 어떤 진보적 가치의 선취를 드러내는 표지가 아니라 '친중화 인민공화국'임을 드러내는 표지가 되고 있다. 사람들은 그런 급진적 과거를 오래 지속된 애국주의의 기록으로 간주하고 그것을 모든 종류의 이익을 얻기 위한 일종의 정치적 자산으로 삼고자 한다. 이상주의의 자리를 대신한 것은 사회학자들의 시대정신(zeitgeist), 즉 민족-국가주의와 관리주의(managerialism)였다. 민족주의의 재배치는 반식민적 수사의 유행과 함께 나타나고 있는 급진주의의 급격한 부상이 홍콩에서 진정한 비식민화 과정을 만들어내지 않았음을 설명해 준다. 우리가 1970년대에 목격한 것은 식민권력의 지역화를 이데올로기적으로 전경화(前景化)하는 결정적인 전환이었다. 〈변동하는 중국의 문화민족주의: 홍콩 문화냉전의 충격들〉(로윙상)은 냉전기 식민주의와 민족주의의 재배치 과정에 대한 비판적 재해석을 통해 포스트식민시대 홍콩의 문화지정학을 분석했다.

〈냉전기 국민화 프로젝트와 '전통문화' 담론: 한국·타이완의 사례를 중심으로〉(윤영도)는 남한과 타이완 두 지역에서 '전통문화' 담론이 두드러지게 부각되었던 1960-70년대를 재조명하고 있다. 당시 위정자들의 주도하에 부상했던 '전통문화' 담론들은 냉전과 국민화 프로젝트라는 이중과제에 대한 대응의 산물로서 나타난 현상으로 파악할 수 있다. 반공주의적 정치체-문화체를 건설하는 과정에서 배태되어 강력한 영향력을 발휘한 '전통문화' 이데올로기는 냉전이 해체된 현재까지도 여전히 두 지역의 대중적 인식체계 및 일상적 삶에 영향을 미치고 있다. 이 글은 지역의 전통문화 담론에 대한 비교분석을 통해 1960-70년대 냉전 문화의 구조와 문화냉전의 효과들을 비판적으로 재조명할 필요가 있음을 강조하고자 했다.

〈동아시아에서 사회주의 인민의 표상: 1970년대 리영희의 중국 논의를 중심으로〉(박자영)는 1970년대 리영희의 중국 인민 논의를 새롭게 읽어냄으로써, 그의 논의가 냉전문화라는 전체적인 구조의 문제를 드러내고 나아가 '국민' 혹은 '인민'의 문제를 '동원'이 아닌 새로운 주체 구성의 관점에서 제기했음을 규명했다. 리영희의 논의는 냉전체제의 논리와 문화라는, 일국 차원을 아우르면서 넘어서는 '구조'의 문제를 전체적인 시각에서 포착했다. 곧 자신의 논의를 '가설(假說)'이라고 설정함으로써 냉전체제의 문화 또한 가설의 수준에서 구성되었다는 세계의 구성원리를 드러냄으로써, 냉전체제에 대한 전복적 사고를 시도했던 것이다. 더불어 관찰의 언어와 번역 실천에 주력하면서 그는 냉전기의 텍스트를 상호적으로 수용하는 주체의 '발생'과 '구축' 과정이 갖는 의미를 탐색했다. 1970년대 한국에서, 사회주의 중국의 인민 논의는 냉전체제의 전도된 현실구도를 드러내고 당시에 강력하게 억압되어 부재하는 주체 생성의 기획을 작동하는 데 유력하게 작용했던 것이다.

전후 한국과 중국의 인구정책과 여성

글·이선이

머리말

제2차 세계대전 이후 이른바 개발도상국으로 분류된 제3세계 국가들은 미증유의 인구증가 양상을 보이고 있었다. 근대적 의약, 위생시설의 도입 등으로 사망률은 낮아졌으나 출생률은 높은 수준을 유지해 가히 '인구폭발'이라고 불리는 상황이었다. 한국의 인구 사정도 여타의 개발도상국과 그다지 다르지 않았다. 1955년부터 1960년까지 인구증가율 3%, 1960년 합계출산율(여성 1명이 전 가임 기간에 낳을 수 있는 평균 자녀 수) 6.0명으로 산아제한정책의 필요성이 대두되고 있었다. 그런데 1962년 제1차 경제개발 5개년계획 프로그램의 일환으로 실시된 가족계획사업의 결과, 1988년도 합계출산율이 1.6명에 이르러 새로운 전환점을 맞이한다. 2005년도 합계출산율은 1.08명으로 나타나 심각한 저출산 문제를 고민하는 단계에 이르렀다. 이러한 변화는 세계적으로도 유례를 찾기 어렵다고 할 수 있다.

한편, 세계 최대 인구국인 중국은 1978년부터 현재까지 '한 자녀 정책(一胎化政策)'을 시행하고 있다. 이 정책은 대를 이을 아들이 없는 것을 인생 최대의 불행이며 불효로 생각해 온 농촌에서 심각한 저항을 낳아, 호적 없는 아이(黑孩子)들이 늘어가고 있으며 여아살해도 빈번하게 이루어지는 부작용을 낳고 있다. 중국의 산아제한정책은 개인의 권리를 지나치게 침해한다는 비판에 직면하고 있지만, 국가권력이 개입하지 않으면 중국의 폭발적 인구증가를 억제할 다른 방안이 없다고 이해할 수도 있다.

이처럼 현재 한국과 중국 양국이 처한 인구 상황의 차이는 어디에서 연유하는 것일까? 이는 제2차 세계대전 후 양국이 '근대화'를 추진하는 과정에서 인구와 경제의 상관관계를 어떻게 이해하고 그에 따른 정책을 시행했는가에 따른 결과가 아닐까 생각한다. 이 글에서는 전후 양국에서 행해진 인구정책과 정책 탄생의 국내외적 배경에 대해 살펴보고자 한다. 특히 양국 인구정책의 차이에는 당시 세계의 냉전 상황이 중요한 영향을 미쳤던 것으로 보인다. 또한 인구정책은 인구 재생산 담당자인 여성에게 중요한 영향을 미친다고 할 수 있는데, 한중 인구정책과 양국 여성의 삶의 상관성에 대해서도 간략하게 추론해 보고자 한다.

1949년 중화인민공화국 성립 후 중국은 여성을 적극적으로 '공적영역'으로 불러냈다. 반면, 한국에서는 '산업일꾼'이라는 이름으로 하층 여성을 노동현장으로 동원했지만 여성이 있어야 할 곳은 원칙적으로 가정이라고 하는 틀을 크게 저해하지 않는 선에서 이루어졌다. 그런데 국가를 재건하는 데 적극적으로 여성 노동력을 동원했던 중국의 경우, 인구정책은 재생산 노동의 주요 담당자였던 여성에게 미치는 영향이 한국보다 훨씬 컸을 것으로 생각된다. 한국의 경우는 성별 '차이'에 입각해 여성을 공적 영역에 동원하는 데 소극적이었지만, 인구정책은 가정 내 여성의 역할에 변화를 초래해 의도하지 않은 채 여성의 공적 영역 참여를 촉진했을 것으로 생각된다. 이처럼 이 글은 한중 양국의 여성정책과 인구정책이 서로 맞물려 여성의 삶에 어떠한 변화를 가져왔는가에 대해서도 생각해 보고자 한다.

한국과 중국의 인구문제에 관해서는 상당한 연구가 진행되었다. 한국에서는 대체로 의학적·보건학적 차원에서의 연구, 출산이나 여성의 몸을 국가나 의료, 그리고 가부장제와 같은 문화적 권력과 연계하는 연구 등이 행해져 왔다. 중국에서는 '한 자녀 정책'으로 대표되는 1978년 이후 인구정책에 관한 연구가 주를 이루고 있다. 전후 인구정책은 1978년 이후 현재까지 약간의 변화를 겪으면서도 지속되어 온 인구정책의 전사(前史)로 논해지는 것이 대부분이다. 그중 1957년 〈신인구론(新人口論)〉을 발표해 중국 인구문제의 심각성을 제기했다가 반우파투쟁에서 심각한 비판에 처하게 된 마인추(馬寅初)에 주목하는 경우가 많다.

이 글에서는 우선 한중 양국의 전후 인구정책이 현재 인구문제를 탄생시킨 전사로 상당히 중요한 의미를 지닌다는 점에서 이 시기를 중점적으로 다루고자 한다. 그리고 이 시기 인구정책 결정의 국내외적 배경을 살펴보고, 양국 인구정책 실행에 어떠한 차이가 있는지 논하고자 한다.

전후 한국의 인구정책 전개

미국의 제3세계 국가에 대한 인구정책 지원

현재 한국은 국가적 위기로 진단할 만큼 출산율 저하가 현저하다. 이러한 현상을 육아와 교육의 부담을 오로지 여성 개인에게 의존하는 현실에 대한 '여성들의 저항'으로 이해하는 시각도 있지만, 1962년 제1차 경제개발 5개년계획의 일환으로 본격화한 가족계획사업의 결과물로 평가하는 데 이견은 없는 듯하다.[1]

5·16군사쿠데타로 들어선 박정희 정권은 발전주의정책을 강력하게 추진했다. 이때 가난의 주요 요인을 인구증가로 보는 맬서스주의의 주장을 받아들이면서 가족계획사업을 본격화한다. 그런데 바로 이 시점은 미국이 세계의 인구문제, 특히 아시아의 문제에 관심을 가진 시기이다. 제2차 세계대전 전 아시아에 대한 미국의 관심은 태평양 지역의 미국 패권에 대한 일본의 도전에 기인하고 있었지만, 전쟁이 종료되면서 아시아의 인구 조밀과 가난한 나라들이 공산주의의 온상이 될 염려가 제기되었다.

맬서스주의자들에 따르면, 과잉인구는 국민의 불만을 낳아 공산주의의 선전 범위를 확대하고, 근대 의학의 도입은 인구성장을 촉진해 생활 상태를 한층 악화시킨다. 따라서 사망률과 출생률이 밸런스를 이루도록 인구성장을 억제하지 않으면 아무리 많은 외국원조가 있어도 효과가 없다는 주장이 힘 있게 제기되었다. 미국의 인구학자들은 대체로 이러한 주장에 동의하고 있었다.[2]

제2차 세계대전 후 의료기술의 발달, 신약의 등장, 공중위생 행정의 충실 등이 직접적 유인이 되어 다산다사(多産多死)형의 전근대적 인구동태를 보이던 개발도상국의 사망률을 급격하게 개선했다. 이로 인해 출생률은 높은 수준인 채로 사망률이 낮아진 다산소사(多産少死)형의 인구동태로 변하면서 인구가 격증하게 된다. 게다가 각국 정부가 공중위생 및 의료행정에 힘을 쏟는 복지정책을 국제기구인 유엔, 세계보건기구(WHO) 등이 식량과 기술 원조 형태로 지원하는 활동이 활발해진 것도 개발도상국 인구증가의 주요 요인이라고 할 수 있다.

    1950년대 들어서면서 현저히 낮아진 사망률과 높은 출생률로 인한 인구의 격증 경향이 장래 인구변동에 어떠한 영향을 미칠 것인가에 대한 관심이 생겨나면서 각지에서 인구실태 조사가 실시된다. 그중 대표적인 것이 유엔과 인도 정부가 함께 인도 마이소르 주에서 1951년 12월부터 1952년 9월에 걸쳐 실시한 인구조사다.[3] 이 마이소르 인구조사를 계기로 각국에서 출생, 사망 상황 실태를 명확히 하기 위해 각종 인구조사가 이루어졌다. 이러한 인구조사를 토대로 연속해 개최된 국제회의에서의 지식과 의견 교환 등을 기초로 정밀한 인구분석이 활기차게 이루어졌다. 특히 인구와 사회적·경제적 요인의 상호관계 해명을 목적으로 한 연구가 가장 많이 행해졌는데, 그중 대표적인 것이 포드재단의 지원을 받고 프린스턴대학의 앤슬리 J. 콜(Ansley J. Coale)과 에드거 M. 후버(Edgar M. Hoover)가 조사 연구한 《저소득 국가에서의 인구증가와 경제발전》[4]이다. 센서스와 표본조사 등의 자료를 이용해 인도의 인구현상을 관찰하고, 각종 경제통계를 구사해 출생률의 변동이 경제발전에 어떤 영향을 미치는지에 대해 논하고 있다. 조사는, 후진국의 높은 인구증가는 경제발전을 저해하는 요인으로 작용하며, 연소인구(0~14세 이하)의 증가는 노동생산성 및 저축률을 떨어트려 사회발전을 지연시키기 때문에 출생률의 급격한 저하가 적어도 당면 경제발전에 상당히 유리하게 작용한다고 결론을 내렸는데, 이점이 각계의 주목을 받는다.

이러한 연구들은 당시 선진국이 후진국에 행하고 있던 경제원조가 후진국의 폭발적 인구증가로 인해 별다른 효과를 내지 못할 것이라는 우려를 낳았다. 이에 민간단체, 특히 미국의 민간재단이 개발도상국의 인구문제 해결에 적극적으로 나서, 개발도상국에 인구억제 정책을 권장하고 점차 국제기구를 통해 개발도상국의 인구사업을 적극적으로 지원하게 된다. 미국 정부, 록펠러재단, 포드재단 등은 개발도상국의 인구통계 수집과 분석에 대한 원조, 가족계획 지원, 유엔기구 등에 기금 지원을 통해 개발도상국 정부의 인구정책을 도왔다.

한국에서는 1955년 9월 총인구조사와 1960년 12월 인구주택조사를 실시했으며 양 조사자료를 대비·분석해 연간 인구성장률이 2.9%임이 정식으로 발표되었다. 1960년 인구센서스는 미국 국제원조처(ICA: International Cooperation Administration, '미국국제개발처(USAID)'의 전신)의 후원으로 전산처리 방식이 도입되어 자료 처리의 신속화와 각 분야의 통계 분석이 가능했다. '내무부 통계국'에는 미국 통계국 출신 고문단이 상주해 원조했으며, 통계자료의 신빙성도 분석했다.[5]

대한가족계획협회의 창립과 가족계획사업의 정책화

한국은 일본 제국주의에서 해방된 후 젊은 연령층이 대거 귀국하고, 한국전쟁 후 결혼과 출생이 붐을 이루면서 1955년부터 1960년까지 높은 인구증가율을 보이고 있었다. 높은 인구증가율이 과잉인구를 낳아 빈곤의 악순환을 초래한다는 인식으로 이어지면서 가족계획을 국가시책으로 본격화한 때는 1962년이다. 하지만, 그 전부터 출산 조절 필요성을 느끼는 개인 혹은 단체의 움직임은 있었다. 당시 대표적 여성잡지 중 하나인 《여원

(女苑)》에서도 산아제한, 피임, 가족계획 등을 테마로 다루는 글이 적지 않게 실리고 있었다.[6] 이러한 글들을 살펴보면, 가족계획의 필요성으로 "생활에 여유"(경제와 여가의 의미)가 없다, "인간의 존엄과 가치 하락" 등을 들고 있다. 이를 보면 "도시의 근대적 생활을 영위하는 사람들" 사이에서는 산아제한이 행해지고 있었음을 알 수 있다. 그러나 무엇보다도 가족계획의 중요한 요인은 경제적 요소로, "도시의 여유 없는 봉급생활자들 사이에 자녀의 다과가 당장의 생활영위를 위해서나 막대한 교육비를 부담해야 할 문제가 매우 심각한 것으로 느껴졌다"[7]고 전하고 있다.

가족계획의 필요성과 중요성을 계몽하고 보급하는 데 노력한 단체들도 있었는데, 그중 대표적인 예로 대한어머니회를 들 수 있다. 1958년 창립한 대한어머니회는 1960년 서울시에 '어머니 무료건강상담소' 16개소를 설치하고 서울 근교에 2개 출장소를 두어 어머니들을 대상으로 선전계몽 활동을 했다. 그 외 1957년 전북 개정(開井)의 농촌위생연구소가 가족계획운동을 전개하기 시작했으며, 1958년 서울대학교 부속병원 산부인과에 가족계획상담소가 설립되었다.

한국의 초창기 가족계획사업은 정부의 보건행정 조직이 기반이 되어, 기획예산 지원 및 조정관리 기능은 중앙조직인 보건사회부가, 조사연구 평가 기능은 가족계획연구원(지금의 한국보건사회연구원으로, 1970년 한국보건사회연구소에서 1971년 가족계획연구원, 1976년 한국보건개발연구원, 1981년 한국인구보건연구원, 1989년 한국보건사회연구원으로 개칭)이, 계몽홍보교육 기능은 대한가족계획협회가, 시술 사후관리 및 시술요원 훈련 기능은 대한불임시술협회가 맡아 운영했다. 그런데 가족계획연구원과 대한불임시술협회가 설립된 것은 1971년과 1975년으로, 그 이전에는 가족계획사업을 담당할 전문기관이 정부 내에 없었다. 따라서 가족계획사업이 국가시책으로 채택되기 전에 설립된 대한가족계획협회가 정책 시행 초기부터 중요한 역할을 담당하고 있었다.

대한가족계획협회(지금의 인구보건복지협회)가 창립된 것은 1961년 4월이었다. 협회의 창립은 국제가족계획연맹(IPPF: International Planned Parenthood Federation)[8] 회장의 특별사절인 조지 C. 캐드버리(Georg. C Cadbury) 부부가 1960년 10월 한국을 방문해 가족계획사업을 추진할 민간단체 설립을 권유한 것이 계기가 되었다. 캐드버리 부부는 당시 연세대 의대 교수 양재모와 보건사회부 의정국장을 지내고 개원한 이종진을 만나 가족계획사업에 관심이 있는 국내 각계 인사들과의 만남을 주선해 달라고 요청한다. 이에 보건사회부 관계자를 비롯한 국내 인사 20여 명이 YMCA에 모여 캐드버리의 강연을 듣는 자리가 마련되었으며, 캐드버리는 귀국길에 오르기 전에 국제가족계획연맹에서 운영비로 3년간 연간 3,000달러를 한국에 지원할 것을 약속했다. 그뿐만 아니라 그는 가족계획사업에 동참할 가능성이 있는 한국 인사들의 명단과 주소록을 입수해 일일이 가족계획사업을 추진할 것을 권하는 편지를 보냈다고 한다.[9]

캐드버리 부부의 방문을 계기로 한국에서 대한가족계획협회 설립 움직임이 양재모를 중심으로 본격화해 1961년 4월 1일 사단법인으로 발족했으며, 4월 8일 국제가족계획연맹 본부에 회원국 신청을 하여 6월 30일 정식으로 회원국이 되었다.

그러나 대한가족계획협회가 창립하고 나서 다음 달에 바로 5·16군사쿠데타가 일어나면서 협회는 해산된다. 하지만 곧이어 양재모는 국가재건최고회의 문교보건사회분과 위원[10]으로 들어가 가족계획정책 입안서 작성에 참여했다. 이 정책입안서는 정부가 추진하고자 하는 경제개발계획 사업을 성취시키려면 인구증가율을 억제할 가족계획사업이 병행되어야 한다는 주장을 담고 있었다. 이 입안서가 받아들여지면서 1961년 11월 13일 국가재건최고회의 상임위원회 제69차 회의에서 가족계획사업을 경제개발 5개년계획의 일환으로 추진한다고 정식으로 결의했다.[11]

가족계획사업을 국가시책으로 책정해 1962년부터 추진하기로 의결하면서 보건사회부는 1962년 3월 1일부로 가족계획사업 추진을 위한 조직에 착수했다. 동시에 가족계획사업 10주년 장기계획을 수립하고, 이를 다시 제1차 5개년계획(1961~66)과 제2차 5개년계획(1967~71)으로 나누고 인구자연증가율을 당시 2.88%에서 각각 2.5%와 2.0%로 낮출 것을 목표로 잡았다.[12] 그에 앞서 1961년 9월에는 대한가족계획협회가 '재건'되어 이후 정부와 민간·학계를 연결하는 센터로서 역할을 했으며, 외원(外援)과 학계를 연결하고, 정부사업의 자문역까지 했다. 이로써 한국은 인도와 파키스탄에 이어 세계에서 세 번째로 가족계획사업을 국가정책으로 채택한 국가가 되었다.

1960년대 가족계획사업의 입안

1962년부터 국가정책으로 본격화한 한국의 가족계획사업은 1980년대에 이르기까지 미국과 유엔 등의 국제협력을 빼놓고 이야기하기는 어렵다. 1960년대는 주로 미국인구협회(The Population Council)와 미국국제개발처(USAID: United States Agency for International Development)의 기술적·재정적 원조로 사업기반을 형성했고, 1970년대는 유엔인구기금(UNFPA) 등에서 연구지원을 해주었다. 그뿐만 아니라 이들 기관은 한국에 인력을 파견하고 자문을 통해 구체적 사업의 내용을 결정하기까지 했다.

미국인구협회 아시아 지역 담당 마셜 C. 밸푸어(Marshall C. Balfour)는 1961년부터 1년에 2회 이상 한국을 방문해 기술자문을 하고 있었다. 그는 인도에 이어 세계 두 번째로 가족계획사업을 국가정책으로 채택한 파키스탄의 가족계획 자문보고서를 양재모 당시 연대 의대 교수에게 보여주면서 한국에도 그와 유사한 자문단을 파견할 의향이 있음을 내비쳤다. 이에 따라 한국 정부의 요청을 받은 미국인구협회 자문단이 1962년 말 한국을 방문해 가족계획 실정을 조사하고 1963년 2월 15일 조사보고서를 한국 정부에 제시했다. 이 조사보고서는 당시 미국인구협회 회장 프랭크 W. 노테스틴(Frank W. Notestein) 명의로 보건사회부장관 정희섭에게 보내졌다. 이 조사작업에는 밸푸어, 존스홉킨스대학 교수 존 휘트리지 주니어(John Whitridge Jr), 미국인구협회 홍보조사위원장 버나드 베럴슨(Bernard Berelson), 펜실베이니아대학 교수 V. H. 휘트니(V. H. Whitney)가 참여했다. 이들은 전남, 전북, 충남, 대구 등 각지의 농촌지도소와 보건기구, 대학 등의 가족계획 관계기관과 일선기관을 방문·시찰했다. 또한 이들은, 당시 1962년 7월부터 밸푸어의 제안으로 양재모 팀이 고양과 김포에서 농촌 주민들에 대한 가족계획 실행 연구사업을 수행하고 있던 곳도 방문했다.[13] 이 보고서는 조직, 홍보, 교육, 인력 훈련, 피임 방법 홍보 및 보급, 연구 및 특별연구, 재정 그리고 미국인구협회가 예정하고 있는 기술원조 내용 등을 담고 있었다. 한국 정부의 가족계획사업은 이 보고서의 건의에 충실히 따랐다고 한다.[14] 미국인구협회는 1963년 이후에는 한국에 자문관을 상주시켜 한국의 가족계획사업 운영에 밀접하게 관여했다.[15]

예를 들면 이 보고서가 제출되기 전까지는 보건사회부가 주요 부서로 가족계획사업을 관장하고 있었으나, 보고서에서는 이 사업의 긴박성과 중요성에 비추어 정부 내 다른 부처의 협력이 필요하다는 제안을 했다. 이에 호응해 1963년 9월 10일 내각수반지시각서 제18호를 시달해 정부의 모든 부처가 가족계획사업을 지원하도록 했다.[16] 또한 보고서는 국민들의 협력

없이 성공적인 사업 수행은 불가능하다며 홍보사업의 중요성을 강조하면서 지방 조직망을 갖춘 재건국민운동본부를 활용할 것을 제안했다. 이에 1962년부터 가족계획사업에 동참하고 있던 재건국민운동본부는, 1963년 전국 재건국민운동요원 2만 9,000여 명에게 가족계획에 관한 특별교육을 실시하면서 가족계획사업을 국민재건운동의 일환으로 채택해 적극적으로 사업을 전개하기 시작했다.

그리고 1962년에는 미국의 패스파인더재단(The Pathfinder Fund)[17]에서도 마거릿 F 루츠(Margaret F. Roots)를 파견해, 6개월 남짓 피임법 지도와 계몽 등 가족계획 실기 지도의 기술적 지원을 했다. 마거릿 여사는 귀국길에 오르기 전 동아일보와의 인터뷰에서 한국의 비교적 높은 교육수준과 "정부의 적극성" 등으로 일하기 수월했다고 평가하기도 했다.[18]

지금까지 살펴본 것에 따르면, 국제가족계획연맹, 미국인구협회, 패스파인더재단의 한국 가족계획사업과 정책에 대한 자문과 '원조'는 1960년대 이후 본격화함을 알 수 있다. 이때는 미국의 제3세계에 대한 경제개발 지원이 경제원조에서 인구억제 '원조'로 방향 전환이 이루어진 시기로, 이후 미국 정부는 가족계획정책 지원을 저개발 각국에 대한 사회경제 개발 '원조' 계획의 일부로 제3세계 정책에 정식으로 편입한다. 이로써 민간뿐 아니라 정부기관, 나아가 유엔을 비롯한 국제기관이 동원되어 적극적으로 가족계획사업 지원이 이루어졌다.[19] 바로 이 시기, 주지하듯이 한국에서는 반공을 국시로 내걸면서 동시에 발전주의를 강력하게 추진한 박정희 정권이 5·16군사쿠데타로 등장하게 된다. 박정희 정권은 당장의 민생고를 해결하기 위해 경제개발사업을 가장 중요한 국가사업으로 추진하는 가운데 인구정책을 경제개발사업의 일환으로 삼는다. 이는 미국의 제3세계 정책 전환과 절묘하게 맞아떨어졌다고 할 수 있다.

1960~70년대 주요 가족계획사업과 외원[20]

　대한가족계획협회 10개년계획의 내용은 1971년까지 20~44세 가임여성의 피임 실천율을 정부사업과 자비 부담에 의해 45% 수준으로 올린다는 것이었다. 이를 위해 1962년부터 71년까지 자궁내장치(IUD: intra-uterine contraceptive device) 100만 건, 정관수술 15만 건, 그리고 콘돔을 포함한 피임약제 기구 사용자를 월 평균 15만 명까지 보급시킬 것을 주요 골자로 하고 있다.

　자궁내장치의 보급을 위해 연세대와 서울대 의대는 1961년 12월 미국인구협회의 지원으로 자궁내장치 시술에 대한 임상연구를 진행해, 1963년에는 정부가족계획사업의 공인된 피임법으로 채택했다. 이때 리페스 루프(lippes loop) 사용을 주선하고, 리페스 루프 국내 생산을 위한 주형(鑄型)을 반입했던 것은 미국인구협회였다. 또한 1960년대 초반에는 1963년 공인되어 피임방법으로 채택된 루프와 정관수술을 시술할 의사가 없는 읍면이 약 600여 곳에 이르렀다. 때문에 이러한 벽지에 거주하는 이들은 피임시술을 원해도 시술이 불가능한 상황이었다. 이러한 문제를 타개하기 위해 제안된 것이 이동시술반이었다. 이동시술반은 1964년 국제가족계획연맹으로부터 시술장비, 방송시설 및 영사시설이 갖추어진 병원차량 1대를 기증 받았으며 아시아재단(Asia Foundation)에서 운영비를 지원 받아 경기도 지역에서 활동을 시작했다. 이후 국제가족계획연맹, 미국인구협회, 스웨덴국제개발처(SIDA: Swedish International Development Authority), 미국국제개발처 등의 지원으로 지프 200대가 도입되어 각 시군 보건소에서 이동시술과 계몽교육에 사용되었다.

　양재모와 방숙은 가족계획사업의 성공을 위해 요원 훈련, 계몽교육, 자료 제작 및 조사 평가사업을 위한 프로젝트를 미국인구협회로부터 받았다. 지원금과 요원 훈련은 대한가족계획협회가 담당하고, 계몽교육 자료 제작은 폴 하트먼(Paul Hartman)이, 조사평가는 보사부 모자보건과가 나누어 맡았다. 이후 가족계획 관련 조사연구 및 훈련사업의 중요성을 깨달아 스웨덴국제개발처의 지원으로 1970년에 국립가족계획연구소를 설립하게 된다. 이때 연구소 건축비의 90%와 직원 봉급 보충분, 운영비 일부를 지원 받았다.

1963년부터 공인되어 중요한 피임법으로 시행된 자궁내장치 시술 부작용을 보완하기 위해 1968년부터 먹는 피임약이 보급되었다. 이때도 미국인구협회와 스웨덴국제개발처의 지원으로 먹는 피임약에 대한 임상연구와 약제 보급이 가능했다.

또한 한국의 가족계획사업이 성공하는 데 가장 많은 공헌을 한 조직으로 꼽히는 가족계획어머니회는 1968년 대한가족계획협회가 가족계획 홍보 및 먹는 피임약 보급을 위해 전국 리, 동 단위로 조직했다. 황정미는 가족계획어머니회는 처음부터 예산을 확보해 단시일 내에 전국조직을 만들었고 여러 차례 과학적인 조사작업을 통해 체계적으로 관리되었다는 점에서 획기적이라고 말한다.[21] 이처럼 단시일 내에 전국조직을 결성할 수 있었던 배경에는 미국국제개발처의 미국인구협회를 통한 지원이 있었기 때문이라고 할 수 있다. 미국국제개발처가 1968년 가족계획 어머니회에 지원한 금액은 22만 8,000달러였다

1960년대 추진한 정부 가족계획의 성과로 20~44세 부인의 피임실천율이 1971년에는 25%로 증가하고 부인의 합계출산율도 1960년 6.0명에서 4.5명으로 감소했으며 인구증가율도 목표치 2%를 달성했다. 이에 보건사회부와 경제기획원은 제3차 경제개발 5개년계획 기간(1972~76)까지 인구증가율을 1.8%로, 제4차 경제개발 5개년계획 기간(1977~81)까지는 1.5%

로 낮춘다는 목표를 수립했다.

　이를 위해서는 기존의 피임 보급과 홍보교육만으로는 한계가 명확하기 때문에 국민들의 의식구조를 변화시켜 남아선호 사상을 완화시키는 소자녀 가치관을 키워야 한다는 주장이 제기되었다. 즉, 인구문제를 해결하는 수단으로서 가족계획은 단순히 원하는 수의 자녀를 갖도록 하는 데 그치는 것이 아니라 원하는 자녀 수 자체를 줄여보자는 목표가 추가되었다. 따라서 1970년대에 들어서면서 가족계획사업은 의학적 시술 중심의 접근법에서 IEC(정보, 교육, 소통: Information, Education, & Communication) 방법으로 전환하게 되었다. IEC는 주로 개인의 이해에 호소하는 내용의 메시지를 통해 가족계획 수용의 타당성을 설득했으나 가족계획 실천율이 40%대에 이르지 못하는 상황에 처하면서 개인적 접근법의 한계성이 제기되기 시작했다. 개인의 가치나 태도는 사회의 영향을 받기 때문에 사회의 가치, 제도 등의 변화가 수반되지 않으면 안 된다는 문제의식이 제기되었다. 1970년대 중반 이후 한계를 극복하기 위해 탈가족계획(BFP: Beyond Family Planning), 즉 개인적 접근법과 함께 제도적·집단적 접근법을 병용해야 한다는 주장이 나온다. 이로 인해 가족계획을 촉진하기 위한 사회적·경제적 제도의 마련, 인구교육의 강화가 강력하게 제기된다.[22] 이 시기에는 사회적·경제적 발전과 도시화의 진전에 따라 도시인구의 비율 또한 꾸준히 늘어나 1960년 28%에서 1970년 41.1%로 증가했다. 따라서 1970년대 가족계획사업은 도시지역 사업을 확충하고 소자녀 가치관을 형성하기 위한 사회 지원 시책을 마련하는 데 주안점을 두었다.

　제3차 경제개발 5개년계획이 착수된 1972년부터 유엔인구기금은 한국의 가족계획사업 지원 방안을 논의하기 시작해 1974년 3월 한국 정부와 "한국에서 인구 및 가족계획사업 강화를 위한 기본 협정"을 체결했다. 이로써 한국은 향후 5년간 600만 달러를 지원 받게 되었다. 이 밖에도 1960년대부터 지속적으로 지원해 주었던 국제가족계획연맹, 스웨덴국제개발처, 미국인구협회 이외에 국제불임시술협회(IPAVS: International Project/Association for Voluntary Sterilization Inc.) 등의 지원은 1970년대 한국의 가족계획사업에 없어서는 안 될 부분이었다.

앞에서도 언급했듯이, 1970년에 국립가족계획연구소가 설립되었다. 정부의 가족계획사업이 확장되면서 1968년 7월 한국 정부와 스웨덴 정부 간에 가족계획 기술 협력에 관한 협정이 체결되었다. 그리고 재차 인력 훈련과 조사연구 활동을 본격적으로 수행하기 위해 국립가족계획연구소를 설립하기 위한 협정을 맺었으며, 그 결과물이 국립가족계획연구소라 할 수 있다. 국립가족계획연구소 설립 후 미국인구협회는 사무실을 옮겨왔으며 연구원의 최고의결기관인 운영위원회는 보건사회부 차관을 위원장으로 하고 5인 이내의 운영위원으로 구성되었는데, 위원 중 1인이 미국인구협회 대표인 오천혜(George Worth)였다. 미국인구협회는 가족계획연구원의 조사연구 사업을 집중 지원했으며 가족계획연구원의 자료처리 능력 개발을 위한 컴퓨터 설비 및 처리비 등을 지원했다. 또한 가족계획연구원은 병원에서 출산하는 여성들에게 산후 피임을 보급할 목적으로 병원 가족계획사업에 착수했다. 이 사업은 1970년 미국인구협회의 재정 지원으로 전국 종합병원 33곳을 지정해 실시되었다.

그리고 가족계획연구원은 농촌 인구의 도시 유입에 따라 도시 영세 지역의 저소득층에 대한 피임 보급이 절실해지자 영세 지역에 가족계획센터를 설치 운영하는 사업을 실시했다. 1974년에 서울 면목동 외 10개 지역, 1976년 부산·대구·인천·광주·대전 등지에 센터를 설치하고 의사, 가족계획요원, 행정요원을 지역 인구수에 따라 배치했다. 이 사업 또한 유엔

인구기금의 지원하에 가능했다. 1970년대 중반에 들어서면서 대한가족계획협회는 도시 가족계획사업의 일환으로 예비군 가족계획사업을 실시했다. 앞서 언급했듯, 자궁내장치와 먹는 피임약 보급을 위해 가족계획어머니회가 1968년에 만들어졌는데 이와 유사한 남성조직으로 착안했던 것이 예비군 가족계획사업이다. 예비군 가족계획사업은 집단계몽이 가능하고 교육 후 바로 시술로 연결시킬 수 있어 여성 위주의 피임 보급에서 벗어나 정관시술 등 남성 피임법 사용을 증대시키는 데 크게 기여했다.

노동자 복지 향상과 가족계획사업의 접근 필요성에 따라 노동청은 1973년 유엔인구기금의 재정 지원과 세계노동기구(ILO)의 기술 지원하에 노동자 가족복지사업의 일환으로 사업장 노동자 가족계획사업을 실시케 했다. 1978년 노동청에 가족계획 전담부서를 신설하고 100인 이상 사업체에는 단체협약 및 취업규정에 가족계획 관련 내용을 명문화하도록 권장·지도하고, 500인 이상 사업체에는 '가족계획 진료실 설치운영사업', '홍보사업' 등을 추진했다.[23]

또한 가족계획정책의 방향 전환이 이야기되면서 학교의 인구교육 강화가 주장되었는데, 학교에서의 인구교육은 1970년부터 미국인구협회 및 미국국제개발처의 지원으로 소규모 연구사업이 수행되어 오다가 1974년부터 유엔인구기금 지원이 시작되면서 본격화한다. 유엔인구기금은 1974년부터 1979년까지 한국의 학교 인구교육에 약 129만 달러를 지원금으로 투자했다.

이처럼 1970년대에도 1960년대와 마찬가지로 외원이 한국 가족계획사업에서 없어서는 안 될 요소였음을 알 수 있다. 1970년대에 대한가족계획협회에 지원된 외원 총액은 56억 원, 1,194만 달러로 대한가족계획협회 전체 예산의 62%에 해당된다. 가족계획연구원이 지원 받은 예산은 7억

6,000만 원으로 전체 예산의 18.7%를 차지한다. 대한불임시술협회에 지원된 외원 총액은 4억 7,000만 원이다. 1970년대 가족계획사업을 이끌었던 주요 기관과 단체의 운영을 위한 자금의 상당량이 미국을 중심으로 한 국제기구에서 흘러들어 왔다는 점에 주목할 필요가 있다.

이러한 한국에 대한 국제 외원기관의 지원은 1960년 초부터 시작해 1970년대까지 아주 적극적으로 이루어졌으나 1980년대 이후에는 한국의 가족계획사업 발전수준뿐만 아니라 경제수준도 월등히 향상되었다고 평가되면서 거의 중단되었다.

다음은 1962년부터 1973년까지 정부의 가족계획사업비 그리고 외원과 민간의 가족계획사업 지원금 비교와, 1960년대부터 1970년대 말까지 20여 년간 외원기관의 연도별 지원 현황을 정리한 자료다.[24]

단위: 원

연도	정부사업비(지방정부 포함)	외원총액	민간지원금
1962	41,500,000	5,004,051	2,269,000
1963	77,000,000	7,004,920	3,694,000
1964	216,500,000	54,968,612	3,202,000
1965	256,500,000	83,613,565	1,168,000
1966	249,800,000	117,034,760	1,346,000
1967	572,300,000	196,939,950	2,202,000
1968	569,900,000	306,427,883	2,379,000
1969	814,500,000	388,797,011	3,907,000
1970	990,300,000	410,436,910	3,939,000
1971	1,166,400,000	586,070,839	4,474,000
1972	933,600,000	611,865,322	16,092,000
1973	1,012,600,000	734,362,400	19,310,000

*출처: 한기춘, 《한국가족계획사업의 수익-비용분석에 관한 연구》, 가족계획연구원, 1975, 13쪽에서 임의로 작성.

	합계		국제가족계획연맹 (IPPF)		유엔인구활동기금 (UNEFA)	
	$	₩	$	₩	$	₩
1961	3,023	393	2,490	324		
1962	25,728	2,041	6,500	843		
1963	45,001	5,836	9,400	1,219		
1964	149,634	41,129	12,000	3,060		
1965	271,036	72,808	43,104	11,581		
1966	300,487	80,936	56,300	15,258		
1967	348,798	94,082	85,084	22,989		
1968	699,079	193,548	204,286	56,886		
1969	535,342	155,923	278,649	81,090		
1970	446,192	138,861	208,445	65,052		
1971	674,332	234,575	396,944	139,930		
1972	621,817	242,964	450,000	175,628		
1973	660,610	262,680	490,000	194,812		
1974	1,652,670	659,497	565,000	224,452	1,080,533	432,213
1975	1,598,274	714,107	712,000	344,825	886,274	369,282
1976	1,139,332	550,297	825,839	398,880	291,497	140,793
1977	1,321,268	658,348	1,015,335	510,207	247,811	119,693
1978	1,417,482	689,818	1,213,282	591,682	164,200	78,816
1979	1,504,020	816,366	1,192,200	666,513	251,973	120,947
1980	1,369,548	775,822	1,073,025	623,427	211,523	101,531
1981	1,299,150	835,072	1,158,000	752,700	55,150	26,472
합계	16,082,823	7,225,101	9,997,883	4,881,358	3,188,961	1,389,757

＊출저: 대한가족계획협회, 《家協二十年史》, 1983, 83쪽.

(단위: 천원)

	미국인구협회 (PC)		아시아재단		일본가족계획국제 협력재단(JOICEP)		기타	
	$	₩	$	₩	$	₩	$	₩
1961							533	69
1962	11,500	195					7,728	1,003
1963	26,737	3,464	2,500	325			6,364	826
1964	122,524	30,046	6,640	863			8,470	7,160
1965	203,328	54,587					24,604	6,640
1966	233,540	62,818	2,997	809			7,650	2,057
1967	258,214	69.621					5,500	1,472
1968	494,793	136,662						
1969	256,693	74,833						
1970	237,747	73,809						
1971	277,388	94,645						
1972	149,368	58,356	22,449	8,980				
1973	161,490	64,220	9,120	3,648				
1974	7,137	2,832						
1975								
1976					20,000	9,660	1,996	964
1977					41,803	20,191	16,319	8,257
1978					40,000	19,320		
1979					59,847	28,906		
1980					85,000	50,864		
1981					86,000	55,900		
합계	2,440,459	726,082	43,706	14,625	246,650	184,841	79,164	28,448

위의 표에서 알 수 있듯, 가족계획사업에서 한국 정부의 적극적인 노력이 있었음은 말할 필요도 없지만 1962년에는 500만 원 정도였던 외원이 1964년에는 전년 대비 약 700% 정도 늘어났으며, 이후 계속 증가 추세를 보이고 있다. 1973년에 이르면 외원 규모는 한국 정부의 가족계획사업비와 별 차이가 없어, 외원이 정부 못지않은 재원을 조달해 주고 있었음을 알 수 있다.

소결

이상으로 한국의 가족계획정책 태동과 시행 과정에서 국제기구의 지원이 어떻게 이루어졌는지에 대해 살펴보았다. 한국의 가족계획정책은 당시 냉전 상황에서 제3세계 국가들의 공산화를 저지하고자 한 미국의 동북아정책의 결과물적 측면이 있다. 물론 그렇다고 해서 한국 정부를 포함한 민간의 적극적 노력이 없었다는 것이 아니라 한국의 정책 결정이 국제정세 특히 미국의 대(對)아시아정책과의 상호작용 속에서 이루어졌다는 것이다.

1960년을 전후로 미국의 대아시아정책은 이전의 군사적 대결이라는 구형냉전(舊形冷戰)이 경제적 경쟁이라는 신형냉전(新型冷戰)으로 변화하고, 그에 따라 제3세계 각국의 경제발전을 둘러싼 체제경쟁이 냉전의 새로운 초점으로 등장했다. 미국은 케네디 정권의 등장과 더불어 여전히 한국의 군사안보적 중요성을 인정하면서도 자국 경제사정의 악화로 냉전 분단체제를 유지하기 위한 한국(남한) 지원정책을 원조 대신 차관으로 바꿨다. 이로써 한국이 더 이상 대미 의존적인 원조소비국에 머물러 있지 않고 자생적인 산업화를 추진하도록 유도했다[25] 당시 미국은 인구와 경제발전 관계에 대해 급속한 인구증가는 '자생적인 산업화'를 실현하는 데 심대한 악영향을 미칠 것이라는 생각에 별다른 이견을 제시하지 않고 있었다고 한다. 이러한 인구론은 5·16쿠데타로 집권한 박정희 정권의 반공주의와 강력한 발전주의정책과 잘 맞아떨어졌으며, 그 결과 한국은 세계에서도 유례를 찾기 어려울 정도로 '성공적인' 가족계획사업을 벌일 수 있었다.

중국에서의 가족계획정책 시행과정

전후 중국의 인구정책 형성 배경

1993년 가족계획에 투자된 세계 각국 정부의 노력 평가에서 중국은 1위를 차지했다. 중국 정부가 적극적으로 본격적인 인구억제정책을 시행하기 시작한 시점은 1970년대 후반에 이르러서이며, 중국 인구정책의 성격을 잘 드러내 보여주는 '한 자녀 낳기 정책(一胎化政策)'이 등장한 것은 1978년이다. 그런데 제2차 세계대전이 끝나고 1970년대 후반에 이르기까지 중국에서 인구문제를 둘러싸고 아무런 움직임이 없었던 것은 아니다. 중국의 가족계획정책이 현재와 같은 형태로 만들어진 시기는 1970년대 후반이지만, 그에 앞서 인구문제의 심각성을 제기하는 이들은 있었으며 공산당 고위 관료 중에서도 산아제한(節制生育)의 필요성을 공유하는 이들이 적지 않았다. 다음에서는 1966년 문화대혁명이 일어나기 전까지 중국의 인구정책에 대해 살펴보고자 한다.

전후 중국의 인구정책에 막대한 영향을 미친 요소로는 우선 소련의 인구정책을 들 수 있다. 소련은 1917년 혁명 후 여성의 노동 진출을 위해 낙태를 인정했으며, 산아제한의 필요성도 교육을 통해 보급했다. 이러한 정책의 결과가 나타나기 시작한 때는 1930년대 중반으로, 모스크바의 경우 출생아 100명당 낙태 수가 271명에 이르게 되었다. 이로 인해 출생률 저하와 인구감소가 경제부흥정책에도 영향을 미치기 시작했다. 이에 러시아 정부는 1936년 6월 '출생 및 가족에 관한 법률'을 공포해 낙태와 불임수술을 원칙적으로 금하고 아동수당정책을 도입했다. 나아가 1947년에는 다산 여성에게 '모친영웅(母親英雄)'이라는 칭호를 부여하는 출산장려정책을 시행했다.[26] 중국의 정책입안자들은 소련의 '모친영웅'으로 대표되는 출산장려정책에 상당히 영향을 받고 있었다.

둘째, 맬서스/신맬서주의에 대한 마르크스주의자들의 비판적 견해를 들 수 있다. 마르크스주의자들은, 기하급수적으로 늘어나는 인구가 인류의 파멸을 초래할 수 있기 때문에 노동자 임금을 최소한도로 지급해 인구를 억제해야 한다는 등 산아제한정책을 강하게 주장하는 신구맬서스주의는 노동자계급의 눈을 멀게 하는 부르주아 이데올로기라고 주장한다. 따라서 산아제한을 주장하는 것은 바로 신구맬서스주의자와 입장을 같이하는 것으로 부르주아 사상을 제창하는 것이 될 수 있다는 우려가 있었다.

셋째, 무엇보다도 중요하다고 할 수 있는 마오쩌둥(毛澤東)의 '인구관'이다. 마오쩌둥은 1949년 〈유심역사관의 파산(唯心歷史觀的破産)〉에서, 미국의 한 학자가 중국의 인구와 식량문제의 심각성을 제기한 데 대해 식량문제는 "제국주의와 봉건주의적 압제와 착취가 문제지 인구가 많은 것이 문제가 아니다"라는 반론을 전개했다. 나아가 "중국 인구가 많은 것은 아주 좋은 일이다. 재차 인구가 몇 배 증가한다 해도 방법이 있다. 바로 생산이다. 서방 자산계급 경제학자 맬서스는 식량증가가 인구증가를 따라가지 못한다고 했는데, 이는 마르크스주의자들이 일찍이 이론적으로 명확하게 반박했을 뿐만 아니라 이미 혁명이 행해진 소련과 중국 해방구의 현실로 완전히 반박되었다. 혁명이 생산을 증가시키면 식량문제는 해결된다는 진리에 근거해 …… 세상 모든 사물 중에서 사람이 가장 귀한 것이다. 공산당 영도하에서 사람만 있다면 어떤 기적도 만들어낼 수 있다"[27)]고 했다.

이 글에서 마오쩌둥은 혁명을 통한 해방이 비약적인 생산력의 증대를 가져와서 인구증가는 문제될 것이 없으며, 인구가 많다는 것은 오히려 중국의 발전에 상당히 긍정적이라고 주장했다. 이 글은 1970년대 후반에 이르기까지 기존 마르크스주의의 신구맬서스주의와의 비타협적 논전, 그리고 당시 소련의 다자녀장려정책('모친영웅' 선정)과 아울러 중국의 인구정책에 오랫동안 그림자를 드리운다.

이처럼 마치 '인구=국력'이라는 단락적인 믿음을 갖게 한 주요 요인 중 하나로 동서냉전을 들 수 있다. 주지하듯, 1949년 중화인민공화국 성립 당시 미국을 필두로 한 서구 주요국들은 공산주의의 세계적 확장을 저지하기 위해 중국을 적대시하는 봉쇄정책을 단행했다. 타이완해협의 긴장과 한국전쟁 발발, 소련과 미국을 대표로 한 동서냉전 상태 등은 인구가 곧바로 국력으로 이어질 수 있다는 믿음을 가능케 했다.

중화인민공화국 성립 후 1952년 12월 31일 중앙인민정부 정무원문화교육위원회는 위생부(衛生部)의 〈산아제한과 인공유산을 제한하는 잠행 조치(限制節育及人工流産暫行辦法)〉와 〈혼전건강검사시행 조치(婚前健康檢査試行辦法)〉 초안을 승인했다. 이 초안에서는 피임수술은 심각한 질병을 보유한 자, 이미 결혼해 35세 이상으로 자녀가 6명 이상이고 막내 아이가 10세 이상인 자에 한하며, 중절수술 역시 임부의 질병 혹은 자연유산, 골반협착 등이 있을 경우에 한한다고 규정했다.[28)] 1953년 1월 12일에는 피임약품과 피임용구의 수입금지 조치와, 이어 14일에는 국내 생산과 판매에 대한 엄격한 관리를 더하고 있다.

1953년의 인구조사를 통해 중국의 인구가 6억이 넘는다는 사실이 밝혀지면서 인구문제에 대한 위기의식이 생겨나자, 1954년 8월 7일자《인민일보(人民日報)》에 《6억(六万万)》이라는 글이 실렸다. 이 글은 중국 인구가 6억에 이른 사실은 정말 기뻐할 만한 일이며 중국인들만이 아니라 세계의 평화 진영 인민들도 고무될 것이라고 말한다. "세상에서 가장 귀중한 것은 인간이며, 공산당의 지도하에 사람만 있다면 어떤 기적도 만들 수" 있기 때문에 "6억 인구는 강대한 역량"이라고 서술하고 있다. 이처럼 인구의 비약적 증가에 대한 우려도 생겨났지만, 인구증가가 경제의 발목을 잡는다기보다는 원동력이 될 수 있다고 보는 견해가 당시 중국공산당과 정부에 팽배했다.

산아제한 이론의 태동

중국의 부녀들은 1950년에 통과된 중화인민공화국 혼인법 등으로 대표되듯이 남녀권리의 평등을 획득함으로써 "적극적으로 새로운 사회의 각종 정치활동과 건설사업에 적극적으로 참가할 것"을 요청 받았을[29] 뿐 아니라, 실제로 국가건설사업에 참여하는 부녀들이 격증하고 있었다. 그런데 여전히 다산을 장려하는 분위기 속에서 여성들은 자신의 일과 학습, 생활, 자녀양육 사이에서 심각한 갈등을 겪고 있었던 것 같다.

1954년 전국부녀연합회(全國婦女聯合會) 부주석(副主席) 덩잉차오(鄧穎超)는 당시 정무원(政務院) 부총리(副總理) 덩샤오핑(鄧小平)에게 편지를 보내 "다산으로 인해 여성들이 겪는 고충과 피임문제"를 제기한다. 덩잉차오는 다산과 피임 문제가 중국사회에 보편적으로 존재하는 문제이며 올바른 지도와 피임약이 없어 부녀 간부들이 건강을 해치고 가정의 행복, 일과 학습에도 좋지 않은 영향을 미치고 있다고 말했다. 따라서 국가가 이 문제에 적극적으로 나서야 한다고 주장했다. 이 편지를 받은 덩샤오핑은 "피임의 필요성과 유익성을 인정한다"고 하면서 "그에 합당한 조치를 취하라"는 의견을 제시한다.[30] 이와 비슷한 시기에 류사오치(劉少奇)도 가난한 농민들이 익영(溺嬰: 갓난아이를 물에 넣어 죽이는 영아살해)을 광범하게 행하는 사실로 미루어 농민들이 고통 속에서 산아제한을 요구하고 있다고 보았다. 이에 부녀공작을 하는 이들이 적당한 조치를 취하고 그들에게 산아제한 방법을 알려주어야 한다고 했다.[31]

이러한 주장이 나오기 시작한 배경에는 1953년 7월 실시된 인구센서스 결과 4~5억 정도로 예상하던 인구가 1억이 넘는 6억 193만 명으로 드러난 사정이 있다. 게다가 공교롭게도 농업 위기를 맞으면서 산아제한정책을 취하지 않을 수 없게 되었다.

산아제한의 필요성을 가장 먼저 공식적으로 의견을 제시한 사람은 사오리쯔(邵力子)다. 그는 사람이 많다는 것은 기쁜 일이지만 어린이 교육과 부녀 건강 등 곤란이 산재하는 환경에서 어느 정도의 산아제한은 필요하다고 했다. 또한 이러한 주장이 맬서스/신맬서스주의로 '오인'될 것을 우려해 레닌이 1913년 《프라우다(Pravda)》지에 발표한 〈노동자계급과 신맬서스주의〉를 인용하고 있다. 레닌은 "신맬서스주의 비판이 낙태를 금하는 모든 법률의 완전 폐기와 산아조절 등에 관한 의학적 지식의 보급을 요구하는 '우리의 활동'을 전혀 방해하지 않는다"라고 했다. 사오리쯔는 이 글을 통해 중국에서 낙태와 피임 문제를 수면 위로 올려, 적당한 조처를 강구할 필요가 있다고 주장했던 것이다.[32]

사오리쯔의 주장이 신문지상에 발표되면서 산아제한을 둘러싼 논의가 표면화했으며 류사오치, 저우언라이(周恩來) 등의 지지를 얻어, 중국공산당 중앙은 위생부 당조(黨組)가 보고한 〈산아제한에 대한 보고(關于節制生育問題的報告)〉를 비준했다.[33] 보고서에서는 "적당한 산아제한"이 필요하다는 자신들의 주장이 맬서스와 신맬서스주의의 주장과 아무런 공통점이 없음을 밝힌 후, 중국의 인구가 6억이 넘어서고 매년 1,200만 명 이상 증가하는 상황이 "나쁜 일은 아니며 좋은 일"이지만 인구증가가 너무 빠르면 국가와 가정을 곤란에 빠지게 한다며 당면 역사조건하에서 적당한 산아제한은 필요하다고 했다. 또한 소련이 모친영웅을 칭송하는 출산장려정책을 취하는 것은 이미 생산력이 상당히 발전해 인구증가로 인한 곤란이 생겨나지 않기 때문이라고 했다. 이어서 피임 약품과 피임 도구의 생산과 공급, 수입, 불임수술, 선전교육사업 등에 관해 의견을 전개하는데, 주목되는 부분은 선전교육 부분이다. 보고서는 '군중'에게 가족계획에 대한 적당한 선전과 지도가 필요하지만 그것이 선전운동이 되어서는 안 되며, 위생 간부, 의무인원들에게 선전교육을 하는 수준이어야 한다고 말하고 있다.[34]

백화운동과 마인추의 〈신인구론〉

이처럼 조심스럽게 산아제한 움직임이 보이기 시작하고, 마오쩌둥도 1957년 2월 14일 중화전국학생연합회위원(中華全國學生聯合會委員)을 접견한 자리에서 인구가 많은 것이 "좋은 일이기도 하지만 나쁜 일이기도 하다"고 언급했다. 그 후 2월 27일 최고국무회의 제11차 확대회의(最高國務會議 第11次 擴大會議)에서 인구문제를 제기하면서 "산아제한과 계획적인 출산이 필요하다"라고 마인추가 제기한 인구문제에 대해 연구할 만한 가치가 있다고 말했다.[35]

1953년의 인구센서스에 따르면 중국의 인구는 2%라는 높은 증가율을 보이고 있었다. 이에 위기감을 갖게 된 마인추는 1957년 7월 3일 열린 전국인민대표대회에 서면으로 〈신인구론(新人口論)〉을 제출했으며, 그 내용이 1957년 7월 5일 《인민일보》에 실렸다. 마인추는 미국에서 재정경제학을 연구했으며 1951년에는 베이징대학교 학장에 취임했다. 그는 일찍부터 산아제한의 필요성을 주장하고 있었으나, 그의 주장이 맬서스주의 혹은 맬서스적이라고 반대하는 이들이 적지 않았다. 따라서 마인추로서는 자신의 인구론을 적극 전개하기 어려운 면이 없지 않았다. 이 점에 대해서는 본인뿐만 아니라 앞의 마오쩌둥의 글에서도 언급되고 있다. 그런데 마인추가 〈신인구론〉을 제출하게 된 데는 마오쩌둥이 최고국무회의에서 무계획적으로 출산하는 것이 흡사 무정부주의 상태와 같다고 하면서 마인추의 주장을 높게 평가했던 데서 힘을 얻은 때문인 듯하다.

마인추는 〈신인구론〉에서 당시 중국의 문제를 "인구가 급속하게 증가하는 반면 자본 축적이 느리다"라고 하면서 "농민의 노동생산성을 높이기 위해서는 한편에서는 자금을 축적하고 다른 한편으로는 인구를 억제해야 한다"라고 주장했다. 이를 위해서는 계획적인 출산(計劃生育), 즉 가족계획을 실행해야 한다고 했다. 그는 직접 자신의 고향인 저장성(浙江省)에서 인구동태를 조사해 인구억제정책의 필요성을 상세한 수치와 논거를 들어 강하게 주장했다. 그는 계획출산의 방법으로는 남자 25세 이상 여자 23세 이상의 만혼과 피임의 보급 선전에 중점을 두어야 하며, 중절은 여성의 건강을 위협하고 태아의 생명권을 침해하기 때문에 반대한다고 했다.[36]

1957년은 마인추의 〈신인구론〉 이외에 산아제한 혹은 가족계획에 관한 글들이 간헐적으로 나온 해로, 저우언라이,[37] 류사오치,[38] 덩샤오핑,[39] 리더취안(李德全),[40] 전연장(傳連章)[41] 등도 인구의 급증이 중국 경제성장의 발목을 잡기 때문에 '적당한' 산아제한이 필요하다고 이야기하고 있다. 이처럼 이 시기는 산아제한을 둘러싼 이론의 초보적 형태가 만들어졌다고 할 수 있다.

1949년 이후 끊임없는 사상개조와 의식개조사업이 만들어내는 공포

 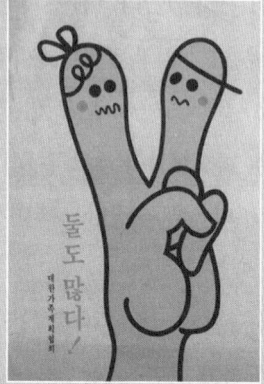 

한국의 1970년, 1980년, 2000년대의 가족계획 포스터.
시대별 변화를 한눈에 알 수 있다.

2006년에 발표된 중국 쓰촨성(四川省) 청두(成都) 지역의 가족계획 선전화(宣傳畵, 포스터). "딸 낳는 것과 아들 낳는 것은 같다(生男生女都一樣)"는 구호는 1970년대 "아들딸 구별 말고 둘만 낳자"는 한국의 구호를 연상시킨다.

문화대혁명 시기 선전화(포스터). 계획적인 출산과 국책의 실행과 관철을 주장하고 있다.

1971년 상하이 인민출판사에서 발행한 포스터. 혁명을 위해서는 계획출산을 해야 한다는 문구가 보인다.

는 중국사회에서 '지식인'을 점차 침묵시켰다. 그런데 1955년 후반 본격적으로 진행되는 공업화에 이들의 도움이 절대적으로 필요했지만 "공포에 질려 침묵하는, 정치적으로 적대화된 인텔리겐치아"들의 협조나 지적 창의성을 얻어내기는 쉽지 않았다. 이에 마오쩌둥은 1955년 12월 '백화제방(百花齊放), 백가쟁명(百家爭鳴)'의 슬로건을 내세워 지식인들이 나라의 경제적·정치적 삶에 적극 참여할 것을 요구했다. 이에 지식인들이 고무되어 자신들의 의견을 표명하는 가운데 산아제한론도 표면에 등장했다고 할 수 있다.

하지만 산아제한론을 구체적인 정책으로 적극 연결시키고 있었다고 보기는 어렵지만, 나름의 움직임은 있었다. 예를 들면 피임 관련 약품이나 기구의 가격을 인하해 전국 통일 가격을 시행했으며, 판매소를 확대하고 인공유산과 정관수술의 절차를 간소화하는 등이다.[42] 그러나 중화전국총공회(中華全國總工會)에서 "산아제한사업을 진척시키기 위해서는 직공들의 가족계획 실행을 돕는 물질적 도움이 있어야 한다"라며, "인공유산과 피임수술 그리고 수술 후 휴식기간 동안의 임금지급에 대해 노동보험조례에 따를 수 있을까"에 대해 국무원에 의견을 구했다. 이에 대해 국무원은 "병으로 인한 인공유산과 피임수술 그리고 수술 후 휴식기간 임금은 노동보험조례에 따르지만, 병이 아닌 경우는 수술비와 의약비를 일률적으로 자비 처리하며, 휴식기간도 사적인 휴가로 처리"하라는 답변을 내놓았다.[43]

신경제정책과 산아제한

그런데 이후 시작된 반우파투쟁이 만들어내는 정치적 분위기 속에서 '보수적'이라고 생각되는 정책을 지지하는 것은 지극히 위험한 일이 되고, 1958년 마오쩌둥의 새로운 경제전략은 자본집약적 농업에서 노동집약적 공업으로, 중공업에서 농업, 경공업, 중소규모 공업 같은 비교적 적은 자본을 투자하고 노동을 최대한 이용하는 공업 쪽으로 중점을 옮겨가고 있었다. 이러한 경제전략하에서 중국의 인구문제는 즉각적으로 해결될 수 있다고 공표되었다. 노동력을 최대한 이용하는 경제전략하에서는 점점 거대한 규모로 증가하는 인구가 근대적 발전을 이룩하는 데 걸림돌보다 오히려 경제적 자산이 될 수 있다고 보았다. 1958년 초 마오쩌둥은 "인구가 많을수록 더 많은 사상, 더 많은 열정과 에너지가 분출된다"[44]라고 말했다. 류사오치도 중국공산당중앙위원회(中國共産黨中央委員會) 제8차전국대표대회 제2차회의 공작보고(第八屆全國代表大會第二次會議的工作報告, 1958. 5. 5)에서 인구가 많아지면 소비가 늘어난다고 보는 것은 사람이 늘어나면 생산이 늘어난다는 사실을 보지 못한 의견으로, 이는 마르크스레닌주의를 위반하는 의견이라고 말한다. 뒤를 잇듯이 "사람이 많을수록 사회주의 건설이 빨라지고 생산력의 발전을 이룩할 수 있어 인민들의 생활도 부유해질 수 있다"라는 주장이 나온다. 이로써 인구를 통제해야 한다는 논의는 더는 진행되지 못하고 산아제한 지지자들은 맬서스주의 이단으로 비난 받았다.[45]

그런데 중앙정부와 당에서는 인구정책이 번복되는 상황이었지만, 산아제한정책 추진에 얼마간 진척을 보이는 지역도 있었다. 인민, 특히 부녀들은 실제 생활 속에서 "과중한 생활고, 자녀에게 양질의 교육 제공, 충분한 취업의 기회"를 얻기 위해 산아제한의 필요성을 절실히 느끼고 있었던 것으로 보인다.[46]

그러나 '인민공사화(人民公社化)'로 대변되는 대약진운동(大躍進運動)은 자연재해와 어우러져 아사자 1,500만 명, 사상자 3,000만 명을 낳아, 중국에 경제적·인간적 재난이라는 비참한 결과를 낳았다. 1958~61년 인구동태를 나타내는 다음의 도표를 보면 1960년 총인구가 전년도에 비해 1,000만 명 정도 감소했다. 이는 자연재해로 인한 사망률 증가에 따른 것이다.

	출생률(%)	사망률(%)	자연증가율(%)	총출산율(명)	총인구(만명)
1958	29.22	11.98	17.24	6.679	65,994
1959	24.78	14.59	10.19	4.303	67,227
1960	20.86	25.43	-4.57	4.015	66,227
1961	18.20	14.24	3.78	3.287	65,859

*출전: 姚新武·尹華 編, 《中國常用人口數據集》, 中國人民出版社, 1994, 第8-9, 144쪽.

    대약진운동이 종지부를 찍으면서 1961년부터 1965년까지 류사오치의 주도로 새로운 경제정책을 시행했다. 신경제정책은 "정치적 '건전성'보다는 기술적 '전문성'에 중점"을 둔 정책으로 농민에게 자류지(自留地: 사회주의국가에서, 농민에게 집단농장에서의 공동작업 외에 개인적으로 경영할 수 있도록 인정한 경지)를 허용하고, 공업부문에서는 과학·기술 전문가를 다시 강조하고, 생산을 촉진하고 품질 향상을 위해 노동자에게 금전적 인센티브를 부여했다. 이러한 변화는 중국공산당의 인구정책에도 드러나기 시작했다. 1962년 12월 18일 중공중앙 국무원은 〈진지하게 산아제한을 제창하는 것에 관한 지시(關於認眞提倡計劃生育的指示)〉를 발표했다. "산아제한은 광대한 군중의 요구와 사회주의 건설 요구에 부합하는" 것으로 "반동적 맬서스주의와 혼동해서는 안 된다"라고 하면서 각급 당위와 정부가 이 사업을 더욱 중시해 이끌도록 지시를 내린다. 이 지시에서는 당위의 지도하에 관련기관(부녀자연합회, 청년단, 공회 등)이 협력해 선전교육, 기술지도, 약품의 생산과 공급, 과학연구 등의 사업을 진행하라고 명하고 있다. 흥미로운 점은 여전히 관련단체의 간행물에서는 산아제한을 선전하고 피임방법 관련 글을 실어도 괜찮지만 '중앙급' 간행물에서는 선전해서는 안 된다고 명시하고 있다.[47] 이 지시로 중국공산당과 정부가 재차 산아제한정책의 시행으로 방향을 선회하게 된다.

이러한 지시가 발표된 후 1963년 9월 18일 당시 위생부 당조서기(黨組書記)이자 부부장(副部長)이던 쉬윈베이(徐運北)는 중공중앙(中共中央), 국무원 제2차성시공작회의(第二次城市工作會議)에서〈진지하게 산아제한을 전개하는 방안에 관하여(關於認眞開展計劃生育的方案)〉[48]을 통해 상당히 구체적인 산아제한정책을 발표한다. 그중에는 결혼 적령을 남자 28세 여자 25세로 규정해야 한다며 조혼풍습에 반대하고, 가족계획을 위한 통일적 기구가 필요하다는 주장 등을 했다. 이러한 발표가 있던 공작회의에서는 가족계획을 위한 '계획생육위원회(計劃生育委員會, 계획출산위원회)'를 중앙과 지방에 조직할 것과 조혼을 막는 통일적 규정을 국무원이 만들어야 한다는 논의를 하고, 이를 중공중앙과 국무원이 비준했다.[49] 이 기요(紀要)에서는 도시인구 자연증가율을 3년 안에 20% 이하로 낮추고, 제3차 경제개발 5개년계획 기간에는 15%까지 낮출 것을 목표로 삼았다. 실제로 1963년에는 성시(城市)를 중심으로 계획생육기구가 설립되고 인원이 배치되었다. 상하이, 베이징, 톈진 등 전국적으로 계획생육기구가 만들어져 전문적으로 일을 전담하는 간부들이 생겨나기 시작했다. 이러한 각 성시의 계획생육위원회는 중앙의 통일적 기구 건립을 이끌어내어 1964년 1월 15일 국무원, 관련 부위(部委), 군중단체, 해방군이 총정치부에서 회의를 열어 국무원계획생육위원회 성립에 대해 논의했다. 이 논의 후 국무원에 계획생육위원회가 성립되었다.

이 시기의 산아제한을 적극 추동했던 것은 저우언라이다. 그는 "사회주의 건설과 혁명, 그리고 국가의 부강과 개인의 행복을 위해서 만혼과 산아제한을 해야 한다"라고 말한다. 그리고 인구밀도가 가장 높은 화동(華東)지역에 가서는 중국의 농업수준이 아직 '근대화'되지 못해 식량증가가 그다지 빠르지 못하기 때문에 "식량문제의 해결을 위해서 또한 국민건강과 국민교육의 질을 높이기 위해서 산아제한이 필요하다"라는 사실을 제기하고 있다.[50] 그는 맬서스주의와 유사하다는 비난을 의식해 기하급수적으로 늘어나는 인구의 문제를 해결하는 데서 "맬서스는 인구의 증가가 전쟁, 전염병의 창궐, 혹은 식민"을 필요불가결하게 불러온다 했으나 사회주의 국가인 중국에서는 있을 수 없는 일이라고 말한다. 자신들이 "산아제한을 하는 것은 서구 자산계급의 향략주의적 사상과는 다르며 세계혁명의 앞날과 우리 조국의 발전을 위해서 하는 것"이라고 말했다.

이 시기 중국 산아제한정책의 중요한 특징은 도시에서부터 농촌으로, 즉 도시를 돌파구로 삼았다는 데 있다. 이 점은 농촌과 빈민 지역을 주요 공략 지역으로 설정했던 한국의 경우와 커다란 차이를 보인다. 주요한 선전대상 역시도 이미 결혼한 장년 남녀직공과 공사 사원, 성시 거주자들이었다. 주요 성과를 올리는 지역 역시 도시였다.

《중국부녀》와 산아제한

앞서 이야기했듯, 1962년 12월 18일 중공중앙 국무원은 〈진지하게 산아제한을 제창하는 것에 관한 지시〉에서 산아제한 관련기관 기관지에서의 선전을 장려했다. 관련단체에서는 이러한 지시를 받아 적극적으로 산아제한을 주장했던 것으로 보인다. 여기서는 《중국부녀(中國婦女)》를 통해 당시 부녀단체를 중심으로 진행된 계획출산운동의 내용을 살펴보고자 한다. 여기에 실린 글들을 살펴보면 중국부녀들은 계획출산을 절실하게 요청하고 있던 것으로 보인다. 1950년대 후반의 《중국부녀》를 살펴보면 피임 관련 기사가 몇 건 보이는 정도에 머무르고 있으나, 1962년 이후에는 〈계획출산(計劃生育)〉란이 마련되어 가족계획의 필요성과 피임법 등에 관한 글들이 꾸준히 실리고 있다.

여성잡지라는 특성상 모체의 건강을 산아제한 필요의 첫째 이유로 들고 있고, 산아제한 문제는 부부 두 사람의 문제이며, 피임방법은 남성의 정관수술을 적극적으로 권장하고 있다[51]는 특징을 보이고 있다. 당시 중국은 사회주의혁명 후 부녀해방이라는 명목하에 여성 노동력을 적극 동원하고 있었다는 것은 주지의 사실이다. 이 점으로 인해 중국 여성의 해방 정도를 높게 평가하는 견해가 적지 않다. 그런데 《중국부녀》의 〈계획출산〉란에 실린 독자 경험담을 살펴보면, 다산다복 사상과 남아선호 사상에 의해 많은 자식을 둔 여성들이 노동과 공작사업, 가사와 육아로 인해 겪는 고충에 대한 글들이 상당수에 이른다. 이들은 한결같이 노동과 육아, 게다가 사상학습의 병행이 어려워 자신의 낙오에 대한 고민을 안고 있었다. 따라서 계획출산을 실행하는 것은 "부녀와 아동의 건강 보호, 학습, 작업, 노동과 가정생활"을 위해 반드시 필요하다는 주장이 전개되고 있었으며, 이러한 가족계획은 "민족의 건강과 번영에 이롭고 국가의 사회주의 발전에도 유리"하기 때문에 계획출산을 해야 한다는 주장이 제기되었다.

1964년 8월 1일에 실린 〈어떻게 6명의 아이를 낳았나(我怎麼會生了六個女兒)〉에서 왕중핑(王中平)은 "아이가 너무 많아 일과 학습 그리고 건강에 심대한 영향을 미친다. 일요일이 더 피로하고, 아침부터 밤까지 바느질, 세탁, 장보기, 밥하기로 쉴 시간이 없다"라며 가족계획의 필요성을 호소하고 있다.[52] 주국근(周國芹)은 〈나는 왜 산아제한을 하였는가(我爲什麼要計

劃生育)〉에서 자신이 가족계획사업에 적극적이 되었던 것은 "자녀를 많이 둔 부녀들의 고충에 대하여 듣게"되면서라고 한다. 본인도 육아와 일의 양립이 어려워 고충을 겪고 있으며, 앞으로 5, 6년의 터울을 두고 둘째를 낳을 계획이라고 이야기하고 있다.[53]

이처럼 1962년 12월 중공중앙과 국무원이 계획출산을 제창하는 지시를 발표하고, 1963년에 국무원계획출산 소조(이때까지는 계획출산사무실[計劃生育办公室])를 성립시켜 도시를 중심으로 인구밀도가 높은 농촌을 포함한 지역에서 계획출산을 전개해 출산율이 서서히 낮아지고 있었다. 그러나 1966년 문화대혁명이 시작됨과 동시에 《중국부녀》에서는 산아제한 관련기사는 완전히 자취를 감추고 문화대혁명의 구호만이 난무한다.

하지만 문화대혁명 기간 동안 산아제한 관련 논의가 완전히 자취를 감추었던 것은 아니다. 지속적으로 산아제한은 필요하다는 이야기가 나오고 있었을 뿐 아니라,[54] 1970년에는 피임약 무료 공급을 결정하기도 했다.[55] 또한 문화대혁명 시기 혁명을 위해 산아제한을 해야 한다는 포스터가 상당히 많이 보였다(191쪽 참조).

그리고 이 시기 인구가 눈에 띄게 증가했다고 볼 수도 없다. 그러나 앞서 보았던 대로, 중국의 인구정책은 주로 도시를 중심으로 행해졌으며 주요한 성과를 내는 곳도 상하이, 톈진 같은 도시였다. 하지만 광활한 중국의 절대 부분을 차지하는 농촌 지역에 본격적인 산아제한정책 선전이 미치지 못한 상태로 방치된 결과, 현재까지 심각한 인구문제의 원인이 되었다고 할 수 있다.

결론에 대신하여

이상 한국과 중국의 전후 인구정책에 대해 살펴본 결과 양국의 인구정책에는 상당한 차이가 있었음을 알 수 있다. 그러한 차이의 원인은 무엇보다도 맬서스의 인구론을 둘러싼 이해의 차이에 기인하는 것으로 보인다. 한국의 경우는 발전주의정책을 강력하게 추진한 박정희 정권의 등장이 미국의 제3세계에 대한 원조정책의 변화와 맞물리면서 맬서스 인구론을 적극적으로 받아들인다. 이로써 인구정책, 즉 산아제한정책은 국가 경제발전정책의 일환으로 적극적으로 시행되었다. 한편, 마르크스주의는 신구(新舊)맬서스주의에 대해 비타협적으로 비판을 했다. 맬서스의 인구과잉이 전쟁, 영아살해, 낙태, 빈곤, 실업 같은 사회문제를 발생시키기 때문에 인구를 억제해야 한다는 주장에 대해, 사회주의자들은 기본적으로 가난의 원인은 자본주의 사회의 노동착취에 있다고 보았다. 따라서 사회주의자들은 맬서스주의의 인구론은 노동자계급을 기만하는 부르주아 이데올로기에 지나지 않는다고 비판해 왔다.

중국의 공산당도 이러한 입장을 고수하고 있었다. 마인추를 비롯해 저우언라이 등 산아제한의 필요성을 주장하는 이들은 공통적으로 자신들의 주장이 맬서스주의와 다르다는 점을 강조해야만 했다. 맬서스주의를 조심스럽게 피해 가며 산아제한의 필요성을 논하는 일은 그다지 쉽지 않은 일이었을 것이다. 이러한 상황은 인구문제를 사회주의의 중심에 두고 고민할 수 있는 사상가를 낳기 어려웠으며, 산아제한론을 인구정책에 반영해 적극적으로 사업을 추진하는 일은 더더욱 쉽지 않았다. 사실 〈신인구론〉에서 산아제한을 주장했던 마인추에 대해 반우파투쟁 과정에서 "부르주아계급의 대표 인물", "중국의 맬서스"라는 비판이 가해졌다.[56] 따라서 중국에서는 1970년대 후반에 이르러 덩샤오핑의 개혁개방노선이 본격화하기까지 산아제 주장은 공개적이고 대대적으로 제기하기 어려웠다.

둘째, 막강한 영향력을 발휘하고 있던 마오쩌둥뿐만 아니라 1953년 제1차 5개년계획에 착수할 때까지 중국공산당의 경제계획 입안자들은 급속한 공업성장이 빠르게 증가하는 도시인구를 감당할 수 있을 만큼 충분한 고용을 창출할 수 있을 것으로 생각해 산아제한의 필요성을 인정하지 않았다. 또한 산아제한론은 반마르크스주의적인 맬서스학파 인구론으로 간주되고 있어서 일시적으로 자유로웠던 백화운동기를 제외하고 인구 통제문제를 진지하게 토론할 수 없었다. 게다가 대규모 자본집약적 근대공업화를 계속할 경우 실업률의 비약적 증가가 계속될 것이기 때문에 1958년 마오주의의 새로운 경제전략은 자본집약적 농업에서 노동집약적 공업으로 전환하는 것이었다. 중공업에서 농업·경공업·중소 규모 공업 같은 비교적 적은 자본을 투자하고 노동을 최대한 이용하는 공업으로 옮겨가 실업문제를 해결하고자 했다. 아울러 인구문제 역시 즉각적으로 해결될 수 있다고 공표되었다.[57] 이처럼 노동력을 최대한 이용하는 경제전략은 점점 거대한 규모로 증가하는 인구가 근대적 발전을 이룩하는 데 걸림돌이 되기보다 오히려 경제적 자산이 될 수 있다며, "인구가 많을수록 더 많은 사상, 더 많은 열정과 에너지가 분출된다"[58]는 주장으로 이어졌다.

한국의 경우는 경제발전에서 인구 요인의 중요성을 일찍부터 인식해 제1차 경제개발 5개년계획(1962~66)부터 가족계획사업을 주요 사업으로 편제하고 있었다. 1960년대 초 실제적으로 인구구조 면에서 14세 미만 인구(연소인구)가 43%로 높은 부양 부담(85%)을 안고 있었다. 지나친 인구증가는 국가적 부담을 주어 경제성장 산업화를 지연시키게 된다. 따라서 이러한 문제점을 완화시키기 위해 경제개발과 인구정책을 병행해 산업화를 추진하는 정책을 시행했다. 물론 이는 출생률 저하가 경제발전에 유리하다는 미국 인구학자들의 주장과 미국 정부의 전환된 냉전정책을 충실히 따른 결과이기도 하다.

셋째, 양국 인구정책의 차이는 여성의 삶에 어떠한 영향을 미쳤을까? 이 부분에 대해서는 좀 더 엄밀한 논의를 별도로 진행시킬 필요가 있다. 다만, 한국의 경우 잡지 《여원》을 통해서 살펴본 바로는 국가에 의한 가족계획정책이 실행되기 이전부터 산아제한의 필요성을 느껴 이미 다양한 방식의 피임을 시행하고 있는 여성들이 적지 않았다. 이러한 여성들은 소자녀 출산이 갖는 '근대'적 의미에 민감했으며 자녀를 적게 출산해 잘 키운다는 근대적 어머니 역할을 받아들이고 있었다고 할 수 있다. 따라서 국가의 가족계획사업 본격화에 별다른 저항이 행해졌다고 보기 어렵다.

그뿐만 아니라 국가는 가족계획이라는 국가사업을 위해 여성들을 적극적으로 동원했다. 특히 한국의 가족계획어머니회는 정부의 가족계획사업 성공에 상당한 공헌을 했다고 평가되는데, 가족계획사업의 주역 중 한 사람인 양재모는 한국에서 가족계획이 성공적으로 결실을 맺을 수 있었던 데는 바로 가족계획어머니회가 있었기 때문이라고 논하고 있다. 가족계획어머니회는 "관 주도가 아닌 부락 내 가임부 스스로가 회장을 민주적으로 선출"해 "부락 주민들의 피임상태를 모니터"하고 "먹는 피임약 수급 시행"을 통해 가족계획을 성공적으로 이끌었다고 논하고 있다.

당시 중국과 한국 여성들은 산아제한에 반대하는 시어머니와 남편을 설득하기 위해 여성 간부들을 동원하거나 병원 등의 관련기관에 몰래 찾아와 은밀하게 피임을 시행하고는 했다. 이는 여성 스스로 출산력을 통제하려는 욕구가 있었으며 다자다복(多子多福) 사상의 지배를 받던 가족을 설득하는 데 국가권력을 적극적으로 이용하고 있었던 것으로 볼 수 있다.

그런데 중국의 경우 중국사회가 부녀의 노동력을 적극적으로 활용하는 부녀정책을 취했다는 것은 이미 잘 알려진 사실이다. 그러나 잡지《중국부녀》에서 보이는 여성들은 노동주체와 출산·육아 사이에 상당한 갈등을 했었던 것으로 보인다. 중국 여성들은 노동자로, 정치적 주체로 자신을 확립하는 과정에서 재생산노동이 상당한 부담으로 작용하자 산아제한에 대한 필요성을 절실하게 느꼈던 것으로 보인다. 그러나 공산당의 정치적 상황 변화에 따라 인구정책도 함께 흔들리면서 여성들의 이러한 부담이 가감되지는 못했던 것 같다.

● 이 논문은 《여성과 역사》(2007. 12)에 실린 글을 수정·보완한 것임을 밝힌다.

● **이선이**
도쿄외국어대학에서 〈중국 여성주의의 성립 과정과 역사적 변화에 대한 연구〉로 박사학위를 받았다. 성공회대학교 연구교수를 거쳐 현재 경희대학교 비교문화연구소 연구교수로 있다. 대표적인 글로는 〈일본군 '위안부': '민족의 상흔'을 넘어서〉(2005), 〈근대중국의 민족주의와 여성주의〉(2004), 〈연안정풍운동에 대한 지식인의 대응: 왕스웨이와 딩링을 중심으로〉(2003), 〈현대중국여성주의의 전개: 리샤오장을 중심으로〉(2002) 등이 있다. 중국의 국가와 섹슈얼리티 문제가 주요 관심사로 최근에는 동아시아 각국에서 냉전체제가 여성의 섹슈얼리티를 둘러싼 정책의 특질을 형성하는 데 어떠한 영향을 미쳤는가에 관해 탐구했다. 번역서로 《내셔널리즘과 젠더》(1999), 《고독력》(2004) 등이 있다.
sunyi36@hanmail.net

변동하는 중국의 문화민족주의
—홍콩 문화냉전의 충격들

글·로윙상 | 옮김·김수현

중국적 특징을 가진 민족주의

많은 이들은 냉전이 이제 끝났다고 자주 말하지만, 현재 아시아의 정치적·경제적·문화적 구도는 여전히 많은 부분 과거 냉전 전선의 그늘에 놓여 있다. 이런 관점에서 볼 때, 아시아 정치에서 냉전의 영향을 평가하는 것이 아시아의 비판적 지식인들에게 가장 중요한 도전 중 하나임은 의심할 여지가 없다. 냉전 전선의 주요 축을 확인하는 방법은 많다. 예를 들어, 냉전을 사회주의와 자본주의 사이의 이데올로기적 갈등의 현현으로 보는 이들이 있는 반면, 냉전을 두 강대국 즉 미국과 소련 사이의 전 지구적 지배를 위한 경쟁의 탓으로 돌리는 이들도 있다. 그러나 양극적 모델을 제시하는 이러한 모든 설명들은 아시아의 냉전 경험을 고려하는 데 사용될 때, 다시 수정되어야만 한다. 반드시 고려되어야 할 점은 냉전이 발발하기 전, 이미 아시아는 유럽의 식민주의 확장이라는 과정 속에 휩쓸려 들어갔으며, 그로 인해 이 지역은 각기 다른 유럽 제국주의 열강의 식민지 혹은 반(半)식민지의 일부로 되어버렸다는 것이다.

유럽 식민주의의 영향과 그에 대한 대응은 각기 다른 권역과 나라에서 다양한 양상을 보인다. 많은 아시아 후배지들(hinterlands)은 심하게 착취당했지만, 어떤 지역 특히 해안도시들은 식민주의적 확장이라는 과정에서 이익을 얻기도 했다. 민족주의의 흐름이 아시아 전체에 걸쳐 일어났지만 민족주의와 식민주의의 관계는 결코 동일했던 적이 없다. 어떤 민족주의운동 진영은 제국주의에 저항하는 임무를 맡았으며, 다른 쪽은 서양에서 배운 것들을 모방하는 방식으로 민족국가를 만들고자 했다. 가장 아이러니한 경우인 일본은 자신을 그 권역의 또 다른 제국권력으로 변모시키게 된다.

중국의 민족주의는 또 다른 흥미로운 사례를 보여준다. 중국 민족주의는 청조(淸朝)가 쇠락하는 대응물로 처음 등장했고, 서양 제국주의 침략의 도전에 직면하게 된다. 19세기 말에는 지식인들 사이의 불안감을 폭발시켰고, 만주국 통치에 저항하는 한족 중국인의 민족주의적 재각성 운동에 불을 붙였다. 그러나 이러한 한족 민족주의는 근대 초기 유럽이 그랬던 것처럼, 인종적·민족적 분열과 함께 만들어진 새로운 정치적 질서를 이끌지는 못했다. 청조 붕괴 이후 한족 민족주의는 그 자체가 중국적 민족주의로 변형하게 되고, 청 황제 통치하에서처럼 광활한 영토 위에서 중국인들에게 새로운 민족국가를 세우도록 동기를 부여한다. 이러한 새로운 중국적 민족주의는 한족만의 민족국가를 위해 노력하지는 않았다. 이 한족의 민족국가는 다른 소수 중국민족들이 자신의 독립국가를 세울 수 있는 동등한 권리를 인정하고 있었다. 반면 초기 공화국 시기의 혼란, 특히 1919년 파리강화회의에 참석했던 중국 대표들이 겪은 굴욕은 1919년 5·4운동을 이끌었으며, 강력하고 단일한 중국을 요구하는 중국적 민족주의의 탄생을 낳았다.

국민당과 공산당 모두 단일한 중국에 대한 비전을 위임 받았지만, 중국사회 자체가 강력한 결의기관이 이끄는 사회혁명에 의해 변형될 수 없는 한, 그들 역시 이러한 비전을 실현 불가능한 것으로 여겼다. 그렇기 때문에 비록 이 두 정당이 각각 다른 사회계급으로부터 지지를 획득했지만, 두 정당 모두 소련에서 배운 볼셰비키 정당조직의 흔적을 따라가게 된다. 국민당과 공산당 모두는 사회혁명의 임무를 위한 필수 불가결한 기구로서 정당국가를 간주했고, 각기 자신들이 일본의 침략에 대항해 승리했다는 공헌을 주장하면서 서로 민족주의적 진로를 배신했다고 비난하게 되는 것이다.

국민당과 공산당 사이의 깊은 갈등들은 내전을 낳았고, 이 내전은 일본이 항복한 후 곧 발발하게 된다. 대륙에서 공산당이 군사적 승리를 얻고 국민당 정부가 타이완으로 물러갔음에도, 두 정당 사이의 투쟁은 1949년 이후에도 계속된다. 의심할 여지없이 국민당과 공산당의 갈등을 연장시켰던 중요한 사건은 유혈의 한국전쟁 직후에 따라온 냉전이라 할 수 있다. 타이완에서 국민당 정부의 지지에 의해 미국이 적극적으로 이 권역에 개입하게 된 것은 바로 공산주의의 확산을 봉쇄하기 위해서였다. 아시아의 반공연맹에 타이완을 편입시키는 것은 1950년대의 새로운 지정학적 풍경을 창조해 냈다. 이는 단지 대륙과 타이완만이 아니라 곧 이 양안 간의 최전선 구역이 되어버린 홍콩에도 많은 함의를 담고 있다. 그러나 이 두 정당이 많은 유사한 특징을 공유하고 있다는 사실 특히 이들이 민족주의에 공통적으로 집착하고 정당국가를 지지하는 원칙을 고수했다는 사실에도 불구하고, 냉전질서에 대한 미국적 관점은 두 정당 사이의 갈등을 독재정권과 민주주의 사이의 성전(聖戰)의 일부로 재의미화했다. 다음 장에서는 이러한 냉전적 수사가 홍콩의 식민 배경에 저항했던 중국적 민족주의라는 문화정치학과 함께 섞여 들어가는 방식을 논의하게 될 것이다.

달러문화

다른 논문에서 필자가 지적했던 대로, 우리는 식민지 홍콩에서 영국의 문화적 지배를 언급할 때마다 조심스럽게 영국의 자격에 대해 확인할 필요가 있다. 비록 많은 면에서 이 도시 내의 영국의 식민수의적 특권들이 —특히 영어라는 언어의 지위와 영국식 법적 시스템의 우월함— 쉽게 발견되기는 하지만, 영국 식민당국은 이곳에서 지역적(local) 중국문화를 영국적인 것으로 대체한다는 개념으로 전면적인 식민주의적 문화기획을 추구하지 않았다. 그럼에도 식민당국은 홍콩의 정치적 안정과 현재 상태를 사람들이 위협한다고 생각되면, 이들의 표현의 권리를 억압하는 강제적인 방식을 사용하는 데 조금도 주저하지 않았다. 문화적 문제에서는 기본적으로 이러한 비개입적 접근법이 무역을 위한 주요 자유항구로서의 홍콩을 유지하는 정책과 병행되었다. 홍콩에서의 영국 식민권력에, 급진주의 확산에 대한 공포는 항상 존재했던 것이었다. 가장 불안정한 사건은 당연히 새로 성립된 공산당에 의해 조직되었던 1925~26년 광저우-홍콩파업(Canton-Hong Kong Boycott-Strike)이었다. 하지만 영국이 실질적으로 자국의 지배적 위치가 위협 받는다고 느꼈던 때는, 새로 건국한 중화인민공화국이 홍콩에서 자국의 '좌익' '동포들'을 충분히 강력하게 지지해 줄 수 있게 된 1950년대였다. 중화인민공화국이 얻을 수 있었던 —예를 들어 시양국가의 중국에 대한 무역금지령을 깨뜨리기 위해 홍콩에서의 엄청난 외국 교역 진행을 통한— 간접적 이익이 없었다면, 홍콩에서의 영국 통치는 매우 빨리 끝이 났을지도 모르겠다. 그 대신 중국이 식민지 사회질서를 넘어뜨릴 만큼 심하게 나아가지 않는 한, 영국 당국은 기본적으로 친(親)중화인민공화국의 '좌익' 조직이 홍콩에서 성장하는 것을 막으려 하지 않았다.

그러나 미국은 홍콩에서 공산주의가 점차 매력을 갖게 된 흐름을 (혹은 실제로 새로운 중국이라는 더욱 강력한 국가를) 막기 위해 예방 차원의 접근방식을 취했고, 공산주의에 대항하는 전투를 위한 중요하고 잠재적인 신병의 원천으로 난민 집단을 염두에 두었다. 경제적 고난이나 정치적 박해로 외상을 입었던 홍콩 내 중국 난민들은, 친공산주의적 '좌익' '동포' 공동체와는 달리, 대륙 중국에서의 공산주의 통치에 대체로 원한을 품고 있었다. 이들 중에는 유명한 지식인, 학자, 작가, 예술가, 기타 문화노동자들이 많았다. 미국은 이들의 반공산주의 의식을 강화·유지하기 위해 반공산주의 문화기관과 활동에 지원금을 주기 시작했고, 그 결과 '달러문화(greenback culture)'라고 이름이 붙여진 그 무언가를 만들어내게 된다. 반공산주의적 출판물들은 새로운 저널, 문화잡지, 학교 교과서, 아동문학에서 대학신문과 주간지에 이르기까지 다양한 형식으로 빠르게 퍼져나갔다. 추방당한 지식인들이 배치되어 발간한 이 출판물들은 1950년대 이후 줄곧 평범한 홍콩 사람들의 문화생활에서 가능한 모든 틈새를 점령해 갔다. 또한 친중국 좌파 문화 제도권에 강력한 도전의 태도를 취하게 된다.[1]

미국중앙정보국(CIA)과 연관되어 있던 아시아재단(The Asia Foundation)은 주요 출판사 세 곳에 자금을 지원하고 후원했다. 그 출판사들은 우련(友聯, 유렌) 출판연합, 아시아프레스(Asia Press), 금일세계(今日世界)였으며, 금일세계는 미공보원(USIS: United States Information Service)의 지국이기도 했다(Wu, 1999, 18~20 n.4). 유렌은 다양한 연구조사와 문화활동을 지원했고 학술교류 프로그램 등을 운영했다. 또한 모든 연령대의 학생들을 독자로 하는 잡지들에 기금을 지원하기도 했다.[2)] 유렌은 홍콩을 문화냉전이라는 이데올로기 전쟁을 수행하는 권역적 중심으로 놓으면서, 홍콩뿐 아니라 동남아시아 지역의 중국인들도 그 대상으로 삼았다. 이 출판연합은 홍콩과 동남아시아 국가 두 지역의 사립 중등(中等) 중국인학교용 중국어 교과서들을 출판하기도 했다.[3)]

나아가 유렌은 추방된 중국인 학자들을 후원하기 위해, 그리고 공산주의 중국에 관한 정보를 모으기 위해 연구기구를 설립하기도 했다. 홍콩의 몇몇 사립 전문대학에 자리 잡은 사람들과 함께 이 기구의 학자들은 홍콩에서 상당한 규모의 난민지식인 공동체를 형성했다. 오직 소수만이 식민당국에서 인정하거나 지원해 주는 보다 권위 있는 기구들에 들어갈 수 있긴 했지만, 이들은 다방면에 걸쳐 학생들을 가르치고, 글을 쓰고, 책을 출간했다. 이들은 스스로 '비정연구(匪情研究: 공비정세 연구. 중국 대륙에 관한 연구)'에 종사하고 있다고 여겼으므로, 당시 극단적으로 엄격한 정보 통제를 실시하던 중국 공산주의 정권에 대한 가치 있는 전략 정보나 분석을 제공하기 위해 본토 중국에 관한 자신들의 경험과 지식을 이끌어냈다.

민족정신과
비적정권 연구

영국 식민당국이 난민 지식인들을 주변화하는 상황하에서, 연구조사 프로젝트와 연구계획에 대한 미국의 보조금은 추방당한 다수 지식인들 —수필가든, 철학자든, 아니면 영화제작자든—에게 혜택을 주는 것이었다. 이는 또한 몇몇 중국인 문화민족주의자들이 홍콩에서 신유학(新儒學) 교육을 재성립하는 것을 쉽게 해주었다. 상대적으로 보수적인 이들의 정치 성향으로 인해 그런 문화민족주의는 전쟁 동안에 국민당과 공산당 모두에 의해 회피되었던 것이었다. 그러나 비록 이들과 서양인 권력자들의 관계가 결코 편안하지 않았지만, 예일중국재단 (Yale China Foundation)의 도움을 받은 신아서원(New Asia College, 新亞書院)의 설립은 이 작은 영국 식민지에서 이들의 운명을 역전시켰다.

철학자 탕쥔이(唐君毅, T'ang, 1974, 1~29)는 학문적 의존이라는 슬픈 현실을 최초로 받아들인 사람 가운데 하나였다. 추방당한 민족주의 학자들은 주거공간과 학적 발전의 기회를 위해 서양의 재정 지원에 의존해야만 했다. 신아서원이 식민정부의 확실한 통제하에 있던 홍콩중문대학(香港中文大學, Chinese University in Hong Kong)의 중앙집권적 구조 속으로 강제 병합되는 데 항의하며 신아서원의 원장직을 사임하기 직전, 탕쥔이는 중국 정체성 상실의 위협에 대해 추방당한 중국인 공동체에 엄중한 경고를 했다. 에드워드 사이드(Edward Side)가 오리엔탈리즘 학문에 대한 비판으로 유명해지기 수년 전 탕쥔이는 서양 중심적인 학술 의제(議題)들에 대해 한탄한 바 있다. 이는 냉전이 오직 "비적정권(匪賊政權) 연구"—자신과 같이 추방당한 학자들을 그저 원주민 정보원으로 만들어버릴 뿐인 학문—만을 촉진시키고 있었기 때문이었다.[4] 추방당한 학자들이 경험한 혼란을 "중화문화의 뿔뿔이 흩뿌려진 꽃과 시드는 과일(中華文化的花果飄零)"의 혼란에 비교할 수 있다고 시(詩)적으로 기술함으로써, 탕쥔이는 추방당한 중국인 공동체의 지적 아이콘이 되었다. "신아정신(새로운 아시아 정신)"은 당시 모든 종류의 이상주의적 연상(聯想)과 심상(心象)을 위한 보고(寶庫)로 환영 받았고 또한 많은 다양한 재해석의 주제가 되어왔다. 이 가운데 가장 대표적인 것으로는 반공주의의 고수, 인문정신, 중국문화정신, 교육 이상과 같은 것이 있다.

홍콩에서 당시 적지 않은 젊은 학생들에게 영감을 주었음에도, 신유학은 그 자체로 모순에 빠져들고 있었다. 과거 중국의 조상들과는 대조적으로, 홍콩 신유학의 지(知)적 아젠다는 냉전적 반공 투쟁과 조화를 이루기 위해 크게 변화한다. 이 신유학자들의 가르침과 관심사는 홍콩사회와는 동떨어져 있었고 위대한 중국 문화전통(여러 방면에서 홍콩문화와는 반대로)에 관한 것이어서, 신유학자들은 도덕 주체성에 대한 순수한 철학적 추구에만 몰두했다. 또한 유가 경전들에서 강조되었던 실천-참여의 정신을 완전히 깨닫지 못한 고립된 학자들이 되어갔다. 실제로 서양 근대성에 대한 그들의 비판은 둔감했다. 서양화를 향한 5·4시기의 아이콘이었던 과학과 민주를 계속 비판했던 이가 거의 없었다는 사실을 감안하더라도 그러하다. 그 대신 이들은 유교적 가르침이 서양 근대성을 보완할 수 있을 거라는 믿음에서 신유학의 옹호를 제언했다.[5] 나아가 이들의 반공주의는 서양 자유진영을 위한 믿을 만한 도구로 기능함으로써, 지역적(local) 홍콩의 식민 현실로부터의 유리를 정당화했다. 이들은 홍콩의 식민주의를 비판했던 것보다 공산주의의 비민주적 통치의 승리를 훨씬 더 많이 비판했다.

이들의 존재는 대개 식민정부의 손에 달려 있었지만, 이 신유학자 중 그 누구도 식민정부가 실제로 자신들의 장점을 높게 평가하리라는 환상을 갖지는 않았다. 그리하여 신유학자들이 민족관계 문제뿐 아니라 홍콩의 젊은 중국인들의 도덕적 정신 문제를 제기하는 동안, 이들에 대한 관방의 지원은 갈수록 줄어들었다. 이 흐름은 1970년대에 냉전 대치가 완화되기 시작한 이후 더욱 두드러지게 된다. 그리하여 신아서원과 신아(新亞)정신의 자율성을 수호하기 위한 탕쥔이의 싸움은 외로운 목소리, 즉 식민지 주인에 대한 가망 없는 돈키호테적 저항이 되지 않을 수 없었다. 신유학자들 스스로가 사로잡혀 있었음을 깨닫게 된 이 모순적 상황은, 높은 도덕성(상상의 중국을 향한 노스탤지아적 갈망)과 1960년대 후기 1970년 초 홍콩의 다소 억압적이었던 식민지 현실에 대한 태도와 실천들을 타협시키는 것 사이에 도덕적이고 인지적인 간극을 낳을 수밖에 없었다.

댜오위타이 수호 캠페인과 거대한 좌선회

댜오위타이/센가쿠제도(釣魚台/尖閣諸島)를 놓고 벌였던 일본과의 영토분쟁 이후 중국 민족주의가 홍콩 학생들을 뒤덮어 버리기 시작한 1971년, 신아서원 학생인 라우 메이메이(劉美美)가 열정적인 공개서한을 쓰게 된다. 그 서한에서 라우 메이메이는 탕쥔이의 도덕적 가르침에서 몇 구절을 인용하면서, 신아서원 학자들의 정치적 묵종(默從)을 비판하고 또 자신의 선생들에게 가르침을 행동과 어떻게 결합시킬 것인지 질문했다(Lau M.M., 1971). '신아서원에 대해 통곡함(哭新亞)'이라는 제목의 이 편지는 열띤 논쟁을 불러일으켰고 많은 청년 출판물에서 재인쇄되고 전해졌다(CSW 1/10/1971).

라우 메이메이가 신아정신이라는 공허한 슬로건에 맞서 제기한 도전은, 곧 지역 학생들이 자신들의 상이한 정치적 관심사와 열정의 관점에서 그 개념을 재평가하고 재해석하면서 정점에 달한다. 학생들은 이 신아정신이라는 개념을 점차 반공적 민족주의에서 분리시켰고, 반식민적 민족주의를 위한 출발점으로 재절합시켰다. 한 학생은 1974년에 새로운 이해방법에 대해 다음과 같이 말하기도 했다.

만약 우리가 신아정신을 이행하고자 한다면, 우리는 그저 학문적 추구 속에서의 중국문화 지지에만 그쳐서는 안 될 것이다. 우리는 식민정부를 반대함으로써 신아정신을 이행해야 한다. 그러나 20년간, 이는 행해지지 못했다. 신아서원의 선생들은 홍콩 젊은이들의 민족의식 결여를 고민해야 한다. 사실 식민정부야말로 진정한 문제의 근원이다. 최근 부상하는 학생운동들은 반식민적이며 또 마르크스주의와 트로츠키주의에 의해 추동되고 있다. 이 운동들은 신아정신에 의해 남겨진 공백을 메워준다. (SUNA, 1974, 33. 필자 번역)[6]

냉전 형성과정에서 나타난 모순들은 아울러 선생들의 식민권력과의 공모에 대한 학생들의 불만을 가져왔다. 젊은 세대는 상상된 고국(imaginary homeland)이라는 이상향과 식민지 현실에 대한 철학자들의 참여 결핍이라는 문제 사이에서 커다란 간극을 느꼈다. 그 결과 구(舊)반공주의 민족주의자들이 양성한 민족주의적 열망은 곧 반제국주의와 반식민주의로 진화하게 된다. 이는 점차 유행하게 된 서양 학생운동에서와 마찬가지로) 아나키즘, 트로츠키주의, (공산당이 홍콩에서 추진했던) 마오주의적 급진주의를 포함하는 좌파 급진 이데올로기들과 크게 공명했다. 이 새로운 급진주의 중 어느 것도 홍콩사회에 깊이 뿌리내리지 못했음에도, 낡은 냉전 헤게모니의 붕괴는 역으로 지역 이데올로기 담론들에 변화를 가져왔다. 댜오위타이 수호 캠페인 이후, 젊은 학생들은 반공산주의라는 틀을 넘어선 새로운 시각을 찾기 위해 애썼다.

국수파와 '회귀(반환)'

이데올로기적 무질서는 상이한 급진적 입장들 사이에서 극심한 경쟁을 초래하게 된다. 반면 (트로츠키주의자, 아나키스트, 자유민주주의자를 포함하는) 사회파(社會派)[7]는 그 불만을 사회 전반적 시민권 캠페인과 노동운동을 위한 에너지로 전환시키려고 시도했다. 그러나 첫 등장과는 달리 민족주의의 좌선회는 식민주의에 대한 급진적 비판을 이끌지 않았다. 그와 반대로 강력한 반동원(anti-mobilization) 세력이 친중화인민공화국 국수파(國粹派)에 의해 구성되었다. 이들은 이 운동을 반대 방향으로 밀어내기 위한 모든 수단을 다 시도했다. 점점 더 지배적이 된 국수파는 사회적 개입이 아닌 오로지 민족 정체성의 문제에만 초점을 맞추었고, 더 부드럽고 더 '문화적으로' 정향된 운동을 주창했다. 그들은 예를 들어 지역 노동조합 혹은 공동체 집단을 조직해 지역 식민통치에 직접 도전하기보다는, 차라리 공산주의 중국을 향한 학생 애국주의를 고양하기 위해 본토 중국으로의 연구조사 혹은 방문여행을 마련했다. 이리하여 비록 젊은 엘리트들 사이의 이념논쟁 속에서 마오주의, 혁명, 그리고 사회주의적 이상들이 새로운 카드로 제시되었음에도 불구하고, 이들을 지배한 이상은 급진적이고 애국주의적인 마오주의 수사학 속에서 표현된 탈급진화였던 것이다.

그러나 이론과 실천의 명백한 불일치는 홍콩의 역할에 관한 중화인민공화국의 전체적 전략 관점에 의해 정당화되었다.[8] 즉, 홍콩의 식민지적 존재는 중화인민공화국 최고의 지정학적 이익이었다. 국수파 학생운동은 단지 베이징의 지침을 얼마나 잘 따랐는지에 대한 현시(顯示)일 뿐이었다.

중화인민공화국이 뒤를 봐준 것으로 유명했던 국수파의 뻔뻔한 정치적 기회주의 외에 더 고찰할 필요가 있는 것은 '회귀(回歸)'에 관한 생각이다. 1980년대와 1990년대에 '회귀'라는 용어는 보통 단순히 홍콩의 주권이 1997년에 영국에서 중국으로 이전되는 과정을 가리켰을 뿐이지만, 1960년대로 되돌아가보면 그 용어는 훨씬 더 폭넓은 철학적 의미와 전략적 고려를 가지고 있었다. 당시 그 개념은 사회적이고 심리학적인 과정을 가리켰다. 중국인 이산자 지식인들의 정체성 위기는 아마도 그 과정 속에서 해결될 수 있었을 것이다. 다시 말해서, 이들은 자신들의 중국문화적 뿌리로 되돌아가야 했던 것이다.

당시 해외 중국 공동체 사이에서 널리 유통된 영향력 있는 홍콩 잡지 《판구(Panku, 盤古)》에 발표된 상당히 영향력 있는 글들 속에는, 미국에서 유학하던 풍부한 표현력을 지닌 홍콩의 젊은 작가 한 쌍, 바오 춰스(包錯石)와 천치(陳齊)가 쓴 글이 있었다. 두 작가는 '뿔뿔이 흩뿌려진 꽃과 시드는 과일'의 이미지에 대한 묘사 등에서 보이는 탕쥔이의 정신적 구원을 향한 다소 비관주의적인 호소를 넌지시 언급하면서 이를 효과적으로 해체시켰다. 그들은 먼저 민족적 고통과 추방당한 자들의 뿌리 없음에 관한 탕쥔이의 다소 철학적인 이미지를 끌어들임으로써 이를 해체시켰다. 두 번째로 그들은 회귀 논의를 타이완의 정치적 독립에 대한 자신들의 비판과 절합시켰다. 이들은 타이완 독립의 진행이 곧 자기정체성 상실에 대한 한심한 대응이라고 비난하면서, 자신들의 존재 위기를 해결하기 위해 모든 해외 중국인들의 '회귀' 운동을 요청했다. 그들은 다음과 같이 쓰고 있다.

모든 인간의 삶이란 회귀를 위한 운동에 다름 아니다. 인간은 그 과정 속에서 자신이 속한 인간의 장(場)으로 회귀하기 위해 자신의 노스탤지어, 공헌, 그리고 요구를 끌어오는 것이다. 모든 행복과 고난은 그저 이 회귀의 흐름들 속의 거품에 불과하다. ……"중국인은 누구인가?" 이 질문은 사실 "이 세계의 누가 자신에게 주어진 삶의 조건—사회적 가치와 사회발전 방향은 물론 문화적·물질적·지리적·역사적 특수성들이라는 차원에서의—을 가지고 모든 측면에서(정서적·인지적·기술적 혹은 일상생활에 관한 여하한 다른 것) 자신을 중국사회에 맞출 수 있을 것인가, 그리하여 중국사회에 소속시킬 수 있을 것인가"로 바꿔 물을 수 있을 것이다. 오직 우리가 이 회귀운동을 가로막는 결정적 방해물에 직면하게 될 때에야 비로소 중국인들은 자신들의 이미 정해진 운명 속에서 대안을 찾아 나서게 될 것이며, 또한 인간 삶의 공허함 속으로 뛰어들 것이다. 이는 자신들의 소속성에 의해 직면하게 되는 좌절감을 감추기 위해서다. 모든 상실, 무력감, 분열, 그리고 독립은 우리가 회귀할 수 없음에 대한 반응을 구성하는 것이다. (Bao, C., 1968, 4~6. 필자 번역)

행간에 드러난 열정들은 탕쥔이가 그랬던 것과 비슷한 방식으로 독자에게 쉽게 전달되었다. 그러나 더 자세히 들여다보면 바오와 천의 회귀주의 담론 속에서 또 다른 서사를 발견할 수 있다. 이는 곧 도덕적 호소라는 열정적이고 정서적인 흐름과 병행하는 담론이다. 지식인의 책임을 열렬히 외쳤던 탕쥔이와 달리, 진정 바오와 천을 탕쥔이와 구별하는 지점은 이들의 혁신적 주장이었다. 즉 회귀는 비교역사사회학의 냉담한 분석에 기반한 합리적 선택이기도 했다. 이 둘은 미국 근대화의 사회학에서 많은 것을 빌려와서, 한편으로는 중국이 그 영광스러운 과거 때문에 "헌신할 만한 가치가 있는 민족"이라고 주장하면서, 또 다른 한편으로 근대 서양문명의 영광스러운 현재로 인해 "근대 서양문명은 최상의 변화 방향을 제시한다"고 주장한다(Bao, C., 1968, 7). 이들은 사회진화라는 상상의 도식에 호소하면서, 중국이 "근대 중국 문화의 '영장류' 단계에 도달하기 위해" 서양으로부터 배워야 한다고 단언했다(Bao, C., 1968, 7)

바오와 천에게 '회귀'는, 탕쥔이가 보여주었던 것처럼 단지 도덕적 가치에만 관계된 일이 아니었음은 분명하다. 실제로 도덕적 고뇌의 용어들은 다음과 같은 그들의 말로 대체된다. "(우리의) 임무는 민주주의와 같은 추상적 이념들에 있는 것이 아니라 그것의 ―사회적 동원이라고 알려진― '역동적 측면들' 에 있다"(Bao, C., 1968, 7). 바오와 천에 따르면, 서양은 성공적인 사회 통합과 사회적 동원에서 최상의 경험을 예증했기에 신뢰할 만하다. 사회 생존의 비결은 민족주의, 산업화, 민족교육의 세 요소에 있었기 때문이다.

사회진화론과 동원

바오와 천이 주장했던 공식은 지금의 사회학도에게는 새로울 게 없어 보인다. 누구라도 주류 사회학 교과서에서 얻을 수 있는 것이다. 하지만, 1960년대에 이 공식은 바오와 천에게 두 전선과 싸우는 데 이용할 수 있는 강력한 수사적 군수품 역할을 해주었다. 한편으로 그들은 민족주의에 대한 전통주의 보수파 해석을 뒤흔들었고, 다른 한편으로 전반서화(全般西化, 냉전 우익)의 주창자들을 가차 없이 공격했다. 전반서화론자들이 섣부르게 중국에서의 민주주의체제의 실현을 주장하는 한, 이는 사회진화의 한 단계를 건너뛰려는 비현실적 욕망을 나타내는 것이기 때문이었다. 바오와 천은 중화인민공화국의 성과를 옹호하면서 사회진화론을 사회발전의 표준적 경로 설정이라고 주창했다. 그 사회발전의 과정에서 '동원'은 서양적 가치의 전면적 차용에 선행한다. 그런 다음 바오와 천은 자유주의자들이 중국 현실에 무지하다는 놀라울 것도 없는 중국의 마르크스주의 비판을 반복했고, 자유주의자들은 관료, 지주, 군벌보다도 중국에게 해로운 지적 매판(買辦)이라고 선언한다. 이 빗발치는 비난에서 가장 기이한 특징은 마르크주의적 용어나 마오주의적 용어가 한마디도 사용되지 않았다는 점이다. 그 대신 바오와 천은 신유학 혹은 서양 근대화 이론에서 모든 분석틀과 어휘를 자유롭게 빌려왔다. 이 이론들은 미국에 오랜 세월을 바쳤던 주요 냉전 학자인 닐스 질먼(Nils Gilman, 2004)과 마이클 래섬(Michael Latham, 2000)이 최근 발견한 것이다.

학문적 의존에 대한 탕쥔이의 비판적 어조가 여전히 귀에 울리고 있었지만, 바오와 천은 아이러니하게도 진화론적 역사사회학이라는 무기를 가지고 지적 매판행위에 대한 좌파적 비판을 무장했다. 왜냐하면 오직 진화론적 역사사회학만이 공산정권의 성과를 엄격히 측정하고 정당화할 수 있는 용어들(예를 들면, 사회적 동원의 층위)을 제시할 수 있었기 때문이다.

또 다른 글에서 바오와 천은 민족정신이라는 신유학적 관념의 도덕적 권위를 미묘하게 대체했다. 그들은 해외의 모든 중국 지식인들에게 비정연구(匪情研究)를 포기하고 새로운 국정연구(國情研究)에 착수하라고 간청했다(Bao, C., 1967a). 그들은 중국 연구가 유행을 타고 자신들에게 막대한 돈을 가져다줄 것이라고 예측했다. 이들은 중국적 발전모델의 비결을 탐구하는 새로운 유행이 있을 것이라고 믿으면서 국정연구가 새로운 지식산업이 될 것이라 예견했으며, 그 방법론적 원리를 수립하려고 노력했다.

지식은 자연적 사건이나 인간의 사건이 상징화되고 또 미지의 것이 알려지게 되는 인과관계와 논리관계의 연쇄 속으로 집어 넣어지는, 그러한 방법론적 과정들의 결과일 뿐이다. …… 우리가 외국에서 배운 것은 데이터 분석을 위한 다른 방법론들이 있다는 것이며, 이제 우리는 지식을 생산하기 위한 어떤 새로운 데이터를 발견해야 한다. 우리는 스스로를, 과거 중국 사건이라는 쓰레기로 꽉 찬 최고급 베이징오리구이라고 비하해서는 안 된다. …… 해외에서 공부하는 최고의 학생들(留學生)은 많이 읽고 또 많이 여행하지만 결국에는 중국의 업무로 되돌아와서 새로운 과학적 방법론을 이용해 새로 발견된 데이터를 발굴하고 또 다듬는 이들이다. (Bao, C., 1967b, 35; 필자 번역)

해외의 중국인 학생 공동체―냉전적 지적 의존에 의해 구조화된 자신들의 매판적 입장으로 인해 종종 죄책감을 느꼈던 구성원들로 이루어진 공동체―를 향해서, 바오와 천은 새로운 민족주의적 학문을 요구했고 오리엔탈리스트―매판 복합체와 정면으로 부딪쳤다. 이들의 전체적인 수사적 기술은 추방당한 지식인들의 직업적 재주에 치료적 가치를 추가한 것이었다. 이는 중국 지식인들이 서양 학계에서 축적한 문화자본을 포기하지 않고도 자신의 '잃어버린 영혼'을 구원할 수 있는 새로운 지적 담론으로 자신들의 지식욕을 재절합시킴으로써 획득할 수 있었다. 즉, 이는 곧 과학적 방법론을 말한다. 바오와 천은, 자신들의 문화적 뿌리를 재발견할 수 있었을 뿐 아니라 예전에 전혀 주목받지 못했던 보물들을 발견할 수 있었던 것은 바로 중국 때문이었다는 것을 학생들에게 확실히 주장하기를 원했던 것이다. 바오와 천은 다음과 같이 언급했다.

외국의 학계에서 지식을 구걸하는 방랑자들이, 자신의 집이 실제로 지식을 위한 산더미 같은 소재들로 쌓여 있다는 것을 갑자기 깨달았을 때 그들은 자극을 받게 된다. 불행히도…… 많은 중국인 유학생들은 그 훌륭한 정원을 사막으로 취급하고 또 오직 비적들에 관한 지식만을 생산하면서, 그럼으로써 외국 학자 전문가들로 하여금 어중간한 지식을 신실성과 뒤섞는 왜곡된 판단과 결과물들을 생산케 하는 공백상태를 낳고 있다. (Bao, C., 1967b, 35, 필자 번역)

문화민족주의의 재절합

사회학 이론은 근대화 담론을 정당화했고, 근대화 담론은 다시 중국 공산당의 중화민족 총동원 성과에 대한 옹호 논리로서 작용했다. '동원'의 윤리는 또한 선언된 냉전 가치의 위계를 무효화했다. 예를 들어, 그 위계란 민주주의를 독재보다 상위에 두는 것과 같다. 그보다 더한 아이러니는 근대화 사회학을 공산당 옹호론으로 합병시키는 이러한 움직임이, 사회학의 속물적이고 부르주아적이고 서양적인 근원을 이유로 홍위병이 사회학을 비정당화(非正當化)했던 문화대혁명의 정점기에 이루어졌다는 점이다. 저우언라이(周恩來)와 덩샤오핑(鄧小平) 역시 자신들의 근대화 계획의 주창으로 인한 엄청난 정치적 추락으로 고통받았었다.

그러나 신중국의 발전모델에 대한 사회학적 관심은, 그 지역에서 태어난 젊은 중국인들을 개조하기 위한 국수파 캠페인에서 실제로 상당히 유용했다. 국수파들은 홍콩을 포함한 해외 중국 젊은이들이 동시대 중국 역사에서 매우 기본적인 것조차 충분히 배우도록 교육받지 못했다고 생각했기 때문에, 국수파의 수사는 이 젊은이들이 중국과의 정서적인 동일시(認同)를 전개시키기 전에 중국 알기(認識) 학습을 우선 시작해야 한다고 제안했다. 이들은 궁극적으로 '알기'와 '동일시'는 함께 이루어져야 한다고 믿었다. 그 연구가 '비정연구'가 아닌 '국정연구'로서 이루어지는 한, 그 둘 사이에는 어떠한 것도 끼어들 수 없을 것이기 때문이다. 이들의 생각에 따르면, 학문의 대상으로서 자신의 국가를 대하는 것과 그 사람이 애국자가 되어가는 것 사이에는 얇은 선 하나만이 놓여 있을 뿐인 것이다. 그러므로 처음에는 단지 합리적이거나 공리적(功利的)인 동기로 중국을 연구했던 해외 지식인들조차도 결국에는 자신들을 이끌었던 동기들을 높이 가치평가하게 되는 것이었다. 이들은 자신의 실존적 난제들을 풀고 나아가 애국심을 포용하기 위해, 더 깊은 추동력을 가진 호환 가능한 동기들을 찾게 될 것이다.

회귀 담론의 인식론적·정치적 구조로부터, 냉전이 결코 단순히 경제와 정치 제도에 대한 주어진 가치와 원리들의 조합을 둘러싸고 있는 이데올로기적 충돌에 관한 것만은 아님을 우리는 알 수 있다. 실증주의 사회학과 기능주의 사회학도, 제3세계나 사회주의 진영과 대립하는 미국의 냉전 동맹들만을 위해 작용하는 것도 아니다. 마찬가지로, 회귀에 관한 이야기는 결코 단순히 문화민족주의에 대한 것이 아니라 담론적 이동과 의미론적 미끌어짐의 복합적 작용이었다. 바오와 천의 글은 어떻게 문화 냉전이 홍콩에서 투쟁을 하게 되었는지를 보여주는 완벽한 예가 되는 것이다.

이산된 중국 지식인들과 중국 사이의 관계들을 사회학적 용어의 틀로 맞추어 넣는 것은, 철학자들에 의해 조성되었지만 철학적으로 불안정한 민족정신을 효과적으로 타협시켰다. 이는 아마도 우익 문화민족주의라는 중요한 정신이 가치중립이라는 사회학적 공리에 항복하기 시작하는 것을 보여주는 극명한 예일 것이다. 예를 들어, 댜오위타이 수호 캠페인 기간에 경찰에게 구타를 당했던 급진적 성향의 학생 청탁싱(張德勝)은 1972년 중국 문화에 대한 홍콩의 젊은 세대의 기본적인 무지를 반성하는 글을 썼다. 그는 글 속에서 중국에서의 공산당 통치에 대한 찬성자들과 반대자들을 평가할 때 경험했던 어려움을 표현하고자 했다(Cheung, T.S., 1972). 그는 균형 잡힌 결론을 맺고 있기는 하지만, 그 때문에 공산주의가 좋거나 좋지 않다는 판단을 할 수 없다고 말한다. 하지만 곧 덧붙여, 공산주의는 "부국강병(富國强兵)"을 위한 강력한 도구가 될 수 있다는 것을 적어도 모든 증거들이 보여주고 있다고 말한다.

어떻게 새로운 도덕적 중립주의가 도덕적으로 높은 기반을 가진 우익 민족주의 담론을 대체하기 위해 몰래 숨어들었는지를 보여주는 것이 청탁싱의 전형적인 경우일 수도 있지만, 미국 냉전 헤게모니의 붕괴는 청탁싱의 경우가 의미할 수도 있었던 것보다는 실로 훨씬 빠른 속도를 내게 된다. 1970년대 초 몇 년 사이에 홍콩 젊은 중국인들의 이데올로기적 경향은 매우 극적인 방식으로 변화한다. '근대화'라는 "괄목할 만한 성적"으로 인해 대륙 공산당 정권의 새로운 믿음으로 가득 찼던 '홍위병'식 급진주의자들이 홍콩에 등장하게 된 것이다. 이들은 혁명주의자들의 글 쓰는 스타일을 모방하면서, 류슈셴(劉述先)과 라오쓰광(勞思光) 같은 구(舊)반공주의 학자들의 시대에 뒤떨어진 봉건적 가르침, "노예근성", 매판적 성격에 대해 구두 공격이나 인신공격을 해대기 시작했다. 반공주의적 관점이나 쑨원에 대한 상징적 충성(학생 신문에 등장했있던 중화민국(타이완)에 대한 어떠한 긍정적인 언급이라던가 축하글들을 포함해)은 대학 내 모든 학생 출판물에서 사라지게 되었다. 그 대신, 국수파들이 많은 주요 대학들의 학생조직에 잇따라 선출되었던 모든 곳에서 마오의 '새로운 중국'에 대한 뜨거운 열광을 발견할 수 있었다.

그러나 이 좌파의 문화적·민족적 열광은 마오 시대의 추한 현실들이 급속히 표면에 드러난 1976년 사인방(四人幇)의 몰락 후로는 자취를 감추었다. 그 결과 학생들의 급진적 이상주의는 조국(祖國)의 이상화된 이미지가 갑자기 깨어지면서 큰 타격을 입었다. 이상주의적 새로운 중국에 대한 환상적 이미지에 깊이 매료되었던 이 젊은 민족주의자들에게 이 사건은 재앙과도 같았지만, 실제 실용적인 면에서 중국적 동일화를 발견했던 이들에게는 그다지 손해가 되지는 않았다.

이렇게 해서, 덩샤오핑이 권력을 쥔 몇 년 후에 경제적 근대화라는 비전을 가지고 중국을 이끌게 되었고, 이전의 많은 급진주의자들도 반대 없이 이를 받아들이게 되는 것이다. 그 이유는 이들이 가장 급진적인 마오주의의 사고를 지지하고 유토피아적 미래를 상상했던 그 시절에조차, 우익 민족주의자 아니면 미국 냉전 학자에게서 빌려온 시각을 통해 붉은 중국의 성과를 평가했기 때문이었다.

결론

냉전의 한 가지 두드러진 결과는 모든 것을 이분법적 구조 속으로 넣어버리려는 사고틀이 출현했다는 점이다. 필자는 좌우익 구분이라는 정치적 소속을 조심스럽게 논의하고 구별하는 것이 매우 중요하다는 데 동의하면서도, 그러한 구분의 단순하고도 정적인 착상이라는 것이 냉전 담론 자체의 복잡성이라는 위험을 무릅쓴다는 생각이다.

어쨌든 이렇게 단순화된 정치적 태도의 분류는, 1970년대 홍콩의 대학생들에게서 발견되는 정치적 성향의 갑작스러운 변화를 설명하는 데에 부적절하다. 또한 이것은 우리가 홍콩에서 냉전에 대한 전면적 영향을 평가하는 데 방해가 되기도 한다. 그러므로 격동의 1970년대를 단순히 좌우 사이의 이데올로기적 시계추의 빠른 진동을 특징으로 하는 시대라고 취급해 버리지 않으려고 한다. 위에서 언급한 변화하는 민족주의 담론들의 몇 가지 예를 들어 이 글을 마무리함으로써, 그러한 —문화적 냉전 담론에 의해 구축되고 중층 결정된— 이분법을 기저에 놓는 것이 민족주의적 어휘로 말하자면, 욕망들의 더욱 다양한 배치였다는 점을 주장하는 것이다.

식민정권이 점차 분산되는 후기 식민정부의 상황에서, 새로운 형태의 탈식민정권의 구도가 점차 1970년대에 만들어지게 된다. 이런 관점에서 우리는 이 시기 붉은 중국에 대한 열정적인 포용은 아마도 새로운 욕망 구축의 결과라기보다는 —이들이 결국 우익으로 전향하기 전에— 좌익에 대한 광신의 결과에 다름 아닐 것이다. 그 포용은 젊은 후기 식민지 엘리트들에게 적합했으며 미국에서 이들이 훈육되었던 근대화주의의 교육 아래에서 해방되고 공식화된 것이었다.

우익 문화민족주의가 새로운 '좌익' 친공산주의를 지지하기 위해 재절합되었던 궤도들은 사회주의의 평등주의적 이상을 호소하는 강력한 증거는 절대로 아니었다. 역설적이게도 그 궤도들은 문화적 냉전에서 미국이 승리하지 못한 것이, 사회주의 이상주의를 추방함으로써가 아니라 사회주의 동원의 경험이라는 것조차 새로운(인식론적이며 감정적인) 헤게모니의 구조 영역으로 전유시키고 흡수시킴으로써 였다는 것을 보여주는 것이다.

그러한 새로운 헤게모니 담론이라는 것은 당시 탈냉전세계를 준비하고 있었지만, 문화적이고 지적인 냉전의 일부였음은 분명하다.

● 로윙상(羅永生, Law Wing Sang, 러융성)
홍콩 링난대학(嶺南大學)의 문화학부 조교수다. 홍콩 중원대학(中文大學)에서 사회학으로 학사학위와 석사학위를 받은 후, 2002년 오스트레일리아 시드니의 테크놀로지대학(University of Technology)에서 문화연구로 박사학위를 받았다. 연구 분야는 식민주의의 역사문화학과 비교사회사로서, 홍콩 문화 형성에 대한 분석을 중심으로 이 작업을 계속해 오고 있다. 현재 식민지 홍콩에서의 중국인 만들기라는 주제로 연구를 진행 중이며, 성과가 곧 출간될 예정이다. 그 외 《Positions: East Asia Culture Critique》, 《Traces》 등 저널에 다수의 논문을 실었으며, 다양한 문화연구 선집 및 번역 작업에 에디터로 활동하고 있다.
lawws@ln.edu.hk

● 김수현
연세대학교 중어중문학과를 졸업하고 같은 대학 대학원에서 〈장이머우의 《秋菊打官司》 연구〉(2004)로 문학석사학위를 받았다. 지은 책으로는 《중국영화의 이해》(공저, 2008), 《영화로 읽는 중국》(공저, 2006)이 있으며, 공역서로는 《21세기 중국의 문화지도》, 《냉전아시아의 문화풍경 1》이 있다. 논문으로는 〈관람공간의 변천과 수용경험 변화 연구 - '극장'에서 '손' 안으로〉 등이 있다. 2004년부터 2006년까지 부산국제영화제와 서울여성영화제 프로그램팀에서 일했고, 각종 영화제에서 번역가로 일하고 있다. 현재 중앙대학교 첨단영상대학원 영상이론전공 박사과정을 수료했으며, 경희대학교에서 영화이론 강의를 하고 있다. 동아시아 문화와 중국영화에 관심을 두고 연구하고 있다.
march33@hotmail.com

냉전기 국민화 프로젝트와 '전통문화' 담론

— 한국·타이완의 사례를 중심으로

글·윤영도

들어가며: '전통문화' 담론과 호출되는 '기억'들

2006년 한국에서는 고구려 시기의 영웅들에 관한 이야기를 소재로 한 드라마가 붐을 이루었다. 불과 몇 주를 사이에 두고서 3개 공중파 방송사가 고구려를 건국한 주몽(朱蒙), 고구려 말의 명장 연개소문(淵蓋蘇文), 발해를 세운 대조영(大祚榮)을 다룬 드라마를 서로 앞다퉈 제작해 황금시간대에 방영했던 것이다. 그 이전까지 고구려를 소재로 한 드라마가 거의 없다시피 한 점을 생각해 봤을 때, 이는 상당히 이례적 현상이라 할 수 있다.

이러한 현상의 배경에는 사실 그 무렵 중국에서 진행되던 '동북공정(東北工程)'과 관련한 일련의 사건들이 있었다. 2002년 중국 정부의 승인을 받아 공식적으로 시작된 '동북공정'은 그 연구 내용이 2004년 국내에 알려지면서 당시 한국 사람들의 고구려사에 대한 관심을 크게 불러일으킨 것이다. 고구려를 한민족 선조들의 역사라 당연시해 온 한국 사람들에게, 고구려를 중국 고대의 지방 민족 정권으로 해석하는 중국 사학계의 '동북공정'은 '한민족'의 역사에 대한 심각한 도발로 여겨졌으며, 이로 인해 고구려사 특히 고대 중국의 왕조에 저항했던 한민족 영웅들의 이야기가 한국에서 새롭게 조명되었다. 다시 말하자면, 고구려 역사드라마 붐은 국민국가의 '민족사'가 침해당하는 것에 대한 대응으로서 과거의 '기억'을 호출해 내어 '민족정체성'을 재확인하려는 욕망과 밀접한 관련이 있다 할 수 있다.[1]

일반적으로 하나의 공동체는 현실 속에서 정체성과 관련된 다양한 문제에 맞닥뜨리게 될 때, 이를 해결하기 위해 종종 과거의 기억들을 불러내어 그로부터 우리들의 비워진 기억을 채우고 그 시간적 간극을 넘어서 연속적 자아를 상상하게 함으로써 자기정체성을 형성한다. 이처럼 과거의 기억들로 구성된 서사체계를 역사라고 한다면, 통시적으로 하나의 연속적인 민족정체성 형성을 위해 호출된 다양한 문화적 요소 전반을 '전통'이라 할 수 있다. '전통'이라 하면 추상적이고 철학적인 사상 관념에서 음식이나 의복 같은 아주 구체적인 일상생활에 이르기까지 매우 다양한 층위를 아우를 뿐 아니라 우리 삶 깊숙이 연관되어 있기 때문에, 이를 회의적인 시선으로 바라보기란 쉽지 않다. 더욱이 '전통'이라는 용어와 개념 자체도 너무나도 다양한 의미를 지닌 채 일상적으로 많이 쓰여서, 이것이 근대에 들어와서야 새롭게 형성된 개념이라는 사실을 깨닫기란 매우 어렵다. 특히 한국이나 중국처럼 수천 년의 역사를 지녔다고 자부하는 국민국가 내에서 '전통'은 흔히 통시적으로 이어져 내려온 본질적인 그 무엇으로 여겨지곤 한다.

하지만, '전통'이라는 개념은 동아시아에서 불과 100여 년 남짓한 역사를 지니고 있을 뿐인 매우 근대적인 개념 가운데 하나일 뿐이다. 근대 이

전까지 '전통(傳統)'은, 장학성(章學誠: 1738~1801)의 《문사통의(文史通義)》에 나오는 "성이 바뀌면 '대(代)'가 되고, 적통에 따라 전해지면 '조(朝)'가 된다(易姓爲代, 傳統爲朝)"[2]라는 문장에서도 알 수 있듯, 대체로 한 조대(朝代)의 '왕위나 가문이 온전하게 후대로 전해지는 것'을 의미했고, 20세기 초까지만 해도 지금과 같은 근대적 맥락의 개념으로 사용되지 않았다. 서구에서 'tradition'이라는 개념이 부각되기 시작한 것도, 근대화가 본격화된 19세기 무렵이며, 근대문화와 구분해 과거의 전근대적 문화유산에 선을 그어 타자화하기 위한 개념으로 사용되었다. 또한 '전통'이 현재와 같은 대중적인 근대적 담론 개념으로 자주 등장하게 된 것은 19세기 후반 전체주의적 민족주의가 등장하면서부터라 할 수 있다.[3]

동아시아에서 근대적 개념으로서 '전통'이라는 단어가 사용되기 시작한 것도 이러한 서구 사조의 영향 속에 'tradition'이라는 서구의 근대적 개념의 번역어로 사용되면서부터라 여겨진다. 19세기 중엽까지만 해도 'tradition'은 일본에서는 "옛날로부터 전해져 오는 말(古昔ヨリ言伝ヘノ話)"[4]이라고, 한국에서는 "고담, 옛말, 내려오는 말"[5]이라는 의미로 해석되었으며, '전통'이라는 번역어를 사용해 번역하지는 않았다. 20세기 초에 이르러서야 비로소 동아시아 각국에서 '전통'이라는 개념이 자주 등장하게 되는데, 서구식 근대화를 주장하던 이들 즉 반(反)전통주의자 사이에서 이는 부정·파괴되어야 할 요소로, 근대화를 반대하거나 혹은 독자적 근대화를 주장하던 이들 즉 전통주의자 혹은 신전통주의자 사이에서 이는 긍정·계승되어야 할 요소로 받아들여진다.[6] 이들 사이의 논쟁은 '전통'이라는 개념을 '이미 타자화되어 버린 상상된 과거'가 아닌 '매우 당연하고 보편적인 실질적 실체'로서 인식케 하는 담론의 효과를 가져왔으며, 이는 이후 근대화 과정 내내 지속되어 지금에 이르게 된다. 이처럼 근대적 개념으로

형성된 '전통'이란 개념을 한마디로 정리해 보자면, 현재적 필요에 따라 부과되어진 상상된 문화적 표상체계의 총체라 할 수 있다. 결국 우리들은 항상 '전통'에 대한 호명(naming), 혹은 '전통'의 발명(invention)을 통해 끊임없이 현재로부터 부과되는 질문들에 대한 답을 찾고 있는 셈이다.

그런 의미에서 '전통문화'라는 것은 국민화 프로젝트에서 중요한 담론 기제로 작용한다. 미셸 푸코(Michel Foucault)의 표현을 빌자면, '전통담론'은 과거의 유산이나 개념에 대한 지식을 생성시켜 현실에 관한 설명을 산출하는 언표들의 집합체라 할 수 있다. "역사적으로 전승된 물질문화, 사고와 행위양식, 사람이나 사건에 대한 인상, 갖가지 상징군"이라 정의되는 '전통'이라는 개념의 사전적 의미를 통해서도 확인해 볼 수 있듯, '전통'은 과거의 기억 전반을 포괄하고 있다. 때문에 '전통'은 거의 비슷한 정도로 포괄적인 개념인 '문화'라는 단어와 항상 쌍을 이루곤 한다. 이처럼 '전통'이라는 개념은 거의 모든 것을 아우른다고 해도 과언이 아닐 정도로 과거의 역사나 유물, 사상과 생활방식 전반을 포괄한다.

하지만, 한편으로 '전통'은 매우 이질적이면서도 다양한 주체와 시간의 층을 포괄하고 있기 때문에 어느 시기의, 누구의 과거를 '전통문화'라는 이름으로 되살려 내느냐에 따라 상상되는 정체성 또한 그 성격이 달라질 수 있어서 매우 양가적이면서도 중층적인 개념이라 할 수 있다. 이처럼 선별하는 주체의 의도에 따라 정체성의 성격이 규정될 수 있을 뿐만 아니라, 동시에 역으로 그 선별된 '전통문화'가 규정해 놓은 정체성에 의해 주체가 상상하고 사유할 수밖에 없게 된다는 점에서 '전통문화'는 중요한 담론으로 작동하게 된다. 따라서 하나의 근대적 국민국가(nation-state)의 형성과정에서, 다양한 이질성과 차이를 지닌 수많은 주체들이 하나의 상상된 공동체로서 민족(nation)정체성을 형성하도록 만드는 가장 강력하면서도 유효한 담론은 바로 '전통문화' 담론이라 할 수 있다. 그런 의미에서 '전통문화' 담론은 국민화 프로젝트를 수행하고자 하는 권력집단에 의해 자신들의 정당성을 확보하고 권력의 헤게모니를 획득하는 수단으로 활용되곤 한다.

1945년 식민지 지배에서 해방이라는 경험을 하게 된 두 지역, 즉 한반도와 타이완(臺灣)은 일본제국주의 통치자들에 의해 강제적으로 부여 받았던 식민지 정체성을 털어내고, 새롭게 자신들의 국민국가 형성을 위한 정체성 확립, 즉 국민화 프로젝트의 과제를 떠안게 된다. 하지만 한반도의 경우 신탁통치와 좌우 이데올로기 대립 속에서, 그리고 수많은 피해를 안겨준 3년간의 전쟁으로 인해 분단이라는 아픔을 안고서 불완전한 반쪽짜리 국민국가를 형성해 갈 수밖에 없었던 남한. 그리고 역시 국공 좌우 대립 속에서, 그리고 국민당의 연이은 실책과 1949년 대륙으로부터의 퇴각 이후 타이완의 본성인(本省人)[7]에 대한 차별정책 속에서 완전한 민족 동질성 형성에 실패했던 타이완. 이 두 지역에서 국민국가 형성 과정은 냉전의 상처를 안고서 매우 불완전하고 제한적인 정체성을 형성해 갈 수밖에 없었다.

독립국가로서 본격적인 근대적 국민국가의 형성 과정은 냉전시기를 거치면서 한반도와 중국에서 각기 남한과 북한, 타이완과 대륙이라는 분열적인 두 형태로 이루어졌으며 또한 이는 현재까지도 이어지고 있다. 이러한 분열적 정체성의 형성에서 가장 중요한 의미를 지니며 또한 커다란 영향을 주었던 시기는 바로 1960~70년대라 할 수 있다.

사실상 1945년 한반도와 타이완의 해방 후부터 1950년대까지는 사회 전반에 걸친 극도의 혼란과 불안정으로 인해 양국은 안정적인 문화적 정체성을 형성할 여유가 없었다고 할 수 있다. 한반도의 경우 신탁통치와 미군정, 그리고 한반도 전쟁은 극도의 사회적 혼란과 경제적 궁핍을 가져왔으며, 또한 미국의 원조에 전적으로 의존하다시피 하고 친일세력을 고스란히 복권시켜 그 지지 기반으로 삼았던 부패한 이승만 정권에 국민국가 정체성 형성을 위한 성공적인 국민화 프로젝트의 실현은 사실상 무리였다고 할 수 있다. 타이완 역시 2·28사건[8] 이후 본성인들의 국민당에 대한 민심 이반과 1949년 퇴각 이후 계엄이라는 극도의 억압적 정치 상황을 이용한 정권 초기의 이식·주입식의 강제적인 문화정책 등으로 인해 동질적 정체성 형성에서 제한적인 수준의 성과밖에 이루지 못했다.

자생적 경제성장의 기반을 조금씩 다져가기 시작하면서, 점차 '전통문화' 담론을 비롯해 다양한 적극적 문화정책을 통해 국민화 프로젝트를 수행하려던 남한과 타이완에서의 본격적인 시도들은 1960~70년대 들어서야 비로소 시작된다. 즉 다양한 '전통문화'의 복원과 보급, 그리고 이를 위한 다양한 담론 활동이 본격적으로 진행되었던 것이다.

이 글은 바로 이처럼 근대적 국민국가 정체성의 형성에서 매우 중요한 의미를 지니는 1960~70년대 남한과 타이완에서의 '전통문화' 담론들을 살펴보는 데 목적이 있다. 하지만, 이는 다만 당시 '전통문화' 담론의 시대 상황과 그 속에서의 의미를 살펴보는 데 그치지 않는다. 이 시기에 형성된 '전통문화' 담론은 현재에 이르기까지 여전히 강력히 작용하면서, 탈냉전 시기의 국민국가 정체성에 영향을 주고 있기 때문이다. 다시 말해서, 이 시기 남한과 타이완 두 지역에서 형성된 불완전한 정체성들은 탈냉전, 민주화의 과정을 거치면서 일부는 극복되기도 했지만, 일부는 우리의 삶과 사고방식 속에 여전히 남아 작용하고 있다.

이 글은 1960~70년대 남한과 다이완의 '전통문화' 담론이 선 세계적 차원의 냉전문화와 어떤 상관관계를 가지며, 또한 어떤 역사적 의미를 지니고서 국민화 프로젝트에 활용되었는지를 살펴보고자 한다. 우선 타이완과 남한의 경우를 각각 살펴보고, 이들의 공통점과 차이점을 비교해 봄으로써 당시 이른바 '자유진영'에서의 '전통문화' 담론에 대한 총체적 인식을 시도해 보려 한다.

타이완: '문화부흥운동'이라는 이름의 '전통문화' 담론

대륙에서 쫓겨난 장제스(蔣介石)의 국민당 정부에, 타이완은 사실상 권토중래를 위한 임시 발판으로서의 의미가 강했다. 따라서 타이완을 독립된 국민국가로 만들 생각이 없었던 국민당 정권은 단지 50년간 식민지 생활을 해왔던 타이완 본성인의 문화를 식민지 문화로 규정하고, 중국 본토에서 이주해 온 외성인(外省人)의 기준에 맞춰 본성인의 문화를 바꾸고 일제 문화의 잔재를 청산해 강제적으로 문화적 동질화를 이루고자 하는 정책을 실시하는 데 그쳤다. 이처럼 1945년 이후 20여 년간 국민당 정부의 일방적 문화정책이 시행된 이 시기는, 앨런 천(Allen Chun, 陳奕麟)이 '문화통일(cultural reunification)' 시기라 명명하듯이, 강제에 의한 문화적 재통합을 시도했던 시기라 볼 수 있다. 이 시기에는 주로 타이완 방언과 일본어를 금지하고, 일본식 문화 잔재를 청산하는 동시에, 중국 본토에서 들여온 표준어(普通話) 및 역사·문화 교육을 실시했다. 이는 대규모 살상이 자행된 2·28사건과 1949년 퇴각 무렵부터 시작된 계엄 상태 속에서 일제시기의 자생적 항일운동 세력(특히 공산주의 성향의 세력) 그리고 자유주의적 성향의 세력을 억압했던 사회 상황, 그리고 정·관·군의 대부분을 대륙에서 온 외성인들이 장악한 채 본성인들은 거의 정치활동을 할 수 없었던 정치 상황을 놓고 봤을 때, 당시의 문화정책 역시 상당히 강제적 성격을 지녔음을 짐작할 수 있다.

하지만 1959년, 장제스 정권이 대륙으로 복귀하려는 꿈을 접을 것을 미국과 약속하게 되면서 상황은 조금씩 변하게 된다. 이는 1960년에 물러날 때까지 북진통일의 꿈을 접지 못한 이승만 정권과 상당히 유사한 측면을 보여준다. 그리고 장제스 정권과 이승만 정권이 비슷한 시기에 대륙 진공(進攻)과 북진의 꿈을 접게 되고 또한 동아시아 지역에 분단과 긴장이 고착화되는 과정에 당시 미국의 냉전 전략과 입김이 상당히 작용했으리라 여겨진다. 당시 남한의 경우와 마찬가지로 타이완은 미국의 대(對)공산진영(특히 중국) 봉쇄전략을 위한 반공·반대륙의 전진기지로서 의미가 있었으며, 따라서 분단이 고착화된 상태가 미국의 냉전 전략과 의도의 수행에 보다 유리했기 때문이다. 또한 1964년 대륙에서의 핵실험 성공으로 국민당 정권으로서도 더는 무리한 도발이 불가능해졌던 것도 분단 고착화의 원인이 되었다.

이후로 이 같은 냉전체제의 완성과 분단 고착으로 당시 국민당 정권은 타이완만의 독자적 국민국가 형성의 길을 갈 수밖에 없었으며, 또한 이러한 상황 변화에 맞춰 문화정책을 변화시켜 나가지 않을 수 없었다. 즉 타이완의 본성인을 문화적 차원에서 중화민족으로서 하나의 동질성을 지닌 국민으로 만들기 위해, 타이완에서 중국의 '전통문화'를 부활시킴으로써 반공·반대륙의 정체성과 정통성(이른바 '도통(道統)')을 확립하려는 방향으로 나아갈 수밖에 없었던 것이다.

그리고 이러한 국제적 상황의 변화와 더불어, 내적으로도 미국의 원조경제를 기반으로,[9] 그리고 토지개혁과 수출 지향적 산업화정책으로 경제 재건과 고도 경제성장을 이루게 되면서, 급격한 서구화 및 산업화의 부산물로서 실제로 점차 기존의 문화와 삶의 방식들이 빠른 속도로 변화를 맞게 되었다. 이로 인해 국민당 정부와 전통주의자들은 물론 일반 민중 사이에서도 문화적 정체성에 대한 위기감과 근대 서구문명의 병폐에 대한 반발심리 같은 것들이 확산되었다. 이는 기본적으로 근대화를 겪었던 대부분의 제3세계 국민국가들에서도 마찬가지겠지만, 1960~70년대 타이완 국민당 정부가 '전통문화' 담론을 부각시키는 중요한 배경이 되었다. 또한 경제성장으로 문화유산의 보존과 복원에 관한 문화정책을 실시할 수 있는 경제적 여유가 많아진 측면도 간과할 수 없다.

또한 계엄이라는 억압적 상황으로 인해 커다란 세력으로 성장하지는 못했지만 그나마 명맥을 유지해 오던 자유주의적 지식인들이 국민당 정권에 비판의 목소리를 높이게 된다. 후스(胡適), 레이전(雷震) 등의 외성인 출신 자유주의적 지식인들이 주축이 되어 만든 잡지《자유중국(自由中國)》이 국민당 정권에 비판의 목소리를 높이다가 1960년에 정간되고, 이어 1965년에는 자유주의적 문학잡지《문성(文星)》이 정간된 사건들에서 확인할 수 있듯이, 급속한 경제성장, 분단의 고착과 장기간에 걸친 사회 안정, 그리고 타이완 지식인들에게 미친 서구 자유민주주의 사상의 영향 등은 사람들로 하여금 국민당의 권위주의적 정책에 점차 회의를 품게 하고, 도전 저항하게 함으로써 그 강압적 헤게모니가 더는 유지되기 힘들어졌다.

이러한 내외적 상황의 변화가 국민당 정권으로 하여금 변화하지 않을 수 없게 했는데, 여기에 대륙에서 일기 시작한 문화대혁명의 물결은 장제스가 '문화부흥운동(文化復興運動, Cultural Renaissance Movement)'을 일으키게 되는 결정적 도화선이 되었다. 마오쩌둥의 주도하에 시작된 문화대혁명은 새로운 무산계급 문화를 창출하기 위해 반식민지·서구 제국주의 문화를 부정하는 것은 물론, 전통 가족제도뿐 아니라 기존의 전반적인 봉

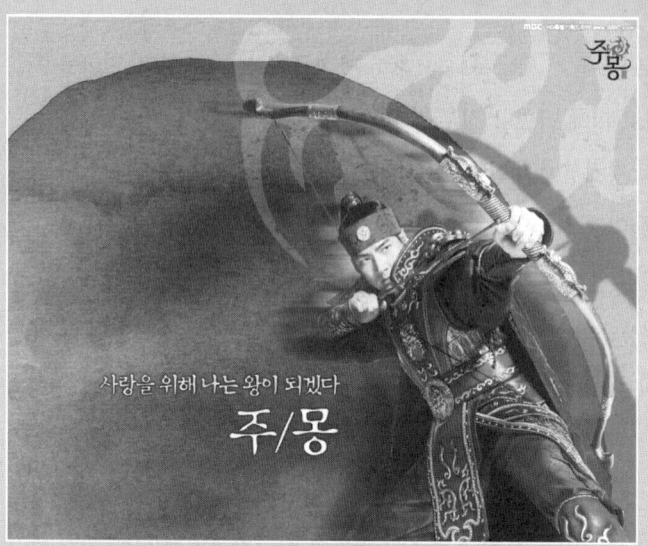

2006년, 고구려사를 다룬 드라마 가운데 하나인 〈주몽〉.

1952년, 잡지 《자유중국》 창간 3주년 기념식에 참가한 후스(가운데)와 레이전(후스 뒤편).

타이베이(台北)시 스린(士林)구에 위치한 중산루의 전경.

연설 중인 장제스와 연단에 함께 배석한 옌자간(嚴家淦). 옌자간은 장제스 사망 후 그 뒤를 이어 중화문화부흥운동 추진위원회 회장이 된다.

건·반봉건적 전근대 문화전통을 철저히 파괴하고 전면 부정하는 방향으로 나아갔다. 사실 공산당에 '전통'이라 할 수 있는 것은 과거의 전근대적 '전통문화'보다는 옌안 시기 항일혁명 '전통'과 피지배 민중들의 '문화'였다고 할 수 있다. 즉 대륙에서 공산당이 '전통'이라는 이름으로 호출했던 과거는 전근대 중국 봉건왕조들이 남긴 사상·문화유산과 '전통'이 아니라, 바로 20세기 전반의 혁명과 항일의 승리의 '기억'이었다.

이처럼 철저한 중국 '전통문화'에 대한 부정과 파괴를 지향했던 대륙의 문화대혁명에 맞서, 장제스는 1966년 쑨원(孫文) 탄신 100주년을 맞아 마련된 중산루 중화문화당(中山樓 中華文化堂) 낙성식의 자리를 빌려 '문화부흥운동'을 주창하게 된다. 그는 전통주의적 문화운동의 필요성을 역설하면서 '민족주의적 윤리교육, 민권주의적 민주교육, 민생주의적 과학교육' 등의 '삼민주의 교육방침'을 내세우는데,[10] 이는 쑨원의 삼민주의와 중국의 전통유가 사상을 결합한 전통주의 사상에 기반을 둔 것이었다. 낙성기념문에서 "오늘날 공산당의 재앙(赤禍)에 빠져, 민족이 불행해지게 되었으니, 이는 공전절후(空前絶後)의 재앙을 만난 것이다. 5,000년래로 전통의 우수한 문화는 거의 빈사 절멸에 이르게 되었다"[11]라고 한 장제스의 발언은 당시 전통을 내세우게 되었던 그의 문제의식의 단면을 잘 보여준다.

그 이듬해인 1967년에는 장제스가 회장으로 추대된 중화문화부흥운동 추진위원회(中華文化復興運動推行委員會)가 성립된다. 이 단체는 총회를 비롯해, 산하에 각종 전문위원회를 구성하고, 타이완 국내외 각 지역에 지부 기구를 설치해, '윤리도덕의 발양, 법치관념의 배양, 생산건설의 촉진' 등의 세 가지 측면에서 대규모 사업을 전개해 나간다. 특히 첫 번째 사업의 일환으로 건전 우수 국민 배양을 목표로 하여 '청년생활규범(靑年生活規範) 30조'와 '국민생활준칙(國民生活須知) 99조'를 제정하게 되는데, 이는 1970년 수정을 거쳐 '국민예의범례(國民禮儀範例)'로 정식 공포·시행된다. 또한 장제스가 사망한 4월을 기념해 1997년부터 4월을 '효도의 달(敎孝月)'로 지정하고 《효행전진(孝行傳眞)》이라는 책을 펴내는 등, 전통적인 가족 윤리 제도를 선양하기 위한 각종 사업을 펼치기도 했다.

이 밖에도 교육 방면에서 중국 전통문화교육을 강화해 교과과정을 구성하고, 웅변대회 같은 형식을 통해 중국 전통문화의 보급·선양을 시도했다. 특히 중국 유가 전통의 태두인 공자(孔子)를 추앙하는 각종 행사를 마련하고 유가 경전을 비롯한 역대 고적의 정리 및 주석·번역 사업을 벌임으로써 전통사상의 보급·전파에 힘썼는데, "고적금주금역 총서(古籍今注今譯叢書)"는 그 대표적인 성과물이다.[12] 이처럼 중화문화부흥운동은 교육과 생활운동과 같은 다양한 형식을 통해 국민들에게 다가감으로써 보다 일상화된 문화적 방식으로 문화정책을 시행했다는 점에서 이전과는 달라진 일면을 보여준다.

이러한 국민당의 문화정책들과 '전통문화' 담론의 부각은 타이완 지식인 사이에서 분화를 가져오게 된다. 전통주의파와 자유주의파 사이의 분열과 대립은 앞서 언급한 바 있듯이, 타이완 내에서 서구식 자유주의 성향의 지식인들, 이른바 후스로 대변되는 '전반서화론자(全般西化論者)'들의 국민당 정권에 대한 비판과 이에 대응해 국민당 정권의 '전통문화' 담론을 옹호·지지하는 장쥔마이(張君勱)를 비롯한 다수의 신유가 사상가와 전통주의 지식인 사이의 논쟁이라는 양상으로 나타나기도 한다. 이는 사실 20세기 초부터 이어진 장기간에 걸친 논쟁으로, 이 시기에는 냉전과 분단, 그리고 타이완 내 국민당의 권위주의적 통치 지배라는 시대 상황과 결부되어 장제스의 '문화부흥운동'과 함께 다시 표면 위에 떠오르게 된 것이다. 장제스는 전반서화론자나 서구식 자유주의를 주장하는 이들 모두 대륙의 공산주의자들과 마찬가지로 중국의 전통 가치와 문화를 파괴하고 위협하는 세력이라 여겼다. 장제스는 자신을 정점으로 하는 국민당 정부의 권위주의적 리더십을 중심으로 중국의 국가주의적 정체성을 확립하려 했으며, 이는 전통 유가사상과 삼민주의를 결합시킨 그의 전통주의적 사상에 기반을 둔 것이었다. 이러한 사상이 60년대 중반 '문화부흥운동'이라는 이름의 '전통문화' 담론으로 표출되었던 것이다.

이처럼 장제스 정권의 '전통문화' 담론은 비록 쑨원의 삼민주의라는 근대적 요소를 일부 담고 있기는 하지만, 기본적으로 전근대 중국의 봉건 유산과 가치들을 민족적 정체성으로 상상하는 것이었으며, 근대 이전의 먼 과거에 대한 기억의 호출이었던 셈이다. 이는 한편으로 먼 과거에 대한 기억의 호출이자, 가까운 과거, 즉 대륙 통치 시기와 항일 시기의 부패와 실패, 그리고 국공내전 패배에 대한 기억의 망각을 가져오는 부수 효과도 있었다. 또한 그로 인해 망각되었던 기억에는 국민당의 잊고 싶었던 과거의 기억만이 아니라 타이완 본성인들의 과거, 타이완 민중의 과거, 그리고 일제시기의 과거에 대한 기억도 포함되어 있었다. 1960~70년대 국민당 정권에 의해 선별된 과거의 '전통문화' 담론은 타이완의 국민화 프로젝트를 수행하는 중요한 담론으로 커다란 역할을 했다.

남한: '민족적 민주주의'와 '전통문화' 담론

이상에서 살펴본 바와 같은 '전통문화' 담론들은 비슷한 시기에 남한에서도 유사한 모습으로 나타나게 된다. 그러한 '전통문화' 담론을 주도하고, 이를 문화정책으로 시행했던 것은 바로 박정희 공화당 정권이었다.

1953년 휴전 이후, 이승만 정권의 문화정책은 거의 부재했다고 해도 과언이 아니다. 사실 3년간의 전쟁을 치른 뒤 정치·사회·경제 등 각 방면에서 극도의 혼란이 이어지고 있었고, 특히 전후 인플레이션과 경제 침체 속에서 미국의 원조물자에 거의 의존하다시피 하던 이승만 정권에 문화 관련 정책을 기대하기는 어려웠다. 특히 1951년 국립국악원 설립을 제외하고는 딱히 '전통문화'와 관련한 정책이라 할 만한 것은 더욱 제한적인 수준에서 머물렀다.

1960년대 들어서서 5·16군사정변을 일으켰던 박정희는 민간으로 정권을 이양하는 과정에 직접 대통령 후보로 나서서 '국가재건'과 '경제발전'을 구호로 외치며 대통령에 당선될 수 있었다. 그는 서구식 자유민주주의를 외치는 정치적 경쟁자들과 지식인들에 대해 이른바 '민족적 민주주의'라는 논리로 맞섰으며, 이에 걸맞게 민족주의적 문화정책들을 펼쳐나갔다.[13] 박정희는 특히 한일국교정상화 협상의 진행으로 인해 '반민족주의자'로 지탄 받는 상황에서 1960년대 후반에 가게 되면 더욱 '전통문화' 관련 정책들을 마련해 자신이 주장하는 '민족적 성향'을 정당화하려 했다. 또한 거기에 덧붙여 1969년 3선개헌과 1972년 유신헌법 제정으로 이어지는 장기 집권체제의 확립 과정에서 비판세력들의 거센 저항과 비판에 대응해, 박정희는 자신의 장기 집권 정당성을 강화하고, 또한 비판세력을 억압하는 논리로서 '전통문화' 담론을 적극 활용하는 방향으로 나아갔다.

이처럼 박정희 정권은 집권이 장기화하면서 완전히 권위주의체제로 변모하는 1960년대 말 1970년대 초부터 '전통'을 주요 지배담론으로 채택하고 본격적으로 정책에 반영하기 시작한다.[14] 그렇다고 해서 그 이전에 '전통문화' 관련 정책이 전혀 없었던 것은 아니다. 박정희 정권은 1961년에 문화유산 관련 행정을 문화재관리국으로 통합하고, 1962년 문화재보호법 등을 제정한 바 있다. 하지만 1960년대 말 이후로는 권위주의 정권의 장기 집권을 정당화하고 비판과 논란을 억압하기 위한 방편으로서 '전통문화' 담론이 더욱 적극적으로 활용되기 시작한다. 장기 집권의 정당화 담론에 적합한 과거의 기억들, 특히 국가주의와 군사주의를 합리화할 수 있는 기억들이 더욱 중점적으로 과거로부터 호출되어 나오게 된다. 그러한 호출의 과정은 이전까지 타자화된 대상으로 인식되지 못하던 문화적 요소들을 새롭게 '전통'이라 '호명', 혹은 '발명'하는 방식을 통해 이루어졌다.

우선, 박정희 정권은 국민국가의 역사와 유물을 체계적으로 정비·관리할 정책들을 마련하게 되는데, 1968년에는 문화공보부를 발족시켜 문화재 관리를 통괄하고, 1969년부터 1973년까지 문화재개발 5개년계획을 진행해 문화재의 발굴·보존에 대한 지원을 늘리게 된다.[15] 그리고 1974년에는 문예중흥 5개년계획을 수립해 1978년까지 다양한 '전통문화' 관련 사업을 진행하는데, 민족사관 정립, 민족예술 창조, 예술의 대중화 및 생활화, 문화예술의 국제교류 추진 등이 주요 목표였다.

이처럼 각종 제도 및 기구의 마련과 각종 사업의 전개를 진행하는 가운데 이순신과 같은 역사 영웅 되살리기 작업이나 발명된 전통무술인 태권도의 국기화(國技化)와 같은 것들은 박정희 정권의 군사주의적 성격과 관련이 있다. 특히 박정희 정권은 1968년 서울시 중심의 세종로에 이순신 동상을 세우고 화폐 도안에 이순신의 초상을 넣고, 또한 현충사를 대폭 확충해 성역화하는 등의 사업을 펼침으로써 이순신의 이미지를 통해 상무정신을 강조하고 덧붙여 자신의 친일 이미지를 희석시키려 했다.

또한 1968년 국민교육헌장 제정, 1970년 새마을운동 전개, 1973년 가정의례준칙 제정 등과 같이 박정희 정권이 교육과 일상생활 방면에서 진행한 다양한 국민화 프로젝트 사업 속에는 '충효사상'을 비롯한 다양한 유가적 전통 사상과 가치들이 결합되어 있었는데, 이는 박정희 정권의 국가주의적 동원의 정당화와 동질적 민족정체성 형성을 위한 중요한 담론의 역할을 했다. 즉 가부장적 질서와 가족의 확장으로서 국가, 그리고 국가의 아버지로서 지도자 등에 대한 담론들이 전통 사상과 가치들에서 그 근거를 빌려왔던 것이다.

    박정희 정권이 되살린 과거의 기억 역시 선별된 것이었다. 주로는 전근대 봉건왕조 시기의 기억들, 특히 전제적 지배질서를 유지하기 위한 유가사상과 가치, 그리고 지배계급의 유산이 많은 부분을 차지했다. 북한이 대륙에서와 마찬가지로 항일투쟁의 혁명전통을 내세우며 과거의 모든 봉건적, 제국주의적 유산을 부정하고 반전통의 방향으로 나아갔던 것과 대조를 이룬다. 물론 이처럼 북한에서 선택되었던 과거가 김일성과 노동당의 국가주의적 권위를 확립하려는 것이었다는 점에서 남한과는 좌우가 바뀐 거울에 비친 모습과 같은 것이었다.[16]

    이처럼 1960~70년대는 남한과 타이완의 자유진영, 그리고 북한과 대륙의 공산진영이 서로 다른 시기, 서로 다른 주체의 과거를 선별적으로 기억하고 이를 '전통'으로 되살려 자신들의 권위주의적 정권의 장기 집권을 정당화하고 국민국가적 정체성(사실은 반쪽짜리의 불완전한 것에 불과했던)을 확립하려 애쓴 시기였다. 이는 식민지에서 벗어나 독자적 국민국가의 정체성을 확립해 나가야 할 순간에 바로 전 세계적 차원에서 진행된 냉전과 그 냉전전략의 영향 아래 진행된 두 지역의 분단 고착화라는 상황을 맞이할 수밖에 없었던 시대적 결과라 할 수 있을 것이다. 또한 그런 의미에서 장제스 정권이나 박정희 정권이 내세웠던 '전통문화' 담론은 냉전적 '전통문화' 담론이라는 범주에서 벗어나기는 어려울 것이다.

1962년 충무공(忠武公) 탄신기념제에서 분향하는 박정희.

1973년 가정의례준칙 선포식.

1976년 율곡기념관을 방문한 박정희.

1966년 타이완에 방문해
장제스와 만난 박정희.

여기에 덧붙여 언급해 둘 것은 냉전이 만들어낸 모순과 갈등의 상황은 단지 진영 간에만 존재했던 것은 아니라는 점이다. 다시 말해, 진영 내부의 중심과 주변 사이의 모순과 갈등 역시 1960~70년대 남한과 타이완에서 '전통문화' 담론이 부상하는 데서 중요하게 작용했다.

이 시기는 이미 냉전이 정점을 지나 점차 데탕트의 조짐을 보이기 시작하던 시기로, 미국이 중국대륙과 관계를 개선할 움직임을 보이기 시작했고, 동남아시아에서 국지전 형태로 나타났던 열전이 교착상태에 빠지게 되면서 점차 미국이 동남아시아 전략을 실리주의에 따라 수정하려던 무렵이었다. 이는 곧 미국에 남한과 타이완의 전략적 지위의 변화를 의미했고, 이는 실제로 타이완에서는 융통성 없는 외교정책으로 인한 유엔 탈퇴와 외교적 고립이라는 상황으로, 남한에서는 일시적 남북 평화 분위기 조성과 미국과의 불협화음이라는 상황으로 나타나게 된다.

이처럼 미국이 남한과 타이완 두 권위주의 정권에 서구식 민주주의를 수용하도록 압력을 가하고, 이와 더불어 서구식 민주주의를 주장하는 민간의 자유주의 세력의 비판이 거세지던 당시 상황은 결국 이 두 정권이 더욱 '전통문화' 담론에 집착하고 적극적으로 나설 수밖에 없게 하는 중요한 요인이 되었다. 그런 의미에서도 이들의 '전통문화' 담론을 냉전적 '전통문화' 담론이라 할 수 있을 것이다. 이처럼 남한과 타이완 두 정권의 냉전적 '전통문화' 담론은 양날의 칼, 즉 공산진영에 맞선 칼날이면서, 자유 진영의 중심인 서구, 특히 미국에 맞서는 칼날의 역할도 했다.

나가며: 탈냉전시기의
'전통문화' 담론

미국의 입장에서 보았을 때, 1980년대 이후로 남한과 타이완 군사정권의 전략적 의미가 점차 상실되어 간다. 이와 함께 남한과 타이완에서 민주화운동이 발전함에 따라 1980년대가 되면서 이 두 군사정권은 모두 '워크아웃(Work out)' 되고 만다. 그리고 탈냉전과 자유화의 물결 속에 냉전시기 억압되고 배제되었던 저항 담론들이 점차 주도권을 장악하면서, 박정희 정권과 장제스 정권이 내세웠던 '전통문화' 담론과 국가주의적·군사주의적·반공주의적 국민정체성 역시 조금씩 의미를 잃어가기 시작했다.

1980년대 이후로 남한에서는 동학운동과 항일운동, 4·19혁명의 기억과 같은 민중의 혁명 전통 등에서 다른 대안적 전통을 찾고자 하는 담론들이 부각되기 시작했고, 타이완에서는 일제시기의 근대화 시기, 국민당 통치 이전의 과거, 산업화로 희생된 타이완 향토에 대한 기억 등이 대안적 전통 담론으로 부각되기 시작했다.[17] 이처럼 새롭게 대두되는 '소외되고 망각되었던 과거'에 대한 기억의 호출, 그리고 하나의 근대적인 동질적 정체성이 아닌 다성적(多聲的)이면서도 중층적인 정체성에 대한 탐색 작업은 새로운 탈냉전적 '전통문화' 담론의 가능성을 열어주고 있다.

하지만 한편으로 근대적 국민화 프로젝트 과정에 형성된 정체성 관련 담론들은 사라지지 않은 채, 지속적으로 우리의 기억 속에 남아 되살아나곤 한다. 냉전시기 그대로의 모습을 지닌 담론도 있고, 그 좌우만을 바꾼 채 거울 속의 또 다른 전도된 모습에 불과한 담론도 있지만, 이들은 동전의 양면처럼 마찬가지의 일국 중심적이면서도 본질주의적인(essentialism) 근대적 '전통문화' 담론이라는 점에서 크게 다르지 않다고 할 수 있다. 다시 말해서 '전통문화' 담론을 하나의 동질적 정체성을 강제하고 이를 정권의 정당화를 위한 담론으로 활용한다면, 전근대 과거에 대한 기억을 호출한 것이든, 근대 이후의 기억을 호출한 것이든 간에, 그것은 언제라도 제국주의적 혹은 폭력적·권위주의적 전체주의로 전화될 잠재적 가능성이 있는 일국 중심적인 근대적 민족주의 담론에 불과하다고 할 수 있다.

최근 천수이벤(陳水扁)이 이끄는 민진당(民進黨)이 집권하면서 타이완에서는 대륙으로부터의 분리 독립에 대한 주장이 급부상하고 있으며, 또한 일제의 식민지 통치를 긍정하는 식민지근대화론과 과거 장제스 국민당 정권의 '전통문화' 담론과는 다른 타이완만의 '전통문화' 담론들이 부각되고 있다. 이러한 변화에 대해 쩡젠민(曾健民)은 "포스트 냉전시기에 타이완에서 반(反)중국을 주요 목적으로 하는 분리주의 정권이 등장하는 것은 미국이 내심 바라던 바이고, 이들을 중국대륙을 상대하는 데 이용하고자 한다"라고 주장한다. 또한 그는 타이완 독립파의 담론 이면에 미국의 의도, 즉 분단과 봉쇄 정책을 통해 탈냉전시대에도 여전히 세계지배 전략을 유지하려는 미국의 제국주의적 의도가 작용하고 있음을 지적한다.

한편 대륙에서도 또한 냉전시기의 담론에서 탈피해 점차 자본주의적, 탈냉전적, 민족주의적 전통문화 담론으로 이동해 가는 모습을 보여준다. 이에 따라 중국 개혁·개방 시기 이후로 유가사상 같은 전통사상에 대한 재조명과 전근대 과거의 기억들에 대한 호출이 진행되면서 냉전시기 타이완의 '전통문화' 담론과 유사한 모습을 보여주기도 한다. 공산당 역시 항일 혁명전통과 계급 혁명전통, 그리고 제3세계 민족동맹보다는 화려했던 중화제국의 전통과 실리주의를 외치고 있다.

이처럼 최근 동아시아 국가 사이에서는 민족주의적 '전통문화' 담론들이 다시 급부상하는 중이다. 그 외양은 과거의 냉전시기와는 달라졌지만 편협한 일국 중심의 근대적 민족주의 담론의 속성에서 그리 멀리 벗어나 있어 보이지 않는다. 냉전시기 '전통문화' 담론과 상상된 민족정체성은 '전통'이라는 이름으로 '호명'되는 방식에 의해 과거의 기억(몸의 기억과 마음의 기억)으로 호출되어 나옴으로써 여전히 우리들 속에 이어져 오는 셈이다.

과거의 기억은 사실 동질적인 하나의 실체가 아니라, 매우 중층적이면서도 분열적이고 유동적인 무엇이다. 또한 한 나라, 한 민족, 한 지역에 한정된 폐쇄적인 그 무엇도 아니다. 하지만 그럼에도 근대적 이성은 하나만을 강요하고 나머지는 억압함으로써 근대적 자아정체성을 형성하도록 만들며, 그 속에서 양가성과 다양성, 이질성과 차이를 배제시킨다. 우리의 사고를 일정한 방식으로밖에 할 수 없게끔 하는 이 같은 담론의 질서, 담론화된 '전통'에서 벗어나는 유일한 방법은 그것이 담론임을 인식하는 것뿐이다. 탈냉전·탈근대를 위한 첫발은 바로 여기에서 시작할 수밖에 없을 것이다.

● 이 논문은 《중국어문학논집》 제43호(2007년 4월)에 실린 글을 일부 수정해 전재한 것임을 밝힌다.

● 윤영도
2005년 연세대학교 중어중문학과에서 〈中國 近代 初期 西學 翻譯 硏究:《萬國公法》翻譯 事例를 중심으로〉로 박사학위를 받았으며, 현재 성공회대학교 동아시아연구소의 연구교수로 재직 중이다. 최근에는 중국 및 동아시아 국가에서의 근대 국민-국가 담론의 형성과정에 대한 연구 및 이와 관련된 문학, 사상 및 문화 텍스트에 대한 분석을 진행하고 있다. 그간의 연구 성과물로는 중국 지역문화론에 관한 번역서인 《중국의 경제 지리를 읽는다》(2005)을 비롯해, 〈《大同書》에 대한 알레고리적 해석〉, 〈19세기 중엽 관립 번역기구와 근대 언어공간의 형성〉, 〈2차 세계대전 후 남한과 대만(臺灣)의 국립대학의 초기 형성 연구〉 등의 논문이 있다.
ycyyd@skhu.ac.kr

부록 : 1960~70년대 남한 및 타이완의 문화 관련 정책 연대표

연도	남한	타이완	비고
1961	- 문화유산 관련 행정을 문화재관리국으로 통합		
1962	- 문화재보호법 제정		
1964		- 中山기념관 착공 (1972년 완공)	
1966	- 현충사 중건, 기념관 신축 - 《세종실록》 국역 사업 - 민족문화 애호 관련 문교부 교육정책 수립(연도별 장학방침은 1963년 '인간개조', 1964년 '국민도의 확립을 위한 자주자립정신의 확립', 1966년은 '민족문화 애호사상을 고취' 하는 '민족주체성의 확립', 1967년과 1968년은 '자주 자립정신을 함양' 하는 '민족주체성의 확립' 이었다. (전재호, 165쪽)	- 중화문화부흥운동 제안 (11월. 장제스가 중화문화당 낙성식에서)	대륙: 문화대혁명 (8월 8일. 중국공산당 중앙위원회에서 마오쩌둥이 '프롤레타리아 문화대혁명에 관한 결정안 16개조'를 발표함으로써 본격적인 문화대혁명이 시작)
1967		- 중화문화부흥운동추진 위원회 발기 및 성립(7월28일) - 중화문화부흥청년실천 운동(청년생활규범 30조 제정, 이후 국민생활수칙 99조 제정)	
1968	- 한글전용정책 실시 - 세종로 이순신 동상 (4월 27일. 친일이미지 희석, 상무정신 강조를 목적으로 함) - 문화공보부 발족(7월 28일. 공보부에 문화재관리국과 국립박물관을 합침) - 국민교육헌장 제정 공포 (12월 5일. 국가주의, 군사주의, 반공주의를	- 9년 국민의무교육 실시 (생활교육, 공민교육, 윤리도덕교육, 과학교육, 국어문교육, 예술활동교육, 체육교육, 시사교육 등을 강화)	

	민족주의와 결합 공식화. 전국 학생, 공무원에게 암송토록 함)		
1969	−문화재개발 5개년계획 −3선개헌		
1970	−새마을운동(4월 22일) −한글날을 국경일로 함 −이순신 화폐 도안 도입 (이승만 정권하에서 이승만 초상 일색이던 화폐에서 1958년 이순신과 거북선이 잠시 50환권에 등장. 1960년 8월 15일에 4·19 이후로 이승만이 사라진 대신 세종대왕이 화폐에 등장하기 시작. 1970년에 100원화에, 1973년에 500원권에 이순신 도안이 등장)	−국민예의범례 99조 공포 시행	북한: 주체사상 (노동당 제5차 대회에서 이를 규정화. 북한의 사회주의 혁명과 건설에서의 주체 확립을 뜻함)
1971	−대통령선거와 비상사태 선포 −발명된 전통무술 태권도의 국기 인정		타이완: 중화민국 (타이완)의 UN 탈퇴
1972	−유신헌법 통과 −유신교육정책 시행(주체적인 민족사관 정립, 충효교육)		
1973	−한국민속촌 설립(5월 8일. 1974년 완공) −가정의례준칙 제정(5월17일. 허례의식 일소, 의식절차의 합리화, 건전사회기풍 진작)		
1974	−1차 문예중흥5개년 계획		
1975	−세종문화회관으로 명명		타이완: 장제스 사망 베트남: 전쟁 종결
1976		−中正기념당 건립 기공식 (10월 31일. 1980년 대외 공식 개방) −화폐에 장제스 도안 등장 (이전까지 화폐 도안에는 모두 쑨원)	대륙: 마오쩌둥 사망, 문화대혁명 종결
1978	−한국정신문화연구원 개원		

동아시아에서 사회주의 인민의 표상

— 1970년대 리영희의 중국 논의를 중심으로

글 · 박자영

들어가며

2006년 가을 한국에서는 때아니게 '잊혀진' 논객인 리영희 논쟁이 일었다.[1] 1970년대 리영희에게서 사상적 세례를 받았음을 자처하는 '뉴라이트'와 '중도파' 학자들이 포스트냉전 시대에 리영희의 묵은 논의를 끄집어내어 비판하는 시대착오적인 살부(殺父) 의식을 행했던 것이다.[2] 이에 대한 반론이 즉각 제기되는 등 논쟁은 순식간에 확산되었다.[3] 그런데 리영희 평가를 둘러싼 2006년의 논쟁은 포스트냉전 시기 한국에서 1970년대 이후 진보적 경향으로 기운 사상의 역사를 다시 써서 이 패러다임을 역전시키려는 '우파'의 공세가 노골적으로 이루어지는 상황과 관련된다.[4] 리영희 전집의 출간[5]을 전후해 전개되었던 리영희 논쟁은 냉전시대의 윤리와 문화의 형세가 어떠했으며, 이것이 어떤 의미를 지녔는지를 오늘날에도 되짚어 봐야 할 필요성을 상기시켜 주었다.

2006년의 이른바 '뉴라이트'가 제기하는 리영희 논의의 문제점 가운데 하나는, 1970년대 그의 글이 '좌편향적'이며 중국 사회주의를 '우상'화 했다는 점이다. 한 논자는 "냉전 반공주의의 음험한 본질과 은폐된 작동기제를 폭로"하는 동시에 사회주의의 문제점을 지적하는 시각이 '겸비'되었어야 했다면서, 리영희에게 양비론적 시각을 요구했다.[6] 중국 사회주의 현실을 둘러싼 사실의 왜곡 여부를 따지는 듯한 비판은 그러나 1970년대 냉전기 한국 현실의 맥락을 소거시킨 채 30여 년이라는 시간을 건너뛰어 한참이나 뒤늦게 잘못 도착한 문제 제기다. 리영희 비판론은 당시에 리영희의 책을 읽었을 때 받았던 충격과 의미를 간단하게 되짚으면서 일면적으로 그 가치를 긍정하지만, 실질적으로는 책이 생산된 조건과 맥락을 외면하며 문제를 현실 맥락에서 떼내어 탈역사화했다. 그런데 리영희 옹호론도 그 정당성을 역설하는 데에서 논의를 멈춘 채 역사화하지 못하기는 마찬가지였다. 리영희에 관한 비판과 옹호 양편의 논자들은 '충격'의 시절에서 멈춰서서 더는 시간을 진전시키지 못한 것으로 보인다. 이렇게 리영희의 사회주의론을 30여 년이 지나도록 본격적인 역사적 '분석'의 대상으로 올리지 못하고 있는 상황이야말로 오히려 그의 논의가 끼친 영향의 깊이를 방증하는 것일 터이다.

그렇다면, 1970년대 리영희의 사회주의 중국과 중국 인민 논의는 어떤 맥락에서 제기되었는가. 사회주의 인민에 대한 진보적인 논의들은 당시 사회적·문화적 맥락에서 어떻게 형성되고 전개되었는가. 이는 당시에 강력한 영향력을 행사했던 관방(官方)과 주류 미디어에서 일상적으로 재현되는 사회주의 인민의 표상과 짝 지어서 살펴볼 작업이다. 다만, 이글에서는 주류 미디어에서 재현되는 사회주의 인민에 대한 문제는, 리영희의 관련 논의와 어떻게 경합했는지를 살펴보는 차원에서 다루어지며 지면 관계상 본격적으로 검토하지 못함을 미리 밝힌다. 그래서 이 글의 초점은 주류 미디어의 사회주의 인민 표상과 다르게 상상한 중국 및 중국 인민의 표상 문제에 맞추고자 한다. 이와 관련해서는, 미국의 반공주의 선전은 단순하게 이루어지지 않았으며 미국 대중과 미국 제도 및 공산주의 위협론 등과 적절하게 결합해 복합적 상호관계를 맺으면서 전개되었다는 사실을 밝힌 신시아 헨더샷(Cynthia Hendershot)의 논의가 한국의 관방과 주류 미디어의 논의에서도 유사하게 적용될 수 있다는 점만 지적하고 넘어가자.[7]

이 글은 국지적으로는 냉전상태가 엄존하면서 국제적으로는 '데탕트'가 교차하는 1970년대에 쓰인 리영희의 중국 논의 글에 초점을 맞춘다. 이러한 국제정세의 '전환'기에 한국에서 사회주의 중국과 중국 인민이 어떻게 표상되었는지를 검토하는 작업은 한국의 냉전문화/문화냉전의 구도와 작동기제를 살펴보는 작업과 관련해 중요성을 지닌다. 탈냉전 시대에도 냉전적 사고가 여전한 동아시아의 자본주의 분단국인 한국에서 사회주의 인민이 어떻게 상상되고 재현되는지를 살펴보는 작업은 일국 내에서 교차하고 아시아를 가로지르며 각축하는 사회주의 인민의 표상 및 그 정치에 대해 논의할 수 있는 기틀을 마련해 줄 수 있기 때문이다.[8] 본론에서는 우선 1970년대 리영희의 글쓰기 및 논의가 갖는 형식(form)과, 이것이 작동시킨 정치(politics)에 대해 검토한다. 그동안 저널리스트이자 중국학 연구자로서 리영희의 글이 당대에 지니는 '의미'에 대해서는 상당한 논의가 진행되었다.[9] 그런데 인터뷰와 본격논문을 통해 전개된 리영희론은 주로 계몽적이고 실천적인 차원에서 그 의미를 밝혀내는 데 치중했다. 리영희의 글이 현실적 실천의 일환으로 쓰인 것은 분명하지만, 리영희론에서 논의 대상은 주로 리영희 글이 직접 겨냥하고 드러냈던 실천적인 의미와 영향에 맞추어졌다. 그러나 리영희의 글을 역사화하는 작업은 그의 글에서 직접 드러난 내용뿐만 아니라 드러나지 않은 맥락, 언어, 의미를 복원한다는 것을 뜻한다. 그의 글은 1970년대 한국의 현실적·문화적 자장 안에 위치하면서 이 틀 안에서 이 틀을 전복하는 힘을 획득했다. 이 글은 전복하는 힘이 어떤 영향을 미쳤는지 그 결과에 주목하기보다 그 힘이 어떻게, 어디서 획득되었는지 그 작동과정에 주목한다.

무엇보다 이 글은 리영희의 실천이 글이라는 방식으로 이루어졌다는 점에 주목해 그의 글이 어떤 '방식'으로 서술되었으며 리영희가 어떤 '언어'를 어떻게, 왜 그렇게 구사했는지에 초점을 맞춘다. 본론인 2장에서는 '가설'임을 표 나게 내세운 리영희의 중국 사회주의 서술의 특징을 당시의 관방과 주류 언론의 반공주의 언설이 구성한 냉전문화적인 맥락 속에서 위치 지우면서 이 발언의 의미를 새로운 각도에서 살펴본다. 3장에서는 리영희의 사회주의 중국 논의에서 두드러진 보고와 관찰의 언어에 주목하면서 이러한 언어가 왜 선택되었으며, 어떻게 기능했고, 사회적·역사적으로 어떤 의미를 지녔는지 검토한다. 4장에서는 그의 글쓰기와 사고에서 도드라진 여행기 및 번역 작업이 어떻게, 왜 전개되었는지를 논의한다. 이러한 논의를 통해 이 글은 사회주의 중국을 중심으로 서술된 리영희의 언어와 실천이 한국 내에서 유포되던 냉전체제의 언어 및 문화, 사고방식과 정확하게 '대치'하고 있었으며 그 냉전체제의 문화 등의 '한계'를 적시하면서 냉전체제의 언어와 문화가 설정한 경계를 '넘나드는' 실천을 수행했다는 점을 주장하고자 한다. 사회주의 중국 인민은 이러한 실천 속에서 '표상'으로서 중요한 역할을 했다는 점이 주요하게 밝혀질 것이다.

가설의 정치학

1974년에 출간된 리영희의 《전환시대의 논리》의 머리말에는 독특한 표현이 눈에 띈다. 10여 년에 걸쳐 쓴 논문을 엮어내면서 저자는 이 책이 "'가설의 해설서'에 지나지 않는다"는, 사회과학 논문집의 저자로서는 다소 파격적인 표현을 한다. 그의 논의를 액면 그대로 '사실'이 아니라 순전한 '가설'의 '해설서'로 받아들여야 할까.

> "지동설을 증명한 코페르니쿠스의 《천체의 회전에 관하여》라는 책의 출판을 위탁 맡은 신학자 오리안더는…… 그 책을 '사실'로서가 아니라 '가설'이라는 궤변을 서문에 삽입하여 출판했다. 어느 시대에도 궤변은 필요하다…… 이 사회를 '정치적 신학'의 도그마가 지배하는 날까지는 가설인 것으로 나는 만족한다는 것이다…… 진정한 사회과학이 성립하기 힘든 제반조건 속에서 나는 특히 중국 문제에 관해서 '해설자' 이상을 자처해본 일이 없다. 10여 년에 걸쳐서 쓴 논문의 일부를 모은 이 선집은 그런 뜻에서 '가설의 해설서'에 지나지 않는다."[10]

머리말의 '가설' 발언은, 가설이 '사실'로 드러날 것이라는 확신에서 나온 것이기도 하다. 그렇지만, '사실'을 '사실임'을 입증하는 데 주력하지 않고 '가설'이라고 인정하고 이를 대담하게 제안하는 것은 적극적으로 해석할 필요가 있다. 그러니까 이 가설론은 리영희가 비판하려는 현실구조의 핵심을 표현한 말로 새롭게 이해되어야 한다. 이는 당시 관방의 반공주의 담론의 성격을 정확하게 겨냥하면서 우회적으로 드러내는 표현이다. 다시 말해, 자신의 중국 논의가 가설임을 부각시키는 논리는 그 대척점에 있는 관방의 반공주의와 그 속의 중국 논의가 '가설'임을 에둘러서 폭로하는 방식이다.

가설임을 전제하고 쓰는 기사/논문이라는 역설적 표현의 상황은, 이 텍스트가 생산된 현실과 맥락을 더없이 적절하게 드러내준다. 주류 언론이 검증된 바 없는 '공산주의 적'에 대한 가설을 확고부동한 사실로 유포하고 이 가설이 개인의 신체와 심리를 지배하는 현실에서, 이러한 현실을 배경으로 한 모든 기사는 가설일 수밖에 없다. 이는 진실에 대한 추구와 입증이 봉쇄된 상황에서 자신의 주장이 신실이라고 웅변함으로써 이 봉쇄된 상황을 돌파할 수 있다고 믿는 방식과는 다른 실천 경로다. '보편적인' 사회인식이 가설임을 주장하는 논리는 그 자신의 논리 또한 가설이라고 '표명'하는 것에서 출발한다. 이로써 이 전도된 거울상의 조건은 진실 추구가 봉쇄된 현실과 대결하게 된다. 자신의 글이 가설임을 과감하게 주장하는 것은 이러한 현실을 충격적으로 드러내주며 전도된 현실을 전복하는 행위다. 이러한 현실을 인정하고 확인하는 것에서 "냉전시대의 신화, 우상, 권위의 실태를 묻는 회의"가 출발한다.[11]

론 로빈(Ron Robin)은 소문으로서의 적(enemy-as-rumor)이 냉전기 국가정책과 군사전략의 핵심이었다고 지적한다. 소문으로서의 적은 불확실성의 문제를 해소하고 기본적으로 텅 빈 정보를 보상하면서 파악 불가능한 혼돈의 세계를 익숙한 형식으로 재구성한다. 적의 이미지는 파편화된 정보와 불순한 가설이 불균등하게 혼합되어 구성되는데, 이렇게 이루어진 소문은 원거리의 적을 현재하는 확실한 위험으로 적절하게 전환시키는 데 사용된다. 이러한 기제를 통해 적의 사악한 면이 담론세계에 부상되며 공유된 가정(假定)이 사회에 보편화되는 과정을 거치는 것이다.[12]

리영희의 '가설'론은 로빈이 지적한 소문으로서의 적이라는 냉전기 여론전략의 성격을 그대로 드러내는 발상이다. 이 발상은 더없이 허구적인 현실을 시야 위로 부상시키는 기능을 한다. 이는《전환시대의 논리》의 첫 번째 글인〈강요된 권위와 언론자유: 베트남 전쟁을 중심으로〉의 도입에서 리영희가 '벌거벗은 임금님' 우화를 거론하는 지점에서도 잘 드러난다. 베트남전 정책에 대한 미국 정부의 비밀문서를 폭로 보도한《뉴욕타임스》지 재판사건을 다룬 이 글은 이 사건에서 벌거벗은 임금님 우화가 해석되는 방식에 문제를 제기한다. 리영희는, 이 우화가 용감한 소년의 영웅담이거나 진실은 밝혀지게 마련이라는 인간생활의 진리를 설파하려는 데 목적이 있는 게 아니라고 본다. 이 우화에서 더없이 중요한 대목은 벌거벗은 임금이라는 진실이 은폐되고 거짓이 작동되는, '우화를 구성하는 과정'에 있다는 새로운 해석을 제시한다.[13] 리영희의 글은 이 재판사건을 뒤따라가면서 냉전의 구조와 냉전 의식 및 심리가 어떻게 구성되었으며 또 어떻게 은폐되었는지 등 가설의 세계와 가설이 구성되는 과정에 초점을 맞춘다. 이러한 '우화' 혹은 '가설'이라는 논리를 끌어들임으로써, 리영희는 냉전의 논리와 그 문화가 '사실' 수준이 아니라 '가설'과 '픽션' 혹은 '소문'에 기반을 두고 구성되었다는 점을 드러낸다. 곧 이러한 관방의 정책과 전략이 정치의 수준에서 관철되는 것만이 아니라 개인의 신체와 심리에 각인되어 문화적으로 구성되었다는 점에 주목한 것이다.[14] 이는 개인의 삶과 사상을 통어(統御)한다는 점에서 심각한 영향과 파급력을 지닌다.

리영희는 '냉전' 혹은 '반공'이 영원한 진리가 아니라 세계를 틀 지우는 '가설'에 불과하다는 점을 포착함으로써 허구로 치장한 세계의 맨얼굴과 대면할 수 있었다. 그리고 가설임을 표 나게 내세우면서 이에 맞서는 또 다른 논리로 중국 사회주의 사상과 현실을 불러올 수 있었다. 다시 말하면,

세계의 가설성이라는 냉전체제의 구성원리를 밝혀냄으로써 새로운 논의를 도모할 틀을 구축했던 것이다. 이는 냉전기 세계의 구성원리를 밝힌 것이자 이를 횡단하는 논리의 발명으로 이끈 중요한 개념이라 할 수 있다.

관찰하는 언어의 역능

리영희의 글에서 냉전기 한국을 둘러싼 언어 및 세계가 허구이고 가상임을 드러내는 방식으로 택한 가설이 주관적인 판단이나 비유적인 언어가 아니라 상대적으로 객관적인 '관찰'의 언어로 채워졌다는 특징은 의미심장하다. 이는 주류 언론과 관방이 구사하는 감정적이고 비유적인 냉전언어와 대치하는, 의도적이고 대항적인 선택이다. 이는 논리적이고 이성적인 언어를 선택함으로써 주류 언론과 관방의 언어와 대치하면서 냉전언어가 구성한 현실을 전복하는 효과를 겨냥하는 시도로 해석할 수 있다. 가령, 냉전체제가 개인에게 미친 폐해를 서술하는 〈조건반사의 토끼〉의 다음과 같은 구절을 보자.

"우리들의 인식론적 기능은 냉전사상과 체제 속에서 조건반사의 토끼가 되어버린 감이 있다. 예로 '중공'이라는 용어는 즉각적으로 '기아' '괴뢰' '피골상접' '야만' '무과학' '반란' '정권타도' '침략' '호전' 등의 냉전용어와 그것이 담고 있는 그와 같은 관념을 우리에게 일으켰다. 우리는 강요된 조건반사의 토끼가 되어 있다. 예로 든 중공이 그런지 안 그런지 알 길이 없다."[15]

관방과 주류 언론의 언어가 별다른 근거 없는 감성적이며 비사실적이라는 점이 부각되면서 이 언어에 대한 신뢰도에 균열이 일며 종국적으로 이 언어가 구성하는 세계는 의문에 부쳐진다. 리영희는 이러한 관방의 언어와 대조적으로 '보고(공식문서)'와 '관찰'의 형식을 통해 사회주의 현실을 묘사하는 길을 선택한다. 리영희는 장제스(蔣介石)의 시대를 검토하는 논문(《권력의 역사와 민중의 역사: 장개석 시대(1926~1949)》)에서 '편견'과 '선입견'을 배제하기 위해 "장개석과 모택동의 개인적 주장이나 저서는 다 같이 인용하지 않"으며 "가능한 한 광범위한 제3자적 관찰과 공식문서를 토대로 하는 것이 좋겠다"[16]고 밝힌다. 리영희가 이 논문에서 대량 인용한 것은 바로 1949년 8월 미국 정부가 발표한, 중국정세의 종합보고 형식의 문서집인 《중국백서》다. 《중국백서》는 1984년 리영희에 의해 번역되어 출간되는데,[17] 리영희는 이 책의 출간 배경에 대해 훗날의 대담집에서 다음과 같이 구술한다.

> "이것[《중국백서》]을 내놓으면 우리 국내에서 중국 공산주의자가 인민들을 강압하고 피로 숙청하는 극악한 무리들이라는 남한에서의 세계 공산주의에 대한, 왜곡된 인식을 바로잡을 수 있겠다고 생각했지요. 내 얘기는 한마디도 안 넣고 오로지 미국 정부의 극비문서만 가지고 얘기한 겁니다."[18]

여기에서 관찰은 고정관념과 선입견을 벗어나게 하는 주요한 힘이다. 가설의 언어로 그 가설성을 와해해 진리로 나아가는 행위로써의 관찰의 언어가 분명하게 선택된 것이다. 이에 따라서 실제로 리영희의 중국 사회주의론도 일반인의 기억과 상당히 다른 형태를 띠게 된다. 일반적으로 기억하거나 생각하는 것과 달리, 중국 사회주의에 대한 리영희의 서술은 일방적으로 자신의 논지를 피력하는 방식으로 진행되지 않았다. 그의 글쓰기는 관방(官方)과 비관방(非官方)이라는 상이한 두 시선을 제시하면서 이 비교 속에서 독자가 판단할 공간을 개방했던 지점에서 의미를 지닌다.[19]

그런데 관찰의 언어는 객관적 입장을 호소하기 위해서만 동원되는 것이 아니다. 리영희의 '가설'을 채우는 관찰의 언어는 주류 언론의 선전에 의해 형성된 고정관념과 더불어 이를 깨뜨리는 새로운 '시선'을 동반한다. 중국 사회주의에 대한 시각의 조정을 요구하는 초기의 중요한 글인 〈대륙 중국에 대한 시각조정: 중국본토사회의 실제와 판단〉(1971)은 '기적'과 '파멸'이라는 두 대립적 관점 '사이'에서 '중국을 살펴보는 자세'를 요구한다.[20] 이 속에서 사회주의 중국에 대한 고정관념을 고착시키던 관방과 주류 언론의 중국관(중국의 고립정책, 대륙 정부의 비합법성, 문화대혁명의 파탄, 마오쩌둥 숭배의 비합리성, 강제노동수용소, 마오쩌둥사상 비판 등)이 미국의 일방적 관점만 수용한 것이며, 현지(중국)에서 보았을 때 다른 맥락에서 수용되고 있다는 사정을 밝혀준다. 그런데 특기할 만한 것은 이때 중국의 사회주의 묘사가 결코 일방적 관점으로 전달되지도 않고 또 고평(高評)되지도 않는다는 점이다. 긍정적 관점과 부정적 관점을 동시에 전달하면서 관찰이라는 행위의 주체를 필자에서 독자에게 이전시켜 새롭게 수립한다.

> "여기서는 최근 갑자기 우리들의 관심을 끌게 된 중공과 세계 각국의 급변하는 관계 변화, 중공의 대외정책 또는 사회 각 분야의 세밀한 해부학적 기술은 피하기로 한다. 중공사회의 여러 분야에 걸친 그와 같은 연구는 긍정적인 방향에서건 부정적인 방향에서건 이미 우리 신문이나 잡지에서도 낡은 것이 되었을

만큼 빈번히 다루어졌기 때문이다. 따라서 여기서는 중국본토 사회를 밖에서 들어가 살펴보는 식으로 우선 들어가는 문제부터 시작하여 그 사회의 낯선 몇 가지 독특한 행동과 사상을 검토하면서 그 사회를 파악해 보는 방법을 택하기로 한다. 이 지상 여행은 어디까지나 대표적인 측면을 골라 그에 대한 긍정, 부정의 여러 가지 엇갈린 견해와 평가를 들면서 '어떻게 보아야 할 것인가' 하는 문제를 독자에게 제기하는 정도에 그치려고 한다."[21]

이를테면, 리영희는 독자에게 일방적 시선을 강요한 것이 아니라 관찰의 시각을 보유하고 개진할 공간을 제공했다고 해야 할 것이다. 상이한 대표적 견해를 제시함으로써 기존의 사고를 재고하고 역전시킬 시간을 독자에게 부여하는 것이다. 이는 개인의 사고를 정지시키고 마비시키는 냉전 체제의 논리 및 언어와는 상이한 실천이다. 개인에게 체제와 그 너머에 대해 생각하는 것이 허용되지 않던 때, 폐쇄되고 봉쇄된 사고와 사상을 개방시키고 사고와 사상을 개진할 새로운 상상의 공간을 제시했던 것이다. 리영희의 사회주의론은 당시 지배적이고 주류적인 사고와 상상의 경로를 변경시키고 확장시키며, 또 이 경계 너머로 사고를 수행할 주체를 구성했다는 점에서 중요한 의미를 지닌다.

이러한 관찰과 보고의 관점은 언명으로 그치지 않고 구체적인 분석에서 견지된다.[22] 현재 리영희 논쟁에서 논란이 되는, 중국 사회주의론의 중심에 서 있는 문화대혁명(이하 문혁) 평가에서도 통념과는 달리 리영희는 독단적인 시선을 제시하지 않았다. 문혁을 일방적으로 비판하는 언론보도가 넘치는 현실에서 리영희는 문혁이 의도했던 바와 중국과 중국 인민의 관점만을 제시하는 것이 아니라 이를 주류 언론의 관점과 함께 제시해 문혁을 '개별'적으로 볼('포인트 오브 뷰') 판단의 기회를 제공하고 있다.

> "하물며 문화를 달리하고 동·서의 양(洋)을 격하여 정치, 경제적으로 완전히 이질적인 체제하의 특파원이나 관광객이 중공사회의 변화를 보고 느끼는 시각과 결론은 같을 수가 없다. 그러기에 중공이라는 거대한 사회와 국가와 국민의 현실을 종합적으로 일반화하려는 시도는 무의미하고 또 무익하겠다. 차라리 그 속에 들어가 직면하게 되는 몇 가지 분야에서 전형적인 가치관을 골라 상이한 평가와 견해를 통해서 어떤 포인트 오브 뷰 같은 것을 가져보려고 시도함이 유익할 것으로 생각된다."[23]

상이한 두 견해를 제시해 독자에게 판단을 맡기는 서술방식은 문혁기 중국에서 전문가의 권위주의를 깨는 것을 목적으로 진행되었던 '하방(下放)'정책에 대한 다음과 같은 서술에서 대표적으로 드러난다. 확정되지 않는 관찰의 언어는 여기에서도 관철되며 미확정의 관찰의 언어는 '회의(懷疑)'의 지대에까지 확장된다. 여기에서 하방정책은 일방적으로 옹호되지 않는다. 오히려 문혁의 주요 정책 중 하나인 하방정책이 실질적으로 목적한 효과를 거둘 수 없지 않은가, 하는 질문을 제기한다. 그리고 하방정책을 옹호하는 사회주의 중국의 논리는 '주장'의 형태로 제시된다.

> "이렇게까지 해서 이루어지는 특권화, 관료주의화의 타파가 실제로 사상적 향상만큼 생산적 향상에도 도움이 되겠는가 하는 것을 회의하는 견해가 강하다. 그러나 중공에서는 소련의 흑심

한 관료주의화의 폐단에서 교훈을 얻었다고 주장한다."[24]

이렇듯, 관찰의 시선은 더 나아가 회의의 형태로 발전한다. 무엇보다 '회의'는 대립적 견해를 검토하는 데서 빠질 수 없는 시선이다. 최종 판단을 언표하지 않는 관찰의 언어는 회의의 시선으로 영역을 확장하며 신중을 거듭한 태도로써 판단의 자리를 독자에게 내어준다. 중국 사회주의와 관련해 서술된 '가설'의 세계는 관찰의 언어와, 판단을 강요하지 않는 관찰을 극대화한 회의의 시선으로 기존의 가치를 전복할 힘을 생성한다. 이는 판단의 주체를 새롭게 구축하는 데 소용된다. 그리고 리영희의 글은 이 새로운 주체에게 양극단으로 열려 있는, 관찰할 자료를 최대한 가감 없이 제공하는 데 목적을 둔다. 관찰이란 가설의 세계에서 이 한계를 극복할 새로운 주체를 생성하고 이 주체들이 활동할 공간을 개방하는 데 목적이 있는 행동인 것이다. 이는 다른 때보다 상호 이해와 인식이 가로막힌 냉전기에 더 없이 필요하면서 유력한 행위다.

번역 실천이라는 문제

관찰로 가설성이라는 냉전체제의 핵심을 들추어내고 그 바깥을 궁구하는 리영희의 글쓰기 실천은 사회주의 중국에 대한 이성적, 분석적 접근을 통해 유력한 힘을 획득했다. 그러나 한편, 리영희 논의의 실천성은 냉전언어와 달리 관찰의 공간을 독자에게 개방함으로써 획득한 주체 구축의 힘에서 발원한 것이기도 했다. 이러한 글쓰기의 원리는 '대화'라는 언표와 '번역'이라는 실천으로 발전한다. 이것이

《전환시대의 논리》 이후 1977년에 두 번째로 출간한 저서에 문혁기 중국을 관찰한 외국인의 기록을 번역한 책을 8억인과의 '대화'라고 이름 붙인 이유인데, 이는 표면적인 의미로만 머물지 않는다.[25] 일방적인 주장을 '전달'하는 것이 아니라 사례들을 제시해 독자가 사례를 통해 선택하고 판단하도록 하는 독자의 독서 실천을 '대화'라는 방법으로 사고하는 것이다. 이는 관찰과 회의의 시선을 유지하는 글에서 유력하게 독자에게 제공되는 사유의 공간이며 실천이다. 그리고 이는 ― 캐나다의 정치학자 애나톨 래퍼포트(Anatol Rapoport)가 1960년대 썼던 '적'이라는 표현을 잠정적으로 사용하자면 ― '적이 무엇을 할 수 있는가(what the enemy can do)'에 관심을 두는 관방의 냉전인식과 달리 '적이 무엇을 하고자 하는가(what the enemy wants to do)'를 탐색하는 시선이라 할 수 있다.[26]

그리고 리영희가 이러한 대화로써 독자와 소통하려는 사회주의 중국은 추상적 논리나 언설이 아니라 여행기 번역이라는 형식을 통해 보고 느낀 구체적 삶의 현장으로서의 중국이다. 보다 직접적으로 소통하고자 하고 이를 매개하려는 의도가 사회주의 중국을 편력한 여행기의 번역으로 이끈 원동력으로 자리한다. 냉전체제라는 '가설'을 구성하는 중요한 행위자였던 체제와 그 시각의 문제는 인민의 현실이라는 구체성을 확보함으로써 내파된다. 중국의 사회주의혁명의 합법성을 부정하는 한국 관방의 언어에 대한 다음과 같은 언급은, 인민의 삶과 연관된 '구체성'의 언어야말로 현상적 인식의 틀을 딛고 설 수 있는 역능이 있음을 리영희가 인지한 대표적 구절이라 할 수 있다. 이에 비해, 관방의 언어는 직접적이지만 추상적이었다. 관방은 직접적인 단정 속에서 실상을 묘사하는 것과는 무관한 공허하고 추상적인 언어를 사용했다는 점이 리영희의 언어 속에서 내조적으로 드러난다.

"혁명에 '합법성' 여부의 시비 자체가 우스운 일이지만 하여간 시비는 지금도 그치지 않는다…… 현 중공정권 지도자들이 어떤 신념과 희생과 행동으로 방대한 영토와 인민을 통일하게 되었는가의 긴 세월의 투쟁과정을 알기 위해서는 대립적 신화의 어느 한쪽 신자들의 말만으로는 부적당하다. 중국의 역사를 알아야 하고 그 속에서 수천 년을 두고 빈곤과 억압만을 알고 살아 내려온 중국 인민의 생활상을 살펴봐야 이에 대한 해답이 나올 수 있다."[27]

이는 사회주의 중국을 철학적으로 접근한 1960, 70년대의 '중공' 관련 논문[28]과 마르크스 레닌 혹은 마오쩌둥의 '원전' 탐독으로 직진했던 1980년대의 글들에서 도드라진 추상적인 논리들[29]과는 거리를 두는 실천이다. 이런 점에서 리영희가 사회주의 중국을 소개하는 작업에서 여행기 소개나 번역에 몸을 실은 이유를 짐작할 수 있다. 이는 관방의 냉전언어가 불확실한 사실을 감추고 장식했던 추상적 논리의 문제성을 직접성의 언어로 못 박아두는 작업이다. 어쨌든 관찰은 분석적 언어가 주조를 이룰 수밖에 없다. 냉전세계라는 입증되지 않았으나 '신뢰'되는 가설을 깨는 데에는 관찰적 시선으로도 전복적인 힘을 갖지만, 관찰의 시선만으로 가설의 세계를 넘어서기에는 불충분한 면이 있다. 왜냐하면, 사회주의체제 자체가 냉전기에 엄격한 이성적 논리로 접근하기에는 알려진 바도 적으며 빈 구멍이 많은 가려진 사회이기 때문이다.[30] 사회주의 중국을 편력한 여행기를 번역 출간하는 것은, 논리적 이성으로 설명하기에는 한계가 있는 이곳 너머의 현실에 접근하고 구체적 실감을 부여하기 위해 관찰의 시선을 체화한 작업에 다름 아니다.

리영희가 반공법으로 구속·수감되는 빌미가 된 《8억인과의 대화》는 미국과 일본의 지식인이 문혁의 고조기가 지난 다음의 중국 여행기이자 방문기를 번역 수록하고 있다. 리영희는 여행기 번역을 기획한 의도를 다음과 같이 서술한다.

"여기에 수록한 24편의 글은, 한마디로 말해서 중국 민중의 '나날을 살고 있는 모습'을 묘사한 것이다. 이데올로기, 권력, 정치, 혁명, 선전 등에 관한 것이나 특히 '이론'이라는 것은 하나도 없다. 그저 기행문을 읽듯이 가볍게 읽으면 중국의 백성들 속에 들어가 목격하는 것과 같은 느낌을 갖게 되는 그런 것이다…… 우리가 여태까지 중국에 관한 것이라는 온갖 '이론'을 읽고 듣고 하였으면서도 읽고 들을수록 더 몰라지는 듯 느낀 것은 바로 그것들이 인간을 뺀 이론뿐이었기 때문이라고 생각한다."[31]

방문기 혹은 여행기가 드러내는 직접성의 세계는 추상적 논리가 구사되는 세계가 아니며 살아 있는 인민의 삶과 생각이 투사되는 경험의 세계다. 방법론으로서 관찰의 가장 구체적이고 직접적인 형태가 여행기의 번역이라 할 수 있겠다. 이는 중국 인민의 입장을 논리적으로 설명하는 것이 아니라 경험적으로 서술하는 가장 구체적이고 직접적인 형태이기 때문이다. 물론, 리영희가 선호하는 여행기의 형태는 주관적인 감상을 열거하는 기록이 아니라 객관적이고 분석적인 언어를 보충해 줄 수 있는, 중국연구가의 중국 방문기다. 그러므로 이는 주관적인 여행기라기보다 객관적인 보고에 가까운, 그러나 보고서가 구비하지 못하는 '실감'을 보완하는 형태를 띤다.

리영희의 중국론이 당시에 던졌던 파장이란 이론적이거나 추상적인 논리나 황당무계한 비유어가 부여하지 못하는 실감을 제공한 데서 비롯했다. 이를 통해 수사와 비유어의 모호한 감각은 타파되고, 실감에 치중한 서술을 통해 서로 비교 가능하다는 '호환'의 감각을 획득한다. 이는 상대진영을 적으로서만 상상했던 냉전체제의 문화적 감수성의 틀을 바꾼다. 체제의 차원에서 가로놓였던 사고와 상상의 장벽은 서로가 동등한 인민이라는 지평을 획득함으로써 무너지는 것이다.

이에 따라 《8억인과의 대화》에서는 상상의 경계가 아니라 실제의 국경을 넘은 여행기를 통해 체제논리를 넘어서서 중국의 소년소녀와 대학생, 농민, 도시민, 구지식인, 신지식인, 노동개조 중인 지식인 등 다양한 중국 인민의 삶에 대한 관찰이 입체적으로 펼쳐진다.[32] 여기에서 리영희의 글쓰기와 실천은 '번역'이라는 관점에서 재론할 여지가 생긴다. 리영희는 실질적으로 번역작업을 수행했다.[33] 그러나 이러한 실질적인 번역작업뿐 아니라 그의 실천 전반이 '번역실천(translation practice)'이라고 이름 붙여질 만하다. 그리고 이 번역은 냉전기 한국사회에서 행해지던 기존의 번역과 다른 새로운 번역실천이라는 점에서 조명될 필요가 있다. 이제까지의 리영희론은 주로 논문이나 기사에 초점이 맞추어져 다루어졌다. 그러나 리영희의 말 그대로 그의 작업은 '해설' 내지 실제로 상당한 노력을 기울였던 '번역'이라는 작업의 차원에서도 재론될 필요가 있다. 이는 리영희를 보는 시선의 각도를 변경한다는 의미이기도 하지만 냉전기 번역의 의미를 전반적으로 재평가하는 일과도 관련된다. 그런데 리영희의 작업을 번역이라는 차원에서 재론하는 것은 그의 저작들이 단순한 번역이므로 가치절하하자는 이야기와는 거리가 멀다.

왜냐하면, 번역과 이의 요약을 통한 표명은 냉전기 반공논리의 가설성을 전복하는 데 유효한 이성적 방식이었기 때문이다. 이는 국민국가나 진영 개념 너머의 존재와 현실에 대해 사고하는 유력한 도구였다. 특히 진영 간 교류는 차치하고 진영 내의 국경을 넘는 것도 쉽지 않았던 냉전기의 현실에서, 국가 더 나아가 진영의 경계를 넘나드는 '번역'은 여느 때보다 더 강력한 파괴와 전복의 힘을 소지했다. 그리고 리영희의 번역실천은 1960년대와 1970년대 관방에 의해 민족주의적인 사고와 사상을 고취하던 한국의 상황과 짝 지어 이해했을 때 그 역할과 의미를 적절하게 자리 매길 수 있다.[34] 관방의 민족주의가 추상적인 윤리와 구호를 개발할 때, 그는 '사회주의 중국'의 구체적인 인민의 삶을 끌어와 '절대화된 가치관념'과 '관념적인 존재'와 그 적대에 대한 반대와 차이의 목소리를 냈던 것이다.[35] 이로써 리영희는 일국의 경계와 이념에 갇히지 않는 보편적인 지평을 제시했고 고립된 국민국가의 국민을 바깥의 다수와 연결시켰다.

이러한 경계 넘나들기라는 '여행' 속에서 사회주의 중국 인민의 다른 삶과 도덕은 편견과 선입견을 최대한 배제한 채 개진된다. 그런데 사회주의 중국과 그 인민에 대한 희망의 계기를 열거하는 다음과 같은 구절은 리영희의 이러한 관심이 어떤 지점을 염두에 두고 어디를 지향하는지를 드러낸다.

"즉 중국의 전통적 계급지배에 대한 인민대중노선, 자본주의적 제도의 물질주의에 대한 정신주의와 도덕적 인간행위의 숭상, 자본주의적 이기주의에 대한 자기희생적 헌신의 미덕, 인텔리의 개인적, 집단적 권위주의에 대해 민중적 생활가치의 존중, 지식이 계급의 독점적 권위와 지배적 제도를 타파하기 위한 하방 제도…… 계급주의적 사회질서에 대한 평등주의적 사회정신…… 모든 사회집단의 하향식 의사결정 원리에 대한 대중 토론에 기초한 '상향식 의사결정원리'의 강조, 전통적 남녀불평등 제도에 대한 양성평등 제도의 존중…… 물질적 행복 추구에 대한 검소하고 질박한 실용적 물질생활의 존중, 그리고 외국 숭배 사상에 대한 자민족 문화와 전통에 대한 긍지와 자존심 고취."[36]

중국 사회주의를 이상화된 이 긴 목록들의 한편에서 지금 이곳의 현실이 대비되고 이에 대한 불만의 정도가 드러난다. 사회주의 중국의 이념들과 대조적인 현상으로서 한국의 현실이 존재한다는 것이 강력하게 암시된다. 이는 다음과 같은 대담집의 회고에서도 감지된다. "외부의 현상을 한국에 투영할 때에 그의 가장 큰 관심사는 우리 남한사회와 국가 내부의 온갖 부조리와 왜곡을 파악할 수 있도록 그 대조적인 현상으로서 외부의 현상을 제시하는 것이다."[37] 그러나 이는 단지 한국사회를 비판하기 위해 사회주의 중국이 문화적으로 번역된 것은 아니다. 위의 열거에는 중국 사회주의에 대한 "무조건적인 공감이나 편애"와 다른 "자본주의 사회의 병든 생활방식과 존재양식에 대해서 대조적인 삶의 모습을 제시하고 싶었던" 기대가 깃들어 있다.[38]

이로써 1970년대 문혁과 중국 사회주의의 일부 구체적인 현실은 이념형(ideal type)으로서 한국사회의 문제를 해결하고 그 한계를 확장하는 대안적이며 보편적인 차원을 획득한다. 로런스 베누티(Lawrence Venuti)가 표현한 대로, 리영희에게 번역은 민족주의를 위협하는 문화적 차이를 교통시키는 한편, 차이들을 구성적으로 혼종화하는 효과를 억압하면서 '보편정신'의 존재를 위치 지우는 실천으로 규정할 수 있다.[39] 중국 사회주의 인민들이 구체적인 존재에서 보편성을 지닌 개념으로 도약, 혹은 비약하는 것은 한국사회에 대한 비판 혹은 개조라는 매개항을 거칠 때 가능해진다. 사회주의 중국과 그 인민은 가설의 수준에서 표상되었던 것이다. 달리 말하자면, 사회주의 중국과 인민은 가설을 구체화하는 표상이다. 1970년대 한국에서 사회주의 중국 인민은 관찰과 사색의 주체로 불려온 독자에게 동원의 대상이 아닌 '국민' 혹은 '인민'으로서의 권리를 복원하고 사고케 하는 데 가장 맞춤 맞는 표상인 것이다.

나가며

1970년대는 세계적으로는 냉전체제가 온존하는 가운데 일면에서는 양 진영 간 화해무드가 조성되는 대조적인 정치지형을 형성하고 있었다. 그러나 한국 등 일국의 국지적 범위 내에서 냉전은 여전한 위력을 발휘하며 정치적, 경제적, 문화적 영역을 통괄하고 있었다. 리영희의 사회주의 중국 논의는 바로 이러한 간극에서 생성되었다. 그의 논의는 국제적으로 조성된 화해무드 속에서 비대칭적으로 엄존하는 국지적·국제적 냉전논리의 틈에 개입해 들어가서 일국을 바깥세계와 연결하는 실천으로 규정할 수 있다. 특히 사회주의 중국 인민 논의는 1970년대 당시 지금, 여기에서 강력하게 억압되어 부재하는 주체 구성의 토픽을 사고케 하는 데 주요한 참조체계였다.

리영희 논의 자체에도 의미가 있지만, 본론을 통해 보다 주요하게 부각된 것은 사회주의 중국 논의 등을 통해 1970년대 리영희의 논의가 냉전문화라는 전체적인 구조의 문제와 동원 대상이 아닌 새로운 주체 구성으로서 '국민' 혹은 '인민'의 문제의 의미를 제기하는 과정이었다는 점이었다.

구체적으로 말하자면, 리영희의 논의는 냉전체제의 논리와 문화라는 일국 차원을 아우르면서 넘어서는 '구조'의 문제를 전체적인 시각에서 포착했다. 곧 자신의 논의를 '가설'이라는 전도된 논리를 차용해 전개함으로써, 냉전체제의 문화 또한 가설의 수준에서 구성되었다는 세계의 구성원리를 드러내게 했고, 이를 통해 냉전체제에 대한 전복적 사고를 시도했던 것이다. 이와 더불어 관찰의 언어와 번역실천에 주력하면서 리영희의 논의에서 주요한 지점은 냉전기에 텍스트를 상호적으로 수용하는 주체의 '발생'과 '구축' 과정에 놓여 있다는 점도 드러났다.[40] 1970년대 한국에서 사회주의 중국 인민 논의는 냉전체제의 전도된 현실구도를 드러내고 주체 생성의 기획을 작동하는 데 유력하게 작용한 것이다. 사회주의 중국 인민은 이러한 주체의 발생과 전화 과정을 가장 잘 보여주는 관찰 가능한 구체적인 현실이었다. 한국사회라는 매개를 통과하면서 사회주의 중국 인민은 보편적인 이상형으로 비약한 것이다.

● 이 논문은 《중어중문학논집》 제47호(2007년 12월 30일 발행)일에 실린 글을 수정 보완한 것임을 밝힌다.

● **박자영**

〈공간의 구성과 이에 대한 상상: 1920, 20년대 상하이 여성의 일상생활 연구〉로 중국 화동(華東)사범대학 중어중문학과에서 박사학위를 받았다. 현재 협성대학교 중어중문학과 조교수로 있다. 상하이를 비롯한 20세기의 동아시아 도시들에서 진행된 공간의 구성과 일상생활의 재편 문제에 관심을 갖고 있다. 논문으로 〈소가족은 어떻게 형성되었는가: 1920~30년대 《부녀잡지》를 중심으로〉(2003), 〈상하이 노스탤지어〉(2004), 〈1990년대 이후 중국에서의 문화연구〉(2004), 〈좌익영화의 멜로드라마 정치〉(2005), 〈상하이 영화의 포스트국제성〉(2006), 〈소문과 서사: 장아이링 《전기》 다시 읽기〉(2008) 등이 있다. 번역서로 《세상사는 연기와 같다》(2007), 《나의 아버지 루쉰》(공역, 2008) 등이 있다.
aliceis@naver.com

냉전풍경 3

미디어장(場)의 구성과 작용

냉전풍경 3: 미디어 장(場)의 구성과 작용

냉전기는 필리핀에 미국적 정치담론에 기인한 표지의 과잉을 제공했다. 반공주의 마녀사냥이나 심리전 형태의 반대파 폭동전술, 가부장주의와 군국주의에 대한 찬양, 타자성의 폭력적 억압이 소위 '경제적 부흥'과 '정치적 안정'의 시대에 횡행했다. 1960 –70년대는 필리핀이 미국과 '특별한 관계'를 맺는 시기이자 마르코스의 집권기이기도 하다. 마르코스 계엄정부는 부의 효율적인 몰수와 국외추방을 보증하기 위해 광범하고 엄격한 지역 미디어에 대한 검열을 제도화했다. 그러나 역설적이게도 영화는 마르코스가 지속적으로 제도적 억압을 면제해 주었던 미디어 실천의 한 분야였다. 〈냉전시기 필리핀의 영화정책〉(조엘 데이비드)은, 마르코스 부부가 필리핀영화에 우선적 지위를 부여한 경위를 검토하고 필리핀영화를 위한 비전을 이행하기 위해 준비한 기구인 필리핀실험영화기구(ECP)의 역동성을 고찰했다.

〈1960년대 한국영화 다시 읽기: 반공과 발전 논리를 중심으로〉(염찬희)는 1960년대 박정희 정권의 근대화 프로젝트가 영화를 통해서 근대적 '한국민'을 만들던 과정을 설명하고자 한다. 1960년대 영화에 주목한 이유는 현재 한국사회가 안고 있는 문제들의 기원을 1960년 이후의 근대화 프로젝트에서 찾을 수 있다는 논의에 동의하면서, 근대화 프로젝트의 주체인 국가권력이 지배이데올로기를 대중에게 이전시킬 때 중요하게 이용한 매체가 영화였기 때문이다. 연구 결과, 한국영화를 근대화하려는 영화인들의 욕구와 빈곤 상황의 일반 대중의 근대화 욕망을 전유한 정권은 영화의 생산부터 수용 현장까지를 관리할 수 있었다는 것을 밝혀냈다. 국가는 영화사 허가, 검열, 수상제도 등의 법제를 통해서 생산 주체 및 영화의 내용을 관리했다. 또한 애국가 – 대한뉴스 – 문화영화 – 본영화를 조합시킨 특수한 수용상황을 만들어냄으로써 영화텍스트와 콘텍스트 전 차원에서 일반 대중을 근대적인 '한국민'으로 구성하고자 했다. 이러한 방식들에 의해 근대화가 헤게모니적 요소로 전화되었으니, 1960년대 영화 속에서 근대화의 논리가 친미, 발전, 반공 논리와 결합하는 것을 발견했다.

〈텔레비전의 정치와 담론: 1960년대 타이완의 텔레비전 정착과정〉(커위편)은 1960년대 텔레비전이 타이완사회로 진입하게 된 초기과정을 고찰하고 이 과정에서 야기된 사회적·정치적 문제들을 비판적으로 분석한다. 당시 텔레비전산업에는 타이완 정부와 중국대륙 간의 국방 및 군사 경쟁 관계까지 복합적으로 연관되어 있었다. 한편, 텔레비전산업은 국제적으로 변방에 위치해 있던 타이완이 세계의 산업시장으로 진입하게끔 한 산업이라는 의미가 있다. 이 과정에서 텔레비전은 전 방위적으로 현대화의 중요한 상징물이 되었고, 현대화를 추진하는 중요한 수단 중 하나가 되었다. 이 글은 특히 타이완의 텔레비전 정착과정에 국민당 정부의 통제뿐 아니라, 동아시아의 냉전 정세, 문화민족주의, 탈식민주의 정책, 산업 경제 발전 등 다양한 요소가 복합적으로 작용하고 있었음을 규명하고자 했다.

〈1960–70년대 텔레비전 드라마를 통한 '공공'이데올로기 형성에 관한 연구: 한국·일본을 중심으로〉(이종님)는 1960–70년대 한국과 일본을 중심으로 텔레비전 드라마가 계몽의 도구로 활용된 과정을 분석했다. 근대화가 거대한 국가목표인 동시에 '사회규범'으로 자리잡아 가던 이 시기, 텔레비전은 개발연대의 유용한 수단으로 활용되었으며 동시에 그 자체가 근대화의 상징으로 의미화되었다. 이러한 현실적·상징적 조작과정에서 텔레비전은 국민의식을 형성하는 데 결정적인 기제로 이용되었다. 이 글은 텔레비전 드라마에 대한 정권의 직접적 개입의 흔적을 복원하고, 반공, 국난극복, 새마을운동 등 캠페인성 목적극의 구체적 분석을 통해 냉전기 국민의식의 '함양'에 텔레비전이 깊이 개입하고 있었음을 밝히고자 했다. 무엇보다도 텔레비전 드라마가 일상생활에 필요한 규범, 인간관계, 다양한 문화를 전파시키면서 현실사회에 순응할 수 있는 매개체로서 역할을 충실히 해왔음을 비판적으로 고찰했다.

냉전시기 필리핀의 영화정책

글·조엘 데이비드 | 옮김·김수현

　필리핀 영상산업의 인상적인 특징 중 하나는 역사적 복원성이다. 1898년 영화가 처음 필리핀에 소개된 이후(De Pedro, 1983, p. 26; Sotto, 1992, p. 4), 몇 차례에 걸친 전국의 불안정한 시기에도 영화제작은 항상 다른 모든 형태의 산업활동보다 먼저 번성했다. 그 불안정한 시기로는 스페인의 식민지 점령과 20세기 초 미국의 식민지 건설에 대항했던 전쟁, 20세기 중반의 제2차 세계대전, 1970년대 초 군사독재의 압제, 1980년대 중반의 소위 피플파워 혁명, 그리고 21세기 전환기 동안 세계화의 맹습 시기 등을 들 수 있다.

　〈표 1〉을 보면, 영화제작이 이러한 위기 때에 어떻게 급격히 하락하고 때론 사라졌다가, 갑자기 그 직후에 다시 부상하는지 알 수 있다. 필리핀의 제3세계적 위치를 고려할 때, 이러한 성적은 상당히 경이로우면서 또한 정부의 주목을 끌 만했다. 영화산업이 그 오락성 때문에 산업발달의 증거가

표 1. 필리핀의 연간 영화 제작편수

ⓒ 2007 by Joel David

되는 것을 꺼리는 민족주의자들을 당황스럽게 만들었다는(만든다는) 사실만 아니었더라면 말이다(Constantino, 1985, p. 31 참조).

최근 필리핀 영화제작의 급증은, 위에서 언급한 대로 필리핀 정부가 세계무역기구(WTO)의 세계화 정책을 채택하는 배경에서 발생했다. 최근 필리핀 정치경제학 연구(Bello et al., 2004)는, 관세무역일반협정(GATT)의 필리핀 정부 비준이, 여전히 생존 투쟁을 시도하는 소수 마이너 산업을 결과적으로 불안정하게 만들었을 뿐 아니라 필리핀의 농업생산성도 불안하게 만들었다는 것을 밝혀냈다. 이제 우리는 흥미로운 모순에 직면한다. 이러한 위기가 단지 정치적인 것도 외부에서 온 것도 아닌 상황에서(그래서 항상 해결가능성이 있었던 것도 아닌 상황에서), 하지만 그 위기가 민족주의적 발전의 가장 핵심을 공격하는 상황에서, 산업은 어떻게 회복될 수 있을 것인가?

다음의 두 관점은 모두 옳기도 하다. 필리핀의 영화제작은 다시 한 번

번성하고 있다. 그리고 필리핀 영화산업은 1년에 영화를 10여 편 또는 20여 편 개봉하는 정도에 만족하면서, 혹은 제작편수가 200편에 근접하거나 때론 그 이상까지 갔던 화려한 과거—말하자면, 필리핀의 영화산업은 인도보다 1인당 활동인구가 많은 산업이었다—를 행복해 하면서, 침체된 상태로 남아 있다. 이러한 모순을 설명하는 열쇠는 기술(technology)이다. 필리핀에서 필름영화(celluloid film) 제작이 전면 금지되어 오는 동안, 국내 극장과 비디오 배급상들은 디지털 장편영화를 대신 상영하면서 필름영화의 공백을 메워갔다. 이러한 디지털 붐은 수적으로 성장했다. 특히 더더욱 중요한 것은, 그 위상 면에서 디지털영화가 국내의 영화상을 휩쓸고 국제영화제에 참석하고, 외국 관객들에게 주목을 받게 되었다는 점이다.

하지만, 이러한 전환이 자체적이었던 것은 아니었다. 영화제작자들은 분명 필름영화 제작을 선호해 왔는데, 그 이유는 필름영화 제작 기술이 이미 적절하게 준비되어 있었기 때문이다. 몇몇 독립 제작자들이 수익성을 입증해 낸 다음에야, 주요 회사들 중 소수만이 '디지털' 시류에 편승했다. 필리핀의 영화전문가들은 국내 영화제작이 부활할 수 있었던 주요 요인은 필리핀 영화인들이 지난 수십 년 동안 강력하게 요구해 온 그 무엇, 바로 제도적 지원이라고 해석한다. 분명, 이들에게는 지원에 대한 모델이 있었다. 다른 무엇보다도, 영화의 질적 수준을 기준으로 한 세금공제, 우수한 시나리오를 시상하고 수상자에게 지원금을 주는 공모제도, 국내 및 외국의 우수영화 상영관 마련과 이와 함께 특정 상영관에 대한 검열 면제, 인재 훈련과 관객 교육에 대한 지원 등이다.

이러한 모델은 마르코스 독재정권 후반기를 살았던 나이 든 필리핀 사람이라면 누구나 알 수 있다. 사실, 20년 이상 이어진 마르코스 정권에서 나타난 첫 (그리고 지금까지도 표준인) 미디어연구의 특징은 어떻게 필리핀

영화가 번성할 수 있는가라는 한 가지 모순점을 조건으로 한다. 그 모순이란, 상당히 군사적인 정부가 모든 표현매체에 개입했던 가혹하고 때론 유혈적인 압제에도 불구하고, 필리핀 사람들이 영화산업의 두 번째 황금기(David, 1990, pp. 1~17)를 예고할 수 있었는가 하는 바로 그 지점이다. 어떤 점에서, 마르코스 부부는 자신들이 성장시키고 마침내 이익을 낼 수 있었던 전통을 순수하게 지지했던 것이다. 이멜다 로무알데스(Imelda Romualdez, 이멜다 마르코스)는 삼파기타영화사(Sampaguita Pictures)에서 배우 테스트를 받은 잘나가는 모델이자 어린 배우였다. 삼파기타영화사는 수직 통합(vertically integrated)을 이루었던 1950년대 영화의 첫 황금기 동안 독점 영화사들 중에서도 인기 스타들이 가장 많이 있던 곳이다. 이때 이멜다는 당시 필리핀 상원의원이던 페르디난드 마르코스(Ferdinand Marcos)와 여름휴가를 다녀온 뒤였고, 2주도 채 되기 전에 마르코스의 아내에게 상처를 입히게 된다. 결국 이멜다는 스타가 되려는 꿈을 계속 추구할 수는 없었지만, 삼파기타영화사와의 결탁은 마르코스의 대통령선거와 재선 전, 마르코스 부부의 낭만적이고 극적인 일대기를 만들어냈던 일단과 함께 계속된다.

누군가는 이멜다가 스타를 동경하는 정치인의 아내(지금은 미망인)였다는 (혹은 아내로 남았다는) 점을 주장할 수도 있겠지만, 영화에 대한 마르코스 정권의 지원은, 1972년 계엄령 선포를 정당화할 때 했던 도덕적 개혁이라는 마르코스의 경건한 선언과는 일치하지 않는다. 마르코스는 새로운 사회가 '병든 사회(Sick Society)'의 잿더미 위에 세워져야만 한다고 언급했다. 대통령 관저인 말라카낭 궁 내부 인사들의 이후 증언에 따르면, 마르코스가 계엄령 이전의 필리핀사회에 대해 '병들었다'고 칭한 것 가운데 많은 부분은 이미 계획했던 것이다. 예를 들어, 정치적 반대파에 대한 폭탄공격, 마르코스 자신의 각료에 대한 암살 시도, 그리고 추측하건대 주류 포르노영화의 재유행이 되었던 첫 번째 명칭, '봄바(bomba)'를 가능케 했던 매우 관용적인 영화정책 같은 것들이다

마르코스가 영화 활동과 맺게 된 더 직접적인 인연에 대한 얘기는 훨씬 더 충격적이다. 비록 마르코스가 많은 젊은 필리핀 여배우들(금지되었지만 널리 알려진, 책 두께의 폭로기사를 낸 후 의문 속에 사라진 프리미티보 미자레스(Primitivo Mijares) 사건을 참조하라)와 관계를 가져왔지만, 미국의 떠오르는 스타 도비 빔스(Dovey Beams)와의 정사는 반대당 타블로이드 신문의 소재가 되기도 했다. 그때 빔스는 이멜다의 분노를 두려워하면서도, 기자회견을 소집해 그 자리에서 마르코스 대통령과의 분명한 성행위 장면이 담긴 비디오테이프를 틀어버렸다. 이 테이프에서 마르코스가 자신이 가장 좋아하는 필리핀 사랑 노래인 〈파물리나웬(Pamulinawen)〉을 자신의 정부(情婦)에게 낮은 소리로 흥얼거려 주는 것을 듣고 나서는, 아무도 마르코스 대통령의 정체를 부정할 수 없었다.

많은 문화비평가들은, 계엄 기간에 수준 높은 영화의 제작이 출현한 사실은 한정된 프로듀서와 예술가들이 검열법을 창조적으로 전복한 덕분이라고 말한다(Lumbera, 1990, pp. 21~22). 하지만, 이는 마르코스 정권의 성과를 간과한 것이다. 즉 그 성과란, 모든 형식의 국내 대중매체를 철저히 통제하는 데 성공해서, 어떤 형태의 반대 표현도 지하에서만 가능케 했던 것을 말한다. 적용 가능하지만 여전히 엄격하게 볼 때 임시적일 수밖에 없는 이러한 설명은, 마르코스 정권의 권력과 축재를 향한 탐욕을 저평가하지 않으면서 알려진 모든 요소를 고려한 것이었다. 이렇게 해서, 이멜다의 유명세를 향한 매혹, 마르코스 대통령이 공개적으로 바라는 여성상, 역사적으로 용이했던 영화 예술 인재에 대한 집중, 더 많은 부르주아 분파

에 제작을 용이하게 해준 기존의 인위적인 경제적 낙관성, 영화에 대한 높은 인기와 이윤성 등에도 불구하고, 우리가 합리적으로 숙고해 볼 수 있는 것은 바로 마르코스 부부가 내린 결정이다. 다시 말해, 주로 군정의 억압적 정책에 가해진 외부 비판에 대한 응답으로서, 마르코스 부부는 필리핀영화가 문화민주주의의 쇼케이스 역할을 하게끔 결정한 것이었다.

완곡하게 말해서, 이 주장에 결말을 짓게 한 진전은 마르코스 부부의 결정이었을 수도 있다. 이 결정은 1981년 계엄령의 명목상 변화(계엄령 해제를 말함—옮긴이)와 다소 시간이 맞기도 한데, 그 결과 필리핀실험영화기구(ECP: Experimental Cinema of the Philippines)라고 알려지게 된 광범위한 정부의 영화지원 기관이 세워지게 된다. 마르코스 부부는 영악하게도 맏딸 이메 마르코스(Imee Marcos)를 이 기구에 밀어 넣고, 심지어 가장 노골적인 반(反)마르코스 영화실천가들, 그중에서도 특히 리노 브로카(Lino Brocka: 필리핀의 유명 영화감독—옮긴이)의 도움까지도 얻을 수 있었다. 필리핀실험영화기구의 초기 기획들은 진보 성향의 여러 프로듀서와 예술가들의 계속적인 참여를 이끌었고, 몇몇 재능 있는 배우들의 출현을 가능케 했다. 이런 점에서, 이들이 잘 알지는 못했겠지만, 토니 베넷(Tony Bennett)이 했던 당시의 주장에 주의하는 듯하다.

> 문화연구란 것은, 문화기술자들의 교육으로 구성된 그 역할을 상상하는 듯하다. 즉, 의식을 변화시키는 도구로서 문화비평적 태도를 가진 것이 아니라, 정부의 배치에 맞는 기술적 조정에 의한 문화 기능을 수정하는 지식노동자들로 구성된 역할을 말이다. (Bennett, "Useful Culture", 1993, p. 83)

물론 베넷은 원래 마르크스에서 비롯했던 특정 원리들을 변형한 많은 가설에서 자신의 주장을 가져온다. 예를 들어, 영화 같은 영역의 개입(involvement)이라는 견지에서, 스튜어트 홀(Stuart Hall)은 대중문화가 "인민 대(對) 권력진영이라는 방식으로 공식화될 수 있을 것"이라고 이미 쓴 바 있다. "즉 '계급 대 계급'이 아닌, 인민 대 권력진영은 모순의 중심선에 있고, 그 모순 주변에서 문화의 토양이 다극화된다는 것"이다(Hall, 1981, p. 238). 문화운동가를 위한 논쟁의 장이 형성되는 데 대한 베넷의 이러한 입장은, 당시 정치적 임무에 종사하는 마르크스주의자들에게는 이상하게 들렸을 수도 있다. 베넷은 문화정책이 이데올로기적 국가장치들(ISAs: ideological state apparatuses)의 협력을 수반한다고 주장했다. "(국가장치들이) 당시 시작에서부터 틀렸다고 간주해서 빼버렸다가, 그 무시무시한 기능주의적 예언을 확인하려 할 때 다시 (그 장치들을) 비판하는 것이 아니라는 것"이다(Bennett, "Putting Policy into Cultural Studies", 1992, p. 32).

계엄하의 필리핀 정치는 이러한 관점과의 화해가 가능했었지만, 이는 간접적 과정을 통해서만 가능했다. (국가 내 일련의 공식적 야당들과는 대조적으로) 당시 순수 반대파들은, 소위 민족민주주의자(natdem: 필리핀공산당(CPP), 신인민군(NPA), 그리고 아직 유지되던 좌익계 조직들의 연합인 민족민주전선(National Democratic Front)으로 구성된 동맹)과, 당시 역시 불법이었던 사회민주당(Social Democratic Party)으로 알려진 사회민주주의자(socdem)라는 상당히 작은 조직들로 나뉘어 있었다. 도시로 혁명을 끌어옴으로써 마오쩌둥(毛澤東)의 교리에 도전했던 민족민주주의자(natdems) 내부의 선동운동과, 지원이 많고 가시적이었던 사회민주주의자(socdems)의 '점화운동(Light-a-Fire Movement)'을 함께 연결시키는 것이

가능하기도 했다. 즉 마르코스 정권이 공언한 것을 처음 시도한 것은 도시 폭탄테러였다. 중국이 제3세계의 일부임을 주장하는 입장을 취하기는 했지만 민족민주주의자(natdems)의 지원은 제3세계에 기반을 둔 것이었다. 반면, 당국 언론이 '스테이크 의용군(steak commandos)'이라고 낙인찍은 사회민주주의자(socdems)는 미국에 망명해 살고 있었다. 마르코스 측 민족민주(natdem) 진영은 마르코스야말로 미국의 지지를 받는 파시스트라고 주장했지만, 반면 사민(socdems) 진영은 ―미국의 지지를 끌어내기 위해― 마르코스가 공산주의자라고 주장했다. 회고해 보면, 그리고 약간 확대해 보자면, 양측 모두 기술적(technically)으로는 옳다. 마르코스 대통령은 법인 권리가 박탈된 단체들에 대해 잔인한 억압을 시인했던 반동적 독재자였다(비록 이것이 다른 폐해들에 비해 사소한 것이긴 하지만). 한편 부(富)와 정실자본주의(crony capitalism) 시스템에 대한 병적인 추구로 인해, 마르코스 대통령은 국가 내 가장 이윤이 많은 경제기구들을 정부가 점유하기 위해 확실한 안전장치인 법적 정당화를 이용하면서, 이 기구들을 독점체제로 전환시키게 된다.

이렇듯, 마르코스 정권은 사민 측(socdems)이 비난했던 것처럼 공산주의자는 아니었더라도 자본의 국가통제라는 면에서 유사 사회주의적이었다. 그렇다면 소위 필리핀실험영화기구와 같은 수용적인 정부기구 내에서, 좌파적 이상을 증진시키는 수단과 방법을 작동시키는 것이 가능하지 않았을까? 이미 언급했다시피, 이는 결코 필자의 생각이 아니며, 필자의 추측으로는 베넷에 대한 대응으로 프레드릭 제임슨(Fredric Jameson)의 용어를 사용한다는 것이 베넷에게는 지긋지긋하게 들릴 수도 있겠다. 만일 베넷이 그 맥락에 자신이 처해 있다는 것을 알았더라면 말이다. 이는 베넷의 조사연구가 어느 정도로 험하고 진흙투성이의(필리핀은 열대지방이다) 문화정책 영역에 개입했는지를 간단히 치부하기 위한 것이 아니다. 한 콘퍼런스에서 받은 질문에 대한 베넷의 구두 응답은, 필리핀실험영화기구에 개입했던 우리 대부분이 감지한 것과 우리의 참여로 확인된 것에, 더 근접하고 있다.

> 정부—여당이라는 의미—가 보수적이어야 할 위치에서조차, 그들은 [원문 그대로(sic)] 솔기 없는 거미줄처럼 기능을 감독하거나 자신들 내부에 모순 없는 관료제도를 따르지 않는다……. 정부 문화기구들과의 작업 경험에서 가장 교훈적인 면 중 하나는—알튀세르가 그 기구들은 주체의 범주를 통해 기능한다고 말한 반면—어떤 기구들은 그냥 전혀 기능하지 않는다는 것을 깨닫게 되는 것이다! 다른 정부 부처 사이의 공동협력은 절대적으로 부족하며, 이는 이용될 수도 있을 만큼 많은 구멍을 만든다. (Bennett, "Putting Policy", 1992, p. 36)

다시 돌아가서, 마르코스의 계엄기구가 그렇게 비효율적이었다고 말하는 것이 전적으로 정확할 수는 없다 하더라도—결국 마르코스는 20년 넘게 대통령직을 지냈으며, 그동안 (어떤 의미로 말하자면) 혼자 힘으로 자신을 세계에서 가장 부유한 사람 중 하나로 만들었다. 한편, 자신의 부인을 1980년대에 《포천(Fortune)》지가 해마다 뽑는 세계에서 가장 부유한 여성에 들게 하기도 했다. 자신의 대통령 임기 동안 마르코스는 동남아시아에서 가장 빠르게 발전했던 국가를 가장 발전이 더딘 나라로 바꾸어버렸다. 더 나아가 필리핀식 사회적 관계의 인격주의적인 특성이 이 나라의 농촌과 부족 공동체들의 공동 가치를 따라갈 수 있도록 만들었다. 예를 들어, 필리핀 사람들에 대한 외국인들의 첫인상 중에는 (전통주의적인) 필리핀 사람들이 부와 사유재산을 다루는 태도가 당황스러울 뿐 아니라 뻔뻔하다는 느낌이 있다고 한다. 이 문제를 더 파고들어 보면, 마르코스가 여성을 대하고 다루는 방식과, 자산과 부동산을 은폐하는 악명 높은 방식을 가진 것으로 유명하다는 것에서 유래하고 있다.

필리핀실험영화기구가 지속되는 한, 사람들은 대통령 관저인 말라카낭 궁에서 일어나는 일들에 대해 들을 만큼 듣고 있었다. 이메 마르코스는 아버지에게 애정이 있는 만큼 어머니 이멜다를 경멸했다는 것이 지속적으로 관찰된다. 이번에는 이멜나가, 이메에게 관심을 보인 몇몇 순수한 유럽 왕족과 접촉하고 싶다는 목소리를 냈다. 그때, 이메는 반대당 집안 출신 운동선수와 스캔들을 냈는데, (설상가상으로) 그 운동선수는 마르코스가 차지했던 여자 중 하나로 널리 추측되었던 미인대회 수상자와 결혼한 유부남이었다. 사건이 제대로 맞아 들어가기 시작했다. 어떻게 보면, 이 일은 자기 오만과 임시변통 수단의 계승이라는 전조를 보여준 것이었다. 즉, 사회민주주의(socdem) 인사인 베니그노 아키노 주니어(Benigno Aquino, Jr)를 암살하고(자기 오만), 국제적 압력하에서 1986년 2월 소위 피플파워 혁명이라는 결과를 낳게 한 불시의 대통령선거 선언(임시변통)이라는 특징을 보여준다.

군 발표에 따르면, 1982년 발생한 사건은 이메의 연인 토미 마노토크(Tommy Manotoc)가 신인민군에 납치된 것이었지만, 물론 이는 이미 정부 일각에서 반사적 반응으로 인식되어 온 것이었다(1983년 베니그노 아키노의 암살 역시 공산주의자 총잡이의 소행으로 확인되었다). 한 가지 풀리지 않는 사실은, 이메가 조잡하게 연출한 구조작전으로 자신의 남자친구와 필리핀실험영화기구 집행위원장 자리를 모두 되찾았다는 점이다. 그 자리는 모든 사람들이 이멜다 아니면 그녀(와 잭 발렌티(Jack Valenti))의 부하인 존 J. 리튼(John J. Litton)이 이끌어갈 것이라 생각했던 자리였다. 부인과 곧 어머니가 될 사람으로서의 역할에서 이메의 실천이라는 것은, (이메의 진영에 결합했던) 문화운동가들과 충성스러운 이멜다의 지지자들 모두가 이용하고자 했던 것이었다. 그러나 이메가 최고의 지위를 차지하고 있는 한, 결국 승리한 것은 '우리의' 캠프였다.

그리고 두 가지 층위에서, 필리핀실험영화기구의 '우리들'은 다음과 같은 스튜어트 홀의 관찰에 동의해야만 했다.

> "주어진 상업적 대중문화의 형식들이 순수하게 조작적이지 않다면, 이는 인식과 동일화의 요소들 즉 사람들이 반응하고 있는 인지 가능한 경험과 태도의 재창조에 근접하는 무엇인가가 거짓 호소, 축소, 평범화, 생략이라는 것과 나란히 가고 있기 때문이다." (Hall, 1981, p. 233)

우리가 일반적으로 이 원리를 의식적이지 않게 적용하는 것은, 대통령 궁의 술책에 의해 주어지는 범위와 넓이에서부터, 혹은 그 범위와 넓이를 통해서, 혹은 그 내부에서, 작업을 진행하는 것과 관련이 있다. 또한 이와 동시에 언제든지 가능하면 필리핀실험영화기구 후원자들을 위한 실제 지원과 적어도 유사한 것을 제공하는 일과도 관련이 있다. 성공 가능성의 정도 또한 어머니와 딸이 달랐다. 이멜다의 경우를 보면, 마닐라국제영화제(Manila International Film Festival)에서 당시 중국에서 막 '복권된' 영화감독 셰진(謝晉)을 환영하는 이멜다의 연설 속에 예술가의 투쟁을 고취하는 보편적인 몇 마디 말을 넣는 정도만 필자는 희망할 수 있었다. (극히 짧은 공지로 자료를 요청했던) 이메의 경우에는, 필자가 이메의 연설 속에 독립영화프로젝트를 위한 장려금을 제공할 것이라는 약속을 끼워 넣을 수 있었고, 그 이튿날 어떤 영화감독들이 그 공약을 실천하기 위해 이메를 방문했다는 것을 알았을 때 혼자서 만족하기도 했다. 하지만 이는 이멜다가 마닐라국제영화제를 지휘했었던 상징적 성과를 훼손하려는 것은 아니다. 베넷은 "문화적 실천이 기입되는 계획, 제도, 통치 조건들은…… 그런 실천들의 기호학적 특징에 대해 실질적 우선권을 갖는다(Bennett, "Putting Policy", 1992, p. 28)"고 주장했음에도, 필리핀실험영화기구로부터 마닐라국제영화제를 이메가 제명해 버린 것에 대한 재평가가 가능하다. 이 재평가는, 필리핀실험영화기구와 마닐라국제영화제라는 두 기관이 동등한 지위라는 결론을 내린 다음, 첫 마닐라국제영화제가 선의(善意: 마닐라필름센터(Manila Film Center) 건축 당시, 노동자 약 200명이 올라가 있던 가설비계(건축공사를 위해 설치하는 임시 가설물)가 무너지고, 그중 많은 노동자들이 공사를 제 시간에 마치기 위해 그대로 묻히거나 죽음을 당한 악명과 함께)를 필리핀실험영화기구에 보이지 않음으로써 가능했다.

필리핀실험영화기구 진영의 관점에서 본다면, 이미 언급했듯이 마닐라국제영화제는 이멜다의 영역이었고, 필리핀영화아카이브(Film Archives of the Philippines)와 영화재단(Film Fund) 또한 그러했다. 그리고 이 기관에서 주류 영화 프로젝트를 지원해 주었다. 서비스 단체들(필자가 일했었던 홍보와 극장 관련)은 우리가 관여하는 한에서는 훌륭하게 돌아가고 있었다. 이는 (이메와 필자가, 필자의 활동 시기 이전에 면식 없던 동급생으로 지냈던) 필리핀대학(University of the Philippines)이나 극장에서 이메 진영 출신 사람들이 이 기구들을 관장하고 직원으로 일했다는 것을 의미한다. 산업적 영향 면에서 더 중요한 것은 영화등급위원회(Film Ratings Board)와

파르테논을 연상시키는 마닐라필름센터, 현재 이 건물이 세워진 땅의 불안정성 때문에 건축물로서는 폐기 처분되었고, 건물은 마닐라 만을 개가하는 데 사용되었다.

사진은 《내셔널미드위크(National Midweek)》에서 가져옴. (David, The National Pastime 123).

대안영화국(Alternative Cinema Department)이었다. 영화등급위원회는 (조형미학 가치에 따라 측정된) 질적으로 높은 수준의 영화 제작에 대해 세금을 환급했고, 대안영화국은 신인감독들이 장편작품을 제작하게 했으며 이전에는 불가능하고 삭제되고 금지되었던 국내외 영화제작물을 상영하도록 했다.

이러한 분야에서 진보성을 시행하는 시도를 하는 데 들였던 노력들을 가치 평가하고자 할 때 한 가지 고려해야 할 사항은, 스튜어트 홀이 했던 경고이기도 하다. "문화적 형식들을 전체적이고 응집된 것으로" 생각하지 말라는 것이다. 즉, "문화적 형식들을 완전히 부패했던지 아니면 완전히 진실한 것으로" 보지 말라는 것이다. "반면 [실제 실천에서] 문화형식들은 모순을 일으킨다(Hall, 1981, p. 233)."

예컨대 마닐라국제영화제에 의해 시작된 섹스영화의 유행이, 검열과 (필리핀영화비평가모임(MPP: Manunuri ng Pelikulang Pilipino)과 필리핀관련예술가모임(CAP: Concerned Artists of the Philippines) 같은) 좌파에 의해 비난을 받으면서도, 많은 영화감독들이 사회 혼란(《스콜피오 나이트(Scorpio Nights)》, 1985), 원형페미니스트(protofeminist) 의식(《여성의 친구(Company of Women)》, 1985), 혹은 신식민주의적 침략(《보트맨(Boatman)》, 1984) 같은 틀을 이용해서 당대의 필리핀사회를 비평할 수 있게 해주었다는 것이다. 나아가, 자유주의적 정신이 섹스라는 주제를 넘어서까지 적용되었음을 증명하기 위해, 예전에 상영 금지된 영화들(유명한 것으로 《마닐라 바이 나이트(Manila By Night)》(1980)와 《사카다(Sakada)》(1976)가 마닐라필름센터에서 상영 허가를 받기도 했다.

다른 한편, 대안영화국이 새로운 인재들에게 일으킨 균열들은 다른 방향에서 유리하면서 또한 불리한 일이 되어버렸다. 이 새로운 인재들은 정치적 반동주의자이거나 대체로 산업에서 생존할 수 없는 이들로 판명되기도 했던 것이다. 더욱 가치 있는 활동은, 검열에 반대하는 일련의 대중운동 속에서 필리핀관련예술가모임과 함께 영화예술인들의 비공식적 동원이 같은 부서에서 이루어진 것이었다. 한 정부기구가 다른 기구에 반대해 선동하는 이런 아이러니는 주요 검열과정에서 효과가 있었다. 고(故) 마리아 카라우—카티그박(Maria Kalaw-Katigbak)은 신속하게 자신이 대통령 지명자라는 사실을 선포했고, 그렇게 해서 이메 마르코스와 같은 관료적 위치에 오르게 된다.

1983년 베니그노 아키노의 암살은 많은 반향을 불러일으켰다. 필리핀실험영화기구에 대한 이메의 책임 포기(이메가 입법 임무에 집중하기 위해 책임을 포기했다고는 하지만, 결국 그녀가 새 가족과 이민을 준비했었다는 사실이 밝혀졌다), 그리고 많은 핵심 인물들의 변절 —어떤 사람들은 반대당 미디어로, 다른 사람들은 (필자를 포함해) 정부의 선명한 입장이 덜한 미디어센터로—, 그리고 마지막으로는 존 J. 리튼이 이끄는 필리핀영화발전기금(Film Development Foundation of the Philippines)으로 재구성하기 위한 필리핀실험영화기구의 해산이었다. 이 기구는 그 자원에 관계없이 졸속으로 섹스영화들을 상영하게 한 실체이기도 하며, 앞으로 더는 진행되지 않을 것이라고 이미 발표되었던 마닐라국제영화제에 대한 지원 요청을 위해 공무원들을 외국으로 출장 보내기도 했다. 필리핀 정부가 영화산업에서 유일하게 긍정적인 공헌을 한 것으로 판명된 사항 내에서 이 궁극적 불안정성을 설명하는 한 가지 —아마도 가장 쉬운— 방법은, 더 큰 정치적 고려사항들이 작은 문화적 관심들을 짓밟았다는 점을 주장하는 것이다. 이것은 이데올로기적 국가장치(ISAs)에서 베넷이 참여를 요청했던 것에 대해 프레드릭 제임슨이 반대한 것을 생각하게 해준다. 이는 다음과 같은 예전의 관점에서 나온 것이다.

> 문화는 그 자체로 '실체'나 현상이 아니며, 적어도 두 집단 사이의 관계에서 일어난 객관적 망상이다. 즉, 어떤 집단도 스스로 문화를 '소유'할 수 없다. 문화는 접촉이 일어나고 다른 것을 관찰하게 될 때 한 집단에 의해 인지되는 후광(nimbus)이다. 이는 접촉 집단에 대한 낯설고 이상한 모든 것의 대상화다.
> (Jameson, 1993, p. 33)

앞의 인용문으로 볼 때 우리가 인지할 수 있는 것은, 제임슨의 명제 속 "두 집단"은 시간을 넘어서 일관되게 지속되지 않았으며, 아마도 그렇게 할 수 없었다는 점이다. 이는 우선, 이메 대(對) 이멜다 진영이라는 우리 대(對) 그들의 형태였으며, 이 진영들은 아키노 암살에 대한 반응으로 인해 고위 정부기구와 맞대고 있던 필리핀실험영화기구로 자연히 합쳐졌다. 마르코스 독재의 마지막에는 결국 여전히 문제시되고 있는 정부파 대(對) 국민/반대파당의 이분법을 이끌어냈다. 여기에서 사용된 제한된 의미 속에서 이 유동성이라는 것은, 스튜어트 홀의 절합(articulation) 개념의 함의에 대한 이안 헌터(Ian Hunter)의 비평을 어느 정도 확인해 준다.

> 이데올로기나 문화적 의미들에 대해 논쟁하는 계급들 사이에서, 혹은 '경쟁 헤게모니 원칙들' 사이에서 일반적 투쟁이라는 개념은 난해해진다. (어떤 의미에서든) 계급 이해의 이데올로기적 절합에 호소하는 대신에, 우리가 그 형식들이 평가되고 주장되는 형식들에 관여하고자 한다면 문화적 이해와 역량이 정식화되는 조직적 형식들의 차별화된 배열을 살펴보아야만 한다. (Hunter, 1988, p. 118)

헌터는 문화적 실천 속에서, 특히 그러한 실천이 진행될 때, 훨씬 힘든 도전을 주장하면서 다음과 같이 언급한다. "완전한 개발과 진실한 반영으로서 문화라는 개념에 부여된 문화적 판단의 윤리적 태도와 형식들을 포기할 필요가 있다(Hunter, 1988, p. 115)." 필리핀실험영화기구의 경험에서 볼 때, 이것은 필리핀영화비평가모임(MPP)와 필리핀관련예술가모임(CAP), 그리고 영화검열위원회 사이의 동시작용 내에서 분명해진다. 영화

검열위원회는 이후 마닐라필름센터에서 섹스 장르 영화를 확산시킨 것을 비난한 당시 반대파 가톨릭교회를 방문하기도 했다. 좌파의 순결주의는 상업적 제작자들과 늘 이해타산적인 보수 정치인들로(목사들을 포함해) 구성된 미디어통제주의자들을 이롭게 해왔다. (흥행 반응과는 별도로) 섹스영화에 대한 어떤 형식의 지원도 없게 되자, 1986년 2월 '혁명' 후에 이 영화들은 생산과 배급의 주변화라는 결과를 낳게 된다. 다시 말해서, 이 영화들은 (경찰권력을 휘두르는) 검열로 인해 제한을 받지 않는 지역 유통과정 속에서 상영하기 위해 단지 B급영화로서만 계속해서 생산되었다. 그 이유는 코라손 아키노(Corazon Aquino, 베니그노 아키노의 부인) 검열관장이 진술한 것처럼, 이 유통이 군대식으로 경영되었기 때문이다. 그러므로 여기서 필요한 것은 평가이며, 이는 엄격하게 포르노그래피적 차원을 넘어서서 이러한 섹스영화 장르의 지속적 인기 속에서 스튜어트 홀이 언급한 "모순을 이용하기"(Hall, 1981, p. 233)에 대한 응답자들의 일부, 특히 학계 사람들의 평가가 필요한 것이다.

더 나아간 방향—구경꾼의 방향—은 미건 모리스(Meaghan Morris)가 언급하는 식민주의적 간섭에 대한 고려에 함의되어 있다.

> 대중적인 것이 그 발화를 이론화하기 시작하는 것처럼, (문화연구를 포함해) 어떤 학술 담론들의 목소리가 구성될 때, 호미 바바(Homi Bhabha)가 '식민적 흉내 내기(colonial mimicry)'라고 이론화했던 과정의 방식을 취하게 되는 것은 당연하다. 또한 이는 결국 다른 양식이면서 여전히 해방적 실천이라는 유토피아적 양식으로 가기도 한다. 그러나 이는 단지 오늘날 지식인들로서 우리 '위치'에 —우리가 배우고 가르치고 쓰는 것 속에서,

그 사이에서 다른 장소들로의 확산까지 포함해— 투입되는 사회경험의 복잡성이란 것이, 실천의 일화(逸話) 같은 부속물이 아닌, 우리 실천의 전제가 되는 조건하에서만, 일어날 수 있다고 생각한다. (Morris, 1990, p. 41)

실제로 이 말이 제시하는 것은 어떤 분리의 창조다. 즉 (학계의 대표자들에게 크게 영향을 받고 있는) 필리핀 학계와 미디어가 가장 급진적이고 정치적인 의제에서조차 도덕적인 것이라고 매달려 있는 것, 그리고 적절하게 문제시된 '민중'이 도피주의적 환상, 피비린내 나는 폭력, 멜로드라마의 중단, 그래픽 섹스 노출과 같이 저급한 영화 상영물의 지속에서 분명하게 드러난 것을 믿는 행위 사이에, 필요하다면 분리를 창조하는 것이다. 그 공식화 과정들에 의해 암시된 것처럼, 훌륭함을 위한 모든 조치를 폐기해 버리는 후기구조주의적 극단보다는, 사이먼 프리스(Simon Frith)의 고-저 이분법에 대한 복고적 재공식화가, 그 공식을 만든 이들이 암시했던 것처럼 우수성을 위한 모든 조치를 제거한다는 후기구조주의적 극단보다는, 실행할 수 있는 시작점을 더 잘 증명할 지도 모르겠다.

만일 대중문화 비평의 한 줄기가 고급예술의 시각에서 본 저급문화의 비난이라면 (예를 들어 아도르노의 경우에서처럼 분명하게), 대중적인 것의 가치를 주장하는 것은 또한 분명히 고급문화의 우월함에 질문을 던지는 것이다. 그러나 대부분 대중주의 작가들은 잘못된 결론을 이끌어낸다. 도전이 필요한 것은, 우월함이라는 개념이 아니라, "고급"적인 것이 갖는 배타적 특성이라는 주장인 것이다(Frith, 1991, p. 105).

여기에서 연관되는 것은 하위문화 개념일 것이고, 이는 영화 관객을 동질화시키는 함정에 빠지지 않게 하기 위한 것이다.

우리를 현실 세계로 후퇴시키고 '민중'으로 재통합시키려는 시작인 듯한 하위문화 스타일에 대한 연구는, 독자와 '텍스트' 사이, 그리고 일상생활과 일상이 둘러싸고 매혹시켜 마침내 배제하게 되는 '신화학자' 사이의 거리를 단순히 확인하는 것으로 끝이 난다. 바르트가 말한 것처럼, 우리는 여전히 '때로는 과도하게 현실에 대해 말하고 있다는 이유로 유죄'인 것 같다. (Hebdige, 1979, p. 140)

그러므로 지식인의 필수적이면서 구성된, 계급의 기원과 선택된 제휴로부터의 거리, 사회 그룹으로부터 거리에 대한 프레드릭 제임슨의 설명을 받아들일 필요가 있는 것 같다. 또한 규정보다는 문화정책에 대한 베넷 주장의 기본 원칙들을 고려하는 것 역시 유용할 것이다:

만일 우리가 근대시기에 알맞은 문화사를 기술한다면, 그것은 우리가 보아야만 하는 새롭고 발전적이고 문화적이며 지배적인 기술이라는 맥락 속에서 도구적 개조라는 변화하는 형세(contours)에 대한 것이어야 한다. '문화가 가진' 의미론적 운명의 변화하는 좌표는 말할 것도 없다. 그러나 이러한 것들이 문화의 지배적이고 기술적인 개조와의 관계에서 그 중요성을 유추해야 한다는 것을 제안하는 바이다. (Bennett, "Useful Culture", 1993, p. 77)

이러한 긴장들이 신식민주의의 (미국의) 정치적, (일본의) 경제적, 그리고 (바티칸 시국의) 종교적 의존의 삼중 형식이라는 특징을 가진 제3세계

콘텍스트에 어떻게 적용되는가 하는 문제는, 필리핀 문화운동가들이 대답을 찾아야 할 질문이다. 그에 대해 성급하게 언급하자면, 바티칸을 방문함으로써 필자는 이 식민화의 영향들에 관한 여정을 마칠 수 있었다. 좀 더 진지하게 말하자면, 필리핀으로 돌아가서 필자는 다시 한 번 문화정책을 맡을 수도 있고, 혹은 학계에 남아 지역문화 발전에 대한 비평적 응답을 제공할 수도 있다. 내가 온 곳에서부터, 오직 생산적으로 한 번에 하나의 일에 종사할 수도 있을 것이다. 필리핀 사람들과 같이, 나의 모험(혹은 수난)은 여전히 지속되어야 할 것이다.

● **조엘 데이비드(Joel David)**
인하대학교 문화학과 조교수로 재직 중이다. 뉴욕대학 영화학과에서 풀브라이트장학금을 받아 석사학위와 박사학위를 마친 후 필리핀대학 영화연구소의 초대 연구소장으로 임명되었다. 이 연구소에서 필리핀 최초의 석사 영화 프로그램을 실시했다. 발간한 책으로는 《국민적 여가시간(The National Pastime: Contemporary Philippine cinema)》(1990), 《영화의 임금(Wages of Cinema)》(1998), 《비전의 영역(Fields of Vision)》(1997)이 있으며, 이 책은 마닐라 비평가 그룹이 선정한 국민의 책으로 수상을 하기도 하였다. 2006년 10월 광주에서 열린 위더 디 오리엔탈 영화학회(Whither the Orient film conference)의 코디네이터와 편집 진행을 맡았다.
joeldavid@inha.ac.kr

● **김수현**
연세대학교 중어중문학과를 졸업하고 같은 대학 대학원에서 〈장이머우의 《秋菊打官司》연구〉(2004)로 문학석사학위를 받았다. 지은 책으로는 《중국영화의 이해》(공저, 2008), 《영화로 읽는 중국》(공저, 2006)이 있으며, 공역서로는 《21세기 중국의 문화지도》, 《냉전아시아의 문화풍경 1》이 있다. 논문으로는〈관람공간의 변천과 수용경험 변화 연구 – '극장'에서 '손' 안으로〉등이 있다. 2004년부터 2006년까지 부산국제영화제와 서울여성영화제 프로그램팀에서 일했고, 각종 영화제에서 번역가로 일하고 있다. 현재 중앙대학교 첨단영상대학원 영상이론전공 박사과정을 수료하였으며, 경희대학교에서 영화이론 강의를 하고 있다. 동아시아 문화와 중국영화에 관심을 두고 연구하고 있다.
march33@hotmail.com

1960년대 한국영화 다시 읽기
— 반공과 발전 논리를 중심으로

글·염찬희

왜 1960년대 한국영화인가?

이 글은 1960년대의 한국영화를 다시 읽는 것을 목적으로 한다. 1960년대에 주목하는 이유는, 2000년대 지금의, 한국사회의, 현재성을 설명해 줄 수 있는 기원서사로 1960년대의 근대화 프로젝트를 이해하는 주장에[1] 동의하고, 당시를 근대화 프로젝트 아래에서 반공주의와 개발주의적 문화가 형성·공고화되던 시기라고 전제하기 때문이다. 그리고 이 시기가 영화사적으로 한국영화의 전성기/황금기로 평가되는[2] 시기라는 점에 동의할 때에, 새로운 형질의 문화 형성이라는 맥락에 당시의 영화/영화산업을 재배치시켜 설명하는 것이 학문적으로 필요하다고 판단하기 때문이다. 1950년대에 자연 성장하던 한국의 영화산업에 1960년대의 국가권력은 직접적인 개입을 하게 되는데, 바로 이 시기에 한국영화는 양적·질적으로 발전한다.[3] 1960년대에는 한국영화 연 제작편수가 200편에 이르기도 했고, 극장 관객 연인원이 1억 명을 넘겼다는 기록도 쉽게 찾아볼 수 있다. 이러한 기록을 본다면, 한국사회에서 영화라는 대중매체가 당시 대중에게 얼마나 큰 영향력을 행사했을지를 이해하는 것은 어렵지 않을 것이다.[4]

1960년대 초반 권력을 잡은 박정희 정권은 당시 영화를 대중매체의 핵심으로 인정하고, 대중을 '국민'으로 호명해 내는 도구로 영화를 활용했다는 주장들의 현실 설명력을 이 글은 인정한다. 한편, 영화를 대중의 욕망으로 직접 풀어서 설명하는 주장의 또 다른 현실 설명력을 인정한다. 특정한 성격의 정권이 다양한 정치적 실천행위를 하는 데서 영화를 가지고 일반 대중의 욕망에 영향력을 행사한다는 주장들에 동의하는 것이다. 또한 영화텍스트는 당시의 시대정신을 반영하고 있다는 또 다른 기존 연구들의 유의미성도 인정한다. 그러나 이러한 인식틀로 접근해 온 기존의 연구들에서 몇몇 한계를 발견한다. 이미 논의가 되어왔지만, 대중이 국가권력에 아무런 저항 없이 호명되어 주체를 형성했다는 일방적인 이데올로기 수용적 주장에 가해지는 비판, 즉 일방적 이데올로기 수용론은 대중이 국가권력에 일정하게 동의하거나 저항하고, 국가권력을 수용하거나 회피하는 실체를 설명해 내지 못한다는 비판을 이 글은 수용한다. 그리고 국가권력과 일반 대중, 혹은 영화계 사이의 상호관계성을 인정하지 않고 국가권력으로부터의 일방향성으로만 현상을 바라보거나, 특정 시기의 영화를 텍스트 중심적으로 설명하려는 방식을 이 글은 경계한다.

이러한 한계를 극복하기 위해서는 국가와 영화계 종사자를 포함한 국민 사이의 강요와 동의 혹은 저항 등의 복잡한 다방향적 관계 속에서 주체가, 그리고 문화가 형성되었다는 인식이 전제가 될 것을 제안한다. 이러한 관계의 상을 파악하는 것에 의미를 두었기 때문에, 이 연구는 헤게모니 문화론적 접근법으로 영화를 영화가 놓인 맥락과 함께 고찰하고자 한다.

이 글은 현재성을 설명하는 기원서사로서 근대화 프로젝트가, 즉 1960년대 당시 정부가 정책적으로 전 국가적 그리고 범국민적으로 시행한 근대화정책이, 문화 속에 기입되어 들어가는 과정에서 당시 중요한 대중매체라는 영화를 통해서, 구체적으로 근대적 국민을 어떻게 개념화하는지, 그 과정에서 반공주의와 발전주의는 어떤 방식으로 재현되고 상호 결합하는지에 초점을 맞추었다.

이 글은 영화법이 한국에서 처음으로 제정·공포된 1962년, 그리고 검열이 명문화된 2차 개정법이[5] 공포 시행된 1966년을, 그리고 그 후까지의 1960년대를 구체적인 연구 시기로 삼는다. 이 시기의 흥행 한국영화를 장르를 불문하고 분석 대상으로 삼는다. 흥행 영화는 정부의 통제와 관객의 요구, 산업의 조건들 그리고 지배적인 이데올로기들뿐 아니라 부상하는 이데올로기까지가 첨예하게 각축하고 교섭하는 장소라고 할 수 있다. 흥행 영화 텍스트에는 당시 관객의 욕구를 반영하고자 노력했을 영화제작자가 정부의 통제에 부딪쳐서 순응하거나 좌절하거나 정부의 지원에 고무되는 등의 타협 결과가 담긴다는 것이 이 글의 전제다. 이러한 전제에서 구체적인 대상으로 선택한 영화텍스트는 《쌀》(1963), 《또순이》(1963), 《빨간 마후라》(1964), 《맨발의 청춘》(1964), 《팔도강산》(1967), 《미워도 다시 한 번》(1968) 등이다.

근대화정책과 영화

제2차 세계대전 이후 식민지에서 해방되어 대한민국으로 독립한 한국(남한)에서도 포스트식민지 대부분에서 '근대화'를 과제로 받아들였던 것과 같은 현상이 출현했다. 현상은 출현했지만, 1950년대 초반 발생한 한국전쟁 때문에 한국사회에서 근대화의 작업은 지연되었다. 1950년대에는 한국전쟁으로 발생한 피폐를 복구하는 데 치중해야 했고,[6] 근대화 과제가 본격적으로 한국사회에서 추동된 것은 1960년대에 이르러서였다.

내전인 한국전쟁을 경험한 남한의 일반 대중에게는 공산주의와 빈곤에 대한 혐오라는 공감대가 형성되어 있었으니, 1960년대 초반 집권한 박정희 정권은 이러한 집단심리적 바탕에서 한국사회를 반공·개발동원체제로 구동시킬 수 있었다. 당시 박정희 정권은 집권 정당성을 확보하지 못했다는 정치적 정당성의 결함을 경제를 통해 채우려 했고, 이를 이데올로기 작업을 통해 이루려 했다. 박정희 정권은 이 글에서 주목하는 영화 외에도 방송, 신문, 교육, 집회 등의 다양한 이데올로기적 장치를 동원했다. 이데올로기 작업이 비교적 순조롭게 진행될 수 있었던 이유는, 대중의 일반적인 경제적 성장 욕망과 영화인의 영화를 근대화시키려는 욕망이 국가권력의 이데올로기적 실천에 중요한 자원이 되어주었기 때문이라 할 수 있다. 이러한 자원이 바탕이 되었기 때문에 박정희 정권은 정권 유지에 유리한 영화정책을 다양하게 수립할 수 있었고, 법제의 기반에서 영화산업을 근대화시키려는 한편으로 영화라는 이데올로기적 기구를 통해 일반 대중이 스스로를 '빈북·빈공의 근대적 한국민'으로 정체화하도록 추동했다. 이 글에서 강조하는 점은, 1960년대 박정희 정권이 영화를 통해 근대화·산업화의 이데올로기적 실천을 할 수 있었던 이유 중에는 폭압적인 강요가 일방적으로 작용했다기보다는 일반 대중의 경제성장에 대한 열망이 박정희 정권의 근대화 욕망과 맞아떨어진 면도 있었다는 점을 간과해서는 안 된다는 것이다.

　신광영(1991), 조희연(2007) 등에 따르면, 1960년대 초반 당시의 일반 대중이 국가가 내세운 경제개발 계획의 근간인 발전 이념을 매우 매력적인 정책 이념으로 받아들일 수 있었던 이유는 빈곤이 보편화해 있던 당시의 경제상황 때문이다. 그리고 부존자원이 빈약하다는 한국사회의 특수성도 이유가 되었으니, 부존자원이 빈약한 사회의 일반 대중에게 원료를 가공해 상품의 부가가치를 높이고 그것을 외국시장에서 판매하겠다는 정책은 매우 합리적인 것으로 받아들여졌다. 하루 세끼 끼니를 걱정해야만 했던 빈한한 일반 대중에게 이러한 정책은 장밋빛 미래를 약속하는 것으로 받아들여졌을 것이다. 그래서 일반 대중은 '경제발전'과 함께 다니던 '조국근대화' 등 각종의 구호를 통해 나타난 국가의 정책목표에 반대할 이유가 없었다고 할 수 있으며,[7] 오히려 국가의 정책목표를 지지했다고 할 수 있다.

농촌을 매혹시킨
근대적 매체, 영화

　1960년대 영화와 정권의 관계에 대한 앞선 설명은 도시라는 공간에 제한해 이해하는 것이 타당하겠다. 이 글은 '한국의 일반 대중'이라는 보편성을 확보하기 위해서는 도시 이외의 지역, 즉 농촌이라는 공간의 1960년대적 특징에 대한 파악도 덧붙일 필요가 있다고 제안한다. 1960년대에 영화관이 전국으로 확산되기는 했으나, 도시 이외 지방의 사정은 1950년대와 크게 달라지지 않았다. 한국전쟁으로 과거의 전통적인 질서는 무너졌으나 새로운 지배 질서는 형성되지 못하는 1950년대를 보내면서 한국의 농촌은 무엇보다 국가와 연계되지 못하고 마치 고립된 섬같이 존재하고 있었다.[8] 1962년 8월부터 박정희 정권은 국립영화제작소를 통해 '농어촌에 라디오를 보냅시다'라는 전국적인 캠페인을 벌이는데,[9] 이러한 캠페인은 역으로 1950년대 이후 1960년대 초반 농촌 지역이 정권에는 국가정책의 이데올로기적 실천이 어려운 공간이었다는 사실, 국가와 농민 사이의 연계가 취약했다는 사실을 알게 해준다. 그리고 이런 이유로 당시 국가권력은 매체를 공급해 농촌 지역도 이데올로기 작업의 대상으로 포함시키려 한 것으로 해석할 수 있겠다.

농민들은 1960년대 초반 이후 국가의 주도로 급속히 보급된 라디오·스피커·신문 등을 통해 외부세계와 일상적 접촉을 확대할 수 있었고, 이러한 매체들을 통해 농촌 대중의 문화적 욕구 수준은 급격히 높아지게 되었다.[10] 문화적 욕구 수준은 향상되었지만, 기타 매체에 접근하기 어려운 농촌 상황은 농촌 대중으로 하여금 어쩌다가 접하게 되는 영화라는 매체에 대해 여전히 이곳이 아닌, 저곳, 도시의 오락거리로 여기게 했을 것이다. 1960년대 농촌 대중에게 영화는 여전히 도시적/근대적 매체라는 매체 자체의 특징이 강하게 작용했을 것이다. 이런 맥락에서, 국가가 주도한 영화의 전국 농촌 순회상영이라는 제도는 일차적으로는 농촌 대중을 국가에 연결해 주는 사업이며,[11] 농촌 대중을 근대적 주체로 호명할 수 있게 할 유용한 기제였다. 이차적으로는 영화의 내용을, 그들 농촌 대중에겐 여전히 '근대적인 매체인 영화', 그 '영화의 내용'을 근대성으로 등치해 긍정적으로 받아들이게 하는 결과를 가져온 제도였다고 할 수 있다.

근대화 기획과 영화계의
근대화 욕망의 접합

한국영화를 근대화하려는 욕구를 갖고 있던 영화계에서는 영화법 제정에 적극적으로 동의했다. 동의에 앞서 요청한 것으로 보인다. 영화인들은 쿠데타로 집권한 혁명정부에 영화 발전에 도움을 줄 강력한 정책을 세워 달라고 요청했다. 이러한 사실은 영화 입법의 필요성, 문화영화를 살리는 정책의 필요성을 중심으로 하는 글들을 통해 알 수 있다.[12, 13] 그중 하나는 다음과 같다.

> (전략) 그러나 제작비의 예산제도, '프로듀서'제에 의한 제작 합리화, 감독이나 배우와의 전속계약제에 의한 고용제도의 근대화 등 근대적 제작 '시스템'의 도입과 그 확립은 여전히 앞으로의 과제로 남아있다. 앞으로 어느 제작 회사가 영화 기업의 근대화를 수행하여 산업 서열로서 최하위급에 머무르고 있는 우리 영화계를 근대산업으로 전진케하는 구실을 할 것인지? 영화계에 근대적인 산업자본이 성장하지 않고 있다는 것은 우리 영화의 진보를 위해 치명적인 '브레이크'다.[14]

이러한 요구가 1961년경에 쏟아져 나오게 된 상황은 1950년대 후반 이후 영화제작 시장이 자연 성장함으로써 영화 매출 시장의 규모에 비해 많은 영화제작사가 설립되어 영화가 과잉 생산되는 문제가 발생하고, 외화 수입이 국산영화 제작에 비해 비균형적으로 많이 이루어지고 있었다. 당시 담론의 지형에는 근대화 · 산업화 담론이 지배 담론으로 부상해 있었는데, 이러한 담론 맥락은 영화관계자들 사이에서 영화도 이제는 전근대적 수공업의 시대에서 근대적 기업의 시대로 전환해야 할 시점에 돌입했다는 인식을 공유하게 했다고 볼 수 있다. 영화계는 영화 근대화에 대한 욕망을 지면 등을 통해 표출했고, 근대화를 기획하던 국가권력은 이러한 욕망을 해결해 줄 주체로 자임하면서 영화계와 결합했다.

그리하여 1962년에 영화법은 제정되었다. 영화법 제정 이후, 1962년 12월 강력한 대통령제를 골자로 하는 헌법개정안을 국민투표를 통해 통과시킨 박정희 정권은 이듬해 초인 1963년 3월에 한국영화의 기업화를 골간으로 영화법을 영화인들의 동의 없이 개정했다. 이때 이후로 지배의 동의 기반에 변화가 생기는데, 국가권력은 영화법 개정을 준비하고 진행하는 과정에서 영화계 내부의 다양한 이해관계를 절충하고 동의를 끌어내는 데 실패한다.

영화계는 개정 영화법 때문에 분열했다. 영화법 개정에 특정 영화인이 개입해 있다는 뒷소문을 담은 몇몇 기록은 분열의 증거다.[15] 영화사 등록 요건을 강화하고, 영화제작 의무편수를 명시한 영화법 개정안에 대한 평가는 특정 영화사가 특혜를 받을 수 있다는 비판론뿐 아니라, 특혜를 받기 위해 영화법을 개정하려 든다는 음모론까지로 확대되어 영화인들 사이에 맴돌았다. 문제는 영화법 개정안을 두고 일어난 균열이 국가권력에 대한 저항으로 전환되지 못하고 영화계 내부의 균열에 머물렀다는 데 있다. 게다가, 영화업을 하는 자의 입장에서는 당시의 권위적인 정권에 순응한다면 보호를 통한 육성 대상으로 선택될 수 있다는 경험을 하게 되는 계기가 되었다.

결국, 정권은 이런 균열을 기회로 삼아 영화계에 순응을 규율화할 수 있었다. 당시 보호 육성 대상의 선택 기준은 연고를 기반으로 지속적인 관계를 유지해 낼 수 있는 영화사인가에 있다기보다, 자본주의적 자유경쟁 속에서 발전할 수 있는 영화사인가에 있었다.[16] 이후 영화시책이 바뀔 때마다 영화계의 각 집단은 이해관계에 따라 저항하기도 하고 수용하기도 하는 등으로 헤쳤다 모이기를 반복했다.

한국영화인협회와 한국영화업자협회, 정부정책을 두고 분열

등록 영화제작사가 중심이 된 한국영화업자협회가 국가권력의 지배에 동의하는 중요한 세력 중의 하나였다고 한다면, 군소 영화제작사 중심의 한국영화인협회는 국가권련의 지배에 저항하는 중요한 세력 중 하나였다. 한국영화인협회는 1차 개정 영화법 공포 전부터 그 법의 문제점을 지적하면서 반발했다. 강화된 시설 기준, 그리고 전속제도, 15편 의무제작과 그로 인한 등록 취소 요건 강화 등의 개정법 조항에 대해 한국영화가 질적으로 성장하도록 국가가 돕는 것이 아니라 양적으로는 팽창시키지만 질적으로는 하락시키는 결과를 가져왔다면서 개정 영화법 공포 후에도 법 폐기를 촉구했다. 1966년 2차 개정 영화법에서 제작사의 등록 요건이 완화되었는데, 그 이유를 한국영화인협회 등이 제출한 이러한 건의서와 진정서 때문으로만 설명한다면 무리가 있다. 오히려 한국의 영화 수급 상황에서 영화의 기업화가 오히려 역작용만 한다는 것을 국가권력이 인정했기 때문이라고 보는 것이 타당하다.

영화법을 제정하면서 영화업을 등록제로 하고 1차 개정을 통해서 등록 요건을 강화하게 되자, 많은 영화인들은 등록을 할 수 없이시 영화제작을 사실상 할 수 없게 되었다. 등록을 한 영화사라할지라도 현실 여건보다 많은 편수를 제작해야만 하는 탓에 등록을 취소당하지 않으려면 영화사 이름을 빌려주어 제작편수를 채워야만 했다. 등록을 하지 못한 영화인들과 제작편수를 채워야 하는 영화제작사의 이해가 맞닿은 지점에서 나온 제도가 바로 대명제작(代名製作)이었다. 이는 물론 위법이었다.[17] 대명제작은 국가권력의 실천을 강압으로 위치 짓고 영화인의 반응을 저항으로 이름 지을 수 있는 방식이 되었다. 그러나 국가권력만이 대명제작을 위법이라는 이름으로 배제시키려 한 것은 아니었다. 주류에 속한 영화계 일각에서도 제작사 등록을 이권화한다는 이유를 들어 대명제작을 반대했다. 영화계에서는 대명제작을 이유로 개정 영화법 폐기를 원했다. 이러한 움직임 또한 영화계가 국가의 강요에 저항한 또 하나의 사례다. 그러나 당시에 대명제작으로 인해 발생하는 이해관계 때문에 한국영화업자협회와 한국영화인협회가 분열했다는 역사적 사실을 간과하지 않는다면, 대명제작을 무조건 저항의 방식으로 분류하는 것은 다른 많은 순응이 존재했던 실체를 제대로 파악하지 못하는 것이다.

이처럼 국가권력과 영화인 사이의 갈등 상황에 대한 구체적 사례를 통해 볼 때에도, 당시 영화계와 국가의 관계를 일관된 강제와 일관된 수용 혹은 저항의 틀로, 흔히 표상화되는 '폭압적 정권과 억압 중심의 영화법에 어쩔 수 없었던 피해자 영화인'의 틀로 설명하기에는 어려운 부분이 있다고 하겠다.

그렇다면 국가와 일반 대중 혹은 관객 대중 사이의 관계는 어떠했나? 국가권력이 영화에 개입하는 것에 대해 일반 대중인 관객이 저항했다고 보는 시각은 무리가 있다. 오히려 관객은 국가가 영화에 개입하는 것의 정당성 여부에 특별한 판단을 하지 않았을 수도 있다. 국가가 신징해 주는 우수영화에 대한 관객의 반응은 1960년대에는 다양했다.[18] 당시 우수영화의 흥행 실적이 그러한 다양성의 지표가 된다. 예를 들면 1960년대 초반 우수 영화 수상작인 《혈맥》(1963, 김수용)이 10만 명, 《벙어리 삼룡》(1964, 신상옥)이 15만 명, 《갯마을》(1965, 김수용)이 10만 명, 《돌아오지 않는 해병》(1963, 이만희)이 22만 7,800명, 《빨간 마후라》(1964, 신상옥)가 15만 명의 흥행 기록을 세운 것을 보면[19] 관객이 우수영화라는 이유로 외면하거나 하지는 않았다는 점을 알 수 있다. 이러한 사례는 국가와 일반 대중 혹은 관객 대중 사이의 관계가 일방적인 강제와 순응의 틀로 적용하기 곤란한 한 예라고 할 수 있다. 이를 통해, 이 글은 기존의 '강요하는 국가권력과 억압받은 일반 대중 및 피해자 영화인들'의 표상은 실증 없이 구성된 것이라고 분석한다.

영화법을 통해서 영화인을 예술인에서 직능공으로 변화시키고

제정된 영화법에서 '등록을 하지 않고는 영화업을 할 수 없다'는 조항은 영화를 예술보다는 사업으로 이해하게 했다. 이러한 인식 전환에 앞서 실체적인 변화가 나타났으니, 첫째는 등록을 영화업의 필수조건으로 명시한 영화법의 제정이다. 이전까지 '영화인 중심'의 영화제작 체제는 무너졌다. 대신에 '영화사 중심'의 영화제작 체제로 변화되었다. 이영일이 분석하듯이,[20] 이전 40년 동안, 장점뿐 아니라 단점도 있었지만, 한국영화 제작은 등록되지 않은, 등록이 필요 없는 개인이 제안하는 영화에 대한 반짝이는 아이디어에서 시작되곤 했다. 그 아이디어를 바탕으로 각본을 만들고 그리고는 스태프들을 모았다. 그 후에 돈을 대줄 제작자를 구하는 것이 순서였고, 체계였다. 소위 영화인 중심의 영화제작 방식이다. 그러나 1960년대에는 영화를 만들려면 법의 테두리 안에서 해야 했고, 과거의 전통을 버리고, 영화를 만들기 위해서는 먼저 영화사를 만들어야 했다. 그로 인해 작품의 주제나 내용, 형식 결정을 이전에는 감독이 했다고 한다면, 이제는 영화제작사의 대표, 대개는 영화제작사 대표를 중심으로 하는 기획부서에서 했다. 경영 중심의 영화제작사에서 이러저러한 작품을 기획한 후 그에 맞는다고 생각되는 감독과 인력을 불러 모으는 형태가 새롭게 등장했다.[21] 결국, 1960년대를 사는 한국의 영화인은 이전의 예술가라는 지위에서 직능공과 같은 지위로 전락하는 경험을 했고, 영화인 대부분은 이 새로운 체계에 적응하지 못했다. 당시의 수많은 저널이 1960년대의 한국영화에 대해 '작가 부재의 영화'라고 개인 차원의 문제로 환원시켜 비판한 것은 당시의 구조적 문제를 보지 못한 근시안적 비평이라 할 수 있겠다.

둘째는, 영화자본 성격의 변화다. 기존에는 예술가가 만들어놓은 것을 내다 파는 상업자본의 형태였다고 한다면, 이제는 상품으로 만들 것을 요구하는 산업자본의 형태가 되었다. 한국의 영화산업은 서양, 그중에서 발전의 모델인 미국의 영화산업을 모델로 삼고자 했으므로, 대량생산 체제로 변신해야 한다는 것이 정부의 의지였다. 정부는 영화사업을 기업화하는 데 박차를 가하기 위해 영화법을 1차로 개정했는데, 영화법이 제정된 1962년 당시보다는 1963년 이후의 개정 과정에서 산업자본적 성격이 더욱 분명해졌다.

생산에서 소비까지 국가가
전방위적으로 관리하는 방식

소위 '개발독재 시기', '반공규율 사회'였던 박정희 정권 시기에는 영화의 전 층위를 국가가 통제했다. 우선, 국가권력은 1961년 6월 국립영화제작소를 설립해 영화 매체를 소유했다. 국립영화제작소가 직접 문화영화를 제작·배포하게 했고, 문화영화 상영을 의무화해 이데올로기의 전파 통로를 확보했다.[22] 또한 일반 상업영화에 대해서는 우수영화에 수입쿼터를 부여하는 방식으로 국가의 입맛에 맞는 영화를 생산하도록 유도했으니, 국가권력이 내용을 통제하는 결과를 가져왔다.

1960년대 당시의 관객은 문화영화에 무관심했다. 관객이 문화영화에 주목하지 않았다는 사실은 이 글이 인터뷰한 결과로도 증명할 수 있다. 그러나 이러한 결과를 일반 대중이 국가의 통제에 동의하거나 순응하지 않고, 이데올로기적으로 지배 이데올로기를 내재화하지 않을 수 있었던 징후로 보는 것은 무리라는 것이 이 글의 주장이다. 그 주장의 근거로, 이 글은 영화를 수용하는 상황이 국가에 의해 완결된 '애국가영화-뉴스영화-문화영화-본영화'라는 조합 방식 속에 있었다는 사실을 제시한다.[23] 이 조합 방식은 1960년대 당시 영화를 통해 일반 대중의 국가권력에 대한 동의가 국가권력의 강제에 의해 보강되는 예가 되겠다.

'애국가영화-뉴스영화-문화영화-본영화'의 조합은 분명 이 시기의 특수한 영화 수용 상황이다. 이러한 조합은 국가가 법제를 통해 이룬 것이다. 이 조합의 작동은 영화의 생산에서 수용까지 전 과정에 국가의 통제가 개입한다는 의미이며, 국가가 영화 관계자만이 아니라 관객인 일반 대중을 통제한다는 의미다. 국가가 대중의 상상에 간섭해 대중을 국민으로 호명한다는 의미다. 더욱이, '국가는 늘 국민과 함께 있다'는 것이다. 일반 대중은 대개가 영화를 오락으로 생각하면서 극장을 찾았을 터이지만, 일반 대중이 극장에서 관람하는 바로 그 지점까지 국가는 개입해 들어왔고, 그 결과 관객은 국가를 상상하며 자신의 주체성을 '국민'으로 구성했을 것이다. 1963년 2월 하순에 개봉한 《또순이》(부제: 행복의 탄생, 1963, 박상호)의 경우, 영화 내용이 위의 조합 방식과 결합하면 당시 상영된 〈대한뉴스 제406호(제작일, 1963. 3. 2)〉의 내용 중 조국재건을 강조하는 '3·1절 뉴스', 대한뉴스의 단골 뉴스거리인 경제개발 현장을 소개하는 일환으로 정유공장에 기계가 도입되어 더욱 활기차게 발전하는 한국의 모습을 담은 뉴스 등이 상호 공명할 수 있다는 것이다. 그리하여 발전 이데올로기, 그리고 체제 우월을 통한 반공 이데올로기의 전파라는 효과를 가져올 수 있다고 이 글은 분석한다.[24]

또 다른 예로, 뉴스영화인 〈대한뉴스〉에서 경제발전상을 다루는 꼭지가 있고, 발전과 관련된 내용의 문화영화가 이어지고, 《팔도강산》 같은 발전 송가(頌歌) 영화가 근대사회에서 선호되는 한국민이 되고 싶다는 욕망을 갖는, 그런 관객이라면 자신을 경제역군으로서의 근대적 주체라는 주체성을 형성할 가능성이 충분하다는 것에 이의를 제기하기는 어렵다.[25]

박정희 정권이 영화에 대해 이렇게 치밀하게 생산에서 소비의 전 과정을 장악·통제하고자 기획했던 이유는 영화의 이데올로기적 효과에 대한 인식 때문이었다. 영화를 담당하는 행정부서를 기존의 문교부에서 공보부로 전환시켰는데, 공보부의 주 업무는 정권 홍보가 핵심이라는 사실을 환기한다면 정부가 영화를 언론매체의 오락적 기능보다 이데올로기적 기능에 무게를 더 두었던 것으로 추정하게 한다. 1961년 당시의 공보실장이 TV 방송국 설립 계획에 대해 표명한 의견이 자료로 남아 있다. "여론을 만드는 서울 시민의 병든 마음을 성하게 고치기 위해서 나는 TV국을 세우기를 원했다. 또한 새로워지는 나라와 겨레의 모습을 구체적인 것으로 만들어서 이것을 눈으로 보고 그들의 생활로 삼게 하기 위해서였다."[26] 이러한 정책 홍보 의도는 1960년대 내내 의무상영해야 했던 뉴스영화나 문화영화의 내용에서뿐 아니라,[27] 더 중요하게는, 그것들의 실체와 조합 방식만으로도 읽어낼 수 있다.

1960년대 중반에는 국민 1인당 연평균 5회 정도 영화관을 찾았다는 통계자료가 있다. 한국영화 역사에서 관객이 영화에 가장 가까웠던 시기였다.[28] 그러나 앞에서도 잠시 언급했지만, 1960년대의 관객은 문화영화를 외면하는 편이었다. 국립영화제작소에서 문화영화를 제작했는데 역량 탓으로 제작편수가 몇십 편에 그쳐 당시의 극영화 제작편수 200편 내외를 따르지 못했다. 게다가 제작이 "민간기업으로 육성되지 못해 극영화와 더불어 상영할 만큼 좋은 문화영화란 거의 없어서" 당시를 경험한 한 관객의 말을 담은 자료에서 보면, "거의 따분하고 시간이 아까운 느낌만 드는" 경우가 대부분이었다.[29] 1960년대 당시 어린 나이로 영화를 관람한 경험이 있는 40, 50대가 증언하는 내용에 따르면, "애국가가 울려 퍼지고, 대한뉴스가 나왔던 것은 기억이 나는데요…… 문화영화는 명확하게 남아 있지 않아요……", "(문화영화에 대한 설명을 듣고 나서) 그래, 그런 거 뭐 있었던 거 같아요……", "대한뉴스랑 비슷한 내용 아니었나요?" 등으로 관객은 일반적으로 문화영화를 영화 관람의 기억에 포함시키지 못했다. 이는 영화관 안에서 영화들의 조합이 진행되는 중에, 관객들이 특히 문화영화에 대해서는 보는 행위가 아니라, 그저 눈을 스크린에 두고 있었을 뿐이었던 것으로 분석할 수 있다.

그러나 뉴스영화에 대해서는 대부분이 기억하고 있다는 점이 흥미롭 박정희 정권은 1962년 8월부터 1963년 3월까지 국립영화제작소를 통해 '농어촌에 라디오를 보냅시다'라는 전국적인 캠페인을 벌인다.

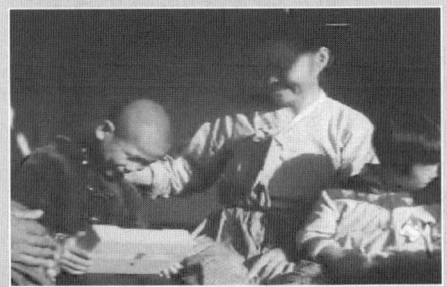

《돌아오지 않는 해병》(1963, 이만희)은 1964년 제3회 대종상에서 감독상, 녹음상, 신인상을 수상한다.

1965년 제4회 대종상영화제 작품상, 감독상, 공로상, 음악상 수상작 《벙어리 삼룡》(1964, 신상옥).

1964년 제3회 대종상영화제 작품상과 남여주연상, 각본상을 받은 《혈맥》(1963, 김수용).

《갯마을》(1965, 김수용)은 1966년 제5회 대종상영화제에서 작품상 외에도 여우조연상, 촬영상, 편집상을 수상한다.

1965년 제4회 대종상에서 여우조연상, 촬영상 등을 수상한 《빨간 마후라》 (1964, 신상옥).

비전향장기수를 다룬 다큐 《송환》의 연출자 김동원은 영화 속에서 간첩에 대해 기억하기를, 어렸을 적 영화 시작 전에 틀어주던 대한뉴스에서 가끔 보았던 무서운 모습이었다는 것이다.

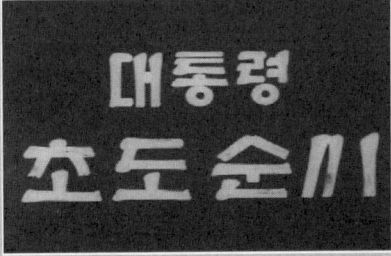

1961년 6월에 국립영화제작소를 설립해서 대한뉴스 제작을 담당케 했고, 1963년 개정 영화법에서 본영화 전에 대한뉴스를 의무적으로 상영하도록 규정해 놓았다.

청춘영화의 대표작《맨발의 청춘》(1964, 김기덕) 같은 밝은 분위기의 청춘영화들은 남한 체제의 우월성을 암암리에 이미지화하고 있어서 국가권력으로부터 환영을 받았을 것이다.

1960년대 멜로드라마 영화의 대표작《미워도 다시 한번》(1968, 정소영)은 중간계층의 탈정치화, 보수화한 정서를 담고 있다.

1960년대 영화 흥행 순위 2위에 올라 있는《성춘향》(1961, 신상옥)

《팔도사나이》(1969, 김효천). 《팔도강산》의 흥행 성공 이후 '팔도시리즈'가 속속 만들어진다.

대중에게 가족드라마로 다가온 《팔도강산》(1967, 배석인)에서 냉전이데올로기를 쉽게 발견할 수 있다.

근대적 한국민의 인성으로 박력을 강조하고 있는 《쌀》(1963, 신상옥)

다.[30] 비전향장기수를 다룬 다큐멘터리 《송환》(2004)을 감독한 김동원의 뉴스영화에 대한 회고가 하나의 증거다.

> "…… 내가 간첩을 처음 본 건 어렸을 적 극장에서 영화 시작 전에 틀어주던 〈대한뉴스〉에서였다. 무슨 말들인지 잘 알아듣진 못했지만, 아무튼 간첩은 귀신이나 망태 할아버지만큼 무서운 사람들이란 인상이 내 머리에 새겨졌다……."

이처럼, 1960년대 한국영화는 정부의 주도하에 법제를 통해 생산뿐 아니라 수용 상황까지 통제·관리되는 과정에서 이데올로기적 도구로 충실히 기능했다. 영화텍스트와 콘텍스트 차원에서 이데올로기적 실천을 수행한 것이다. 즉, 근대화라는 큰 과제 아래에서 기업화/산업화라는 하위 주제를 가지고 반복 강조된 재건, 쇄신, 발전, 보호, 육성, 반공, 자유, 대량 생산, 메이저 시스템이라는 구호는 한국 영화산업의 특정한 작동 방식과 영화텍스트 양 차원에서 구현되어 발전주의와 반공주의가 근대화논리 속에서 접합하는 것으로 분석된다.

'잘 살아보세'의 냉전논리 구축 방식

영화의 이미지와 내용에 대한 국가의 통제 및 요구는 반공문제에서는 영화인들의 별다른 저항 없이 수용되었다. 오히려 대개의 영화인들은 자발적으로 반공을 소재나 주제로 하는 영화를 만들었다. 물론 정부의 제작지원금도 영화관계자의 자발적인 제작, 즉 자발적인 동의에 중요한 역할을 했다. 잘 살아보자고 국민을 동원한 발전 이데올로기가 헤게모니로 전환될 수 있었던 이유는 그것이 한국인의 경험적 현실에 부분적으로 기초한, 즉 일반 대중이 갖고 있던 내전 후의 빈곤이라는 경험 때문이었다. 국민소득 100달러 미만의 빈곤한 상태에서 경험적으로 가시화되는 경제성장의 모습은 성장 이데올로기의 타당성을 많은 국민에게 심어주었다.[31]

영화 검열관은 판잣집이 나와서 칙칙하다는 이유만으로 검열의 잣대를 휘두르기도 했다.[32] 이러한 검열 기준은 그 이전의 어느 시기보다 밝은 분위기의 영화들을 출현시켰는데, 청춘영화 장르가 대표적이다. 도시 공간의 밝은 청춘 남녀의 이야기를 다루는 청춘영화는 국가권력에는 북한과의 체제 경쟁에서 남한 체제의 우월성을 암암리에 이미지화하고 있어서 환영할 만했을 것이다. 실제 수용자인 관객, 특히 청춘 관객이 청춘영화에 환호했는데, 그 이유는 자신들을 영화에서 확인하는 즐거움 외에 서양화한 사회의 모습을 꿈꾸게 하는 근대화 욕구 때문이었을 것이다.[33]

청춘영화 외의 다른 장르에서도 반공과 경제발전이 접합하는 근대화의 이데올로기적 기입 방식은 유사하다. 이영일은 1960년대 전반기에 관객에게 환영 받은 영화를 장르로 볼 때 생활상을 다룬 멜로드라마였다고 소개한다.[34] 그 특징으로 가정의 모럴이 그 어느 때보다도 건전했고 인정과 애정, 이해와 융합이 흐뭇하게 그려졌다면서, 신파적 소재가 관객심리에 어필하지 않았다는 것은 이 시기 대중들이 합리적으로 사고해 자신의 생활에 충실한 경향이었다는 것을 말해 준다고 분석한다. 그러나 이러한 평가에 대해, 그리고 여기에 덧붙여서, 이글은, 당시의 멜로드라마가 코미디영화, 청춘영화, 스릴러 액션영화라는 흥행 장르와 함께 남한사회의 상대적 발전상을 담고 반복하고 있다는 점을 간과해서는 안 된다는 점을 강조하고 싶다. 반공 전쟁영화 대부분은 전쟁의 스펙터클을 보여주는데, 흔히 거대한 우리 군의 포화력을 미력한 북한의 군사력과 대비한다. 이러한 표상 방식에서 미력한 북한의 군사력은 경제적으로 열등한 북한 체제의 지표이고, 풍부한 남한의 군사력은 경제적으로 우월한 남한 체제의 지표로 작동한다. 이러한 이분법적 작동 방식은 경제발전 이데올로기를 구성하고, 그 결과 일반 대중은 자신이 반공 진영인 남한 체제에 속해 있는 것에 안심하고 그 체제가 안정적으로 유지되기를 기대한다. 반공영화가 전쟁 장르에서 멜로, 액션 스릴러로 확산되는 시기도 이때인데, 전장을 담지 않은 반공영화들에서도 남한사회의 체제 우월성에 대한 표상들을 쉽게 찾아볼 수 있다.

남한의 체제 우월성은 뉴스영화와 문화영화에서 극명하게 드러나고 반복된다. 다큐멘터리 《송환》의 김동원 감독은 대한뉴스가 내레이션과 자료화면을 이용해 세련된 남한 사람과 험상궂고 가난해 보이는 북한 사람의 이분법적 표상 방식을 쓰던 1960년대 당시의 상황을 아래와 같이 말한다.

> "…… 지금 보니 간첩을 촬영할 때는 더 험상궂게 보이도록 특수한 조명기술을 사용하고 있었다……."

경제개발에 박차를 가하던 1960년대 후반, 멜로드라마는 복고적인 신파성을 띠었는데 그 이유에 대해 이영일은 이를 근대화의 물결에 민중이 참여하지 못하고 소외되었기 때문으로 평가한다. 그러나 이 글은 이영일의 평가에 동의하지 않는다. 《유정》(1966, 김수용), 《흙》(1967, 장일호), 《미워도 다시 한 번》(1968, 정소영) 등의 멜로드라마가 '근대화 과정에 역행하는 보수적인 정서를 찾았다는'[35] 비판은 이들 영화가 과거의 가족관계, 인간관계를 재현했다는 점에서 그렇게 평가하는 것으로 읽힌다. 그러나 오히려 이러한 영화들은 중간계층의 탈정치화한 성향을 포섭하고 있으며, 이는 보편적으로 발전을 추구하는 사회일수록 체제를 유지하기 위해 보수적 정서를 유포하는 경향성을 보인다는, 경제적인 근대화를 추구한다면 정서적으로 보수화할 수 있다는 전제에서 본다면, 비판의 항목으로 적합하지 않다고 판단한다. 오히려 경제적 발전주의 중심의 근대화가 진행되면 보수적 정서는 당연히 따르는 것이고, 이들 영화는 그러한 경향, 즉 경제발전 이데올로기의 내재화의 한 예라고 설명하는 것이 타당하다는 것이 이 글의 주장이다.

《팔도강산》(1967, 배석인)은 근대화와 보수적 정서가 혼재하는 좋은 사례다. 이 영화는 한국의 근대화 담론의 전형성을 보인다. 소위, 산업화를 근대의 모든 가치에서 분리해 강조하고, 경제의 구조 개선보다는 성장 자체를 중시하는 한국적 근대화론[36]이 그대로 드러난다. 《팔도강산》은 서울에서 한약방을 하는 김 노인이 전국 각지에 흩어져 사는 여섯 딸과 한 아들을 찾아다니는 노정을 담은 영화인데, 흥미롭게도 이 영화는 팔도에서 자랑할 만한 자연 풍광과 유적지를 스케치한 뒤에 반드시 그 지역의 대표적 개발 현장을 짝으로 병치하는 방식을 채택하며, 그것을 반복한다. 예를 들면, 청주의 딸 내외 집을 찾은 김 노인 내외는 우선 충북 유람을 하는데 백마강, 고란사, 속리산 법주사 등을 돌아보고 마지막에 사위가 근무하는 시멘트공장에서 그 '큰 규모'에 놀라는 것으로 첫 유람을 마무리한다. 이어 광주 근방에 있는 딸 내외 집을 찾아가면서 내장산 단풍과 무주구천동의 아름다움을 몸소 느끼고 역시 사위가 근무하는 동진강 간척공사장을 구경한다. 사위의 안내로 공사장을 구경하면서 엄청나게 큰 규모와 '자연을 극복하는 인간의 의지'에 감탄할 때, "간척공사 때문에 우리나라 지도가 변해⋯⋯ 좋은 세상이란 말입니다"라는 등의 대화가 이어지는데, 이러한 대화는 영상과 어우러져 산업화, 개발 등을 가치 있는 것으로 의미화한다.

규모의 크기에 가치를 부여하는 방식은 대사 차원뿐 아니라, 영상 차원에서도 이루어진다. 예를 들면, 발전과 성장의 인덱스인 규모의 크기는 사위들이 근무하는 공장들이나 딸이 관람시켜 주는 지역 명소의 전경을 보여줄 때 반복되는 영상 구축 방식에서 두드러진다. 아름다운 풍경을 다룰 때는 그 지역을 소재로 하는 유행가를 흘리면서 등장인물은 스크린에 담지 않는(Screen Off) 처리를 하는 데 반해, 건설의 현장은 멀리서 잡기(extreme-long)로 숏을 구성하되 등장인물을 스크린 안에 위치 지움으로써 건설 현장의 크기를 가늠하게 해줄 단위로 역할하게 한다. 한편으로는, 전자가 아름다운 풍경을 대상화한다면, 후자는 건설 현장에 주체가 함께 하여 '나의 일터', '나의 공간'의 의미를 구성해 내기도 한다.

《팔도강산》의 냉전성은 표피적 차원에서는 거의 드러나지 않는다. 영화의 전반과 중반이 조국 근대화의 현장을 중심에 두고 강조하고 있다면, 후반의 단 한 시퀀스에서 휴전선이라는 냉전의 공간이 드러난다. 휴전선에서 근무하는 군인 아들을 만났을 때, 휴전선을 보며 가슴 아파하는 어머니와 아버지에게 군인 아들은, "경제발전을 이룬다면 통일이 이루어질 수 있다"고 한다. 이는 경제발전에 냉전논리가 결합하는 대표적 방식이다. 냉전 논리가 드러나는 것은 이 시퀀스가 전부다. 그러나 주제가와[37] 내러티브상에서 '팔도강산=한국=남한'이라는 등식이 형성된다는 점, 그리고 간텍스트적으로 《팔도사나이》(1969, 김효천), 《팔도사위》(1969, 김화랑), 《팔도식모》(1970, 전우열), 《팔도며느리》(1970, 심우섭), 《팔도검객》(1970, 김효천), 《팔도 기시나이》(1970, 편거영) 등 '팔도시리즈'의 원조가 되었다는 점 등에서 남한을 팔도 전역으로 규정하는 역할을 한다. 즉, 영화는 북한을 국가로 인정하지 않고 북한을 괴뢰정권으로 규정하는 냉전적 사고방식을 드러낸다. 이러한 의미 생산을 분석해 낸다면, 《팔도강산》은 대표적으로 발전논리가 냉전논리와 함께 다니는 문화를 형성한 대표적인 영화라고 하겠다.

1967년 설날에 개봉된 이 영화는, 당시 최고의 스타들이 총출연했으며,[38] 33만 명에 이르는 당시로서는 놀라운 흥행 기록을 올렸으니, 1960년대 영화 흥행 순위 3위로, 《미워도 다시 한번》(1968), 《성춘향》(1961, 신상옥)의 뒤를 잇는다. 이러한 흥행 성과는 《속 팔도강산(세계를 간다)》(1968, 양종해), 《내일의 팔도강산》(1971, 강대철), 《아름다운 팔도강산》(1971, 강혁), 《우리의 팔도강산》(1972, 장일호) 등의 시리즈를 만들어내게 했다. 그리고 영화의 시대에서 텔레비전의 시대로 전환된 1970년대에 텔레비전 일일연속극(《꽃피는 팔도강산》, KBS-TV)으로까지 만들어졌는데, 드라마 역시 대중의 호응을 얻는 데 성공했다. 1974년 4월 15일부터 1975년 10월 5일까지 총 398회가 방송되었는데, 정책홍보성이라는 기본적 성격에도 불구하고 멜로드라마적 요소를 가미하고 김희갑, 황정순, 최은희, 장민호, 황해, 박노식, 태현실 등 영화에 출연했던 배우와 당대 톱스타들을 총출연시켜 시청자를 끌어들인 드라마였다.[39]

《팔도강산》과 마찬가지로 건설의 현장에서 박력을 가치 있는 인간의 성질로 부각시키는 방식은 《쌀》(1963, 신상옥)에서도 마찬가지다. 상이군인으로 제대한 용이(신영균 분)가 산을 뚫어 황무지에 용수를 대는, 불가능해 보이던 사업을 가능하게 하는 요인 중 하나로 영화 속에서는 용이의 뚝심 있는 박력이 강조된다. 그리고 상이군인인 용이는 중요한 공식적인 사무를 볼 때에, 그리고 불가능해 보이는 사업에 고향 사람들을 동원하기 위해 설득할 때에 군복을 싱용한다는 설정에 주목할 필요가 있다. 이러한 장면에서는 신뢰와 군인의 이미지가 중첩된다. 내러티브상에서 용이는 다리 부상을 당한 상이군인이지만 당시 몸집 좋은 배우인 신영균이 역할을 하고 내러티브와 결합함으로써, 용이는 든든한 남자 그리고 '영원한 군인'으로 다가온다. 소위 국가가 경제발전을 위해 필요로 하는 것은 개척이나 개발을 위한 노동력을 제공해 줄 수 있는 몸, 국가의 존립을 결정하는 전쟁에 참여할 수 있는 몸의 이미지인, 성인 남자의 이미지인 것이다. 내러티브상에서 용이의 다리 부상은 그가 몸을 쓰는 데 별다른 방해 요소가 아니라는 점에서, 온갖 역경을 헤쳐 나가는, 불굴의, 박력 있는 의지를 강조하기 위한 장치일 뿐이다.

발전국가 미국-자본주의적 자유-반공주의

박정희 정권은 근대화를 위한 산업화 정책을 수립하면서 모든 경제 분야를 대상으로 삼았으니, 문화산업의 일부로서 영화산업도 예외가 될 수 없었다.[40] 영화법을 제정하면서 제작사 등록 요건을 강화하고, 연간 15편 제작을 명문화한, 한국영화 기업화정책은 대량생산에 기반을 둔 미국의 메이저시스템을 한국에 이식하자는 정부 차원의 요구였다고 할 수 있다. 문제는 이러한 요구가 한국의 영화제작 현실과는 너무나도 거리가 멀었다는 점에 있다. 미국의 시스템을 모델로 삼았기 때문에, 일각에서는 '우리도 할 수 있다'는 담론과 함께 '노력해 보자'는 국가권력의 동원 요구에 동의하는 모습도 보였지만, 다른 대부분에서는 '우리는 할 수 없다'는 한국 열등 담론, 그것의 짝패인 미국 우월주의를 이데올로기로 확산시키면서 한국민의 열등성을 강화하는 결과를 낳았다.

그리고 한국영화 기업화정책에서 무엇보다 가장 큰 문제는 한국영화

제작 장려책으로 선택했다는 것이 우수영화 제작사에 외화수입권을 배정하는 제도였다. 이 제도는 당시의 열악한 한국영화 생산의 조건이 일제 식민 시절부터 형성된 미국영화에 대한 일반 대중의 선호라는 또 다른 조건과 맞물리면서 한국영화를 제작하는 이유를 흥행의 안전판이랄 수 있는 외화수입권을 받기 위해서로 왜곡시키는 구조를 야기했다. 결과적으로, 한국영화의 산업화는 미국영화를 통해 가능하다는 왜곡된 공식이 형성되었고, 한국영화는 도구적 가치로 전락했다.

그러나 외화수입권 확보를 위해 졸속으로 한국영화를 대량 생산해 내는 제작 풍토를 영화인 전체의 모습이라고 등치시켜서는 안 된다. 왜냐하면 영화인 대부분이 정부정책에 동의해 정부가 요구하는 대로 따라주었지만, 한편에서는 제작사의 이름을 빌려 자기 소신껏 연출하는 기회로 삼는 모습도 간혹 나타났기 때문이다. 소신껏 연출한 이들이야말로 당시 좋지 않던 제작 여건에서 한국영화를 질적으로 발전시키는 데 한몫했던 것 또한 사실이다. 이들이 정부의 정책에 위반하면서도, 영화 생산 작업을 진행시킬 수 있던 이유 중 하나는 당시의 영화 관련 담론 지형의 맥락으로 볼 수 있다. 이 시기에 영화는 예술이라는 예술 담론이 지배적인 담론에서 물러나긴 했지만, 지배적인 담론으로 올라선 산업 담론의 주변에 상존하면서 이들 지배 담론에 끊임없이 저항했기 때문이다.

담론 지형에서의 투쟁들, 그리고 제작 현장에서의 법규 위반에도 불구하고, 충무로 상업영화 영화인 사이에서 본질적 가치는 외국영화, 특히 할리우드영화에 부여되었던 것만은 사실이다. 상업영화계에서는 분명히 할리우드영화와 한국영화 사이에 상하의 위계구조가 형성되고 고착되었다. 문제는 이러한 가치구조가 영화관계자 내부에서 머물지 않고 일반 대중에게도 파급되었다는 데 있다.

외화수입권을 이유로 한국영화를 대량으로 제작하게 유도하고, 우수 영화에 외화수입권을 배정하는 제도로 지배권력의 이데올로기와 일치하는 영화제작을 유도해 낼 수 있던 것이 당시의 영화정책 맥락이라고 할 수 있다. 이러한 영화정책 맥락은 국가 차원에서 영화산업에 대한 미국식 모델을 적극적으로 이식하려는 의지의 발현인 법제를 기반으로 하면서, 한편으로는 다양한 매체를 통해 '우방', '피의 도움'[41] 등으로 미국에 대한 긍정적 담론이 지배적인 자리를 차지하는 담론 지형과 접합하면서 한국의 일반 대중에게까지 우리보다 우월한 선진 미국의 영화를, 그리고 선진 미국을 선망하게 하기에 충분했다. 미국영화에 대한 선망을 형성하는 데는 물론, 일제하부터 생성된 미국영화에 대한 호감이라는 역사적 배경이 있다. 나아가 영화의 내용에서, 한국보다 우월한 미국과 우호적 관계를 유지하는 상황을 다행, 행운으로 규정하는 표상 방식을 당시의 뉴스영화에서 심심치 않게 찾아볼 수 있다는 점도 미국을 선망하게 하는 중요 요인으로 작용했다고 하겠다.[42]

뉴스영화와 문화영화,[43] 그리고 이어서 본영화를 관람하게 되면 유사한 표상 방식의 반복에 의한 미국우월주의의 구조 강화가 결과한다. 예를 들어 본영화가 《맨발의 청춘》(1964, 김기덕)일 때를 상정해 보자. 《맨발의 청춘》에서 미국문화의 상징인 털 스웨터와 청바지, 진 재킷, 트위스트는 자유, 근대의 아이콘이다. 아메리칸드림은 자유를, 자본주의적 자유를 내포하고 있으며, 그것을 달성하는 여정의 남한은 북한보다 우월하다는 논리로 쉽게 이어진다.

산업화와 기업화를 통해 미국영화에 버금가는 한국영화를 만들고자 영화관계자들에게 강요했던 국가권력의 의지는 미국영화와 한국영화의 우열구조가 형성되는 역효과로 나타났다. 이러한 결과는 국가권력의 의지가 일방적으로 전달되어 영화관계자, 그리고 영화관객에게서 동의가 쉽게 이루어진 것이 아니라 그들 사이에는 투쟁과 타협이라는 역동적 과정이 존재하고 있다는 점을 보여준다고 하겠다.

1960년대, 반공적 경제역군이라는 주체성 형성

1953년 한국전쟁이 휴전으로 종료되면서 한반도에서 열전은 사라졌고, 1961년 집권한 박정희 정권 시기에 본격적으로 냉전이 수행된다. 냉전이라는 시대적 맥락은 1960년대 당시 군사정권이라는 통치권력의 특성, 그리고 미국의 간섭이라는 통치 환경의 특성과 접합하면서, 사회의 안정과 경제의 발전이 최선의 대북 국가안전보장 정책이라는 결론을 유도할 수 있었다. 물론, 경제 제일주의의 기조는 박정희 군사정권의 집권 이전에 이미 만들어지고 있었다는 사실을 간과해서는 안 된다. "정부의 시책은 무엇보다도 경제제일주의로 나가야겠고 현명한 국민에게는 내핍과 절제, 그리고 창의와 노력이 요청되는 바입니다"[44]라는 윤보선 대통령의 취임사는 박정희 정권의 등장에 앞서 제2공화국에서부터 이미 정부의 중심 시책이 경제발전으로 잡혔고, 따라서 그 이후의 경제제일주의와 근대화의 기조가 되었다는 점을 보여준다고 박명림은 주장한다.[45] 이것은 당시의 미국이 한반도에 개입한 1945년 이후 '공산화 방지'를 목표로 한국 정치에 간섭했던[46] 등의 정치적 맥락에서 한국의 정책 결정자들이 새로운 국가정책의 방향으로 경제발전을 선택하게 된 배경에 대한 뒷승이 된다.

군사쿠데타를 통해 집권한 박정희 정권은 이데올로기적 실천을 통해 정권의 정통성을 확보하고자 했다. 박정희 정권은 혁명공약에서 반공을 국시의 제일로 삼는다고 천명했다. 그러나 박명림도 설명하듯이 1950년대가 반공민족주의의 시대였다면, 1960년대 이후는 근대화 민족주의의 시대로 규정하는 것이 가능하게끔 시대적 의제가 변화했다. 그러나 조희연이 1960년대의 박정희 체제를 권위주의적 반공·개발동원 체제로 규정한 것을 참조한다면, 1960년대는 산업화를 핵심으로 하는 근대화 프로젝트가 전면화하고 반공정책은 후면화하면서, 이 시기에 근대화논리는 반공논리를 품어안은 시기로 규정할 수 있겠다. 이러한 근대화정책을 수행하기 위해 국가권력은 영화를 중심으로 텔레비전, 라디오 등의 매스미디어로부터 교육이나 집회 행사 등까지의 이데올로기적 국가기구를 동원하게 된다. 나아가 지식인들도 근대화 담론 생산의 주체로 동원한다. 이글이 주목하는 것은 당시 박정희 정권이 영화, 텔레비전·라디오, 신문 등의 텍스트 측면뿐 아니라 텍스트가 유통되는 맥락의 측면까지 전 방위적으로 동원했다는 점이다. 즉, 법제를 통해 생산을 관리했고, 검열과 수상제도를 통해 영화의 내용을 관리했고, 한편으로 '애국가영화-뉴스영화-문화영화-본영화'의 상영 조합을 유도한 결과, 영화를 둘러싼 전 층위에서 국가가 일반 대중의 바로 옆에, 영화인들과도 함께 존재했다.

  영화 생산과 수용의 과정을 관리함으로써 일반 대중을 근대적 '한국민'으로 구성하려 했는데, 이러한 실천은 한국전쟁 이후의 빈곤과 부패한 정권에 대한 혐오라는 경험을 공유한 일반 대중이[47] 갖게 된 안정된 사회에서 잘 살고 싶은 욕망을 전유할 수 있었기 때문에, 특히 경제발전과 반공이라는 문제에서는 강제보다는 자발적 동의를 바탕으로 영화인을 포함해서 국민을 동원할 수 있었던 것이다.

  정리하자면, 한국에서 근대화가 헤게모니적 요소로 전환될 수 있었던 것은 국가권력의 강요만으로는 가능하지 않았지만, 법에 근거해서 영화의 생산으로부터 영화의 상영 조합방식에 이르기까지 전 층위에 걸쳐 이루어진 강요에 의해서였다. 국가권력이 영화의 생산에서 수용에 이르는 전층위에서 보여준 강요에 의해서 근대화 욕구를 가진 일반 대중 관객의 헤게모니가 보강되었다고 할 수 있겠다. 1960년대 근대화 프로젝트 시기에 일반 대중은 근대화 프로젝트의 근대적 주체로, 친미와 반북, 경제 제일이라는 속성을 포함하는 반공적 경제역군이라는 특성의 근대적 한국인으로 구성되었다고 하겠다. 그 핵심 매체로 1960년대에는 영화가 있었다.

● 이 논문은 《영화연구》 33호(2007. 9)에 게재된 논문 〈1960년대 한국영화와 근대적 국민 형성과정〉의 내용 중 일부를 보충하고 수정하는 등으로 편하게 읽을 수 있도록 다듬었음을 밝힌다.

● **염찬희**
2004년에 서울대학교 언론정보학과에서 시장개방 이후 한국영화의 변화과정이 갖는 특성을 연구하는 논문으로 박사학위를 받고, 2005년부터 성공회대학교 동아시아연구소에서 연구교수로 재직하고 있다. 1995년에 영화전문지 《씨네21》 제1회 평론상 공모에서 최우수상을 수상한 이후에 공식적으로 영화평론 작업을 하기 시작했다. '젊은영화비평집단'을 꾸려서 영화를 통한 사회적 발언을 해왔으며, 최근에는 단편 다큐멘터리 연출에도 도전하고 있다. 최근의 학문적 관심은 전 지구화시대 영화문화의 변동으로, 특히 공동제작 아시아영화의 텍스트적 특성과 경제 문화적 맥락에 있다. 대표 글로는 〈아시아영화의 탈식민기획〉(2000), 〈부산국제영화제: 담론정치학〉(2002), 〈스크린쿼터제도와 문화다양성론에 대한 담론분석〉(2005), 〈1950년대 냉전 국면의 영화 작동 방식과 냉전문화 형성의 관계: 한국과 중국의 경우〉(2008), 〈국경을 넘는 영상! 국경을 초월하는 수용자?〉(2009) 등이 있다.
chyom@hanmail.net

텔레비전의 정치와 담론
－1960년대 타이완의 텔레비전 정착과정

글・커위펀 | 옮김・김현희

들어가며

일반적으로, 타이완의 텔레비전사업은 1962년 10월 10일 타이완텔레비전공사(臺灣電視公司, TTV)의 첫 방송을 시작으로 알고 있다. 반면에, 1962년 2월 14일 교육방송실험방송국(敎育電視廣播實驗電台)의 첫 방송을 그 시작으로 여기기도 한다(《中華民國電視年鑑》, 1976, p. 6). 그러나 무엇보다 확실한 점은, 텔레비전 프로그램의 제작자 및 배급자의 관점에서 볼 때 텔레비전 사업과 시장은 이 두 방송국의 형성에 의해 시작되었다는 것이다. 이와 관련해 타이완 커뮤니케이션학계에서는 이미 오래전부터 텔레비전산업의 정책 분석과 정치경제학 방면의 연구를 적지 않게 해오고 있다. 이를테면, 방송국 설립 후의 내부정책, 자금구조, 당시 국가정책에 대해 매우 자세히 분석하고 기록해 놓았다(蘇

葡, 1992; 馮建三, 1994; 程宗明, 2002; 蔡琰, 2002; 張時健, 2005; 林麗雲, 2005). 타이완의 커뮤니케이션사 연구는 제도화과정의 정책 토론에 대해서도 많은 관심을 기울였고, 비교연구의 방법을 채택하거나, 체제 비판을 취지로 하는 연구 등을 통해 방송국의 내부구조, 체제의 병폐현상과 이것이 초래한 문제점 및 그 수정 가능한 방향 등에 대해서도 다루었다.

청쭝밍(程宗明)은 타이완에서 텔레비전이 1950년대 '대(大)미국주의'를 주도하던 국가 건설의 개념하에 도입되고, 텔레비전 정착과정에서 당시 장제스(蔣介石)가 매우 강조하던 '자유중국' 건설과 중국대륙에 대항하려는 사고방식이 크게 영향을 미쳤음을 지적했다. 청쭝밍은 또한 타이완에서 방송국 관련 정책의 기초(起草)과정 중 정부가 텔레비전 프로그램의 발전에 대해 뚜렷한 계획조차 없었고, 오히려 공상(工商) 자금의 관리, 텔레비전 생산의 중계무역 정책 같은 텔레비전산업 분야에 대해서만 비교적 명확한 정책을 내놓고 있었음을 분석했다(程宗明, 2002, pp. 310~313). 린리윈(林麗雲) 역시 1950년대부터 국민당이 자본 조직을 잇달아 형성했다는 관점을 토대로, 위권(威權)시기 타이완 텔레비전 자본의 형성 원인에 대해 검토하고, 국민당 자본과 외국자본의 합작 형태를 제시·해석한 바 있다. 그리고 이를 통해 국민당이 주도한 '정부와 상업의 합작(官商共謀)'의 구조하에서 타이완의 주요 방송 3사가 어떠한 역사적 발전을 이루었는지를 고찰하고, 당시 타이완 텔레비전산업의 구조와 병폐를 이해해 보고자 했다(林麗雲, 2006). 이상의 연구들은 비교적 만족스러운 성과를 낳았다.

이 글은 체제나 정책에 대한 연구가 아니며, 산업 관련 연구는 더욱 아니다. 이 글은 물질적·문화적 측면을 바탕으로 하는 상식선에서 텔레비전의 역할에 대해 연구해 보고자 한다. '이 사회는 어떠한 상상과 토론을 통해 텔레비전을 정착시켰을까?'에 대한 고찰이다. 다시 말하면 텔레비전을 문화 의미를 지닌 기계로 이해해 이를 전자 판과 화면이 결합해 만들어진 과학기술의 결과물만이 아닌, 물질성에 내포된 내용의 시각으로 다룰 것이다. 또한 텔레비전을 자본주의 산업에 의해 만들어진 가치가 아닌, 자본주의를 생산해 낸 핵심 대상으로 간주할 것이다. 이는 '텔레비전을 문화적 대상으로 간주'하는 문화연구. 연구의 초점을 텔레비전이 타이완사회에 처음 등장했던 시점으로 되돌려 텔레비전의 생산, 제조, 보급 과정의 사회적 상황에 대한 연구를 시도해 볼 것이며, 텔레비전이 양산해 낸 논쟁과, 이와 관련된 권력관계 및 이것이 불러온 사회적 상상에 대해 이해해 보고자 한다.

'텔레비전을 문화 대상으로 간주'한다는 것은 텔레비전을 차가운, 죽은 물체로 본다는 것이 아니다. 이 글에서 다룰 '텔레비전'은 물질과 의의를 결코 분리할 수 없는 개체이며, 이 글은 텔레비전의 기호화과정을 다룰 것이다. 국가의 주된 관심을 받은 과학기술산업과 문화사업의 기대주로서, '텔레비전'이 타이완사회에 도입된 과정은 국민당의 자본과 정치권력의 얽히고설킨 복잡한 과정이었을 뿐만 아니라, 기존에 있던 이데올로기를 강화시키거나 조정할 수도 있었다. 이 글은 이러한 과정이 과학기술 생산품과 사회적 조건이 복합적으로 형성해 낸 것일 뿐 아니라, 일종의 사회적 대화의 과정이라고 이해한다. 이 글은 다음과 같은 문제를 제기한다. 당시의 문화담론은 텔레비전의 지위에 대해 과연 어떻게 받아들이고, 정의를 내렸으며, 이를 어떠한 위치에—사회적·문화적 위치—두었는가? 텔레비전산업 도입 당시 타이완사회에서는 과연 어떠한 사회적 대화와 상상이 이루어졌는가? 동시에, 텔레비전의 출현은 타이완의 사회 환경과 문화의 형태를 어떻게 변화시키거나 강화시켰는가?

'텔레비전'과 '텔레비전 수상기', 이 두 단어는 현대 일상생활에서 혼용되기도 하며, 텔레비전사업 발전 초기의 신문 보도나 광고 등 각종 문헌에서는 '텔레비전'이라는 단어가 임의적으로 사용되었다. '텔레비전'은 물체로서는 그 내부에 매우 복잡한 구조를 지닌 기계이며, 내용적으로는 사회 현실에 대응되기도 하고 현실 참여가 매우 신속하게 이루어지는 매개체이기도 하다. 그러므로 '텔레비전'을 문화적인 기계로 보아도 될 것이다. 이 글은 '텔레비전'을 기계로서, 또한 내용물로서 다룰 것이다. 특별히 내용을 다룰 때는 '프로그램'으로, 기계로 다룰 때는 '텔레비전 수상기'로 칭할 것이다. (한국에서는 '텔레비전 수상기'라는 용어가 거의 사용되지 않으므로 그냥 '텔레비전'이라 칭한다. 이하, '텔레비전'은 문맥에 따라 기계를 나타내기도 하고 문화적 개체를 나타내기도 한다.—옮긴이)

　　이처럼 특정한 문화적 물체를 연구 주제로 삼을 경우, 내용 면에서 역사적 관점, 사건에 대한 기술, 시대 의미에 대한 호출 등과 어느 정도 연관된다. 그러므로 과거 사실을 다루는 데는 새로운 가능성에 대해 개방적이어야 하며, 이에 대해 진지하면서도 창의적으로 회고할 수 있어야 하고, 그 속에서 반성할 부분을 찾아낼 수 있어야 한다. 물론 이 글은 그 자체가 당시 타이완의 커뮤니케이션사에 대해 기술하는 형식으로 되어 있고, 정책과 제도, 체제 등 각 방면의 문제를 검토할 것이며 또한 정치·경제에 대한 많은 비평과 반성도 포함할 것이다. 아울러 이러한 인식의 기초를 바탕으로 서로를 비춰보고 이에 대한 반성을 통해 어떤 역사적 단서와 사실들을 새로운 시각으로 관찰할 것이다. 그뿐만 아니라, 현대 정세의 흐름에서 빠질 수 없는 세계화체제에서의 힘의 구조, 강대국이 주도하는 현대화정책, 위권체제였던 당시의 정치상황, '냉전시대'라 불렸던 당시 배경 등이 어떻게 음으로 양으로 타이완의 텔레비전 징착과정에 '참여'했는지를 고찰하고, 이를 통해 당시의 상황이 어떤 식으로 진행되었는지를 더욱 뚜렷하게 밝혀

낼 수 있기를 바란다. 이 글은 어떤 상황의 발생에서 제도화에 이르기까지의 수많은 배경을 따져볼 것이며, 한편으로는 감춰져 있던, 배제되어 드러나지 않았던 가능성—텔레비전의 제도화 이면의 잊혔거나 실패한 역사에 대한 가능성—을 다루어볼 것이다.

이러한 계보학식(式)의 역사 연구는 타이완 위권시대 관련 사료를 다루고 논하는 데 새로운 연구 방식을 제공할 것이다. 위권시대 연구에서 가장 힘들면서도 조심해야 할 점은, 수많은 기밀이 쉽게 얻어지지 않을 뿐만 아니라 확보 가능한 정부 관련 공문 자료 및 이것의 논조가 얼마나 정확한 판단 근거가 될 수 있느냐라는 것이다. 어떤 정부 관련 자료는 당시의 사실을 남기기 위한 것이 아니라, 반대로 사실을 감추기 위한 것이거나 자신들이 의도하는 해석이나 논조를 형성하기 위해 고심했던 흔적일 확률이 매우 크다. 많은 정부 공문서들은 대체로 이런 특성이 있다. 이처럼 사실을 최대한 감추고 곡해하고자 했던 것은 타이완 위권시기 역사 그 자체의 특성이며 특수한 난제라 할 수 있다. 연구자로서는 어떤 것이 사실을 감추거나 덮어버리기 위해 만들어지고 기록된 것인지, 어떤 것이 믿을 만한 내용 혹은 논조인지를 구별하는 일이 매우 어렵다. 심지어, 연구자는 공문서 자료에 의해 오도될 수 있음에 대해 매순간 자문하고 주의해야 하며, 행간에 어떠한 의미가 있을 수 있다는 가능성 또한 잊어서는 안 된다. 그러므로 정부 문서 외에도 구술사, 회고록, 정부 정당성이 나타나 있지 않은 기타 세부 기록에서 단서를 찾아야 하며, 정식 문서와 계속적인 대화를 나누어야 한다. 위권시기 국가의 기계정책에 대한 해석이나, 타이완이 현대화로 접어드는 과정에서 식민정부 혹은 국민당 정부의 역할을 해석할 때, 절대 남의 의견에 이끌리거나 분명치 못한 의견에 현혹되지 말고, 반드시 권력 흐름의 궤적을 통해 그 정부들의 규칙, 경향성, 범위, 모순점 등을 발견해 내야 한다. 이러한 계보학식의, 감춰진 사실을 통해 형성된 시각만이 사회를 구성하는 다양한 권력투쟁의 과정을 세밀히 분석할 수 있게 한다. 또한 기존에 있는 인과관계의 해석으로 빠지지 않게 하고, 이미 인지된 권력의 핵심과 같이 지나치게 일반적인 것에서 원인을 찾는 것을 방지해 준다. 이로써 자료 안팎에서 작용하는 이데올로기 형태를 명확히 분석할 수 있고, 그 결과 우리가 볼 수 있고 이해할 수 있는 것들을 기술할 수 있을 뿐 아니라 우리 스스로가 어떻게 보고 이해했는지도 이해할 수 있다.

이 글은 냉전상황하 동아시아 지역의 정치상황이 타이완 텔레비전의 정착과정에서 어떤 영향을 미쳤는지에 대해 다룬다. 냉전의 관계 속에서 타이완은 경제적으로, 특히 텔레비전 관련 자본의 측면에서 어떤 국제적 힘의 영향을 받았는지 또한 식민/냉전 상황 아래에서 타이완의 대(對)일본 관계는 어떠했는지를 살펴볼 것이다. 아울러 타이완의 텔레비전 정착과 관련한 많은 쟁점들을 냉전시기 이데올로기의 구조에서 토론해 보며, 당시의 전반적인 정치, 문화의 분위기를 살펴본다.

그러므로 비록 1962년 타이완에 방송국이 설립되었지만, 이 글에서 다룰 시대는 이르게는 한국전쟁 휴전협정 체결(1953년 7월 27일) 1년 뒤이자 중미상호방위조약이 맺어진 1954년까지 거슬러 올라갈 것이다. 한국전쟁으로 동아시아 국가의 군사·경제 관계는 반공을 주로 하는 냉전상황으로 접어들게 되고, 동아시아 여러 국가에 미군이 배치되고 미국의 경제원조 및 내정 참여가 실시되었다. 이로써 동아시아 여러 국가는 점차 미국을 중심으로 하는 의존관계를 형성했다. 이러한 새로운 국제 군사관계 및 반공 이데올로기는 계속해서 이어졌으며, 베트남전쟁이 일어났을 당시 절정에 이른 뒤 1980년대 중후반까지 이어졌다. 그리고 길게는 30여 년에 이르기까지 동아시아의 정치·경제 구조를 지배했고, 심지어 남북한 및 타이완과 중국대륙의 문제는 여전히 당시의 역사와 관련이 있다. 한국전쟁 후, 동아시아 방어시스템에서 미군 배치는 주로 공산 중국을 대상으로 했고 반공방어선 또한 세웠다. 지정학적으로 반공 방어선의 내부에 속한 모든 국가는 반드시 미국에 군사적, 경제적으로 협조해야 했다. 텔레비전이라는 매체는 제2차 세계대전 후 곧 라디오와 마찬가지로 강력한 선전수단이자 사회 단결, 통제의 과학기술 형식으로 여겨졌고, 이러한 상황에서 전술가의 입장에서는 절대 양보할 수 없는 무기로 간주되었다.[1]

동아시아 국가에서 방송국 설립은 당시 냉전구조와 매우 밀접한 관계에 있다. 1950년대 타이완에는 텔레비전이 없었지만 텔레비전이 있어야 한다는 의견과 계획은 이미 동아시아 각국에서 제기되고 있었고, 타이완 역시 그중 하나였다. 단지 타이완의 방송국 설립은 늦어져 1960년대에 와서야 비로소 진행되었을 뿐이다(당시의 과정은 3장에서 설명하겠다).

동아시아 각국의 텔레비전 도입 경험으로 보았을 때, 방송국 설립은 당시 한 국가나 한 지역의 힘만으로는 불가능했고, 미국 혹은 기타 자본과 힘의 도움이 있어야 가능했다. 이러한 역사적 맥락에서 타이완 텔레비전산업의 발전을 관찰해 보자면, 적어도 몇 가지 핵심 사안을 이해할 수 있다. 첫째, 물질적 생산의 기초에서든 문화적 이데올로기에서든 '냉전'은 국가의 경계를 초월한 집단적 경험이었다. 제2차 세계대전 후 동아시아 각국의 산업경제와 문화에 관한 연구에서 냉전이라는 커다란 테두리를 무시할 수는 없다. 둘째, '지역화'와 '세계화'의 개념은 특정한 역사적 맥락 속에서 이해해야 한다. 즉, 국가를 넘나드는 미디어산업의 특성을 연구할 때에는 반드시 이 두 개념의 역사적 흐름을 고찰해 보아야 한다. 셋째, 냉전시기 타이완 텔레비전 미디어 발전의 사회적 배경을 논의할 때, 민족주의와 탈식민화 정책, 공업경제 발전 및 반공사회의 형성 등의 요소를 함께 고려해야 한다. 타이완의 텔레비전산업이 비록 국가 기계산업 내부의 체계로 보여질 수 있으나, 복합적으로 보자면 정부 혹은 정당은 결코 폐쇄적인 체계를 이룬 적이 없었고 미디어산업 또한 외부 힘의 영향에서 독립시켜 생각할 수 없다. 한편, 타이완 방송사 설립과 관련해 국민당의 정치적 역량은 의심의 여지가 없는 총체적인 것으로 여겨지는 경향이 있다. 그러나 사료에 따르면, 정치적 권력 행사의 기제가 본질적으로 온전히 의지에 의한 것이었다고 볼 수 없으며, 사실상 그렇게 보는 것도 불가능하다. 내부적인 의견 충돌과 분쟁관계가 상당히 복잡했기 때문에, 텔레비전 정착과정에서의 분쟁 역시 복잡한 상황들이 어느 정도 정리가 된 뒤에 비로소 수면 위로 올라온 것이라 할 수 있다. 당시 타이완이 정치적으로는 비록 위권시기에 놓여 있었으나, 타이완 정치가들 사이의 투쟁과 이데올로기적 분쟁 또한 무시할 수 없다. 이에 대한 고찰은 텔레비전 정착과정 중의 다양한 쟁점과 권력 다툼을 이해하는 데 많은 도움이 될 것이다.

국가의 현대적 신기(神器)

텔레비전은 제2차 세계대전 후 보급되기 시작했고, 전후 텔레비전의 보급과정에 대해서는 미국, 영국, 일본 등 텔레비전산업의 발전을 이끈 국가에서 많은 연구가 이루어졌다. 이 연구들에 따르면, 제2차 세계대전 후 국제정치 정세에 국가 주도하의 현대화 경제정책이 더해져, 텔레비전과 결합된 현대적인 가정생활이 발전하게 되었다. 그리고 이를 통해 민속주의적 상상이 중심이 된 사회적 담론이 형성되었다. 그러나 각국의 역사적 상황과 사회적 조건의 차이로 인해, 텔레비전 보급의 원인 및 각국의 텔레비전 발전 관련 담론에 대한 해석 또한 그 기조에서 약간의 차이를 보인다. 구체적으로 열거하자면 다음과 같다.

영국에서는 레이먼드 윌리엄스(Raymond Williams)와 로저 실버스톤(Roger Silverstone)의 연구가 가장 알려져 있다. 텔레비전 과학기술에 대한 윌리엄스의 연구는 주로 텔레비전이 수반한 사회 문화 형식의 변화에 관한 것이다(Williams, 1992). 그는 과학기술에는 결코 사회 형태를 결정지을 만한 역량이 존재하지 않으며, 과학기술을 복잡한 사회 형태의 결과로 보아야 한다고 했다. 또한 영국 TV프로그램의 내용과 편성을 예로 들면서, 사람들이 매일 저녁 가정에서 계속 이어지는 TV프로그램을 시청하는 것이 가져다주는 개인의 문화적 경험과, 사회 성원에게 가정이 생활의 중심으로 발전해 가는 추세를 분석했다. 윌리엄스는 '이동의 프라이버시(mobile privatization, 혹은 '이동성의 사사화') 개념을 제시했다. 윌리엄스는, 이것이 이동을 가능케 하면서도 가정을 생활의 중심으로 만들 수 있도록 한 사회현상에 대한 개념이라고 설명했다. 1950년대 초반 영국사회에서는 일상적인 가정생활을 더욱 사생활화시키고자 지출하는 돈이 눈에 띄게 늘어났고, 가정생활이 정치나 경제 생활의 중심에서 공간적으로 점점 멀어져 갔다. 이와 같은 '이동의 사유화'는 전후 영국에서 소가족 제도가 늘어남에 따라 형성된 새로운 소통의 형태다(Williams, 1992, pp. 39~43). 윌리엄스는 텔레비전과 라디오가 가정생활과 외부의 공공 공간을 어떻게 연결하는지에 대해 관찰했고, 이것은 중심에서 각 가정으로 보내는 연결 형태를 띠고 있음을 알 수 있었다. 한편, 연결 형태라는 것은 TV프로그램의 내용보다 전송과 수신을 가능케 하는 기술적 환경이 먼저 조성되어야 함을 뜻한다. 즉, 텔레비전의 내용이라는 것은 독자적으로는 형성 불가능한, 과학기술의 부산품에 불과한 것이라 할 수 있다(Williams, 1992, p. 43).

한편, 로저 실버스톤은 텔레비전과 일상생활의 관계 연구에 주력했다(Silverstone, 1994). 그는 텔레비전이 지니는 모든 상관관계를 자세히 분석하고 이에 따라 텔레비전의 사회적 개념과 TV프로그램의 내용, 시청자, 일상적인 가정생활 등의 개념을 정리했다. 특히 영국 교외의 텔레비전 정착 과정에 대해 세 가지의 역사적 관점을 통해 고찰했다. 첫째, 텔레비전의 존재가 교외의 발전을 가능케 하고 가속화했다. 둘째, TV프로그램이 교외에 대한 환상(또는 악몽)과 관련된 이미지를 제공했다. 셋째, 텔레비전은 기제이기도 하고 매개체이기도 하다. 형식적·내용적으로 보았을 때, 텔레비전은 복잡한 기제다. 텔레비전은 '척박하고 결핍된 교외생활을 상쇄시키는 현대적인 미풍'과 같은 잘못된 생각을 형성·제시한다(Silverstone, 1994, p. 56). 실버스톤은 능동성(agency), 현대성(modernity), 가정생활(domesticity)을 텔레비전 문화의 세 가지 핵심 축으로 보았다. 그는 텔레비전의 순화(domesticate)[2] 과정은 반드시 가정생활의 맥락에서 이해해야 한다고 보았고, 텔레비전을 가정의 매개체로 이해할 경우 텔레비전 관련 담론에서 집(home), 가정(family), 가구(household)의 개념을 명확히 구분해야 한다고 주장했다. 또한 '가정성'을 문제 삼을 경우, 이를 '대중과 개인 사이에서 항상 변화하는 관계에 있는 역사적 산물'로 보았다(Silverstone, 1994, pp. 25~40).

미국의 연구 역시 가정의 가치에 대한 담론 형성을 주축으로 하고 있다. 린 스피겔(Lynn Spigel)은 이러한 연구의 선구자 중 하나다. 스피겔의 텔레비전 사회의 개념에 대한 연구는 1950년대 텔레비전 문화사로 볼 수 있다. 스피겔은 그중 제2차 세계대전 이후 '가정'의 개념 형성 및 도시계획 중 '교외(suburb)'의 발전에 대해 주로 연구했다. 1948~55년, 미국 정부는 교외 개발을 위해 교외 가정에 텔레비전 설치를 장려했고, 교외 생활공간의 특색을 형성해 나갔다. 즉, 공간적으로는 고립되고 분리되어 있으나, 텔레비전의 보급으로 세상이 돌아가는 것을 모두 알 수 있는 교외 가정생활의 형태를 형성했다. 교외의 확장으로, 텔레비전 또한 미국의 가정생활에 빠르게 편입했다. 스피겔은 텔레비전과 전후의 가정생활 및 애국심(patriotism)의 상관관계 또한 연구했다. 그녀는 공간적 의미에서 텔레비전 함(TV hearth)은 전쟁 후 가정을 재건하려는 움직임 속에서 화로(hearth)와 피아노를 대신하게 되었고, 새로운 가정을 상징하는 중심이 되었다고 보았다. 한 가족이 모여 앉아 텔레비전을 시청하는 모습은 퇴역 후 집으로 돌아가서 느끼게 되는 사랑과 따뜻함의 대표적인 모습이 되었다(Spigel, 1992, pp. 38~39). 즉, 텔레비전은 사람들로 하여금 전쟁의 고통을 잊게 해주었고, 가정의 가치는 국가 가치의 새로운 핵심이 되었다. 이와 동시에 스피겔은, 텔레비전이 미국 가정에 편입되고 나서 가정공간이 새롭게 형성되는 과정과 텔레비전이 가정에서 남녀의 상호 작용에 어떤 진일보한 영향을 미쳤는지에 특별히 초점을 맞추었다(Spigel, 1992).

일본 학자 요시미 슌야(吉見俊哉)는 전후 일본의 기술민족주의(techno-nationalism)에 대해 연구했다. 그는 일본의 전자제품 생산 및 소비와 전후 민족주의의 형성이 불가분의 관계에 있음을 지적했다. 일본에서는 전후 20년간 경제와 전자산업의 빠른 발전을 통해, 전자국가(electronic nation)에 대한 담론이 점차 생겨났다(Yoshimi, 1999, p. 149). 이 담론은 1950년대 말부터 일본의 민족주의와 미국주의를 기초로 한 과학기술주의를 하나로 융합시켰고, 미국의 개인주의와 일본의 집단주의, 미국의 선진 발명과 일본의 정밀 응용 등을 대조함으로써 일본 문화의 본질을 구조화했다. 그 결과, 1970년대 기술민족주의로 자신감 있게 발전하게 되었다. 요시미에 따르면, 이와 같은 민족주의는 전자제품의 대량생산 이외에도 일상생활의 영역에서도 발휘되었다. 즉, 한편으로는 미국의 생활방식을 모방하는 것이 일종의 희망사항이었으며, 가정생활을 이성화, 기계화함으로써 생활방식을 개선시키고 변화시켰다. 다른 한편으로는 텔레비전이 일본 전역을 하나로 포괄하는 역할을 했고, 일상생활을 상징하는 매개체가 되었다. 그 결과, 개인의 뇌리에 새겨진 가정생활에 대한 이미지와 국가의 역사가 텔레비전과 긴밀한 연관을 맺게 되었다. 특히 대중에게 큰 인기를 끌어, 길에 모여 보기까지 했던 1950년대의 TV 스모대회, 텔레비전이 가정에 편입되고 나서 저녁 황금시간대에 방송된 1960년대의 프로그램은 텔레비전을 사회현상으로 부각시켰고, 텔레비전을 통한 기억의 형성과 전 국민의 공통적 생활습관의 형성은 전후 일본이 민족주의국가를 건설하는 데 결집력을 발휘하는 주축이 되었다(Yoshimi, 2003, p. 484).

1950년대 말 일본에서는 세탁기, 냉장고, 흑백텔레비전이 진보를 나타내는 세 가지 신기(神器)로 간주되었으며, 1960년대 말의 3종의 신기(三種の神器, 삼신기)는 자동차, 에어컨, 컬러텔레비전이었다(Yoshimi, 1999, pp. 154~155). 요시미는 당시의 가전제품 광고를 분석해 가정과 국가의 이미지 사이에는 성별의 구분이 뚜렷이 나타나고 있음을 지적했다. 다시 말하면, 소비와 사용을 중점적으로 나타내는 전자제품 광고에서는 가정주부와 미국식 생활의 이미지를 강조했고, 국가 이미지 광고에서는 기술자를 생산의 주체로 강조했다(Yoshimi, 1999, p. 165; Yoshimi, 2003, p. 475). 이처럼 일본 전자제품과 가정 그리고 이와 관련된 국가 이미지는 1970년대 중반이 지나서야 공간을 초월하는 추상적인 신체적 자아에 대한 개념으로 바뀌게 된다.

제2차 세계대전 후 유럽, 일본, 미국의 텔레비전 보급과성과 사회적인 '발전'은 점차 그 궤를 같이하고 있었다. 텔레비전의 기계/내용의 생산과 소비는 현대화 생활의 중요한 지표가 되었고, 텔레비전은 그 자체로 현대성 상상력의 탐욕적인 대상물이기도 하며, 이와 같은 문화적 형상을 담아내고 생산하기도 하는 도구였다. 텔레비전은 선진국에서 매우 빠르게 보급되어 일상생활의 영역으로 진입했다. 그리고 가정에서의 활동 형태를 변화시켰고, 지방의 공간적 특성을 퇴색시켰는가 하면, 일상에서 일과 휴식의 형태를 변화시켰다. 텔레비전은 정보 전달의 방식 또한 바꾸었으며, 텔레비전의 즉각적이고 시각적인 특성은 당시의 사회 문화 형성에 지배적인 영향을 미쳤다. 일차적으로 '대중'의 모습이 즉시 관찰 가능한 방식으로 나타나게 되었고, 사회적으로는 텔레비전을 통해 중요한 사건이 즉시 재현되고 이를 통해 공통된 인식이 빠르게 형성되고 응집되었다.[3]

타이완 역시 표면적으로는 이와 비슷한 양상을 보였다. '텔레비전'은 확실히 1960년대에 생산된 현대화의 핵심이자 필수 요건이었고, 농촌에도 전기가 보급된다는 사실을 보여주는 구체적인 상징물이었으며, 사회적 부를 나타내는 지표였다. 타이완사회 역시 텔레비전이 가정이라는 공간에 편입되는 과정에서 '국가'와 '가정'에 대한 담론이 생겨났다. 타이완사회는 텔레비전의 도입으로 인해 '국가'의 측면에서는 총체적으로 현대화된 진보적인 생활을 바라볼 수 있게 되었고, '가정'의 측면에서는 이상적인 가정을 형상화할 수 있게 되었다. 이 두 가지는 결코 텔레비전과 관련 생활방식에 대한 터무니없는 상상이 아니었으며, 타이완사회가 스스로 창조해 연관 지은 것도 아니었다. 이는 당시 모든 것에서 앞서 나가기를 원했던 국가발전 담론과 국제정세의 관계에서 생겨난 것이다. 타이완은 국민당이 주도적으로 '국가'에 대한 형상화를 이끌어 나갔고, 이러한 사회적 분위기가 '가정' 영역 내 각종 생활방식을 결정짓게 되었다.[4]

당시 타이완이 처한 국제정치의 맥락에서 보았을 때, '텔레비전 시대의 도래' 같은 문구는 과학기술과 군사적 경쟁에서 진보를 나타낼 뿐만 아니라 냉전시기 국경을 안전하게 관리하겠다는 의지를 내포하는 '양날의 칼' 같은 것이었다. 그래서 한편으로 텔레비전의 출현은 위에서 아래로 향하는 국민 문화 교육을 강화하는 계기가 되었다. 반면 관리 감독의 편의를 위해 방송국 설립 전인 1959년, 교통부에서 이미 '텔레비전 방송수신기 등록규정(電視廣播接收機登記規則)'을 제정했고, 그중 제2조, 제3조, 제7조에서 텔레비전을 구매할 때에는 반드시 규정에 따라야 하며, 40위안에 해당하는 허가증을 구매해야 하고, 수량은 임의로 변경할 수 없음을 규정했다 (總統府公報第一OO七號, 民國四十八年三月三十一日交通部令).

텔레비전사업의 발전은 줄곧 텔레비전이 정치적 전략 도구로 간주되었던 상황 탓에, 텔레비전의 내용이 국가 이데올로기를 전달하는 매개 역할을 하게끔 하는 것 이외에도, 텔레비전 기계의 수량 또한 엄격히 관리되어야 했다. 정부는 한편으로는 중국대륙의 대(對)타이완 방송에 대응하면서, 다른 한편으로는 반드시 텔레비전 기계의 해체 작업을 통해 검사를 받도록 엄격하게 지시했다. 1963년의 '반란 진압 동원 시의 무선라디오 및 텔레비전 통제 관리법(動員戡亂時期無線電收音機及電視接收機管制辦法)'에서 '군용통신 또는 불법 러시아방송 청취를 단속해 지방의 치안을 확보하고, 필요한 경우 동원령을 내릴 것'을 언명하고, 이를 법제화했다. 그중 제3조, 제7조에서 모든 텔레비전 주파수 범위를 210헤르츠 이하, 174헤르츠 이상으로 제한했다. 수입된 텔레비전은 174헤르츠 이하 주파수를 제거해야 했다(總統府公報第一五O一號, 民國五十二年十二月二十七日行政院令, 動員時期無線電收音機及電視接收機管制辦法).

타이완에서 텔레비전은 국민당 정부의 강력한 통치하에 '국가'와 '가정'이 전례 없는 긴밀한 관계를 맺는 발단이 되었다. 텔레비전은, 사적 영역인 '가정'의 측면에서 보자면 사적 영역과 공적 영역의 경계에서 새로운 협상 및 이해의 방식이 생겨나게 됨을 의미하며, '국가'의 측면에서 보자면 국가가 매 단계 조직적 작업을 거치지 않고도 훨씬 직접적이고 효과적인 방식으로 가장 말단에까지 교화의 통로로 이용될 수 있음을 의미한다. 이 밖에도 타이완처럼 반공 냉전전선의 후방에서 발전한 사회에서 텔레비전은 현대사회 여가생활의 상징이 되었고, 바다 건너의 빈곤하고 살벌한 공산 중국의 상황과 비교했을 때 풍족하고 평안한 경제 건설의 성과 중 하나로 부각시켜 강조되었다. 타이완사회에서 텔레비전사업 발전 초기의 텔레비전은 국가적 교의(pedagogical)와 국가의 통제하에 존재하는 유기체였고, 민생에게 여흥을 제공하면서도 정치적 이데올로기 형성에 기여하는 다분히 정치적 의미를 지닌 문화적 기계로 자리매김했다.

그 결과 유럽, 미국, 일본 등의 연구자들이 지적했던 소비사회 또는 편안한 가정생활과 텔레비전 같은 해석이 타이완에는 절대 적용될 수 없었다. 이처럼 동아시아 냉전 전선의 후방국가 사회에서 텔레비전의 역할은 선진국가에서 연구, 해석한 것과는 현저한 차이를 보였다. 동아시아 위권 정부의 통제하에 있던 텔레비전은 단순히 안락한 소비 기계에 머무르지 않았고, 국민당 정부의 정치 외교와 경제 자본의 버팀목이 되었다(林麗雲, 2006). 또한 모든 위기의식을 한 몸에 지니고 있고, 사회 구성원을 '안락한 생활에서도 위기를 염두에 두어야 하는 전시 상태'로 묶을 수 있는 전쟁의 도구였다. 유럽, 미국 사회의 텔레비전은 대중들로 하여금 제2차 세계대전의 기억을 잊게 해준 기계라고 한다면, 타이완사회의 텔레비전은 전쟁의식을 유지시켜 주고, 전시 상태를 지속시켜 준 기계라 볼 수 있다.

냉전 관계, 위권정부와
텔레비전 시범방송

타이완사회에 텔레비전이 들어오는 데 걸린 준비기간은 비교적 길었다. 한편, 텔레비전 도입을 둘러싼 의견이 나올 무렵, 이미 이와 관련된 국제관계가 민감하게 얽히기 시작했다. 초기 단계에는 텔레비전이 사회 내부의 공업발전이나 정치적 이데올로기 작업을 위해 도입된 것이 아니었다. 텔레비전의 도입은 타이완과 중국대륙 양안의 군비경쟁과 관련되기도 했고, 동아시아 각국 간 경제적 의존관계, 미국과 일본 간 정치적·경제적 합작관계, 국민당 내 정치권력 다툼 및 타이완사회 내부 다양한 민간의 의견 등이 복합적으로 작용해 텔레비전 도입의 필요성이 대두되었다.

타이완에서 텔레비전의 도입은 쩡쉬바이(曾虛白)가 중앙통신사(中央通訊社) 사장에 있을 당시로 거슬러 올라가 볼 수 있다. 쩡쉬바이는 1953년(민국 42년) 미국 국무부의 초청으로 미국에 가게 되었고, 4개월간 미국에서 관련 사업을 조사했다. 그리고 당시 중국라디오방송공사(中國廣播公司) 사장 장다오판(張道藩)의 지시로 미국의 텔레비전사업을 시찰했다.

쩡쉬바이가 미국을 방문하는 동안, RCA(Radio Corporation of America, 미국라디오방송회사)와 유니텔(UNITEL)은 쩡쉬바이와 접촉한 바 있었다. 특히 RCA는 쩡쉬바이에게 텔레비전공장 시찰을 주선하기까지 했다. 그러나 UNITEL은 쩡쉬바이를 직접 만나지 않고, 둥셴광(董顯光)을 통해 간접적으로 소개했다.[5] 두 회사 모두 타이완에 진출해 텔레비전사업에 투자하기를 원하고 있었고, 관련 계획서까지 제출했다. 쩡쉬바이는 귀국 후 1954년 타이완의 텔레비전 도입의 가능성을 서술한 〈텔레비전 도입에 관해 총통께 드리는 건의서(建議創建電視上 總裁書)〉를 작성해 국민당 총통 장제스에게 검토를 요청했다.

쩡쉬바이는 텔레비전사업에 다음과 같은 긍정적인 점이 있다고 보았다. 첫째, 선전의 효과가 매우 크다. 둘째, 교육의 효과가 무궁무진하다. 셋째, 국가의 지위가 높아진다(曾虛白, 1974, pp. 108~110). 그는 건의서에 텔레비전의 체계 수립 계획에는 전시(戰時) 상황에서의 통신 기능, 미국의 동남아 안전정책 및 심리전에 대한 필요성 등이 고려되었음을 밝혔다. 그 후 그는 중국라디오방송공사의 월례회에 참석해 텔레비전사업의 발전과 영향에 대한 평가보고서를 제출했다. 쩡쉬바이는 미국의 사회상황을 예로 들어 텔레비전사업이 절대 라디오사업에 영향을 미치지 않음을 설명했다(曾虛白, 1977, p. 178). 한 달 뒤(1954년 2월 19일) 장제스는 '행정원의 하반기 예산에 텔레비전 설립 항목을 포함시키고, 이른 시일 내에 설립기구를 만들도록' 지시를 내렸다(曾虛白, 1974, p. 108).[6]

그러나 여기서 주의할 점은, UNITEL의 텔레비전사업 제출안이 단지 텔레비전 방송국 설립 계획에 머물렀을 뿐이며, UNITEL이 사실상 의욕을 가졌던 것은 태평양을 넘나드는 자동전신 체계였다는 것이다. 즉, 타이완은 UNITEL이 계획하는 전 세계 전신망의 일부일 뿐이었다. 당시 범태평양 프로젝트는 이미 일본 본도(本島)뿐 아니라 류큐(琉球)제도까지 포함하고 있었고, 타이완, 필리핀, 인도네시아, 싱가포르, 방콕, 미얀마 양곤에까지 확장시키려 했다. 이 전신망 프로젝트의 구체적 내용은 다음과 같다. '전신 설비는 평소에는 민간용·상업용으로 이용되지만, 전쟁 발생 시에는 신속하게 군용으로 전환될 수 있다. 기계나 기술 방면에서 특별히 변환시킬 필요가 없으며, 그대로 군용 전용으로 사용할 수 있다'(曾虛白, 1974, p. 111). 이러한 계획은 여전히 긴장관계에 있던 당시 아시아 태평양의 정세에 기인한 것이며, 미국을 필두로 하는 반공 방어선의 측면에서는 공산정권의 확장을 막기 위해 언제나 작전 동원력을 확보할 필요가 있었던 것이다.

　UNITEL이 타이완을 설득하고 합작에 끌어들이는 데 성공할 수 없었던 과거의 사실에 대해서는 여전히 꼼꼼하게 살펴볼 필요가 있다. UNITEL이 타이완에 설치하려던 것은 냉전시기 초기에 미국중앙정보국(CIA)과 민간자본이 결합해 만든 군사 마이크로파 전신시스템이었다. 이러한 계획을 세운 데는 다음과 같은 의도가 있다. 공산 소련과 중국에 대항할 수 있는 마이크로파 방어막을 형성해 동아시아에서 반공 심리전을 일으키고, 미국의 국제적 이미지를 만들어내는 것이다(Schwoch, 2002), 일본 요미우리신문(讀賣新聞)과 니혼TV(Nippon Television, NTV) 사장 쇼리키 마쓰타로(正力松太郎)는 UNITEL, CIA와 깊은 관계를 맺고 있었던 관계로 니혼TV는 UNITEL의 범태평양 텔레비전 시스템의 첫 진출지가 되었다. 니혼TV와 관련된 UNITEL의 활동은 일본 학자 아리마 데쓰오(有馬哲夫)가 상세히 연구한 바 있다(有馬哲夫, 2006).

　쩡쉬바이의 후일담에 따르면, 타이완의 고문 역할을 할 당시 미군은 장제스에게 TV 방송국에 대한 계획을 포기하라고 권고했고, 이에 따라 UNITEL의 제안이 보류되었다(曾虛白, 1977, p. 186). 당시 미군 고문단이 어떠한 연유로 CIA의 심리전 계획과 상반된 권고를 했는지는 좀 더 깊이 연구해 볼 필요가 있다.[7] 최근 입수한 미국 측의 문서 자료와 관련 연구를 통해 볼 때, 냉전시기 미국의 원동(遠東)정책을 역사의 흐름에 맞춰 합리적으로 이해하는 데는 무리가 있다. 그리고 미국 정부의 정책 결정 과정이 단일한 정치적 의지에 따른 것이며, 명확하고 시종일관하고, 사전 정보를 면밀히 분석해 절대적으로 이성적인 과정이라 보는 것 역시 곤란하다. 미국 국방부와 국무부의 시각은 늘 상반되었으며, 정책 결정 과정에서도 상·중·하 각 층 참여자 사이의 의견 또한 큰 차이를 보였다.[8] 그러므로 종합적으로 봤을 때 비록 미국이 오랜 기간 동아시아의 정세를 지배하고 있었지만, 그 구체적 정책은 결코 어떤 단일한 정치 이성의 필연적 산물이 아니라고 할 수 있다.

한편 한국의 연구자료에 의하면, 한국전쟁 동안 미국 RCA가 줄곧 동아시아 지역에 대한 투자의 가능성을 포기하지 않고 있었고, 1956년 5월 12일 TV방송국 HLKZ-TV(KORCAD) 기획안이 제출되었으며, 이것이 바로 남한 최초의 상업 TV방송국이다. 당시 한국에 주둔하는 미군이 제법 많았으나, HLKZ-TV를 보는 한국인은 대부분 길거리의 관중이었으므로 사실상 HLKZ-TV의 운영 상황은 그다지 좋은 편이 아니었고 결국 1959년에 문을 닫게 된다(Kang, Baek and Choi, 2007). 이후 RCA는 타이완 교육방송국 건립에 합작 계획을 꾀했으나, 재정적 곤란으로 무산되었다(劉先雲, 1995, p. 327). 한편, UNITEL은 이후 타이완 방송국의 건립 계획에 더는 참여하지 않았고, 동아시아의 전신망에도 관여하지 않았다.

타이완과 대륙 양안의 '텔레비전이 없는' 미묘한 평형관계는 결코 오래가지 못했다. 중국대륙의 중앙라디오사업국(中央廣播事業局)이 1956년 5월 정식으로 텔레비전 도입에 대한 구상을 내놓았고, 1958년 5월 1일 베이징텔레비전방송국(北京電視台, 현 CCTV)이 설립되어 시범방송을 시작했다(趙玉明, 1993, pp. 344~348). 같은 해 10월 1일 상하이텔레비전방송국(上海電視台)이 잇따라 설립되었다. 중국대륙에서는 1년 사이에 텔레비전 방송국이 두 곳 생겨났고, 이것은 당시 국민당 정부를 이끌던 장제스에게 적잖은 스트레스를 주었다. 당시 타이완에는 텔레비전이 없는 상황이었음에도 교통부에서 격년에 걸쳐 '텔레비전 방송수신기 등록규정'을 제정한 것 역시 이러한 상황에 연유한 것임을 알 수 있다.

1958~67년 타이완 교육부 사회교육 국장 및 국립교육자료관 관장을

겸임한 류셴윈(劉先雲)의 방문록에 따르면, 1956년 교육부장 장치윈(張其昀)은 이미 교육방송국 설치 계획을 진행 중이었고, 사회적인 시청각교육의 확장을 주목표로 했다. 맨 처음 일본의 도아회사(東亞特殊電機株式會社)와 합작을 결정했고, 육군 총사령부의 야마구치(山口) 고문이 이 회사의 대리인 자격으로 타이완에 파견되었다. 그러나 얼마 지나지 않아 다시 미국 웨스팅하우스전기회사(Westinghouse Electric Co.)와의 합작을 결정했다. 그 후 자금 출처의 문제 때문에 줄곧 일본과 미국 사이에서 방황했다(劉先雲, 1995, p. 325).[9] 당시 타이완의 가장 대표적인 기업인 다퉁공사(大同公司)의 책임자 린팅성(林挺生) 또한 설립위원회의 분과에 속해 있었다. 다퉁공사는 일제시기에 설립되었으며, 전쟁 이전에는 일본 공업계에 물자를 대는 사업을 했고, 사적으로도 연계가 있었다. 이러한 관계로 린팅성은 일본과 합작하는 것이 비교적 협상도 수월하고, 경비도 적게 든다고 주장했다(劉先雲, 1995, p. 325). 그러나 방송국 설립에 대한 린팅성의 태도는 의외로 '꽤나 무심한' 편이었다(聯合報, 1959. 2. 5, 3판). 1959년 말에 교육부는 '텔레비전 도입 계획'의 초안을 만들어, 행정원에 10년 경제발전 계획에 포함시킬 것을 요청했으나 통과되지 못했다. 기술적 문제도 있었고 '정부 및 비정부 부문의 질의'를 아직 거치지 않았기 때문이기도 하다.[10] 그 결과, 그 후 교육부장을 인계 받은 황지루(黃季陸)는 류셴윈에게 교육방송국 설립 계획은 마땅히 '일이 성사되기도 전에 소문만 들끓게 하지 말고, 비밀리에 진행시켜야 한다'고 일렀다(劉先雲, 1995, p. 326).

이와 동시에 타이완 국민당 정부와 일본 정부[11]는 1957년부터 '중일합작정책추진회(中日合作策進會)'[12]를 설립하고 구정강(谷正綱)을 수석대표로 임명했다. 이 조직의 주된 임무는 타이완과 일본 양국의 문화 · 경제 교류를 추진하고, 공산주의가 만연하는 것을 저지하며, 아시아의 평화를 유지시키는 것이다. 사실상 이러한 경제·문화 교류 조직의 실질적 임무는 대일 외교에서 중국대륙과 경쟁해, 일본 정부와 국민당 정부의 관계를 우선적으로 확보하는 데 있었다(林麗雲, 2006, p. 84). 그러므로 여러 차례의 선언을 통해 반공 입장을 강경하게 나타냈다. 그러나 타이완과 일본 양측의 경제 교류가 기대만큼 빠르게 전개되지는 못했다. 타이완은 여러 가지 특혜 항목을 개방했으나, 일본은 이에 대응되는 특혜 사항을 개방하지 않았다. 이로 인해, 당시 여론은 '우리는 경제적 이익을 가지고 일본 측의 반공 목소리를 교환하고 있다'라고 비난했다(司馬桑敦, 1959).

1959년 1월 12일에 열린 '중일합작정책추진회' 제4차 회의를 통해 중일 텔레비전 합작계획이 결정되었다. 제4차 회의의 일본 측 수석대표는 도쿄시바우라전기(東京芝浦電氣, 지금의 도시바) 사장 이시자카 다이조(石坂泰三)였다(聯合報, 1959. 1. 12, 제2판). 이시자카 다이조는 타이완을 방문하는 동안 당시 화난(華南)은행장 류치광(劉啓光)과 대담을 했고, 둥정전자공장(東正電器廠)[13]의 천마오방(陳茂榜) 등을 비롯한 10여 명과도 대담을 했다(聯合報, 1959. 2. 6, 제3판). 이 계획은 매우 빠르게 전개되었고, 1960년 2월 '중광펑(中廣奉)'이 제183차 국민당 중앙집행위원회 상무위원회 회의(이하 중상회)에서 "텔레비전의 도입은 작은 것에서 큰 것으로, 최대한 빠르게 진행시키고, 이는 중국라디오방송공사가 책임을 맡도록" 결의했다(吳道一, 1968, p. 431). 동시에 전자기자재공업동업조합(電工器材工業同業公會) 역시 텔레비전사업 발전에 중일 합작이 확정되었음을 발표했다(聯合報, 1960. 2. 9, 제5판). 당시 타이완 성 교육청 청장 류전(劉眞)의 방문록에 따르면, 1960년 3월 초 중상회 개회 당시 장제스가 교육방송국 설립 준비가 이미 2년이 되어가는데도 아직 구체적인 성과가 나타나지 않은 것에 대해 책임자 타오시성(陶希聖)에게 '선비는 반란을 일으켜도 3년이 걸린 다더니(俗謂秀才造反, 三年不成)'라며 불만을 나타냈고, 결국 담당 주체를 타이완 성 정부로 바꿨다(劉眞, 1986, p. 111). 그뿐만 아니라 린리윈의 연구에서 나타나듯이, 타오시성은 1960년 6월 11일 제출한 '텔레비전 방송사업에 관한 중일합작 경영방안(中日合作經營電視廣播事業方案)'에서 국민당 정부의 대일관계가 점점 불안정해지고 있어서 일본과 합작하는 것이 외교관계에 유리할 것이라고 평가했다(林麗雲, 2006, p. 84). 이후 부총통 천청(陳誠)은 '재력이 있는 당원들을 독려해 민간투자의 방식으로 참가하게 하고', '당은 타이완 성 정부에 관할 상업 은행이 투자하도록 지시하고, 일본 상인과 합병하도록' 지시를 내렸다(吳道一, 1968, p. 435). 이로써 타이완텔레비전공사준비위원회(台灣電視台籌備委員會)의 주요 요소 중 하나가 성공적으로 추진되었고, 또한 성 정부의 은행이 투자하게 된 계기가 되었다.

이에, 타이완 텔레비전공사준비 계획의 두 가지 구상이 동시에 진행되었다. 첫째, 교육부 황지루의 적극적인 주도하에, 교육방송국 설립 계획이 조용히 추진되었다. 둘째, 안정적인 대일관계를 위한 '중일합작정책추진회'가 성공적으로 추진되었고, 일본 도시바(東芝)의 제의를 받아들여서, 방송국 설립 계획이 타이완 성 정부의 주도하에 진행되게 되었다.

1960년 5월 20일, 중국라디오방송공사는 일본전기주식회사(日本電氣株式會社, NEC Corporation), 도시바전기주식회사와 합작을 맺고, 타이베이에서 5월 20~26일 일주일간, 저녁 7~10시까지 매일 3시간씩 텔레비전 시범방송을 했다. 이는 '텔레비전 시범방송(電視示範表演)'이라 불렸고, 제3대 총통, 부총통 취임식 중계를 위해 시행되었다. 또한 동시에 일본 측에 텔레비전 방송의 효과를 보여주고, 이를 통해 진일보한 투자합삭을 노모했다. 텔레비전 송신기와 기타 부품들은 모두 일본에서 가져온 것이었고, 기계 설치 및 기술 인력에 드는 비용 또한 모두 일본 측이 부담했다. 프로그램에 드는 비용과 잡다한 지출은 중국라디오방송공사가 부담했다.

당시 기술 인력은 일본의 두 군데 기술 공장에서 각각 3명씩 파견되었고, 일본방송협회(NHK)에서 프로그램 감독 2명을 보내왔으며, 중국라디오방송공사는 50여 명의 기술 인력을 동원했다(吳道一, 1968, p. 431) 일본전기(NEC)에서 10와트의 텔레비전 송신기를 타이완에 무상으로 제공했고, 이를 위엔산(圓山)에 설치했다. 한편, 텔레비전 수상기는 타이완 측이 도시바에서 50대를 구입해 수송해 왔다. 그중 27대는 시내의 공공장소에 설치되었다. 텔레비전 프로그램[14]은 취임식과 삼군(三軍) 연습상황 중계 이외에도 뉴스 보도, 현대무용, 음악 프로그램, 단편 과학다큐멘터리, 유명인 방문, 요리 공연, 국극, 곤극(崑劇), 월극(越劇), 인형극, 민족 무용, 국기(國術) 공연, 퀴즈 쇼, 화목한 가정을 주제로 하는 연극, 미스 중국 후보자 소개, 농구경기[15] 등이 있다. 생방송은 모두 타이완영화제작소에서 진행되었고, 마지막의 농구 중계는 삼군(三軍)농구장으로 옮겨 가서 진행되었다. 당시 방송된 프로그램의 비용은 거의 70만 신타이비(新台幣, New Taiwan Dollar)에 달했다(吳道一, 1968, p. 432). 일주일간의 프로그램 중 일부는 생방송이었고, 일부는 영화였다. 관련 보도에 따르면, 생방송이 비교적 인기가 높았고, 시먼딩(西門町), 타이베이 기차역과 신공원 음악무대에는 텔레비전을 보려는 많은 인파가 몰렸다(聯合報, 1960. 5. 24, 제2판). 국립과학관 내에 설치된 텔레비전은 이를 보려고 몰려든 사람이 너무 많아 이튿날인 21일부터는 텔레비전 설치 장소를 실외로 옮겼다(聯合報, 1960. 5. 21, 제2판).

'텔레비전 시범방송'은 큰 반향을 불러일으켰고, 대략 20만 명이 시청한 것으로 추산된다(聯合報, 1960. 5. 27, 제2판). 그 후 '텔레비전 시범 방송'을 둘러싸고 다음과 같은 토론이 이어졌다. 텔레비전이 '중국 과학생활의 신기원을 상징'하지만, '일본의 전문 기술과 인력의 합작을 통해 봤을 때, 과거 우리의 모든 경우에서 공통적으로 나타났던 결함, 즉 "수박 겉핥기식"이 너무 많음을 확인할 수 있다. 모든 사람이 다 만물박사인 "일당백"은 결국 "전문가가 하나도 없음"을 의미한다'(郭雄, 1960). 한편 텔레비전을 주제로 하는 전문적인 글도 나타나기 시작했다. 예를 들면, 미국사회에서 텔레비전이 야기하는 사회문제, 즉 음란하고 불건전한 프로그램이 가정의 안녕을 파괴하는 경우, 상업광고가 가정생활에 침투할 우려, 어린이들이 텔레비전의 영향으로 책을 멀리하고 범죄행위까지 하게 되는 사례, 집 밖에서의 여가활동이 대폭 감소되고, 신체활동이 줄어 건강을 해치게 되는 등의 문제들을 서술한 글들이다. 또한, '텔레비전 병(電視病)', '텔레비전 과부(電視寡婦)', '텔레비전 홀아비(電視鰥夫)' 등의 영어 어휘가 번역되었다(何凡, 1960a, 1960b). 그리고 '이동식 TV(旅行電視)', '벽걸이 TV(牆壁電視)', '위성 TV(太空電視)' 등 미국에서 새로 발명된 텔레비전 관련 과학기술도 소개되었다(佐靜秋, 1960). 한편, 이와는 상반된 또 다른 미국식 관점으로 보자면, 텔레비전은 교육적 기능이 있으며 영향력이 매우 크므로 '가정주부, 군인, 학생, 목사, 기술자, 병원의 환자 및 교도소의 수인 등을 대상으로 하는 교육'을 제공할 수 있고, '교사 자격의 수와 자질, 교육비 및 교실의 규모' 등의 문제를 해결할 수 있다(梅春, 1960). 또한, 미국 텔레비전 방송국의 예를 통해, 텔레비전 프로그램을 제작하는 전문 인력을 어떻게 배양해야 하는지에 대해서도 토론이 있었다(藝公, 1960).

텔레비전 시범방송 이후로, 타이완에서는 신문·잡지에서 텔레비전에 대한 미국 과학자들의 건의, 개혁, 발명 혹은 개선 등의 내용이 실리기 시작했다. 이 글은 모두 미국의 외신보도를 번역한 것으로서, 다른 나라의 텔레비전 발전 상황에 대한 글보다 그 수량 면에서 월등히 많았다. 한편 '텔레비전 시범방송'이 기술적 측면에서 일본의 절대적인 지원을 받았음에도, 미국 관련 보도자료에 묻혀 텔레비전 사회로서 타이완의 사회적 담론에서 '일본'의 존재는 거의 사라지고 말았다. 기껏해야 실무 진행과정에서 일본 기술자들의 전문적인 분업 상황과 기술합작에 임하는 그들의 장인정신 정도만이 언급되었을 뿐이다. 당시 일본사회는 텔레비전 보급률이 매우 높은 상황[16]이었음에도, 신문 등의 여론이 상상하는 발전된 텔레비전 사회로 여겨지지 않았고, 타이완에서는 오로지 미국만이 비교의 기준이 되었다. 텔레비전 시범방송 과정에서 '일본'의 기계가 가장 중요한 역할을 했음에도 불구하고, 타이완의 주류 언론은 이를 언급하지 않았다. 오히려 '미국'이 일반적이고, 어디에나 있을 법한 상상 속의 비교 대상이었다.

이 밖에도, 일본의 텔레비전 발전 상황에 관한 연속 칼럼이 보도된 바 있었으나, 내용 면에서 봤을 때 일본의 정책과정과 일본 기업의 텔레비전 생산 및 판매 전략, 혹은 1953~60년 7년이라는 짧은 시간 동안 텔레비전 사업이 상당히 발전'한 것에 대해 일본이 어떻게 이렇게 비약적으로 발전할 수 있었는가 등으로 그 주제가 편향되어 있었다(聯合報, 1960. 12. 1, 제7판). 연속 칼럼은 '일본 공업이 성장하게 된 과정'에 초점을 맞추었으나 여전히 '일본은 어떻게 해냈는가'에 관심을 더 기울였다. 게다가 일본과 타이완의 산업구조를 비교하고, 타이완이 일본과 유사한 산업구조를 이루고 있으므로 일본의 방법을 모방해도 무방하다는 주장도 제기되었다(聯合報, 1961. 5. 23, 제5판; 聯合報, 1961. 7. 13, 제8판). 즉, 당시 일본은 현대화를 직접 경험한 실례였고 현실적인 참고 대상이었다. 그러나 주의해야 할 것은, 타이완의 언론 매체들이 일반 민간의 실제 상황을 제대로 반영하지 못했다는 점이다. 언론의 시각은 오로지 정부정책 방향에 맞춰져 있었고, 문화 이데올로기 형성에 부응하는 논조 일색이었다. 이는 아마도 중일전쟁에서 비롯한 반일 정서 때문인지도 모른다.

식민과 냉전의 교차:
문화 반일, 경제 의일(依日)

1960년 5월 '텔레비전 시범방송' 이후, 중국과 일본은 텔레비전사업 합작을 발표했다. 같은 해 12월 일본 요미우리신문 및 니혼TV 사장 쇼리키 마쓰타로는 일본 자민당 국회의원 가와시마 조지로(川島正次郎)로 하여금 장제스에게 타이완은 흑백텔레비전 단계를 건너뛰고 곧바로 컬러텔레비전 단계로 진입하도록 건의할 것을 지시했다(聯合報, 1960. 12. 31, 제2판; 何貽謀, 1962, p. 16).《요미우리신문》은 1961년 1월 4일 이를 헤드라인 기사로 올렸고, 쇼리키 마쓰타로가 타이완 국민당 정부에 기술 및 자금을 지원해 컬러텔레비전 시스템을 수립시킬 의사가 있음을 보도했다(讀賣新聞 夕刊, 1961. 1. 4, 제1판). 또한 가와시마 조지로는 장제스와의 비공식 회담 내용을 발표했다(讀賣新聞 朝刊, 1961. 1. 6, 제1판). 이처럼 타이완 국민당 정부가 컬러텔레비전을 선택하도록 협조한 것에 대해 일본에서는 '쇼리키 구상(正力構想)' 또는 '쇼리키 제안(正力提案)'이라 불렀다(讀賣新聞 朝刊, 1961. 1. 12, 제1판; 讀賣新聞 朝刊, 1961. 1. 18, 제11판). 이와 동시에, 제6차 중일합작정책추진회가 1월 10일 도쿄에서 열렸고, 텔레비전 설립 중일합작 계획은 이미 구체적으로 논의되기 시작했다. '쇼리키 구상'의 제안도 타이완 측의 수석대표 구정강이 구체화시켰다. 같은 해 1월 17일,《요미우리신문》은 일본 정부가 이미 쇼리키 마쓰타로와 연합해 타이완 국민당 정부에 컬러텔레비전 시스템 수립에 협조하기로 결정했음을 밝혔다(讀賣新聞 朝刊, 1961. 1. 17, 제1판).

그러나 1961년(소화 36년) 2월 21일 〈일본체신위원회 개회기록(日本遞信委員會開會紀錄)〉에서《요미우리신문》의 보도가 사실무근임이 드러났다. 일본체신위원회는 이에 대해 승인한 바 없을 뿐 아니라, 해당 사실에 우려를 나타내고 있었다.[17] 당시 회의 기록을 보면, 그 무렵 일본 정부 내에서는 사실상 이미 중국대륙과 더 긴밀한 합작관계를 맺는 경향이 있음을 알 수 있다. 때문에 쇼리키 마쓰타로의 제안은 그대로 묻히게 되었다.

한편, '쇼리키 제안'이 타이완의 언론을 통해 발표되자 일부 타이완 반일 인사들이 격렬하게 반대했다. 이들은 텔레비전 방송은 마땅히 중국인 스스로 자본을 조달하고, 스스로 설립해야 한다고 주장했다. 또한 '중화민국 무선전신 협력추진회(中華民國無線電協進會)'가 발기된 바 있고, 민간자본이 조달된 '중국텔레비전방송국(中國電視電台)' 허가를 정부에 신청했으나 비준이 되지 않기도 했다. 이 방송국의 송신기는 미국의 RCA에서 구입한 것이나, 전력 출력이 너무 낮아 텔레비전 전파 수신 가능 지역이 직경 60킬로미터밖에 되지 않았다(聯合報, 1960. 6. 23, 제3판).

일본과의 컬러텔레비전 합작을 반대하는 쪽의 의견은 컬러텔레비전에 관한 쇼리키 마쓰타로의 제안이 일본의 고의적인 덤핑 계획이라는 것이었다. '타이완은 텔레비전이 도입되는 단계이고, 이에 대해 일본뿐 아니라 필립스, RCA 등도 주목하고 있다. 일본이 우리의 방송국 설립에 대해 '순수한 우의로 증정'하는 것이 아니라면, 우리는 차라리 공개 입찰을 해야 한다 …… 국내에도 이미 텔레비전 관련 인재가 있으므로 (일본이) 대량의 기술자를 타이완까지 보내올 필요가 없다(佐靜秋, 1961a).' 이와 동시에 일본산 컬러 텔레비전이 일본에 처음 출시되었을 때 가격 문제로 인해 재고가 많아 TV 브라운관을 아직도 미국에 수출하고 있음을 지적했다. 또한 컬러

텔레비전 한 대의 가격이 평균 1,500달러로 타이완 화폐(台幣)로 5만~6만 위안[18]에 이를 만큼 지나치게 비싸 타이완의 민간 소비 수준으로는 이를 감당할 수 없다는 문제점도 제기했다. 그러므로 일본의 힘을 빌리면서까지 컬러텔레비전을 도입할 필요가 없다고 주장했다(佐靜秋, 1961b). 일본과의 합작을 반대하는 사람들은 미국이나 유럽과의 합작을 강력히 주장했고, 텔레비전의 도입은 마땅히 민간 차원에서 민간의 유휴자금을 기반으로 진행되어야 한다고 강력하게 주장했다.

비록 네덜란드의 필립스가 곧이어 타이완에 와서 1,000만 위안(타이완 화폐)을 출자해 타이완 텔레비전사업에 협조할 의사를 밝혔으나(聯合報, 1961. 4. 8, 제2판). 유럽 혹은 미국과의 합작을 주장하는 민간단체의 주장은 일본과 합작하고 정부 차원에서 통제·경영하려는 정부의 정책[19]을 이길 수 없었다. 타이완 성 신문처는 1961년 3월 24일 성 정부 사무회의의 보도에서 일본 후지(富士), 히타치(日立), NEC(日電), 도시바 등 4군데 기업이 합작 대상 기업이라고 밝혔다(聯合報, 1961. 3. 25, 제2판).

1년에 이르는 일본과의 협상기간 동안 수많은 곡절이 있었다. 타이완과 일본 양측은 1961년 4월 15일 가계약을 체결했고, 그 내용 중에는 일본에서 조립 텔레비전 1만 5,000대를 수입해 타이완이 독자적으로 판매한다는 조항도 있었다. 그러나 같은 해 8월, 중국라디오방송공사 웨이징밍(魏景蒙)은 일본과의 담판에서 세부조항에 합의를 보지 못하고 협상 결렬을 선언했다. 주된 원인은 일본 측이 타이완텔레비전공사가 독자적으로 수입한 1만 5,000대 텔레비전의 부품 대금을 4개월 이내에 현금으로 지급해 달라고 요구했기 때문이다. 당시 타이완텔레비전공사 준비 자금 상황으로 봤을 때, 이러한 요구조건이 성립될 도리가 없었다. 이에 중일 텔레비전 합작계획은 보류되었고, 체결된 가계약 또한 무효가 되었다.

1961년 11월, 일본과의 텔레비전 합작계획을 계속 반대해 오던 교육부장 황지루가 교육방송국 발전 기금으로 10만 달러를 조달할 것을 선포했다.[20] 텔레비전 송신기는 자오퉁대학(交通大學) 전자연구소에서 자체 제작했고, 프로그램은 사범대학과 합작했다. 그리고 타이완과학관에서 텔레비전 프로그램을 송신했다. 교육방송국은 1962년 2월 14일 서둘러 개국했고, 이후 매일 두 시간 동안 교육 프로그램을 광고 없이 방송했다. 이 방송국이 타이완 최초의 텔레비전 방송국이며, 직후 생겨난 중화텔레비전방송국(中華電視台)의 전신이다. 개관 당시 황지루는 이후 3분기에 걸친 텔레비전사업 확장에 관한 요강과 '텔레비전 학교' 설립을 공개적으로 발표했다(聯合報, 1962. 2. 14, 제2판).[21] 그러나 교육방송국 초기에는 송출 전력이 너무 낮은 관계로 송신 범위는 간신히 타이베이 시내를 포함할 수 있었고, 50대의 수신기는 주로 타이베이 시 공공장소 및 학교에 설치되었다.

  1961년 중일 합작 타이완 텔레비전 발전계획에 대한 담판이 결렬된 후, 같은 해 12월 몇 차례의 알선을 거쳐 타이완텔레비전공사 준비단 대표 저우톈샹(周天翔)이 일본의 후지, 히타치, NEC, 도시바와 다시 가계약을 맺고 각서를 작성했다. 이 협의에 따르면, 텔레비전 방송국 설립과 그에 필요한 기자재는 모두 일본에서 수입하기로 한 것으로 보인다. 일본 측에서는 사업 초기 단계에서 매월 450만 엔(당시 신타이비 50만 위안 상당)의 광고비를 주면서 타이완으로 하여금 기자재를 구입하도록 했다. 사실상, 이 조건은 기자재를 통해 현금을 저당 잡힌 것이라 할 수 있다. 또한 타이완은 방송국 개국 당시 매일 5시간씩 방송을 했는데 그중 2시간은 일본 후지사에 할당해야 했다.

  '일본에 2시간 할당'에 관한 협의는 결국 분쟁을 불러일으켰고, 결국 교육방송국의 교육부와 타이완텔레비전공사가 이에 대해 제일 먼저 정면

충돌하게 되었다. 또한 여러 반일 입법위원회의 질의가 이어졌다. 이 안건은 1962년 4월 16일 입법원의 심사 당시 논쟁을 불러일으켰고,[22] 교육부 장 황지루는 입법원에서 '두 시간 일본 할당' 방송의 내용은 마땅히 교육적인 프로그램이어야 하는데 일본 측에 일방적으로 끌려간다면 지나치게 상업적일 우려가 있다며 이에 반대했다. 그러나 타이완텔레비전공사는 일본 측의 프로그램은 일본어가 아니라 중국어 더빙과 자막을 내보낼 것이라 밝혔다. 또한 일부 시간대에는 미국 NBC의 영어 프로그램을 방영할 것이므로 타이완 측에 우선 선택권이 있음을 밝혔다. 4월 17일《자립만보(自立晚報)》의 기사 검열위원 차오더쉬안(曹德宣)은 자신의 칼럼에서 일본에 두 시간을 할당하는 것에 반대의견을 피력했다(何貽謀, 2000, p. 5).《연합보(聯合報)》의 사설 역시 타이완 측이 지나치게 일본에 의존하고 있음을 지적했다. '우리나라 텔레비전사업에서 자금, 기술, 기재 등의 방면은 이미 부분적으로 혹은 전적으로 일본에 의지하고 있으며, 결국에는 프로그램조차도 스스로 해결하지 못하고 있으니 너무 지나치게 의존하는 것이 아닌가 여겨진다. 타이완텔레비전공사는 다른 부분에서 수입을 조절할 수 있다면 아무래도 프로그램 형성도 독자적으로 하는 것이 가장 나을 것이다(聯合報, 1962. 4. 18, 제2판).' 이와 동시에, 교육부 역시 입법원 회의 석상에서 일본에 두 시간 분량의 프로그램을 할당한 것을 끝까지 물고 늘어지며 강하게 몰아붙였다. '현재 국가가 처한 상황과 타이완 성의 특수상황을 고려했을 때, 국가 교육 방침상 교육부에서는 이를 동의하기 어렵다(聯合報, 1962. 4. 26, 제2판).

텔레비전 프로그램 구성이 일본에 의존해 있다는 우려 말고도, 텔레비전 기계의 판매 또한 적지 않은 논쟁을 불러일으켰다. 특히 입법원 내에서는 1개월여가량 논쟁이 이어졌다. 타이완텔레비전공사는 일본에서 텔레비전 1만 5,000대의 기초 부품을 수입해 타이완에서 조립·판매하는 데 대해 비준을 얻었다. 그중 25%는 타이완 국산 부품을 사용해 14인치 흑백텔레비전을 조립·판매하도록 했다. 또한 매년 타이완 국산 부품의 사용량을 늘려가도록 규정했다. 한편, 중산층 이하의 가정에서도 텔레비전을 구입할 수 있게끔 하기 위해 텔레비전의 정가를 신타이비 4,660위안으로 정하고, 할부 구입이 가능하게 했다(聯合報, 1962. 9. 24, 제2판). 그러나 당시 텔레비전은 관리 대상인 수입품에 속해 있어서 텔레비전의 부품 역시 관리 대상에 속했다. 타이완텔레비전공사가 '외화 낭비를 줄이기 위해' 현지 조립으로 허가를 받은 것에 대해, 타이완 성 전자제품동업조합은 텔레비전이 일본으로부터 원자재를 공급 받는 것을 지속적으로 반대했다. 또한 1961년 8월 타이완텔레비전공사에 공문을 보내어, 텔레비전 기자재와 관련해 민영 개방을 건의했다. 동업조합은 1962년 3월 6일 경제부에 정식 항의서를 보냈고, 왜 전자제품 공장이 직접 부품을 수입해 조립하는 것은 불가능하고, 타이완텔레비전공사가 텔레비전 시장을 독점하는 것은 가능한지에 대해 따져 물었다. 또한, 텔레비전의 생산은 마땅히 자유경쟁 시장에 맡겨야 함을 강력히 주장하고, 일본 측에서 독자적으로 부품을 공급하는 것에 반대했다(聯合報, 1962. 3. 7, 제2판).[23] 초기 텔레비전산업의 주요 수입 원천은 텔레비전의 광고가 아닌, 텔레비전 자체 특히 텔레비전의 판매였다. 텔레비전 광고의 수익은 시청자가 어느 정도 이상이 되어야 생겨나는 것이므로, 당시 타이완사회에서는 광고보다는 텔레비전의 생산과 판매가 오히려 엄청난 이윤을 남겼다. 그러므로 타이완 방송국이 이 모든 경제적 이윤을 독점하게 하는 데 저항이 없을 수 없었다. 그러나 동업조합의 항의에 대해 당시 타이완 경제부는 '수입물품은 대외무역 부서가 처리하도록 되어 있다'라고만 해명했다(聯合報, 1962. 4. 29, 제2판).

그러나 예상 밖으로, 타이완 방송국에서 일본 프로그램 방송을 강하게 반대하던 교육방송국에서 5월 1일 일본어가 그대로 나오는 꽃꽂이 프로그램을 방영해 논쟁을 불러일으키고, 이에 교육부의 사회주의사상 교육팀장 류셴원이 처분을 받겠다고 자청했다. 이전까지만 해도 일본에 두 시간 방송을 할당한 것에 강하게 반대했던 교육부의 입장이 순식간에 뒤집힌 것이다. 그러나 '일본에 2시간 할당'과 관련된 분쟁은 이미 교육부만이 아니라 입법원에서도 매우 강한 반대에 부딪혔고, 텔레비전 생산 규정 또한 입법위원회에서 상당한 관심을 불러일으키고 있었다. 조목조목 이의를 제기하던 전자제품동업조합 대표 린허인(林和引)[24] 역시 회의에 참가해 동업조합의 청원 의지를 밝혔다. 입법위원회의 우왕지(吳望伋)는 타이완이 수입하는 14인치 흑백텔레비전의 부품이 일본의 재고품이 아닌지에 대해 추궁했다(聯合報, 1962. 5. 17, 제2판). 타이완텔레비전공사 측의 해석은 16인치나 17인치가 아닌 14인치 텔레비전 구입을 결정하게 된 경위는 일본 국내 시장에서 여전히 14인치 텔레비전이 주력 상품이기 때문이며, 또한 14인치 텔레비전이 타이완의 실정에도 적합하기 때문이라고 설명했다. 대체로 일본의 가옥은 면적이 비교적 좁고 방의 면적이 보통 6명 앉을 자리, 8명 자리, 10명 또는 12명 자리 정도 되므로 14인치 텔레비전을 설치하는 것이 가장 적당하다. 게다가, 미국에서는 더 이상 14인치 텔레비전을 생산하지 않아 수입이 불가능했다. 타이완 국민소득과 일반 주택의 건축 상황을 따져볼 때, 이러한 상황이 일본에 가장 근접해 있고, 타이완의 소비능력이나 주거공간을 생각해 볼 때 14인치가 가장 부합한다고 할 수 있다(聯合報, 1962. 5. 17, 제2판; 聯合報, 1962. 10. 10, 제12판).

타이완 입법위원회 위원 대다수가 하나같이 '일본에 2시간 할당 방송' 약정 취소를 주장한 결과, 행정원, 경제부, 화교 및 외국인투자심의위원회(外人投資審議委員會)는 결국 다음의 결정을 내렸다. '타이완텔레비전공사와 일본 측은 새로운 규약을 협상하라는 상부의 지시를 전달한다. 또한, 타이완텔레비전공사 측에서 겪을 매월 450만 엔의 수입 감소 상황에 대해서는 행정원에서 별도의 대책을 강구해 보충하도록 한다(聯合報, 1962. 6. 10, 제2판 사설)[25] 행정원의 외자무역심의위원회(外匯貿易審議委員會)는 5월 30일 타이완텔레비전공사가 텔레비전의 시장 독점 특권을 결코 누리지 않았으며, 모든 전자제품 관련 기업은 법에 따라 신청 가능하다고 설명했다.

결국, 방송국에서는 일본 프로그램의 방영을 취소했으며, 타이완텔레비전공사의 텔레비전 독점 판매권 역시 취소당했다.

1962년 타이완텔레비전공사 개국 직전의 이상과 같은 몇 가지 사안들은 모두 적지 않은 정치 분쟁을 불러일으켰다. 방송국의 자금출처(자본구조), 텔레비전 프로그램의 내용(문화정책), 텔레비전의 생산규정(산업발전) 등이다. 이 세 가지 사안과 관련해 우여곡절을 겪게 된 원인은, 바로 일본의 개입에 있었다.

사실상, 1962년 타이완텔레비전공사 개국 당시, 타이완의 전자사업은 아직 독립적으로 텔레비전을 만들 만한 기술이 없었고, 설비 대부분은 일본에서 도입한 것이었다. 타이완 공업화의 초기 단계에서, 일본은 핵심 기술의 원천이었고, 1960년대 초기에는 모든 텔레비전 기술의 공급자가 일본 제조회사였다(瞿宛文 · 安士敦, 2003, p. 31)[26] 당시 중일 합작으로 생산된 텔레비전은 타이완 국내에서만 판매되었고, 수출되지는 못했다. 이들은 이미 내수에 한해서는 반드시 국산 부품의 비율을 매년 증가시켜야 하는 규정을 정해 놓은 상황이었으므로, 타이완의 합작기업은 기술을 전수 받을 수 있었을 뿐 아니라 타이완의 부품회사에 기술을 전수해 줄 수 있게 되었다. 이러한 관계는 결국 타이완의 전자회사가 일본 부품에 고도로 의존하게 되는 결과를 초래했다. 성바오공사(聲寶公司), 둥위안전기(東元電機), 다퉁공사(大同公司) 모두 일본이 세워 성공한 합작기업이며, 이를 통해 생산기술을 배울 수 있었다.[27] 한 연구에 따르면, 타이완 공업화 과정에서 일본 자본의 영향력은 매우 컸다. 비록 타이완이 1970년대부터 컬러텔레비전 수출을 시작했지만, 이 역시 일본 기업과 OEM계약을 맺고 생산한 것이었다. 1952~79년에 타이완의 전자제품 기업은 외국기업과 기술제휴 계약을 337건 맺었는데, 그중 236건이 일본 기업과의 계약이었다. 1970년대까지 타이완은 많게는 59.8%의 자본재를 일본에서 수입했다(瞿宛文 · 安士敦, 2003, pp. 32~33).

그러므로 국민당 정부의 경제 · 문화 정책은 비록 민족주의 요소를 바탕으로 하여 '일본'과 계속적으로 강력한 밀고 당기기를 해왔지만, 국민당 정부는 궁극적으로는 여전히 일본과의 합작을 통해 텔레비전 방송국을 설립했고, 일제 텔레비전과 기타 가전제품 역시 현실 소비생활에서 많은 부분을 차지하고 있었다. 타이완텔레비전공사는 개국 후 일본에서 수입해 온 텔레비전 1만 5,000대를 독자적으로 판매했다. 그러나 1963년 훙젠취안(洪健全)의 타이완 파나소닉 전기에 의해 타이완 방송의 독점 행태가 최초로 중단되었고, 일본과의 기술합작을 통해 국제 브랜드 텔레비전을 생산했다. 이 후 1964년에는 싱룽(興榮), 거린(歌林), 둥싱(東興),[28] 싼양(三洋)전기, 타이푸(臺富) 등의 텔레비전 생산 기업이 앞다투어 설립되었다. 그러나 모두 일본과 기술합작 또는 자본합작의 관계에 있었다(中華民國電視年鑑, 1976, p. 187). 1964년 10월, 공업계의 지표기업인 다퉁공사 역시 일본의 도시바전기와 기술합작을 맺기 시작했고, 다퉁텔레비전을 생산했다. 다퉁공사와 도시바는 빈번한 기술 교류를 했고, 다퉁 측 역시 항상 도시바에 직원을 파견해 훈련을 시켰다. 그러나 다퉁텔레비전의 소비자 광고에서 도시바와 기술합작을 했다는 말은 찾아볼 수가 없었다. 다퉁은 자사의 상품이 '일본색이 농후한 제품'과는 다름을 강조하면서, 심지어 다퉁 제품을 구매하는 것이 '국산품을 애용'하는 것이라 주장했다(林挺生, 1964, p. 5). 결국 일본 제품과, 다퉁의 텔레비전 등 일본과 기술합작을 통해 생산된 제품이 초기 타이완 텔레비전 시장을 거의 독점했다고 할 수 있다.

지금까지의 분석을 통해 매우 중요한 현상을 발견할 수 있다. 즉, '문화적으로는 반일, 경제적으로는 의일(依日)'의 상황이었음을 알 수 있다.

국민당 정부는 문화적으로는 타이완에 남아 있는 일본 식민지의 잔재를 없애고자 하는 바람이 간절했다. 그래서 공공장소, 학교, 신문·잡지, 방송 등에서의 일본어 사용 금지를 명문화하기도 했다. 그러나 물질 생산의 측면에서는, 타이완은 오히려 일본에 고도로 의존하고 있었다. 당시 일본은 이미 세계에서 두 번째로 큰 텔레비전 생산국이었다. 그러므로 타이완 국민당 정부는 일본과의 합작을 통해 타이완의 텔레비전공업을 발전시키고자 했고, 그 결과 생산기술상으로는 일본 기업과의 기술합작에 매우 의존하게 되었다. 이뿐만 아니라 타이완의 텔레비전 제조업체는 원래 제2차 세계대전 이전부터 이미 일본업체와 오랜 기간 합작관계를 유지해 왔고, 이를 통해 텔레비전업체에도 일본의 자본이 유입되었다. 이상의 모든 사실이 타이완과 일본 사이에는 긴밀한 경제적 연대관계가 맺어져 있음을 증명한다. 그러나 텔레비전 프로그램의 내용과 문화적 측면에서는 일본이 오히려 금기로 여겨졌다. 비록 그 당시 일본영화가 아직 합법적으로 상영될 수 있는 상황이었음에도,[29] 텔레비전에서는 일본어가 나오는 것을 허용하지 않았고, 심지어는 실수로 일본어를 내보냈다가 담당자가 문책을 당하는 사건도 있었다. 이와 같이 '문화정책상으로는 반일, 기술 발전상으로는 의일('依日')의 상태는 상당히 오랫동안 지속되었다.

　　1950년대 말부터 일본과 중국대륙의 교류가 잦아졌다. 1962년 일본 자민당이 두 차례 중국을 방문했고, 같은 해 중국대륙과 일본은 중일종합무역각서를 체결했다. 그 시점에 타이완 당국과 일본의 정치관계는 줄곧 긴장관계에 처해 있었다. 한편으로, 타이완 국민당 정부와 중국대륙 공산당 정부는 대일 외교를 놓고 경쟁관계에 있었고, 국민당 정부는 일본 기술과 일본의 자본을 타이완에 유입시키기 위해 유리한 조건을 제공했다. 그러나 다른 한편으로 타이완에는 반일 민족주의가 저변에 깔려 있었으므로 '경제적으로 일본에 의존한다는 사실'로 인해 '문화적 반일' 감정이 결코 동요되지 않았다. 정치적 측면에서 봤을 때, 타이완 민간사회에서의 친일 분위기와 경제 면의 일본 의존은 절대 인정할 수 없는 부분이었다.[30] 이와 같은 상황으로 인해 타이완사회의 각종 문화적 모순 역시 하나씩 생겨나기 시작했다. 이러한 문화 정치와 공업 생산의 충돌 문제는 끊임없이 생겨났고, 심지어 장기간 일본어의 사용이 금지되기도 했다. 그러나 일본 제품은 꾸준히 잘 팔렸다. 이처럼, 주류 문화 언론과 물질 생산 소비 상황 간 인식의 분열은 1984년 일본영화가 정식으로 개방될 때까지 계속 존재해 왔다.

결론

　　이상에서 볼 수 있듯이, 일본이 전쟁에 패해 물러간 후에도, 식민의 잔재와 이에 따른 구조적인 영향력은 여전히 타이완에 존재하고 있었다. 문화정책과 외교정책상 타이완 국민당 정부는 여러 이유를 들어 일본문화를 금지했음에도, 타이완의 경제와 정치는 여전히 일본과의 합작관계에 상당히 의존하는 모습을 보였다. 1954~62년 텔레비전 도입과정에서 발생한 분쟁에서도 볼 수 있듯이, 타이완 방송국의 설립은 냉전과 식민관계의 절충 및 협상을 통해 이루어진 것이다. 텔레비전 도입 시작 단계에서 의도적으로 미국과 합작했으나, 미군 고문단의 저지를 받게 되었고, 이후 공산 중국이 먼저 방송국을 설립하게 되자 급해진 타이완 국민당 정부는 일본과 손을 잡고, 일본과의 합작을 적극적으로 추진하게 되었다. 그리고 일본과의 담판이 여러 차례 깨지는 우여곡절 끝에 협정이 체결되었다. 그러나 오히려 타이완 국민당 내부에서 분쟁이 일어나기도 했다. 그 가운데, 일본 식민 시절의 문화적·경제적 경험, 국민당의 반일 민족주의 정서, 공산 중국과의 외교·군사 경쟁, 미국의 동아시아 군사 배치와 국민당 스스로 짊어진 반공 사명 등의 잠재된 역사 요소들이 텔레비전 도입과정에서 수면 위로 떠오르게 되었고, 이것이 당시 정책 결정 과정에서 서로를 밀고 당기게 하는 원인이 되었다.

    타이완에 텔레비전이 도입되는 과정은 이와 같은 식민의 기억과 냉전 관계가 교착된 사회적 상황에서 전개된 격렬한 정치적 대화의 과정이라 볼 수 있다. 또한, 타이완의 현대성과 후식민 문화의 구조와, 더 나아가 전후 당과 정부가 주도한 경제발전 정책 모두가 식민과 냉전관계의 제약에서 벗어날 수 없었음을 알 수 있다. 유럽, 미국, 일본 등의 소비사회 형태에서의 텔레비전 발전과 비교해 볼 때, 타이완의 초기 텔레비전 발전 양상은 결코 이와 동일한 방식으로 해석할 수 없다.

    수년에 이르는 사회적 대화의 과정에서, 텔레비전에 관한 담론이 타이완사회에 서서히 형성되었다. 비록 타이완의 텔레비전 담론이 표면적으로는 줄곧 미국식 생활스타일에 대한 상상과 관련이 있어왔으나, 한편으로는 일본의 1950년대 기술민족주의의 담론 전개과정과도 비슷한 점이 있다. 그러나 당시 타이완의 텔레비전은 국가의 통제수단이자 사상 교화의 수단에 불과했고, 생산기술상으로는 일본에 극도로 의존하는 상황이었으므로, 타이완의 텔레비전 담론은 전자국가로 거듭나기 위해 형성되었던 일본의 담론과도 달랐다. 생산의 측면에서는 텔레비전이 1960~70년대 현대화의 핵심산업이었으나, 문화적 측면에서는 텔레비전이 줄곧 '순화'의 역할을 담당했다. 이 '순화'는 영미학자가 언급한 '가족성'에 국한된 것이 아닌, 현대 과학기술에 대한 국가의 순화, 사회 민심에 대한 교화를 위한 국가의 의도도 포함하고 있다. 게다가 타이완 텔레비전산업이 정부와 산업계의 공모로 형성된 것이었기에, 텔레비전의 사회적 역할은 이후 30년간 '순화'와 '교화'의 기능을 시종일관 유지했다.

　이 글은 1960년대 전후 텔레비전이 타이완사회에 도입된 초기 과정과 당시 이것이 어떤 사회·정치 담론을 가져오고 이에 참여했는지를 살펴보았다. 또한 식민, 제2차 세계대전, 냉전으로 이루어진 복잡한 역사적 경험의 교차 속에서 텔레비전의 실체와 의미가 정치적 정화의 뒤얽힘에 의해 어떤 식으로 운용되고 쟁취되었는지에 대해 분석했다. 텔레비전이 타이완사회의 정치·문화 논쟁 속으로 들어온 과정에 대한 이 글의 논의는 다만 시작에 지나지 않는다. 타이완사회의 현대생활에 관한 연구가 앞으로 어떻게 전개될 것이며, 유럽·미국 연구의 의존에서 벗어나 독자적 연구를 하기 위해서는 어떻게 해야 할 것이며, 동아시아의 근대사와 과학기술의 발전 및 문화 민족주의를 어떻게 문화연구의 시각으로 함께 볼 것인지에 대해서는, 우리가 현재 처해 있는 사회적 현실에 대해 더욱 진지하게 정리하고 반성해 봄으로써 한 단계 더 성숙된 연구를 해낼 수 있을 것이다.

● 본 연구는 타이완국가과학위원회 프로젝트(NSC9502412-H-004-019)의 보조를 받아 진행되었다. 일부 챕터는 2007년 1월 7일 문화연구학회의 연례회의에서 발표했다. 이 글에 대해 지적해 주시고 의견을 내주신 익명의 두 분께 감사 드리며, 일본 와세다대학교 아리마 데쓰오(有馬哲夫) 교수, 메이지대학교 혼다 치카푸미(本田親史) 교수, 한국 서울대학교 백미숙 교수 등 여러 학자께서 자료 수집에 도움을 주신 데 이 자리를 빌려 감사 드린다.

● 커위펀(柯裕棻)
타이완 국립정치대학 저널리즘학과 조교수로 재직 중이다. 문화학 연구포럼의 중국판 선집인 《비판적 연결(Critical Connections)》의 편집을 맡고 있다. 현재 냉전시기 타이완의 전자 문화, 문화 소비, 동아시아 외교와 관련된 텔레비전의 사회적 역사에 연구의 관심을 두고 있다. 이와 관련한 주제로 몇 편의 논문을 저널에 기고한 바 있다.
yfko@nccu.edu.tw

● 김현희
2006년 〈현대중국어 '在'에 대한 인지적 고찰〉로 연세대학교 중어중문학과 대학원에서 석사학위를 받았고, 현재 베이징대학 중어중문학과 박사과정에 재학 중이다. 〈연극으로 본 중국사회 가치관의 변천〉(《황해문화》 2008 겨울호)을 공역했다.
dec12023@gmail.com

1960~70년대 텔레비전 드라마를 통한 '공공'이데올로기 형성에 관한 연구
― 한국·일본을 중심으로

글·이종님

들어가며

1960년대 이후 동아시아에서 미디어, 특히 방송미디어는 냉전의 도관에서 새로운 국민 형성의 메커니즘으로 확대·재편되었다고 할 수 있다. 이 시기에 시작한 텔레비전 방송은 전파미디어의 영향력을 극대화하고 일상적 삶의 기호로 자리 잡는 데 큰 영향을 미쳤기 때문이다. 또한 1960년대는 한국사회에서 근대화를 모색하는 격동기였다고 평가 받는다. 근대화가 거대한 국가 목표인 동시에 사회규범처럼 자리 잡아가는 과정에서 한국사회는 제도를 통해서 뿐만 아니라 전통사회, 전근대적 특징과의 단절을 지향하는 사회 분위기에 의해 통제되는 시기였다. 정치적, 경제적, 사회적, 문화적으로 새로운 제도가 형성되고 운영되는 과정에서 사회가 통제되었기 때문이다.

한국사회에서 1960년대 TV드라마는 정부의 시책에 적극 동조하는 경향이 강했다. 아마도 이 시기가 국가정책상 국영매체로 1961년 12월 31일 개국한 KBS(서울 텔레비전 방송국)의 방송 독점기라서 가능했던 일이라 할 수 있다. 1960년대 한국사회에서 텔레비전은 새로운 문화예술매체로서 다양한 시도가 없지 않았지만, 계몽의 역할을 지향하는 당국의 의지에 열성적으로 동조할 수밖에 없었다.

한국의 경우, 텔레비전은 근대화 과정에서 국가가 중심이 되는 개발연대하에서 도입되었다. 1960년~70년대는 한국사회의 가장 극적인 전환기라 불리는데, 연평균 8.3%의 높은 경제성장률에 따라 1970년대 초에 이르러서는 취업형태뿐 아니라 경제성장 기여 면에서도 2차산업, 3차산업이 1차산업인 농업부문을 처음으로 넘어서기 시작했다.[1] 도시인구 역시 농촌인구를 넘어섰으며 노동자인구가 전체 인구의 약 40%에 이르렀다.[2] 가족 또한 근대적 방식으로 분화해 핵가족 비율이 도시와 농촌 구분 없이 급격하게 높아졌다. 이러한 상황에서 텔레비전은 개발연대의 유용한 수단으로 근대화를 상징할 뿐만 아니라 근대화의 물결에서 가장 손쉽게 개인의 삶을 근대화할 방법이었음을 짐작할 수 있다. 일상생활에서 체면과 가족주의 등을 중시하는 생활문화[3] 역시 텔레비전의 매력을 배가하는 문화 환경이 될 수 있는 것이라 평가 받는다. 1964년 TBC의 개국과 함께 반공극·계몽극에 적극적이던 프로그램, 특히 TV드라마는 성격이 크게 바뀌었다.

한국의 1970년대는 유신과 반(反)유신, 대기업 중심의 경제논리와 노동운동, 대학생 중심의 청년문화와 당국의 단속 등으로 억압과 저항이 대립하고 있었다. 1970년대 TV드라마는 1960년대 초반처럼 열성적으로 국가정책에 동조하지는 않았지만, 한편으로는 현실사회에 순종하면서 반공극·새마을극을 통해 반공의식 고취와 발전하는 한국상을 보여주는 정책

드라마의 역할을 적극 수행했다.

 1960~70년대 일본에서 미디어, 특히 텔레비전이 수행했던 역할 또한 한국과 유사했다. 1960년 일미안전보장조약의 개정을 둘러싼 정치적 대립이라는 상황과 텔레비전의 대중적 보급으로 프로그램 시청자가 확산되었던 때가 바로 이 시기이기 때문이다. '안보투쟁'이라 불린 정치투쟁에 관해 텔레비전은 프로그램을 통해 중계하고 해설함으로써 국민을 정치적으로 의식화하는 역할을 해왔다[4]

 따라서 본 논문에서는 이러한 시대 상황에 미디어, 특히 텔레비전이 어떠한 이데올로기적 도구로 작용했는지를 살펴보고자 한다. 텔레비전 매체의 특성인 일상생활의 중요한 역할 수행과정에서, 텔레비전이 냉전 이후 국가재건이라는 정책 전략으로 활용된 방식과 영향력, 의미를 당시 방송 프로그램들을 중심으로 살펴본다. 방송에서 언급하는 텔레비전의 '공공'이 1960년대와 1970년대에는 어떠한 의미로 형성되어 지금까지 지속되는지를 정리하는 일 역시 의미가 크기 때문이다.

한국의 지상파 텔레비전의 출현 배경과 형성과정

 한국의 경우, 1961년 쿠데타로 정권을 장악한 군부는 곧바로 한국방송(KBS: Korean Broadcasting System)을 출범시키면서 군사정권의 정당성을 주조하는 동시에 조국 근대화의 선전기관으로 KBS를 활용하려 했다. 일본 역시 미디어를 정치적으로 활용한 방식이 유사한데, 형식적으로는 사단법인인 일본방송협회(NHK: Nippon Hoso Kyokai)가 사실상 국영방송으로서 일본의 근대화를 추동한 동력이었다고 할 수 있다. NHK는 1925년 도쿄, 오사카, 나고야 등의 3개 방송국을 통합해 1926년 설립했고, 1953년 2월 텔레비전 방송을, 1959년 11월 교육방송을, 1960년 9월에는 컬러방송을 시작했다.[5]

1960년대 이후 한국과 일본의 지상파 텔레비전 방송은 대표적 국가동원형 선전미디어로서 국민통합과 근대화를 위한 국가이데올로기 전파수단으로 기능했다고 평가할 수 있다. 한국과 일본의 방송시스템은 외형상 판이한 듯 보였지만 내부의 작동논리는 상당히 유사했다고 볼 수 있다. 그 이유는 공공영역의 자율성을 보장해 주는 일본의 상황과 국가주의와 상업주의가 공생하는 한국의 상황이 다르긴 하지만, 큰 틀에서 보면 국가지배시스템 작동논리의 차이 정도일 수도 있기 때문이다. 특히 냉전체제를 거치면서 한국과 일본의 방송은 미국식 상업주의와 국가이데올로기가 '절합'한 면이 강하다.

한국에서 방송이 도입되거나 제도 변화가 있었던 시기는 정권이 바뀌거나 정권 유지를 위한 중요한 변화가 일어났던 시기이다. 그래서 한국의 방송은 여타의 요인보다 정치권력의 영향을 주로 받았다.

한국에서 일제하의 방송은 일본 군국주의체제나 식민정책의 효율적 운영을 위한 도구로, 미군정하의 방송정책은 미국의 자유주의시장 원리를 따르기보다는 미군의 한국 점령정책의 효과적 수행을 위한 홍보수단으로, 대한민국 정부 수립 이후의 방송정책 역시 정부의 선전매체로서의 기능 확대를 위해, 그리고 5·16 이후 몇 차례에 걸친 정변 시기에도 방송은 정권 안위를 위한 주요 선전매체로 인식되었다. 이처럼 한국에서는 방송의 존재근거가 되는 이념의 문제나 방송 실천의 원리가 제대로 논의되지 못하고 정치적 변화과정에 따라 세노석 틀을 달리해 오면서 방송 형식과 내용이 변화되어 왔다.[6]

일본의 식민지였던 남한에 주둔한 미군은 점령군의 성격을 갖게 되었으며, 따라서 미군의 통치는 남한 주민의 의사를 존중하기보다는 미국의 국가이익을 확보하려는 방식으로 이루어졌다. 미 점령군이 남한에서 자유시장체제 구축이라는 기본 임무를 이루기 위해서는 일본의 패망 직후부터 진보적인 민족주의 세력의 주도하에 진행 중이던 혁명을 중지시키는 작업을 우선 실시해야만 했다. 이를 위해 미 점령군은 강력한 억압수단에 의존하지 않을 수 없었다. 따라서 미군정이 줄곧 자유민주주의적인 통치원칙을 표방했음에도, 실제로 미군정의 권위주의적 성격은 남한 언론 전반에 대한 미군정의 통제에 그대로 나타났는데, 방송정책의 경우는 더 심했다. 일제하에서는 방송이 최소한 조직상으로는 총독으로부터 독립된 사단법인 형태였으나, 미군정하에서 방송은 완전히 미 군정청에 소속되어 일종의 국영체제 형태로 운영되었다. 신문매체와는 달리 방송시설을 미군이 신속하게 접수해 관리한 것 또한 방송에 대한 미군정의 정책 방향을 말해 준다. 이처럼 미 군정청이 남한의 방송을 직접 장악한 것은 방송을 매우 유용한 선전수단으로 보았기 때문이다. 미 군정청의 공식 기록에 따르면, 미군은 1945년 9월 16일 조선방송협회 산하의 서울중앙방송국과 10개 지방방송국(부산, 이리, 대구, 광주, 대전, 춘천, 목포, 마산, 청주, 강릉방송국)을 정식으로 접수하는 즉시 미 군정청의 체신부(Department of Communication)가 이들 방송국의 시설 관리와 운영을 맡고, 군정청 공보부 전신인 총무처(Secertariat)의 조선인관계및정보과(KRAI: Korean Relations and Information Section)는 방송 내용과 편성을 직접 관장했다.[7]

대한민국 정부 수립 이후 한국의 방송은 공보부의 직접적인 통제를 받게 되면서 국영방송 또는 관영방송의 시대로 들어서게 되었다. 1948년 8월 7일 제헌국회에서 제정된 정부조직법에 따라 방송국은 또다시 정부 공보처 산하의 일개 부서로 흡수되었는데, 정부가 취약한 정치 기반을 보완하기 위해 방송을 효과적인 홍보수단으로 활용하게 된 것이다.[8]

　방송의 국영화에 따라 방송국 직원들은 정식으로 공무원 발령을 받았다. 그리고 1950년 4월 10일 공포된 '지방방송국설치법'에 의해 서울중앙방송국을 비롯해 10개 지방방송국은 공보처가 관장하는 법적 틀을 마련하게 되었다. 한국전쟁 이후 이승만 정권은 피폐화되고 열악한 국가적 조건 속에서 민영방송의 잇단 허가를 내주게 된다. 이 시기 한국방송의 특징을 정리하면, 1954년 한국 최초의 민영 라디오방송인 기독교방송(CBS)의 개국(1954년 12월 15일), 1956년 한국 최초의 상업텔레비전방송인 KORCAD(HLKZ-TV)의 개국(1956년 5월 12일), 1959년 한국 최초의 민영 상업라디오방송인 부산문화방송의 개국(1959년 4월 15일)을 꼽을 수 있다.[9]

　5·16 직후 군사정부는 언론에 대한 부정적 시각을 갖고 언론기관 정비에 들어갔다. 1961년 5월 23일 '국가재건최고회의 포고 제11호'를 통해 신문·통신 등 정기간행물의 등록을 취소하기 시작했으며, 같은 날 공포된 '공보부령 제1호'로 시설기준을 제시하고 이에 의거해 정기간행물에 대한 일제 정비에 들어갔다. 군사정부는 언론기관의 정비에 이어 언론에 대한 국가의 개입을 강화하고 제도화하는 언론정책을 수립했다. 1962년 6월 발표된 국가재건최고회의 언론정책에 나타난 기본 요지는 언론을 기업으로 육성하고 그 내용을 향상시킨다는 것으로서, 이후 박정희 정권의 언론정책의 기조를 이룬다. 신문 등 정기간행물에 대한 매체 축소정책을 편 군사정부는 방송정책을 두 가지 방향으로 결정한다. 방송 관련법의 제정과, 민영방송의 계속적인 허가다. 1961년 8월 24일 '유선방송수신관리법'의 제정, 같은 해 12월 30일 '전파관리법'의 제정, 1964년 1월 1일 '방송법'[10]의 시

행 등이 이어졌다. 1962년 6월 13일에는 방송의 자율규제기관으로 '방송윤리위원회'가 발족되었다. 방송윤리위원회는 방송법이 공포되면서 법정기구로 바뀌게 된다. 군사정부 초기에 나타난 신설 방송국의 지속적 허가 및 설립은 1961년 12월 한국문화방송(MBC) 라디오방송국과 KBS-TV 개국, 1963년 4월 동아방송(DBS) 라디오방송국 개국, 1964년 5월 라디오서울(RSB, 후에 삼성이 인수해 TBC가 됨) 개국, 1964년 12월 민영 TV방송으로 동양텔레비전(DTV)의 서울국과 부산국의 개국, 1965년 6월 서울FM(후에 TBC-FM) 개국 등으로 이어졌다. 그 후 1967년 대통령선거가 끝나고 박정희 정권이 3선개헌을 추진하는 시기인 1968~71년에 MBC-TV의 개국(1969년 8월 8일 개국)을 포함해 여러 지역에 연고를 둔 정치 실세들과 기업인 등이 결합해 대폭적으로 지역민방 허가를 받게 된다.[11] 하지만, 이 같은 방송 설립의 잇따른 허가는 어디까지나 정권 차원의 임의적이고 선별적인 허가였다.

결국, 1960년~70년대의 한국 방송은 신문매체의 축소정책과는 달리 대폭적인 설립 허가가 이루어지면서 정부의 강력한 통제하에 놓이게 되었고, '조국 근대화의 기관차 역할'이나 '국가 현실을 계몽하는 역할'을 강요받았다.

특히 1972년 10월유신 이후 언론통제는 최고조에 이르게 된다. 공식적으로, 각종 법적 통제 및 긴급조치에 의한 통제가 최고조에 이른 시기라 볼 수 있다. 유신헌법 제53조에 따라 1970년대에 대통령긴급조치가 9번 발동되었으며, 그 가운데 직접 언론의 자유를 크게 제약한 것은 긴급조치 제1호, 제2호(1974년 1월 8일 선포) 및 제9호(1975년 5월 13일 선포)였다. 긴급조치 1호는 일체의 개헌 논의를 금지했으며, 긴급초지 2호는 긴급조치 위반자를 심판하기 위해 비상군법회의를 설치했다. 긴급조치 9호는 유언

비어죄까지 규정해 유신헌법 개정 논의를 완전히 봉쇄했다.[12] 이와 같은 직접적인 언론통제로 인해, 한국에서 방송을 포함한 1970년대의 모든 언론은 비판 기능을 포기한 채 관제언론의 틀 속에 놓이게 된다.

근대화의 상징과 권력
홍보장치: 텔레비전의 일상화

일본인의 단합 통로, 텔레비전 방송

실험방송은 훨씬 앞서 전쟁 기간에 있었지만, 일본에서 텔레비전 방송이 계속해서 행해지게 된 때는 1953년 2월 1일이었다. 1953년 전체 일본의 TV 보급수는 1,000대 정도였지만 이후 계속 증가세를 보였다. 텔레비전의 빠른 보급은 정치적 상황을 재현해 내는 방식에 큰 영향을 미치게 되었고, 뉴스영화로만 접할 수 있었던 국회의 모습이나, 데모 등의 정치 현장의 다양한 논의를 리얼타임으로 안방에 전할 수 있게 되었다.[13]

당시 일본 방송환경을 살펴보면, 미디어를 통한 정치가의 연설과 정부정책 홍보에 충실했던 것과 함께 프로그램 내용에 대한 통제도 이루어졌다. 마쓰다 히로시(松田浩)의 미디어종합연구소 〈전후사의 텔레비전 방송중지사건(戰後史にみるテレビ放送中止事件)〉(1994)[14] 정책보고서에 따르면, 1950년대 1건, 1960년대 61건, 1970년대 58건, 1980년대 22건, 1990년대 8건으로 방송중지 사건의 다수가 1960~70년대에 집중되었음을 알 수 있다.

일본에서 '방송중지'를 불러일으킨 방송 내용을 살펴보면 '자위대 파병'이나 '베트남전쟁' 같은 안전보장 문제였다. RKB마이니치(每日)방송이

제작한 드라마《외아들(ひとりっ子)》(1962)의 방송중지 사례는 정치와 미디어의 주도권 싸움 이상의 의미가 있었다. 즉, 반미(反美)적 내용을 담고 있는 텔레비전 프로그램에 대해서는 정부나 자민당이 개입했으며, 친자위대나 베트남전쟁에 긍정적인 프로그램에 대해서는 방송사의 노동조합이 중심이 되어 반대를 하는 상황이 연출되었다.[15] 미디어와 정부 자민당의 대립은 베트남전쟁의 전개와 함께 심각해졌다. 1960년대 정부와 갈등을 보였던 방송국은 점차 늘어났는데, 가장 큰 갈등을 겪은 곳은 TBS(도쿄방송)였다.

TBS는 1958년 8월에 홋카이도방송(北海道放送, HBC), 중부일본방송(CBC), 오사카텔레비전방송(OTV, 지금의 아사히방송), RKB마이니치방송 등 4개사와 뉴스를 제공하는 뉴스협정을 맺고, 이듬해 4월 일본 황태자 아키히토(明仁)의 결혼식 중계를 계기로 16개 민방이 참가하는 JNN(Japan News Network) 뉴스협정을 체결하는 등 보도 부분을 강화했다. 당시 뉴스 프로그램은 오락 프로그램과 오락 프로그램의 사이를 메우기 위해 편성하는 것으로 인식되었는데, 이후 보도 부분을 집중적으로 다루게 되면서 뉴스 프로그램에 대한 인식의 변화를 가져왔다. 개혁적이고 취재 경험이 풍부한 저널리스트가 뉴스 캐스터로서 활동하게 되었고, 다큐멘터리 프로그램도 개혁 성향을 강화하게 되었다. 개혁 성향을 보이는 뉴스 프로그램과 다큐멘터리 프로그램이 사회적으로 큰 관심을 끌게 되면서, 방송국과 정부의 갈등은 더욱 커졌다. TBS의 다큐멘터리 프로그램《하노이-덴히데오의 증언(ハノイ-田英男の証言)》(1968)이 가장 대표적인 방송이었는데, 미군의 공폭이 계속되는 베트남 하노이를 취재한 내용을 방송했다. 그러나 방송 이후 각 당, 일본 정부, 미국 담당자의 문제 제기로 TBS는 방송 제작에 큰 제약을 받게 되었으며, 정부와 TBS의 대립은 1968년에 최고조에 달했다.

정치적 갈등을 유발하는 뉴스 프로그램의 제작에 큰 제약이 가해지자, 방송사들은 대중의 재미와 관심을 받아왔던 오락 소재를 다루는 프로그램 중심으로 제작 방향을 바꾸었다. 특히 그 어떤 소재보다도 대중의 관심을 높이 끌었던 것은 일본 황태자 결혼식 중계였다. 황태자 결혼식의 중계는 미디어를 통해 대중에게 황실과의 유대감뿐만 아니라 볼거리 제공이라는 두 가지 이익을 이끌어냄으로써 일본인 단합의 통로로서 역할을 충실히 수행했다. 1964년 도쿄올림픽 중계 역시 텔레비전 매체를 통한 전 국민적 이벤트로서 공유되었다.

한 해의 마지막 날 펼쳐지는 NHK의 《홍백노래대항전(紅白歌合戰)》은 1970년대를 통해 시청률 70%를 상회하며 전 국민의 송년행사로 자리 잡았고, NHK의 대하드라마와 아침드라마 등도 부동의 위치를 차지하게 된다.

일본에서는 1960년대 텔레비전의 보급이 대중화되면서 텔레비전 프로그램에 대한 대중의 높은 관심을 이끌어내는 데 성공했을 뿐만 아니라, 정부 역시 국민의 단합을 이끌어내는 데 텔레비전을 적극적으로 활용했다.

일본의 경우 세대의 차이를 전쟁시대의 일을 기억하는지의 여부로 구분하기도 하는데, 텔레비전 보급이 대중화되면서 텔레비전 방송을 일상생활의 일부로서 당연한 것으로 받아들이는지의 여부에 따라 TV세대와 TV전(前)세대를 구분[16]하는 것으로 나타났다. 텔레비전이 서민들의 일상경험에 갖는 영향력이 얼마나 컸는지를 짐작케 한다.

일본인의 일상생활을 변화시킨 텔레비전 방송의 시작은 1953년으로, 이 무렵은 한국전쟁으로 일본 경제가 빠르게 부흥하고 있던 때다. 당시 전국에 걸쳐 보급된 TV 수는 1,000대 정도로, 주로 큰 레스토랑이나 다방 같은 곳에 설치되어 있었다. 텔레비전을 매일 보는 사람의 수가 라디오를 듣는 사람의 수를 넘어선 것은 1961년이며, 1965년에는 TV 보급률이 74.5% 까지에 이른다. 이는 인구 100명당 18.3대 보급으로 미국의 36.1대에는 미치지 못하지만 서독의 20대에 근접하고, 프랑스의 13대와 이탈리아 10대를 능가했다. 같은 해 각국의 여가활동을 비교한 자료를 보면, 일본 국민의 일주일 동안 텔레비전 시청시간(남자 20.4시간, 여자 23.4시간)이 미국(남자 14.0시간, 여자 14.9시간), 프랑스(남자 9.6시간, 여자 11.5시간), 서독(남자 8.4시간, 여자 8.9시간)의 경우보다 많아, 일본인의 일상에서 텔레비전이 차지하는 중요성을 보여준다. 다른 각도에서 보면, 이는 여러 선진국들과 비교해 일본인들의 빈약한 여가활동을 의미하기도 한다.[17]

NHK의 연속 TV소설(1961년)과 대하드라마(1963년), 최초의 연속 애니메이션 《테츠완 아톰(鉄腕アトム)》(1963년, 후지테레비계)의 등장도 1960년대 후반의 일이었다. 1960년대 중반에는 각 방송국이 오전 시간대에 심혈을 기울이기 시작해 와이드 쇼가 등장하고, 연이어 오후 시간대를 포함해 뉴스 쇼, 와이드 쇼 전성기를 맞이했다. TV의 보급이 궤도에 올라 방송국 자체가 보도 미디어로서 힘도 갖추어져, NHK의 경우는 1964년에 보도·교양 프로그램을 많은 사람들이 시청할 수 있는 프라임타임 시간대에 중점 편성하는 경향을 보인다.

최초의 위성중계였던 1963년의 미국 케네디 대통령 암살 보도, 처음으로 외국에 위성중계된 스포츠대회로 역사에 남는 1964년 도쿄올림픽 등 세계적인 빅 이벤트의 진행을 동시에 전하는 장시간 중계는 TV라는 미디어의 위력을 강하게 인상 짓게 했다.

일본사회에서 1970년대 중반 TV 시청이 매우 일상적인 것이 되면서 정시 프로그램을 중심으로 한 프로그램의 편성만으로는 사람들을 매료시키기 어려워짐에 따라, 각 방송사들은 장시간 편성, 예산의 대형화 등에 의

해 다양한 장르의 '특집 프로그램' 개발과 유연한 편성에 노력했다.[18]

한국에서 개발독재의 홍보창구로서 텔레비전

한국사회에서 1960년대 초 대중에게 텔레비전은 대체로 '갑작스런 일'[19]이었다. 외화 낭비에 대한 우려와 전력 사정의 악화 등 "나라살림이 궁핍하여 텔레비전에 우선을 줄 수 없"[20]는 상황에서, 텔레비전은 인플레를 일으킬 수 있는 '무분별한 광란의 붐'[21]으로 평가될 정도였다. 1968년까지 텔레비전 보급이 10만 대를 넘어섰음에도 세대당 TV 보급률은 2.1%에 불과할 정도로, 1960년대 텔레비전 붐은 본격적인 대중화와는 거리가 멀었다. 텔레비전 자체도 '영화를 TV로 본다'는 데 의의[22]를 두고 있었고, 녹화기가 등장(1964)하기 전까지 핵심 프로그램인 드라마에서도 이렇다 할 진전 없이 연극을 중계하듯 어설픈 상태였다.[23] 한국에서 본격적인 텔레비전의 대중화가 나타난 것은 TV 수상기의 국내 조립생산(1966)과 전자산업육성법 시행(1969)과 더불어 국민소득 향상, 지방중계소 신설에 따른 가시청 지역 확대, 민방 출현에 따른 프로그램 다양화가 이루어지면서였다.[24]

1960년대 초 혁명정부 시기, 한국사회에서 텔레비전은 제3세계 국가의 당면 요구였던 물질적 '발전'을 보여줄 유용한 도구의 하나였기 때문에 '근대화' 주도세력에게는 매력적인 테크놀러지였다. 이는 언론을 기업으로 육성하고 그 내용을 향상시킨다는 1962년 국가재건최고회의의 언론정책 기본 방향[25]에서나, 텔레비전을 '혁명정부의 문화시책에서 빛나는 실적'으로 본 것에서 잘 읽을 수 있다. 따라서 텔레비전은 자연스러운 성장보다 사회의 불협화음을 최소화하면서 한국사회를 새로운 대중사회로 향하게 하는 역할과 기능에 기대감이 모였다고 할 수 있다. 이에 따라 국가권력은 텔레비전에 대한 능동적이고 의도적인 도입과 육성정책을 폈다. 국가권력은 자신이 설정한 테두리에 들어오는 방송에는 많은 혜택을 부여한 반면, 그렇지 않은 방송은 임의적인 합병이나 직간접적 탄압으로 배제하는 방법을 사용했다.[26] 군사작전을 방불케 하며 급조된 국영 KBS의 등장에서부터 두 번의 '민영방송 개국'(1964, 1969), '전자산업의 수출육성 지정 및 기술제휴에 따른 수상기의 국내 조립'(1966), '전자산업육성법 공포'(1969), '국민교육매체화 방침'(1970), '물품세 인하'(1972, 1975), '매체보급운동'(1972) 및 '새마을TV 제조'(1974) 등의 조치는 방송 육성정책의 대표적 예라 할 수 있다. 그 연장선에서 근대화의 기본정책이었던 '불요불급품'의 수입 억제 정책에도 불구하고 텔레비전 부품 수입은 예외사항이었다.[27] 그 외에도 KBS와 MBC 설립 시 외국 차관을 승인한 것이나 교육용으로 허가받은 MBC를 완전 상업방송으로 전환할 수 있게 해준 것, 1972년 '8·3조치(경제의 안정과 성장에 관한 긴급명령 제15호)'를 통해 TBC의 채무를 가볍게 해준 것 또한 그 예라 할 수 있다. TBC와 중앙일보, MBC와 경향신문의 상호 경영을 허용해 이 회사들이 종합 매스컴센터로 발전할 수 있었던 것도 같은 맥락에서 이해할 수 있다. 반면, 국가권력에 저항적이었던 동아방송(DBS)[28]이나 기독교방송(CBS)[29]은 광고탄압과 보도탄압의 집중 대상이었다. 특히 동아방송은 다른 매체와 달리 텔레비전 방송 허가도 얻지 못했을 뿐만 아니라 전국화에도 실패했다. 또한 똑같은 텔레비전 방송국이라 하더라도 국가권력에 밀착해 있던 국영 KBS나 5·16장학회가 지배주주였던 MBC는 차관을 얻을 수도 있었고 전국화에도 성공할 수 있었던 반면, TBC는 그렇지 못했다. 결국 급속한 경제성장과 병행된 텔레비전의 기업화와 제도화는 국가가 정해 준 제도와 구조 내에서 조성되었다고 할 수 있다.[30]

국가 주도하에 방송사의 설립과 전국화가 이루어진 것은 사실이나 여러 개 방송사가 설립되면서 서로 간의 '경쟁'은 피할 수 없는 상황이었다. 1960년대 초의 우리나라 라디오 보급대수는 라디오 유선방송의 스피커까지 합쳐서 100만 대에도 미치지 못했고, TV의 영향력이 나타나기 시작하는 1970년대 초의 TV 수상기 보급대수는 90만 대 정도였다. TV는 저녁의 주요 시간대 중심의 편성이었고 제작비나 광고료 등 경제단위가 라디오보다 훨씬 커서 경쟁은 더욱 치열했다. 1963년 KBS-TV가 광고방송을 시작하고, 다음 해인 1964년 TBC-TV가 출현하면서 비롯된 현상이다. 국영 TV와 민영 TV가 역할을 분담하는 보완 편성을 하는 대신 멜로드라마와 외국영화 및 TV시리즈 등 시청률이 좋은 오락프로그램을 가지고 맞대응 편성을 하면서 경쟁을 벌였는데, 맞대응 편성은 KBS가 MBC 프로그램을 의식하면서 더욱 심해졌고 노골적인 정부 개입을 가져오게 된다.[31]

다른 한편으로 국가가 주도하는 텔레비전의 보급정책은 물품세 인하 논란 속에서 등장한 '새마을TV' 개발에서 단적인 사례를 찾아볼 수 있다. 1960년대 후반 급등한 텔레비전 물품세는 1972년 인하되었지만 더 내려야 한다는 여론이 비등했다. 그럼에도 1974년에는 오히려 물품세 인상을 주요 골자로 하는 '1·14조치(국민생활의 안정을 위한 대통령 긴급조치 제3호)'가 취해져 TV수상기 가격을 올리는 결과를 초래했다. 반면, 정부가 지원하는 기업에서는 보다 싼값의 TV수상기를 생산토록 했다. 이로 인해 탄생한 것이 '새마을TV'였다.

'새마을TV'로 텔레비전산업에 대한 지원과 더불어 '표준적인 보급형 TV세트'의 직접적 보급이 추진되었다. 물론 '새마을TV' 계획은 전기보급률의 확대로 농어촌에 국가가 '직접' 근대적인 텔레비전 문화 혜택을 제공한다는 상징성과 함께 국가의 문화공보 활동 방침에서 구상된 것이었다.

즉, KBS와 MBC의 방송망 전국화를 묵시적으로 지원함과 동시에 염가의 TV수상기를 보급해 유신의 지원지였던 농어촌에 대한 문화공보 활동에 박차를 가하기 위한 것이었다. 이는 1972년부터 장기월부제로 고향에 TV수상기를 보내는 '텔레비전 효자 캠페인' 운동과 함께 전개되었다. 이 캠페인은 농어촌에 14인치 TV수상기 약 100만 대 보급을 목표로 했는데, 1975년까지 텔레비전의 농촌 보급률을 22.7%까지 끌어올렸다. 이는 1970년 일찍이 고향 출신 인사들을 대상으로 한 '내 고향 사랑방에 텔레비전과 라디오 보내기 운동' 등으로 시도된 바 있는 것[32]으로 1970년대 새마을운동의 여세가 몰고 간 애향운동이라 할 수 있다.

새마을운동은 5·16 주체세력 특히 박정희의 이념 구현을 위한 운동으로서, 근면·자조·협동 정신을 바탕으로 하여 내일과 후손을 위한 잘 사는 고장, 잘 사는 나라를 이룩하기 위한 민족의 약진운동이라 했다. 1972년 4월 중앙에 새마을 방송 전담기구로서 새마을방송본부를 설치하고, 그 밑에 새마을방송협의회를 두어 각 방송국 간부들이 새마을 담당자와 월례회의를 갖고, 각 방송사는 월례 새마을 방송 실적보고를 제출토록 했다. 또 매년 새마을 프로그램 콘테스트를 개최하고 우수 프로그램을 시상했는데, 이런 운동은 농촌 잘 살기를 겨냥한다는 뜻에서 긍정적 호응이 많았다. 새마을 방송은 KBS가 정규 편성에 새마을 프로그램을 편성, 기동취재반 순회, 새마을사업 경진대회, 특산물 소개 등 주도적 역할을 한다. 민방의 경우 MBC-TV의 《새마을 아침》, TBC-TV의 《새마을 새마음》 등이 대체로 새벽시간에 고정 편성되었고, 그 외에는 기본 프로그램에서 특집으로 기획하거나 와이드 프로그램 속에 삽입하는 형식을 취했다.[33]

결국, 한국사회에서 1960~70년대 텔레비전은 그 자체로서나 프로그램을 통해서나 조국 근대화 프로젝트를 완성시키는 지붕을 개량하고 담을 개축하는 외양적 근대화의 연장선에서 잘 사는 조국의 모습을 상징적으로 보여주는 전형적 전시행정의 핵심 지표였을 뿐 아니라 근대화한 조국의 발전상을 보여주는 지배이데올로기 홍보 창구였다고 할 수 있다.

한국에서 일상생활의 근대화 수단, TV드라마

1961년 KBS 개국 당시, 한국에 보급된 TV수상기는 1961년 9월 현재 1만 3,000대에 불과했다. 급변하는 국내외 정세에 따라 언론의 보도 기능은 매우 중요했지만, 한국사회는 아직 신문과 라디오 방송에만 그 기능을 의존하고 있었다. 따라서 국가의 경제정책과 사회 개편을 위한 미디어는 신문과 라디오 방송이 주를 이루었다. 제2공화국이 마감되고 새 정부가 들어서면서 1961년 12월 2일 국영방송 KBS-TV가 개국했다.

정부의 필요에 따라 만들어지긴 했지만 KBS의 운영 방향과 방송 내용에 관한 합의는 이루어지지 않았다. 말하자면, 방송이 어떤 역할을 해야 할지만 명백한 상황이었다. KBS-TV는 개국 후 일주일 동안 영화필름을 주축으로 임시 방송을 하다가 1962년 1월 15일부터는 하루 4시간 30분씩 정규 방송을 실시했다.[34] KBS는 여러 문제를 해결하기 위해 시청료[35] 징수와 광고방송 제도를 도입했다.[36] 광고방송은 1963년 시작되었는데, 광고방송의 시작으로 광고주를 의식하게 된 텔레비전 방송은 연예오락 프로그램의 비중을 늘렸고, 드라마와 관련해서는 단회로 끝나는 단막극보다는 시청자를 지속적으로 유입시킬 수 있는 일일연속극의 비중을 확대하게 되었다. 그 결과, 1960년대 후반에 가면 '드라마의 저질' 논란이 본격화된다.[37]

KBS는 1962년 1월 유치진 원작의 첫 드라마 《나도 인간이 되련다》로 TV드라마 방영을 시작했다. 1964년에는 한국 TV드라마 환경에서 많은 변화가 있었는데, TBC가 등장해 KBS-TV 드라마의 독주는 끝났기 때문이다.

KBS가 국영방송으로서 정부정책에 부응하는 계몽성 짙은 프로그램과 드라마를 방영한 반면, TBC는 민영방송으로서 보다 서민적인 접근이 가능해 비로소 TV드라마 문화가 형성될 계기를 마련하게 되었다.[38]

TBC-TV에서는 1968년 5월부터 반공드라마가 방영되기 시작했다. 《추격자》, 《목격자》, 《124군부대》, 《제3국인》 등 반공드라마들은 김동현 작, 김재형·최상현 연출로 제작되었다. 1969년 4월 개편에서는 매일 각기 다른 분야의 주간연속극이 편성되었다. 즉 월요일에는 홈드라마, 화요일 추리극, 수요일 애정극, 목요일 야사극, 금요일 시추에이션드라마, 토요일 반공극이 방송되었다. 1969년 8월 MBC-TV가 개국하면서 KBC-TV, TBC-TV, MBC-TV의 일일연속극 시대가 열렸다.

MBC-TV 최초의 일일연속극은 연속 TV소설 《사랑하는 갈대》(김옥길 작, 이대섭 연출)로 1969년 8월 11일부터 9월 13일까지 30회 방송되었다. 이 연속 TV소설은 연속 TV드라마로 이름을 바꾸어 9월 15일부터는 이성대 작 《언젠가 한번쯤》이 36회, 11월 3일부터는 김민부 작 《태평천하》가 11회 방송되었다. 11월 7일부터는 일일연속극이라는 이름으로 《개구리 남편》(김동현 작, 표재순 연출)이 방송되었다. 《개구리 남편》은 가정과 직장에서의 샐러리맨 양면성의 갈등을 그렸는데, 100회 방영되는 동안 시청률도 높았고 많은 화제를 불러일으켰다. MBC-TV 최초의 주간드라마는 《형사》(김동현 작, 허규 연출)였다. 개국 초에는 월요일을 제외한 모든 요일에 주간드라마가 편성되어 《형사》 외에도 《이상한 아이》, 《역풍》, 《아빠의 얼굴》, 《나그네》, 《회심곡》 등이 방송되었다.[39]

이 시기 TV드라마의 내용은 대부분 반공과 계도, 계몽을 위한 목적성을 강하게 띠었다. KBS의 《실화극장》[40]은 정부의 재정 지원하에 중앙정보부 실무자가 대본을 쓰고, 당대의 인기 연기자가 총출연했다는 점에서, 목

국회 앞에서의 '안보투쟁'(일본, 1960년 6월 15일).

흑백텔레비전 앞에 모인 가족(한국, 1956년).

MBC 문화방송 정동 사옥(1969년 8월~1982년 3월). 1969년 8월 8일 개국한 MBC-TV는 HLKZ-TV, KBS-TV, TBC-TV에 이어 한국에서 네 번째 텔레비전 방송국이며, 본격적인 민간 텔레비전 시대를 가져다준 동시에 텔레비전 경쟁 시대의 막을 올린 계기가 되었다.

KBS 새마을운동 취재반.

남산청사에 한국방송공사 현판을 걸고 있는 윤주영 문공장관(왼쪽)과 홍경모 한국방송공사 사장(1973년 3월 3일).

KBS-TV 드라마 《전우》(1975~77). 1975년 6월 29일 첫 방송을 한 일요드라마로 첫회는 《山河여 통곡하는가》(이철향 작)였으며, 이어서 《루시아와 해병》(윤혁민 작), 《전장과 여인》(박성조 작), 《뜨거운 대낮》(윤혁민 작) 등으로 이어졌다. 그 후 작가와 연출자가 여러 번 바뀌었고, 방영 요일도 월요일에서 토요일로, 다시 일요일에서 토요일로 여러 번 바뀌면서 방송되었다. (출처: 한국방송70년사편찬위원회 편저, 《韓國放送70年史》, 1997, 529쪽)

KBS-TV 드라마 《꽃피는 팔도강산》 촬영 장면(윤혁민 작, 김수동 연출). 1974년 4월 1일부터 방영(밤 9시 40분~10시)되었으며, 1975년 10월 5일까지 398회에 걸쳐 장기간 방송되었다는 점과 TV드라마로는 처음으로 유럽 현지 로케촬영을 했다는 기록을 남겼다. 그뿐만 아니라 국가 발전상과 정부시책 홍보를 TV연속극을 통해 매우 효과적으로 실시했다는 평가를 받았다.

순수창작 단막극인 《KBS 무대》(1978년 2월 1일 방송).

적극임에도 불구하고 시청자에게 상당한 인기를 얻었던, 목적성과 흥미를 조화시킨 1960년대의 대표적 TV드라마다. 《실화극장》은 이후 《대동강》, 《조총련》, 《전우》, 《지금 평양에선》 등의 드라마들이 계속 제작되면서 초반의 구성과 반공노선을 유지, 1985년 5월까지 방송되었다. TBC가 등장하면서 KBS가 생산해 내지 못한 각종 프로그램 개발이 이루어졌고, 드라마에서는 일일연속극, 형사 · 수사극, 어린이드라마가 제작되어 드라마 환경을 변화시켰다.[41]

1960년대 초기가 KBS 독점기로 철저하게 목적극이었다면, 1970년대는 목적극과 일상성을 드러내거나 혹은 이야기 매체로서 TV드라마가 공존했다고 할 수 있다. 또한 문화적 형태가 어느 정도 갖추어져 가는 일일연속극이라는 새로운 형식이 등장하면서 TV드라마는 규칙성과 패턴을 가지고 국민들의 일상에 접근하게 되었다. 일일연속극, 주간연속극에는 현대극 외에 사극과 시대극 비중이 꽤 높았다. 따라서 1970년대 TV드라마는 일상을 다룬 홈드라마와 멜로드라마, 복잡한 애정을 다룬 불륜물 등 일상적이고 통속적인 드라마와 《TV소설》·《TBC극장》 등 문예물을 다루며, 문학적 순수성과 예술성을 지향한 '통속과 순수'에서[42]의 양면성을 나타냈다고 볼 수 있다.

KBS와 MBC의 방송망이 전국화된 1970년대 TV드라마는 국가적 목표인 반공과 계몽을 실현하고, 일상에서의 화합과 이상적인 가족상을 제시하면서 사회를 안정적으로 유지하는 데 기여해야 했다. 1973년에는 한국방송공사의 설립과 함께 방송법이 개정 · 공포되었다.

이 시기 KBS 드라마는 반공드라마와 가정 · 가족드라마가 주를 이루었다. 반공극은 일일연속극 형식으로 방영되었으며, 이야기 전개 방식은 1960년대의 남북 간 극단적인 대립과 증오에서 벗어나 남한의 체제 우월성을 강조하거나, 조총련(재일본조선인총연합회) 등을 통한 우회적 접근을 시도했다. 이는 국제정세의 변화로 한반도에서도 남북 간 긴장완화 분위기가 형성된 데서 기인한다.

그러나 이러한 긴장완화의 분위기는 이 시기에만 한정되었으며, 1974년 8월 육영수 저격사건으로 KBS는 반공극을 다시 강화했다. 가족드라마는 도시 서민 중심의 애환을 그려내며 일상의 계몽에 초점을 두고 있었다. TBC 또한 이러한 흐름에서 크게 벗어나지 않았으나, MBC는 사회성 짙은 몇몇 드라마를 시도했다가 방송이 송출되지 않거나 사상성 논란을 일으키기도 했다.

1970년대 초반 TV드라마는 유신과 긴급조치의 거대한 억압과 통제의 틀에 비교적 순응 혹은 적응하는 분위기였다. 당국의 지침대로 반공극을 강화하고 새마을운동을 홍보하는 정책드라마, 한국의 발전상을 보여주는 《꽃피는 팔도강산》 등 이웃의 화합과 함께 이상적인 사회 모습을 묘사한 드라마가 많았다. 또한 역사적 영웅의 삶을 조명하고, 민족 정서에 호소하는 시대극을 방영함으로써 부분적으로는 내적 단결과 화합에 기여하는 듯했다. 때로는, 희생적인 개인상을 제시하며 희생과 인내를 당대의 미덕으로 경상시켰다.[43]

1970년대 후반은 통일편성방침(1976), 방송드라마기준(1977) 등을 통해 편성, 소재, 내용 모두에서 TV드라마에 대한 당국의 직접 개입이 많았다. 특히 반공, 국난극복, 새마을운동 등 캠페인성 목적극이 많았다.

1970년대 후반 한국사회는 경제성장의 결실이 물질적 풍요의 차원을 넘어 문화 영역으로 확장되고 있었다. 스키장(1975)과 놀이동산(1976)이 개장하고 '바캉스'가 생활문화로 등장하며 '문화소비'가 태동하고 있었다. 소비의 주체는 강남개발에서 부를 축적한 신흥 부자들이었다. 강남개발이 가속화되면서 부동산투기 바람이 거세졌고, 부동산 가격이 폭등했다. 정부는 1978년 부동산투기 억제조치(8·8조치)를 내놓았지만 부동산투기는 제어되지 않았고, 그 과정에서 '졸부'라 불리는 신흥부유층이 형성되어 1980년대 한국 소비시장의 주체로 등장했다. 이 시기에 도시 중심의 생활문화가 안정적으로 정착되었고, 그 어두운 면이 사회적으로 이슈화되기 시작했다. TV수상기가 전국적으로 보급되면서 방송 프로그램의 사회적 역할과 기능도 전국적이 되었다. TV드라마 또한 예외는 아니었다. 이러한 영향력을 감지한 문화공보부는 1974년부터 드라마 내용을 "건전한 가치관 제시와 삶의 질 향상"으로 유도했는데, 이는 TV드라마 기획과 설정에 타율의 개입이 시작된 첫 단계다.

　　KBS의 《실화극장》(1972), 《대동강》, 《얼어붙은 산야》는 반공극이었고, 《맥》(1977), 《예성강》(1970년대 후반 제작) 등은 민족정기를 극화해 민족정신을 고취하고 국난극복에 기여하려는 의도로 생산된 '국난극복 시리즈'였다. 이러한 목적극 외에 일상을 경쾌하고 코믹하게 극화한 드라마 《왜 그러지》(MBC)와 애정물, 불륜극 등이 유행했다. 목적성이 강한 드라마가 많이 제작된 것과 함께 불륜극이나 코믹물이 유행했다는 것도 주목할 만한 점이다. 방송3사의 시청률 경쟁이 심해지면서 일일연속극에 불륜 소재가 과도하게 나타나기 시작했다. 《갈대》(MBC, 1974), 《아빠》(TBC, 1975), 《안녕》(MBC, 1975) 세 드라마 모두 남녀 간 부도덕한 애정관계를 과다하게 묘사해 기획한 횟수를 채우지 못하고 중도 하차했다.[44]

　　TV드라마에 대한 시청자의 선호는 심해지고 TV수상기 보급률도 높아져 방송사는 정부시책에 부응하는 드라마를 늘려갔지만, 황금시간대는 대부분 멜로드라마가 자리 잡고 일일연속극도 다시 많아지기 시작했다. 멜로드라마는 불륜극이 유행했지만, 《꽃피는 팔도강산》 같은 건전하고 계몽성 짙은 드라마도 1974년에 이어 적극 권장되었다.

이렇게 현대물은 멜로물과 계몽성 홈드라마가 섞여 있었다. 1974년 육영수 피살, 1975년 베트남의 공산화로 반공극은 여전히 매우 활발하게 제작되었다. 또한 1975년 6월 29일 첫방송을 한 KBS 일요드라마《전우》가 시청자에게 호응을 얻으면서 '전쟁드라마'라는 새로운 포맷이 만들어지기도 했다. 《전우》는 휴전선 인접 최전방에서 직접 녹화·촬영한 본격적인 전쟁드라마로 1977년말까지 3년여에 걸쳐 방송되었다. 순수창작 단막극 《KBS 무대》도 시대 여건의 변화에 따라《국민교육헌장무대》,《새마을 무대》,《희망 무대》등 비정상적인 이름을 달고 목적성과 계도성 짙은 홍보방송 역할을 했다.[45]

1976년 MBC는 일일사극으로《윤진사댁 며느리》,《예성강》,《사미인곡》,《거상 임상옥》등을 방영했다.《예성강》은 문공부 방송 프로그램 정화 정책의 일환으로 4월 개편과 동시에 가족시간대에 방송된 국난극복 드라마 시리즈[46]의 첫 드라마다.

1977년 방송윤리위원회는 방송드라마 기준을 제정했다. 또한 대통령의 외래어 사용의 억제 조치로 방송용어 순화가 강화되고, 연예인 24명이 대마초 사범으로 방송 출연 정지를 당했다. 정부의 적극적 개입으로 드라마는 방영 시간대, 소재와 내용에 많은 제약이 있었다.[47] 1976년 이래 KBS는 프로그램의 대형화, 특집기획화 방향으로 잡아 드라마에서도 주간연속극《미명》을 신설한 데 이어 1977년에는 3시간 3부작 특집극《나루터 3대》를 방송하는데, 이것은 일제강점기와 6·25 그리고 현대의 3대에 걸쳐 펼쳐지는 민족의 아픔과 시련을 그린 작품이었다. 1978년에는 특집극으로 7부작《6·25》(홍성원 원작《남과 북》각색)를 방영했다. TBC는 1979년 테마 드라마《족보》를 시작으로《통곡》,《파도여 말하라》,《어머니의 강》,《생존자》, 《해오라기》 등 12편을 계속 방송했다. MBC는 3·1절 특집으로 1979년 2월 27일부터 3월 1일까지 3일간 《대한문》 3부작 미니시리즈를 방영했다.[48] 그러나 TBC 드라마는 1980년 언론통폐합으로 TBC가 KBS에 흡수 합병되면서 역사 속으로 사라졌다.[49]

결론

본 논문에서는 지금까지 미디어의 생산물이 사회구조적인 특징과 어떻게 상호 작용하며 대중들의 라이프스타일을 규정짓는가를 살펴보았다. 방송이 어떤 목적으로 시작되었는지, 방송국의 설립과 세부적인 프로그램 편성, 정부정책의 개입과 정책 목적에 따라 드라마 내용이 끊임없이 흔들려왔음을 알 수 있었다. 특히 TV드라마 제작이 본격화되었던 1970년대 방송사별로 편성되었던 드라마의 특성이 지금까지도 지속되고 있다는 점은 주목할 만하다. 요일별 다른 드라마의 편성뿐만 아니라 일일드라마를 통한 '가족시간대' 편성의 특성이 대표적인 예라 할 것이다.

이와 같은 드라마가 제작될 수 있었던 특징을 정리하면, 동아시아 특히 한국과 일본에서 1960~70년대는 텔레비전 방송의 도입과 일상화 과정을 통해 암묵적인 의지와 계몽에 대한 합의로 관과 제도에 의해 사회가 강력하게 규제된 시기였음을 주목할 수 있다. 앞서 논의했듯이, 텔레비전은 개발연대의 유용한 수단으로 근대화를 상징할 뿐 아니라 근대화의 물결에서 가장 손쉽게 삶을 근대화시킬 수 있는 수난이었기 때문이다.

일본의 경우 1960년 일미안전보장조약의 개정을 둘러싼 정치적 대립이라는 상황의 극복에 텔레비전의 대중적 보급이 큰 역할을 했으며, 한국 역시 유신과 반유신, 대기업 중심의 경제논리와 노동운동, 학생운동 등 계속되는 저항을 잠재우기 위해 텔레비전을 적극적으로 활용했다. 한국은 과거 일본의 식민지배, 미군정 정치에서부터 계속된 통치의 수단으로써의 매체 활용도가 1960년~70년대 더욱 강화되었다. 한국, 일본 정부 모두 텔레비전의 이러한 특성을 적극적으로 활용하기 위해 TV뉴스뿐만 아니라 드라마에도 개입하기 시작했다.

일본의 경우 RKB마이니치방송에서 제작한 드라마 《외아들》(1962), TBS에서 제작한 다큐멘터리 《하노이－덴히데오의 증언》(1968) 등의 정부로부터의 제재, 한국의 경우 계몽극·반공극 같은 드라마 제작의 증가 등이 그 사례라 할 것이다. 특히 한국사회에서 KBS와 MBC의 방송망이 전국화한 1970년대 TV드라마는 국가 목표인 반공과 계몽을 실현하고, 일상에서의 화합과 이상적인 가족상을 제시하면서 사회를 안정적으로 유지하는 데 더욱 적극적으로 활용되었다.

집 안의 거실에서, 혹은 안방에서 가족들이 함께 모여 앉아 시청할 수 있었던 텔레비전 프로그램은 올림픽 중계, 대통령 취임식, 오락프로그램 등의 이벤트 중계를 통해 국가 동원형 선전미디어로서 국민통합과 근대화를 위한 국가 이데올로기 전파수단으로 기능했으며, TV드라마를 통해서는 사회체제 유지와 사회운영 시스템을 받아들이도록 하는 '사회화(socialization)'의 역할을 했다. 일상생활속에서 필요한 규범, 인간관계, 다양한 문화를 전파시키면서 현실사회에 순응할 수 있는 매개체적인 역할을 충실히 한 것이다.

이와 같이 대중의 '일상화'에 텔레비전, 특히 드라마가 어떠한 영향을 미쳤는가를 알아보기 위해서는 구체적인 내용분석이 제시되어야 함에도 본 연구에서는 이 시기 드라마 자료를 볼 수 없는 한계로 현재 수집 가능한 정보, 즉, 제작 방송사, 드라마 장르, 제작연도만으로 분류, 분석된 연구의 한계가 있다. 추후 지속적인 연구를 통해 이 시기 드라마 관련 자료들의 수집과 분석이 필요하다 할 것이다.

● 이종님

2006년 〈텔레비전 프로그램의 특성이 프로그램의 질평가와 시청선택에 미치는 영향에 관한 연구〉로 중앙대학교에서 박사학위를 받았으며, 현재 동국대학교 대중문화연구소 전임연구원으로 재직 중이다. 영상물등급위원회 영화심의위원을 지냈으며, 현재 SBS 시청자위원과 문화연대 미디어센터 운영위원으로 미디어문화비평과 문화연구에 관심을 갖고 연구를 진행하고 있다. 주요 저서로는 《글로벌 시대의 미디어문화의 다양성》(공저, 2006), 《전 지구화 시대 방송의 문화다양성 및 문화다양성지수(CDI)》(공저, 2006), 《방송자율심의의 문화적재구성》(공저, 2006), 《디지털 미디어콘텐츠 포맷팅 매뉴얼 제작에 관한 연구》(공저, 2008) 외 다수의 논문이 있다.

happydayljn@naver.com

냉전풍경 4

일상 대중문화의 역학과 욕망학

냉전풍경 4:
일상 대중문화의 역학과 욕망학

〈1960년대 중후반 개발 내셔널리즘과 중산층 가정 판타지의 문화정치학〉(김예림)은 냉전과 열전이 교차하는 1960년대, 경제개발에 집중하기 시작한 한국사회가 어떠한 의식적/일상적 변동을 체험했는지를 검토했다. 이를 위해 개발기에 형성된 중산층 담론과 함께 중산층 집단의 일상문화를 분석했고 나아가 '중산층 가정'을 둘러싼 집단적 문화 판타지가 형성, 유포되는 과정을 규명했다. 이 글은 주로 일상적 멘탈리티와 아비투스에 초점을 맞춰, 1960년대 물질주의적 '행복'의 상(像)이 구성되고 그것이 다시 저개발의 현실을 토대로 이상 증식하는 과정을 추적했다. 한국사회는 1965년 한일국교정상화와 베트남파병이 이루어지면서 본격적인 경제개발 단계로 들어서고 그 현실적 효과를 경험하기 시작하는데, 이는 곧 현대적 아비투스의 현실적/상상적 실현 및 그 취약성을 동시에 갖게 됨을 의미하는 것이다. 이 글은 중산층 가정 모델에 내포된 개발국가의 현실과 욕망의 거리를 드러내고 1960년대 중후반 한국사회에 나타난 변화의 배후에 냉전 시스템과 반공적 군사주의의 영향이 작용하고 있음을 논한다.

〈음악적 공공 공간과 '순수/퇴폐'의 문화정치(학): 1970년대 냉전기 한국과 태국에서 청년문화의 출현과 종언〉(신현준, 뷔리야 사왕초트)은 한국(남한)과 태국의 청년문화를 대중음악의 진화라는 시각에서 조명한다(이는 무엇보다도 당시 음악이 다른 어떤 문화형식보다도 청년들을 사회화하는 가장 중요한 매체였고, 실제로 청년문화에 대한 담론도 음악을 중심으로 이루어졌기 때문이다). 이를 위해 동북아시아와 동남아시아의 문화정치적 정세와 미국과 소련 냉전정책의 국제적 연속을 접속한 뒤 한국과 태국 사회의 문화적 전환과정을 다루었다. 대중음악이라는 문화 생산 및 소비의 장에서 서양(미국)의 대중음악이 해당 사회의 다양한 계층에 어떠한 차별적 영향을 미쳤는가에 특히 분석의 초점을 맞추었다. 특히 미국의 포크 음악이 대학생들에게 강한 영향을 미칠 수 있었던 복합적 환경을 탐색하고자 했고 이를 위해 방송 미디어, 음악연주의 공적 공간이 창조 그리고 청년문화에 관한 담론을 복수(複數)의 각도에서 살펴보았다. 더불어 1970년대 태국의 '삶을 위한 노래(플렝 푸아 치위트, phleng phua chiwit))'와 한국의 '포크송'이 학생운동의 좌파정치와 어떤 연관을 갖는지, 나아가 청년이라는 범주 자체 어떻게 변화되었는지에 대한 분석이 핵심을 이룬다. 이 작업을 통해 이 공동연구는 현 1960~70년대 대중음악이 현재 한국과 태국의 대중문화에 미친 영향에 대해서도 질문하고자 했다.

1960년대 말에서 1970년대 말에 이르기까지 붐을 이루었던 아시아 국제축구대회는 산업 근대화의 요동기였던 1970년대에 '아시아적 발전 모델'의 상징적 분출구였다고 이해할 수 있다. 권역적 차원에서 발흥한 이 스포츠 문화정치와 관련해 매우 흥미로운 사실은 아시아 국제축구대회에 상당한 국가적 에너지를 쏟아 부었거나 대중적 관심을 적극 유도하고 추동했던 국가들은 대부분 '산업근대화'라는 주변주 자본주의의 국가적 미션을 수행하고 있었다는 점일 것이다. 〈주변부 스포츠 이벤트의 탄생과 국가나르시시즘: 1970년대 아시아 국제축구대회의 근대표상〉(이동연)은 1970년대 아시아에서 성행했던 주변부 국제축구대회가 동시대의 정치적·경제적 지형에서 어떠한 위치를 차지하고 있는지 그리고 대중들은 아시아 국제축구대회를 통해 어떻게 자신들을 표상했는지를 분석하고자 했다. 보다 구체적으로는 한국의 '박스컵'을 중심으로 말레이시아의 메르데카컵과 태국의 킹스컵을 비교 분석하면서 냉전시대 스포츠를 매개로 삼아 그 표상의 장소를 획득한 국가 나르시시즘의 문화정치학을 비판적으로 재고하고자 했다.

1960년대 중후반 개발 내셔널리즘과 중산층 가정 판타지의 문화정치학

글·김예림

냉전 그리고 일상문화

이 글은 냉전과 열전이 교차하는 1960년대, 시장과 전장으로 각국이 서로 얽혀들어 가는 지역질서 재편과정에서 한국사회가 어떠한 의식적·일상적 변동을 체험했는지 검토하고 그 변화의 문화정치적 의미가 무엇인지를 밝히고자 한다. 즉 개발기에 형성된 멘탈리티와 아비투스에 초점을 맞춰 그 구체적 양상을 분석하고 개발기 특정 계층문화가 상징적인 우위를 점하게 되는 맥락을 분석할 것이다. 1960년대 한국을 비롯한 동아시아·동남아시아 지역의 국가들은 본격적인 경제개발 단계에 들어서고,[1] 이보다 앞서 출발한 일본은 1956년 "전후(戰後)는 끝났다"는 선언적 발언을 하면서 고도성장의 가도를 달리기 시작한다. 한국이 국가적 기획으로서의 경제개발 프로그램을 강력하게 작동시키면서 그 실효성을 체험하기 시작한 것은 실제로 1965년을 넘어서면서부터다. 이 시기의 국가발전 기획은 군사정권이 중심이 되어 추진한 대규모 사업이었을 뿐만 아니라 일반인의 구체적인 생활영역으로 깊이 번져들어간 전면적인 것이었다. 거시적인 경제적 변화가 특정 국가 또는 지역(local)의 주체에게 전달되거나 작용하는 양상을 미시적 차원에서 이해하기 위해서는, 체제-제도-일상이 상호 연동하지만 종종 간접화되거나 변형되는 방식으로 상관관계를 맺고 있다는 전제가 필요하다. 이런 점에서, 일상을 "경험의 무한정한 다양함에 열려 있지만 개개 사회의 복합성과 그 변화속도에 의존하고 있는 차원"[2]으로 혹은 "사회적 재생산이자 동시에 개별화인 특수한 사회구조들의 개인적 전유"[3]로 이해하는 관점은 국가 간 정치경제적 움직임의 파동을 유동적이고 (상대적으로) 자율적인 문화적 층위에서 읽으려 할 때 유효할 것이다.

  이 글의 주된 연구대상은 한국경제가 본격적인 '성장'의 단계로 들어서는 1965~1970년의 시기로, 특히 이 무렵 새롭게 형성된 한국의 경제적 현실을 반영하고 재생산하는 일상문화의 풍경이다. 이 시기 한국사회는 일찍이 경험해 본 적이 없는 수준의 경제성장률을 보이면서 현대적 아비투스의 현실적/상상적 실현 및 그 취약성을 동시에 안게 된다. 1965년은 한일국교정상화와 베트남 파병이 이루어진 때이며, 1970년은 다가올 대중사회와 소비사회에 대한 전망 및 진단이 나오면서 한국사회가 새로운 문화적·경제적 단계에 이르렀다는 인식이 제출되기 시작한 때다. 약 5, 6여 년에 걸친 이 시기는 개발·발전의 국가논리와 일상감각의 변화·격동이 압축된 표본적인 단위라 할 수 있다. 이 글은 당시 한국사회의 국가발전 논리와 그것이 초래한 일상생활 사이의 관계성을 구명하기 위해 '개발 내셔널리즘'이라는 용어를 사용하고자 한다. 이 개념을 통해 저개발국가의 총력전적 개발논리가 일상의 주체들에게 특정한 도덕과 욕망을 형성하도록 유도하는 현상 및 과정을 분석할 것이다. 이는 개발 내셔널리즘이 어떠한 상징체계 및 일상문화를 구성해 주체로 하여금 개발의 논리를 의식적·무의식적으로 수용·실천케 하는가 하는 문제이기도 하다. 일상 공간에서 생활하는 수많은 주체들이 동시대 국가시스템 혹은 지배적 이데올로기에 자신들을 절합시키는 양상('동의' 혹은 '이탈'의 방식으로)은 실제로 매우 복잡다기하며 이질적일 것이다. 이 글은 절합 양상의 균열성과 복수성을 인정하되, 그럼에도 불구하고 뚜렷한 시대적 구성물이자 경향성으로 역사화될 수 있을 공통의 체험적 계기에 초점을 맞추어, 한국의 본격적인 경제개발기에 형성된 문화적 정향성의 일면을 드러내고자 한다.

이 작업을 위해 월간지 《세대》, 《사상계》, 《여원》, 《아세아》, 《청맥》, 일간지 《조선일보》 등 당시의 인식적, 일상사적 풍경을 담고 있는 매체를 조사대상으로 삼았다. 이 매체들의 성향은 주지하듯이 차이가 있다. 그러나 나는 그 차이를 드러내어 특정 매체의 관점이나 입장을 부각시키는 방향으로 작업하지는 않았으며, 다양한 문화 관련 정보 및 논의가 서로 공명하거나 겹치면서 드러내는 당대의 일상적 삶의 경향과 그 흐름을 짚어내는 방식으로 자료들을 활용했다.

이 글은 위와 같은 문제의식과 방법론을 바탕으로 한국의 개발 내셔널리즘이 강력하게 작동하던 1960년대에 어떠한 문화변동이 진행되었는가를 본격적으로 검토할 것이다. 문화변동 분석을 위해 초점을 맞춘 것은 특히 경제성장기에 형성된 중산층 가정 문화판타지다. 1960년대 중후반, 중산층은 실제 출현하기 시작한 현실태이자 개발기 사회구성원의 집단적·개인적 요구와 욕망이 투사되는 특정한 이념태였다. 중산층의 존재는 이미 사회 전반에 걸쳐 일어나는 계층분화를 배경으로 하고 있다. 이 복잡한 현대적 성층화의 시기에 중산층 가정 문화판타지라는 문화적 구성물이 갖는 의미가 무엇이었는지를 묻는 일은 곧 개발 이데올로기가 낳은 일상적 욕망의 풍경 한 자락을 비판적으로 들추어 보는 일이 될 것이다. 지금까지 중산층 연구는 주로 1990년대를 전후한 시기에 집중되어 있었다.[4] 노동자 생활문화에 대한 일상사적·문화론적 연구가 최근 활발하게 진행되는 것에 비한다면,[5] 계층 문화사의 중요한 부분을 차지할 중산층에 대한 사회정치학적·문화정치학적 분석은 전반적으로 매우 빈약 빈약하다. 중산층 형성이나 중산층 문화 구성의 초기 단계를 규명하는 연구는 더더욱 그러하다. 이런 점에서 1960년대를 계층분화라는 역사적 장으로 불러들여 그 위상을 잡는 작업 그리고 보다 특수하게는, 형성 중인 현실적/상징적 세력으로서 중산층이라는 존재를 문화사적으로 재문맥화해 그 문화정치적 맥락을 분석하는 작업은 의미를 가질 수 있을 것이다.

개발 내셔널리즘의 작동과 중산층의 호출

1965년을 전후한 시점은 한국에서 새로운 국제적 현실과 이를 이용할 '기회'가 막 주어진 때다. 일본이 한국전쟁과 베트남전쟁을 거치면서 경제성장의 결정적 계기를 얻었던 것처럼, 한국은 베트남전 참전을 통해 국가경제의 '비약'적 확대라는 기회를 얻는다. 아시아 지역에서 발발한 냉전/열전에 직간접적으로 참여함으로써 자국의 '성장'을 도모했다는 점에서 한국과 일본의 현대화는 함께 놓고 고찰될 수 있을 것이다.[6] 한국이 1966~72년 베트남을 통해 거두어들인 외화는 당시 전체 재화 및 용역 수입의 평균 12.5%, 무역외수입의 29.1%에 달했고, 월평균 경제성장률은 60년대 초반과 비교할 때 "이례적으로 높은" 실적을 기록한다.[7] 경제개발과 그 실제 효과를 일상적 차원에서 체험하게 되는 이 시기의 내면 풍경은 "늘어나는 인구, 공산주의자들의 위협에 대비한 막대한 국방비 등등이 이 나라의 비약적인 경제성장을 저해하고 있는 것은 사실이지만 현실로는 도저히 무시하지 못할 요소이므로 그 무거운 부담을 짊어진 채 공업국을 향해 발버둥치지 않을 수 없"다는 현실인식과 "현대 삼신기(三神器)에의 욕망"[8]으로 채워져 있다. 이는 냉전기 개발 내셔널리즘과 이것의 강력한 작동과 연동해 발생하는 일상적 욕망의 공존을 의미한다. 그리고 이후 구체적으로 살펴보겠지만, 이 틀 안에서 '국민으로서의 노동'과 '국민됨으로서의 근면'을 통해 '행복'을 추구한다는 논리가 구성된 것이다.

전면적 개발정책의 실시는 본격적인 계층분화, 계층문화 형성을 초래했다. 1960년대 중후반의 계층분화, 계층문화 형성 양상은 이 시기가 한국 계층연구의 실제적이고 본격적인 발흥기였다는 점을 통해서도 파악할 수 있다. 1950년대 말부터 1960년대 초에 걸쳐 경북대, 이화여대, 고려대, 연세대 등에 사회학과가 설치되고 이후 다양한 소집단 및 도시/농촌 문화-집단 분석을 포함한 계층연구 작업이 활발하게 이루어진다.[9] 특히 당대 다양한 소집단의 의식구조나 가치관, 생활방식 등을 조사하거나 계량화해 분석하는 실제조사 및 통계학적 연구들은 이 시기 월간지에 실린 기사들을 통해서도 쉽게 그 질적·양적 광범위함을 확인할 수 있다. 계층사회학의 대두 및 그 다종다기한 결과물 자체가 당시의 급격한 사회 성층화 과정을 말해주는 셈이다. 그러나 이 장에서 초점을 맞추려는 문제는, 수량화되거나 항목화된 정보들을 제공한 당시의 '계층연구'와 관련된 것이라기보다는 사회적·정책적 차원의 전망이나 요구 속에서 구성된 '계층적 구상'과 관련된 것이다. 즉, 개발기에 진입한 발전국가의 주도적 주체들이 어떠한 맥락에서 사회의 '계층적 재편'을 전망하거나 목표로 삼았는가 하는 점이다. 이와 관련해, 당시 계층분화 과정에서 중산층 혹은 중간계급이 가치평가적 수행성이라는 견지에서 정책입안자나 지식인에 의해 이렇게 저렇게 호출되었다는 사실은 폭넓게 검토할 필요가 있을 것이다.

당시 중산층 혹은 중산층의 형성은 국가개발의 달성 정도, 안정적 발전의 정도를 말해주는 지표이자 반영물로서 중요시되었다. '중산층의 호출'은 중산층으로 범주화될 수 있는 집단이 발생하기 시작하는 현실을 그 기본 조건으로 하고 있지만, 그 이상의 이데올로기적 정향성을 담고 이루어진 것이기도 했다. 따라서 중산층 집단이 현실태로서뿐만 아니라 이념태로서 등장하는 현상이 한국사회에서 60년대 중후반에 나타난 것은 우연이 아니다. 전체적으로 보자면 중산층은 첫째, 경제개발 및 관련 정책의 목표라는 측면에서 둘째, 한국의 문화적 빈약성을 제고하는 과정에서 셋째, 일상적 멘탈리티와 아비투스 차원에서 폭넓게 호출되고 의미화되었다. 이 세 국면이 동일한 중산층 모델을 설정한 것은 아니었으며 또 서로 상대적 자율성을 가지고 전개되었던 것이므로, 하나의 동일 초점을 상정하는 것은 오히려 타당하지 않다. 그러나 1960년대 중후반 경제개발 단계에서 중산층 집단의 현실적·이념적·상징적 구성이 본격적으로 진행되고 있었던 복합적인 상황과 그 내적 맥락을 염두에 둔다면, 이들의 관계론적 배치와 검토를 통해 그 상호 연동과 연계의 장면을 포착하는 작업이 요구된다. 이 장에서는 우선 앞의 두 측면, 즉 개발정책의 목표와 문화론적 측면에서 전개된 중산층론을 살펴보겠다.

한국의 근대화가 중산층을 육성하는 방향으로 전개되어야 한다는 주장이 나오기 시작한 것은 1960년대 초반이지만,[10] 이것이 논쟁의 형식으로 본격화된 시점은 1966년 박정희가 증산, 수출, 건설을 통한 공업화를 역설하는 연두교서를 발표하면서부터다. 이를 둘러싸고 여당과 야당은 중산층 부재와 양극화 현상, 도시·농촌 발전 문제 등을 지적하면서 공방을 벌이고[11] 《조선일보》는 곧 〈근대화와 중산층〉이라는 테마로 논쟁의 자리를 마련한다. 이후 《청맥》이나 《정경연구》 같은 잡지에서도 중산층 육성 문제를 둘러싼 입장 표명이 이루어진다. 참여자는 대부분 사회과학자들이었고, 따라서 논의도 기존의 기업·경제 정책 점검 및 앞으로의 방향 전망이라는 차원에서 이루어졌다. 중산층·중산계급이란 무엇인가라는 원론적 토론도 이루어졌는데, 핵심은 중소기업과 대기업 중 어느 쪽에 중점을 두어 산업구조를 개편할 것인가였다. 이 과정에서 "비효율적 생산수단을 갖고 전근대적인 경제 위에서 구차한 목숨을 이어가고 있는 중산층",[12] "한국경제의 현실조건 밑에서 균형발전을 위해서는 중소기업의 육성단계가 긴요하다",[13] "민주주의는 중산층 육성에 의해서가 아니라 가난한 사회적 침전층 보호를 통한 동등적 대중국민통합에 의하여 반석 위에 놓여질 수 있다",[14] "대기업 계열화에 의하여 중소기업은 육성되어야 한다",[15] "대기업 육성을 통한 생산의 극대화와 부의 공평 분배를 통한 전국민의 경제적 후생의 극대화를 어떻게 하면 동시적으로 이룰 수 있는가 하는 것이 문제의 핵심",[16] "우리나라의 중산층 문제는 기본적으로 육성이나 소멸에 그 문제점이 있는 것이 아니라 오히려 그 개편에 문제의 초점이 있다",[17] "신중산층을 보호해야 할 경제적 이유는 조금도 없는 것이다",[18] "중소기업은 국민경제의 자립적 발전에 크게 기여하고 있으며(……) 보호 육성되어야 한다. 또한 우리나라의 대기업은 외국자본에의 종속으로부터 탈피하여 (……) 국민경제의 자립적 발전에 기여하도록 개편되어야 한다"[19] 등 다양한 입장이 표명되었고 반론과 재반론이 계속되면서 논의가 진행되었다.

1966년의 중산층 논쟁의 저변에는 불균등 분배, 자본 축적의 긴급성, 생산체계의 조정, 불균형 발전, 종속 경제, 대중소비문화에 대한 문제 제기가 깔려 있다. 연관된 사항이 많았던 만큼 논자들의 관점도 하나로 모이지 않았고 '중산층'의 정확한 지시범주도 일치하지는 않았지만, 우리는 이 논쟁을 통해 첫째, 당시의 근대화 논리와 발전주의적 구상이 계층구조상의 중간층 확대를 기본 목표로 삼고 있었다는 점 둘째, 이와 같은 동의하에서 중산층 집단의 하위분류와 선택적 '주체화' 전략(중소기업 중심론과 대기업 중심론)이 이루어지고 있었다는 점을 확인할 수 있다. 물론 중산층 육성에 대한 부정적 견해가 제출되고는 있었지만,[20] "근대화의 추진세력", "선량한 시민"[21]으로서의 중산층을 확대해야 한다는 당위는 이미 폭넓게 받아들여지고 있었다. 특히 한국의 문화적 빈약성을 고민하는 문화론자들에게는 더욱 그러했다. 이들에게는 건전한 문화 향유와 생산 주체로서의 중산층 집단의 비후화(肥厚化)가 시급한 과제로 인식되었다. 값싼 일본문화의 범람, 문화적 종속, 변별력 없는 빈곤한 문화적 취향은 당시 한국의 문화수준을 점검하는 자리에서 언제나 최악의 지점으로 꼽혀 온 것들이다. 이와 관련해, 1965년 5월 《사상계》에서 마련한 〈생활문화 없는 한국〉이라는 방담은 1960년대 중후반 중산층 호출을 문화적 차원에서 재확인하는 데 매우 중요한 자료가 될 수 있을 것이다. 당시 대중사회화되어 가는 한국의 문화 현실에 대해 가장 민감하고도 적극적으로 발언해 온 송건호 · 고영복을 비롯해 송욱 · 신일철이 참석한 이 자리에서 문제시된 것은 문화정책의 빈곤, 군부 이후 더 심화된 대중오락의 상업주의, 일본문화의 폐해였다. 더불어 이러한 문화를 걸러낼 수 있는 "건전한 의미에서의 중산층"이 부재한다는 사실이 다음과 같이 지적되고 있다. "또하나는 오락문화를 지도해야 하는 입장에 서 있는 본격적인 문화의 성립이 아직 없다는 것입니다. 오락문화를 견제할 수 있는 본격적인 문화가 사회적인 세력을 이루려면 그 담당자가 현대에 있어서는 두말할 것도 없이 중산층입니다." 그리고 "어떤 리더가 있어가지고 여러 가지로 지도적인 능력을 발휘할 수 있을 만한 사람들이 있어서 매스콤에서 흘러오는 퇴폐적인 요인을 중간에서 제대로 해석해서 우리들의 생활에 맞는 방향으로 맞추는 사람들이 많이 있으면 그런 것으로부터 방지가 될 수 있다고 봅니다. 그러니까 따지고 보면 건전한 의미에서의 중산층이 많이 있다면 그런 과정에서 방지가 되는 터인데 그것이 없다는 것입니다."[22] 신일철은 이러한 진단에 공감하면서 "한국에는 자활적인 생활토대를 가진 건전한 중소득층의 문화가 형성되지 않앟"[23]다고 부연하고 있다. 건전한 문화생산·소비자로서의 중산층 집단의 부재는 이 시기 문화론자들이 공통적으로 비판하는 지점이었다.

개발국가에서 중산층이라는 존재가 중시되는 것은, 앞서 언급했듯이, 그것이 국가적 성장이나 개발수준의 지표이기 때문이다.[24] 1960년 농촌 과잉인구 문제의 심각성을 한탄하는 《사상계》의 한 기사에 따르면, 1958년도의 경우 총인구의 77.7%가 1차산업 종사자이고 이 중 약 60%가 농업 종사자다. 경제구조의 산업화가 1962년 무렵을 기점으로 본격화되면서 1963년의 1차산업 종사자는 63.1%가 된다. 1970년 무렵에 1차산업 대 2·3차 산업 종사자의 비율은 약 50.5% 대 49.5%로 조정되고, 1975년에는 45.9% 대 54.1%로 역전된다. 도시인구율은 1960년 약 27%에서 1970년에는 41%로 높아진다.[25] 산업구조의 통계가 알려주듯이, 도시 생활자는 급증하고 있었고 직업분화 역시 진행되고 있었다. 김영모는 구중산층이라 할 수 있는 자영농의 소득은 보잘 것이 없어서 도시 중간계층에 들어가기 힘들며 "중산층을 육성하기 위한 노력을 경주하고 있고 사회조직의 발달로 화이트칼라가 대량으로 나타나고 있지만 이들의 정치적 경제적 기능을 과대평가할 수는 없는 실정"이라고 언급한다. 조사에 따르면, 서울시의 경우 봉급생활자가 40.2%, 상인이 25.7%, 무직자가 17.6%이다. 그리고 서울 시민 중 부르주아지의 비율은 1.8%, 중산층와 화이트칼라는 각각 37.6%와 30.1%이며, 노동자는 27.7%다.[26] 그는 또한 한국의 계층구조나 신구중산층은 규모로 보나 비중으로 보나 "서구식 근대화를 추진할 수 있는 원동력이 될 수는 없는 것 같다"[27]는 부정적인 결론을 내리지만 사실상 이런 식으로, 1960년대 중후반 한국의 중산층은 '결여'와 '미비'의 형태로 증산되고 있었다고 할 수 있다.

중산층을 구성하는 내적 조건이나 수치 기준은 시대적 조건, 상황에 따라 유동적이지만 중산층이 되기 위한 대략적인 기본 요건으로서 중산층 생활에 필요한 소득(자산이나 주택 등), 안정된 직업, (고등)교육수준 그리고 중산층에의 귀속의식이 고려된다. 한상진은 소득·직업·교육을 객관적 기준으로, 귀속의식을 주관적 기준으로 구분한다. 그리고 이 기준을 상호 교차시키면서 중산층(모두 충족)/ 주관적 의식 없는 객관적 중산층/ 객관적 기반 없는 주관적 중산층/ 비중산층이라는 네 유형을 추출한다.[28] 그러나 중요한 것은 총력전적 개발단계에서 가치론적 표준은 모든 것이 충족되는 '알짜 중산층'의 것으로 맞추어진다는 점이다. 그리고 그러한 조건들의 현실적인 충족은 특정 소수에게만 가능했을 것이지만 그 욕망과 꿈을 나누어 갖는 것은 누구에게나 주어질 수 있었다는 점이다. 이처럼 지극히 현실적이면서도 비현실적인 모델로의 수렴, 욕망의 표준화와 전이현상을 가능하게 한 것이 바로 1960년대 중후반의 경제개발이었던 것이다. 도시의 안정된 봉급생활자나 전문직 종사자를 표준으로 한 가족 모델과 라이프 패턴은 물리직 차원에서 그리고 상징석 재구성의 차원에서 중산층 판타지로 산포되어 나갔다. 앞서 살펴보았듯이 한국의 중산층이 현대화의 계몽적 주체로서 갖는 가능성은 여전히 매우 희박하다고 진단되고 있었고 서구 수준에는 '미달'하는 것으로 인식되고 있었다. 하지만, 그것이 '생활적' 주체로서 발휘하는 생생한 호소력은 미국과 일본에서 건너오는 중산층 가정 이미지의 아우라(오라)를 덧입은 탓에, 꽤나 강력했다. 이 낯설면서도 낯익은 라이프 패턴은 어떻게 구성되고 또 아른거리는 유혹적인 판타지로 기화(氣化)될 수 있었을까? 다음 장에서는 1960년대 중후반에 구성된 "스위트 홈"이라는 상징체계의 안팎을 구체적으로 검토한다.

중산층 가정문화의 구축과 판타지의 생산

앞 장에서 1960년대의 개발주의와 개발구조가 '중산층의 양적 확대와 질적 제고=경제적·사회적 발전'이라는 등식을 가능하게 했음을 검토했다. 이와 더불어 개발 내셔널리즘의 내면을 포착하기 위해 주목해야 할 중요한 측면은 계층분화가 범계층적 동일화(=동질화)의 효과를 발휘하는 동시에 계층간 차이화(=특화)의 효과 역시 발휘한다는 점이다. 전자와 관련해 우리는 성층화, 분화 과정에서 범계층적 도덕과 욕망이 형성되는 양상을 관찰할 수 있을 것이다. 근면이나 내핍은 범계층적 도덕의 핵심이었고, 행복이나 풍요는 범계층적 욕망의 내용이었다. 일상의 생활주체가 지배 이데올로기에 대해 스스로를 절합하거나 투사하면서 반응한다면, 1960년대 중후반은 이 반응이 '열심히 일하면 잘 살 수 있다'는 신념으로 집단화·동질화될 수 있었던 시기였다. '열심히 일해야 한다'는 도덕론이나 '잘 살 수 있다'는 행복론은 당시 생활주체가 개발논리를 내면화하는 계기이자 내면화한 결과이기도 했다. 그러나 범계층적 도덕과 욕망이 강력하게 형성되는 과정에는 차이화(=특화)의 메커니즘 역시 함께 작동한다. 특정한 계층 '문화'를 둘러싸고 사회적 차원의 이데올로기적 작용이나 상징적 각축이 일어나는 것이다. 앞서 언급했듯이, 중산층이 발전의 지표로서 그리고 현대적 생활의 표준으로서 차이화(=특화)되는 현상이 바로 그것이다. 성층화와 분화의 시기, 동일화(=동질화)/차이화(=특화)라는 이중적 메커니즘을 통해 걸러지고 걸러진 일종의 '순정품'인 '중산층 가정' 모델은 상징적 인정투쟁의 장에서 '승리'하면서 부상한 특수한 계층문화 아이콘인 셈이다. 결과적으로 보자면, 이 시기에 본격적으로 생산·유포되기 시작한 중산층 가정 모델에는 1960년대 중후반의 경제적·문화적 환경이 요구하는 범계층적 공통사항과 배타적인 가치론적 편향이 모두 결합되어 있는 것이다.

　1960년대 중후반, 개발의 시기가 낳고 요구한 이 중산층 가정문화 판타지를 대중적으로 보급시킨 중요한 매체가 바로《여원》이다.[29] 1955년에 창간되어 1970년에 종간된 이 잡지는 한국전쟁 후 복구 시절부터 외자 도입의 경제부흥기까지 진행된 일련의 변화를 '안살림'이라는 측면에서 구체적으로 파악하는 데 매우 중요한 자료들을 제공해 준다. 여기에는 경제개발기 일상사의 안팎 풍경이 뚜렷하게 기록되어 있다. 이 글은 당대의 미시적인 생활문화, '아직은 오지 않은' 대상을 향한 일상적 욕망 그리고 '습득되어야 할' 집단 도덕의 전모를 파악하기 위해서《여원》이 제공하는 자료들을 구체적인 분석대상으로 선택했고, 이 자료들을 일상적 경제생활을 알려주는 여타의 다양한 정보들의 망 안으로 재배치했다.[30] 독자투고를 통해 당시 이 잡지의 수용자층을 검토해 보면, 거제도 거주자에서 미국 거주자에 이르기까지 그 폭이 매우 넓음을 알 수 있다.《여원》은 서울 및 지방 도시뿐만 아니라 읍, 리 단위의 농촌에까지 보급되었다. 독자는 대부분 여성이었는데 교사, 가정주부, 농촌지역 여성, 여학생(여대생, 여고생, 여고 졸업생) 등 다양했다. 농촌여성의 이야기를 많이 실어달라거나, 문학이나 연예 관련 기사를 조절해 달라거나, 잡지 값을 내려달라거나 하는 여러 요구사항이 제출되고 있지만, 읽을거리가 부족했던 시대의 여성 독자 대부분은 이 잡지를 문화적 교양과 다채로운 생활지식을 제공해 주는 아주 유용하고도 수준 높은 매체로 인식하고 있다. 이 잡지의 발행연수와 분포 범위, 영향력을 생각할 때, 평범한 일상인으로서의 여성이 대중매체를 통해 구성·재구성되는 현대적 생활감각이나 규범적 모델을 수용하면서 그것에 어떤 식으로든 자신을 절합시키는 행위를 했을 것임은 추론 가능하다.[31] 이러한 전제하에 이 절에서는 당시의 일상사적 현실과 더불어, 1965년을 넘어서면서 적극 생산·유포된 중산층 가정 판타지의 실상을 검토한다.

현대적 풍요와 '행복'의 물질화

1960년대 중후반 한국사회에는 상호 모순되는 현실/욕망의 풍경이 동시에 펼쳐지기 시작한다. 전반적인 빈궁함 속에서도 경제적 '도약'의 서광은 비치는 듯했고, 가난 속에서도 가정경제의 향상을 피부로 경험하는 기회는 상대적으로 늘고 있었다. 그래서 대중은 '근검절약'과 '소비욕망' 사이, '고생스러운 노동'과 '여유 있는 생활' 사이에서, 빠듯한 현실과 어쩌면 가능할지도 모를 보다 안락한 생활에의 꿈, 행복에의 환상을 동시에 체험하고 있었다. 집단적 도덕과 행복의 멘탈리티가 본격적으로 형성되고 또 이것이 생활 주체들과 절합되기 시작한 것은 1960년대 초반부터라고 할 수 있다. 상경한 '또순이'가 용기와 희망을 안고 열심히 일한 결과, 사랑하는 사람과 가정을 이루고 '새나라 차'를 사는 데 성공한다는 내용의 라디오 드라마는 1960년대 초반 대중적인 인기를 얻었고, 이후 "행복의 탄생: 또순이"라는 제목을 달고 영화로도 제작된다.[32] 개발 내셔널리즘이 낳은, 유도력과 호소력 강한 이 도덕과 행복의 복합 서사는 '국민적 노력과 성공'의 서사이기도 했다. 이러한 서사가 범계층적 차원에서 수용, 입력될 수 있었다는 사실 자체가 1960년대에 뿌리내린 개발 내셔널리즘의 생리 및 작동 방식을 보여준다.

이 절에서는 특히 경제개발기 '성실하게 근로하는 국민'이라는 도덕 체계와 '더 나은 생활을 향한 꿈'이라는 욕망체계가 서로 어떻게 접속되고 있었는지, 또 '소득'의 파이가 개발 초반에 비해 실제로 커진 1960년대 중후반에 그 접속망이 어떤 식으로 변형·재조형되고 있었는지를 검토한다. 이 작업을 위해 특히 초점을 맞추고자 하는 지점은 '행복'이라는 코드다. 행복이라는 멘탈리티는 앞서 말했듯 개발 내셔널리즘의 강력한 작동과 함께 이데올로기적으로 구성된 것인데 점차 일상영역에서 물질적으로 구축, 체감되는 어떤 것으로 변화한다. 더불어 냉전기의 발전국가라는 조건 속에서, '행복'은 개인적이거나 사적인 차원에서 향유될 것을 보장 받기보다는 집단적이거나 공적인 차원에서 '기능화'되고 '도덕화'될 것을 권유 받았다는 점 역시 '한국형 행복'의 양태를 논하는 데 기억할 필요가 있을 것이다. 행복론이 뚜렷한 담론적 실체로서 일관된 형식을 갖추었던 것은 아니지만, 단편적으로 산포해 있는 자료의 재배치·재해석을 통해 우리는 전후 경제개발기에 형성되는 행복이라는 멘탈리티의 형상 및 역사성을 추출해 볼 수 있을 것이다.

국가경제 수준과 긴밀하게 연관되는 일상적 행복의 상이 가정과 여성을 그 주체이자 대상으로 삼아 구축되기 시작한 것은 특기할 만한 사항이다. '행복'이라는 말이 공공매체에 특별한 주목을 받고 등장하기 시작한 것은 1950년대 후반부터다. 1957년 보건사회부 내 사단법인 한국사회사업연합회가 창간한 "국민잡지"《행복》은 전후 한국사회에 형성된 '행복'이라는 멘탈리티의 계보를 작성하는 데 즉, 행복이 어떻게 공론화되었는가 하는 점을 살펴보는 데 흥미로운 자료를 제공해 준다. 이 잡지의 창간사에서 보건사회부 장관은 "우리나라는 가열한 전란으로 인하여 국민의 대부분이 피폐에 빠지고 또 불행한 가운데 신음하고 있다. 어떻게 하면 이 국민적 빈곤과 불행을 제거하고 행복되게 살 수 있을까?"를 묻고 있다. "행복이란 무엇인가?", "명랑한 사회를 만들자", "행복된 부부생활의 비결" 등과 같은 문제를 다룬 기사들이 암시하듯이,《행복》이 주장하는 "행복"은 계몽주의적인 공공담론에 가까웠다. 한편, 1958년 4월《여원》도 〈여성의 생활력과 행복의 장기계획〉이라는 특집을 마련한다. 여기에서 행복이란 여성의 정신적 태도의 개선이나 인식 변화 없이는 달성 불가능한 것으로서, "건실한 생활력을 길러 확고한 행복을 지향해서 장구한 시일을 두고 부단히 노력하는 믿음직한 모습"에서 "이 시대의 새로운 여인상을 발견"할 수 있다는 점이 강조되었다.[33] "직업에 대한 귀족적 편견을 청산"하고 "무위도식의 태도에서 벗어"나 "적극적인 생활의욕"을 가질 때 진정한 행복을 얻을 수 있다는 것이다. 이는 전후(戰後) 국가적 차원의 빈곤 탈출이라는 집단기획의 젠더적 역할 배분과 무관하지 않은 공론이었다. "이 모든 뼈아픈 경험을 바탕삼아 잿더미를 헤치고 살터전을 다시 세워야 할"[34] 시기에 여성은 직업 전선으로 호출되거나 가정·국가 경제 향상에 기여하는 보조자로서 정체화되고 있었다. 물질적 풍요의 매혹과 그 매혹의 상이 구체화되기 전, 행복은 이처럼 일종의 정신적 태도의 문제로 인식되었고, 적극적인 근로정신이나 노동 의지, 생활력과 결부된 것으로 상상되었다.

그러나 이러한 행복의 상은, 경제적 안정과 소비 능력이 증대되는 1960년대 중후반으로 들어오면서 점차 바뀌기 시작한다. 이 과정은《여원》

잡지 《행복》은 개발기 국가주의적 젠더질서 내에서 여성의 '행복'을 다루고 있다.
(연세대학교 소장)

여원사에서 출판한 잡지 《TV가이드》 선전으로, 한국에 TV가 본격적으로 대중화되기 전에 출간되기 시작했다.

1960년대 초중반 큰 인기를 끌었던 일본 대중소설을 영화화한 《가정교사》 시나리오집과 일본 샐러리맨의 일상을 엿볼 수 있는 수필집 《사회와 직장》.

《세대》지에 실린 일본소설 《가정교사》와 《청춘교실》 광고. 모두 일본 젊은이들의 연애와 욕망, 청춘의 감수성을 다룬 작품들이다.

양옥집과 더불어 아파트는 '현대적 가정생활'을 의미하는 새로운 상징이었다.

'현대적 가정생활'을 영위하는 부부의 모습.

의 한 코너가 상징적으로 보여주듯이 일상의 문화가 "의식주"라는 일차성의 용어로 개념화되다가 "생활문화"라는 잉여성의 용어로 대치되는 과정이기도 하며, 동시에 이 잉여적 문화생활의 현실적/상상적 체험이 가능해지고 또 그 특정한 재현적 이미지들이 부상하게 되는 과정이기도 한 것이다. 1960년대 후반에 일어난 변화의 가장 핵심적인 측면은, 행복이 편리한 일상 환경이나 문화적 안락의 향유를 통해 실현될 수 있다는 인식이 강해진다는 데서 찾을 수 있겠다. 이는 행복의 구상이 '물질화'되고 있음을 뜻한다. 편안하고 편리한 삶, 세련된 라이프 패턴에의 선망은 종종 현대적 문명생활의 가까운 샘플인 일본과의 비교를 통해 표현되곤 했다. 1962년과 1963년 일본의 대중작가 이시자카 요지로(石坂洋次郎)의 청춘소설이 "전후의 일본 대학생의 세련된 연애관과 기교, 티인에이져의 생태를 예리하게 추구한 걸작"[35]이라는 선전문구를 달고 베스트셀러가 되고[36] 영화로도 만들어져 10만이 넘는 관객을 동원하며 젊은층을 사로잡는다.[37] 일본 젊은이들은 입에 "칵꼬이이"(멋지다)와 "시아와세"(행복하다)라는 말을 입에 달고 다닐 정도로 윤택한 생활을 하면서도 낭비하지 않는 특성이 있는 것으로 그려졌다.[38] 라이프 패턴과 감각의 현대화를 부러워하는 또 하나의 사례를 더 살펴보자. 1965년 국내에 번역 출판된《생활인의 라이브러리: 사회와 직장》은 일본의 평범한 샐러리맨이자 저술가인 나카무라 다케시(中村武志)의 수필집이다. 박봉에 쪼들리는 샐러리맨의 소소한 일상적 풍경과 감상을 담은 이 책은 같은 해 4월에 일본에서 출간되자마자 큰 인기를 모았다. 이 책이 한국의 샐러리맨에게 얼마만 한 관심을 얻었는지는 알 수 없지만, 이 책에 실린 "샐러리맨" 이야기, "샐러리맨" 문화가 당시 일부 한국인의 현실이거나 적어도 곧 다가올 현실로 상상·공감되었으리라는 것은 짐작할 수 있다.[39] 이 책에는 보너스와 "3종의 신기(神器)", 월부 구입의 시대를 통과하고 있는 동시대 일본의 생활풍경이 아주 구체적으로 기록되어 있다. 이 번역서에 실린 추천문에서 한 필자는 다음과 같은 부러움의 말을 적어놓고 있다. "샐러리맨! 싱싱한 단어다. 싱그럽고 산뜻한 어감을 준다. 실상 알고 보면 샐러리맨이란 과히 알맹이 있는 존재는 아닌 것이다. 그럼에도 우리에게 이 단어가 참신한 맛을 풍기는 것은 우리가 현재, 소위 후진국이라는 나라에 살고 있기 때문이다(……). 가까운 일본만 해도 샐러리맨은 배가 부르다. (……) 그곳 샐러리맨 가정의 주부들은 가정용 전기기구 이를테면 텔레비, 스테레오, 전기세탁기, 전기소제기, 믹서, 전기솥 등등―――를 이웃집과의 경쟁으로 마구 사들이는 바람에 남자들은 가령 보너스를 타도 골치만 아프다는 이야기다".[40]

당시의 많은 자료를 통해 추출할 수 있듯이, 일상생활의 영역에서 그리고 대중적 감수성의 차원에서 고도성장의 가도를 달리고 있던 일본은 자유와 안락함, 현대문명의 혜택을 받고 있는 앞선 세상으로 인식되고 있었다. 물론 이때 한국인이 부러워했던 '일본적인 것'은 미국적 문명생활의 미덕을 체현하고 있는 '미국화된 일본'의 것이었다. 요시미 순야(吉見俊哉)가 말했듯이 미국이 일본에 유혹이자 폭력이었다면, (미국화된) 일본은 '어떻게 산업화하고 발전할 것인가'를 고민하던 이 시기 한국에 그런 의미를 갖는다. 특히 일상 생활문화라는 차원에서 일본과 일본인의 '풍요로운 서양식' 생활 패턴은 한국이 선망하는 발전을 '선취한' 현실적 모델이기도 했다. 아메리카 스타일의 아침식사와 자동화·기계화된 가정살림의 혜택을 누리는 중산층 주부의 세계는 더욱 그러했다.[41] 한국에 미국은 너무 먼 이상형이었고 미국화된 일본은 비교적 가까운 그리고 경제성장이라는 측면에서는 결코 눈 들어 넘겨다보지 않을 수 없는 보다 현실적인 참조와 모방 모델인 셈이었다. 서구화된 현대 일본의 풍요로움은 상품과 소비로 짜

이는 일상문화의 장에서 아주 미시적이고 구체적이며 물리적으로 느낄 수 있는 것이었다. 물론 "왜색"문화, "색정문화"를 향한 질타, 일본자본 유입 결과에 대한 우려, 매판자본에 대한 비판, 소비주의와 향락주의에 대한 우려가 강력하게 쏟아져 나오고 있었지만,[42] 대중들의 실제적인 신체, 감각, 욕구는 지식층의 그것과는 달리 움직이고 있었던 것이다.

중산층 가정문화와 안살림

이렇게 행복의 물질화가 진행되는 과정에서, 중산층 가정은 현대적 행복의 아이콘, 건전한 생활문화의 실현태, 국가발전의 젠더적 역할, 위계 설정의 안정적 착상지로서 그 가치론적 우위를 점하게 된다. 행복과 도덕의 결합은 중산층 가정을 단위로 하여 여전히 이어지고 있었다. 유포되는 중산층 한국의 가정 문화판타지는 서구적·일본적 중산층 가정문화의 아우라를 덧쓰고 있었지만, 한편으로는 여전한 저개발 상태와 반공적 해외 인력수출이라는 당시 한국의 지극히 현실적인 조건과 맞물려서, '과도'와 '과잉'은 실제적 한계와 도덕적 규율의 장력에서 결코 자유로울 수 없었다. 반공적 개발 내셔널리즘의 틀 안에서, 국민으로서의 도덕과 행복은 냉전시스템에서 파생된 국가주의적 규율을 강하게 내면화한 것이었다. 국가 규율은 일상의 '안정'이나 '안락' 속에서 다소 망각되는 동시에 적절한 순간에 기억할 것을 종용하는 방식으로 유포되고 유지된 셈이다. 누가, 어디서, 어떻게 벌어오는 돈으로 우리 가정이 즐겁고 안녕할 수 있는가. 가정의 안녕이 어떤 점에서 국가적 안녕의 압축적 상징인가. 이것은 당시 국민들이 노동하고 소비하고 욕망하는 행위를 할 때 언제나 거듭거듭 묻고 확인해야 하는 실분으로 제시되었다. 대중매체는 이 모든 문제에 '현명'하게 답할 수 있는 중산층 가정 모델을 호출했고 '모범적이고 양식 있으며 경제개념이 투철한' 가정주부를 그 안주인으로 입력시켰다. 이 절에서는 중산층 가정 및 그 판타지가 구축되는 안팎 사정을 보다 구체적으로 검토한다.

"경제성장과 부엌살림"이나 "부엌까지 찾아든 경제학"과 같은 당시로서는 흔히 볼 수 있는 어구들이 명시해 주듯이, 이 시기 노동하는 남성 못지않게 그 존재의 중요성을 획득한 것은 '주부'였다. "국민경제 속에서 소비단위를 맡아서 경영해 나가는 사람이 바로 주부이고 보면 이 주부의 소비생활 패턴의 체계가 합리적으로 운영되었을 때 비로소 개인생활뿐만 아니라 국민경제의 원활함과 부유함이 이루어진다"[43]는 논리가 강조되었다. 1960년대가 여성 노동력의 확대에 따라 그녀들 내부적으로 계층분화가 일어나면서 '건전가정'과 '음란여성'이 급격하게 분리된 시기임은 이미 논의되어 왔다.[44] 이 현실적, 상징적 계서제(階序制)에서 가장 상위를 차지한 것은 당연히 도시 중산층 가정의 주부였다. 대기업이나 관공청의 화이트칼라직에 종사하는 남편을 둔 여성의 전업주부화가 일찍부터 확립된 것은 그와 같은 생활양식이 계층적 상위성을 표현하기 때문이라는 분석은 1960년대 한국의 상황에도 적용된다.[45] 부녀자 가출의 원인으로 생활고가 압도적인 수치를 기록하고 있었지만, 한편에서는 중산층 가족의 형성과 이에 따른 주부화 문화가 나타나고 있었던 것이다.[46]

당시 한국사회가 추천한 바람직한 '주부'의 상은 크게 두 유형이었다. 두 유형 모두 경제관념과 생활의 지혜를 공통의 미덕으로 갖지만 당시의 경제적 규모와 '남성 노동력'의 특수한 상황(예를 들어 해외인력)으로 인해 경우에 따라 '부업'의 능력까지 갖춘 주부의 활동성도 강조되었기 때문이다. 그 하나의 유형이, 가부장이 해외노동으로 부재한 때 가정경제 운용의 주인이 된 주부다. 정부가 "인력수출의 해"라는 슬로건을 내건 것은 1966년이지만,[47] 이미 1963년 무렵부터 인력수출이 시작되어 이후 선원, 항공기 기술자, 병아리 감별사, 간호사, 광부 등으로 노동력이 해외로 송출되었다. 인력수출은 "과잉인구의 명랑한 탈출구"로 명명되고 있다.[48] 그 연장선에서 일어난 월남(베트남) 붐은 그간의 인력수출과는 비교가 안 될 규모였던 만큼 각 가정에 꽤나 큰돈과 함께 생활수준 향상의 가능성을 가져다주었다. 당시의 몇몇 기사를 통해 한 기업의 부장 한 달 월급을 약 6만 5,000원으로 상정해 가계예산을 짜는 샘플과 함께, 월남에 간 중장비 기술자, 토목 기술자가 한 달에 한국으로 송금하는 액수가 10만 원에 달했다는 기록 또한 찾을 수 있다. 외국에서 고생하는 남편들의 노고를 생각하면서 보다 적극적인 절약이나 부업 활동을 통해 가정을 지키고 일으키는 주부상이 추천되었다.《여원》은 '제3회 살림 잘하는 주부상'을 월남 파병 군인의 아내에게 주면서 이 미덕을 공식화한다.[49] 가계부를 짜고 부업을 기획하는 것은 전투의 작전을 짜는 것이나 마찬가지다. 그녀는 남편이 전장에서 보내온 돈을 저축하고 불려서 서울에 '마이홈'을 마련하고 이사를 준비하는, 말하자면 계층 상승 중인 존재였고, 당시 한국사회가 낳은 도덕과 행복의 상을 실현하는 모범적 아이콘이었다. 이러한 기준에서, 남편이 해외에 나가 피와 땀을 흘리며 벌어온 돈을 낭비와 사치 그리고 '바람 피우기'에 탕진한 "월남마담"은 허영에 찬 소비시대의 타락한 여성의 표상으로 비판의 대상이 되었다.[50]

또 하나의 이상적인 주부 모델은 화이트칼라 전문직 종사자나 자영업자, 기업 및 회사의 봉급생활자들의 가정에서 만들어져 나왔다. 그녀들 역시 국가경제의 기틀이 되는 가정경제의 안살림을 맡은 알뜰하면서도 헌신적인 주체로 주조되었다. 경제적 여유와 생활문화의 개선으로 가정주부들이 소비주체로 등장하면서 그녀들에게 특별한 책임의식과 합리적 판단이 요구된 것은 당연하다.[51] 이들 도시 중산층 가정의 아비투스는 텔레비전,

냉장고, 세탁기 같은 내구소비재가 점차 보급되고 국가의 주택 공급 정책과 민간주택 건설이 유행하게 되면서 '가시적'으로 실행되고 '물리적'으로 구성되고 있었다. 안정된 직장을 가진 남편과 전업주부 아내 그리고 두세 명의 자녀. 이렇게 구성된 4~5인 가족은 당시 중산층 가정 모델의 표본으로서, 주택 설계, 내부 인테리어, 내구 소비재의 소유 등과 관련해 많은 문화적 표상을 낳았다. 60년대 후반에 본격적으로 나오기 시작한 "스위트홈"이라는 슬로건과 그것이 생산한 다양한 이미지에서, 우리는 합리적 절약과 소비가 가져다주는 여유로움 속에서 레저와 취미를 즐기는 도덕과 욕망의 주체들 그리고 이러한 삶을 가능하게 해주는 물리적 배경을 확인할 수 있다. 특히 이들의 안락한 가정환경의 핵심에는 텔레비전, 냉장고, 세탁기가 놓여 있다. 이와 같은 내구소비재는 수년 앞서 일본에서 "신3종의 신기(神器)"라 불리며 현대 가정혁명의 주인공으로 등극했고 고도성장기 일본의 "생활혁명"과 소비시대 풍조의 상징이 되었다.[52] 한국의 텔레비전 보급률은 1965년의 3만 9,270대에서 1967년의 8만 546대로 그리고 69년에 24만 6,060대로 각각 105%, 205%의 급격한 증가율을 보인다. 텔레비전은 여전히 도시의 일부 집단만이 누릴 수 있는 '사치'이긴 했지만 일반 보급률은 계속 증가세에 있었다. 텔레비전 보급률이 높아지면서 1969년에는 여원사에서 《TV가이드》 첫 호가 발간된다.

내구소비재, 매스미디어, 대량소비사회에 대한 다양한 진단과 전망이 이와 같은 현실적 변동과 소비능력의 향상 그리고 무엇보다도 대중적 구매욕구의 항진과 연동해, 그러나 현실의 속도보다 다소 빠르게 쏟아져 나오기 시작한다. "가정의 電化"는 문화생활의 지표가 되는데, 특히 앞서 언급한 《여원》의 가정전화 광고 및 관련 기사들은 서구적·일본적 중산층 생활의 안락함을 향한 욕망을 전화(電化)시키고 있다. 가정전화 물품들은 주부가 내적으로 소유해야 할 '윤리'나 '의무'와는 다른 방식으로 가정의 중산층적 안락함과 편리함을 보장해 주는 것이었다. 산간벽지에도 라디오와 텔레비전이 다 있고 자가용도 월부로 살 수 있으며 내구소비재의 가격도 싸서 모두가 문화생활을 누릴 수 있는 일본, 그 "위대한 국민의 힘"은 이런 맥락에서 경탄의 대상이 되었다.[53] 주택 역시 중산층 문화생활의 공간화 지표로서 이해할 수 있다. 특히 아파트는 기존의 양옥 소형주택의 뒤를 이어 내구소비재를 비롯한 문명의 이기가 내장될 수 있는 신공간으로 등장한다.[54] 아파트는 다소 낯설지만 지극히 새로운 스위트홈의 철골이었고, 현대적 생활의 외장이었다. 한 논자는 다른 나라와는 다른 한국의 아파트 주민들의 특징을 '모두 젊다', '월급쟁이가 많다', '비교적 높은 교육을 받았다'는 데서 찾고 있다.[55] 작은 정원이 있고 가내에 수세식 화장실을 갖춘 양옥집과 더불어, "샤워실"이 있는 아파트는 "문화주택"이라는 함의를 담고 도시 중산층 생활방식의 현실화와 판타지 생산에 중요한 거점이 된 것이다. 1968년 당시 건설 중인 아파트의 설계지침에 따르면, "신혼부부나 단출한 가족이 생활할 수 있는 아파트는 연탄 보일러, 선반 및 싱크대, 수세식변기 및 샤워, 침대생활형 마루 설치를 기본으로 하고 있다.[56]

사실상, 이 시기 생활상을 잘 보여주는 대표적인 만화 〈왈순아지매〉가 종종 포착하고 있듯이 가전제품을 사놓고도 전력 부족으로 사용하지 못하는 상황, 문화주택이라는 아파트에 살면서도 문화시설을 제대로 이용하지 못하는 상황이 당시 중산층 가정문화를 둘러싸고 벌어진 현실과 꿈의 간극을 가장 잘 표현하고 있다. 여기에는 길항하는, 결코 쉽게 일치할 수 없는 현실/욕망의 풍경이 존재한다. 서울이 전세방 천국이며, 소수만이 안락한 생활을 하고 있다는 비판이 본격적으로 이루어지고 있던 것이 현실의 반면(半面)이라면, 그 소수의 안락한 생활의 실체들이 신식주택이나 아파트,

"미국식 슈퍼마켓"[57]처럼 공공 공간을 점유하고 대중적으로 전시되기 시작한 것, 스위트홈의 실체가 가시화됨과 동시에 그것이 판타지로서 매혹의 힘을 발휘하고 있었다는 점 역시 분명한 현실의 반면이었다. 이 시기의 중산층 판타지는 일국적 차원에서 보자면 소수의 중상류층을 모델로 한 모방 욕망이라 할 수 있으며, 보다 넓은 의미에서 보자면 저개발국가가 바로 옆의 선발 고도성장 국가를 보면서 키운 모방 욕망이기도 하다. 당시 한국의 경제적 환경은 이 '중류의 환상'이 실제로 번져나갈 수 있는 초기적 조건을 마련하고 있었던 동시에 한편으로는 그 실현 가능성의 취약성을 동시에 배태하고 있었던 것이다.

결론

냉전기 개발 내셔널리즘의 발흥과정에서 구성된 1960년대 중후반의 '안살림'은, 절약하고 근면할 것을 요구받았지만 동시에 경제적 안정을 바탕으로 한 일정 정도의 향유와 소비를 권장 받고 있었다. 계층분화의 현실이 정확히 어떠했으며, 실제적인 삶의 감각과 수준이 어떠했는가를 파악하는 것은 중요하지만, 당시 대다수의 어려운 살림살이와 중산층 가정 판타지의 가깝고도 먼 '사이'가 그렇듯이, 우점종이 되는 욕망과 판타지가 반드시 현실의 모양과 고스란히 맞아떨어지는 것은 아니다. 《여원》은 1966년 2월 〈월남에서 온 마음의 수첩〉이라는 코너를 만드는데, 이것은 이후 〈베트남통신〉으로 바뀌면서 1968년 2월까지 약 2년간 지속된다. 여기에는 군인들의 감상적 편지, 짧은 에세이, 파월부대의 여러 소식이 실렸다. 이 코너는 '조국'에서 편히 일하는 많은 존재들 그리고 특히 안살림을 맡고 있는 소비주체로서의 주부들에게 개인적 · 국가적 책임을 깨닫게 하는 계몽 효과가 있었다. 남편이 월남에 가 있건 한국에 있건 간에 그들은 모두 피땀 흘려 일하고 있는 국가의 역군이며, 주부는 그들의 믿음직한 파트너가 되어야 한다는 젠더적 운용은 이 잡지의 수용자층에게 지속적인 계몽의 효과를 발휘했을 것이다.

《여원》의 이 코너는 1968년 무렵에 사라지지만 이후에도 월남의 이런 저런 소식들은 다양한 내용과 방식으로 지속적으로 기사화되고, 특히 전장의 풍경과 가정의 풍경은 종종 연관 지어졌다. 보다 소비주의적이고 욕망 충족적이며 매력적인 삶의 패턴이 가정전화, 스위트홈, 마이카, 마이홈에 관한 이상화된 담론과 이미지들을 싣고 운반되고 있었지만, 그것이 과도해지거나 과잉되지 않도록 방지하는 '부덕'과 '내조'는 비례해 강조되었다. 이렇게 보자면, 냉전기 후발 국가의 경제개발은 도시 가정에 현대의 보편적이면서도 국제적인 '행복'의 느낌과 매우 애국적이고 민족적인 '근면'의 도덕을 함께 가져다준 셈이다. 이 이중적이고도 양가적인 개발기의 풍경은 1967년에 개발되었다고 하는 위생김치 즉 김치통조림의 선전문구에 그대로 저장되어 있다. "김치통조림: 아파트 생활과 식생활 개선에/ 해외여행 나가실 때 / 고국을 그리워하는 유학생에게/ 월남에서 싸우는 국군용사와 파월기술자에게." 김치통조림을 사들고 가정으로 들어가는 주부는 현대적 생활, 경제적 여유, 레저 그리고 애국자 가부장을 향한 가족애, 이 모든 가치를 복합하고 있다. 여기에서 확인하게 되는 것은 개발 내셔널리즘기 도덕과 행복의 연동, 상호 순환 회로이며, 이 모든 것을 압축하는 기호로서의 중산층 가정모델이다. 이것은 당시의 성층화 과정에서 작동한 젠더 규율의 반영물이자 상징적 우위를 점유한 도덕 · 행복의 모델이었던 것이다. '욕망=판타지=행복'과 '절제=현실=도덕'은 서로 연동하고 순환하는데, 이를 통해 개발 내셔널리즘은 그 일상화의 가능성을 얻은 것으로 보인다.

지금까지 이 글은 1960년대 중후반 개발 내셔널리즘기에 형성된 계층적 분화현상 및 범계층적 '동의' 구조를 대중적 도덕감과 행복감의 구성, 중산층을 둘러싼 생활문화 판타지 형성 양상에 초점을 맞추어 검토했다. 이 작업은 앞으로 집단적 '동의'의 움직임과 동시에 진행되고 있었을 크고 작은 균열을 검토함으로써 보완되어야 할 것이다. 주체가 그 시대의 지배적 흐름에 자신을 절합시키는 양상에는 '합'에의 성공뿐만 아니라 실패도 있으며 다양한 중간적 타협이 있기 때문이다. 개발의 '명랑성'이 1960년대 중후반을 특징짓는 중요한 한 측면이라면, 그 명랑성 이면을 채우는 파열과 좌절 역시 또 하나의 측면이다. 개발기 계층분화가 낳은 판타지와 비극을 예견했던 영화《하녀》(1960)나 60년대 후반에 나온 《귀로》(1967)와 같은 현실비판적 재현물들이 보여주듯이, 개인의 분열/갈등이나 계층내 분열/갈등, 그리고 계층간 분열/갈등의 현장은 매우 복잡하다. 특히 노동자 집단의 양적·질적 성숙과 계급성의 출현이 본격화되는 1970년대의 계층간 현실적/상징적 투쟁은 보다 본격적인 검토가 필요하다.

더불어 당시 한국사회의 실제와 욕망의 구조를 아시아 냉전문화라는 보다 광의의 관점에서 규명하는 작업이 남아 있다. 관계론적이고 비교적인 연구를 위해서는 한국과는 다른 환경에서 일찍 고도성장을 맞이한 일본의 경우를 참조할 필요가 있다. 즉 이 시기 아시아 냉전의 역학 속에서 한국이 선택한 발전국가의 길을 입체적으로 파악하기 위해서는 한국이 일본과 맺고 있던 상상적, 현실적 관계들이 보다 본격적으로 검토되어야 하는 것이다. 연구 시야의 확장이 필요한 이유는 크게 두 측면에서 설명할 수 있겠다. 우선, 앞서 본문에서 밝혔듯이 당시의 많은 자료들이 실제로 증명해 주고 있는바, 경제개발 혹은 '생활의 진보'와 관련된 한국의 대(對)일본 관심을 사후적으로 반영하기 위한 것이다. 이 시기 많은 논의들이 보여주듯이, 전후 일본의 '눈부신 발전'은 한국에는 지극히 현실적인 공포와 선망의 대상이었다. 공포와 선망이라는 양가감정은 경제개발기 한국이 고도성장의 가도를 달리고 있는 일본에 대해 맺은 현실적, 상상적 관계에서 생겨난 것이다. 일본의 경우를 참조해야 할 또 하나의 이유는 한국의 경제개발 진행 과정 및 효과들을 일국적 차원으로 한정지어 이해하는 기존의 시각을 넘어서서, 그 양상을 동아시아적 관점에서 즉 냉전기 동아시아 개발 내셔널리즘의 작동이라는 보다 '역학적'이고 '관계론적'인 차원에서 펼쳐 보이기 위해서다. 일본이 냉전의 시기를 안락한 고도성장의 시기로 기억하고 있음을 참조한다면,[58] 후개발국가 한국 역시 냉전의 기억과 국가발전 그리고 힘겨운 노동/전쟁의 기억을 상호 조작, 전치시키고 있는 측면이 있을 것이다. 남은 문제들은 앞으로의 작업을 통해 지속적으로 보충하고자 한다.

● 김예림

〈1930년대 몰락/재생의 서사와 미의식 연구〉로 연세대학교 국어국문학과에서 박사학위를 받았다. 근현대 한국 문학 및 문화에 대한 비평과 연구를 지속적으로 해왔으며 계간지 《문학/판》의 편집위원으로 활동했다. 최근에는 포스트콜로니얼 시대의 한일 문화번역의 역사와 구조에 관심을 두고 연구를 진행하고 있으며, 동아시아 문화연구 관련 강의를 하고 있다. 저서로는 《문학 속의 파시즘》(공저, 2002), 《1930년대 후반 근대인식의 틀과 미의식》(2004), 《문학풍경, 문화환경》(2007) 등이 있으며 주요 논문 및 비평으로는 〈미국 생존상태에 관한 문학쪽 보고서〉, 〈문화로서의 우생학〉, 〈1960년대 중후반 개발내셔널리즘과 중신층 가징 판타지의 문화정치학〉 등이 있나.
yerimk@hanmail.net

음악적 공공 공간과 '순수/퇴폐'의 문화정치(학)

― 1970년대 냉전기 한국과 태국에서 청년문화의 출현과 종언

글 • 신현준, 뷔리야 사왕초트

들어가며

이 글은 1960~70년대 타일랜드(이하 태국)와 남한(이하 한국)의 청년문화 전반을 당시 이 권역(圈域: region)에서 전개된 냉전정치의 국제적 동학과 연관해 다룬다. 우리는 특히 청년과 연관된 대중음악에 집중할 것인데, 이는 무엇보다도 당시 음악이 다른 어떤 문화형식보다도 청년들을 사회화하는 가장 중요한 매체였고, 실제로 청년문화에 대한 담론도 음악을 중심으로 이루어졌기 때문이다. 따라서 우리는 음악작품과 텍스트 자체보다는 음악이 연주(perform)된 공적 공간 및 여기에서의 문화적 실천을 분석하는 데 더 많은 비중을 둘 것이다.

이는 이 글의 관심이 음악에 대한 미학적 판단이라기보다는 특정한 음악의 이데올로기적 효과, 제도(화) 그리고 문화적 담론임을 뜻한다. 특히

1970년대 태국과 한국에서는 고도로 정치화되고 진보적 저항운동과 접속된 청년들의 음악문화가 탄생했는데, 이 음악문화는 태국에서는 '삶을 위한 노래'라는 뜻의 플렝 푸아 치위트(phleng phua chiwit), 한국에서는 노래운동/민중가요[1]라 불린다. 우리는 이 독특한 음악문화가 어떤 과정을 통해 배태되고 어떤 효과를 낳았는지에 초점을 두고 논의를 전개할 것이다.

하지만, 그 전에 한 가지 이론적 논의를 간단하게나마 짚고 넘어가고 싶다. 서양에서 청년문화와 연관된 음악문화에 관한 담론은 주로 '록 음악'을 통해 의미화되어 왔다는 점이다. 한 예로 미국의 문화연구자 로런스 그로스버그(Lawrence Grossberg)는 "록은 아마도 수용자의 정체성이 음악 속으로 번져 들어간(bleed into) 유일한 음악문화일 것이다"(Grossberg, 1992, p. 133)라고 말한 바 있는데, 부연하면 여기서 수용자란 '청년 수용자'를 말한다. 그는 '록 구성체(rock formation)'라는 개념을 고안하고, 이를 통해 록을 음악의 장르를 넘어서는 문화적 맥락과 사회적 동학으로 확장해 개념화했다.

우리는 특정한 음악형식을 장르를 넘어 문화구성체로 간주하는 그로스버그의 방법에 기본적으로 동의한다. 그렇지만 이런 록 문화, 이른바 '록 구성체'가 '비서양'사회에도 유사한 양태로 형성·전개되었다고 말할 수 있을까? 이 질문에 '예/아니오'로 답하기는 쉽지 않다. 한편으로 냉전기 자본주의 진영(자유진영)에 속했던 발전도상국들은 '아메리카화'의 영향에서 자유롭지 않았고, 아메리카화 과정에는 록이라는 이름의 음악문화('구성체')도 당연히 용해되어 있었다. 록 음악은 1950년대 중반 탄생한 이후 문화적 국제화의 과정을 걸었고, 발전도상국 수용자들의 정체성 역시 이 과정 속으로 번져 들어갔다고 볼 수 있다.[2] 다른 한편에서 수용자의 정체성이 음악 속으로 번져 들어가는 방식은 나라마다 매우 상이했다. 예를 들어, 똑같이 미국 헤게모니하의 자유진영 나라라고 하더라도 동아시아·동남아시아의 발전도상국과 서유럽의 발전된 나라들에서 록을 수용하고 영유하는 방식은 매우 달랐다. 그뿐만 아니라 아시아 각지에서도 록이라는 이름의 '미국문화'에 대한 반응은 천차만별이었다. 몇몇 나라에서 록 음악은 미국문화의 한 상징이었음에도, '수입된,' '이식된,' '외래의' 문화라는 이유로 격심하게 비판 받았고, 그 결과 이 나라들에서 '록 구성체'를 말한다는 것은 적절치 않아 보인다.

태국과 한국에서 '수용자의 정체성이 음악 속으로 번져 들어간 유일한 음악문화'가 존재했다면 그것은 '록'이라기보다는 '포크(folk)'라고 불렸다. 적어도 1960년대 중반 이후 서양의 담론에서 포크는 록의 일부로 포함되는 경향이 있지만, 동아시아·동남아시아 권역에서는 사정이 달랐다. 1970년대 이 권역에서는 포크는 록과는 무언가 다른 음악이라는 인식이 있었고, 그 결과 포크는 록보다 문화적·정치적 면에서 더 중요했다.[3] 앞서 언급한 태국의 플렝 푸아 치위트나 한국의 민중가요 역시 그 출발이 포크였다는 사실은 별다른 증거가 필요 없는 사실의 문제다.

이는 어떠한 음악이 경계를 넘어설 때 이를 에워싼 이데올로기 효과와 문화담론이 변용되는 일반적 과정을 보여준다. 달리 말한다면, "모든 대중음악의 정치적 의미는 교섭의 문제"(Frith, 1991, p. 287)이고, 이는 그 의미가 텍스트가 생산된 장소와 시점에서 미리 고정되는 것이 아니라는 점을 확인해 준다. 따라서 이 글은 '포크' 음악, 나아가 팝 음악 일반이 어떻게 태국과 한국 두 권역에 수용되었는지, 그 음악들의 의미화 과정이 어떻게 변용되었는지, 그리고 유사한 출발이 어떻게 두 지역에서 서로 다른 결과를 낳았는지에 대한 탐구로 시작하는 것이 적절할 것이다.

서양(미국) 팝 음악의 수입과
'포크' 음악의 (재)발명

제2차 세계대전 이후 한국의 대중음악이 매우 아메리카화되었다는 것은 당연한 사실로 간주된다. 이는, 한국전쟁 이후 미군의 대량 주둔과 한국 음악인들의 미군기지 클럽 '쇼'에 의해 간단하게 설명된다. 한국에서 미군기지의 존재는 냉전 그 자체의 조건이었고,[4] 이는 1961년 쿠데타로 정권을 장악하고 나서 오랜 기간 개발독재체제를 지속시킨 박정희 정권 기간(1961~79) 내내 지속되었다. 오히려 1960년대 중반 박정희 정권은 한국인 전투부대를 베트남으로 대거 파견하면서 미국의 대(對)아시아 냉전정책의 전략적 동맹자를 자처했다. 이로써 한국과 북한 사이의 '국내적' 긴장에 기초했던 냉전의 정서는 '국제적' 반공의 정서로 확대되었다. 1972년 몇 달간의 아주 짧은 남북한 화해 기간을 제외한다면, 한반도에서 1970년대는 '열전을 동반한 냉전의 지속'이 계속되었고, 냉전의 이데올로기와 실천은 최고조에 이르렀다. 냉전문화는 미국과 소련 두 초강대국의 이데올로기적 대결이라는 차원을 넘어 하나의 정치체제 내부에서 복잡한 정치적·문화적 역학관계를 만들어낸 것이다.

그렇지만 다른 글에서 신현준과 허둥홍이 이미 언급했듯(Shin and Ho, 2009), 냉전기 아메리카화의 효과는 아시아의 상이한 장소에서 매우 상이했고 불균등했다는 사실에 주목할 필요가 있다. 또한 그 과정은 원만하고 저항 없는 과정이 아니고 때로는 아메리카에 대한 양가적 감정을 배제하지도 않는다. 요시미 슌야는 일본에서 아메리카의 소비는 "상징에서 시스템으로" 전환되었고, 1960년대 일본에서 아메리카는 점점 더 비가시석이 되었다고 주장한다(Yoshimi, 2003). 우리는 한국, 혹은 아시아의 다른 나라(혹은 지역)에서도 이와 유사한 과정이 전개되었다고 말할 수 있을까. 최종 결과는 달랐다고 하더라도, 그 과정은 수입된 팝 문화가 청년들(특히 대학생)의 감수성과 접속되면서 시작되었다고 말할 수 있다. 물론 이런 접속 이전에도 아메리카의 팝 문화를 절충, 영유, 토착화한 시도가 없지는 않았다. 그렇지만 '청년문화'라는 공적 담론이 팝 문화가 대학생들의 감수성과 접속한 뒤에 형성되었다는 점은 주목해야 한다.

이 과정에서 음악, 특히 팝 음악은 한국에서 매우 중요한 매개 역할을 했다. 또한 1970년대 한국의 청년문화는 여러 장르의 팝 음악보다는 '포크' 음악과 긴밀하게 연관되었다는 점도 중요하다. 포크 음악은 다른 음악 장르에 비해 무엇이 달랐던 것일까? 간단히 말해서, 여러 장르의 팝 음악, 예를 들어 재즈, 컨트리, 소울, 록 등은 대체로 '미군클럽의 연예'로 간주되어 미군기지에서의 불편한 기억과 경험에서 자유롭지 않았던 반면, 포크 음악은 그렇지 않았다. 1960년대 중반 이후 미군클럽에서 연주하던 밴드들이 서울과 부산을 비롯한 대도시에 산재한 '생음악살롱'에서 한국인 청중을 대상으로 연주한 '소울(soul)'과 '사이키델릭(psychedelic)'은 시끄럽고 거친 '퇴폐적'인 음악이라는 여론이 조성되었지만, '조용한' 포크 음악에 대한 여론은 이와는 사뭇 달랐다.

한국에서 포크 음악은 1960년대 중반부터 미군방송인 AFKN을 비롯한 라디오를 통해 '팝 음악'의 하나로 소개되었고, 따라서 그 자체가 '미국 문화의 영향'의 하나였다. 그렇지만 포크 가수 대부분은 '때 묻지 않은', '순진한' 대학생 아마추어 가수들로 표상되었고, 그 점에서 미군 쇼 무대 출신의 직업적 연예인들과 차별화되었다. 포크 가수들이 순수하고 때 묻지 않았다는 이데올로기는 그들 음악문화의 수입된 성격에 대해 일종의 알리바이로 기능했고, 이로써 국가주도형 경제발전 초기의 과실을 누릴 수 있었던 청년들의 정체성과 비교적 쉽게 접속할 수 있었다.

포크 음악은 기본적으로 휴대 가능한 어쿠스틱 기타(가끔은 하모니카)로 반주 되었기 때문에 록이나 재즈에 비해 '보통의' 청년들의 사교 수단으로 적합했다. 대부분 포크 가수들은 남성(男聲) 혹은 혼성(混聲) '보컬그룹' 형태로 음악을 연주했는데, 이 당시의 음악 중에서 우리는 미국의 '포크 팝(folk pop)' 음악, 예를 들어 브라더스 포(Brothers Four), 킹스턴 트리오(Kingston Trio), 피터 폴 앤 메리(Peter, Paul & Mary), 사이먼 앤 가펑클(Simon & Garfunkel) 등의 영향을 어렵지 않게 추적할 수 있다. 이들 대부분은 1960년대까지는 외국(주로 미국)의 '오리지널' 곡을 모방하거나 (한국어로) 번안했지만, 몇몇 선구자는 곡을 직접 작곡해서 노래를 부르기 시작했다. 1970년대 초에 이르면 자작(self-creation)과 자연(self-performance)의 태도가 점차 확대되었다.

1970년대 초중반 상업적 포크 음악은 전성기를 누렸다. 몇몇 포크 가수는 1964년부터 생겨나기 시작해서 틈새시장을 찾던 사영 방송국, 특히 서울 권역의 라디오방송국이 애호하는 대상이 되었다. 포크 가수들의 가사는 새로운 감수성으로 젊은이들의 실제 이야기를 다루었기 때문에 '밝고 건전한 노래'를 내세웠던 정부 및 방송의 공식 정책과도 크게 모순되어 보이지 않았다. 몇몇 음반사는 이런 변화과정에 신속하게 적응해 포크 가수들의 음반을 발매했는데, 레코딩 과정은 매우 짧았고 예산은 거의 무시할 만한 수준이었다. 1969년에 첫 레코딩을 했던 남성 듀엣 트윈 폴리오(Twin Folio: 송창식과 윤형주)를 비롯한 몇몇 포크 가수는 방송 무대에도 종종 모습을 드러내면서 이른바 '하이틴의 우상'이라는 지위와 더불어 중간계급 수용자(특히 여대생과 여고생)를 팬으로 확보했다.

1970년대 초 한국에서 포크 음악은 '청년문화'와 등치되기에 이르렀고, 포크 가수들은 '건전하고 순진한' 존재로 간주되었다. 실제로 1960년대 말부터 1970년대 초에 이르는 시기 박정희 정권의 문화적 통제는 그 이후에 비해 상대적으로 이완된 것이었다. 사태가 바뀐 것은 1972년 박정희 정권이 이른바 '유신체제'를 성립시키면서 영구집권을 기도하면서부터다. 포크 음악으로 대표된 청년문화가 어떤 진화과정을 거쳐 공식적 민족문화와 교섭 혹은 충돌하게 되면서 건전하지 않고(=퇴폐적이고), 순진하지 않은(=불온한) 존재로 뒤바뀌게 되었는지는 뒤에 다시 돌아오기로 하고, 일단 남쪽으로 눈을 돌려보자.

동남아시아에서 냉전의 전개는 서양은 물론 동아시아와도 사뭇 달랐다. 1950년대 냉전의 절정기를 보낸 뒤 1960년대의 소강상태에 이어 1970년대 이른바 '데탕트'의 국면에 접어든 서양과는 달리, 동남아시아에서 냉전의 이데올로기와 실천은 1970년대 들어서도 이전보다 강도가 줄어들지 않았다. 또한 이 권역에서 냉전은 베트남전쟁을 매개로 하는 '열전을 동반한 냉전'이라는 또 하나의 성격을 갖는데, 이는 한국전쟁 이후 '휴전' 상태로 접어든 동북아시아와도 다른 측면이다.

이런 시각에서 본다면, 태국에서 냉전은 1957년의 사리트 타나라트(Sarit Thanarat)가 주도한 쿠데타를 통해 본격적으로 시작되었다고 말할 수 있다. 사리트 정권(1957~64)의 형성과 성장이 미국의 냉전정책에 의해 강력하게 지원 받았다는 것은 명백하다. 태국의 재계, 군부, 정부 관료, 귀족 지주와 엘리트들은 미국에 재화와 서비스를 공급하는 등 미국의 존재를 환영했고, 베트남에 대한 반공주의를 도덕적으로, 정치적으로 후원했다는 점은 특별히 강조될 만하다(Skinner and Kirsch, 1975). 태국 사리트 정권은 1961년 미국과 비밀협정을 체결하고 같은 해 베트남과 라오스에 파병을 했다. 또한 태국 북동부 지역에 미국의 육군 및 공군기지를 허용해 미국의 북베트남 공습에 협조했다. 이에 대해 베트남과 중국(중화인민공화국)은 태국공산당(CPT: Communist Party of Thailand)을 지지해 태국의 북부 및 북동부의 농민봉기를 지원하는 것으로 응수했다.

베트남에서의 전쟁 이외에도 태국인들은 자국 영토 내에서 또 하나의 '열전을 동반한 냉전'을 겪었는데, 그 이유는 1965년 태국공산당이 북부 및 북동부의 태국 농촌 지역에서 정부에 맞서 게릴라투쟁을 시작했기 때문이다. 이는 실제로 또 하나의 '열전(hot war)'이라 불렸는데, 이 싸움이 주로 추수가 끝난 여름에 발생했기 때문이다. 이 지역의 농민 대부분은 토지가 없었고 곡물 추수의 결과를 놓고 귀족적 지주들과 협상을 해서 임차료(소작료)를 내야 했는데, 1970년대 초의 한 보고서에 따르면, 소작료는 수확 곡물의 4/5에 해당했다(Pasuk and Baker, 1997, p. 13). 태국공산당은 피착취 농민들을 기반으로 마오주의적 게릴라투쟁을 수행했던 것이다.

따라서 태국사회에서 1957년 전후 시기에는 중요한 문화적 차이가 있다. 1957년 이전까지는 오직 교육 받은 엘리트만 외국의 문화에 접근할 수 있었던 반면, 그 이후부터는 대다수 계층이 외부 세계, 특히 미국의 문화를 직접 대면할 수 있게 된 것이다. 태국에서 미군기지의 존재는 서양문화에 대한 노출을 동반했고 이는 일상생활의 몇몇 측면에 깊은 영향을 미쳤다. 이는 특히 태국 북동부 및 방콕의 미 육군 및 공군 기지에 인접한 지역에서 가장 두드러졌다.[5] 태국에서 아메리카화와 이에 대한 반감, 즉 반미감정은 동시에 시작된 것일까?(Skinner & Kirsh 1975, pp. 290~298). 하지만 한국의 경우와 마찬가지로 태국의 냉전기 아메리카화와 '반미'감정에 대해서는 상세하고 구체적인 설명이 필요하다.

미군기지와 더불어 팝 음악을 전달한 제도는 라디오였다(Siriyuvasak, 1999, p. 18). 라디오는 냉전시기의 군사적 도구였지만, 몇몇 군사 FM 및

AM을 통해 팝 음악이 전파되었다는 상당한 증언과 증거가 있다. 1960년대 말부터 방콕 및 여타 태국 대도시의 몇몇 FM라디오의 DJ들은 비틀스(The Beatles), 몽키스(The Monkeys), 애니멀스(The Animals), 피터 폴 앤 메리 등 1960년대 유행했던 서양의 팝 가수나 그룹의 히트곡들을 틀어주기 시작했고, 이 라디오 프로그램의 팬들 대다수는 고등학생 및 대학생이었다.

1960년대 말 이후 서양 대중음악 및 그 문화가 태국의 청년문화, 특히 대학생문화에 끼친 영향은 나이트클럽 신(nightclub scene)보다는 이들 라디오 프로그램이 더 강력했다. 냉전의 절정기인 1970년대에 태국에는 군부 및 다른 정부기관에 의해 통제되는 라디오 방송국이 200여 개 있었다. 라디오 음악프로그램에서 방송된 음악은 대체로 세 종류였는데, '도시음악'이라는 뜻의 플렝 루크 크룽(phleng Luk krung), '시골음악'이라는 뜻의 플렝 루크 퉁(phleng luk thung), '서양음악'이라는 뜻의 플렝 파랑(phleng farang)이었다(마지막 범주는 '국제음악'이라는 뜻의 '플렝 사콘(phleng sakon)'이라 불리기도 했다). 위에서 언급했듯, 태국 청년문화는 플렝 파랑, 즉 서양음악과 서양문화를 소비하는 청년들과 긴밀하게 연관되었다(Siriyuvasak, 1999, pp. 8~10).

적어도 1960년대 말 이후 음악문화 면에서 '보통의' 청년들을 위한 음악은 포크 음악(혹은 포크송)이었다. 따라서 포크 음악은 처음에는 팝 음악의 하나로 수용되었지만 그 수용에는 재즈 음악이나 록 음악과는 구분되는 스토리가 있다. 보통의 태국 청년들에게 포크 음악이 다른 팝 음악보다 더 인기가 좋았음에도, 포크 가수들은 정규 음악공간에서 연주하는 경험이 일천한 경우가 많았다. 당시 태국 포크 가수들은 사적 파티나 대학의 비정치적 이벤트에서 소규모 청중을 앞에 두고 미국의 포크송, 예를 들어 피터 폴 앤 메리, 사이먼 앤 가펑클 등을 연주했다. 포크 가수 대부분은 '순수(sai)'

하고 '순진(sua)'한 존재로 간주되었고 포크송 팬들 또한 방콕이나 여타 대도시의 대학생들로 간주되었다.[6] 또한 이들의 음악문화는 당시 태국의 음악산업과는 거리가 멀었다.

이들 포크 음악의 청중들은 어떤 면에서 교육 받지 않은 태국의 민중에 비해 '더 서양적인' 정체성을 형성하고 있었다고 말할 수도 있다. 그렇지만 이들 '서양적인' 대학생들이 태국 독재정부의 정책에 온순하고 순종적이었던 것은 아니다. 뒤에 언급할 1973년의 학생봉기 이전에도 몇몇 포크 가수와 그룹은 농촌에서 치러지는 학생 여름캠프에서 자신들이 만든 노래나 서양 노래의 번안곡에 정치적 메시지를 담아서 부르곤 했다. 이 노래들, 플렝 카이(phleng kay: 학생캠프 음악)라고 불렸던 노래들은 아직 '순수(pure)'했지만 '순진(innocent)'하지는 않았다. 음악적으로도 플렝 카이는 전통악기로 연주되는 태국 민요와 뒤섞였고, 이로써 '태국의 포크송'은 미국 포크송과는 다르게 들리게 되었다.

이를 록 음악의 전개와 비교해 볼 수 있다. 록 음악은 여전히 미군부대 인근의 기지촌이나 방콕의 클럽에서 기초한 미국적 연예였고 보통의 청년들의 공적 문화와 직접 연관되지 않았다. 단적으로 포크 음악 공연에 가는 청중들의 정체성은 기성세대를 위한 음악 청중은 물론 나이클럽이나 바에 출입하는 청중의 정체성과도 매우 달랐다. 냉전의 절정기 태국 청년들에게 록 음악은 너무 거칠고 시끄럽고 '태국적이지 않은 것'으로 간주되었던 것이다.

그런데 1972년을 전후해 냉전에 반대하고 자유(liberty)를 추구하는 대학생들의 감성구조가 형성됨과 더불어 포크 음악의 발전에도 일정한 변화가 생겼다. 어떻게 해서 포크 음악은 민주화를 추구하는 학생운동의 도구가 되었던 것일까? 어떤 조건 아래 포크 음악은 정치적 사건에 연관된 것일까? 몇 가지 이유가 있었는데, 하나는 (앞에서 본) 사회정치적 상황과 연관된 것이고, 다른 하나는 (뒤에서 볼) 청년음악의 문화적 공간 변화와 연관된 것이다. 포크 음악은 '삶을 위한 노래'라는 또 다른 이름의 장르로 변형되면서 진보정치 혹은 좌파정치와 동맹을 맺은 고도로 토착화된 음악문화가 되었던 것이다. 다음 절에서 우리는 태국의, 그리고 이어서 한국의 청년문화를 위한 음악적 공간이 어떻게 형성되었는지를 상세히 살펴보고자 한다.

음악의 공공 공간과 청년을 위한 제도들

태국에서 대중음악을 위한 공공 공간을 설명하기 위해서는 1950년대 말~1960년대 초 이전으로 거슬러 올라갈 필요가 있다. 그 무렵 서양음악은 나이트클럽 공간에서 독점되었고 나이트클럽 대부분은 방콕에 있었다(Lockhard, 1998, p. 10). 당시 라이브 음악 공간은 기본적으로 성인연예를 위한 엘리트 나이트클럽이었고, 그 대부분은 고급 호텔에 있었다. 호텔 라운지, 커피숍, 댄스홀 등에서 필리핀 밴드들이 재즈, 로큰롤, 소울, 포크 등의 음악 장르, 예를 들면 엘비스 프레슬리(Elvis Presley), 클리프 리처드 앤 더 섀도스(Cliff Richards and the Shadows), 바비 비(Bobby Vee) 등의 히트송 커버곡을 연주했다. 따라서 라이브 음악이 연주되는 공간 가운데 청년들이 드나들 수 있는 곳은 드물었다. 물론 중·상류 계급의 청년들 가운데 그런 공간을 드나드는 경우는 있었겠지만 일반적이지는 않았다.

이 가운데 방콕의 구(舊)시가에 있는 랏차담넌(Ratchadamnoen) 거리에 생긴 롤리타(Lolita)와 시파(Si Fa)는 청년들을 위한 음악 공간으로서 특히 중요했다. 이 두 클럽이자 레스토랑은 새로운 중간계급, 공무원, 청년들 가운데 엘리트들의 밤문화와는 구분하기를 원하는 사람들을 위한 것이었다. 그렇지만 이런 공간들도 아직은 보통의 청년들을 위한 것은 아니었다. 공적 연예가 엘리트 및 성인문화에 의해 독점되었을 때, 태국 청년들의 사교(socializing)를 위한 새로운 음악적 공공 공간을 확보해 자신의 정체성을 찾고자 교섭하는 과정은 매우 절실했다.

    1960년대 중반 방콕 다운타운인 파트퐁(Pat Pong) 지구에는 클럽이 다섯 군데가 생겨나서 베트남 전장에서 휴식을 취하러 온 미군 G.I.들을 위해 봉사하기 시작했다. 이 클럽들에서 태국 대학생들은 최신 히트송을 연주하는 라이브 밴드와 함께 어울릴 수 있었다. 그 점에서 당시 가장 인기 있던 밴드가 비틀스의 이미지를 가지고 있던 임파서블(The Impossible)이었다는 점은 자연스럽다. 연이어 파트퐁 거리에는 태국 청년들이 찾고 싶어하는 나이트클럽들이 생겨났다. 파트퐁은 방콕 내에서 라이브 밴드가 히트곡의 커버 버전을 연주할 수 있는 유일한 지역이었고 미군 G.I., 성(性)노동자, 건달들로 넘쳐났으며, 일부 태국 청년들도 이곳을 어슬렁거렸다. 그 외에도 보통의 학생들은 극장에서 주말 아침에 태국 밴드가 연주하는 것을 보러 갔는데, 이런 연주는 영화가 시작하기 전의 특별 프로그램으로 조직되었다. 또한 몇몇 학생들은 대학교의 축구경기장을 댄스플로어로 삼아 댄스파티를 조직하기도 했다.[7]

    1960년대 말 이후 또 하나의 흥미로운 음악적 공공 공간은 태국 북동부 미군기지촌의 나이트클럽이었는데, 이곳에서는 태국인 커버 밴드가 하드록 스타일의 음악을 연주했다. 실제로 당시 미군클럽에서는 오직 록 밴드만이 연주할 수 있었다. 그렇지만 이들 태국 음악인들은 교육수준이 낮고 독학으로 음악을 공부해 무대에서 프로페셔널이 된 경우였다 (Sawangchot, 1994, p. 2). 실제로 당시 미군클럽에서는 오직 록 음악만이 연주되었고, 재즈·소울·포크 등은 그렇지 않았다는 점도 주목할 필요가 있다. 이들은 '백인 날건달(white trash)'이라 불리면서 '태국적이지 않다'고 간주되어서, 태국에서 록 음악에 대한 대중적 반감(anti-rock sentiment)은 1960년대 말~1970년대 초 시작된 '미군클럽에서의 연예'와 깊은 관계를 맺고 있었다. 이 연예는 섹스산업과 연관되어 있었고, 그 결과 록 음악은 태국의 보수파와 좌파 모두에게 불편한 대상이었다. 정리한다면, 1970년대 태국의 록 밴드(주로 하드록 밴드) 가운데 미군기지나 방콕의 고고클럽 혹은 또 다른 종류의 섹스산업과 연관된 클럽 신(club scene)을 벗어나 호텔 나이트클럽에서 연주할 수 있었던 밴드는 극소수였다.

그 점에서 1972년 수에크시트 사와나(Sueksit Sawana), 수에크시트 시암(Sueksit Siam) 등 기독교학생협회의 진보적 대학생들이 주최한 집단 토론회에서 포크 음악이 연주된 사실은 매우 흥미롭다.[8] 아직 포크 음악의 초창기 연주에서 청중의 수는 제한적이었지만, 태국의 진보적 학생의 측면에서 본다면 이는 중요한 전환점이었다. 마침내 1973년 10월 14일 타놈 키티카초른(Thanom Kittikachorn)의 군부정권에 반대하는 민중 시위의 성공으로 태국은 민주국가가 되었다. 바로 그날, 〈물러서지 않는 투쟁(Sua Mai Toi)〉이라는 노래가 시위대가 거리로 진출하기 직전의 순간을 부각시켰는데, 이 곡은 타마사트대학교(Thammasat University)에 다니던 활동가이자 작가이고 시위를 이끌었던 대학생 가운데 하나인 세크손 프라세르트쿨(Sekson Prasertkul)[9]이 만든 것이었다(Decade Magazine 1(1), pp. 39~40).

1973년부터 1976년까지 플렝 푸아 치위트 혹은 '삶을 위한 노래'는 태국 전역의 진보적 대학생뿐만 아니라 보통의 대학생들에게도 큰 히트곡이 되었다. 많은 플렝 푸아 치위트 밴드, 예를 들어 코마촌(Kommachon: '노동자들'), 콤차이(Komchai: '등불'), 쿠루촌(Kuruchon: '교사들') 밴드 등이 대학교와 사범학교에서 결성되었다.

이들 가운데 가장 영향력 있는 존재는 태국 북동부 출신의 4명으로 구성된 카라반(Caravan)이었다. 1973년 '10월 학생봉기' 이전에 이미 〈인간과 물소(Kon Kap Khwai)〉[10]를 자작·자연했던 이들은 밥 딜런(Bob Dylan)이나 조앤 바에즈(Joan Baez) 등 미국의 민권운동과 연관된 서양의 포크송을 태국 북동부의 민속음악과 버무린 곡을 많이 창작했다. 이 점에 대해 미국의 한 연구자는 "보컬 스타일과 악기 사용은 미국의 청취자에게 밥 딜런이나 피터 폴 앤 메리 같은 1960~70년대의 록 혹은 포크 록을 연상시키지만, 그 못지않게 태국 민속음악 전통과 로크퉁(시골음악)과의 유사성 또한 두드러진다"(Myers-Moro 1986, 103)고 표현한 바 있다. 이들은 태국 북동부의 민속악기인 핀(phin)과 클루이(Khlui)를 기타 밴드 형식과 혼합했는데, 한 예로 〈북동부 지역의 춤(Seung Ai Sarn)〉 같은 곡은 록 스타일을 북동부 지역의 리듬과 혼합했고, 그 지역 방언의 가사로 미국 제국주의가 파괴한 지방의 삶을 반영했다.

또 하나의 플렝 푸아 치위트 그룹인 쿠루촌은 교사들로 구성된 밴드였는데, 이들의 대표곡 〈전쟁이냐 평화냐(Somgkram Rue Santipab)〉는 한국의 한 대중가요를 반제국주의적 메시지를 담은 태국어 가사로 번안하기도 했다.[11] 이는 전쟁을 반대하고 평화를 옹호하는 반미감정이 플렝 푸아 치위트에서 태어났다는 점과 동시에, 음악적 실천으로서 플렝 푸아 치위트가 태국의 음악적 맥락을 지방화(localize)했을 뿐만 아니라 아시아의 문화횡단적 흐름을 권역화(regionalize)했다는 점을 보여준다(Sawangchot, 2006,

p. 89).

이들은 항상 정치집회나 대학교의 광장 같은 공공 공간에서 음악을 연주했다. 결론적으로 1973년 이후 태국에서 포크송은 태국의 정치적 노래인 플렝 푸아 치위트로 토착화했다. 대부분의 플렝 푸아 치위트 그룹 멤버들은 지성적(punyachon)이고 현대적인 태국인으로 보였다. 그 때문에 포크 가수들의 정체성은 록 가수나 팝 가수와는 상이했다.

플렝 푸아 치위트 그룹들이 민주화운동에 관여함에 따라 그들의 멜로디와 가사 모두에는 반제국주의 정서가 표현되었고, 이들의 몇몇 대표곡은 라디오 프로그램에서까지 방송되었다. 1970년대 냉전의 절정기에 포크 음악은 사회정치적 공간에서 꽃을 피웠고 많아지는 사회적 행사들에서 새로운 형태의 음악적 공공 공간을 창출한 것이다. 다시 반복하지만, 록 음악 등 여타의 팝 음악은 이런 역할을 하지 못했다(Sawangchot, 1994).

그렇지만 1975년 초부터 라디오와 텔레비전 프로그램의 콘텐츠, 특히 정치적 이슈에 대한 새로운 규제가 일어나기 시작했다. 이 규제로 인해 군부가 통제하는 라디오방송국에서 플렝 푸아 치위트는 전파를 타지 못하게 되었다. 1년 뒤인 1976년 10월 6일의 쿠데타는 타마사트대학교의 유혈사태를 낳았고, 그 뒤부터 모든 정치적 행동은 검열을 받았고 진보적 학생그룹들은 해산되었다. 쿠데타로 인해 3,000여 명 학생들은 북동부의 정글로 들어가 그곳에서 게릴라투쟁을 전개하던 태국공산당에 가입했다. 카라반, 콤차이, 쿠루촌 등 플렝 푸아 치위트의 뮤지션 일부도 이 행렬에 가담했다. 이로 인해 플렝 푸아 치위트의 공공 공간과 푼야촌에 대한 담론은 실질적으로 종지부를 찍었다. 이후 플렝 푸아 치위트는 게릴라 방송인 〈태국 민중의 목소리〉를 통해서만 흘러나올 수 있었다.

요약한다면, 태국에서 1970년대 중반의 포크 음악은 외래음악을 토착

미군기지에서 미군과 함께 어우러지는 한국인 밴드들. 1969년 이태원의 한 클럽 모습이다.

한국 최초의 포크송 듀오 트윈 폴리오의 레코딩이 수록된 음반(지구레코드 JL120329, 1969)의 커버. 대부분은 서양 포크송 스타일 노래들의 번안곡 여섯 곡이 수록되어 있는데, 밥 딜런의 〈Blowing in the Wind〉는 〈바람 속에〉라는 제목으로 수록되어 있다.

1960년대 말부터 1970년대까지 태국 젊은 층에서 인기를 누렸던 밴드 임파서블. 비틀스의 이미지를 가지고 서양 노래들의 번안곡과 자신들의 창작곡을 연주했다.

1960년대 중반 태국 나이트클럽에서 연주하던 밴드의 모습. 2008년 서양의 한 작은 레이블에서 LP로 (재)발매되었다 (Sublime Frequencies, SF042). 음반의 라이너 노트에 따르면, '섀도뮤직(shadow music)'이란 당시 기타 밴드들의 음악을 총칭하는 명칭이었다고 한다.

세크손 프라세르트쿨의 실화를 바탕으로 1970년대 후반의 파란만장한 한 지식인의 삶을 그린 영화 〈달 사냥꾼〉의 DVD 표지.

1973년 10월 14일 이른바 '10월 학생봉기'의 사진.

통상 최초의 플렝 푸아 치위트의 레코딩으로 간주되는 카라반의 카셋트 표지(왼쪽). 이들의 대표곡 〈인간과 물소〉, 〈노란 새〉, 〈지트 푸미샤크〉 등이 수록되어 있다. 교사들로 구성된 플렝 푸아 치위트 밴드의 카세트테이프 《전쟁이냐 평화냐》의 표지(오른쪽).

플렝 푸아 치위트의 대표적 밴드 카라반이 1975년 발표한 카세트테이프의 표지. 정글로 들어가기 전이지만 이미 마오주의적 게릴라투쟁을 표지에 그리고 있다.

푼야촌(punyachon), 즉 1970년대 태국 지식인 대학생의 스타일.

음악으로 변형시켰고, 군부정권에 반대하는 민중투쟁의 중요한 문화적 무기가 되었다. 태국 포크 가수들에 의해 지방화된 포크송은 플렝 푸아 치위트라는 새로운 음악 장르로 토착화되었고, 이 플렝 푸아 치위트는 비정치적이고 상업적인 음악으로부터 정치적이고 비상업적인 음악으로 공공 공간에서 연주되었다. 그렇지만 1976년 타마사트대학교에서의 학살 이후, 플렝 푸아 치위트는 포크송을 다시금 비정치적 노래로 복귀시켰고 이를 위한 대량시장을 창조해 냈다(Jirawinitum, 1989, pp. 72~75). 이와 동시에 '푼야촌'이라는 급진적 청년에 대한 담론도 급격히 사라져버렸다. 여기에 대해서는 다음 절에서 상세히 살펴보기로 하고 다시 한국의 경우로 돌아와 보자.

많은 한국인 음악인들은 미군 쇼 무대만이 '현대적' 음악을 연주할 수 있는 공간이라고 증언하고 있고, 또 이는 실제로 사실로 보인다. 그들에게 국내 대중음악 무대, 당시 표현법으로 '일반 무대'에서 연주하는 뽕짝 혹은 트로트는 전혀 혁신적이지 않았기 때문이다. 이로 인해 미군 쇼 무대는 한국의 팝 음악인의 요람이 되었던 것이다.

그렇지만 미군클럽이 아무리 중요했다고 해도 미군클럽만이 팝 문화를 즐길 수 있었던 유일한 공간이었던 것은 아니다. 미군클럽 외에 많은 악극단 및 악단이 연주하던 나이트클럽, 이른바 댄스홀이나 카바레가 산재해 있었고, 이곳에 오는 고객들은 경음악 악단의 연주에 맞추어 맘보, 차차, 지터버그(지르박), 블루스 등의 춤을 추었다. 그렇지만 댄스홀 혹은 카바레는 성인들의 연예를 위한 것이고, 보통 청년들에게는 매우 사치스러운 것이라는 점이 지적될 필요가 있다. 따라서 젊은 수용자들을 위한 다른 공간들이 있었다. 음악 하드웨어가 가정 속으로 대중화되지 않았을 무렵, 음악적 공공 공간은 젊은이들의 사교에서 매우 중요했다.

이런 공간들은 1960년대를 거치면서 급속한 변형을 거듭하고 부침을 반복했다. 먼저 1950년대 말 이래 서울 및 대도시에는 음악다방 혹은 음악감상실이 꽤 많이 존재했는데, 이곳에서는 음반에 수록된 음악을 틀어주면서 차와 커피를 팔았다. 이 공간들에서는 토요일과 일요일에 미군클럽에서 연주하는 음악인들을 초대해 라이브 연주를 들려주기도 했다.[12] 1960년대 중반에는 아예 라이브를 전문으로 하는 생음악살롱이라는 공간이 생겼는데, 이곳에서는 주간에 콤보 밴드(재즈 밴드)나 그룹사운드(록 밴드)의 반주에 맞추어 팝 가수들이 라이브 음악을 연주했다. 이들 가운데 일부는 주간에는 생음악살롱으로, 야간에는 나이트클럽으로 영업을 하는 곳도 있었다. 1970년대 초부터는 고고클럽이라고 불린 새로운 공간이 다수의 호텔 나이트클럽에 만들어졌다. 고고클럽은 형태상 보통의 나이트클럽과 크게 다르지 않았지만, 젊은 층만을 대상으로 했다는 점이 달랐다. 이곳에서는 두 밴드가 먼동이 틀 때까지 교대로 연주를 했는데, 이는 야간통행금지라는 조치에 따른 불가피한 결과물이었다. 청바지를 입은 장발의 젊은 남자, 미니스커트와 핫팬츠를 입은 젊은 여자 그리고 간혹 발견되는 서양의 외국인들은 이 공간들의 문화경제의 상징이었다. '사치풍조' 및 '퇴폐풍조' 단속이 지속적으로 이루어졌음에도, 이들 야간업소에서는 음주가무와 더불어 해피스모크(happy smoke: 마리화나로 만든 담배)도 전파되고 있었다.[13]

그런데 방금 언급한 팝 음악 연주 공간들은 기본적으로 직업적 혹은 준(準)직업적 음악인들을 위한 곳이었다. 아마추어 순수파라고 간주된 한국의 포크 가수들과 그들의 팬들에게는 음악 공간이 별도로 존재했고, 이 가운데 특별히 언급할 만한 곳은 기독교 단체들이 제공한 공간이었다. 1960년대 중반부터 종로에 있는 YMCA는 '싱얼롱 Y'라는 이름의 주간 모임을 열었고, 여기서 강사들은 한국 민요와 더불어 세계의 민요들을 가르쳤다.[14] 1970년대 이래 많은 기독교 단체가 젊은이들의 '싱얼롱'을 위한 공간들을 개방했는데, 이 가운데 가장 유명한 공간은 1971년경 YWCA에서 마련한 청개구리였다(김형찬, 2002, p. 35). 서울의 도심에 건물을 소유하고 있던 기독교 단체들은 이따금 포크 가수들의 '리사이틀'이나 '페스티벌'을 위해 강당(홀)을 제공하기도 했다.

　기독교 단체들이 개입한 효과는 무엇이었을까? 무엇보다도 우선, 이들이 제공한 대중음악을 위한 '비상업적' 공공 공간을 통해 아마추어 포크 가수들이 주류 대중음악으로 돌파할 기회가 생겼다. 다른 상업적 업소와의 지리적 근접성으로 인해, 기독교 단체가 제공한 공간들에서의 활동은 아마추어 포크 가수에게 직업적 경력과 문화적 영향력을 선사해 주었다. 이 공간들은 청년들을 위한 대안적 공간이었고, 청년들은 싱얼롱을 통한 엔터테인먼트를 누릴 수 있었고. 포크송을 싱얼롱 한다는 것은 한국 포크송의 중요한 특징 가운데 하나가 되었다. 기독교 조직의 공간들은 몇몇 포크 가수가 방송에 출연하기 위한 일종의 '탤런트 풀'로 기능한 것이다. 김민기과 양희은 등 당시 대학생들에게 영향력 있는 포크 가수의 방송 출연에 가장 적극적이었던 쪽이 기독교방송(CBS)이었다는 점은 특별히 강조될 필요가 있다.

　요약한다면, 기독교 단체가 제공한 공간들은 팝 음악을 포크 음악으로 순수화시키는 데 공헌했을 뿐만 아니라 또한 이를 통해 몇몇 포크 가수를 유명인으로 만들었다. 이로 인해 포크 가수들의 정체성은 기성의 직업 가수들과 다르게 보였던 것이다. 생음악살롱이나 고고클럽에서 노래를 부르거나 연주했던 사람들은 '팝' 음악인(따라서 연예인)으로 간주된 반면, 비상업적 공간에서 연주한 사람들은 '포크' 음악인으로 간주되었다. 기독교 이데올로기는 이런 '퓨리턴'적 주체성과 연관되었다. 포크송의 충성스러운 팬들이 실제로 기독교인이 아니었음에도 이런 주체성은 계속 유지되었다. 포크송이 순수하고 건전한 문화를 표상한 반면, 다른 팝 음악은 퇴폐적이고 비도덕적 문화를 표상했다고 생각한 이유들은 기독교의 윤리와 무관치 않았다.

따라서 왜 몇몇 한국 포크송의 고전들이 기독교의 찬송가 스타일이며, 기독교적 주제를 담은 몇몇 미국 포크송이 한국어로 번안되어 유포되었는지 이해할 수 있다.[15] 미국 제국주의의 대리인인 기독교가 한국에서 민족주의의 중심이 되는 아이러니에 대해서는 이미 많은 연구가 있다 (Park, 2003). 한국 포크송의 아이러니 또한 한국 기독교 일반의 아이러니와 크게 다르지 않았다. 특히 1960년대 말~1970년대 초 포크송 운동을 지지한 지식인 상당수가 기독교의 문화운동과 연관을 맺고 있었고, 젊은 포크 가수들에게 '한국적 특색을 가진 포크송'을 작곡할 것을 권장했는데,[16] 몇몇 포크 가수는 이런 취지에 부합해 애국적 주제를 담은 노래들을 창작했다.

이렇게 한국적 정서와 결합한 포크송의 발전은 청년문화가 지배문화와 자발적으로 교섭하려고 했던 시도로 간주할 수 있다. 그 결과 포크송은 1969~72년에 대학생층을 기반으로 무난하게 발전할 수 있었고, 그 가운데 일부는 방송 출연과 음반 발매라는 성과를 낳기도 했다. 이들 아마추어 가수들에 대한 상업적 보수는 여전히 미미한 수준이었지만, 이들은 미디어를 통해 '대학가의 스타'라는 칭호를 받으면서 대중문화 분야에서도 일정한 영역을 확보해 나갔다.

그렇지만 이런 순수의 시대가 오래가지는 못했다. 1972년 유신체제의 출범을 전후해 학생운동을 비롯한 유신체제 반대운동에 대한 대대적인 정치적·문화적 탄압이 진행되었고, 학생운동과 연관되어 있던 포크송의 주역들도 이를 비켜갈 수는 없었다. 그 하나의 배경으로는 대학생 포크 가수 일부가 문학, 연극, 미술, 영화 등의 분야에서 지식인들이 전개한 문화운동에 참여했다는 것이다. 그 대표적 인물은 김민기다. 청개구리 등 기독교단체의 포크송 모임에서 포크송 가수로 활동하면서 몇몇 레코딩을 남겼던 김민기는 1972년경부터는 민요와 마당극을 비롯한 전통적 민속문화/민중문화의 역동성에 주목하게 되었다. 그는 공장과 농촌을 찾아다니면서 경제개발에서 소외된 농민과 노동자의 삶을 진솔하게 묘사하는 곡들을 계속 만들어냈고, 이 곡들은 음반으로 녹음되지 않고서도 구전과 악보를 통해 대학생들에게 전파되었다.[17] 김민기의 일련의 작품들과 실천들은, 수입된 포크송이 한국사회의 현실과 접속되면서 새로운 차원으로 이동했음을 보여주는 사례다. 그의 노래들은 대학생, 지식인, 농민, 노동자가 모이는 공적 공간들에서 은밀하게 불리면서 상이한 의미들을 생산했고, 가끔씩 시위현장에서 불리면서 독재정권에 반대하는 정치적 노래로 활용되기도 했다.

이렇듯 1972년 이후 냉전 이데올로기에 기초한 독재정권의 정치적 억압이 심해지면서 포크송은 그 이전 시기의 '젊음의 낭만'과는 다른 문화적·이념적 지향을 갖게 되었다. 그 지향은 태국의 경우처럼 명시적으로 사회주의나 공산주의를 천명하지는 않았지만, 젊은 지식인과 대학생의 전위들의 사고에서 '청년'이라는 범주로부터 '민중'이라는 범주로 점차 대체되었던 것이다. 문화적으로 건강하고 정치적으로는 순진했던 포크송은 이제 문화적으로는 계속 '건강'했지만 정치적으로는 순진하지 않고 '불온'한 존재로 변화했고, 이제는 더 이상 포크송이라는 이름으로 불리지 않게 되었다.

그렇다면 이로써 1970년대 초 태동했던 청년문화는 소멸한 것일까?

적어도 1975년 말까지는 그렇지 않았다. 포크송의 1세대 가운데 일부는 문화운동의 길을 걸었지만, 이는 아직 집단적 목소리를 낳지는 못하고 지하에서 숨어 지내야 했다. 한편 다른 일부는 일종의 '한국어 팝 음악'으로 변환되었고, 그 가운데 이장희[18]의 〈그건 너〉는 포크송 공동체를 넘어 1973년에 발표된 한국 대중가요 가운데 가장 히트한 곡이 되었다. 이듬해 이장희가 사운드트랙을 맡은 영화인 《별들의 고향》(최인호 원작, 이장호 감독)이 1974년 봄 개봉되어 당시로는 기록적인 46만 관객을 불러 모았다. 1년 뒤에는 또 다른 포크 가수 송창식의 〈왜 불러〉와 〈고래사냥〉, 그리고 이 곡들이 삽입된 영화 《바보들의 행진》(최인호 원작, 하길종 감독, 1975)이 청년문화 신드롬을 지속시켰고, 송창식은 그해 연말 한 방송국(MBC)의 시상식에서 '가수왕'으로 선정되어 최고의 스타가 되었다. 이들 외에도 포크송 가수 상당수가 1973~75년 시기에 대중문화계에서 정상급 스타로 발돋움해서 대중음악계 전체의 판도를 변화시켰다. TV의 쇼 프로그램과 라디오의 공개방송에서 이들 포크 가수들의 인기는 직업 가수들을 능가했고, 정상의 위치에 선 포크송 가수들은 정식 공연장이나 대학교 강당에서 '리사이틀'(단독 콘서트)을 가지면서 청년들의 음악 공간을 확장했다.

 이들의 음악은 계속 포크송으로 불렸지만, 이들은 정치적으로 불온하지도 않았고 그렇다고 건강하지도 않았다. 그렇다고 순진하거나 '건강'하지도 않았다. 청년문화는 이들 일련의 대중문화의 변환을 일컫는 기호로서 기능했다. 그렇지만 1975년 이들 청년문화 기수들의 히트곡들은 대거 금지곡으로 지정되었고, 그해 12월에는 이른바 '대마초 파동'이 일어나서 이들 대부분의 공적 활동은 금지를 당했다. 이 사건은 통상 '청년문화의 종언'으로 기억된다. 이에 대해서는 절을 달리해서 알아보기로 하자.

'청년문화'의 실천과 담론

1960년대 중반 이전 한국 대중문화계에서 '젊은 세대'를 지칭하는 용어는 '청년'이라기보다는 '청춘'이었다. 정치적 혼란, 경제적 궁핍, 문화적 혼란이 복합된 시기에 '청춘'이라는 용어는 '맨몸으로 험한 세상을 헤쳐 나가야 하는 방황하는 젊은 세대'를 상징했다. 영화나 소설의 경우 이른바 '청춘영화'나 '청춘소설'을 통해 청춘의 담론을 성공적으로 상업화하기도 했다. 이들 청춘 군상들은 앞 절에서 언급한 음악다방이나 영화관 등의 공간에서 할리우드영화, 팝 음악, 영어 잡지 등을 소비하면서 일정한 라이프스타일을 형성해 나갔는데, 그 결과 1960년대 청춘에 대한 담론은 기본적으로 '하위문화적'이었다. 몇몇 매체는 '옐로'하고 선정적인 방식으로 이들 반항적이고 일탈적인 청춘문화를 '르포' 형식으로 다루었다. 이 공간들은 때때로 '퇴폐풍조'의 온상으로 낙인찍혔는데, 이는 이 공간들이 새로운 문화적 유행의 진원지라는 점을 역설적으로 증명하는 것이었다.

이에 반해 '청년'이라는 범주는 일정한 세대의 자의식을 전제하는 것으로서 외국에서 수입되어 식자층에 의해 소비되는 성격이 강했다. 이미 1960년대 초반부터 몇몇 잡지와 신문에서는 앵그리 영맨(angry young man), 로스트 제너레이션(lost generation), 비트족(beat) 등을 다루는 글이 꾸준히 실렸으며, 1960년대 말부터는 서양(미국)의 청년문화를 직접 목격하고 돌아온 사람들이 '스튜던트 파워'와 '히피문화'를 신문과 잡지를 통해 소개하는 글이 많이 실렸다. 그렇지만 이의 담론은 '해외 토픽'의 성격이 강했고, 한국에서 전개되는 청년문화를 논하는 것과는 거리가 있었다.

그러다가 1970년대 초 몇몇 한국의 청년문화를 대상으로 하는 글들이 신문과 잡지에 실리기 시작했고, 1974년에는 지면을 통해 '청년문화'에 관한 뜨거운 논쟁이 전개되었다. 이 논쟁의 발단, 전개, 결과에 대해서는 몇몇 논문에서 이미 설명되었기 때문에,[19] 여기서는 이 논쟁에서 제출된 핵심적 논점 하나만을 재검토한 다음, 이 시기에 청년문화라고 명명된 문화적 실천이 실제로 어떤 것이었는지를 설명할 것이다. '청년문화 논쟁'은 1974년 3월 한 일간지에 〈오늘날의 젊은 우상〉(김병익, 1974)이라는 기사가 당시 대학생들 일상생활의 상징인 블루진, 통기타, 생맥주를 다루면서 당시 이들에게 높은 인기를 누리던 소설가 최인호, 가수이자 작곡가 이장희, 양희은, 김민기, 바둑기사 서봉수, 대학 응원단장 출신의 개그맨 이상룡을 '젊은 우상들'로 소개했다.

이에 대해 당시 학생운동의 전위들은 대학언론을 통해 즉각 반응했는데, 이들 대다수는 청년문화의 한국적 적용에 비판적이었다. 한 대학신문의 기사는 '민족의 이름으로' 청년문화의 현상을 비판했는데, 한 의견에 따르면 "이 땅의 사회풍토는 '빠다문화'의 사회풍토와는 전혀 이질성을 띠고 있다"는 전제하에 "그들이 퇴폐적이라면 우리는 진취적이어야 하며 그들이 '코스모폴리탄'이라면 우리는 투철한 민족주의자라야만 한다"라고 주장한 것이다. 다른 대학생은 이장희 등의 포크 가수들을 '딴따라'라는 조롱어린 단어로 지칭했고, 다른 대학생은 청년문화의 모델은 팝 문화가 아니라 '화랑도'라고 말하기조차 했다.[20] 이는 당시 "진취적이고 민족주의자"인 대학생들은 서양의 팝 문화 일반뿐만 아니라 대안적 반문화에 대해서도 '퇴폐적'이라는 이유로 거리를 두었다는 사실을 알 수 있다.[21]

이런 논란의 맥락과 배경은 무엇일까? 논쟁이 진행된 '1974년'은 양면적 의미를 지닌다. 한편으로 그 시점은 앞서 잠시 보았듯 음악, 영화, 소설 등에서 청년을 타깃으로 하는 작품들이 상업적 성공을 이루면서 주류 대중문화로 돌파한 시점이다. 다른 한편으로는 독재정권의 학생운동, 나아가 민주화운동 일반에 대한 대대적 공격을 상징하는 '긴급조치'와 '민청학련(전국민주청년학생총연맹) 사건'이 벌어진 시점이기도 하다. 앞서 예를 든 학생운동의 전위들은 '학생운동'의 시각에서 '대중문화'를 비판한 것이다. 보다 구체적으로 이들은 당시 문화운동과 정치운동을 접속했던 김지하(金芝河)[22]의 저항적 민족주의 사상의 영향 아래 있었다. 탈춤과 마당극 등 전통문화의 전복성을 주목하면서 이를 대학생들의 반독재 민주화운동과 적극적으로 접속시킨 그는 민청학련 사건의 주모자로 체포되는 등 박정희 정권 동안 8년을 영어의 몸으로 지내면서 학생운동의 상징으로 군림했다. 이제 이 글의 독자들은 한국 대학생들이 '청년문화'에 왜 그렇게 적대적이었는지를 이해할 수 있을 것이다. 정치적으로 민감했던 학생운동의 리더들에게 청년문화란 또 하나의 '퇴폐적'이고 '상업적'인 문화였던 것이다.

그런데 실제의 청년, 대학생 일반의 일상적인 문화적 실천들은 어떤 것이었을까. 당시 대학교의 캠퍼스는 각종 시위가 빈발했고 여기에 대학생들이 참여한 것도 자연스러운 일이었다. 그렇지만 다른 한편 캠퍼스 여기저기에서는 대학생들이 삼삼오오 모여 포크송을 함께 불렀고, 때로는 기차를 타고 강변이나 해변으로 진출해 캠퍼스에서의 일상적 실천을 특별한 이벤트로 만들어냈다. 1970년대 중반 대학들이 밀집한 신촌, 명륜동 등의 대학가에서는 음악다방이나 생음악살롱이 우후죽순으로 생겨났고, 여기서는 (외국의) 팝송과 더불어 (한국의) 포크송이 흘러나왔다. 이런 공간에서는 아마추어 포크 가수가 무대에 올라 히트한 포크송을 불렀고, 아마추어 대학생 그룹사운드는 이런 공간에서 이른바 '고고 미팅'의 사운드를 제공했다. 이런 움직임은 대학가에 그치지 않아 서울 도심인 명동과 무교동 일대에서 생음악살롱과 고고클럽은 젊은이들로 붐비면서 최대의 전성기를 구가했다. 이 무렵 청바지를 입고 기타를 둘러멘 젊은이들의 모습은 도시 공간이면 거의 어디서든지 볼 수 있었다. 정도의 차이는 있을지언정 대학생들의 삶에서 민중문화와 '팝 컬처(청년문화)'는 서로 갈등을 빚고 평행선을 달리면서도 공존하고 있었던 것이다.

정리한다면, 1973년부터 1975년 사이 포크송은 청년문화의 이름으로 '팝 컬처'라는 현상을 낳았다. 앞에서 민중문화라고 표현한 것과는 달리 이 현상은 어떠한 정치적 기획도 없었고, 오히려 유신체제하에서 정치적 좌절과 사회적 패배감의 산물이라고 말할 수도 있다. 이 청년문화는 하위문화의 상징적 반항과 반문화(counterculture)의 자의식적 저항 사이의 어딘가에 위치하는 것이었다. 학생운동의 전위들로부터 지속적 비판을 받았음에도, 이런 흥청망청하는 분위기는 당분간 지속되었다.

그렇지만 독재정권은 '퇴폐문화'에도 지속적으로 공격을 가했다. 1975년 내내 '가요정화운동'이라는 이름으로 청년문화의 애창곡들이 차례차례 금지곡으로 지정되었고, 대중문화 모든 영역에서 사전검열이 제도화했다. 이와 더불어 '건전가요'라는 이름의 관제가요가 대량 제작되어 공식 발매되는 모든 음반에 한 곡씩 의무적으로 수록하는 정책이 시작되었다(신현준 외, 2005, pp. 191~195). 청년문화에 대한 공격은 제도를 통한 규제에 머물지 않고 인신적 금지로 완성되었다. 그해 12월 이른바 '대마초 파동'이 일어나면서 많은 청년문화 우상들이 대마초 흡연 혐의로 체포되는 사건이 발생했다. 이 사건으로 '퇴폐 연예인'이라는 낙인이 찍히면서 이들 대부분은 박정희 정권이 종언될 때까지 대중문화의 공적 공간에서 활동할 수 없었고, 청년문화 공적 공간들도 이때 이후 하나둘씩 문을 닫았다(신현준 외, 2005, pp. 211~215).

이는 1975년이 청년문화의 사망의 해였다는 것을 의미한다. 독재정권의 냉전의 정치학은 '국가안보를 불안하게 만드는 불온세력'을 처단한 뒤 '민족문화를 오염시키는 퇴폐세력'을 단죄한 것이고, 이런 분할통치는 적어도 당시에는 성공적이었다. 퇴폐로 간주된 세력은 불온으로 간주된 세력이 탄압 받을 때 무관심했고, 불온으로 간주된 세력은 퇴폐로 간주된 세력이 억압 받을 때 침묵했다.

1977년 이후 대학생 아마추어들은 방송산업이 기획한 대학생가요제들을 통해 세대교체와 주류 진입을 모두 달성하고 1980년대에는 TV산업과 연계되어 거대한 연예 비즈니스로 발전했다. 그렇지만 이런 새로운 젊은이들의 문화는 더 이상 청년문화라는 이름으로 불리지 않았고, 학생운동 세력은 매스미디어에서 발명하는 젊은이들의 문화에는 더욱 무관심하거나 적대적이었다. 그후로도 오랫동안 한국의 문화형세에서 '불온'과 '퇴폐'가 접속될 가능성은 매우 협소했다. 이런 내러티브는 태국에서도 유사하게 반복되었을까. 적어도 똑같지는 않았다.

제2차 세계대전 이후 태국의 미디어에서 청년문화에 대한 담론은 깡패들의 패싸움이라는 스토리에 기초해 보도되었다. 하위문화의 일종으로 '악동(bad boys)'이라는 뜻의 '데아크 가이 레(deak gay re)'는 주로 할리우드 필름에 영향 받은 아메리카화 현상 가운데 하나였다. 사리트 정권(1958~64)이 이 문제에 군사적 규제를 가한 이유도 그 때문이었다. 그 뒤 1970년대에는 주류 미디어 혹은 신문이 여전히 패싸움에 대해 보도했지만, 이 시기의 청년문화는 주로 고등학생들에 관한 스토리로 변화했다. 이는 미디어 보도의 준거점을 교육 받고 있는 청년들의 '성장'으로 이동시키는 것이었다.

따라서 1960~70년대 미디어에서 청년문화의 이미지는 '폭력'에서

'무질서'로 변화했는데, 이 무질서는 군부정권의 통제 필요성을 함축하는 것이었다. 하지만 실제의 청년들은 자신들이 군부정권의 규제하에서 범죄를 저지른다고 생각하지는 않았고, 연예잡지를 통해 자신들의 공동체 감각과 연대 감각을 발견하려고 했다. 《I.S.Songhits》, 《Starpics》 같은 당시의 잡지들[23]은 청년문화의 이슈를 부드러운 필치로 다루었는데, 이 잡지들의 팬들은 자신들의 생각과 라이프스타일을 공유하는 하위문화적 공동체를 가지고 싶어했다.

그렇지만 대학생문화로서 청년문화는 이들 하위문화와는 다른 방향으로 전개되었다. 이는 무엇보다도 대학교육의 대중화에 기인하는 것이었다. 1961~72년, 대학교는 5개에서 17개로, 대학생은 1만 5,000명에서 10만 명으로 늘어났다. 더군다나 조그만 마을의 중하층 출신 대학생들이 고등교육에 접근할 수 있었던 것은 이때가 태국 역사에서 최초일 것이다 (Anderson and Mendiones, 1985). 이렇게 고등교육을 받은 청년들이 대학교 캠퍼스 주위에 대거 형성되고, 이들이 새로운 가치관, 도덕 기준, 유행, 음악 등에 노출되면서 일종의 문화충격이 발생했다. 바로 이들 청년들이 태국사회의 새로운 경계를 찾아 나서게 되었던 것이다.

서양(미국) 팝 문화의 소비를 통해 청년들은 태국사회의 주요 패턴인 주종관계(phu noi-phu yai)에서 해방되는 법을 배우고 있었다. 그러나 서양 팝 문화를 즐기던 태국 청년들은 1970년대 초까지는 정치적 이슈를 위해 행동한다는 것을 전혀 상상하지 않았다.[24] 그들 행동의 많은 부분은 태국적이지 않게 보이기 위한 상징적 차원의 것이었다. 음주, 장발, 미니스커트와 청바지의 착용 같은 행위와 스타일에 대한 도덕적 공황으로 인해 '와이 룬(wai run)'이라고 불리는 청년 하위문화에 대한 담론이 등장했다. 태국 청년문화의 형성이 서양문화, 특히 미국 팝 음악과 깊숙이 연관되었음에도, 이는 역설적으로 냉전기 정치권력에 의해 유포된 '태국적인 것(Thainess)'이라는 이데올로기에 대해 진지한 의문을 제기하는 것이었다.

그렇지만 1972년 군부독재와 관료부패에 관한 심화된 비판으로 인해 '와이룬'의 담론은 '지식인'이라는 뜻의 '푼야촌(punyachon)'에 관한 담론으로 급격하게 변화했고, 이는 음악 취향의 변화도 동반했다. 태국 청년들의 정치문제에 대한 사유와 행동이 감정적으로 공격적이 되면서, 이전의 개인적 방식과는 다른 집단적 방식의 행동을 표현할 필요가 발생했다. 특히 진보 성향의 대학생들에 관한 문화적 담론은 '삶을 위한 예술'이라는 뜻의 '실라파 푸아 치위트(silapa pua chiwit)'의 소비와 깊게 연관되었다. '삶을 위한 예술'은 1950년대 말 진보적 작가, 대학생, 좌파들에 의해 추동된 운동이었다. 앞서 이미 언급한 플렝 푸아 치위트의 음악적 공공 공간은 다른 예술의 공간과 분리될 수는 없다.

이때 태국의 진보적 작가들과 언론인들은 2차대전기 태국 및 이 권역의 상황에 대해 비판하기를 주저하지 않았다. 개발 프로젝트, 도시화, 미국 제국주의, 프랑스-베트남 전쟁, 자본주의적 팽창 등 모두가 비판의 대상이었다(Philip, 1984). 하지만 그 당시에도 불교와 군주제를 비판하는 사람은 거의 없었다. 오직 출라롱콘대학교 출신으로 1950년대 말 태국공산당에 가입한 지트 푸미사크(Jit Poumisak)만이 불교와 군주제를 비판했다. 1970년대 정서에서 포크음악, 예술 및 문학에서 '푸아 치위트(삶을 위한)' 담론은 지트 푸미사크의 작품과 실천에서 고무된 것이었다(Buntueng Khadi Magazine 8(75), pp, 9~13). 지트 푸미사크는 실제로 《삶을 위한 예술(Silapa pua chiwit)》이라는 책을 저술한 인물이었다.

지트 푸미시크의 사상은 1972년 일본 상품과 태국의 헌법에 반대하는 저항을 시작한 학생운동에 강력한 스파크를 일으켰다. 이후 학생운동은 태국의 봉건제에 초점을 두고 이를 타도하기를 원하게 되었다(*ibid*). 음악과 문학 양쪽 모두에서 1970년대 '푸아 치위트'에 관한 담론이 지트 푸미사크의 언급과 카리스마에 의해 영감을 받은 것은 의심할 바 없다. 1973~76년 지트 푸미사크의 저작의 재발견은 '10월의 학생'을 '푼야촌'으로 만들었고, 이들은 노동자와 농민 같은 피착취 인민을 위해 평생을 헌신하려 했다. 자본주의와 제국주의에 반대하면서 푼야촌은 점차 사회주의를 지지하게 되었고 특히 마오주의의 혁명 이론과 방법에 특히 많은 관심을 가졌다 (Decade Magazine 1(1), pp. 38~46). 이들이 손에 들고 다니던 마오주의 선집, 이들이 착용한 모르 홈(mor hom: 농민복) 의상은 마오주의 혁명의 이상을 상징하는 것이었다.

1970년대 중후반의 태국 대학생들은 동양과 서양의 상징들을 혼합하면서 자신들의 스타일을 변형시켰다. 서양의 반문화 (히피) 스타일을 마오주의 스타일과 혼합한 것이다. 당시 '5가지 요소'라는 뜻의 '하 요르(ha yor)'라는 패션이자 라이프스타일의 문화적 담론이 발생했는데, 하 요르란 장발(pom yoa), 티셔츠(sue yud), 청바지(jean), 어깨에 거는 천으로 만든 백(yam), 베트콩 신발(rong toaw yang)을 말했다.[25] 정치 이데올로기와 관해서는 논란이 있겠지만, 이 스타일에 대해 정치적 판단을 내리는 관습적 실천들이 존재했다는 점에는 논란이 없을 것이다. 이 모든 요소들은 잘 교육 받은 청년(푼야촌)이 좌파의 라이프스타일로 전환할 때 구별짓기의 상징이었다. 몇몇 요소는 정부의 상이한 조직들에 의해 각각 금지되었는데, 예를 들어 장발의 청년은 군사 영역에 들어갈 수 없었고, 롱 토아우 양 (베트콩 신발)을 신을 경우 베트콩이나 공산주의자로 간주되어 경찰에 체포되거나 심지어 군인에 의해 사살될 수 있었다.

그렇지만 1976년 타마사트대학교에서 일어난 대학살 사건 이후 포크

1973년 발표된 이장희의 3집 독집 앨범. 〈그건 너〉를 비롯해 방황하는 청춘의 심리를 묘사한 곡과 일렉트릭한 사운드로 대히트를 기록했지만. 일부에서는 '퇴폐적' 이라는 평을 받았다.

1971년 열린 '청평 페스티벌' 의 한 장면.
젊은 대학생들이 고고를 추고 있다.

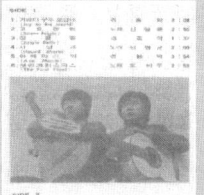

'한국의 밥 딜런' 김민기의 도비두 시절 모습(왼쪽).
이들 최초의 레코딩이 세 곡 담겨 있는 1969년에 제작된 컴필레이션
앨범 뒷면(대도 STLK-7114)의 사진이다.
이 음반에는 김민기의 자작곡 〈친구〉, 시인 고은이 작사하고
김민기의 선배 김광희가 작곡한 〈세노야〉와 더불어
크리스마스캐럴 〈첫번 크리스마스〉가 수록되어 있다.

YWCA에서 조직한 젊은이들의
'싱얼롱' 모임 '청개구리'의 홍보 기사.
"음악과 대화와 차를 즐기는 젊은이의 집
청개구리"라고 소개되었다. '청개구리'는
1970년 6월 29일 처음 문을 열었다.

음악과 청년문화의 공간은 두 가지로 분리되었다. 일부는 카페문화로 돌아가서 부드러운 음악을 만들어냈다. 카페 포크 가수인 차이라트 테프테안(Chairat Theptean)은 1977년 《혼돈의 청춘(Wai Oon-Rawon)》이라는 멜로 코믹영화의 사운드트랙의 한 곡을 부를 기회를 잡았는데, 여기 수록된 그의 곡 〈화장실은 어디에요?(Suka Yau Hon Dai)〉는 큰 히트를 기록했다. 이 곡은 포크 음악이 민주화운동을 지지하는 정치적 노래에서 '순수'하고 '순진'한 사랑 노래로 돌아가는 변화를 확대해 주었다. 또 하나의 케이스는 태국 북부 치앙마이(Chiang Mai) 출신의 기독교 포크 가수인 자룬 마노페트(Jarun Manopeth)다. 치앙마이 지역의 교회에서 기타 연주를 익힌 그는 그 지역이 태국 군대와 태국공산당의 전장이었음에도 불구하고, 고산족을 교육한 일을 뺀다면 아무런 정치운동과 연관되지 않았다. 1979년 그는 〈Mida〉라는 곡을 히트시켰는데, 이 곡은 젊은이들을 가르치는 산악부족의 전설적인 여인을 노래한 것이었다.[26]

히트곡을 발표하고 나서 차이라트와 자룬 둘 다 포크 가수이자 배우가 되었다. 그들의 노래와 연주는 라디오, 텔레비전, 영화 등을 통해 광범하게 유포되었고, 이는 전례 없는 대중적 현상을 낳았다. 이 현상은 '삶을 위한 노래'로서 포크 음악의 죽음 및 포크 가수 슈퍼스타의 탄생을 낳았다. 당연히 이들은 정치문제에 대해서는 아무런 언급을 하지 않았다. 포크 음악은 '순수'하고 '순진'한 상태로 복귀한 것이 아니라 이런 무드를 초월해 버린 것이다.

태국 음악산업이 아직 거대한 비즈니스로 전환되기 이전인 1970년대 말은 태국의 '뜨거운' 냉전 시기, 즉 나라 전역에서 태국 군대와 태국공산당이 싸우던 시기였다. 이 시기에 차이라트와 자룬은 그럭저럭 청년문화의 아이콘으로 간주될 수 있었다. 당시에는 민주화운동에서 군부독재를 비판하며 민주화운동을 수행한 급진적 청년을 위한 음악적 공공 공간이 사라졌기 때문이다. 다시 강조하자면 1976년은 '푼야촌' 운동으로서 청년문화의 종언을 상징하고, 부드러운 청년문화의 (재)탄생을 상징한다.

결론

1969년부터 1979년에 이르는 시기는, 글로벌한 시각으로 냉전의 역사를 본다면, '온화한' 시기였다. 그렇지만 냉전의 상대적으로 평화적인 시기는 세계의 모든 곳에서 똑같이 감지된 것은 아니었다. 베트남 및 인도차이나에서는 '열전'이 전개되었을 뿐만 아니라 이 권역에서는 수많은 분쟁이 발생했다. 이런 복잡하고 아이러니한 냉전의 발전은 아시아 각국의 문화적 형세에 중차대한 영향력을 행사했다. 냉전의 전개는 미군의 개입을 통한 아메리카의 문화적 영향이라는 차원을 넘어 아시아 각국 내부의 문화적 형세를 변화시켰고, 이 형세는 지배문화와 종속문화 사이에 날카로운 파열을 발생시켰다.

1970년대 한국과 태국은 당시의 청년 세대가 지배문화의 헤게모니와 전면적으로 충돌한 가장 극단적 사례이었다. 이런 충돌은 단순히 아메리카의 팝 문화를 단절하고 거부하는 과정의 산물이 아니라 그것을 수용하고 영유하는 과정의 산물이었다. 지배문화의 시각에서 말한다면, 냉전의 정치학은 지역 수준에서 단지 '본래'의 공산주의 적만을 표적으로 삼은 것은 아니다. 국가권력의 냉전의 정치학은 때로 미국으로부터 영향 받아서 토착화된 문화도 또 하나의 표적으로 삼았다.

그렇지만 이런 공통점을 과장할 필요는 없다. 앞에서 한국과 태국 양국의 사례를 비교하면서 명확해졌듯, 수용과 영유의 양상은 복잡한 매개를 통해 작동했고 이는 두 경우에서 상이한 시공간을 창출했다. 두 나라에서 미국의 냉전정책, 보다 구체적으로는 미군 개입의 시점과 동기, 이를 둘러싼 각국 정치권력의 성격, 그리고 이에 대한 저항세력의 형성과 발전은 공통점 못지않게 많은 차이점을 보였다. 나아가 두 나라를 둘러싼 국제정세의 변화, 특히 1972년 미국과 중국 사이 외교관계의 정상화, 1975년 베트남전쟁의 종전, 1978년 베트남과 캄보디아 전쟁, 1979년 베트남과 중국의 전쟁으로 이어지는 국제정치의 예측 불가능한 변화들은 두 나라에 서로 다른 영향을 미쳤다.

따라서 1970년대 한국과 태국에서 청년문화를 서양의 반문화(counterculture)가 상이한 시공간에서 재현된 것으로만 간주하는 일은 지나치게 단순한 분석이다. 앞에서 상세히 서술했듯, 청년문화의 담론과 실천들은 한국과 태국 두 나라 사이에 공통점 못지않게 큰 차이점을 보였고, 한 나라에서도 상이한 국면에 따라 상이한 형세를 보였기 때문이다. 한 예로 '1970년대 중반'이라고 부를 수 있는 시점에서 태국 청년문화의 지배적 표상은 사회주의적 지향을 취했고 '불온'하게 취급되었다면, 성향을 보였다면, 한국 청년문화의 지배적 표상은 자유주의적 지향을 취했고 이는 '퇴폐적'으로 취급되었다. 그렇지만 시공간을 달리한다면, 이는 또 다른 양태로 나타날 것이다.

1970년대 냉전의 복잡한 형세 아래 (대중)음악이 토착화하고 정치화했던 두 나라의 공통적이면서도 서로 다른 경험은 1990년대 이후 이른바 탈냉전 상황에서 '탈정치화' 과정에 어떤 영향을 주었을까. 이 점은 지금 간단히 대답할 수 없는 추후의 연구과제일 것이다. 그렇지만 2000년대 이후 플렝 푸아 치위트나 포크송/민중가요의 후예들이 계속 '정치적'이라고 하더라도 그 의미가 동일하지 않다는 점도 분명하다.[27] 따라서 음악이 정치와 어떻게 연관되는가에 주목한다면 1970년대의 청년문화에 대한 논쟁은 아직도 종결된 것이 아니다. 이를 위해서는 한국과 태국 양국의 비교에 그치지 않는 권역 전체의 경험에 대한 분석으로 확장하고, 나아가 이런 경험의 차이가 현재의 문화정치적 형세에 어떤 효과를 주었는지를 규명하는 일이 추후의 연구과제일 것이다.

● 신현준
서울대학교 경제학과에서 글로벌라이제이션 시대 한국 음악산업의 변화를 주제로 한 논문(《음악산업 시스템의 지구화와 국지화: 한국을 중심으로》)으로 박사학위를 받았고, 성공회대학교 동아시아연구소 연구교수 및 싱가포르 국립대학교(NUS) 아시아연구소(ARI)의 방문연구원을 지냈다. 주요 관심 분야는 대중음악과 연관된 천년 정체성, '음악과 정치', 대중문화, 문화연구다. 최근에는 디지털 테크놀로지가 음악산업 및 음악소비에 미치는 변화에 관심을 집중하고 있다. 대표 저서로는 《얼트 문화와 록 음악 1/2》(1996/7), 《글로벌, 로컬 한국의 음악산업》(2001), 《월드 뮤직 속으로》(2003), 《한국 팝의 고고학 1960년대/1970년대》(2005) 등이 있다.
homey81@gmail.com

● 뷔리야 사왕초트(Viriya Sawangchot)
태국 논타부리의 와타나살라 문화연구센터(Watanasala Center for Cultural Studies)의 연구자다. 하위문화를 다양한 형식의 정체성을 위한 구성요소로 보면서, 미디어 소비의 습관과 같은 다른 종류의 현상과 작업을 통해 연구의 중심을 찾아가고 있다. 많은 학술 서적을 출간하고 웹사이트와 저널에 기고하고 있다. 저서로는 《사이-안의 인생: 자아와 의미(In Between Life: Self and Meaning)》가 있으며, 타마사트대학의 출판물 정치과학 저널에도 기고하고 있다. 논문으로는 〈From Innocence to Self-consciousness: The Flight of Thai Creative Class〉가 있다.
tvawang@gmail.com

주변부 스포츠 이벤트의 탄생과 국가나르시시즘
－1970년대 아시아 국제축구대회의 근대표상

글・이동연

들어가며: 1970년대와 아시아 축구의 지형

"고국에 계신 동포 여러분 안녕하십니까? 여기는 메르데카컵이 열리고 있는 말레이시아 알샤 경기장입니다. 지금부터 제16회 메르데카컵 결승전 한국 대 말레이시아, 말레이시아 대 한국의 경기를 쿠알라룸푸르에서 중계방송 해드리겠습니다."

트랜지스터라디오에서 들려오는 방송사 캐스터의 애국적 멘트는 1970년대 근대화의 역군으로 살아온 한국인에게는 추억의 '비타민'이었을 거다. 당시 라디오 중계를 담당했던 이광재 캐스터는 "우리의 애국심을 선양하고 한껏 부풀리던 조국 사랑의 메신저였다"[1] 온 가족이 라디오 앞에

앉아 머나먼 이국에서 선전하는 한국 선수들의 소식을 듣는 순간은 산업화의 기치를 내건 조국에 대한 애국주의가 근대 테크놀로지의 충격을 압도하기에 충분하다. 당시는 라디오로 한국 축구 경기를 중계하는 경우가 흔치 않았기 때문에, '메르데카컵'이나 '킹스컵'에서 한국이 결승에 오르면 신문에서는 항상 경기 중계 일정을 주요 기사로 보도하곤 했다.[2] 아시아 주변부 국제축구대회 영광의 순간을 자랑스럽게 청취하는 시민들은 박치기왕 김일의 프로레슬링 경기나, 홍수환의 세계 권투 타이틀매치, 아니면 외화 《타잔》을 시청하는 것보다 더 강렬한 스릴과 서스펜스를 느낀다. 지금처럼 전 세계 축구 경기를 위성으로 실시간 시청할 수 있는 미디어 환경 대신 오로지 트랜지스터라디오에서 들려오는 앵커의 목소리만으로 피치(pitch) 위의 열정과 흥분을 느껴야 했던 시절이 훨씬 더 즐거웠으리라.

1970년대 한국 축구는 아시아 축구 신에서 최강의 전력을 자랑했다. 당시 한국 축구는 각종 아시아 국제축구대회에서 놀랄 만한 두각을 나타냈는데, 가령 킹스컵에서는 1969~1971년과 1973~1975년 두 번에 걸쳐 3연속 우승을 차지했고, 메르데카컵에서도 1970년대만 6회 우승하는 등 역대 최다 우승국이었다. 1971년 시작한 '박스컵'에서도 한국은 1980년까지 총 6회를 우승했는데, 나머지 우승국들도 버마(지금의 미얀마) 말고는 브라질 상파울루 주 프로클럽 연합팀이나 빅토리아 등 1976년부터 출전하기 시작한 남미 축구 클럽들이었다.

한국 축구가 1970년대 아시아 축구를 지배한 것은 사실이지만, 그렇다고 아시아 축구 판도를 완전히 독점하지는 못했다. 현재 아시아 축구 전력의 한 축을 담당하는 중동 국가들은 1970년대에 국제대회 참가를 거의 하지 않았고, 한국의 라이벌 일본 역시 1968년 멕시코시티올림픽에서 동메달을 딴 이후 축구 선진화 기치를 내걸고 아시아 국제축구대회에는 거의 참가하지 않았기 때문에, 당시 한국 축구의 라이벌은 동남아시아 국가들이었다. 지금은 현격한 기량 차이가 나지만, 1970년대 동남아시아 국가들의 축구 실력은 무시할 수 없는 수준이었다. 특히 1970년대 말레이시아와 버마는 한국의 호적수였다. 버마는 박스컵 1회 대회에서 한국과 공동 우승한 것을 비롯해 3회 연속 우승하기도 했다. 한국이 말레이시아, 태국(타이), 인도네시아에서 원정경기를 할 때에는 상대를 일방적으로 이기지는 못했다. 박스컵에서 한국이 처음으로 단독 우승을 한 것도 1974년 4회 대회였다(당시 한 신문에는 버마의 3회 연속 우승으로 박스컵 트로피가 버마로 영구 이전되는지에 대한 걱정을 토로한 독자의 질문이 실리기도 했다).

동남아시아 국가들이 1970년대 상당한 축구 실력을 갖출 수 있었던 것은 '동서 이데올로기 냉전'과 '제3세계 산업근대화'라는 이중적 결과에 따른 것이다. 가령 버마와 크메르(지금의 캄보디아)는 1960년대 사회주의 정권이 들어서면서 당시 세계 축구계의 흐름을 주도했던 동구권 국가들과 축구 교류가 활발했다. 이 결과, 버마와 크메르는 선수들의 작은 체구에도 불구하고 유럽식 축구 스타일과 선진 전형과 전술을 구사하면서 한국을 꾸준히 괴롭혔다. 한편으로 말레이시아나 태국이 당시 상당한 축구 실력을 갖추게 된 것은 전적으로 1970년대 동남아 국가들의 상대적 경제 호황에 따른 스포츠 지원 때문이었다. 1970년대 말레이시아, 필리핀, 태국의 경제수준은 한국에 비해 상대적으로 높았고, 특히 말레이시아는 냉전시기 제3세계의 대안세력으로 '아시아화'를 선언한 대표적 국가이기도 했다.

1970년대 접어들어 3대 아시아 국제축구대회가 말레이시아, 태국, 한국에서 개최되면서 아시아 축구는 자신의 '권역적' 정체성을 확립하고, 국지적 발전을 이루어냈다. 그러나 이러한 발전은 여전히 세계 축구 지형에서는 변방의 작은 변화에 불과했다. 아시아 국제축구대회의 붐은 어떤 점에서 산업근대화의 요동기였던 1970년대에 '아시아적 발전 모델'의 상징적 분출구였다고 이해할 수 있다. 특히 아시아 국제축구대회에 상당한 국가적 에너지를 쏟아 부었거나, 상당한 대중적 관심을 불러일으킨 국가들은 대부분 '산업근대화'라는 국가적 미션을 부여 받았다고 할 수 있다. 이미 비약적 경제성장을 일궈낸 일본은 1970년대 아시아 지역에서 열리는 국제축구대회에 부분적으로 참가했지만, 다른 국가들에 비해 그다지 열성적이지는 않았다. 비록 성공하지는 못했지만, 일본은 1970년대부터 이미 축구에서 '탈아시아' 전략을 세우기 시작했다. 일본은 1968년 멕시코시티올림픽에서 동메달을 차지하면서 일본 축구의 세계화 전략을 세우고, 독일 출신 감독을 영입하는 등 '탈아시아' 전략을 본격적으로 선언했다. 일본은 당시의 축구 실력과는 무관하게 '외국 전지훈련', '외국 톱클래스 클럽 팀과의 평가전' 등 축구의 선진화 정책을 표방하면서 아시아라는 상상체를 거세하고자 했는데, 이는 단지 '축구 선진화'라는 의미로 한정할 수 없는 '탈아입구'(脫亞入歐)'라는 일본의 오래된 근대정책의 전략과 연계된다.

　1970년대 아시아에서 국제축구대회가 개최되는 배경에는 개별 국가의 경제발전 목표와 냉전이데올로기가 공존한다. 축구 이벤트는 국가의 발전 수준을 표상하면서도 국가 발전의 유토피아를 욕망하는 것이기도 하다. 한국 축구가 1970년대 중흥기를 맞게 된 데에는 국가 주도형 경제개발 정책을 위한 국민 통합 이벤트 전략이 큰 몫을 차지했다. 가령, 근대 산업화의 성장 드라이브가 걸리기 시작한 1970년대 한국 축구의 역사에서 가장 중요한 두 사건이 바로 1971년부터 시작된 '박스컵 대회'와 실업축구의 본격 등장이다. 1970년대 이전까지 한국 축구는 학원축구와 군(軍)축구팀 이외에는 이렇다 할 실업축구팀이 없었다. 그러나 1970년 장덕진 회장이 대한축구협회 회장으로 취임하면서 '금융실업팀' 창단이 붐을 이루었다. '상업은행'을 시작으로 '조흥은행', '주택은행', '신탁은행', '제일은행' 등 9개 실업팀이 창단해 한국 축구의 저변을 확대시키는 데 기여했다. 이는 1970년대 한국 경제의 근대적 성장에 금융기업의 성장을 배제할 수 없다는 논리와 일정하게 조응한다. 금융기업을 중심으로 한 실업축구단의 창단은 군부정권의 정책적 차원에서 이루어진 만큼 일사천리로 진행되었다. 국가의 비호 아래 성장한 기업들의 실업팀 창단 러시는 한국에서 '기업-스포츠' 동맹 관계망의 최초 사례라 할 수 있다.

다른 한편으로, 아시아 국제축구대회는 동서 냉전 이데올로기가 각축을 벌이는 장이기도 했다. 국가별 축구대회에서 좋은 성적은 곧 국가체제의 우월성을 보여주는 대표적인 사례로 이해되기도 했는데, 특히 미얀마(버마), 크메르, 북한과 같이 아시아에서 공산화한 주변부 국가들에 피치 위에서 펼쳐지는 경기력은 사회주의 생산력과 일정하게 조응하는 것이기도 했다. 1960~70년대 냉전시기 북한과 버마가 아시아 국제축구대회에서 좋은 성적을 낼 수 있었던 것도 당시 세계 축구계에서 높은 기량을 과시했던 동구권 국가들과 '사회주의 연대' 차원에서 빈번한 전술훈련을 공유했기 때문이다. 어떤 점에서 1970년대 아시아에서 국제 축구의 환경은 근대 자본주의 체제로 편입한 주변부 국가들과 사회주의 체제로 편입한 사회주의 국가들 간의 이념적 대리전의 양상을 표상한다고 볼 수 있다.

1970년대 아시아에서 성행했던 주변부 국제축구대회는 동시대 정치적·경제적 지형에서 어떤 맥락을 갖고 있으며, 대중들은 축구대회를 통해 자신들을 어떻게 표상했는가? 이 글은 '박스컵'을 중심으로 말레이시아의 메르데카컵과 태국의 킹스컵을 비교 분석하면서 냉전시대 스포츠 안에 표상된 국가나르시시즘의 문화정치학을 언급하고자 한다.

1970년대 '아시아컵 대회'의
문화정치-냉전이데올로기와
경제개발의 논리

주지하듯이, 1970년대 아시아 축구의 발전에 가장 중요한 역할을 차지한 것은 아시아 각국에서 개최된 국제축구대회다. 아시아에서 가장 먼저 개최된 국제축구대회는 메르데카컵이다. 말레이시아의 독립을 상징하는 메르데카컵은 1957년에 시작되었고, 그 뒤를 이어 태국의 킹스컵이 1968년에 한국의 박스컵이 1971년에 시작되었다.

메르데카컵은 1957년에 시작해서 1988년까지는 매년 개최되다가 1989년부터 2008년까지는 8번만 개최되었다.[3] 1957년에 말레이시아 독립을 기념하고자 만든 메르데카(Merdeka: 말레이어로 '독립'을 의미)컵은 최초의 아시아 국제축구대회다. 말레이시아가 아시아에서 가장 먼저 국제축구대회를 개최한 배경은 크게 보아 세 가지로 말할 수 있다. 첫째, 당시 말레이시아의 툰쿠 압둘 라만(Tunku Abdul Rahman) 수상은 개인적으로 아시아 축구에 관심이 높았고, 1960년대 초반부터 아시아청소년축구대회를 개최해 '아시아 축구'라는 정체성을 중요하게 생각했다. 말하자면, 축구가 아시아 내에서 말레이시아 정체성을 형성하는 데 상당한 역할을 담당했다. 말레이시아가 1970년대 아시아 축구 발전에 중요한 역할을 담당했다는 점은 부인할 수 없는 사실이다. 둘째, 1970년대 말레이시아의 경제는 주석·고무 등 천연자원의 수출로 아시아에서 상당히 높은 수준에 있었다. 당시 한국의 경제에 비해 높은 수준에 있었고, 국제축구대회를 개최할 만한 경제적 기반이 있었다고 볼 수 있다. 메르데카컵은 1970년대 말레이시아의 경제적 능력과 그 아시아적 자부심이 반영된 결과라 할 수 있다. 셋째, 말레이시아는 영국의 식민 지배를 받으면서 아시아의 다른 식민지 국가들과 비교해 볼 때, 행정 시스템이 잘 정비되어 있었다. 특히 말레이시아 축구협회는 영국의 선진 축구 행정에 대한 노하우를 많이 습득하고 있었고, 이러한 선진 축구 제도와 이벤트들을 아시아 축구에 도입하려는 의지가 강했다. 메르데카컵은 그 명칭이 의미하듯, 근대적 독립국가의 자긍심, 경제적 도약에 대한 문화적 재현, 선진 축구 시스템의 아시아적 동일시를 의미화한다.

이에 비해 킹스컵은 동남아시아에서 말레이시아와 함께 일정한 헤게모니적 위치에 있는 태국이 말레이시아와의 축구 경쟁력에서 뒤지지 않게 하기 위해 1968년 신설했다. 원래는 '퀸스컵'과 함께 동시에 열렸지만, 1970년대 후반에 퀸스컵은 폐지되었다. 킹스컵은 태국 왕정이 군부 쿠데타 세력을 견제하고 국민들에게 권위와 영속적 지지를 받기 위한 이벤트로서 역할을 한다고 볼 수 있다. 1970년대 킹스컵은 메르데카컵에 비해 중요성이 떨어졌는데, 한국도 1970년대 중반부터는 대표팀 2진이나 대학선발팀을 출전시켰다. 그러나 킹스컵은 1990년대 이후에는 동남아시아를 대표하는 국제축구대회로 명성을 얻었고, 지금까지도 계속되고 있다. 킹스컵은 태국이 1990년대에 동남아시아 국가 중에서 가장 강한 축구 전력을 보유하는 데서 중요한 기능을 했는데, 이는 태국 왕정의 권위 지속과 태국의 정치적·경제적 근대화의 지속이라는 이중적 사명을 지시하는 것이라 할 수 있다.

한국에서 박스컵의 개최 배경은 복잡한 의미를 갖는다. 1966년 런던 월드컵에서 북한이 아시아 최초로 8강에 진출하자, 강력한 냉전이데올로기를 통치 이념으로 설정한 박정희 정권은 북한 축구의 뛰어난 경기력에 대비하고, 한국 축구를 업그레이드해야 하는 필요성을 절감했다. 그래서 당시 초법적 권력을 행사했던 중앙정보부는 양지축구단을 세우고 105일간 유럽 전지훈련을 실시했다. 양지축구단은 한국 스포츠 역사상 최초의 유럽 전지훈련 사례였고, 정부의 전폭적 지원을 통해 기존의 국가대표팀 지원과는 한 차원 다른 방식을 보여주었다. 당시 초대 양지축구단 대표로 활동했던 김호의 언급대로 양지축구단의 유럽 전지훈련은 북한의 동구권 국가 전지훈련에 대응하는 것이었고, 이로 인해 한국 축구의 판도가 바뀌는 계기가 되었다. 당시 북한 축구가 좋은 경기력을 펼칠 수 있었던 이유는 구(舊)동구권 국가인 헝가리, 폴란드, 체코로 전지훈련을 원활하게 갈 수 있었기 때문이다. 북한은 1960년대 말부터 유럽식 전술을 구사할 수 있어서 아시아 수준에서 한발 앞서 있었다.

당시 한국 축구는 실업축구단은 별로 없었고, 주로 대학축구와 군인축구가 우위를 점하던 시절이었다. 군인 축구팀은 육군·해군·공군 모두 별도로 보유하고 있었는데, 양지축구단은 이 세 영역에서 탁월한 선수들을 통합해 가장 강력한 팀으로 재탄생되었다. 또한 중앙정보부의 지시에 의해 20대 초반의 유망주 선수들을 조기 입대시켜 양지축구단으로 영입했다.[4] 양지축구단은 사실상 한국 국가대표팀이었다.

다른 한편으로, 박스컵이 한국에서 열리게 된 배경에는 일본 축구의 성장을 지적하지 않을 수 없다. 당시 한국 축구에 비해 열세라고 평가된 일본 축구가 1968년 멕시코시티올림픽에서 동메달을 획득하자, 한국 축구의 위기감이 고조되었다. 일본의 식민지 지배를 받았던 한국 국민의 입장에서 축구 한일전은 냉전이데올로기를 표상하는 남북한 경기만큼 민족적·국가적 대리전을 상징한다. 올림픽 축구에서 동메달을 차지한 일본은 이후 축구 '탈아시아 구호(slogan of de-Asianization)'를 내세우면서 일본 축구 선진화를 위한 30년 프로젝트를 내세웠다. 역설적으로 일본의 '탈아시아' 축구 프로젝트는 한국 축구의 '극일정신(克日精神)'을 고취시키면서 한국 축구가 '아시아화'하는 계기로 작용한다.

박스컵은 이러한 냉전이데올로기, 식민지 민족주의의 산물로만 작용하는 것만은 아니다. 박스컵은 박정희 정권의 개발독재가 표방하는 '조국근대화' 프로젝트의 일부로 기능했다. 박스컵은 한국이 아시아 변방에서 중심으로 진입할 수 있다는 자신감을 불러일으켜 준 국가적 이벤트였다. 박스컵은 또한 국내에서 아시아 국가대표 선수들과 외국의 유명 클럽 선수들의 경기를 볼 수 있다는 자부심을 대중에게 심어주었다. 박스컵은 당시 국내에서 볼 수 있었던 유일한 국제 스포츠 이벤트였고, 한국 경기는 모두 매진되는 최고의 흥행을 몰고 왔고 텔레비전 시청률 또한 상당히 높았다. 1975년 박스컵 축구대회는 경기 관람 관중 총 12만여 명으로 국제 경기대회에서 10만 명 관중을 최초로 넘긴 대회로 기록되기도 했다. 물론 박스컵이 1970년대 한국의 놀랄 만한 경제성장에 대한 문화적 반영으로 단순하게 대입할 수는 없다. 그러나 박스컵은 적어도 산업근대화에 매진하는 대다수 노동자를 위한 가장 즐거운 국제적 문화 볼거리이자 동시에 개발도상국으로 진입하려는 국가프로젝트의 미션이 개입된 정치적 이벤트이기도 했다.

아시아의 냉전이데올로기는 비단 1970년대 아시아 국제축구대회에서 남한과 북한의 대결 속에서만 각인된 것은 아니었다. 동남아시아에서도 냉전이데올로기의 갈등은 1960년대 미얀마, 라오스, 크메르(캄보디아), 베트남이 공산화하는 과정에서 고조되었는데, 말레이시아, 태국, 인도네시아 등 반공주의 국가들은 동남아시아의 공산주의에 대응하기 위해 1967년 동남아시아국가연합, 즉 아세안(ASEAN)을 결성했다. 아세안은 애초에는 이 지역의 경제·사회·문화의 발전을 목표로 지역 내 국가 간 상호협력을 도모하려는 일반적 목적을 갖고 있었지만, 그 내면에는 주변국들의 공산화에 따른 안보 위협에 대응하고 아시아 열강들로부터 자국의 경제적·정치적 이익을 지키려는 냉전적 질서하에서 구성된 것이다. 이 과정에서 말레이시아는 자국의 독립적 주권을 강조하고, 자국의 권역 내 헤게모니의 강화를 위해 이른바 '아시아'라는 담론을 적극적으로 사용했는데, 이때 '아시아'라는 담론은 '반공주의'와 '개발주의'를 절합한 것이라 할 수 있다.

결과적으로, 1970년대 아시아 국제축구대회는 아시아 축구 실력을 한 단계 끌어올리려는 공동의 목적이 있었다. 그러나 이러한 목적이 어느 정도 효과가 있었는지는 의문이다. 아시아 축구는 여전히 유럽이나 남미 축구가 지배하는 세계 축구 지형에서 변방에 불과하기 때문이다. 가령 1970년대 아시아 축구는 오스트레일리아나 이스라엘에 막혀 월드컵 본선 진출에 실패했고, 본선에 출전해도 좋은 성적을 거두지 못했다. 1972년 한국을 1대 0으로 물리치고 뮌헨올림픽 본선에 진출한 말레이시아는 조별 예선에서 3전 전패 24실점 무득점으로 탈락하는 수모를 겪었다.

1970년대 아시아 국제축구대회가 붐을 이루게 된 데에는 각 나라마다 상이한 배경이 있는 것은 사실이다. 그러나 강력한 권위주의 정권이 등장해 경제성장의 기치를 내걸고 국민들을 향해 새로운 산업근대화 프로젝트를 선전하기 위한 스포츠 이벤트를 국가 주도로 만들었다는 점은 공통적인 특징으로 언급할 수 있다. 말레이시아에서는 1950년대 말부터 시작된 강력한 말레이 민족 통합정책이 1970년대 초에 이르면 경제성장이란 구호를 내걸고 진화한다. 당시 툰 압둘 라작(Tun Abdul Rajak) 정부는 1971년부터 1990년까지 20년에 걸친 말레이시아 신경제정책(NEP: New Economic Policy)을 수립했다. 이 정책의 주된 목표는 "첫째 민족집단에 상관없이 모든 말레이시아 국민들에게 소득 수준을 향상시킴으로써 빈곤을 줄이고 이를 퇴치하는 것이요, 둘째는, 민족집단의 인구 구성비를 바탕으로 고용구조와 상업 및 산업분야의 자본소유 비율(말레이인 30%, 비말레이인 40%, 외국인 30%)을 재편성함으로써 이들 간의 경제 불균형을 해소하는 것이었다."[5] 말레이시아는 다민족국가로서 인종적 통합과 아시아 권역 내에서 일정한 경제발전과 문화적 이니셔티브를 잡기 위해 메르데카컵 같은 국제 스포츠 이벤트의 탄생이 필요했던 것이다.

태국에서도 이와 비슷한 상황이 전개되었다. 태국은 1957년부터 집권한 사리트 타나라트(Sarit Thanarat) 군부 독재치하 아래 불안정한 의회정치가 지속되었고, 1970년대까지 군부에 맞서는 시민들과 학생들의 시위나 동맹파업 등으로 혼란한 시기를 겪었다. 1969년 2월 선거에서 사리트 군부를 잇는 타놈 키티카초른(Thanom Kittikachorn) 정권의 태국국민연합당이 군부정권을 재창출하면서 태국은 정치적으로 극한 상황에 이르렀다. 이에 타놈 정권은 1971년 11월 계엄령을 선포하고 의회를 해산시켰다. 정치적 암흑기에 타놈 정부는 1972년 12월 신헌법을 공포해 의원 중 2/3를 군과 경찰에서 선출하면서 정권을 장악했고, 한편으로 국민을 통합시키기 위해 경제사회개발계획을 발표했다. 1967~71년 제2차 경제사회개발계획은 교통 및 농업 투자를 증대하고 투자환경을 개선하는 방향으로, 1972~76년 제3차 계획에서는 지역 간 소득 격차 해소, 농업과 교육에 투자 확대, 외국자본 유치를 통한 고용기회 확대를 추진했다.[6] 1968년에 시작한 킹스컵은 국왕의 권위를 상징적으로 활용해 군부권력의 정치적 안정을 대중에게 호소하는 국가 주도형 스포츠 이벤트라 할 만하다.

한국 역시 1970년대는 군부정권의 정치적 통제를 통해 강력한 경제성장의 드라이브를 추진한 시기였다. 1962년 시작된 제1차 경제개발 5개년 계획은 전력·석탄의 에너지원과 기간산업을 확충하고, 사회간접자본을 충실히 해 경제개발의 토대를 형성하는 것이었고, 제2차 경제개발 5개년계획(1967~71)은 식량 자급화와 산림녹화, 화학·철강·기계 공업 건설에 의한 산업의 고도화를 목표로 가장 높은 경제성장률을 기록했다. 1972년 시작된 3차 경제개발 5개년계획은 중화학 공업화를 추진하면서 단순 제조업에서 중공업으로 변신으로 꾀하기 위한 산업 국제화의 본격 시동이 걸렸던 시기라 말할 수 있다.

'박스컵'은 산업근대화로 성장하려는 남한의 국가적 꿈을 표상하는 유신정권의 원대한 프로젝트였다. 1970년 대한축구협회 회장에 부임해 1973년까지 재임했던 경제 관료 출신 장덕진은 권력의 막강한 지지를 받고 한국 축구의 중흥기를 이끌었다. 흥미로운 것은 한국 축구가 1960년대 침체기를 벗어나 중흥기로 접어드는 과정이 한국 경제개발의 맥과 같이한다는 점이다. 앞서 기술했듯, 금융기업 주도의 실업축구팀 창단도 경제정책과 무관하지 않으며, '박스컵' 같은 국제축구대회에 막대한 투자가 가능했던 것도 경제성장을 위해 축구가 국민을 하나로 단합시킬 수 있을 거라는 믿음 때문이다. 당시 대한축구협회장 장덕진은 《월간축구》 1970년 5월호 기고문에서 "축구야말로 우리나라의 국기이며, 축구를 통해 민족의 단결, 나아가서는 조국의 통일까지도 바람직한 굳은 신념을 갖게" 되었다고 말하고 있다.[7] 1970년 14회 메르데카컵에서 한국이 버마를 1 대 0으로 누르고 우승한 후 국민들의 열화와 같은 환송을 받았는데, 장덕진은 이 열기를 등에 업고 한국에도 우리의 위상을 알릴 수 있는 국제축구대회 창설을 제안했고, 이듬해인 1971년 '박대통령컵 쟁탈 아시아 축구대회'라는 명칭으로 국내 최초의 국제 스포츠 이벤트가 탄생했다. 1970년대 축구 열기는 대중에서는 압도적이었는데, 1970년 대한축구협회는 〈축구의 노래〉라는 노래를 만들어 대중적으로 보급하기도 했다.[8] 이 노래의 가사에서 연상할 수 있듯이 1970년대 초반 축구의 대중적 열기와 국가적 관심은 '타도 북한, 건설 조국경제'의 슬로건과 크게 다르지 않다.

아시아 국제축구대회는 각 국가의 정치적·경제적 상황에 조응하면서 국가의 이데올로기를 표상하는 의미가 있다. 그것은 축구대회 그 이상을 의미한다. 메르데카컵은 말레이시아의 '아시아주의'를 표방하는 국가정책의 시발점이라 할 수 있으며, 킹스컵은 태국 왕정의 권위를 재생산하기 위한 이벤트로서 의미가 강하며, 박스컵은 한국 개발독재의 가상적 목표를 대변해 대리전을 상상하게 하는 역할을 했다. 아시아 국제축구대회는 아시아 권역 내에서 개별 국가들의 '근대화' 과정을 의미화한다. 축구 이벤트의 의미화 과정은 선진국가를 목표로 하는 자본주의적 개발 논리와 동서 이데올로기에 의한 냉전 논리가 교차된다. 결론적으로 1970년대 아시아 각국에서 열린 국제축구대회는 각기 상이한 발생 맥락을 갖지만, 국가의 근대화 프로젝트의 과정으로 독해할 수 있고, '아시아'라는 가상의 공동체를 내세우면서 국가의 근대적 정체성을 형성하려는 나르시시즘을 갖고 있다.

'박스컵'과 대중 주체 형성

1971년에 시작한 '박스컵'은 1976년 '박대통령배국제축구대회'로 명칭을 변경했고, 1980년에는 '대통령배국제축구대회'로 재변경되었다가 1995년부터는 '코리아컵국제축구대회'로 변경되었다가 1999년에 폐지되었다. 박스컵은 1970년대 국내에서 개최된 유일한 국제 스포츠 이벤트였다. 또한 1976년부터 박스컵이 아시아 국가 축구팀을 초청하는 데서 벗어나 남미의 프로 클럽팀을 초청하는 국제화의

1967년에 창단된 양지축구단 선수들.

1971년 박스컵 개막식에서 박정희 대통령이 시축하는 장면.

제8회 킹스컵대회 우승 기사(1976. 1. 9).
한국이 이 대회에서 말레이시아를 1 대 0으로 누르고 우승하며
두 번째 3연패한 기록과 카퍼레이드 소식을 크게 소개하고 있으며,
아울러 아시아 정상에 오른 한국 축구의 위상을 올림픽 진출
("다음 목표는 올림픽")로 연계하고 있다.

면모를 보여주었는데, 이는 한국 산업근대화의 국제화 시기와 맞아떨어진다. 1970년대 한국 축구팀은 아시아 최강의 면모를 유감없이 발휘했고, 이는 한국 축구팀이 메르데카컵이나 킹스컵 연속 우승으로 입증되었다. 물론 1971년 뮌헨올림픽 축구 최종예선에서 말레이시아에 덜미를 잡혀 본선 진출에 실패하고 1974년 서독월드컵 예선에서도 오스트레일리아에 고배를 마시는 등 세계대회 진출에 좌절이 있었지만, 1970년대 아시아 축구의 맹주가 한국이었음을 부인할 수 없는 사실이다. 아시아 국제축구대회로 시작한 박스컵은 아시아 맹주로서 자부심과 괄목할 만한 경제성장을 등에 업고 아시아 수준을 넘어서려는 변신을 시도했다.

외국 선수들의 경기를 볼 기회가 극히 제한되었던 시절, 박스컵은 당시 동대문구장에 구름 관중을 몰고 다녔으며, 텔레비전으로 중계되던 경기들도 상당한 시청률을 기록했다. 축구 경기장에 입장한 관중들이나 텔레비전으로 경기를 시청한 시민들은 한국의 축구가 경기마다 월등한 기량으로 승리하는 것을 지켜보면서 한국의 축구 역량을 국가적 역량으로 동일시하곤 했다. 박스컵 축구대회 결승전은 관중석이 모자랄 만큼 많은 관중이 동대문구장을 찾았는데, 관중을 추가로 입장시키기 위해 동대문구장 트랙 주변에 가변 좌석을 설치하기도 했다.

박스컵에 대한 대중의 반응은 분명 뜨거웠는데, 이것이 국가와의 관계에서 어떤 맥락을 갖는지를 검토하는 것이 중요하다. 이에 대한 이론적 관점은 세 가지 차원에서 설명이 가능하다. 첫째, 박스컵을 지배이데올로기를 정당화하기 위해 주체를 호명한 국가장치로 보는 주체 형성 과정, 둘째, 대중에게 지배의 일정한 동의를 구하기 위해 박스컵과 같은 스포츠 이벤트를 개최하는 헤게모니적 지배 과정, 마지막으로 국가의 지배 목적과는 무관하게 대중 스스로의 자발적 선택과 취향이 우선하는 욕망의 과정으로 보는 것이다.

먼저 박스컵이 지배이데올로기를 정당화하기 위해 대중을 호명했다는 해석은 루이 알튀세르(Louis Althusser)의 이데올로기론을 근간으로 하고 있다. 알튀세르는 지배계급의 권력이 유지되기 위해서는 생산관계가 끊임없이 재생산되어야 한다고 보는데, 이러한 권력의 재생산을 위해 대중을 지배계급의 이데올로기로 흡수하는 국가장치가 필수적으로 필요하다. 알튀세르에 따르면, 국가장치는 억압적으로 기능하는 '억압적 국가장치'만 있는 것이 아니라 이데올로기적으로 기능하는 '이데올로기 국가장치'도 있다. 이데올로기적 국가장치는 학교, 정당, 교회, 매스커뮤니케이션 등 지배계급의 이데올로기를 재생산하는 영역을 지칭한다. 스포츠 역시 알튀세르의 이데올로기론에 따르면 이데올로기적 국가장치의 기능을 수행하는데, 왜냐하면 스포츠만큼 대중을 하나로 결집시키는 이벤트가 없기 때문이다. 박스컵은 반공, 애국, 경제발전이라는 국가주의 이데올로기를 통해 개인을 종속적인 주체로 호명하게 만드는 이데올로기적 국가장치로 기능한다고 말할 수 있다.

> 모든 이데올로기는 구체적인 개인을 구체적인 주체로 부르거나 호명한다. (중략) 이데올로기는 그와 같은 식으로 '활동'하거나 '기능'하기 때문에 내가 '호명'이나 부름이라고 칭한 바로 그 작용을 통해 개인들 가운데서 주체들을 '모집'하거나 개인들을 주체들로 '변형'시킨다. 그리고 바로 그 작용은 날마다 대할 수 있는 가장 흔하디흔한 경찰의 부름인 "이봐, 자네!" 같은 부름 속에서 능히 상상할 수 있는 것이다.[9]

그러나 이러한 이데올로기 주체호명이론은 박스컵이라는 스포츠 이벤트를 지나치게 지배계급의 대중 지배를 의도적으로 드러내는 국가장치로 설정함으로써 스포츠에 대한 대중들의 자발적 열정의 가능성을 완전히 배제시킨다는 비판을 받을 수 있다. 박스컵이 조국근대화의 미션을 국제적으로 알리고 대중들을 '국가주의'의 이름으로 결집시키려는 의도로 기획된 것은 사실이지만, 대중에게 축구에 대한 국가주의적 자부심을 일방적으로 주입하려 했던 이벤트로 보기에는 무리가 있다. 박스컵은 대중을 국가주의 이데올로기로 호명한 국가장치라기보다는 대중에게 헤게모니를 행사해 지배에 일정한 지도력을 발휘하는 이벤트가 할 수 있다. 안토니오 그람시(Antonio Gramsci)에 따르면, 헤게모니는 일방적으로 지배계급이 대중에게 주입하는 것이 아니라 대중에게 지배에 대한 동의를 구하면서 이루어진다. "한 사회집단은 통치권력을 획득하기 이전에 이미 '지도'를 행할 수 있으며 또 행해야 한다. 그것은 그러한 권력을 획득하는 데 있어서 가장 중요한 조건들 중의 하나다"[10]라는 언급대로 헤게모니는 국가권력이 일방적으로 시민사회에 행사되는 방식이 아니라 국가와 시민사회를 가로질러 가면서 대중 스스로의 동의 속에서 행사되는 것이다. 알튀세르의 이데올로기론이 박스컵 같은 국가 주도의 스포츠 이벤트를 대중을 호명하는 이데올로기 국가장치로 보는 반면, 그람시의 헤게모니론은 국가의 지도력이 관철되는 시민사회의 영역으로 본다.

알튀세르와 그람시의 이론과는 상반되게, 박스컵이 국가가 주도한 국가주의적 이벤트가 아니라 대중 스스로 자발적으로 원한 것으로 보는 견해도 있다. 박스컵이 물론 유신권력이 주도해서 만든 국가 이벤트인 것은 분명하지만, 그 이벤트에 대한 대중적 열광은 대중 스스로가 원하는 심리적 기제에서 비롯했다고 볼 수 있다. 빌헬름 라이히(Wilhelm Reich)의 지적대로, 파시즘은 대중 스스로 원한 것인 것[11])처럼, 박스컵을 통한 애국심의 고취와 국가발전에의 열망, 냉전적 시대의 반공주의적 자부심은 국가권력이 노골적으로 유포한 것이 아니라 대중 스스로가 축구를 관람하고, TV로 시청하고, 신문기사로 읽으면서 자발적으로 만들어낸 것이다.

이러한 세 가지 맥락에 대해 당시 경기에 참가했던 대표선수들의 입장은 서로 다르게 나타났다. 당시 박스컵에서 대표선수로 활약했던 김강남 현 'Xports' 해설위원은, 박스컵은 박정희 대통령의 정치적 목적과 의도가 드러난 이벤트였다고 회상한다. 당시 미국의 차관과 원조로 근대적 프로젝트를 추진해야 했던 한국의 경제는 국제축구대회를 개최할 만큼 여유가 있지 못했다.[12]) 축구 국가대표 선수들에 대한 지원 역시 당시 제대로 된 숙소나, 연습경기장, 차량도 없이 열악한 상황이었다. 그러나 박스컵 개최에 대한 박정희 대통령의 의지는 확고했고, 특별예산을 편성해서 대회를 준비하라는 조치를 취하기도 했다. 1994년 미국월드컵의 대표팀 감독이자, 전(前) 대전시티즌 프로축구팀 감독 김호는 박정희 대통령이 박스컵 개최에 결정적 역할을 한 것은 사실이지만, 실제로 대중들의 박스컵에 대한 관심은 동원된 것이라기보다는 개인적이고 자발적이었다고 언급했다. 그는 박스컵을 보기 위해 동대문구장을 찾는 관중이나, 라디오나 텔레비전으로 축구를 듣고 보았던 사람들은 대체로 축구 자체에 대한 선호가 강한 면을 드러냈다고 말한다. 1970년대 한국의 대표적인 수비수였던 김호곤 울산현대 프로축구팀 감독도 박스컵에서 정부의 개입이 노골적으로 있었다고 보기는 어렵다는 회상을 하기도 했다.

박스컵이 산업근대화와 경제선진화를 위해 노동자들이 매진해야 한다는 선전의 장으로 노골적으로 활용되었다고 보기는 어려운 면이 있다. 또한 박스컵을 통해 근대적 노동주체로서 대중의 집단적 결단을 요구하는 장으로 단순하게 보기도 어렵다. 그러나 적어도 박스컵은 한국이 축구에 관한 한 아시아 지존의 확인을 위한 자리였으며, 이를 통한 대중의 국가적 자존심과 애국주의가 드러난 것은 사실이다. 한국 축구의 아시아 정상은 곧 한국이 아시아에서 최강의 국가이거나, 그렇게 될 것이라는 신념을 국민에게 심어주는 역할을 부분적으로 담당했다. 당시 별다른 볼거리가 없었던 시절에 박스컵은 가장 흥미로운 이벤트였다.[13] "싸우면서 건설하자, 일하면서 싸우자"라는 유신의 구호에서 박스컵은 그러한 목적을 이루기 위한 생산수단이자 소비과정이었다.

결과적으로, 우리가 주목할 점은 박스컵이 노골적인 이데올로기 선전의 장이었다기보다는 대중의 자발적 동의를 이끌어내는 헤게모니적 지배의 장으로 기능했다는 점이다. 이러한 근대적 개발과 성장이라는 동시대 목적을 실현하기 위한 수단으로 축구를 통한 냉전적인 반응과 결집이 작용한다. 따라서 박스컵(혹은 1960~70년대 한국 축구)이 발전주의적 사회통합화와 반공주의 냉전체제에 어떤 연관성이 있는가를 따져보는 것이 중요하다. 박스컵은 자본과 국가가 사회 전체를 거대한 '발전주의적 사회통합화'를 이루는 방식으로 자본주의적 재생산에서 국가와 시민사회가 경합을 벌인 장이라고 말할 수 있다. 개발독재국가들은 발전주의적 사회통합화를 통해 '가상의 성장공동체'를 만들게 되고, 이 과정에서 노동자들을 통합하게 된다. 자본주의의 재생산 관점에서 반공주의는 지배적 실천을 강화하거나 노동자계급의 저항적 실천을 규율하는 방식으로 국가와 자본에 기여한다. 반공주의는 기본적으로 반북주의 형식을 취하고 있으나 반(反)노동자주의로 규정될 수 있다.[14]

일례로, 아시아 국제축구대회에 북한과의 경기에 대한 미디어 보도를 보면 북한은 대부분 북괴(北傀)로 표현되고 있다. 1970년대 남한과 북한이 축구경기에서 냉전적 대결이 가장 극명하게 드러났던 것은 1978년 방콕아시안게임 결승전이다. 당시 결승전에서 남한과 북한은 득점 없이 비겨 공동우승을 차지했지만, 경기 직전까지 양 팀의 냉전적 대결은 선수들에게 긴장감을 배가시켰다. 당시 남한의 미디어는 '필승=반공'이라는 등식을 심어주는 역할을 했다.

> 결승전을 앞두고 당시 분위기는 선수들에게 반드시 승리를 요구하는 분위기였습니다. 북한과의 경기 전에 중앙정보부에서 나와서 사전소양교육을 실시했는데, 이는 북한을 대하는 사상적 무장교육뿐 아니라, 북한 선수단을 만날 때 취해야 할 자세에 대해 교육을 받았습니다. 그때는 북한 선수들과 악수만 해도 잡혀가는 분위기였는데, 중앙정보부에서는 북한의 태도에 일체 대응을 하지 말라고 했습니다. 반대로 북한 선수들은 우리에게 비교적 여유 있는 태도로 웃기도하고 악수를 청했는데, 우리가 오히려 경직되게 대한 것 같습니다. 물론 나중에 물어보니까 북한 선수단도 호텔에 TV 같은 것은 모두 제거하도록 해서, 남한이나 외국의 정보를 사전에 차단했다고 합니다.
> — 김강남(당시 경기에서 미들필더로 활약)과의 인터뷰

아시아축구대회에 대한 미디어의 반응 중에서 또 한 가지 주목할 만한 것은 미디어가 축구를 통한 아시아 내 한국의 위치 설정을 과도하게 설정한다는 데 있다. 《조선일보》 1976년 1월 9일자 기사에 따르면, 한국 대표팀이 태국 킹스컵에서 두 번째로 3연패를 하고 김포공항에서 시청 앞까지 카퍼레이드를 벌이는 것을 대서특필하면서 한국 축구가 명실공히 아시아 정

상임을 확인하는 칼럼을 싣기도 했다. 아시아 정상에 오른 한국 축구의 위상을 올림픽 진출로 연계시키는데, 우연인지는 모르겠지만, 1976년부터 '박대통령컵아시아축구대회'는 '박대통령배국제축구대회'로 명칭을 변경하면서 처음으로 아시아권 밖 국가를 초청했다. 박스컵 대회를 결산하는 미디어들의 평가는 대체로 '아시아 정상=탈아시아'라는 등식으로 한국의 국력을 과대 포장하고 있다. 결론적으로 박스컵의 주체 형성은 헤게모니적 동의에 의한 대중의 자발적 참여가 정당화되는 과정이라 할 수 있다.

맺는 말

주지하듯이, 1957년 메르데카컵으로 시작해 킹스컵, 박스컵으로 이어지는 아시아 축구 이벤트들은 1970년대에 전성기를 구가했다. 이 3대 축구 이벤트들은 아시아 축구 발전에 경쟁적이면서도 동시에 상호 협조적 관계를 유지해 왔으며, 제3세계 아시아 권역주의를 위한 내적 연대를 형성하는 데 기여했다. 흥미롭게도 이러한 내적 연대는 정권의 정당화와 산업근대화에 대한 대중의 동의가 맞아떨어지는 공통의 목적이 있었다. 다른 말로 하자면, 3대 축구 이벤트는 유럽의 축구리그에 비해 형편없는 수준이었지만, 경쟁국들을 이기기 위해 최선을 다했는데, 이는 출전한 다른 아시아 국가들에 대한 상징적이고 우월한 지위를 획득하려는 것을 의미한다. 이러한 경쟁 관계가 대중을 축구 이벤트에 흡수하려는 국가나르시시즘과 교차되면서, 아시아 국제축구대회는 1970년대 녹재와 산업근대화의 정당성을 위한 장치로서 기능했다.

월드컵을 개최하고, 월드컵에서 세계 4강을 경험했고, 아시아에서 가장 오래된 프로리그를 갖고 있는 한국 축구는 이제 더는 박스컵과 같은 산업근대화의 문화적 잔여물을 유지할 필요가 없다. 반면 말레이시아와 태국은 지금까지도 메르데카컵과 킹스컵을 그 규모를 축소해서 개최하고 있는데, 이는 이 두 국가에서 당초 이 대회가 개최되었을 때의 취지가 여전히 유효한 것임을 증명하는 것이라고 볼 수 있다.

이제 한국 축구에서 메르데카컵이나 킹스컵은 역사적 유산, 혹은 근대화의 추억과 향수로 기억된다. 사람들은 이제 더 이상 킹스컵과 메르데카컵에 관심을 갖지 않고, 대신 유럽의 프로리그나 챔피언스리그에 관심을 갖는다. 1970년대 아시아축구대회의 피치 위에서 시대를 풍미했던 차범근, 김호, 박이천, 이세연, 이영무 등은 2000년대 들어서는 유럽 프로리그를 주름잡는 박지성, 이영표, 설기현, 박주영, 조원희 등으로 대체되었는데, 이는 한국의 정치적·경제적·문화적 세계화과정과 무관하지 않다. 어쩌면 1970년대 박스컵을 비롯해 아시아 국제축구대회 안에 관통하는 국가나르시시즘이 관통한 지점은 정확히 '아시아'를 매개로 한 세계화에 대한 욕망이었을지도 모르겠다.

● 이동연
현재 한국예술종합학교 전통예술원 한국예술학과 교수로 재직 중이며 계간 《문화과학》의 편집위원으로 활동 중이다. 중앙대학교에서 〈메티비평론 연구-문학비평의 탈근대적 실천〉으로 박사학위를 받았으며, 문화연구와 문화이론에 관한 다양한 저술작업을 해왔다. 주요 저서로는 《예술교육을 넘어서》(2008), 《아시아문화연구를 상상하기》(2006), 《문화부족의 사회-히피에서 폐인까지》(2005), 《대중문화연구와 문화비평》(2002), 《문화연구의 새로운 토픽들》(1997) 등이 있다.
sangyeun65@naver.com

주와 참고문헌

냉전풍경 1: 운동하는 아시아 그리고 아시아의 다중
아시아에서 1960~70년대 비동맹 / 제3세계운동과 민족·민중 개념의 창신

| 주 |

1) ── 아시아 내셔널리즘의 함의에 대해서는 백원담, 〈아시아 내셔널리즘과 5·4: 5·4 운동에서 '문화'와 '민족' 문제의 재인식〉, 《중국현대문학》 제47호(2008년 겨울호), 한국중국현대문학학회, 2008. 12. 참조.
2) ── 베네딕트 앤더슨, 〈오래된 국가, 새로운 사회: 비교사적 시각에서 조명해 본 인도네시아의 신질서체제〉, 동남아정치연구회 편역, 《동남아 정치와 사회》, 한울아카데미, 1992, pp. 123~156. 참조.
3) ── 인도 뉴델리에서 개최, 1949. 1. 20~23. 綜合硏究開發機構 編, 〈資料 2 アジア·太平洋 問題年表〉, 《事典/アジア·太平洋: 新しい地域像と日本の役割》, 中央經濟社, 1990, p. 853.
4) ── 浦野起央, 《第三世界國際關係資料集: 第三世界與國際協力》, 有信堂, 1976, pp. 5~6; 綜合硏究開發機構 編, 앞의 책, p. 854.
5) ── 여섯가지 요구는 ① 정당하고 합리적인 기초에 근거한 조선휴전의 실현, 베트남·말레이시아 등에서 전쟁의 중지, 모든 외국군대의 이 지역으로부터의 철퇴 ② 일본군국주의 부활의 저지, 일본과 관계하는 모든 나라들의 진정한 강화조약의 체결, 독립·민주·자유·평화의 신일본 확립 ③ 한 나라에 의한 타국의 내정간섭 반대, 한 나라의 주권 침해 반대, 민족적 독립의 지지와 실현 ④ 봉쇄와 금수 반대, 평등호혜에 기초한 각국 간 경제협력과 문화교류의 촉진 ⑤선쟁선동의 금지, 인권차별의 반대, 부인의 권리 보호와 아동 복지의 촉진 ⑥ 5대국 평화조약의 급속한 체결, 군축과 원자·세균·화학병기, 기타 대량살상무기의 사용금지를 내용으로 한다. 浦野起央, 《第三世界國際關係資料集:

第三世界與國際協力》, 앞의 책, 6쪽.
6) ─── 'アジア諸國首相會議', 1954. 4. 28~5. 2, 콜롬보.
7) ─── 綜合硏究開發機構 編, 앞의 책, p. 853. 참조.
8) ─── 〈アジア諸國人民會議の決議〉, 1955. 4. 4~10, 뉴델리. 浦野起央, 앞의 책, pp. 8~13.
9) ─── 이 회의는 중국과 인도 수상이 선언하고 기타 많은 제국의 지지를 얻은 5원칙이다. 즉 ① 영토주권의 상호존중, ② 상호불가침, ③ 상호 내정불간섭, ④ 평등호혜, ⑤ 평화공존을 전면적으로 지지한다.
〈Agreement Between India and China on Trade and Intercourse Between Tibet Region of China and India, 29 April 1954〉(Harold G. Hinton, The People's Republic of China 1949-1979: A Documentary Survey, volume. 1. 1949-1957, From Liberation to Crisis, Scholarly Resources Inc., 1980). 원래 이 5원칙은 1954년 4월에 체결된 중국-인도 양국 간의 티베트에 관한 협정 전문(위 자료)에 포함되어 있었다. 인도차이나전쟁 해결을 위한 제네바회의가 난항 중인 시점에서 동서냉전과 식민지전쟁 등을 종식시키고, 세계평화를 위해 새로운 국제관계 원칙이 필요하다는 네루 수상과 저우언라이 수상의 희망을 확인하고, 전 세계에 그 원칙의 수행을 제안하였다. 두 수상은 '이 평화5원칙을 확인한 나라들이 평화지역을 형성하고, 이 평화지역을 전 세계에 파급시킨다'는 구상을 표명했으며, 1955년 4월 반둥회의 참가 29개국은 이 원칙을 바탕으로 한 '평화10원칙'을 채택했고, 이후 국제관계의 새 원칙으로 등장했다.
10) ─── 이 회의는 모든 군사조약과 아시아에 설치되는 군사기지에 절대적 내지 전면적으로 반대하는 것을 표명한다. 예컨대, 아시아 여러 나라에 큰 직접적 영향을 주고 있는 동남아시아조약기구(SEATO: Southeast Asia Treaty Organization, 1954년 설립), 터키-이라크 상호방위조약(1955년) 및 기타 이에 유사한 조약이다. 우리는 아시아 여러 나라를 이러저러한 군사조약으로 끌어들이기 위해 이러한 나라에 가해지는 직간접의 압력을 규탄한다. 〈アジア諸國人民會議の決議〉, 앞의 책.
11) ─── 1952년 미국의 군정이 끝나고 일본 내에서 보수와 진보가 상호 정치세력 균형을 이룬 때를 '평화체제'라고 명명한다. 아시아국가들은 일본이 평화체제로 들어감에 따라 미국과 일본의 종속적 관계 고리를 끊고 일본을 다른 아시아국가들과 수평적 관계를 맺을 수 있는 조건이 만들어졌다고 판단한 부분이 있다. 그러나 한국전쟁을 계기로 일본의 경제가 급성장하면서 일본은 아시아국가들의 바람을 저버리고, 미국의 아시아전략 곧 아시아에서 일본을 통해 다른 아시아 신흥독립국들을 제3세계 근대화기획으로 재편하는 계획에 동반하게 된다.
12) ─── 〈アジア諸國人民會議の決議〉, 앞의 책, p. 9.
13) ─── 한편, 고아(Goa)와 다만(Daman) 등이 인도에 속하는 것을 분명히 하고 포르투갈 당국의 테러 지배에 반대하며 포르투갈 정부가 아프리카와 프랑스 쌍방 정부에 대해 직접 인도정부와 대화를 갖고 이러한 지방을 평화적으로 인도에 인도할 것을 요구한다. 서이리안을 인도네시아에 반환할 것, 미국이 오키나와제도를 일본에 반환할 것, 영국이 지배하는 말라야 인민에게 완전한 자유를 부여할 것을 요구했다. 아울러 아랍제국 인민의 자유와 민족적 독립을 위한 투쟁을 지지하고, 외부 세력이 이스라엘과 터키를 통해

아랍제국을 무리하게 군사블록으로 가입시키는 것과 이스라엘이 침략정책으로 아랍 인민의
분열과 긴장을 고조시키는 것을 규탄했다. 이것은 "일부 국가에 대한 제국주의의 지배를
보전하게 하고 이미 방법을 강구해 해방을 찾은 인민의 머리 위에 이러한 지배를 다시
들씌우는" 것으로 중동의 문제는 공정 · 평등과 국제적 권리의 기초 위에서 해결될 것임을
확신했다. 〈アジア諸國人民會議の決議〉, 앞의 책, p. 10.

14) ── 〈アジア諸國人民會議の決議〉, 앞의 책, pp. 12~13.
15) ── 〈アジア・アフリカ會議の最終聲明〉, 1955. 4. 18~24, 반둥, 앞의 책, p. 13.
아시아 · 아프리카회의는 주최국인 버마(미얀마), 실론(스리랑카), 인도, 인도네시아,
파키스탄 정부의 초청으로 인도네시아의 반둥에서 열렸으며, 5개 주최국 이외에
24개국(아시아 18개국, 아프리카 6개국)이 회의에 참가했다.
16) ── AA는 세계평화와 협력 증진을 선언한다. 기본적 인권 및 UN헌장의 목적과 원칙의
존중, 모든 국가의 주권 및 영토 보전의 존중, 모든 인종의 평등 및 나라 크기에 관계없이
모든 국민의 평등 승인, 타국의 내정 불간섭, UN헌장에 따라 개별적 혹은 집단적으로
자국을 방위하는 모든 국민의 권리 존중, 집단적 방위기구를 강대국의 특수 이익을 위해
사용하지 않는 것과 타국에 압력을 가하지 않는 것, 영토 안전과 정치독립에 대한
침략행위와 침략위협 그리고 힘의 사용을 피할 것, 모든 국제분쟁을 교섭 · 조정 · 중재 혹은
UN헌장에 따라 관계국이 선택하는 평화적 수단으로 해결할 것, 공통의 이익과 협력 증진,
이러한 원칙에 따라 우호 협력이 국제의 평화와 안전의 유지 및 증진에 공헌할 것과 모든
공통의 번영과 안녕을 위해 경제 · 문화 · 사회 분야에서 협력한다는 것 등이 그 내용이다.
〈アジア・アフリカ會議の最終聲明〉, 앞의 책, pp. 17~18.
17) ── 〈アジア・アフリカ會議の最終聲明〉, 앞의 책.
18) ── 〈アジア・アフリカ人民連帶會議の宣言 · 決議〉, 1957. 12. 26~1958. 1. 1, 카이로,
浦野起央, 앞의 책, pp. 18~29. 참조.
19) ── 〈アジア・アフリカ人民連帶會議の宣言 · 決議〉, 앞의 자료, 23~24쪽.
20) ── 프란츠 파농, 《대지의 저주받은 사람들》, 남경태 역, 그린비, 2004, 56~57쪽.
21) ── 粤野保男, 《非同盟: 新しい世界への展望》, 太流社, 1980, pp. 59~60.
22) ── 粤野保男, 앞의 책, p. 60.
23) ── 粤野保男, 앞의 책, p. 241에서 재인용.
24) ── 맥마흔 볼, 《아시아의 민족주의와 공산주의》, 손중기 역, 학문과 사상사, 1981, 5~7쪽.
25) ── 김영준, 《東南亞民族主義》, 《月刊 亞細亞》, 1969. 10.
26) ── 여정동, 〈아시아는 變形하고 있다: 展開될 아시아의 새 樣相〉, 《청맥》, 청맥사, 1965년
6월호.
27) ── 에드거 스노, 《에드거 스노 자서전》, 최재봉 옮김, 김영사, 2005.
심재훈, 〈아시아는 變形하고 있다: 아시아인의 아시아〉, 《청맥》, 청맥사, 1965년 6월호.
28) ── 毛澤東, 〈中間地帶國家的性質各不相同〉(1962. 1. 3) 487頁, 《毛澤東外交文選》,
外文出版社, 1962.
29) ── 毛澤東, 〈關于三個世界劃分問題〉, 《毛澤東著作專題摘編》, 中央文獻出版社, 2003, p.
1147.

30) ── 毛澤東,〈同尼雷尓談話主要內容的通報〉,《建國以來毛澤東文稿》, 中央文獻出版社, 1998, pp. 383~384.
31) ── 毛澤東,〈論聯合政府〉,《毛澤東選集》第三卷, 人民出版社, 1991, p. 1086.
32) ── 백원담,〈아시아 내셔널리즘과 5·4〉, 앞의 글.
竹內好,〈アジアのナショナルリヅム〉,《竹內好全集》5, 筑摩書房, 1981.
竹內好,〈中國のナショナルリヅム〉,《竹內好全集》5, 筑摩書房, 1981.
33) ── 모리스 마이스너,《마오의 중국과 그 이후 1》, 김수영 역, 이산, 2004, 79쪽.
34) ──〈국제중계, 아세아의 현실과 비현실〉,《조선일보》 1964. 2. 20.
35) ── 毛澤東,〈同關于尼雷三尓談話主要內容的通報〉,《建國以來毛澤東文稿》,
中央文獻出版社, 1998, p. 383~384.
毛澤東,〈美帝国主義是紙老虎〉,《毛澤東選集》第五卷, 人民出版社, 1977.
36) ── 여정동,〈아시아는 變形하고 있다: 展開될 아시아의 새 樣相〉, 앞의 글.
37) ── 미국의 평화부대의 창설을 통한 신식민주의 문화전략과 전술에 대해서는 다음 자료 참조. 五十嵐良雄,〈문화사상면에 있어서 신식민주의와 평화부대에 관한 노트〉, 루카치 외 지음,《민중문화운동의 실천론》, 김정환·백원담 편역, 도서출판 화다, 1985.
38) ── 19세기 말 러시아에서 슬라브주의와 서구주의의 대립, 농촌 공동체의 강조, 이후 나로드니키(Narodniki)의 등장 등은 이러한 고민의 반영이다.
39) ── 1962년 말까지《사상계》에 실린 민족주의 관련 논문으로는〈病든 民族主義〉(金成植, 창간호, 1953년 4월호),〈아시아 민족주의의 새로운 과제〉(W. L 홀랜드, 1954년 12월호),〈民族主義의 新次元〉(申相楚, 1957년 4월호),〈아시아의 민족주의와 공산주의〉(金基洙, 1957년 12월호),〈한국적 민족주의〉(金成植, 1958년 9월호), '검은 大陸의 民族主義'라는 특집(1960년 10월호),〈民族主義의 새로운 이념〉(崔元煥, 1961년 5월호),〈民族主義의 현대적 방향〉(車基璧, 1961년 11월호),〈黃色民族主義의 전개〉(李文輝, 1962년 5월호),〈검은태양의 민족주의〉(金昌勳, 1962년 8월호),〈東南亞의 민족주의와 공산주의〉(鄭仁亮, 1962년 9월호)가 있다.
40) ── 1965년 11월호. 주간인 김질락의〈누구의 나라인가〉를 비롯해,〈한국민족주의의 배경〉(송건호),〈민족주의와 엘리뜨〉(구범모),〈민족운동의 담당자〉(이진영),〈한국민족주의전망〉(임방현),〈변혁을 위한 새 방안〉(경제학자 박희범),〈한국정치의 새 구도〉(김영두),〈누구를 위한 내핍인가〉(이규동),〈누구를 위한 수출인가〉(정병수),〈한국정치와 군대〉(손제석),〈민간신앙의 생태〉(장병길) 등.
《청맥》은 창간 자체가 1960년대 남한에서 특별한 의미를 갖는다. 박태균(1990)은《청맥》이 창간된 중요한 배경을 다음과 같이 정리한다. "1960년대의 진보적 지식인들의 노력을 들지 않을 수 없다. 아직 구체적인 평가를 내릴 수 있는 시기는 아니지만 4·19시기의 민중의 열기가 군사독재정권에 의해서 꺾이자 이에 반대하는 지식인들의 노력은 비밀조직을 결성함으로써 민중들의 열기를 조직화시켜보려는 움직임으로 나타났다. 그 대표적인 경우가 1960년대에 일어난 인민혁명당·통일혁명당 사건이다. 물론 이북과의 연계문제 등 아직 해명되어야 할 문제들이 많지만 당시 이러한 움직임에 참여하였던 이들이 대부분 4·19시기의 민족민주운동에 주도적으로 참여하였던 이들이었다는 점을 감안할 때

민족민주운동의 새로운 움직임이었음에는 틀림없다. 《청맥》은 통일혁명당 서울시 준비위원회와 깊은 관계를 가지고 창간되었기 때문에 1967년 정간이 되고 난 후 1968년의 통혁당사건 발표시에는 세간에는 통혁당의 기관지로 보도되었다."
청맥》의 사상적 경향과 1960년대적 의미는 다음 글들 참조.
김상웅, 〈청맥에 참여한 60년대 지식인들의 민족의식〉, 월간 말, 통권 120호(1996년도 6월호), 월간 말, 1996. 6.
김주현, 〈1960년대 '한국적인 것'의 담론 지형과 신세대 의식〉, 《상허학보》 16집, 상허학회, 2006. 2.
41) ── 임방현, 〈한국민족주의전망〉, 《청맥》, 1965년 11월호
42) ── 여정동, 〈아시아는 變形하고 있다: 展開될 아시아의 새 樣相〉, 앞의 글.
43) ── 장준하, 〈민족주의자의 길〉, 《씨알의 소리》 제14호(1972년 9월호), 씨알의소리사, 1972.

| 참고문헌 |

《思想界》
《청맥》
《씨알의 소리》
《김일성전집》, 조선로동당출판사, 1995.
《毛澤東選集》第一卷 – 五卷, 人民出版社, 1977年 4月 第1版, 人民出版社, 1991.
《毛澤東外交文選》, 外文出版社, 1962.
《毛澤東著作專題摘編》, 中央文獻出版社, 2003.
《建國以來毛澤東文稿》, 中央文獻出版社, 1998.
《竹內好 全集》, 筑摩書房, 1981.
국가재건최고회의공보실 편, 《박정희의장 방미연설문집》, 국가재건최고회의공보실, 1962.
국민교육협의회 편, 《국민교육헌장의 자료의 총람》, 한국경영개발협회 출판부, 1972.
김학준 · 박현채 · 사무엘 팔머 외, 《제3세계의 이해》, 형성사, 1979.
동아출판사 편집부, 《成年韓國: 외국인의 견해》, 동아출판사, 1966.
동남아시정치연구회 편역, 《동남아 정치와 사회》, 한울아카데미, 1992.
루카치 외 지음, 《민중문화운동의 실천론: 신식민지주의와 민중문화운동론》, 김정환 · 백원담 편역, 도서출판 화다, 1985.
맥마흔 볼, 《아시아의 민족주의와 공산주의》, 손중기 역, 학문과 사상사, 1981.
박재묵 편역, 《제3세계 사회발전론: 근대화이론, 종속이론, 생산양식이론》, 창작과 비평사, 1984.
박호성, 《남북한 민족주의 비교연구》, 당대, 1997.
백기완 외, 《민족 · 통일 · 해방의 논리》, 형성사, 1984.
사카모토 히로코 외, 《역사: 아시아 만들기와 그 방식》, 박지우 역, 한울, 2007.
송건호 · 강만길 편, 《한국 민족주의론》, 창작과 비평사, 1982.

송건호, 《민중과 민족》, 大邦出版社, 1986.
신범식 편, 《박정희대통령 연설집: 중단하는 자는 승리하지 못한다》, 한림출판사, 1968.
오제명 등, 《68 세계를 바꾼 문화혁명》, 도서출판 길, 2006.
장준하 선생 10주기 추모문집간행위원회 편, 《장준하문집1: 민족주의자의 길》, 사상, 1985.
전재호, 《박정희 체제의 민족주의연구: 담론과 정책을 중심으로》, 서강대학교 대학원 박사학위논문 1997.
차성화 · 유경순 외, 《1970년대 민중운동 연구》, 민주화운동기념사업회, 2005
프란츠 파농, 《대지의 저주받은 사람들》, 남경태 역, 그린비, 2004.
한국신학연구소편, 《한국민중론》, 한국신학연구소, 1984
한국민중사연구회, 《한국민중사》근현대편, 풀빛, 1986
한상진 편저, 《제3세계 정치체제와 관료적 권위주의》, 한울, 1984
中共中央文獻硏究室 編, 《周恩來年譜 1950-1976》下卷, 中央文獻出版社, 2007.
中國人民抗美援助總會宣傳部 編, 《偉大的抗美援助運動》, 人民出版社, 1954.
王占陽 · 王小英 編, 《中外記者筆下的毛澤東》, 沈陽出版社, 1993.
大阪市立大學經濟硏究所 · 尾崎彥朔 編, 《第三世界と國家資本主義》, 東京大學出版會, 1980.
浦野起央, 《第三世界國際關係資料集》, 有信堂, 1976.
岩波講座 9, 《冷戰體制と資本の文化: 19955年以後 1》, 岩波書店, 2002.
岩波講座 10, 《問われる歷史と主體: 19955年以後 2》, 岩波書店, 2002.
Armstrong, Charles K, *The North Korean Revolution, 1945-1950*, originally published by Cornell University Press, 2002.
Bullasky, Fedor, *Mao Tse-Tung; An Ideological and pschological Portrait*, Progress Publishers, 1980, Moscow
Cummings, Bruce, *Korea Place in the Sun*, W.W. Norton & Company, NY, 1997,
Hinton, William, *Turning Point in China*, Monthly Review Press, 1972
Eight years of the Chinese People's Volunteers Resistance to America aggression and Aiding Korea, Peking: Foreign Language Press, 1958.
김보현, 〈《사상계》의 경제개발론, 박정희정권과 얼마나 달랐나?: 개발주의에 저항한 개발주의〉, 《정치비평》, 통권 3호(2003년 상반기), 한국정치연구회, 2003.
김태환, 〈북한의 제3세계 외교정책의 전략이념〉, 《북한》 1987년 3월호, 북한연구소, 1987.
박봉식, 〈북한의 제3세계 정책〉, 《북한학보》 제7집, 북한연구소, 1983.
박태균, 〈1956-1964년 한국경제개발계획의 성립과정〉, 서울대학교 박사학위논문, 2000.
박태균, 〈《청맥》의 민족현실 인식 연구〉, 1990, 한국현대사통합 데이터베이스, 코리아콘텐츠랩, 서울, 2000.
박태균, 〈박정희의 동아시아인식과 아시아 · 태평양 공동사회 구상〉, 《국제 · 지역연구》 2003년 여름호.
홍석률, 〈1960년대 한국 민족주의의 두 흐름〉, 《사회와 역사》 제62권, 한국사회사학회, 2002.
侯松濤, 〈抗美援助運動與民衆社會心態硏究〉, 《中共黨史硏究》 2005年 第2期, 2005.
Andrew Ross, *Mao Zedong's Impact on Cultural Politics in the West*, Cultural Politics,

2005.
Giovanni Arrighi, *The Winding Paths of Capital interview by David Harvey*, New Left Review 56, 2009.

> 냉전풍경 1: 운동하는 아시아 그리고 아시아의 다중
> 1960~70년대 베트남전쟁 반대운동에서 '아시아'에 대한 시선의 부상

| 주 |

1) ── 미일안전보장조약 체제를 줄여서 그냥 '안보'라고 말한다. 1951년 9월 8일에 체결된 미일안전보장조약은 개정 교섭이 이루어져 1960년 1월 19일에 서명된 신조약(1960년 6월 23일 발효)이 있다. 신조약이 체결되기 전부터, 일본을 미군이 지켜주는 대신 재일 미군에 대한 공격에도 일본 자위대와 재일 미군이 공동으로 방어행동을 한다는 규정 등 이 개정으로 일본이 전쟁에 휩쓸릴 위험이 높아진다는 등의 우려로 안보조약 반대운동이 고양되었다. ─ 옮긴이
2) ── 전일본학생자치회총연합(全國日本學生自治會總連合)의 약칭. 각 대학 학생자치회의 전국 연합조직으로 1948년에 결성되어 학문의 자유, 교육기관의 민주화 등을 주창하며 1950~60년대 학생운동의 중심이 되었다. ─ 옮긴이
3) ── 이 점에 대해서는 졸저 《점령과 평화: '전후'라는 경험(占領と平和: 〈戰後〉という經驗)》, 靑土社, 2005, pp. 443~444을 참조할 것.
4) ── 요시카와 유이치(吉川勇一)가 주재하는 옛 '베트남에 평화를! 시민연합' 운동 정보의 홈페이지를 참조할 것. http://www.jca.apc.org/beheiren/grouplist.html
5) ── 小田實, 〈平和への具體的提言 ─ 日米市民會議での演說〉, 小田 編, 《市民運動とは何か ─ ベ平連の思想》, 德間書店, 1968, 43頁.
졸저 《점령과 평화: '전후'라는 경험(占領と平和: 〈戰後〉という經驗)》, 靑土社, 2005, pp. 458~460을 참조할 것.
6) ── 道場親信, 《占領と平和》, p. 459, pp.497~502.
7) ── 예컨대, 《ベ平連ニュース》 제61호(1970년 10월)에서는 9월 개최된 '베트남에 평화를! 시민연합' 전국 간담회를 특집으로 하여, 안보투쟁 이후의 운동 양상을 이야기하고 있다. 그 보고의 하나로서 후루야마 요조(古山洋三)가 쓴 논문은 〈 '전기'가 왔는가? '베트남에 평화를! 시민연합'(轉期に來たか？ ベ平連)〉이라는 제목이었다.
8) ── 자위대에 있으면서 유엔의 평화유지활동에 반대하는 자위대원. ─ 옮긴이
9) ── 우리나라의 전국경제인연합회, 즉 전경련과 비슷한 단체. ─ 옮긴이
10) ── 《ベ平連ニュース》, 第88号, 1973年 1月.

11) ── 《べ平連ニュース》, 第93号, 1973年 6月.
12) ── 小田實, 〈具體的な行動で'アジア'への展望を〉, 《べ平連ニュース》第96号, 1973年 9月.
13) ── 吉川勇一, 〈べ平連解散と小田氏からの手紙 ─ べ平連解散集會での報告〉, 'ベトナムに平和を! 市民連合' 編《資料 'べ平連' 運動》下卷, 1974年 10月, p. 473.
14) ── 아시아태평양자료센터 자유학교에서 무토 이치요의 회상, 2006년 8월 5일, 도쿄.
15) ── 〈ごあいさつ〉(1973年10月), 崎玉大學共生社會硏究センター所藏, 〈べ平連資料〉.
16) ── 주 10)과 같음.
17) ── 〈經濟再進出への道〉《戰後改革とその遺産》, 岩波書店, 1995, p. 212.
18) ── 〈60年代における日本の東南アジア開發〉, 《國際政治》第126号, 日本國際政治學會, 2001, pp. 118~119.
19) ── '자주강좌'란 1960년대 말의 학생운동으로부터 각 대학에서 생겨난, 대학의 커리큘럼과는 별도로 학생과 연구자가 배우는 장을 마련하려는 자주 관리의 교육운동에 붙여진 공통의 명칭이다. 그런데 여기서는 도쿄대학 공학부 조수(助手: 교원의 직급 가운데 하나로 교수, 준교수, 조교의 직무를 보조하는 직. ─ 옮긴이)였던 우이 준을 중심으로 이 대학에서 지속된 운동을 가리킨다. 도쿄대학 자주강좌는 이 운동 중에서 가장 유력하고 또 장기간에 걸쳐 계속되었는데, 그 활동은 1990년대 초까지 계속되었다.
20) ── 회의의 전체 기록은 小田實 編, 《アジアを考える ─ アジア人會議の全記錄》, 潮新書, 1976. 그 밖에 다음을 참조할 것. 《潮》, 1974年 8月号 〈特輯·アジア人會議の全記錄〉; 《自主講座》第40号 〈特集·アジア人會議〉, 1974年 7月; 《AMPO》第3-4号合倂号 "Special Issue on the Conference of Asians", Summer-Autumn, 1974.
21) ── 정식 명칭은 재일한국민주통일연합으로, 한국의 민주화와 조국통일을 목적으로 1973년에 설립된 재일 한국인들의 단체. ─ 옮긴이
22) ── 〈'入れ子'的構造が問われて〉, 小田實 編, 《アジアを考える ─ アジア人會議の全記錄》, 潮出版社, 1975, p.303.
23) ── 〈公害輸出: 日本人全體が負うべき責任〉, 小田實 編, 《アジアを考える ─ アジア人會議の全記錄》, 潮出版社, 1975, p. 327.
24) ── 동아시아 반일무장전선은 중심적 사령부를 가진 당파가 아니라 '당'을 부정하고 자립분산적 지하조직을 지향했다. '이리', '전갈', '대지의 어금니' 등의 각 부대는 각각 독자적으로 조직되었다.
25) ── 《アジアはなぜ貧しいのか》, 《著作集》4卷, p. 189.
26) ── 井上澄夫, 《步き續けるという流儀 ─ 反戰·反侵略の思想》, 晶文社, 1982. 아울러 도야마화학의 공해수출을 막는 실행위원회 기관지《公害を逃すな!》각 호를 참조할 것.
27) ── 反公害輸出通報センター, 〈アジアの犧牲の上に成り立つ文明を拒否する〉, 《自主講座》第62号, 1976年 5月, p.1.
28) ── 이 운동에 대한 주요 다큐멘터리는, 靑地晨·和田春樹 編, 《日韓連帶の思想と行動》, 現代評論社, 1977.에 수록되어 있다. 그 외에 靑地晨·山川曉夫他, 《激動するアジアと朝鮮 ─ 日韓民衆の連帶を求めて》, 世界政治硏究所, 1976. 등을 참조할 것.
29) ── 市民の手 で日韓ゆ着をただす調査運動 編, 《日韓關係を撃つ ─ 玄海灘をこえる

民衆連帶のために》,社會評論社, 1981.
30) —— 매춘(賣春, 바이슌)과 매춘(買春, 바이슌)의 발음이 같기 때문에 구별하기 위해 고안한 말이다. —옮긴이.
31) —— 高橋喜久江,〈女性の人權とキ−セン觀光反對運動〉; 山口明子,〈觀光買春反對運動をめぐって〉; 松井やより,〈グロ−バル・フェミニズムの可能性〉, 이 모두 '여성들의 현재를 묻는 모임(女たちの現在を問う會)'이 편(編)한 《전후사 노트》(銃後史ノ−ト戰後 編 全共鬪からリブへ》, インパクト出版會, 1997)에 수록되어 있음.
32) —— タン・ダム・トゥルン,《賣春一性勞動の社會構造と國際經濟》, 田中紀子・山下明子 譯, 明石書店, 1993.
33) —— 飯島愛子,〈なぜ'侵略=差別と鬪うアジア婦人會議'だったのか〉, '여성들의 현재를 묻는 모임(女たちの現在を問う會)'에서 편한 앞의 책에 수록됨. 그리고 飯島愛子, 《《侵略=差別》の彼方へ— あるフェミニストの半生》, インパクト出版會, 2006; 侵略=差別と鬪うアジア婦人會議,《侵略=差別と鬪うアジア婦人會議資料集成》全3卷, インパクト出版會, 2006.도 참조할 것.
34) —— 《アジアと女性解放》創刊準備号, 1977年 3月.
35) —— 和田春樹,〈市民運動の道標 —《資料・'ベ平連'運動》の意味〉, 讀賣新聞, 1975年 7月 23日.
36) —— 鶴見良行,《東南アジアを知る — 私の方法》, 岩波新書, 1995, p.6.
37) —— 鶴見良行,〈ベトナム戰爭と日本 — 特需その他の問題〉,《ベ平連ニュ−ス》第8・9号, 1966年 5月.
38) —— 鶴見良行,〈日本國民としての斷念 — '國家'の克服をいかに平和運動へ結集するか〉, 《鶴見良行著作集》第2卷《ベ平連》, みすず書房, 2002(初出,《別册潮》, 1967年 秋号).
39) —— 鶴見良行,〈1970年とベ平連 — 統一についての私の覺え書〉,《鶴見良行著作集》第2卷 (初出,《現代の眼》, 1969年 9月号).
40) —— 鶴見良行,〈根としての市民集團 — ととのい終えた旅立ちのために〉, 《鶴見良行著作集》第2卷(初出,《別册潮》, 1970年夏号).
41) —— 鶴見良行,〈アジアを知るために〉,《鶴見良行著作集》第4卷《收奪の構圖》, みすず書房, 1999, p. 247(初出,《收奪の構圖》, 筑摩書房, 1981).
42) —— 鶴見良行,《反權力の思想と行動》, 盛田書店, 1970, p.362.
43) —— 鶴見良行,〈敎師としてのベトナム戰爭〉,《ベ平連ニュ−ス》第87号, 1972年 12月.
44) —— 鶴見良行,〈日本の惡靈とアジア〉,《鶴見良行著作集》第2卷, p. 2379(初出, 《朝日ジャ−ナル》, 1972年 11月 10日号).
45) —— 위의 글.
46) —— 鶴見良行,〈私の關心〉,《鶴見良行著作集》第3卷《アジアとの出會い》, みすず書房, 2002, pp. 62~63(初出 不明, 1973年 3月).
47) —— 鶴見前揭,〈アジアを知るために〉, p. 383.
48) —— 鶴見良行,《バナナと日本人 — フィリピン農園と食卓のあいだ》, 岩波新書, 1982.
49) —— 鶴見良行,〈日本人ばなれの生き方について〉,《鶴見良行著作集》第3卷(初出,

《思想の科學》, 1972年 6月).
50) ──── 鶴見前揭, 〈アジアを知るために〉, p. 264.
51) ──── 위의 글, p. 264.
52) ──── 鶴見良行, 〈新左翼再考〉, 《鶴見良行著作集》 第3卷(初出, 《思想の科學》, 1977年 10月 臨時增刊號).
54) ──── 吉岡忍, 〈インタビュー・鶴見良行はなぜアジアに向かったのか?〉, 《月刊オルタ》, 2004年 8·9月号, p. 34.
55) ──── 前揭, 《東南アジアを知る》, p. 152.
56) ──── 鶴見良行, 〈アジアとの出會い方〉, 《アジアと女性解放》 第1号, 1977年 7号.
57) ──── 鶴見良行, 《對談集·步きながら考える》, 太田出版, 2005. 인용된 말은 순서대로, 〈忘れられた海の歷史を追って〉(秋道智彌との對談), 1993年 8月, p. 511; 〈アジアの民衆と日本人〉(鎌田慧との對談), 1984年 6月, p. 103; 〈忘れられた海の歷史を追って〉(秋道智彌との對談), 1993年 8月, p. 510.

냉전풍경 1: 운동하는 아시아 그리고 아시아의 다중
'화교'에서 '화인'으로

| 주 |

1) ──── 민족의 개념과 영어 nation의 한글 번역에 대한 여러 이견이 있지만, 이 글에서는 nation-state는 국민국가로, nation은 민족으로 번역해 사용한다. 이런 혼용은 nation이라는 단어 자체가 갖는 개념상의 모호함과 한국에서 민족이 갖는 독특한 용법 때문이다.
2) ──── 세 이론에 대한 좀 더 자세한 설명은 박경태(2007) 참조.
3) ──── 켄 올레타(Ken Auletta)는 저층계급에 해당하는 사람들로 ① 장기간 동안 사회복지에 의존하는 수동적인 빈곤층, ② 도시를 위협하는 적대적인 범죄자, 학교 중퇴자, 약물중독자, ③ 반드시 가난하거나 폭력범죄를 저지르지는 않지만 지하경제에 의존하는 사기꾼, ④ 정신적 외상을 입은 알코올중독자, 떠돌이, 여자 홈리스, 출소해서 거리를 배회하거나 거리에 쓰러져 있는 정신질환자 등을 들었다(Auletta, 1982, p. xvi).
4) ──── 랜드에 따르면, 동남아 국가들이 겪는 종족갈등의 네 유형은 ① 저지대와 고지대 종족들(lowland and highland peoples) 사이의 갈등, ② 인접한 국가들의 문화적(종족적) 국경이 정치적 국경과 일치하지 않아서 생기는 갈등, ③ 크고 문화적으로 다양한 섬나라들이 자치나 독립 요구 때문에 겪는 갈등, ④ 토착민과 이민자 사이의 이해관계가 달라서 생기는 갈등 등이다.

5) ── 물론 로스앤젤레스폭동은 흑인을 무차별 구타한 미국 백인 경찰들이 무죄를 선고 받은 데 분노한 흑인들이 일으킨 폭동이다. 폭동의 희생양이 한국계가 된 직접적 원인은 폭동이 백인 거주지로 옮겨가지 않게 하기 위해 코리아타운 쪽으로 흑인들을 유인한 경찰 작전 때문이라는 설이 있다. 하지만 좀 더 근본적이고 간접적인 원인은 백인 중심으로 형성된 사회에서 흑인과 라틴계가 극심한 소외와 차별을 받았기 때문이다. 좀 더 자세한 내용은 장태한(1993) 참조.
6) ── 이 수치는 타이완 교무위원회(僑務委員會) 홈페이지(http://www.ocac.gov.tw)의 자료에 기초하고 있다. 전 세계와 각국 화인이 정확하게 얼마나 되는지는 여러 다른 의견이 있다. 경우에 따라 전 세계 화인 인구를 7,000만 명이나 8,000만 명이라고 얘기하기도 하는데, 이는 타이완과 홍콩, 마카오에 사는 사람들을 합친 수치다. 그러나 이 지역에 사는 사람들 모두가 자신을 화인이라고 생각하는 것은 결코 아니다. 이들을 화인으로 보는 것은 일종의 '중화인민공화국'의 시각일 수 있다.
7) ── 한국에 사는 '화교'들도 비슷한 시기인 1882년부터 조선 땅에 오기 시작해서 식민지 시기였던 1942년에는 8만 명에 이르기도 했다. 한국에 온 화교들이 고향인 산둥성을 떠난 이유도 극심한 자연재해와 '의화단(義化團)운동' 같은 전란 때문에 먹고살기가 어려웠기 때문이었다. 자세한 내용은 박경태(2008, 4장) 참조.
8) ── 중국이 동남아 각 국가들과 화인의 국적에 관해서 조약과 성명을 통해 화인들이 중국 국적을 버리고 현지 국가의 국적만을 갖기 시작한 것은 1955년 이후의 일이다.
9) ── 동남아 국가들과 비교해 볼 때 한국에 사는 중국계 사람들은 거의 대부분이 중국(타이완) 국적을 유지하고 있어서 화교라고 불러도 개념상으로 틀리지 않으며, 자신들도 스스로를 화교라 부르고 있다.
10) ── 웰시가 말하는 '종족적으로 동질적인' 국가는 소수 종족들이 전체 인구에서 차지하는 비율이 5% 이하인 국가를 의미한다.
11) ── 레오 수리아디나타(Leo Suryadinata)는 제임스 G. 켈라스(James G. Kellas)가 구분한 종족적 국민주의, 사회적 국민주의, 공식적 국민주의 중 앞의 두 개를 빌려와서 분석을 시도했다(Kellas, 1994, pp. 51~71). 다양한 종족으로 구성된 동남아 국가들은 당연히 사회적 국민 개념을 갖는데, 수리아디나타는 이것을 다시 토착국민과 이주국민으로 나눴다. 예를 들어서 토착인들이 중심이 되어 국민 개념을 형성한 인도네시아나 필리핀은 토착 유형의 사회적 국민에 해당하고, 이주해 간 사람들이 중심이 되어서 국민 개념을 형성한 싱가포르는 이주 유형의 사회적 국민에 해당한다(Suryadinata, 2004, pp. 1~3).
12) ── 바타비아 학살 이후 심지어 화인들은 자바 토착민과 연합해서 네덜란드 식민정부에 저항하기도 했다(Reid, 1996, p. 45).
13) ── 한국에서도 1961년에 외국인토지소유금지법이 시행되면서 비슷한 일이 많이 발생했는데, 토지를 처분하지 않은 화교들은 한국인 친구 명의로 바꿔서 농사를 짓거나 영업을 계속했다. 하지만 법적 소유주가 한국인 이름으로 되었기 때문에 변심한 한국인 친구에게 땅을 뺏기는 경우를 많이 당했다고 한다(박경태, 2007, pp. 157~159).
14) ── 중국 측 지도자들은 화인들의 70~90% 정도가 인도네시아 국적을 선택했다고 한다. 좀 더 자세한 내용은 Tan(1997) 참조.

15) ─── 1998년 5월의 정치적 격변기에 일어난 폭동이 반(反)화인 폭동으로 번지면서 화인 1,188명이 사망했고 최소한 66명 화인 여성들이 조직적으로 강간을 당했다(U.S. Department of State, 1999).

| 참고문헌 |

고우성, 〈정치적 이데올로기로서의 빤짜실라: 수카르노와 수하르토체제하에서의 활용방법 비교〉, 《동남아시아연구》 6권, 한국동남아학회, 2002, pp. 33-47.
국가안전기획부 편, 《전세계 화교의 경제활동 실태》, 국가안전기획부, 1995.
김경국, 최승현, 이강복, 최지현, 〈중국 해외이민의 제명칭 분석 연구〉, 《중국인문과학》 31집, 중국인문학회, 2005, pp. 671-694.
김두진, 〈중국의 대ASEAN 화교정책〉, 《아세아연구》 통권 84호, 고려대학교 아세아문제연구소, 1990, pp. 275-304.
대만 교무위원회(僑務委員會) http://www.ocac.gov.tw
박경태, 《인권과 소수자 이야기》, 책세상, 2007.
____, 《소수자와 한국사회: 이주노동자, 화교, 혼혈인》, 후마니타스, 2008.
신윤환, 〈인도네시아의 화인: 경제적 지배와 정치적 배제 사이에서〉, 박사명 외, 《동남아의 화인 사회》, 전통과현대, 2000, pp. 424-474.
유인선·김두진, 〈ASEAN의 사회정치와 화교문제〉, 《아세아연구》 통권 84호, 고려대학교 아세아문제연구소, 1990, pp. 195-238.
윤인진·이유선, 《인도네시아의 민족관계: 화교를 중심으로》, 《아세아연구》 45권 2호, 고려대학교 아세아문제연구소, 2002, pp. 227-274.
이광규, 《세계의 한민족: 총관》, 통일원, 1996.
장태한, 《흑인, 그들은 누구인가》, 한국경제신문사, 1993.
조정남, 〈중국의 민족상황과 화교집단〉, 《민족연구》 1권, 한국민족연구원, 1998, pp. 37-63.
조흥국, 〈서문: 동남아 화인의 역사와 정체성〉, 박사명 외, 《동남아의 화인 사회》, 전통과현대, 2000, pp. 1-16.

Auletta, Ken, *The Underclass*, New York: Random House, 1982.
Bonacich, Edna, "A Theory of Middleman Minorities", *American Sociological Review* 38(5), 1973, pp. 583-594.
Furnivall, John Sydenham, *Colonial Policy and Practice: A Comparative Study of Burma and Netherlands India*, Cambridge: Cambridge University Press, 1948.
Gordon, Milton M., *Assimilation in American Life: The Role of Race, Religion, and National Origins*, New York: Oxford University Press, 1964.
Kellas, James G., *The Politics of Nationalism and Ethnicity*, Hong Kong: Macmillan, 1994.
Landé, Carl H., "Ethnic Conflict, Ethnic Accommodation, and Nation-Building in

Southeast Asia.", *Studies in Comparative International Development* 34(4), 1999, pp. 89–117
Liddle, R. William, "Coercion, Co-optation, and the Management of Ethnic Relations in Indonesia" in Michael E. Brown and Sumit Ganguly(eds.), *Government Policies and Ethnic Relations in Asia and the Pacific*, Cambridge, MA: The MIT Press, 1997, pp. 273–319.
Reid, Anthony, "Flows and Seepages in the Long-term Chinese Interaction with Southeast Asia" in Anthony Reid (eds.), *Sojourners and Settlers: Histories of Southeast Asia and the Chinese*, Honolulu: University of Hawaii Press, 1996, pp. 15–50.
Suryadinata, Leo, *China and the ASEAN States: The Ethnic Chinese Dimension*, Singapore: Singapore University Press, 1985.
_____ , "Ethnic Chinese in Southeast Asia: Overseas Chinese, Chinese Overseas or Southeast Asians?" in Leo Suryadinata (eds.), *Ethnic Chinese as Southeast Asians*, New York: St. Martin's Press, 1997, pp. 1–24.
_____ , *Chinese and Nation-Building in Southeast Asia*, Singapore: Marshall Cavendish Academic, 2004.
_____ , *Understanding the Ethnic Chinese in Southeast Asia*, Singapore: Institute of Southeast Asian Studies, 2007.
Tan, Mely G., "The Ethnic Chinese in Indonesia: Issues of Identity" in Leo Suryadinata (eds.), *Ethnic Chinese as Southeast Asians*, New York: St. Martin's Press, 1997, pp. 33–65.
_____ , "Unity in Diversity: Ethnic Chinese and Nation-Building in Indonesia" in Leo Suryadinata(eds.), *Ethnic Relations and Nation-Building in Southeast Asia*, Singapore: Institute of Southeast Asian Studies, 2004, pp. 20–44.
U.S. Department of State, "Indonesia Country Report on Human Rights Practices for 1998", 1999. http://www.fas.org/irp/world/indonesia/indonesia-1998.htm.
Wang, Gungwu, "The Study of Chinese Identities in Southeast Asia" in Jennifer Cushman and Wang Gungwu(eds.), *Changing Identities of the Southeast Asian Chinese since World War II*, Hong Kong: Hong Kong University Press, 1988, pp. 1–21.
_____ , *Don't Leave Home*, Singapore: Time Academic Press, 2001
_____ , "Chinese Ethnicity in New Southeast Asian Nations" in Leo Suryadinata(eds.), *Ethnic Relations and Nation-Building in South Asia: The Case of the Ethnic Chinese*, Singapore: Institute of Southeast Asian Studies, 2004, pp. 1–19.
Welsh, David, "Domestic Politics and Ethnic Conflict" in Michael E. Brown(eds.), *Ethnic Conflict and International Security*, Princeton, NJ: Princeton University Press, 1993, pp. 43–78.

> 냉전풍경 2: 국민국가의 문화 구상, 그 제도와 재현의 임계
> 전후 한국과 중국의 인구정책과 여성

| 주 |

1) —— 사실 이 두 가지가 별개의 사안은 아니다. 산업화와 도시화라는 한국사회의 변화에 따라 여성들은 경제적 이유 혹은 현대사회에 걸맞은 성원으로 자녀를 양육하기 위해 걸머져야 할 사회적·경제적 부담 때문에 자녀 수를 조절하고자 했다. 이러한 여성들의 요구는 국가 발전과 근대화 달성을 위해 추진했던 정부의 가족계획정책과 잘 부응했다. 김은실, 〈출산문화와 여성〉, 《한국여성학》 제12권 2호, 한국여성학회, 1996.
2) —— 南亮三朗·上田正夫, 《世界の人口政策と國際社會》, 千倉書房, 1976.
3) —— United Nations, *The Mysore Population Study*, New York, 1961.
4) —— Coale, A. J. and Hoover, E. M., *Population Growth and Economic Development in Law-income Countries: A Case Study of India's Prospects*, Princeton University Press, 1958.
5) —— 한국보건사회연구소 편, 〈제12장 조사연구〉, 《인구정책 30년》, 한국보건사회연구원, 1991, 407쪽.
6) —— 〈산아제한과 성감: 섹스·노이로제〉, 《여원》, 1960. 2; 〈산아제한의 시비(是非): 부부생활의 재검토〉, 《여원》, 1960. 12; 〈좌담회: 남성출입금지의 피임을 체험하고 고백한다〉, 《여원》, 1961. 2.
7) —— 한기춘, 《한국가족계획사업의 수익－비용분석에 관한 연구》, 가족계획연구원, 1975, 13쪽.
8) —— 국제가족계획연맹은 1952년 11월 29일 인도 봄베이 시에서 처음 설립되어, 이듬해 스톡홀름 국제회의에서 정식 인준을 받아 국제기구로 출범했다. 초대회장에는 미국의 마거릿 생어(Margaret Sanger)와 인도의 드한반티 라마 라우(Dhanvanthi Rama Rau)가 선출되었다. 국제가족계획연맹은 가족계획사업을 전 세계적으로 지원 보급하고 각국의 정보 당국과 국민에게 가족계획과 인구문제의 중요성을 주지시키는 데 목적이 있다.
9) —— 양재모는 자유당 말기인 1960년 1월 유엔기술원조처 지원으로 세계보건기구가 실시한 서구 사회보장제도(주로 의료보험제도) 연구시찰에 참가했다. 이때 영국의 국제가족계획연맹 본부와 영국가족계획협회 견학방문록에 자기 주소와 성명을 기록해 두었다. 이종진은 1952년 미국 유학 시절부터 국제가족계획연맹 기관지를 구독하기 시작해 당시까지 계속 구독하고 있었다고 한다. 이러한 경위로 캐드버리 부부가 이 두 사람을 찾아왔던 것이다. 《家協二十年史》, 대한가족계획협회, 1983, 67쪽.
10) —— 제3공화국의 출범을 앞둔 1963년 12월까지 대학교수 100여 명이 국가재건최고회의를 비롯한 다양한 기구에 참여했다(《조선일보》, 1963. 12. 12)고 보도되고 있는데, 대한어머니회를 통해 한국 최초로 체계적 가족계획운동을 전개했던 고황경도

문교보건사회 분과 위원이었다.
11) ─── 대한가족계획협회 편, 〈한국가족계획운동의 연혁〉, 《대한가족계획연보 3》, 대한가족계획협회, 1965. 양재모는 10년간 매년 10억 원씩 투자해 출생률을 반감시킨다면 약 100배의 투자효과를 기대할 수 있고 장기적으로는 인구의 안정화를 통한 사회경제 발전에 기여할 수 있다고 주장했는데, 이 점이 제안서가 받아들여지는 데 상당한 기여를 했다고 한다(양재모, 〈가족계획사업 30년 회고〉, 《인구정책 30년》, 한국보건사회연구원, 1991). 1961년 11월 13일 제안서를 정식으로 결의하기 전에 박정희는 인구팽창이 경제부흥의 발목을 잡는다고 하면서 '가족계획운동'의 필요성을 언급했다는 보고가 나오고 있다. 그런데 가족계획사업을 "입법이 아닌 계몽운동으로" 하겠다(〈'가족계획'운동을 구상 박정희의장 '인구조절'문제에 언급〉, 《동아일보》, 1961. 10. 18)라는 내용을 보면, 정부가 가족 규모를 결정하는 지극히 개인적인 문제에 어느 정도까지 개입할 수 있을까 하는 문제의식은 전혀 없었던 것으로 보인다. 게다가 당시 공보부가 여러 가지 사안에 대한 국민 건의의 분석 결과를 보면, '산아제한을 법제화하자는 의견'도 보이는데(〈읍면장 민선으로 산아제한은 법제화하도록〉, 《동아일보》, 1961. 11. 13), 이를 통해 출산을 법률로 규제하고자 한 발상이 있었음을 알 수 있다.
12) ─── 대한가족계획협회 편, 《1965년도 제1차 가족계획 평가 세미나 자료》, 대한가족계획협회, 1965.
13) ─── 1961년 11월 미국인구협회의 아시아 담당 밸푸어가 가족계획에 관한 연구를 연세대학교 의과대학 양재모에게 제안하고 2만 5,000달러를 지원해 경기도 고양군 원당면 농촌 지역의 주민에 대한 가족계획 실행 연구사업을 수행하게 되었다. 1962년 7월부터 2년간 수행된 이 사업의 결과로 정부가족계획사업을 위한 기초자료 및 지침이 마련되었으며, 한국 정부의 가족계획사업에 대해 미국인구협회가 기술원조를 하게 되는 단초가 되었다.
14) ─── 이 조사보고서에 대해서는 《家協二十年史》(대한가족계획협회, 1983) 87~89쪽에 비교적 상세하게 정리되어 있다.
15) ─── 〈제9장 국제협력〉, 위의 책, 316쪽.
16) ─── 대한가족계획협회 편, 《대한가족계획연보 제2권》, 대한가족계획협회, 1965.
17) ─── 패스파인더재단은 1929년 미국 최초로 피임에 관한 조사 연구를 했던 의사 클레런스 J. 갬블(Clarence J. Gamble)에 의해 1957년 미국 보스턴에서 창설되었다. 기금은 인구문제에 관심 있는 개인의 기부금과 미국국제개발처의 원조에 의한다. 국제가족계획연맹과 함께 가장 먼저 한국의 가족계획사업을 도와준 외원기관이다.
18) ─── 《동아일보》, 1962, 12, 10. 루츠의 "한국 정부의 적극성"이라는 표현은 국제 외원기관의 자문을 한국 정부가 적극적으로 수용하고 받아들이는 자세로 읽을 수도 있을 것이다.
19) ─── 후지메 유키, 《성의 역사학: 근대국가는 성을 어떻게 관리하는가》, 김경자 외 옮김, 삼인, 2004.
20) ─── 이하 특별한 언급이 없는 한 《인구정책 30년》(한국보건사회연구원, 1991)에 의거해

정리했다.
21) —— 황정미, 〈개발국가의 여성정책에 관한 연구: 1960~70년대 한국 부녀행정을 중심으로〉, 서울대학교 대학원 사회학과 박사학위 논문, 2001, 136쪽.
22) —— IEC의 한계점에 대한 킹즐리 데이비스(Kingsley Davis)의 문제 제기와 버나드 배럴슨의 '탈가족계획' 제안이 한국의 실정에 타당한지에 대해서는 《가족계획의 사회적 제측면》(대한가족계획협회, 1978)에서 상세하게 논하고 있다. 1974년 가족계획연구원이 주최로 가족계획사업 평가회가 개최되었는데, 이 자리에서 소자녀 가치관의 형성과 피임 실천 촉진을 위한 지원시책의 필요성에 관한 주장이 나왔다. 이 평가회에는 정부 각처의 차관, 외원기관 대표, 각계 전문가 등이 참석했다. 재무부는 이를 공제 혜택에 적용했으며, 건설부는 주택 분양 우선권을 부여하는 정책 등으로 가시화했다. 이러한 정책 역시 위의 '탈가족계획'의 주장 속에서 제창되었다.
23) —— 일본의 경우는 기업이 앞장서서 가족계획사업을 추진했는데, 1952년 일본강관가와사키제철소(日本鋼管川崎製鐵所) 노무부장(勞務部長)이 작업 중 사고를 줄이기 위해 "종업원의 퇴사 후 가정생활까지 따뜻한 손이 미치도록" 할 필요가 있다고 주장한 데서 '신생활운동'이 시작되었다. 밝고 행복한 가정을 위해 가정생활의 주역인 주부들의 생활 향상을 꾀하고 생활의 합리화와 건강 증진을 가능하도록 하는 운동이 필요하며, 그 기반이 되는 것이 계획적으로 아이를 낳고 가정의 장래를 설계해 가는 수단으로 수태조절 즉 가족계획의 지도였다. 일본의 인구문제연구회의 지도로 조산부를 파견해 사택 1,000세대를 5세대에 주부위원 1명씩을 선출해 집회 장소에서 지도원(조산부)이 피임교육을 실시했다. 이것이 기업체에 현저한 이익을 가져와 다른 지역과 기업에서 신생활운동이 퍼져나갔다. 荻野美穗, 〈《家族計画》への道-敗戰日本の再建と受胎調節へ〉, 《思想》, 2001, 169쪽. 반면, 한국의 경우는 정부의 압도적인 노력에 의해 이루어졌음을 알 수 있다.
24) —— 20년간의 연도별 외원기관 지원액을 정리하면서 대한가족계획협회는 "국제가족계획연맹 등 수많은 해외 원조기관들의 가족계획사업에 대한 재정적 지원은 결핵이나 기생충 등 다른 보건분야 사업을 지원한 외원기관이 세계보건기구(WHO) 또는 유엔국제아동긴급기금(UNICEF), 일본해외사업기술협력단 등 극히 제한된 기관에 불과한 데 비하여 대조가 되리만큼 광범위하고 지원액수 자체가 방대하다는 것은 오늘날 국제사회에서 한국을 가족계획시범국가로 공인하게 된 획기적인 모먼트가 되었다고 할 수 있겠다"라고 국제 외원기관의 한국 가족계획사업에 대한 전폭적 지지에 대해 지적하고 있다. 대한가족계획협회, 《家協二十年史》, 1983, 82쪽.
25) —— 노영기 외, 《1960년대 한국의 근대화와 지·식·인》, 선인, 2004, 17쪽.
26) —— 小林和正・吉田忠雄, 〈第3章 ソ連の人口政策〉, 《ソ連・東歐・中國の人口問題》, 千倉書房, 1991. 소련 정부의 출산장려정책은 생각만큼 인구증가로 연결되지 않았다. 따라서 여성노동력의 확보를 위해 1955부터 낙태를 재차 공인하게 된다. 그러나 낙태의 공인이 출생률을 저하시키지는 않았으며 1950년대 소련의 출생률은 안정된 수치를 보이고 있었다.
27) —— 毛澤東, 〈唯心歷史觀的破産〉(1949. 9. 16), 《毛澤東選集 第四卷》, 人民出版社, 1969.
28) —— 〈中央人民政府政務院文化教育委員會同意《限制節育及人工流産暫行辦法》及

《婚前健康檢查試行辦法》二草案〉(1951. 12. 31); 彭佩云, 《中國計劃生育全書》, 中國人口出版社, 1997, p.59.
29) ──── 周恩來, 〈切實執行婚姻法, 保護婦女合法權益〉(1951年 9月 26日), 《周恩來選集(下)》, 人民出版社, 1984, p.55.
30) ──── 〈鄧小平對鄧穎超來信的批示〉(1954年 5月 28日), 〈附: 鄧穎超給鄧小平的信〉(1954年 5月27日); 彭佩云, 《中國計劃生育全書》, 中國人口出版社, 1997, p.146.
31) ──── 劉少奇, 〈提倡節育〉(1954年 12月 27日), 《劉少奇選集(下)》, 人民出版社, 1985, pp.172-173; 彭佩云, 《中國計劃生育全書》, 中國人口出版社, 1997, p.146.
32) ──── 邵力子, 〈在第一屆全國人民代表大會第一次會議上的發言(節錄)〉, 《人民日報》, 1954年 9月18日; 彭佩云, 《中國計劃生育全書》, 中國人口出版社, 1997, p. 529.
33) ──── 산아제한은 인민생활에서 아주 중대한 정책적 문제다. 당면 역사조건하에서 국가, 가정과 새로운 세대의 이해를 위해 우리 당은 적당한 산아제한에 찬성한다.
〈中共中央對衛生部黨組關於節制生育問題的報告的批示〉總號〈55〉045(1955年 3月 1日), 彭佩云, 《中國計劃生育全書》, 中國人口出版社, 1997, p.1.
34) ──── 〈中央對衛生部黨組關於節制生育問題向中央的報告〉(1955年 2月), 彭佩云, 《中國計劃生育全書》, 中國人口出版社, 1997, pp.1~3.
35) ──── 毛澤東, 〈最高國務會議第十一次擴大會議上的講演〉(1957年 2月 27日), 彭佩云, 《中國計劃生育全書》, 中國人口出版社, 1997, p.131.
36) ──── 馬寅初, 〈新人口論〉, 北京出版社, 1979.
37) ──── 〈艱苦奮鬪, 建設國家〉(1957年 3月 19日), 《周恩來經濟文選》, 北京中央文獻出版社, 1993; 周恩來, 〈應該有計劃生育〉(1957年 6月 6日), 〈關於民族繁榮和社會改革的問題〉(1957年 8月 4日), 《周恩來經濟文選》, 北京中央文獻出版社, 1993; 〈關於勞動工資和勞保福利政策的意見〉(1957年 9月 26日), 彭佩云, 《中國計劃生育全書》, 中國人口出版社, 1997, p.131.
38) ──── 劉少奇, 〈對節育問題的談話〉(1957年 2月 11日), 〈在接見全國學聯委員時的談話〉(1957年 2月 14日), 彭佩云, 《中國計劃生育全書》, 中國人口出版社, 1997, p.136.
39) ──── 鄧小平, 〈關於節育問題的談話〉, 1957年 2月 11日, 彭佩云, 《中國計劃生育全書》, 中國人口出版社, 1997, p.137.
40) ──── 李德全, 〈節育是一件艱巨複雜的工作—在政協第二屆全國委員會第三次全體會議上的發言〉, 《人民日報》, 1957年 3月 8日; 彭佩云, 《中國計劃生育全書》, 中國人口出版社, 1997, pp.288-289.
41) ──── 傳連章, 〈衛生部副部長, 中華醫學總會會長傳連章談晚婚問題〉, 《教師報》, 1957年 3月 5日.
42) ──── 楊發祥, 〈當代中國計劃生育史研究〉, 浙江大學博士學論文, 2003, p.57.
43) ──── 中華全國總工會, 〈院關於職工工施行人工流産或結扎輸卵管, 輸精管須要休息其間的工資和所需的手術, 醫藥費是否從勞動保險金給與照顧的請示〉(57) 會險字第 177號(1957年 5月); 〈國務院關於職工絶育, 因病施行人工流産的醫藥費和休息其間工資待遇問題的通知〉, 總念字第78號(1957年 10月 12日); 彭佩云, 《中國計劃生育全書》, 中國人口出版社, 1997, p.60.

44) ── 毛澤東,〈介紹一個合作社〉,《紅旗》, 1958年 第一期, p.3.〈在最高國務會議上的講話〉(1958年 1月 28日), 彭佩云,《中國計劃生育全書》, 中國人口出版社, 1997, p.130.
45) ── 이러한 배경하에서 마인추 역시 1960년 베이징대학에서 해임되고 침묵을 강요당한다. 하지만 마인추는 끝까지 자신의 주장을 굽히지 않았다.
46) ──〈衛生部部長助理齊仲桓在全國節育工作匯報會議上的總結發言〉(1958年 4月 2日), 彭佩云,《中國計劃生育全書》, 中國人口出版社, 1997, p.289.〈婦幼衛生 大步躍進〉(《健康報》1958年 4月 4日)에 따르면, 전국 27개 성(省), 구(區), 시(市)의 인민들이 피임을 실행하고 있으며 70% 이상의 피임율을 내는 향진(鄕鎭)도 있었다고 한다.
47) ──〈中共中央, 國務院關於認眞提倡計劃生育的指示〉, 中發〈62〉698號(1962年 12月 18日), 彭佩云,《中國計劃生育全書》, 中國人口出版社, 1997, pp,4~5.
48) ── 徐運北,〈關於認眞開展計劃生育的方案-在中共中央, 國務院第二次城市工作會議上發言〉(1963年 9月 18日), 彭佩云,《中國計劃生育全書》, 中國人口出版社, 1997, p.291.
49) ──〈中共中央, 國務院 批准第二次城市工作會議紀要的指示〉, 中發〈63〉699號(1963年 10月 22日;〈第二次城市工作會議紀要〉(1962年 10月 12日), 彭佩云,《中國計劃生育全書》, 中國人口出版社, 1997, p.5.
50) ──〈周恩來在華東農業先進集體代表會議上的講話〉(1963年 2月 1日),〈應該確立社會主義人口論的正確觀点〉(1963年 7月 8日);〈周恩來在北京市委擧辦的應屆高等, 中等學校畢業生和歸國留學生代表報告會上的報告〉(1963年 7月 22日), 彭佩云,《中國計劃生育全書》, 中國人口出版社, 1997, pp133~135.
저우언라이는 마인추가 베이징대학 학장에서 물러나 어려움에 처했을 때에 물심양면으로 돌보아 주었다고 한다. 저우언라이의 요청으로 1949년 중화인민공화국 설립 당시 정치에도 참여했다고 마인추는 이야기하고 있다. 이를 통해 두 사람 사이의 교류가 저우언라이가 산아제한을 적극적으로 주장했던 데 적지 않은 영향을 미쳤을 것이라고 생각된다. 馬寅初,《附帶聲明》,《我的哲學思想與經濟理論》, 財政出版社, 1958.
51) ── 傅連暲,〈計劃生育的積極意義〉,《中國婦女》1963, 第4期(總第192기); 宋鴻釗,〈結札輸精管會影響健康嗎〉; 陸大川,〈我結札輸精管前前后后〉,《中國婦女》1963, 제4기(총제192기) 등.
52) ── 王中平,〈我怎麼會生了六個女兒〉,《中國婦女》, 1964年 8月 1日.
53) ── 周國芹,〈我爲什麼要計劃生育〉,《中國婦女》, 1965年 12月 1日.
54) ──〈國家計委關於第四個五年國民經濟計劃綱要〉(1970年 9月 4日);〈國務院轉發衛生部軍管會, 商業部, 燃料化學工業部《關於做好計劃生育工作的報告》〉〈71〉國發文 51號(1971年 7月 8日), 彭佩云《中國計劃生育全書》, 中國人口出版社, 1997, p64~65.
55) ──〈財政部, 衛生部關於避孕藥實行免費供應的通知〉〈70〉財軍事字 第87號, (1970年 5月 20日), 彭佩云,《中國計劃生育全書》, 中國人口出版社, 1997, p.1035.
56) ── 若林敬子,《中國人口超大國のゆくえ》, 岩波新書, 1994, p.53.
57) ── 모리스 마이스너 저,《마오의 중국과 그 이후 1》, 김수영 역, 이산, 2004, 288~291쪽.
58) ──〈介紹一個合作社〉,《紅旗》, 1958. 6. 1.

| 참고문헌 |

《동아일보》
《여원》
《조선일보》
《敎師報》
《健康報》
《人民日報》
《中國婦女》
《紅旗》

김은실, 〈출산문화와 여성〉, 《한국여성학》 제12권 2호, 한국여성학회, 1996.
노영기 외, 《1960년대 한국의 근대화와 지·식·인》, 선인, 2004.
대한가족계획협회 편, 〈한국가족계획운동의 연혁〉, 《대한가족계획연보 3》, 1965.
대한가족계획협회 편, 《1965년도 제1차 가족계획 평가 세미나 자료》, 1965.
대한가족계획협회 편, 《家協二十年史》, 1983.
대한가족계획협회 편, 《가족계획의 사회적 제측면》, 대한가족계획협회, 1978.
대한가족계획협회 편, 《대한가족계획연보 제2권》, 1965.
모리스 마이스너 저, 《마오의 중국과 그 이후 1》, 김수영 옮김, 이산, 2004.
한국보건사회연구소 편, 《인구정책 30년》, 한국보건사회연구원, 1991.
황정미, 〈개발국가의 여성정책에 관한 연구: 1960~70년대 한국 부녀행정을 중심으로〉,
　　　서울대학교 대학원 사회학과 박사학위 논문, 2001.
후지메 유키, 《성의 역사학-근대국가는 성을 어떻게 관리 하는가》, 김경자외 옮김, 삼인, 2004.

馬寅初, 〈附帶聲明〉, 《我的哲學思想與經濟理論》, 財政出版社, 1958.
馬寅初, 《新人口論》, 北京出版社, 1979.
《毛澤東選集》第四卷, 人民出版社, 1969
楊發祥, 〈當代中國計劃生育史硏究〉, 浙江大學博士學位論文, 2003.
《劉少奇選集》(下). 人民出版社, 1985.
姚新武·尹華編, 《中國常用人口數據集》, 中國人民出版社, 1994
《周恩來選集》(下), 人民出版社, 1984
彭佩云, 《中國計劃生育全書》, 中國人口出版社, 1997

United Nations, *The Mysore Population Study*, New York, 1961.
Coale, A.J. and Hoover, E.M., *Population Growth and Economic Development in
　　　Law-income Countries: A Case Study of India's Prospects*, Princeton University
　　　Press, 1958.

荻野美穂, 《〈家族計画〉への道-敗戰日本の再建と受胎調節へ》, 《思想》. 2001
小林和正・吉田忠雄, 〈第3章 ソ連の人口政策〉, 《ソ連・東歐・中国の人口問題》, 千倉書房, 1991.
南亮三朗・上田正夫, 《世界の人口政策と國際社会》, 千倉書房, 1976.
若林敬子, 《中國人口超大國のゆくえ》, 岩波新書, 1994.

냉전풍경 2: 국민국가의 문화 구상, 그 제도와 재현의 임계
변동하는 중국의 문화민족주의

| 주 |

1) ── 가장 중요한 좌익 문화기구로는 신문 《문회보(文匯報)》, 《대공보(大公報)》와 출판집단 삼련(三聯, 싼롄), 출판사 상무(商務) 등이 있다.
2) ── 유롄이 후원한 저널과 잡지로는 《조국(祖國)》이 있는데, 이 잡지는 정치에 관심이 있는 일반 독자를 대상으로 했다. 《인인문학(人人文學)》은 문학을 주로 다루었으며, 《대학생활(大學生活)》은 대학생들을 대상으로 했다. 《아동낙원(兒童樂園)》은 어린이를 대상으로 하는 잡지였다.
3) ── 정치적인 그리고 외교적인 이유로, 동남아시아 국가의 중국인학교들은 타이완 정부가 펴낸 교과서를 사용하고자 하지 않았다. 홍콩을 기반으로 한 출판사에서 발행하는 교과서들은 예민한 문제들을 피할 수 있었다.
4) ── 신아서원은 1950년에 설립되었으며, 이때 탕쥔이, 첸무(錢穆), 장피제(張丕介)와 다른 학자들이 홍콩으로 이주하게 된다. 타이완의 국민당 정부는 예일중국재단과 포드재단(Ford Foundation)이 1954년에 주요 지원기관이 되기 전까지, 4년 동안 신아서원에 기금을 지원하게 된다. 1963년 신아서원, 홍콩중문대학 연합(聯合)서원, 홍콩중문대학 종기(崇基)학원은 홍콩의 중국어대학의 구성기관이 된다. 이 대학들은 하나의 연방적 구조 하에 통합되었는데, 그렇게 함으로써 높은 수준의 자치권을 획득할 수 있었다. 그러나 식민지 정부는 이 자치권을 존중하겠다는 약속을 취소했고, 중앙행정 조직의 설립을 강요하게 된다. 이로써 이 학원들의 시위와 비판이 나오게 된다. 신아서원은 중앙집권화를 향한 이러한 움직임에 강하게 반응했고, 이사회 구성원 중 몇 명은 이 시위 중에 사임했다 SUNACUHK, 1974).
5) ── 공동선언문은 민주적 국가를 세우겠다는 목표를 확인하게 해준다(T'ang, 1974, 125~192). 모쭝쌘(牟宗三)의 책 《정도와 치도(政道與治道)》는 유교적 사상을 중국에서의 근대 서양 정치시스템 성립이라는 행위 속으로 주입하려는 중요한 시도를 보여준다(Mou 1961).
6) ── SUNA란 신아서원의 학생연합을 의미한다.

7) ── 여기에서 '사회파'라는 단어는, 이후 설명할 서양에서 사용하는 용어인 '사회주의자'를 의미하지는 않는다. 따라서 '자유민주주의자'라는 것이 곧 지역의 사회적 관심을 의미하기 때문에, 자유민주주의자가 곧 '사회-파'인 것이다.

8) ── 중국공산당은 홍콩이 급진적으로 가는 것을 원하지 않았다. 왜냐하면 홍콩은 외부 세계를 향한 중국의 출로 중 하나로 그 역할을 했었기 때문이다. 홍콩 역시 중국으로 인해 엄청난 양의 외화를 벌어들였다. 그러나 이러한 중국의 태도에 대해 널리 받아들여지는 변명을 다음과 같은 마오주의 언어로 표현할 수 있겠다. 즉, "사회주의적 제국주의자"(소비에트 연합)의 침투가 내재하고 있었기 때문에, 홍콩이 불안정하게 되어서는 안 된다는 것이다. 국수파들은 트로츠키파 학생들을 공격하면서 이들이 소련의 스파이라고 무자비하게 비난했다.

| 참고문헌 |

Bao, Cuoshi, 'Yan jiu quan zhong guo. cong fei qing dao guo qing(Studying China: from the Studies of the Bandit Regime to the Studies of the Nation) Part I', *Panku* 8, 1967a, pp. 24–28.

_____ , 'Yan jiu quan zhong guo. cong fei qing dao guo qing(Studying China: from the Studies of the Bandit Regime to the Studies of the Nation), Part II', *Panku* 9, 1967b, pp. 31–37.

_____ , 'Hai wai zhong guo ren de fen lie, hui gui yu fan du(Separation, Return and Anti-independence of the Overseas Chinese)', *Panku* 10, 1968, pp. 2–16.

Gilman, Nils, *Mandarins of the Future: Modernization Theory in Cold War America*, Johns Hopkins University Press, 2004.

Chinese Student Weekly (Zhongguo xue sheng zhou bao)(中國學生周報), 1971.

Latham, Michael E., Modernization as Ideology: American Social Science and "Nation Building" in the Kennedy Era, University of North Carolina Press, 2000

Lau, Mei Mei, 'Gei xin ya shu yuen xiao chang ji ge wei shi chang de gong kai xin(An Open Letter to the President and All Teachers of New Asia College)', *Xin Ya Xue Sheng Bao (New Asia Students)*(新亞學生報), 10 September, 1971.

T'ang, Chun-I, *Shuo Zhonghua min zu zhi hua guo piao ling (The Dispersing Flowers and The Withering Fruits of the Chinese Nation)*(中華文化的花果飄零), 1974, Taipei: San min shu ju.

냉전풍경 2: 국민국가의 문화 구상, 그 제도와 재현의 임계
냉전기 국민화 프로젝트와 '전통문화' 담론

| 주 |

1) ── 이처럼 과거의 '기억'을 호출해 내어 민족적 자기정체성을 강화하려는 움직임은 단지 남한에만 국한된 현상은 아니다. 최근 동아시아 각 국민국가 사이에서 그와 같은 움직임이 점증하고 있음은 주지의 사실이며, 이와 관련한 지식-담론의 재생산 역시 점차 확대되는 상황이다. 중국 당대(當代)의 대표적 신좌파 지식인 가운데 한 명인 간양(甘陽)이 2005년 칭화대학(淸華大學)에서 한 〈신시기의 '통삼통(通三統)'－세 가지 전통의 융합과 중화문명의 부흥(新時代的 '通三統－三種傳統的融會與中華文明的復興)〉이라는 주제의 강연회에서 내세웠던 '삼통(三統: 근대 이전의 전통, 마오쩌둥 시기의 전통, 신시기 이후의 전통)' 개념 역시 최근 중국의 지식계에서 급부상하는 '전통' 담론의 한 측면을 반영하는 것이라 하겠다.
2) ── 章學誠,《文史通義》卷四 內篇四.
3) ── 이에 관해서는 최정운, 〈정치언어로서의 전통과 문화로서의 전통〉,《전통과 현대》 22호(2002년 겨울호), 전통과현대, 2002 참조.
4) ── Hephurn J. C.,《英和對譯袖珍辭書(Pocket Dictionary of the English and Japanese Language)》, 江戶, 1862 참조.
5) ── Underwood, Horace Grant,《한영주뎐(A concise dictionary of the Korean language in two parts Korean-English & English-Korean)》, Yokohama, 1890 참조.
6) ── 근대화 초기의 동아시아에서 '전통'은 버려야 할 전근대적 잔재라는 함의가 더욱 컸던 탓에, 근대 초기의 '전통문화' 담론은 매우 복잡한 곡절을 겪게 된다. 특히 중국은 전근대적 봉건왕조와 그 지배 담론을 해체하기 위해 전반서화(全般西化)의 근대화 담론을 펼쳤기 때문에, 당시 근대 중국 지식인 대부분의 지적 성향은 철저한 반전통주의였다. 당시 일본의 식민지배에 있던 탓에 실질적인 정치적 세력으로 성장하기는 어려웠지만, 조선의 진보적 지식인들 역시 상당수가 반전통주의적 입장을 지니고 있었다는 점에서 중국의 경우와 크게 다르지 않았다. 하지만, 반봉건의 과제와 동시에 반제 반외세라는 과제도 떠안고 있었던 중국과 조선에서 '전통문화'가 지니는 민족주의적 함의로 인해, 그리고 당시까지 남아 있던 봉건적 생산관계와 계급질서의 영향으로 인해, 반전통주의 담론 못지않게 전통주의 담론 또한 활발히 생산되고 있었다. 이처럼 '전통문화'를 둘러싼 복잡한 담론 지형은 제2차 세계대전 종결 이후 냉전질서와 냉전문화의 형성이라는 새로운 전 세계적 국면과 착종되면서 새롭게 전개된다.
7) ── 1949년 국민당의 퇴각 무렵부터 지금과 같은 개념의 본성인(本省人, 혹은 內省人)과 외성인(外省人)의 구분이 생겨나게 되었는데, 외성인은 국민당의 퇴각과 함께 대륙에서 이주해 온 한족(漢族)과 그 후손을 가리키며, 본성인은 그 이전부터 타이완에 살아왔던

한족과 그 후손을 가리킨다. 본성인은 다시 복로인(福佬人)과 객가인(客家人)으로 세분할 수 있는데, 2009년 통계를 기준으로 본성인인 복로인과 객가인은 각각 73%와 13%를 차지하며, 외성인은 12%에 불과하다. 이들 한족 외에도 고산족(高山族)으로도 불리는 타이완의 원주민이 전체 인구의 2%를 차지한다.

8) ── 2·28사건은 1947년 2~5월 타이완에서 발생했던 대규모 유혈충돌 사건을 말한다. 2월 27일 타이베이시(市)의 담배 밀거래 단속반의 과잉단속 와중에 사상자가 발생한 것이 도화선이 되어, 1945년 이후 억눌려왔던 타이완 본성인의 국민당 정부에 대한 불만이 폭발하면서 타이완 전체 차원의 폭동으로 확산되었으며, 이를 진압하는 과정에 국민당 군대가 투입되어 수만 명에 이르는 희생자를 낳았다. 결국, 이 사건을 계기로 국민당 정부는 이후 수십 년간 폭압적인 계엄통치를 시행하게 된다.

9) ── 이 시기 타이완과 남한 경제 상황의 가장 중요한 공통 요소는 바로 미국의 원조경제 구조였다. 한동안 미국으로부터 외면을 당하다가 한반도 전쟁으로 다시 전략적 중요성을 인정받아 1951년부터 재개된 미국의 타이완 경제원조는 1968년까지 18년 동안 지속되는데, 총 14억 8,220만 달러에 상당하며, 연평균 약 1억 달러의 원조액수는 당시 타이완 국민총생산(GNP)의 약 5~10%에 이르는 규모였다. 남한 역시 1945~61년 17년 동안 31억 달러 정도의 원조를 받았는데, 이는 남한 연평균 GNP의 12%에 해당하는 엄청난 규모였다. 대부분이 군사적·준군사적 원조였고, 미국의 잉여농산물이 상당한 비중을 차지했는데, 이는 남한과 타이완 양쪽 모두에서 국방비의 상당 부분을 충당하는 역할을 했고, 싼 미국 농산물로 인해 두 지역 농민경제의 파탄을 가져왔는데, 상대적으로 농업 생산력이 낮았던 남한에서 타격은 더욱 컸다. 또한 대미 의존적 경제구조가 형성되었다. 타이완은 1950년에 이미 일본과 무역협정을 맺어 미국, 일본과 삼각무역 체제의 분업관계를 형성했고, 남한은 이보다 뒤늦은 1965년에 맺은 한일협정으로 미국·일본과 무역관계를 구축하게 되면서 미국을 정점으로 하고 일본을 축으로 하는 삼각분업 관계 구축과 함께 급속한 경제성장을 이루게 된다.

10) ── 당시 장제스의 연설 내용 가운데 삼민주의 사상에 결합된 전통유가 사상의 여러 요소가 잘 드러나 있는 부분을 인용해 보자면 다음과 같다. "중화문화의 기초는 첫째, 윤리다. 그런 까닭에 '효제는 인의 근본'이라 했다. …… 둘째는 민주다. 그런 까닭에 '백성을 귀히 여기고' '백성을 나라의 근본으로 삼으니, 근본이 튼튼하면 나라는 평안해진다'고 하였으며, 이에 '큰 도가 행해지면 천하가 공평해진다'고 하였던 것이다. 셋째는 과학이다. 이는 곧 정덕(正德), 이용(利用), 후생(厚生)의 도이며, 따라서 공자는 위정(爲政)의 급선무로 백성을 부유하고 잘살게 하는 것 만한 것은 없다고 했다. 치부와 장수란 곧 가난함, 고독함, 치우침 없는 평안함이다. 나는 윤리, 민주, 과학이야말로 삼민주의사상의 본질이며, 또한 중화 전통문화의 기초라고 믿는다. (中華文化之基礎, 一爲倫理. 故曰 '孝弟也者, 其爲仁之本歟'. …… 二爲民主. 故曰 '民爲貴', '民爲邦本, 本固邦寧', 乃曰 '大道之行也, 天下爲公'. 三爲科學. 此卽正德, 利用, 厚生之道, 故孔子以爲政之急者, 莫大于使民富且壽. 而致富且壽之道, 則均无貧, 和無寡, 安無傾耳. 余篤信倫理, 民主, 科學乃三民主義思想之本質, 亦卽爲中華民族傳統文化之基石也)."

11) ── 中華文化復興運動推行委員會 編印,〈嚴會長靜波先生開會致詞〉,《傳統文化與現代

生活硏討會論文集》, 中華文化復興運動推進委員會, 1982, 7쪽.
12) ──── 宋淑玉, 〈臺灣中華文化復興運動述論〉, 《北京聯合大學學報(人文社會科學版)》, 2006年 02期, 79~80쪽 참조.
13) ──── 이 시기 지식인 가운데 상당수가 초기 박정희 정권의 '민족적 민주주의'에 긍정적 입장을 취하고 있었다. 박정희 정권에 적극적으로 동조하거나 입안자로서 적극 참여하는 경우도 있었으며, 소위 비판적 지식인 가운데서 박정희 정권에 대해 다소 유보적인 입장을 취하거나 은근한 기대감마저 보이는 경우도 있었다. 특히 '전통문화' 담론에는 지식인들이 동조하는 경우가 적지 않았는데, 이는 기본적으로 일제 식민지 시기로부터 대부분의 민중과 지식인들로부터의 지속적인 요구와 부합하는 측면이 많았기 때문일 것이다. 하지만 이후 장기 집권과 권위주의가 강화되면서 점차 지식인 내부에서 분화가 일어나게 되는데, 이에 대한 자세한 논의는 지면 관계상 추후의 과제로 남겨둘까 한다. 최근 《역사비평》 2004년 가을호와 2005년 봄호에서 진행된 임지현과 조희연의 논쟁은 이상과 같은 박정희 정권이 지닌 복합성과 당시 지식인들의 상황을 이해하는 데 다소 도움이 될 것이다.
14) ──── 전재호, 〈민족주의와 역사의 이용: 박정희 체제의 전통문화정책〉, 《사회과학연구》 제7집, 서강대학교 사회과학연구소, 1998, 89~93쪽.
15) ──── '문화부흥운동'으로 대변되는 타이완의 '전통문화' 관련 정책을 이러한 남한의 정책들과 비교해 봤을 때, 상대적으로 과거 유물의 발굴·복원 사업과 이를 위한 제도화나 기구의 설립 등의 비중이 적어 보인다. 이는 타이완은 이미 대륙 통치 시기부터 상당한 성과가 축적되어 있었고, 또한 이러한 성과들이 고스란히 타이완 퇴각과 함께 타이완으로 옮겨왔기 때문이라 여겨진다. 아울러 이와 관련해 타이완 내에서 유물 발굴이나 보존 자체가 오히려 부정적 효과를 낳을 수 있었던 측면도 있었을 것이다. 해방 이후로 여러 이유로 일제시기의 유물 정리 수준에서 크게 벗어나지 못해 있던 당시 남한의 상황으로 인해 문화재 발굴 보존 사업들에 대한 비중이 커질 수밖에 없었을 것이다.
16) ──── 사실 이러한 경향은 단지 남한이나 타이완에만 국한되는 상황은 아니었다. 냉전 상황 속에서 양 진영, 즉 남한과 북한, 타이완과 대륙 모두에 해당되는 이야기였다. 윤해동은 이에 대해 "관주도적 국가민족주의는 반공주의와 표리관계를 가지면서 냉전상황 속에서 정착해 가게 된다. 남북한의 국가민족주의는 남한에서는 이승만의 일민주의와 반일민족주의를 통해 그리고 박정희식 민족적 민주주의 또는 경제성장의 자립적 경향의 강화를 통해 이어져 가고, 북한에서도 주체사상이 민족주의적 성격을 강하게 지니게 됨으로써 체제강화에 이바지하게 된다"라고 설명한다. (윤해동, 〈한국 민족주의의 근대성 비판〉, 《역사문제연구》 제4호, 역사문제연구소, 2000, 67~68쪽.)
17) ──── 쩡젠민(曾健民), 〈대만의 민족정체성과 탈식민 문제〉, 《역사비평》 통권 64호(2003년 가을호), 역사비평사, 2003.

| 참고문헌 |

Brown, Melissa, *Is Taiwan Chinese : The Impact of Culture, Power, and Migration on*

Changing Identities, University of California Press, 2004.
Chun, Allen, "From Nationalism to Nationalizing: Cultural Imagination and State Formation in Postwar Taiwan", *The Australian Journal of Chinese Affairs*, No. 31, 1994.
Croizier, Ralph C. ed., *China's Cultural Legacy and Communism*, Praeger Publishers, 1970.
Hephurn, J. C., 《英和對譯袖珍辭書(Pocket Dictionary of the English and Japanese Language)》, 江戶, 1862.
Tozer, Warren, "Taiwan's Cultural Resaissance", *The China Quarterly* No. 43, 1970.
Underwood, Horace Grant, 《한영ᄌ뎐(A concise dictionary of the Korean language in two parts Korean-English & English-Korean)》, Yokohama, 1890.
甘陽, 〈新時代的'通三統': 三種傳統的融會與中華文明的復興〉, 2005.
歐陽肅通, 〈民族國家的臨界占1: '臺灣意識'的現代性意義〉, 《二十一世紀》網絡版 二〇〇四年十月號 總第 31期, 2004年 10月 31日.
김성경, 〈지역주의와 만들어진 전통〉, 《한국근대문학연구》 제6권 제2호, 한국근대문학회, 2005. 10.
김영신, 《대만의 역사》, 지영사, 2001
김준, 〈대만 경제의 특성과 장제스·장경국〉, 《역사비평》 통권 42호(1998년 봄호), 역사비평사, 1998. 2.
다나카, 스테판 지음, 박영재·함동주 옮김, 《일본 동양학의 구조(Japan's Orient: Rendering Pasts into History)》, 문학과지성사, 2004.
宋淑玉, 〈臺灣中華文化復興運動述論〉, 《北京聯合大學學報(人文社會科學版)》, 2006年 02期.
심보선, 〈이주노동자의 미디어 문화활동과 정체성 정치〉, 2006. 12.
윤해동, 〈한국 민족주의의 근대성 비판〉, 《역사문제연구》 제4호, 역사문제연구소, 2000. 4
伊藤潔, 陳水螺, 《臺灣歷史》, 臺北: 前衛出版社, 2004.
임대식, 〈1960년대 초반 지식인들의 현실인식〉, 《역사비평》 통권 65호(2003년 겨울호), 역사비평사, 2003. 11.
임지현 엮음, 《근대의 국경, 역사의 변경: 변경에 서서 역사를 바라보다》, 휴머니스트, 2004.
張載宇, 《蔣中正先生 思想硏究》, 正中書局, 1984.
章學誠, 《文史通義》, 臺灣商務印書館, 1968.
전재호, 〈군정기 쿠데타 주도 집단 담론분석〉, 《역사비평》 통권 55호(2001년 여름호), 역사비평사, 2001. 5.
전재호, 〈민족주의와 역사의 이용: 박정희 체제의 전통문화정책〉, 《사회과학연구》 제7집, 서강대학교 사회과학연구소, 1998.
전재호, 〈박정희 체제의 민족주의 연구 : 담론과 정책을 중심으로〉, 서강대학교대학원 정치외교학과 박사학위논문, 1997.
조연현, 〈전통(傳統)과 전통적(傳統的) 요소(要素)〉, 《국어국문학》 제34·35권, 국어국문학회, 1967.

조희연, 〈박정희 체제의 복합성과 모순성〉, 《역사비평》 통권 70호(2005년 봄호), 역사비평사, 2005.
中華文化復興運動推進委員會, 《傳統文化與現代生活研討會論文集》, 中華文化復興運動推進委員會, 1982.
秦風, 《歲月臺灣》, 廣西師範大學出版社, 2005.
쩡젠민(曾健民), 〈대만의 민족정체성과 탈식민 문제〉, 《역사비평》 통권 64호(2003년 가을호), 역사비평사, 2003. 8.
최정운, 〈정치언어로서의 전통과 문화로서의 전통〉, 《전통과 현대》 22호(2002년 겨울호), 전통과현대, 2002
홉스봄, 에릭 외 지음, 《만들어진 전통(The Invention of Tradition)》, 박지향·장문석 옮김, 휴머니스트, 2004.

냉전풍경 2: 국민국가의 문화 구상, 그 제도와 재현의 임계
동아시아에서 사회주의 인민의 표상 정치

| 주 |

1) ── 이 표현은 다음의 대담에 나온다. 리영희·백영서, 〈비판적 중국학의 뿌리를 찾아서〉, 《중국의 창》 창간호, 예담차이나, 2003.
2) ── 윤평중, 〈이성과 우상: 한국 현대사와 리영희〉, 《비평》 통권 13호, 생각의나무, 2006. 2006년의 리영희 논쟁은 계간지 《비평》의 복간호인 13호가 출간되기도 전에 신문지상을 통해 전개되었다는 특징이 있다. 윤평중이 신문 지면을 통해 발표한 리영희 비판론은 다음을 보라. 윤평중, 〈그가 남긴 비체계적인 '인본적 사회주의', 우리 사회 시장맹·북한맹 만들어〉, 《중앙일보》, 2006. 11. 8.
3) ── 다음의 글이 대표적이다. 강준만, 〈리영희 비판에 되묻는다〉, 《한겨레》, 2006. 11. 16; 홍윤기, 〈윤평중 교수에게 말한다〉, 《한겨레》, 2006. 11. 16.
4) ── 이른바 '뉴라이트'는 이즈음 정치적인 집단을 형성하는 것 이외에 사상적 재편성 작업에도 착수했는데, 2006년 출간된 다음의 책이 대표적이라 할 수 있다. 박지향 외, 《해방전후사의 재인식 1, 2》, 책세상, 2006.
5) ── 리영희, 《리영희전집》(전12권), 한길사, 2006.
6) ── 윤평중, 〈그가 남긴 비체계적인 '인본적 사회주의', 우리 사회 시장맹·북한맹 만들어〉, 《중앙일보》, 2006. 11. 8.
7) ── Hendershot, Cynthia, *Anti-Communism and Popular Culture in Mid-Century America*, 2003, McFarland, p. 4.

8) ──── 한편, 이는 냉전기 사회주의 국가(대표적으로 중국, 북한 등)에서 자본주의체제의 인민에 대한 상상을 다룰 때 흥미로운 시각이 도출될 수 있을 것으로 기대된다. 이러한 대비 속에서 냉전체제의 정치적인 타자에 대한 상상이 지닌 역동성과 의미 및 기능에 대해 교차적으로 검토할 수 있을 것이다.
9) ──── 리영희론의 대표적인 초점은 지식인으로서의 태도와 지식인적 글쓰기에 맞추어져 있다. 대표적으로 다음의 인터뷰와 논문을 참고할 수 있다. 김동춘 대담, 〈리영희: 냉전이데올로기의 우상에 맞선 이성의 필봉〉,《역사비평》 통권 31호(1995년 여름호), 역사비평사, 1995; 김만수,《리영희 살아있는 신화》, 나남출판, 2003; 강준만,〈새는 좌우의 날개로 난다〉, 강준만 등 저,《레드 콤플렉스》, 삼인, 2004; 리영희・김동민,〈미국, 국가, 냉전 이데올로기와 정면으로 맞선 거인〉,《문학과경계》 통권 12호(2004년 봄호), 문학과경계사, 2004; 박병기,〈리영희: 휴머니즘으로서 이데올로기 비판〉,《시대와 철학》 7권 2호, 한국철학사상연구회, 2004; 강준만,《한국 현대사의 길잡이 리영희》, 개마고원, 2004.
10) ──── 리영희,〈머리말〉,《전환시대의 논리》, 창비, 1974, 7쪽. 리영희 인용문의 주에서 사용한 연대는 독자들의 이해를 돕기 위해 글이 최초 발표되었던 연도를 표기했다. 해당 쪽수는 2006년 출간된 개정판의 쪽수를 참고했다.
11) ──── 리영희,〈강요된 권위와 언론자유〉,《전환시대의 논리》, 창비, 1971, 40쪽.
12) ──── Robin, Ron, *The Making of the Cold War Enemy: Culture and Politics in the Military-Intellectual Complex*, Princeton University Press, 2001, pp. 3~4.
13) ──── 리영희,〈강요된 권위와 언론자유〉,《전환시대의 논리》, 창비, 1971, 13~14쪽.
14) ──── 리영희는 같은 글에서 이를 '밀리터리 멘탈리티'와 '냉전의식' 등의 개념으로도 표현하고 있다. 그는 베트남전 비밀문서가 밀리터리 멘탈리티에 의해 지배되고 추진되었음을 증언하고 있다고 논의하면서, 밀리터리 멘탈리티란 "일체의 정치적・국제적・도덕적 고려를 배제하고 오직 '무력의 논리'에 도취되어 전쟁의 도덕성과 세계적으로 고립된 상황도 무시하고 승산 없는 군사적 '승리'만을 추구하는 정신구조"로 정의한다. 한편, 베트남전 비밀보고서를 편집한 기자의 말을 인용한 글귀에서 냉전의식의 실체를 엿볼 수 있다. "그것은 미국의 중심적인 관심사가 처음에는 공산주의의 봉쇄에 있었으나 그것이 차차 미국의 힘, 그 영향력 및 그 위신의 보호라는 목적으로 변했을 뿐 아니라 그 어느 단계에서도 베트남과 베트남 인민의 현지사상은 전적으로 무시되어 왔다는 것을 시사한다." 밀리터리 멘탈리티와 냉전의식에 대해서는 다음을 참고하시오. 리영희,〈강요된 권위와 언론자유〉,《전환시대의 논리》, 창비, 1971, 30~31쪽, 37~39쪽.
15) ──── 리영희,〈조건반사의 토끼〉,《전환시대의 논리》, 창비, 1974, 207쪽.
16) ──── 리영희,〈권력의 역사와 민중의 역사: 장개석 시대(1926~1949)〉,《전환시대의 논리》, 창비, 1972, 118쪽.
17) ──── 리영희 편역,《중국백서》, 1982, 전예원.
18) ──── 리영희・임헌영,《대화: 한 지식인의 삶과 사상》, 한길사, 2005, 558쪽.
19) ──── 문제는 독자들에게 리영희의 중국론은 필자(리영희)의 주장과 판단이 강했던 논의로 '기억'된다는 점에 있다. 이는 중국의 관점에서 논의의 일단(一端)을 제시하는 것 자체가 파격이어서 이에 대한 인상이 강렬했던 점에 기인할 듯하다. 중국에 대한 관방과 리영희가

사용했던 상이한 언어의 특성에 대해서는 앞서 인용했던 〈조건반사의 토끼〉 등에 잘 드러나 있다.

20) ──── 리영희, 〈대륙중국에 대한 시각조정: 중국본토사회의 실제와 판단〉, 《전환시대의 논리》, 창비, 1971, 87쪽.

21) ──── 리영희, 위의 글, 88쪽

22) ──── 중공과 중화인민공화국이라는 국호를 논의하는 자리에서 언급되는 다음과 같은 표현도 이와 같은 선상에서 이해되어야 한다. "주관의 형성은 각기 다를 수밖에 없지만 우선 사상, 관계의 관찰만은 되도록 선입관을 배제하려는 노력이 앞서야겠다. 이 노력과 그와 같은 자세가 바로 국제관계의 학습 그 자체의 중요한 일부가 아닐까 한다." 리영희, 〈중국외교의 이론과 실제〉, 《전환시대의 논리》, 창비, 1971, 52쪽.

23) ──── 리영희, 위의 글, 100쪽.

24) ──── 리영희, 위의 글, 104쪽. 이는 《우상과 이성》에 실린 〈모택동의 교육사상〉에서도 유사하게 변주된다. "이것은 모택동이 배격해 온 '지식의 신비주의'의 타파라고도 할 수 있다…… 이것이 모택동 교육사상의 '노동자의 지식인화, 지식인의 노동자화'이며 이 과정을 반복함으로써 사회분열·계층화를 방지할 수 있다는 사상이다. 이에 대해서 서구학자들은 적지 않은 회의를 표시하기도 한다…… 그것은 두고 봐야 할 일이고 아직은 뭐라고 단정할 수 없다. 다만 모택동사상은 변증법적인 것이어서…… 전체 지식인의 그 새로운 체험과 정치적 자각이 종합 고양될 때 '전사회, 전중국인'의 발전은 오히려 촉진된다는 것이다." 리영희, 〈모택동의 교육사상〉, 《우상과 이성》, 1977, 한길사, 176쪽.

25) ──── 리영희 편역, 《8억인과의 대화》, 창작과비평사, 1977.

26) ──── Rapopport, Anatol, "Critique of Strategic Thinking", Roger Fisher ed., *International Conflict and Behavioral Science*, Basic Books, 1964, p. 234. Robin(2001)의 p. 7에서 재인용.

27) ──── 리영희, 〈대륙중국에 대한 시각조정: 중국본토사회의 실제와 판단〉, 《전환시대의 논리》, 창비, 1971, 92쪽. 사회주의 중국 및 마오쩌둥사상에 대한 상이한 견해와 관련된 리영희의 다음과 같은 언급에서도 민중의 생활과 사고에 기반을 둔 구체성의 언어에 대한 강조지점을 읽을 수 있다. "이처럼 그 두 사람이 모두 어떤 사실과 현상에 관한 자료, 숫자, 내용의 통계적 고찰을 세밀히 하면서도 결론이 다르게 나온다는 것은 1차적으로는 그 사람의 개인적 가치관의 차와 2차적으로는 중국 역사 속의 중국 인민의 입장에서 보지 않고 자기가 속한 사회의 역사적 입장에서 보려 하기 때문이 아닌가 싶다." "재미있게도 모택동사상이라는 것이 어떤 추상적인 이론이 아니라 대중과 대중 속에서의 실천적 관계 및 사상적 자세를 말하는 구체적인 것이…… 다…… '의사가 마스크를 낀다는 것은 의사와 환자 사이에 장벽을 쌓는다는 것을 뜻한다.'(모택동) 비과학적이랄 수도 있고 정신우선주의일 수도 있다. 하여간 모든 문제에서 그 사회가 생각하는 것이 뭐냐 하는 것이 하나의 포인트 오브 뷰를 제공한다." 위 인용문은 각각 《전환시대의 논리》 86쪽과 109쪽을 참고하시오.

28) ──── 대표적으로 《다리》지에 실린 다음의 번역 논문을 거론할 수 있다. 新島淳良, 〈모택동사상의 기조〉, 《다리》, 1972년 6월호; 죠수어 S. 호온, 〈중공의 과학과 인간〉, 《다리》,

1972년 8월호.
29) ──── 물론 1980년대의 마르크스 레닌 원전 탐독 붐이 갖는 의미를 평가절하하는 것은 아니다. 다만, 1980년대 '사회과학의 시대'에도 1970년대와 유사하게 사회과학 그 자체가 아니라 사회과학의 틀을 변용해 사회적인 구체성을 담은 글쓰기를 지향했던 리영희식의 실천적 글쓰기의 계보가 이어지지 못한 점은 아쉬움이 남는다.
30) ──── 역으로 사회주의체제의 관점에서 보았을 때 자본주의체제도 마찬가지로 가려진 사회다. 따라서 이는 한 체제의 문제가 아니라 냉전기라는 역사적 조건에서 생산된 인식의 장애이며, 이런 점에서 이 시대의 보편적 상황으로 보아야 할 것이다.
31) ──── 리영희 편역, 《8억인과의 대화》, 창작과비평사, 1977, 3~4쪽.
32) ──── 실제로 다른 체제와 그 삶에 대한 탐색을 추구하므로 비단 이러한 여행기를 표방한 글뿐만 아니라, '지상여행'이라고 표현했던 구절대로 리영희의 글 전체가 여행기라 할 수 있다. 리영희, 〈대륙중국에 대한 시각조정: 중국본토사회의 실제와 판단〉, 《전환시대의 논리》, 창비, 1971, 88쪽.
33) ──── 사회주의 중국과 관련해 리영희가 번역하거나 편역한 책은 다음과 같다. 리영희 편역, 《8억인과의 대화》, 창작과비평사, 1977; 리영희 편역, 《중국백서》, 전예원, 1982; 리영희 편저, 《10억인의 나라》, 1983, 두레.
34) ──── 박정희 시대 민족주의 담론의 구성양상에 대해서는 다음 논문을 참고하시오. 홍석률, 〈1960년대 한국 민족주의의 두 흐름〉, 《사회와 역사》 제62권, 한국사회사학회, 2002; 전재호, 〈박정희 체제의 민족주의〉, 《한국정치학회보》 제32집 제4호, 한국정치학회, 1999.
35) ──── 리영희는 훗날 쓴 〈왔다(來了)!〉라는 글에서 허구화한 작중화자의 입을 빌려 이 시기의 작업에 대해 다음과 같이 자기 비평한 바 있다. "내가 아직도 이해하지 못하는 무슨 심오한 지식이라도 그 속에 숨어 있는 것일까?…… 상대적 가치가 있을 뿐, 절대적 가치가 없다는 것을 배운 것도 그 속에서였다. 절대화된 가치 관념은 추상화 논리를 전제로 하는데, 그 결과가 국가지상, 민족지상, 질서지상, 안정지상 등 '지상주의'로 나타난다는 사실을 배운 것은 적지 않은 수확이었다. 구체적인 '인간'의 '구체적'인 차이성, 개성, 행복과 염원 등 구체적인 요소들을 사상해 버리고 추상화된 '관념적 존재'들을 숭상하게 될 때, 바로 그 사회는 그 주장하는 목표와는 반대로 분열되고 타락하고 창조력을 상실하게 된다는 점도 그 책에서 나에게 가르쳐준 귀중한 교훈이다. 한마디로, 다양성을 토대로 한 통일, 자율·자발성을 원칙으로 하는 복종과 지지의 중요성도 비로소 배웠다. 그 책들에는 바로 그와 같은 구체적인 현실적인 사례가 무수히 열거되어 있었다. 나 같은 추상적 이론은 질색인 사람의 눈을 뜨게 해주는 데 크게 도움이 되었다." 리영희, 〈왔다(來了)!〉, 《분단을 넘어서》, 한길사, 1982, 224쪽.
36) ──── 리영희·임헌영, 《대화: 한 지식인의 삶과 사상》, 한길사, 2005, 447~48쪽.
37) ──── 리영희·임헌영, 위의 책, 446쪽.
38) ──── 리영희·임헌영, 위의 책, 448쪽.
39) ──── Venuti, Lawrence, "Local Contingencies: Translation and National Identities", Bermann, Sandra and Wood, Michael(eds.), *Nation, Language, and the Ethics of Translation*, Princeton University Press, 2001.

40) ──── 필자는 리영희의 논의가 환기한 주체 구성의 문제가 2000년대 들어서도 잦아들지 않는 리영희 논쟁의 핵심 가운데 하나라고 생각한다. 현재의 리영희 논쟁의 논자들은 1970년대 리영희의 글쓰기에 빚져서 성장한 이들이다. 비유적으로 표현하는 것이 허용된다면, 이른바 '뉴라이트'로 입지를 다지고 있는 리영희 비판자에게 1970년대 리영희의 글이란 자신의 사회적인 주체성의 발생과 긴밀하게 관련된 기억을 형성한다. 리영희가 펜을 놓은 지금에도 공격의 대상이 되는 것에는 벗어나려고 해도 벗어날 수 없는, 그렇기 때문에 지우고 싶은 가장 원초적인 자아의 사회적 기억을 이루고 있는 것과 연관된다.

| 참고문헌 |

《다리》(월간, 1970~1974), 월간 다리사.
《대화》(계간, 1965~1977), 한국 크리스챤 아카데미.
《사상계》(월간, 1953~1970), 사상계사.
《청맥》(월간, 1964~1966), 청맥사.

강준만, 〈리영희 비판에 되묻는다〉, 《한겨레》, 2006. 11. 16.
강준만, 〈새는 좌우의 날개로 난다〉, 《레드 콤플렉스: 광기가 남긴 아홉 개의 초상》, 삼인, 2004.
강준만, 《한국 현대사의 길잡이 리영희》, 개마고원, 2004.
강진호, 〈반공의 규율과 작가의 자기 검열〉, 《상허학보》 15집, 상허학회, 깊은샘, 2005.
강진호, 〈한국 반공주의의 소설·사회학적 기능〉, 《한국언어문학》 제52집, 한국언어문학회, 2004.
김만수, 《리영희 살아있는 신화》, 나남출판, 2003.
김용현, 〈리영희의 '전환시대의 논리'를 다시 읽으며〉, 교수신문 엮음, 《오늘의 우리 이론 어디로 가는가》, 생각의나무, 2003.
리영희, 《반세기의 신화》, 삼인, 1999.
리영희, 《분단을 넘어서》, 한길사, 1984.
리영희, 《새는 좌·우의 날개로 난다》, 두레, 1994.
리영희, 《스핑크스의 코》, 까치, 1998.
리영희, 《우상과 이성》, 한길사, 1977.
리영희, 《인간만사 새옹지마》, 범우사, 1991.
리영희, 《자유인, 자유인》, 범우사, 1990.
리영희, 《전환시대의 논리: 아시아·중국·한국》, 창작과비평사, 1974.
리영희 편역, 《8억인과의 대화: 현지에서 본 중국대륙》, 창작과비평사, 1977.
리영희 편역, 《중국백서》, 전예원, 1982.
리영희 편저, 《10억인의 나라》, 두레, 1983.
리영희·김동민, 〈미국, 국가, 냉전 이데올로기와 정면으로 맞선 거인〉, 《문학과경계》 통권

12호(2004년 봄호), 문학과경계사, 2004.
리영희·김동춘, 〈리영희: 냉전이데올로기의 우상에 맞선 이성의 필봉〉(대담), 《역사비평》 통권 31호(1995년 여름호), 역사비평사, 1995.
리영희·백영서, 〈비판적 중국학의 뿌리를 찾아서〉, 《중국의 창》 창간호, 예담차이나, 2003.
리영희·임헌영, 《대화: 한 지식인의 삶과 사상》, 한길사, 2005.
리영희·정해구, 〈탈냉전 시대, 위기의 북한과 한반도의 선택〉(대담), 《당대비평》 제1호, 생각의나무, 1997.
박병기, 〈리영희: 휴머니즘으로서 이데올로기 비판〉, 《시대와 철학》 7권 2호, 한국철학사상연구회, 2004.
박지향 외, 《해방전후사의 재인식 1, 2》, 책세상, 2006.
유임하, 〈마음의 검열관, 반공주의와 작가의 자기 검열〉, 《상허학보》 15집, 상허학회, 깊은샘, 2005.
윤무한, 〈우상에 도전하는 이성의 빛과 공기: 리영희의 《전환시대의 논리》〉, 《내일을 여는 역사》 제21호, 내일을여는역사, 2005. 9.
윤평중, 〈그가 남긴 비체계적인 '인본적 사회주의', 우리 사회 시장맹·북한맹 만들어〉, 《중앙일보》, 2006. 11. 8.
윤평중, 〈이성과 우상: 한국 현대사와 리영희〉, 《비평》 통권 13호, 생각의나무, 2006.
이봉범, 〈반공주의와 검열 그리고 문학〉, 《상허학보》 15집, 상허학회, 깊은샘, 2005.
전재호, 〈박정희체제의 민족주의〉, 《한국정치학회보》 제32집 제4호, 한국정치학회, 1999.
차혜영, 〈국어 교과서와 지배 이데올로기〉, 《상허학보》 15집, 상허학회, 깊은샘, 2005.
홍석률, 〈1960년대 한국 민족주의의 두 흐름〉, 《사회와 역사》 제62권, 한국사회사학회, 2002.
홍윤기, 〈윤평중 교수에게 말한다〉, 《한겨레》, 2006. 11. 16.

Hendershot, Cynthia, *Anti-communism and popular culture in mid-century America*, McFarland, 2003.
Hixson, Walter L., *Parting The Curtain: Propaganda, Culture and the Cold War, 1945~1961*, St. Martin's Griffin, 1998.
Oakes, Guy, *The Imaginary War: Civil Defense and American Cold War Culture*, Oxford University Press, 1994.
Robin, Ron, *The Making of the Cold War Enemy: Culture and Politics in the Military-Intellectual Complex*, Princeton University Press, 2001.
Venuti, Lawrence, "Local Contingencies: Translation and National Identities", Bermann, Sandra and Wood, Michael(eds.). *Nation, Language, and the Ethics of Translation*, Princeton University Press, 2001.

| 참고문헌 |

Aguiluz, Amable IV, dir, *Boatman*, Screenwriters Rafael Ma. Guerrero and Alfred A. Yuson, AMA Communications, 1984.
Bello, Walden with Herbert Docena, Marissa de Guzman, and Marylou Malig, *The Anti-Development State: The Political Economy of Permanent Crisis in the Philippines*, Quezon City: Department of Sociology, University of the Philippines Diliman and Focus on the Global South, 2004.
Bennett, Tony, "Putting Policy into Cultural Studies", *Cultural Studies*, Eds. Lawrence Grossberg, Cary Nelson, and Paula Treichler, New York: Routledge, 1992, pp. 23–34, Discussion pp. 34–37.
_____, "Useful Culture", *Relocating Cultural Studies: Developments in Theory and Research*, Eds. Valda Blundell, John Shepherd, and Ian Taylor, London: Routledge, 1993, pp. 67–85.
Bernal, Ishmael, dir. and screenwriter, *Manila By Night*, Regal Films, 1980.
Cervantes, Behn, dir. *Sakada*, Screenwriters Oscar Miranda and Lualhati Cruz, Sagisag Films, 1976.
Chionglo, Mel, dir., *Company of Women*, Screenwriter Raquel N. Villavicencio, Unknown prod., 1985.
Constantino, Renato, *Synthetic Culture and Development*, Quezon City: Foundation for Nationalist Studies, 1985.
David, Joel, *The National Pastime: Contemporary Philippine Cinema*, Pasig City: Anvil, 1990.
De Pedro, Ernie A, "Overview of Philippine Cinema", *Filipino Film Review* 1.4, Oct.–Dec. 1983, pp. 26–27.
Experimental Cinema of the Philippines, *The Second Edition.*, Unpublished annual report, Ed. Joel David, ECP Public Relations Division, 1984.
_____, *Year One*, Annual report, Ed. Joel David, Metro Manila: ECP Public Relations Division, 1983.
Frith, Simon, "The Good, the Bad, and the Indifferent: Defending Popular Culture from the Populists", *Diacritics* 21.4, Winter 1991, pp. 102–115.
Gallaga, Peque, dir., *Scorpio Nights.*, Screenwriter Rosauro de la Cruz, Regal Films, 1985.

Hall, Stuart, "Notes on Deconstructing 'The Popular'", *People's History and Socialist Theory*, Ed. Raphael Samuel, London: Routledge, 1981. pp. 227-239.
Hebdige, Dick, *Subculture: The Meaning of Style*, London: Routledge, 1979.
Hunter, Ian, "Setting Limits to Culture", *New Formations* 4, 1988, pp. 103-123.
Jameson, Fredric, "On Cultural Studies", *Social Text* 34, 1993, pp. 17-52.
Lumbera, Bienvenido, Interview with Joel David, *National Midweek*, April 4, 1990, pp. 20-22, 46.
Mijares, Primitivo, The Conjugal Dictatorship of Ferdinand and Imelda Marcos, San Francisco: Union Square, 1976.
Morris, Meaghan, "Banality in Cultural Studies", *Logics of Television: Essays in Cultural Criticism*, Ed. Patricia Mellencamp, Bloomington: Indiana UP, 1990, pp. 14-43.
Sotto, Agustin, *Pelikula: An Essay on the Philippine Film, 1897-1960*, [Manila]: Cultural Center of the Philippines Special Publications Office, 1992.

냉전풍경 3: 미디어장(場)의 구성과 작용
1960년대 한국영화 다시 읽기

| 주 |

1) ──── 1960년대 이후의 근대화 프로젝트를 한국사회의 현대성을 설명할 수 있는 기원서사로 보는 시각은 김은실(1999), 차혜영(2004) 등을 참조할 수 있다.
2) ──── 《한국영화전사》(이영일, 2004) 개정증보판; 《한국영화 100년》(호현찬, 2000); 《나의 사랑 씨네마》(김수용, 2005); 《근대성의 유령들》(김소영, 2000) 등을 참조하라고 굳이 특정 출판물을 언급할 필요가 없을 정도로 영화사 관련 책 대부분에선 1960년대를 한국영화의 전성기 혹은 황금기로 규정하고 있다.
3) ──── 이영일, 《한국영화전사》, 도서출판 소도, 1969, 250~252쪽 참조.
4) ──── 1960년대 서울 시민에게 영화는 영향력이 가장 강한 매체인 동시에 가장 선호하는 오락이었다는 사실은 수많은 자료에서 찾아볼 수 있다. 《동아일보》의 1962년 9월 19일자 기사는 생생하게 대중문화의 핵심이 영화였던 당시의 상황을 알게 해준다. "지난 일요일 하루만도 서울시내 각 극장에는 17만 6천 531명이 모여들어 서울시민의 약 15명 중 한 명이 영화관을 찾은 셈이다. 추석대목의 여세로 평소보다 많은 영화인구가 동원된 셈이지만, 오락의 왕좌를 차지하는 영화의 비중을 새삼 느끼게 하는 현상이다……."
5) ──── 법제처 홈페이지 http://www.moleg.go.kr을 참조하시오.
6) ──── 이완범, 〈제1차 경제개발5개년계획의 입안과 미국의 역할〉, 한국정신문화연구원 편,

《한국현대사의 재인식 10: 1960년대의 정치사회변동》, 백산서당, 1999, 11∼12쪽.
7) ── 신광영, 〈경제와 노동 이데올로기〉, 한국산업사회연구회 편, 《한국사회와 지배이데올로기》, 녹두, 1991, 98쪽 참조.
8) ── 고원, 〈박정희 정권 시기 농촌 새마을운동과 '근대적 국민 만들기'〉, 한국산업사회학회, 《경제와 사회》 통권69호, 2006, 184∼185쪽 참조.
9) ── http://film.ktv.go.kr에서 1960년대 대한뉴스를 참조하라. 1962년 8월부터 1963년 3월까지 국립영화제작소를 통해 농어촌에 보낼 라디오 모집 운동을 벌였다는 것이 대한뉴스의 기록에 남아 있다. 1962년 8월 31일자 대한뉴스(제380호)부터 1963년 3월 30일자 대한뉴스(제410호)까지에는, 예를 들면, "우리는 가난한 농어촌에 계속 라디오를 보내야 하겠습니다……"는 성우의 국민 참여를 권하는 말과 함께 국민들이 농어촌에 보낼 라디오를 보내오는 장면을 담고 있다.
10) ── 고원, 위의 글, 185쪽 참조.
11) ── "공보부는 5·16혁명 이후 군관민이 혼연일체가 되어 수행한 혁명과업의 성과를 국민에게 주지케 선전하여 반공정신 무장을 고취하고 혁명과업 완수에 궐기할 것을 촉구하기 위하여 전국에 순회영화반을 다음과 같이 보냈다. 순회기간 = 26일부터 한 달 동안/ 대상 = 전국 9개도에 2개반씩(제주도는 1개반)"(〈전국에 순회영화반/ 혁명과업 계몽위해〉, 《동아일보》 1961. 6. 28)
12) ── 1962년 제정된 영화법 제2조 5항에서는 문화영화를 다음과 같이 정의한다. "본법에서 문화영화라 함은 사회, 경제, 문화의 제현상 중에서 교육적, 문화적 효과 또는 사회풍습 등을 묘사설명하기 위하여 사실기록을 위주로 제작된 영화를 말한다." 영화법의 규정에서는 드러나고 있지 않지만, 박정희 정권 시기의 문화영화는 국립영화제작소에서 정부 홍보를 목적으로 만들어졌던 것이 사실이다.
13) ── 〈문화 기록영화를 살리자/ 당국에 권장책을 건의하면서〉(《한국일보》, 1961. 7. 28), 〈적극적인 문화 시책을〉(《동아일보》, 1961. 10. 23), 〈영화의 정책적 거점/ 진흥엔 입법 조치 절실〉(《조선일보》, 1961. 11. 26), 〈영화업자의 정리를 환영한다〉(《영화세계》, 1961년 11월호), 〈영화를 기간산업으로 이끄는 길〉(《영화세계》, 1962년 2월호) 등을 참조하시오.
14) ── 〈근대화 지향하는 제작계/ 영화 외 자본의 영화에의 진출/ 흥행 자본적 성격의 탈피를/영화 기업 근황 진단〉(《한국일보》, 1962. 3. 17).
15) ── 김수용은 한국영화에 대한 회고글인 《나의 사랑 씨네마》에서, "그렇다면 영화법은 어떤 연유로 만들어진 것인가. 전국의 극장수는 한정되어 있는데 영화들이 수급 조절의 한계를 넘어 제작되자 제작사들 간의 치열한 경쟁이 야기되었고, 급기야 자율 경쟁에서 패배한 일부 영화인들이 정부의 힘을 업고 영화를 규제하고 나선 것이었다. 가령 증가하는 신흥 제작사들의 발목을 잡기 위해 기존 영화사들은 터무니없는 촬영소와 촬영 기재, 녹음실, 전속 감독, 배우를 제작사 허가 조건으로 명문화시키도록 로비했다"(63∼65쪽).
16) ── 1960년대 초반 신필름의 승승장구를 특혜로 읽기에는 무리가 있다. 1960년대 신상옥 감독은 대중의 코드와 국가의 영화에 대한 요구에 순응하는 지점을 정확하게 접합시키는 능력을 가진 듯했다. 1963년작 〈쌀〉에 대해 많은 연구에서는 군사정권의 홍보물로 매도하고 있지만, "더욱이 《쌀》은 군사정권의 홍보물로 취급받기도 했다"는 김수용의 한국영화

17) ── "무소불위의 국가권력이 작동하던 상황에서 대명제작은…… 영화에 가해졌던 규율을 위반하면서 영화법과 영화계 사이의 유리된 공간 속에 자리를 잡았다."(박지연, 〈박정희 근대화 체제의 영화정책〉, 《한국영화와 근대성》, 도서출판 소도, 2001, 185쪽).

회고를 정독해 본다면 실상은 아닌데 그렇게 취급받았다는 것으로 읽을 수 있으며, 《쌀》은 국가에 아부하려는 의도에서 만들어진 것은 아니었다고 해석할 수 있다.

18) ── 1960년대에서 우수영화와 관객의 환호에 대한 특별한 상관관계를 찾을 수 없었다고 한다면, 1970년대에는 비교적 일관되게 관객이 우수영화를 외면하는 현상이 나타났다고 요약할 수 있다.
19) ── 한국영상자료원의 한국영화데이터베이스(http://www.kmdb.or.kr)에서 개별 작품의 관람인원 참조.
20) ── 이영일, 위의 책, 320~321쪽 참조.
21) ── 당시 근대화 지향 담론의 장에서 언론이나 학술지 등의 담론 대부분은 앞의 전통적인 영화제작 형태를 주먹구구식 혹은 봉건적이라고 하고, 바뀐 제작 형태를 미국식 혹은 합리적이라고 의미 규정 작업을 했으며, 이러한 작업은 이후 현재까지 이르는 것이 사실이다.
22) ── 국립영화제작소는 박정희 정권의 홍보 선전을 위한 언론정책의 일환으로 1961년 6월 22일 정식 발족했다. 국립영화제작소가 제작한 문화영화의 편수가 정치적 혼란기마다 늘어나는 현상을 이충직과 박지연은 국립영화제작소의 정권 선전 도구성으로 해석한다. 즉, 특히 사회 혼란이 심했던 1961년, 베트남 파병의 1966년, 10월유신이 있던 1972년에 문화영화의 제작편수가 공통적으로 늘어나고 있다는 것은 문화영화가 지배집단의 혼란을 무마하고 대중을 동원하는 데 이용되었음을 알 수 있다는 박지연과 이충직의 해석은 유의미하다(박지연, 2001과 이충직, 1985 참조).
23) ── 애국가를 담고 있는 단편영화를 애국가영화라고 부른다. 영화진흥위원회의 보고서(2004-7, 49쪽)를 보면, 애국가영화가 뉴스영화 이전에 상영된 것은 1967년 시범 실시를 시작으로 1971년부터는 전국의 모든 극장에서 상영되었다.
24) ── 주간 〈대한뉴스 406호〉의 내용은 다음과 같은 영상 꼭지들로 채워져 있다. (http://film.ktv.go.kr에서 참조).

제목: 3.1절
    3·1정신 이어받아 조국재건 이룩하자. 정부에서는 지난해에 이어 두 번째로 독립
        유공자들에게 포상 실시
    – 서울운동장에서 기념식 거행.
    – 박정희 의장, 이인 씨 등 공로자에게 건국공로훈장을 친히 수여.
    – 포상된 사람은 전국에 걸쳐 670명, 서울에서는 그중 240여 명.
    – 기념사, 참석자들 만세삼창.
    파고다 공원
    – 민족대표 중 고인들에 대한 합동 추념식.
    – 고인들 영정에 헌화.

기념식 후, 젊은 학도들의 늠름한 시가행진
- 독립 당시 학도들의 모습을 상기케 함.
정부에서 3·1절을 기해서 정치범을 포함한 모범죄수 2,723명을 가석방
- 조국재건의 대열에 참가하게 함.
- 대량 가석방 조치로 시정에는 한결 명랑한 분위기가 감돌게 됨.
제4회 3·1독립

제목: 김종필씨 순회대사로
2월 25일, 순회대사의 자격으로 동남아시아와 구라파(유럽) 여러 곳을 역방하고저 출국.
- 민주공화당 창당 준비위원장 등 모든 공직에서 물러선 김종필 씨.
- 부인 박영옥 씨와 함께 동남아시아 순방에 앞서 기자회견에서 순방 목적을 설명.
- 여러 나라를 순방해서 직접 눈으로 보고 연구함으로써 필요한 자료를 수집해서 혁명정부에 제공하겠다고 말함.
- 김포공항에서 환송 나온 인사들과 악수.
- 비행기에 올라 부인과 함께 손을 흔드는 모습.

제목: 정유공장 기계도입
경제개발 5개년계획의 일환으로 건설 중인 대한석유공사 울산 정유공장.
- 정유공장의 시설기재가 부산항에 입항.
- 10만 달러 상당의 기재가 도입, 하역 작업하는 모습.
- 금년 중으로 완공할 예정.

제목: 졸업씨슨
제17회 서울대학교 졸업식.
- 학사모를 쓴 대학생들.
- 우등상에게 대통령상 수여.
- 학사 2,269명, 석사 214명, 박사 55명.
태릉의 별, 육군사관학교의 졸업식.
- 태릉 육군사관학교 교정에서 눈이 오는 가운데 250명의 졸업식 거행.
- 졸업생들은 영예의 졸업증서와 육군 소위 임관장 등을 받음.
- 졸업생들과 축하 악수 나누는 박정희 의장.
- 영광의 대통령상은 이종원 소위, 내각수반상에는 윤종남 소위가 수상.
- 박정희 의장의 축사.
- 눈을 맞으며 도열해 있는 학생들.
제11기 공군사관학교 졸업식.
- 박정희 의장 김우기 소위에게 대통령상을 수여, 악수
- 내각수반상, 국방부장관상 등도 수여.
- 졸업생들에게 졸업장 수여.

제 17기생 해군사관학교

제목: 스포오츠
국제 선수 선발 프로레슬링 대회 최종경기.
- 장충체육관에서 장영철, 송학주 조와 천규덕, 우기환 조와의 경기 모습.
- 장영철, 송학주 조가 이김.
여자 프로 레슬링 경기 모습.
- 국학대학 체육과 1년에 재학중인 옥경자, 박정옥, 유미숙 양의 경기 모습.
- 합기도와 유도실력을 갖춘 선수들.
- 1년 전부터 프로레슬링의 길을 닦아온 무서운 힘의 아가씨들.
- 평소 연약한 여자라고 함부로 대하다가는 단단히 혼이 날테니 남자들의 주의 요망.
뉴욕 메디슨 스퀘어가든에서 열린 육상 경기 실황.
- 60m경주에서 독일 태생 주타하이네양이 우승.
- 높이뛰기에서 프랑스 모리스 호우비용 선수가 장대가 부러져 실패, 로렌도 쿠루쑤 선수 16피트를 뛰어 넘어 우승.

제목: 베르린시의 선거
베르린시의 시의원 선거 풍경 소개.
- 시의원 선거, 빌리 브린트 시장 포스터.
- 투표 실시, 90%의 높은 투표율.
- 병원의 환자는 물론 감옥의 죄수까지도 투표하여 선거권의 소중함을 보여줌.
- 빌리 브린트 씨의 투표 모습.
- 사회민주당이 61.7%로 단연 승리, 공산당은 2.3%로 참패.
- 당선 소감하는 빌리 브린트 시장.

제목: 농어촌에 라디오를 보냅시다
대한 잉크 제조 주식회사에서 대한뉴스 앞으로 라디오 2대 기증.
- 보내실 분은 72-8407.

25) ─── 《팔도강산》은 문화영화로 분류되어 보관되고 있다.
26) ─── 정순일, 《한국방송의 어제와 오늘: 체험적 방송 현대사》, 나남, 1991, 135쪽.
27) ─── 1962년 제정된 영화법 제11조에서는 "공연자가 영화를 상영하고자 할 때에는 문화영화를 동시에 상영하여야 한다"고 상영의무 조항을 마련했고, 1963년 개정 영화법에서는 "공연자가 극영화를 상영하고자 할 때에는 뉴스영화 및 문화영화를 동시에 상영하여야 한다"면서 뉴스영화와 문화영화를 본영화 이전에 상영하도록 했다.
28) ─── "서울에는 현재 개봉 극장 10개, 재개봉 극장 10개, 그 외 40개 극장을 합쳐 모두 60개 극장이 문을 열고 있다. 그리고 금년 안으로 새로이 개관할 극장이 모두, 13개소나 되는데 이는 서울 시민을 250만 명으로 보면 4만 1,700명에 극장 1개꼴이 되는 셈이 된다.

극장의 하루 관람객 수와 그 입장료를 당국에 집계한 바에 의하면 지난 1월부터 9월 말까지 60개 극장의 연 입장자 수는 2,339만 937명, 입장료 7억 9,220만 4,900원이다. 그리고 그에 따라 부과된 세금(입장세)만도 5,618만 2,200원이나 된다. 이 숫자를 달과 날로 다시 평균해 보면 한달에 약 260만 명이 극장을 드나들었고 그 입장료가 8,802만 2,000원, 하루 평균 8만 6,600여 명이 293만 4,000여 원을 극장비로 소비한 셈이 된다. 다시 극장 측으로 보면 1개 극장에 하루 평균 1,440여 명이 입장, 4만 8,900여 원의 수입이 되는 셈이며 한 사람 평균 입장료는 34원꼴이다. 이 숫자는 경찰당국에 의해 공식적으로 집계된 것인만큼 이 밖의 무료입장자까지 합치면 실제 관람객 수와 그 입장료는 훨씬 불어날 것으로 보인다."〈느느니 극장 60개소/ 서울 사람은 구경을 좋아해/ 하루 평균 8만여 명이 입장〉,《동아일보》, 1962. 11. 6)

29) ──── 〈양식보다 피로 주는 문화영화/ 정부의 동시상영방침 재검토 시급〉(《경향신문》, 1963. 4. 2).

30) ──── 이러한 기억의 차이에 대해서는 다양한 설명이 뒷받침되는데, 대한뉴스와 문화영화의 영상이 비슷해서라는 주장이 있는가 하면, 대한뉴스의 강한 톤에 비해 대개가 부드러운 톤인 문화영화의 영상은 주목을 끌지 못했다는 주장도 있다.

31) ──── 신광영, 위의 책, 101쪽 참조.

32) ──── "쿠데타 주체세력은 그 누구보다 더 이전의 정권들을 비난했으며 그 시절이 절망적이었다고 주장하면서도, 이제 쿠데타가 일어난 이상 밝은 메시지만을 전파시켜야 한다는 식으로 대응하였던 것이다."(강준만,《한국 대중매체사》, 인물과사상사, 2007, 412쪽)

33) ──── 정수완(2005)은 청춘영화와 근대화의 관계를 설명하고 있다.

34) ──── 이영일, 위의 책, 345~352쪽 참조.

35) ──── 이영일, 위의 책, 354쪽.

36) ──── 홍석률,〈1960년대 지성계의 동향: 산업화와 근대화론의 대두와 지식인사회의 변동〉, 한국정신문화연구원 편,《한국현대사의 재인식 9: 1960년대 사회변화 연구》, 백산서당, 1999, 192쪽.

37) ────《팔도강산》의 주제가는 당시 최고의 작곡가인 이봉조가 곡을 만들고(신봉승 작사), 당시 최고의 가수인 최희준이 노래를 불렀는데, 주제가도 크게 성공했다. 주제가의 후렴 부분인 "잘 살고 못 사는 게 팔자만은 아니더라. 잘 살고 못 사는 게 마음먹기 달렸더라. 줄줄이 팔도강산 좋구나 좋다"에서도 팔도강산인 국가를 좋게 만들기 위해서는 팔자타령만 하고 있지 말고 개인이 각자 나서서 노력해야 한다는 의미가 드러난다.

38) ──── 김희갑, 황정순, 최은희, 김진규, 이민자, 박노식, 김혜정, 이수련, 고은아, 허장강, 강미애, 신영균, 김문, 이대엽, 조항 등(KMDB 검색).

39) ──── 최창봉·강현두,《우리 방송 100년》, 현암사, 2001, 229~230쪽 참조.

40) ──── 박지연, 위의 글, 176~177쪽 참조.

41) ────〈여원논단: 한미관계의 재검토〉,《여원》1965년 4월호 등.

42) ──── 대한뉴스의 다음과 같은 뉴스 제목들을 참조하라.〈한·미 친선의 밤〉(제346호, 1962. 1),〈핵 순양함 롱비치호〉(제352호, 1962. 2),〈우정7호 우주비행에 성공〉(제355호 1962. 3),〈미국 정부서 훈장 수여〉(제405호, 1963. 2),〈미 공군참모총장 내한〉(제414호,

43) 1963. 4), 〈미국 대심원장 내한〉(제641호, 1967. 9), 〈한미 경제회담〉(제649호, 1964. 11) 등.
문화영화에는 주로 발전, 새국가에 대한 내용이 많다. 미국과 발전, 미국과 새생활이 결합할 수 있다. 〈잘 살 수 있는 길〉〈잘 살기 위하여〉(1963), 〈새생활의 설계〉〈우리도 잘 살 수 있다〉(1964), 〈밝은 내일〉〈번영의 기틀〉(1966) 등.

44) 이정식,《해방30년사》(제3권: 제 2공화국) , 성문각, 1976, 248쪽.

45) 박명림, 〈근대화 프로젝트와 한국민족주의〉, 역사문제연구소 엮음,《한국의 '근대'와 '근대성' 비판》, 역사비평사, 1996, 329~330쪽.

46) 그러다가 1960년대 초반 상황에서는 사정이 달라진다. 북한의 대남 직접침략 가능성을 전혀 배제할 수는 없지만 이보다는 한국의 경제정체와 그에 다른 정치적·사회적 불안이 한국을 공산화시킬 가능성이 한층 더 높다고 인식했다. 따라서 한국의 경제발전을 통한 경제안정이 최선의 안전보장 정책이라고 미국은 판단했던 것이다(이완범, 〈제1차 경제개발5개년계획의 입안과 미국의 역할〉, 한국정신문화연구원 편,《한국현대사의 재인식 10: 1960년대의 정치사회변동》, 백산서당, 1999, 84쪽 참조).

47) 당시 대중잡지 《여원》에는 이러한 경험들을 쉽게 읽을 수 있다. 1962년 8월호 〈이달의 발언〉에서 "…우리들의 가슴이 빈곤과 부패로 멍들지 않게 해주어요……."

| 참고 문헌 |

1. 단행본
강준만,《한국 대중매체사》, 인물과 사상사, 2007.
김종원·정중헌,《우리 영화 100년》, 현암사, 2001.
김학수,《스크린 밖의 한국영화사》, 인물과 사상사, 2002.
김화,《이야기 한국영화사》, 하서, 2001.
김소영,《근대성의 유령들: 판타스틱 한국영화》, 씨앗을 뿌리는 사람, 2000.
김수용,《나의 사랑 씨네마: 김수용 감독의 한국영화 이야기》, 씨네21, 2005.
이영일,《한국영화전사》개정증보판, 도서출판 소도. 2004.
이정식,《해방30년사》(제3권: 제2공화국), 성문각, 1976.
정순일,《한국방송의 어제와 오늘–체험적 방송 현대사》, 나남, 1991.
최창봉·강현두,《우리 방송 100년》, 현암사, 2001.
한국영상자료원,《신문기사로 본 한국영화: 1962 ~ 1964》, 공간과 사람들, 2006.
호현찬,《한국영화 100년》, 문학사상사, 2000.

2. 논문
고원, 〈박정희 정권 시기 농촌 새마을운동과 '근대적 국민 만들기〉,《경제와사회》통권 제69호, 한국산업사회학회, 2006.
김은실, 〈한국 근대화프로젝트의 문화 논리와 가부장성〉,《당대비평》 8호, 생각의나무, 1999.
노명우, 〈새로운 기억관리 방식: 기억산업의 징후〉,《문화과학》 40호, 문화과학사, 2004.
박명림, 〈근대화 프로젝트와 한국민족주의〉, 역사문제연구소 엮음,《한국의 '근대'와 '근대성'

비판》, 역사비평사, 1996.
박지연, 〈박정희 근대화 체제의 영화정책: 영화법 개정과 기업화정책을 중심으로〉, 《한국영화와 근대성》, 도서출판 소도, 2001.
신광영, 〈경제와 노동 이데올로기〉, 한국산업사회연구회 편, 《한국사회와 지배이데올로기: 지식사회학적 이해》, 녹두, 1991.
이완범, 〈제1차 경제개발5개년계획의 입안과 미국의 역할〉, 한국정신문화연구원 편, 《한국현대사의 재인식 10: 1960년대의 정치사회변동》, 백산서당, 1999.
이찬훈, 〈대중문화와 헤게모니〉, 《철학논총》 15집, 1998.
이충직, 〈한국의 문화영화에 관한 연구〉, 중앙대 연영과대학원 석사학위논문, 1985.
임영일, 〈한국사회의 지배이데올로기〉, 한국산업사회연구회 편, 《한국사회와 지배이데올로기》, 녹두, 1991.
장우진, 〈1960년대 남북한 정권의 정통성과 영화〉, 《영화연구》 30호, 한국영화학회, 2006.
정수완, 〈1950~60년대 한일 청춘 영화 비교 연구〉, 《영화연구》 26호, 한국영화학회, 2005.
조희연, 〈박정희 시대의 강압과 동의: 지배 · 전통 · 강압과 동의의 관계를 다시 생각한다〉, 《역사비평》 67호, 역사비평사, 2004.
_____, 〈개발독재의 복합적 동학 – 박정희 시대〉, 성공회대학교 민주주의와 사회운동연구소 심층토론회 자료집, 2007.
차혜영, 〈성장소설과 발전 이데올로기〉, 《상허학보》 12집, 상허학회, 2004.
홍석률, 〈1960년대 지성계의 동향 – 산업화와 근대화론의 대두와 지식인사회의 변동〉, 한국정신문화연구원편, 《한국현대사의 재인식 9 : 1960년대 사회변화 연구》, 백산서당, 1999.
Armstrong, Charles K., "The Cultural Cold War in Korea, 1945-1950", *The Journal of Asian Studies* 62, no. 1.
Shaw, Tony, "The Politics of Cold War Culture", *Journal of Cold War Studies* 3/3, 2001.

3. 기타
영화진흥위원회 연구보고서 2004-7, 《1970년대 서울의 극장산업 및 극장문화 연구》, 2004.
《동아일보》(1960-69)
《여원》(1960-69)
《영화세계》(1961-62)
《조선일보》(1960-69)
《한국일보》(1960-69)
〈대한뉴스〉, 〈문화영화〉(1960-69)(국가기록영상관 홈페이지 http://film.ktv.go.kr에서)
김동원, 《송환》, DVD, 푸른영상, 2004.
서울특별시편찬위원회, 《사진으로 보는 서울 4: 다시 일어서는 서울(1961-1970)》
 (http://www.visitseoul.net)
한국영상자료원 한국영화데이터베이스 http://www.kmdb.or.kr
법제처 홈페이지 http://www.moleg.go.kr

> 냉전풍경 3: 미디어장(場)의 구성과 작용
> 텔레비전의 정치와 담론

| 주 |

1) ─── 제2차 세계대전 후 텔레비전이 유력한 선전수단 등의 정치·경제·역사 관련 연구는 전후 미국이 독일에서 텔레비전, 라디오의 재건에 참가했던 예를 참고해 볼 수 있다. 제2차 세계대전 이전, 독일은 세계에서 텔레비전산업이 가장 발전한 나라였다. 1935년 3월 베를린의 풍크투름(Funkturm, 라디오타워)이 방송을 시작해, 매일 고정적으로 두 시간 동안 TV프로그램을 방송했다. 1936년의 베를린올림픽 역시 텔레비전으로 중계되었다. 제2차 세계대전 후 독일은 미국과 소련에 점령당했으며, 이 두 열강은 독일의 라디오, 텔레비전을 어떻게 발전시키고 관리해야 하는지에 대해 연구했다. 유럽 및 미국 학계에서 진행된 많은 연구는 두 열강 모두 텔레비전 주파수를 절대 양보하지 못할 선전무기로 보았다고 지적했다. 《히스토리컬 저널 오브 필름, 라디오 앤드 텔레비전(Historical Journal of Film, Radio and Television)》은 1990년 이 주제를 다룬 특별판을 내기도 했으며, 같은 잡지의 Uricchio, William, "Introduction to the history of German television," *Historical Journal of Film, Radio and Television* 10(2), 1990, pp. 115~122를 참조해 볼 만하다. 또한 Hempel, Manfred, "German Television pioneers and the conflict between Public Programming and Wonder Weapons", *Historical Journal of Film, Radio and Television* 10(2), pp. 123~162 역시 참고할 만하다. 한편, 국제전기통신연합(ITU: International Telecommunications Union)과 관련해, 제2차 세계대전 후 몇 차례 회의에서 미국, 소련, 연합국의 협상과정에 대한 연구 또한 비슷한 관점을 나타내고 있다. Schwoch, James, "Cold War Telecommunications Strategy and the Question of German Television", *Historical Journal of Film, Radio and Television* 21(2), 2001, pp. 109~121를 참고하라.
2) ─── 타이완에서는 domesticity를 '순화'로 번역하기도 하나, 이렇게 번역할 경우 이 책의 논점에서 벗어나게 된다. 실버스톤은 텔레비전 담론에 대해 매우 세밀하게 연구해, 가정생활(domesticity)과 순화(domesticate)의 양면적인 개념을 구별했다. 이 글 결론 부분을 참고하라.
3) ─── 유럽과 미국에 텔레비전이 도입된 지 10년 뒤 형성된 다양한 시각매체를 통한 문화현상에 대해, 캐나다 학자 마셜 매클루언은 전자시대의 '매체 확대설'을 제시하고, 지구촌(global village)의 도래를 주장했다(Mcluhan, 1964). 또한, 미국 학자 조지 거브너(George Gerbner)가 10여 년(1967~76)에 이르는 연구를 통해 제시한 문화계발이론(cultivation theory)은 새로운 연구의 본보기로서, 이는 매체가 수반하는 거대한 사회적·문화적 변화의 윤곽을 그려보고자 했으며, 이에 따른 문제와 해결 방안을 제시했다.
4) ─── 뉴스와 문헌자료를 통해 볼 때, 타이완의 텔레비전 생산과 사회발전의 관계에 대한

담론은 의도적으로 일본의 공업발전 형태를 모방한 것이라 여겨진다. 또한 정치적 선전, 진보적 생활, 어린이교육, 국민교육 등과 관련된 텔레비전 담론은 유럽 및 미국의 다양한 텔레비전 담론에 영향을 받고, 여기에 새로운 의미를 부여해 만들어졌다. 이 주제와 관련된 신문 자료들은 많으나, 이 글은 텔레비전 정착의 정책과정에 초점을 맞추고 있는 관계로 이에 대해 체계적으로 분석하지 않겠다.

5) ── 여기에는 또 다른 사연이 있다. 쩡쉬바이의 미국행 당시의 상황은 다음과 같다. '도쿄에 있을 때, 중국라디오방송공사 총경리(總經理) 둥셴광 역시 같은 내용을 검토하고 있었다. 이후 뉴욕에 와서 미국의 주요 텔레비전 제조업체 및 RCA와 의견을 교환했고, 또한 둥셴광 총경리가 협상을 한 적이 있던 UNITEL과 연락을 취한 바 있다(曾虛白, 1974, p. 108)'. 둥셴광은 국민당 정부가 중국대륙에 있던 시기에 초대 신문국(新聞局) 국장을 지냈고, 1949년 중앙라디오방송국(中央廣播電台)이 타이완으로 옮겨 중국라디오방송공사로 변경된 뒤에도 초대 총경리를 지냈다. 둥셴광이 1952년 초대 중화민국 주일(駐日)대사로 있을 당시에는 쩡쉬바이가 중국라디오방송공사의 총경리 직무를 대리했다. 1954년 둥셴광이 중국라디오방송공사에서 나온 뒤, 웨이징멍(魏景蒙)이 그 직위를 이어받았고, 둥셴광은 1956년 주미대사로 자리를 옮겼다. 자세한 내용은 《중국라디오방송공사 40년(中廣四十年)》(吳道一, 1968, p. 253, 343, 364)을 참고하라. 이상의 정황을 따져볼 때, 1953년 당시 일본에서 적극적인 활동을 하고 있던 UNITEL은 아마 주일대사로 있던 둥셴광과 연결이 되어 있었고, 이런 이유로 중국라디오방송공사와는 직접적인 접촉을 하지 않은 것으로 보인다.

6) ── 1950년대 국민당 정부의 매체 선전 정책 및 그 과정에서 쩡쉬바이가 맡은 역할에 관해서는 린리윈(林麗雲)이 이미 자세히 분석했으므로 여기서는 더 이상 서술하지 않겠다. 린리윈의 《타이완 커뮤니케이션 연구사: 학계 내의 커뮤니케이션학 지식 생산(台灣傳播研究史: 學院內的傳播學知識生産)》(林麗雲, 2004, pp. 81~88, 97~10)을 참고하라. 린리윈의 연구에 따르면, 신문·방송에 관해 쩡쉬바이는 친미, 신문에 대한 자유로운 관리 감독이라는 두 가지 입장을 명확하게 관철시키고 있었다. 텔레비전의 효과에 대한 분석 또한 이 두 입장에서 크게 벗어나지 않았다.

7) ── 당시 타이완은 미국 군대로부터 경제원조를 받고 있었기 때문에, 미군 고문단이 타이완의 군사정책과 경제정책에 대해 영향력 있는 의견을 제시할 수 있었다. 이와 같은 원조는 1950년 한국전쟁부터 규모가 폭발적으로 커지기 시작했다. 미국의 원조는 기본적으로는 대상 지역을 안전하게 유지시키기 위한 것이며, 구체적으로는 1951년 미국 의회에서 통과된 '상호안전보장법(Mutual Security Act)'에 의거해 집행된다. 1951~54년 4년간의 재정연도 동안 타이완에 대한 미국의 경제원조는 모두 4억 달러에 이르며, 이는 미국의 원동(遠東) 경제원조 총액의 60%에 해당된다. 1955년 한 해 동안에는 1억 3,800만 달러가 원조되었다. 저우시우환(周琇環)의 《타이완 광복 후의 미 원조사료 제1권 군협계획(台灣光復後美援史料第一冊軍協計劃)》을 참고하라(周琇環, 1995, p.3, pp. 34~35). 타이완에 대한 미국의 원조는 1951년에 시작해 1965년까지 15년간 진행되었고, 원조 금액은 연평균 1억 달러에 이른다. 저우시우환의 《타이완 광복 후 미국 원조사료 제3권 기술협조 계획(台灣光復後美援史料第三冊技術協助計劃)》을 참고하라(周琇環, 1998, pp.

2~3). 미군 고문단이 위와 같은 의견을 제시한 것은 아마도 1. 당시 타이완 국민당 정부의 국고가 매우 빈약했고, 2. 미국의 원조 대상이 군사 및 교량, 발전소, 댐 같은 기초 건설 분야를 포함하지 않고 농공업 생산과 민생 필수품에 한했기 때문이며, 3. 당시 타이완의 소비시장에 비추어 봤을 때 텔레비전사업의 이윤 창출이 불가능했고, 4. 미군 고문단이 CIA가 동아시아 군사·경제 상황에 대해 평가 또는 개입하는 것에 반대했기 때문이다. 과거에 일본의 텔레비전사업 도입과정에서도 이러한 장애가 있기는 했다. 그러나 일본은 자본을 신속하게 조달할 수 있었고, 또한 전쟁 이전에 이미 관련 공업의 기반이 닦여 있었기 때문에 독자적으로 텔레비전사업을 발전시킬 수 있었다.

8) ── 관련 자료로 중앙연구원근대사연구소(中央研究院近代史研究所) 장수야(張淑雅)가 쓴 대미(臺美)관계 연구 시리즈가 있다. 여기서의 해석은 장수야의 〈1950년대 타이완에 대한 미국의 정책형태 분석(一九五0年代美國對臺決策模式分析)〉, 《중앙연구원근대사연구소 집간(中央研究院近代史研究所集刊)》, 제4기(민국 92년 6월, pp. 1~52)에서 인용한 것이다. 또한 장수야의 〈타이완 위기와 '반공대륙'에 대한 미국정책의 변화(台海危機與美國對'反攻大陸'政策的轉變)〉, 《중앙연구원근대사연구소 집간》, 제36기(민국 90년 12월, pp. 235~297)에서 인용했다.

9) ── 1957년 9월 12일 제 528차 행정원 회의 결의는 '재원 부족과 외자의 한계'의 두 문제로 인해, 교육부로 하여금 '텔레비전은 민영'을 원칙으로 하는 것을 명했다(행정원 회의기록(行政院會議紀錄), 청쫑밍(程宗明)에서 재인용, 2002, p. 311).

10) ── '정부 및 비정부 부문의 질의'는 아마 당시 부총통 겸 행정원장 천청(陳誠)이 교육부에서 교육방송국을 설립하는 것에 줄곧 반대 의사를 내보인 것과 관련 있을 것이다. 그는 행정원 회의상에서도 이에 대해 비난한 적이 있다. 이로 인해 당시 교육방송국 설립 계획을 추진하던 류셴윈이 곤혹을 치렀다(劉先雲, 1995, pp. 367~368을 참고하라). 이제 와서 돌이켜 보자면, 당시 정부가 의도적으로 성(省) 정부로 하여금 방송국 설립 계획을 주도하도록 했던 것 같다.

11) ── 1957년 일본 총리는 자유민주당(자민당)의 기시 노부스케(岸信介)였다. 이때 일본 사회당의 제1차 중국친선방문단이 중국대륙을 방문하고 공동성명을 발표했다. 이에 타이완의 국민당 정부는 매우 긴장한 모습을 보였다.

12) ── '중일합작정책추진회'의 일본어 명칭은 '일화협력위원회(日華協力委員會)'다. 이 조직은 1957년 4월 4일 일본 도쿄에서 제1차 회의를 열었다. 제2차 회의는 1957년 10월 6일 타이베이에서, 제3차 회의는 1958년 6월 4일 도쿄에서, 제4차 회의는 1959년 1월 12일 타이베이에서 열렸다. 제5차 회의는 1959년 10월 15일 일본 도쿄에서 열렸다.

13) ── 1964년 후 둥싱공사(東興公司)와 합병했고, 성바오전기(聲寶電器)로 이름을 바꾸었다.

14) ── 프로그램은 중앙위원회 제4분과, 국방부 총정치부, 교육부, 중국영화제작소(中國電影製片廠), 타이완영화제작소(台灣電影製片廠)가 공통으로 수정, 완성했다.

15) ── 일반적으로는 야구와 타이완의 텔레비전 문화를 불가분의 관계로 여기지만, 텔레비전 발전 초기 스포츠 중계에서는 농구가 주를 이루었다. 1960년 5월 26일 세계농구선수권 대표 선발대회와 청소년 농구경기는 타이완 텔레비전의 스포츠 생중계

역사상 최초의 경기다.
16) ──── 당시 일본 국내의 텔레비전 보급률은 매우 높았다. 일본에서는 이미 컬러텔레비전이 판매되기 시작했다.
17) ──── 일본체신위원회는 이에 대해 승인한 적이 없으며, 오히려 당일 회의 내용에 따르면, 쇼리키 마쓰타로가 타이완의 컬러텔레비전 시스템 구축에 협조하는 것에 대한 입장 표명을 보류했다. 일본체신위원회와 쇼리키 마쓰타로는 일본이 타이완에 협조하는 것이 일본의 국제외교 노선에 악영향을 미칠 수도 있다고 여겼고, 특히 계속 발전해 가는 중국대륙과의 우호관계에 불리한 영향을 미칠 것이라 생각했다. 이 가운데, 위원 스즈키 쵸(鈴木強)는 해당 보도가 사실이 아니므로, 자신의 명예가 실추되는 것도 각오하고, 요미우리신문 측에 정정보도를 엄중히 요구했다.
18) ──── 1961년(민국 50년) 타이완의 1인당 평균 국민소득은 신타이비로 5,666위안이고, 미화 142달러에 해당한다(中華民國統計年鑑, 2004, p. 162). 그러므로 컬러텔레비전 한 대의 가격은 당시 타이완 1인당 평균 국민소득의 10배에 해당했다.
19) ──── 정부 차원의 통제 및 경영의 형태는 유선방송이 민영으로 개방되고 나서야 사라진 텔레비전 정책이다. 이와 관련된 논의는 다음을 참고하라. 王振寰,〈라디오 텔레비전의 통제권(廣播電視的控制權)〉, 鄭瑞城 등 공저,《라디오 텔레비전 매체의 구조 분석(解構廣電媒體)》, 台北: 澄社, 1992, pp. 75~128; 馮建三,〈'개방' 텔레비전 채널의 정치경제학('開放'電視頻道的政治經濟學)〉,《타이완사회 연구 계간(台灣社會研究季刊)》, 1994, p. 16, pp. 79~118; 林麗雲,〈앉아서 말하고, 일어나서 행한다: '문맹'의 실천(坐而言, 起而行: '無盟'的實踐)〉,《타이완사회 연구 계간(台灣社會研究季刊)》, 2003, p. 50, pp. 145~169.
20) ──── 이 계획의 경비는 정부와 국민의 투자 이외에도, 일부는 미국의 원조로 충당되었다(劉先雲, 1995, p. 328).
21) ──── '텔레비전 학교'의 설치에 관해서는, 국민당 정부 내에서 계속 다른 의견이 있어왔다. 부총통 겸 행정원장 천청은 시종 반대 입장을 견지해 왔고, 황지루의 이와 같은 발언에 대해 '사상누각'이라고 비난했다. 劉先雲, 1995, p. 367을 참고하라.
22) ──── 1962년 일본과 중국대륙의 외교관계가 표면화되기 시작했고, 그해 일본 자민당은 이미 2차 중국 방문을 마쳤다. 그해 중국대륙과 일본은 '중일종합무역각서'에 서명을 했다. 이러한 까닭에 타이완에서 국민당 내부의 반일정서가 점차 고조되었다.
23) ──── 타이완텔레비전공사 개국 이후 몇 년간 타이완 성 전자제품동업조합은 수 차례 자유경쟁을 화두로 기자회견을 열었다. 이들은 정부가 텔레비전 부품 수입의 관리 및 생산을 개방할 것을 주장했고, 한 발 더 나아가 텔레비전방송국 설립 제한도 개방해 텔레비전 시장을 활성화하기를 주장했다.
24) ──── 린허인은 당시 둥위안(東元)전기기계의 동사장(董事長)이었다.
25) ──── 이 사안에 대한 타이완 텔레비전 내부의 처리 과정과 반응은 何貽謀,《타이완 텔레비전 풍운록(台灣電視風雲錄)》, 台北: 商務印書館, 2002, pp. 10~13를 참고하라.
26) ──── 제2차 세계대전 후 타이완의 공업계가 국제사회의 수공업 분야 일을 수주 받을 수 있었던 핵심 원인은, 타이완 공업계가 일본 식민지 시절에 일본의 거대 제조업체와 개인적

27) ──── 그러나 성바오공사의 천마오방(陳茂榜)의 말에 따르면, 기술을 배우는 과정에서 적지
않은 우여곡절이 있었다. 타이완텔레비전공사가 독자적으로 수입한 텔레비전 부품은 단지
'일본에서 이미 완성해, 상자에 실어 타이완으로 운송된 것'일 뿐이었다. 이후 성바오공사가
일본의 샤프와 기술합작을 얻어냈으나, 경험도 없는 타이완의 신생회사 처지에서는 부품의
겉 부분을 조립하는 일밖에 할 수 없었다. '나무상자에 포장하는 것 말고는 기껏해야 스피커
부분을 만들거나, 몸체의 철판을 만드는 일밖에 없었으므로' 실제적인 것을 만들 능력이
없었다. 이후 일본으로부터 필요한 부품을 수입해 오게 되고, 우리가 하는 일이라고는
완성품으로 조립하는 것에 지나지 않았다(史蒂華, 1991, p. 30). 그러므로 당시 타이완
경제부가 반드시 국산 부품의 비율을 유지하라고 규정했지만, 이 규정의 이상과 실제
상황과는 차이가 컸고, 세월이 한참 흐르고 나서야 비로소 이를 지킬 수 있었다.
28) ──── 1964년 후 동정탕(東正堂)과 성바오전기(聲寶電器)로 합병되었다.
29) ──── 타이완에서 일본영화에 대한 관리감독은 엄격한 때도 있었고, 유연한 때도 있었다.
1963년 일본영화가 2년간 금지를 당했으나, 1965년에는 개방되었고, 1974년 다시 금지
조치되었다가 1984년 다시 개방되었다. 자세한 내용은, 羅慧雯, 〈타이완에 들어온 일본
영상물산업의 역사에 대한 분석: 1945-1996(台灣進口日本影視産品之歷史分析: 1945-
1996)〉(國立政治大學新聞研究所碩士論文, 1996)을 참조하라.
30) ──── 1972년 중일관계가 단교되었음에도, 孫運璿 당시 행정원장은 산업계에 대해 정부는
절대 일본과의 모든 교류를 단절하지 않을 것임을 약속했다(史蒂華, 1991, p. 37).

| 참고문헌 |

中華民國電視學會 編,《中華民國電視年鑑》, 台北: 中華民國電視學會, 1976.
日本遞信委員會,《日本遞信委員會議紀錄》, 昭和 三十六年 二月 十六日, 二月 二十一日, 1961.
王振寰, 〈廣播電視的控制權〉, 鄭瑞城等合 著,《解構廣電媒體》, 台北: 澄社, 1992.
史蒂華, 〈一部家電發展史〉, 陳盛洰·陳盛泉 主編,《挑戰 : 陳茂榜先生奮鬥史》, 台北:
    聲寶股份有限公司·新力股份有限公司, 1991, pp. 20-47.
行政院主計處,《中華民國統計提要》, 台北: 行政院主計處, 1976.
_____ ,《中華民國統計年鑑》, 台北: 行政院主計處, 2005.
司馬桑敦, 〈中日合作策進幾許？〉,《聯合報》二版, 1959. 11. 2.
有馬哲夫,《日本テレビとCIA: 発掘された「正力ファイル」》, 東京(日本): 新潮社, 2006.
何凡, 〈談電視〉,《聯合報》七版副刊, 1960. 5. 26(1960a).
_____ , 〈電視的影響〉,《聯合報》七版副刊, 1960. 5. 27(1960b).
何貽謀, 《台灣電視風雲錄》, 台北: 台灣商務印書館, 2002.
_____ , 〈世界之窓 : 電視〉,《電視週刊》創刊號, 1962, pp. 12-17.
佐靜秋, 〈美國電視機花樣百出〉,《聯合報》1960. 10. 30, 七版副刊.
_____ , 〈發展中國電視事業, 只待政府一只執照, 技術和經濟都不需要外援〉,《聯合報》1961. 1.

　　　　13, 六版(1961a).
_____, 〈接受彩色電視協助, 先要了解日本情形〉,《聯合報》1961. 2. 27, 六版(1961b).
吳道一,《中廣四十年: 1928-1968》, 台北: 中國廣播公司, 1968.
林挺生,〈大同製鋼機械股份有限公司第二十六屆第一次臨時股東大會紀錄〉,《大同月刊》
　　　　四十六卷第九期, 1964. 9. 1, pp. 3-7.
林麗雲,〈坐而言, 起而行:「無盟」的實踐〉,《台灣社會研究季刊》第五十期, 2003, pp. 145-169.
_____,《台灣傳播研究史:學院內的傳播學知識生產》, 台北: 巨流, 2004.
_____,〈威權主義國家與電視:台灣與南韓之比較〉,《新聞學研究》第八十五期, 2005. 10, pp.
　　　　1-29.
_____, 2006,〈威權主義下台灣電視資本的形成〉,《中華傳播學刊》, 第九期, pp. 71-111.
周琇環 編,《台灣光復後美援史料第一冊軍協計劃》, 台北：國史館, 1995.
_____ 編,《台灣光復後美援史料第三冊技術協助計劃》, 台北: 國史館, 1998.
張時健,《台灣節目製作業的商品化歷程分析: 一個批判政治經濟學的考察》. 政治大學廣播電視
　　　　研究所碩士論文, 2005.
張淑雅,〈台海危機與美國對「反攻大陸」政策的轉變〉,《中央研究院近代史研究所集刊》第三十六期,
　　　　2001(民90年 12月), pp. 235-297.
_____,〈一九五0年代美國對臺決策模式分析〉,《中央研究院近代史研究所集刊》第四十期,
　　　　2003(民92年 6月), pp. 1-52.
梅春,〈美國的電視教育〉,《聯合報》1960. 5. 27, 七版.
郭雄,〈從電視的示範表演談技術人才的培養〉,《聯合報》1960. 6. 3, 六版.
曾虛白,《美遊散記》, 台北: 文史哲出版社, 1977.
曾虛白 著, 鄭貞銘 編,《老兵記往》, 台北: 華欣文化事業中心, 1974.
程宗明,〈電視政策對制度形塑的回顧與前瞻：四十年的荒原, 曠野中的呼聲〉, 政治大學傳播學院
　　　　編,《台灣電視四十年回顧與前瞻研討會專題論文集》, 台北: 政治大學傳播學院, 2002, pp.
　　　　303-350.
馮建三,〈「開放」電視頻道的政治經濟學〉,《台灣社會研究季刊》第十六期, 1994, pp. 79-118.
趙玉明,《中國廣播電視史》, 北京: 中國廣播電視出版社, 1993.
蔡琰,〈裸根百合：台灣電視劇風雲〉, 政治大學傳播學院 編,
　　　　《台灣電視四十年回顧與前瞻研討會專題論文集》, 台北: 政治大學傳播學院, 2002, pp.
　　　　193-252.
劉先雲口述, 遲景德・陳進金訪問紀錄,《劉先雲先生訪談錄》, 台北: 國史館, 1995.
劉真口述, 胡國台訪問・郭瑋瑋紀錄,《劉真先生訪問紀錄》, 台北: 中央研究院近代史?究所, 1986.
總統府公報 第一OO七號, 民國 四十八年 三月 三十一日 交通部令.
總統府公報 第一五O一號, 民國 五十二年 十二月 二十七日 行政院令.
瞿宛文・安士敦(Alice H. Amsden),《超越後進發展：台灣的產業升級策略》, 台北: 聯經出版,
　　　　2003.
瞿宛文,〈戰後台灣經濟成長原因之回顧：論殖民統治之影響與其他〉,《台灣社會研究季刊》,
　　　　第六五期, 2007, pp. 1-33.

羅慧雯,《台灣進口日本影視產品之歷史分析:1945-1996》, 國立政治大學新聞研究所碩士論文, 1996.
藝公,〈電視節目的主要問題〉,《聯合報》六版, 1960. 6. 18.
蘇蘅,〈語言(國/方)政策型態〉,《解構廣電媒體》, 台北: 澄社, 1992, pp. 217-278.
Williams, Raymond 著. 馮建三 譯,《電視:科技與文化形式》, 台北:遠流出版, 1992.

Cumings, Bruce, *Parallax Visions: Making Sense of American-East Asian Relations at the End of the Century*, Durham: Duke University Press, 1999.

Hempel, Manfred, 'German television pioneers and the conflict between public programming and Wonder Weapons', *Historical Journal of Film, Radio and Television* 10(2), 1990, pp. 123-162.

Kang, Myung Koo, Baek, and Yisook Choi, 'The first Korean television broadcasting HLKZ-TV', Conference paper presented at the annual spring conference of Korean Society for Journalism and Communication Studies, May 11th, 2007.

McLuhan, Marshall, *Understanding Media: The Extension of Man*, London: Routledge & Kegan Paul, 1964.

Schwoch, James, 'Cold War telecommunications strategy and the question of German television', *Historical Journal of Film, Radio and Television* 21(2), 2001, pp. 109-121.

_____ , 'Crypto-Convergence, media, and the Cold War: the early globalization of television networks in the 1950s', Conference paper presented in the Media at Transition Conference, MIT, May 2002.

Silverstone, Roger. *Television and Everyday Life*, London: Routledge, 1994

Spigel, Lynn, *Make Room for TV: Television and the Family Ideal in Postwar America*, Chicago: University of Chicago Press, 1992

Yoshimi, Shunya, 'Made in Japan: the cultural politics of "home electrification" in postwar Japan', *Media Culture & Society* 21, 1999, pp. 149-171.

_____ , 'Television and nationalism: historical change in the domestic TV formation of postwar Japan', *European Journal of Cultural Studies* 6(4), 2003, pp. 459-487.

Uricchio, William, 'Introduction to the history of German television', *Historical Journal of Film, Radio and Television* 10(2), 1990, pp. 115-122.

냉전풍경 3: 미디어장(場)의 구성과 작용
1960~70년대 텔레비전 드라마를 통한 '공공' 이데올로기 형성에 관한 연구

| 주 |

1) ── 한국은행, 《한국의 국민소득》, 1982, 17~28쪽.
2) ── 서관모, 《현대 한국사회의 계급구성과 계급분화: 쁘띠부르조아지의 추세를 중심으로》, 한울, 1984, 36쪽.
3) ── 일상문화연구회 편, 《한국인의 일상문화: 자기성찰의 사회학》, 한울, 1996.
4) ── 滝沢正樹, 〈余暇行動としてのテレビ娯樂の受容 - 日本の1960年代において〉, 關東學院大學經濟學會 《經濟系》, 通号108号(1976.6), 1976, pp.46~48.
5) ── 이호영 편저, 《일본의 미디어문화》, 시간의 물레, 2008, 80~81쪽.
6) ── 강대인, 《한국방송의 정체성 연구》, 커뮤니케이션북스, 2003, 7~11쪽.
7) ── 강대인, 〈한국방송 70년의 정치·경제적 특성〉, 《한국방송 70년의 평가와 전망》, 한국방송학회 편, 커뮤니케이션북스, 1997, 34~35쪽.
8) ── 노정팔, 《한국방송과 50년》, 나남출판, 1995.
9) ── 한국방송70년사편찬위원회 편저, 《韓國放送70年史》, 1997, 한국방송협회, 254쪽.
10) ── 국영방송과 민영방송을 망라한 방송 전반을 규율하게 될 방송법 제정은 방송국 개설허가 업무의 주관부서에 관한 공보부장관과 체신부장관의 견해차 때문에 늦어지다가 1963년 12월 16일에야 국회를 통과, 1964년 1월 1일부터 시행되었다.
11) ── 한국방송70년사편찬위원회 편저, 위의 책, 1997, 328쪽.
12) ── 정영희, 《한국사회의 변화와 텔레비전 드라마》, 커뮤니케이션북스, 2005.
13) ── 逢坂巖, 〈黎明期のテレビと政治 安保とテレビ 1960~1968〉, 《朝日總研リポートAIR21》178号, 朝日新聞社總合硏究本部, 2005.
14) ── 松田浩, メディア總合研究所, 《戰後史にみるテレビ放送中止事件》, 岩波書店, 1994.
15) ── 예를 들면, 한일기본조약이 체결된 1965년은 일본에서 방송중지 사건이 잇따른 해였다. 니혼테레비(日本テレビ) 논픽션극장 《베트남 해병대대 전기(ベトナム海兵大隊戰記)》(1965)나 《전쟁과 평화를 생각하는 사람(戰爭と平和を考える会)》 등의 다큐멘터리와 토론 프로그램이 반미적이라는 이유로, 드라마와 버라이어티 프로그램에서는 출연자가 '좌익적' 성향이라는 이유로 방송이 중지되기도 했다.
1967년에는 재단법인 일본홍보센터(日本廣報センター)가 창설되었다. 이 센터는 '정부로부터의 홍보 위탁비와 재계 등의 위탁사업을 통해 대기업이 스폰서가 되어 정부가 의도한 프로그램들을 방송국에 제공하는 시스템'으로 구성되어 있었고, 특히 안전보장 문제를 중심으로 한 프로그램을 방송국에 대량 공급했다. 또한 자민당 내에서는 1965년 '국민운동본부(國民運動本部)'가 설치되어 적극적인 미디어 대책을 수행했다.
16) ── 쓰루미 슌스케, 《전후 일본의 대중문화: 1945~1980》, 김문환 옮김, 소화, 2001,

115~140쪽.
17) ──── 권숙인, 〈대중문화와 일상생활〉, 《일본의 이해》, 일본학교육협의회 엮음, 태학사, 2006, 308쪽.
18) ──── 이호영, 《일본의 미디어 문화》, 시간의 물레, 2008, 95쪽.
19) ──── 《조선일보》, 1961년 11월 22일, 4면.
20) ──── 김재연, 《방송문화》, 1963년 11월, 4쪽.
21) ──── 《동아일보》, 1962년 2월 18일, 3면.
22) ──── 문화공보부 편, 《문화공보 30년》, 문화공보부, 1979, 215쪽.
23) ──── 오명환, 《텔레비전 드라마 예술론: 유쾌한 방관자에서 진지한 참여자로》, 나남출판, 1994, 184~190쪽.
24) ──── 문화공보부 편, 위의 책, 1979, 215쪽.
25) ──── 강대인, 〈한국방송 70년의 정치·경제적 특성〉, 《한국방송 70년의 평가와 전망》, 커뮤니케이션북스, 1997, 24~26쪽.
26) ──── 김학천, 〈광복 50년과 방송제도〉, 《방송연구》 제14권 2호, 방송위원회, 1995, 36~37쪽.
27) ──── 《동아일보》, 1965 12월 11일, 5면.
28) ──── 동아방송은 신문회사인 주식회사 동아일보에 민주당 정부에서 1961년 1월 16일자로 방송국 설립 허가서를 내줌으로써 탄생하게 되었다. 동아방송은 경영, 인사, 재정 등 모든 면에서 독립된 회사이거나 조직이 아니고 어디까지나 동아일보사 내의 일개 부서로 기능하는 것이 특징이었다.
29) ──── 기독교방송은 1959년 대구국(HLKT)과 부산국(HLKP)을 개국하고, 1961년 8월 1일 광주국(HLCL)을, 같은해 11월 1일 이리국(HLCM)을 각각 개국해 상당 규모의 네트워크를 이미 형성해 놓고 있었다. 그러나 경영상의 문제로 자금난에 시달리다가 이를 해결하기 위해 1961년 6월에는 재단법인체로 허가를 받아 이사회에서 중앙국과 지방국을 관할하게 되는데, 그전에 1월 1일자로 전파관리법이 개정되어 외국인이 재단법인의 이사장이 될 수 없게 되면서 그간의 사장 감의도(甘義道, 미국 선교사 출신, Otto E Decamp)는 물러나고 한국기독교연합회 총무 길진경(吉鎭京)이 이사로 취임했다. 한국방송70년사편찬위원회 편저, 위의 책, 365쪽.
30) ──── 한국방송70년사편찬위원회 편저, 위의 책, 328~329쪽.
31) ──── 《조선일보》, 1970년 9월 3일, 6면.
32) ──── 조항제, 〈1970년대 한국 텔레비전의 구조적 성격에 관한 연구〉, 서울대학교 박사학위논문, 1994, 128~129쪽.
33) ──── 한국방송70년사편찬위원회 편저, 1997, 513쪽.
34) ──── 노정팔, 위의 책, 458쪽.
35) ──── TV 시청료는 1963년 1월부터 매월 100원으로 하고 방송국 직영으로 징수했다. 1964년에는 150원, 1965년 7월에는 200원으로 인상되었다.
36) ──── 박기성, 《한국방송문화연구》, 나남, 1985, 363~364쪽.
37) ──── 정순일, 〈폭발적 인기 얻은 일일연속극〉, 《방송과 시청자》 통권 123호, 방송위원회,

1999, 8월호.
38) ── 한국방송공사 편, 《한국방송사》, 한국방송공사, 1977, 534쪽.
39) ── 한국방송70년사편찬위원회 편저, 위의 책, 1997, 435~445쪽.
40) ── KBS《실화극장》은 1964년 11월 5일부터 등장했는데, 후일 월요일 프라임타임으로써 확고한 기반을 차지했던 드라마다.
41) ── 오명환, 〈방송프로그램 편성 50년 변천사〉, 《방송연구》 겨울호(14권 2호), 방송위원회, 1995, 87쪽.
42) ── 차범석, 〈한국 텔레비전 드라마의 주체에 대한 분석 연구〉, 《방송조사연구보고서 7》, 방송위원회 편, 1985.
43) ── 이 시기 대부분 TV드라마가 사회현실에 순응하는 분위기 속에서도 가끔씩 돌출되어 사회적 민감성을 자극한 드라마가 있었다. 자유당 말기 이기붕 가족을 소재로 다룬 MBC의 《박마리아》(1970)는 당시 생존해 있었던 유족과 관계자의 강력한 반발로 중도 하차했으며, 뇌 이식수술로 생명을 건진 청년이 뇌 제공자의 기억으로 인해 이중적 사고와 행동을 하게 되면서 야기되는 사회생활을 심각하게 극화한 《두 얼굴》 또한 국회에서 사상성 시비까지 일으키며 외압에 의해 중도 하차했다.
44) ── TBC-TV의 《아빠》는 20대 여자와 40대 유부남의 사랑을 묘사한 것이 가정윤리를 해친다는 것이었고, MBC-TV의 《안녕》 또한 가정교사인 여대생과 유부남의 애정묘사가 문제가 되었다.
45) ── 오명환, 《텔레비전 드라마 예술론》, 138쪽.
46) ── TV드라마에서 '국난극복 민족정기' 소재의 장려책은 1976년 이후 오늘날까지 '가족시간대' 개념으로 지배적인 방송 편성지침이 되고 있다.
47) ── 오명환, 〈방송 프로그램 편성 50년 변천사〉, 《방송연구》 겨울호(14권 2호), 방송위원회, 1995.
48) ── 한국방송70년사편찬위원회 편저, 위의 책, 528쪽.
49) ── 정영희, 《한국사회의 변화와 텔레비전 드라마》, 커뮤니케이션북스, 2005.

| 참고문헌 |

1. 단행본
강대인, 《한국방송 70년의 평가와 전망》, 커뮤니케이션북스, 1997.
강대인, 《한국방송의 정체성 연구》, 커뮤니케이션북스, 2003.
김정기, 《전후 일본정치와 매스미디어》, 한울, 2006
노정팔, 《한국방송 50년》, 나남출판, 1995.
문화공보부, 《문화공보 30년》, 1979.
문화방송, 《한국방송사사: 1961-1982》. 문화방송사, 1982.
박기성, 《한국방송문화연구》, 나남출판, 1985.
서관모, 《현대 한국사회의 계급구성과 계급분화》, 한울, 1984.

송건호, 《한국현대언론사》, 삼민사, 1990.
쓰루미 슌스케, 《전후 일본의 대중문화(1945~1980)》, 소화, .
오명환, 《텔레비전 드라마 예술론》, 나남출판, 1994.
NHK방송문화연구소(편), 《텔레비전 시청 50년》, 2003.
이호영, 《일본의 미디어 문화》, 시간의 물레, 2008.
일본학교육협의회 엮음, 《일본의 이해》, 태학사, 2006.
일상문화연구회 편, 《한국인의 일상문화》, 한울, 1996.
정영희, 《한국사회의 변화와 텔레비전 드라마》, 커뮤니케이션북스, 2005.
한국방송공사, 《한국방송사》, 1977.
한국방송공사, 《한국방송 60년사》, 1987.
한국방송70년사편찬위원회 편저, 《韓國放送70年史》, 한국방송협회, 1997.
한국은행, 《한국의 국민소득》, 1982

逢坂巖, 〈黎明期のテレビと政治 安保とテレビ 1960~1968〉, 《朝日総研リポートAIR21》178号, 朝日新聞社総合研究本部, 2005.
滝沢正樹, 〈余暇行動としてのテレビ娛樂の受容−日本の1960年代において〉, 關東學院大學 經濟學會《經濟系》, 通号108号(1976. 6), 1976, pp.46~76.
Hartley, J., *Use of Television*, London: Routledge, 1999.

2. 논문

김학천, 〈광복 50년과 방송제도〉, 《방송연구》 14권 2호(1995 겨울호), 방송위원회, 1995, 26~44쪽.
고수자, 〈국가 근대화와 방송의 상관관계 측면에서 고찰한 한국 방송 발전사: 초창기에서부터 방송법 제정까지〉, 《신문학보》 제25호, 한국언론학회, 1990, 249~263쪽.
오명환, 〈방송프로그램 편성 50년 변천사〉, 《방송연구》 14권 2호(1995년 겨울호), 방송위원회, 1995, 73~103쪽.
임종수, 〈1960~70년대 텔레비전 붐 현상과 텔레비전 도입의 맥락〉, 《한국언론보》, 48권 2호, 한국언론학회, 2004, 80~107쪽.
박성준, 〈한국 정치변동과 정부−언론관계의 변화, 이승만 정부에서부터 김영삼 정부까지〉, 동국대학교 언론정보대학원 석사학위논문, 2000.
서규석, 〈한국사회와 텔레비전의 의의〉, 《방송문화》, 1969년 2·3월호, 19~22쪽.
월간방송 편집부, 〈수상기 보급 어제와 오늘, 그리고 내일〉, 《월간방송》, 1971년 12월호, 56~58쪽.
정순일, 〈폭발적인 인기 얻은 일일연속극〉, 《방송과 시청자》 통권 123호(1999년 8월호), 방송위원회, 1999.
조항제, 1970년대 한국 텔레비전의 구조적 성격에 관한 연구, 서울대학교 박사학위논문, 1994
_____, 〈1960년대 한국방송의 자율성의 성격: 코포라티즘과 복합대기업화〉, 《한국방송학보》 제10호, 한국방송학회, 1998, 289~322쪽.

최선열, 〈한국 사회의 발전과 수용자의 변화: 보편성과 특이성〉,《방송연구》, 14권 2호(1995년 겨울호), 방송위원회, 1995, 45~72쪽.
추광영, 〈1960~70년대의 한국의 사회변동과 매스 미디어〉, 성균관대학교 사회과학연구소 편,《사회과학》 25권, 1986, 231~271쪽.

3. 기타
〈66년은 TV붐〉,《동아일보》, 1965. 12. 11. 5면
〈내 고향에 TV‒라디오를〉,《조선일보》, 1970. 9. 3. 6면

냉전풍경 4: 일상 대중문화의 역학과 욕망학
1960년대 중후반 개발 내셔널리즘과 중산층 가정 판타지의 문화정치학

| 주 |

1) ──── 아시아 저개발국가의 경제개발계획 입안 및 실행에 대해서는, 박태균, 〈1950, 60년대 경제개발 신화의 형성과 확산〉,《동향과전망》 55호, 한국사회과학연구소, 2002, 76쪽의 표 참고. 미국의 1960년대 제3세계정책에 대해서는, 정일준, 〈미국의 제3세계 정책과 1960년대 한국사회의 근대화〉, 노영기 외 저,《1960년대 한국의 근대화와 지식인》, 선인, 2004 참고.
2) ──── 도로테 비얼링, 〈일상사와 양성관계사〉, 알프 뤼트케 저,《일상사란 무엇인가》, 나종석 외 역, 청년사, 2002, 232쪽.
3) ──── 하랄트 데네, 〈일상에 한 발짝 더 다가섰던가?〉, 위의 책, 206쪽.
4) ──── 중산층 집단은 '변혁의 주체' 또는 '반동적 집단'이라는 두 가능성 사이에서 그 역사적·문화적 의미에 대한 논의가 상대적으로 주변화되어 왔는데, 1990년대 이후 본격적인 관련 저서들이 나오기 시작한 것이다. 해당 작업으로는 주 10을 참고.
5) ──── 대표적인 문화사적 연구로, 김원,《여공, 1970: 그녀들의 반역사》, 이매진, 2005; 이종구 외,《1960-70년대 노동자의 생활세계와 정체성》, 한울아카데미, 2005.
6) ──── 그리고 이 글에서 충분히 다루지는 못할 것이지만, 또 한 가지 주목할 점은 일본이나 한국 같은 동아시아 국가의 해외시장 개발사업 측면에서 동남아시아 지역은 언제나 유용한 시장으로 '이용'되었다는 사실이다. 1954년을 시작으로 일본이 버마(1954), 남베트남(1959), 필리핀(1956), 인도네시아(1958)와 연속 체결한 배상협정은 역무, 생산력 공여, 가공배상을 조건으로 했고 그 덕분에 일본 국내산업과 생산력은 불 일듯 일어났다. 결과적으로 보았을 때, 동남아시아를 대상으로 한 이 배상이라는 이름의 "무역"이 냉전체제에서 일본이 얻어낸 최고의 수혜물이었다는 비판은 이런 맥락에서 나온다. 일본의 전후배상 비판에 대해서는, 内海愛子,《戰後補償から考える日本とアジア》, 山川出版社, 2006 특히 1~2장 참고.

7) ──── 인용은 조재군, 〈경제성장과 부엌살림〉, 《여원》, 1968. 11. 그 외 베트남전과 한국의 경제성장, 외화 획득, 수출입 통계 등 구체적인 통계 및 분석을 담고 있는 논문으로는, 국방국사연구소 편, 《월남파병과 국가발전》, 국방군사연구소, 1996; 〈베트남 참전이 한국의 경제에 미친 영향〉, www.vietnamwar.co.kr, 그리고 일본의 베트남특수에 관해서는, 정상화, 〈베트남전쟁이 일본 경제에 미친 영향〉, 《베트남전쟁 연구총서 3》, 국방부 군사편찬연구소, 2005. 베트남특수가 발생하기 이전인 1955~65년의 국내총생산(GDP) 증가는 약 3.9배였으나 1965~75년에는 약 4.5배가 된다. 일본은 1965년부터 1973년에 걸쳐 최저 5.1%에서 최고 13.4%에 이르는 경제성장을 보인다. 安藤慎三, 《ベトナム特需》, 三一書房, 1967에는 당시 일본의 관광특수 및 베트남전 수출품목 등이 자세히 설명되어 있다.
8) ──── 이종수, 〈대량소비시대의 전망: 현대 삼신기(三神器)에의 욕망 – 내구소비재〉, 《세대》, 1967. 7, 132쪽.
9) ──── 김채윤, 〈한국사회계층론 40년〉, 《한국사회학》 제18집 여름호, 한국사회학회, 1984. 계급-계층 개념에 대한 논의나 1960년대 논자들의 개념 이해 타당성을 따지는 일은 일단 이 글의 관심 범위를 벗어나므로 생략하기로 한다. 계층이론 및 중산층 개념, 이론에 대해서는 김영모, 《한국중산층 연구》, 중앙대학교출판부, 1997; 한상진, 《중민이론의 탐색》, 문학과지성사, 1991; 홍두승, 《한국의 중산층》, 서울대학교출판부, 2005를 참고했다.
10) ──── 1960년대 초반의 중산층론 및 1966년의 중산층 논쟁에 대한 논의로는, 홍석률 〈1960년대 지성계의 동향–산업화와 근대화론의 대두와 지식인사회의 변동〉, 한국정신문화연구원 편, 《1960년대사회변화 연구: 1973-1970》, 백산서당, 1999; 정용욱, 〈5·16쿠테타 이후 지식인의 분화와 재편〉, 노영기 외 저, 《1960년대 한국의 근대화와 지식인》, 선인, 2004 참고.
11) ──── 논쟁의 배경에 대한 개괄적인 설명은, 손세일 편, 《한국논쟁사 4》, 청람문화사, 1976; 홍석률, 위의 글 참고. 《조선일보》와 《청맥》, 《정경연구》에 실렸던 논자들의 글 역시 이 책에서 인용한다.
12) ──── 임종철, 〈중산층의 소멸은 필연적이다〉(《조선일보》, 1966. 1. 29), 위의 책, 441쪽.
13) ──── 이창렬, 〈중산층 소멸론은 거짓이다〉(《조선일보》, 1966. 2. 15), 위의 책, 445쪽.
14) ──── 임종철, 〈중산층과 중산계급은 다르다〉(《조선일보》, 1966. 2. 15), 위의 책, 448쪽.
15) ──── 박희범, 〈중소기업 소멸론은 탁상공론〉(《청맥》 4월호, 1966), 위의 책, 449쪽.
16) ──── 임종철, 〈중산층의 몰락, 그 필연성〉(《정경연구》 4월호, 1966), 위의 책, 460쪽.
17) ──── 신용하, 〈한국근대화와 중산층의 개편〉(《정경연구》 4월호, 1966), 위의 책, 467쪽.
18) ──── 박희범, 〈근대화와 중산층〉(《서울경제신문》, 1966. 4. 15~26), 위의 책, 492쪽.
19) ──── 신용하, 〈독점형성과 중소공업의 위치〉(《정경연구》 4월호, 1966), 위의 책, 541쪽.
20) ──── 중산층 소멸론을 펼쳤던 임종철의 다음과 같은 비판이 그 한 예가 될 것이다. "어느 모로 보나 중산층은 정책적 중점의 대상이 되지 못한다. 그럼에도 불구하고 중간층이 근대화와 관련되어 범국민적 논의의 대상이 된 眞因은 무엇인가 (……) 살기가 그래도 편한 중산층을 논의의 초점에 둘 때 최저소득층의 처참한 빈곤은 뿌옇게 가리워진다. 대중적 빈곤에 대한 '無知의 便宜'에서 덕을 보는 자, 이들은 역사적 필연의 산물인 중소기업의

도태로 문제를 변질시켜 기막힌 신화를 창조하고 무지한 대중은 스스로를 중간층에
아이덴티파이함으로써 한가닥 위안을 얻는다. 이것이 중산층 신화가 없어지지 않는 이유가
아닐까"(임종철, 〈중산층의 소멸은 필연적이다〉, 위의 책, 441~442쪽).
21) —— 김채윤, 〈근대화와 중산층〉, 《조선일보》, 1966. 1. 28. 전체적으로 시민의식이
부족하지만 그래도 "스스로의 장단점을 취사선택해서 건설적이고 생산적으로 재결합하여
자타가 공인하는 집단성을 확립할 수 있는 가능성"을 가진 집단은 서울의 중간층이라는
기대도 나온다. 이에 대해서는 고영복, 〈서울사람論〉, 《아세아》, 1969, 7-8월 합본호 참고.
22) —— 〈방담: 생활문화 없는 한국〉, 《사상계》, 1965. 5, 각각 208, 210쪽.
23) —— 위의 글, 212쪽.
24) —— 1960년 무렵 일본에서도 본격적인 중산층 육성론이 진행되었다는 점 역시 이러한
맥락에서 참조할 수 있겠다. 이에 대해서는 高度成長期考える会 編, 《高度成長と日本》,
日本エデイタースクール出版部, 1986 참고.
25) —— 통계수치는 약간씩 차이를 보인다. 이만갑, 〈농촌사회의 구조와 변화〉, 《한국사회론》,
한국사회과학연구소 편, 민음사, 1983; 임희섭, 〈한국사회의 구조변화〉, 같은 책; 권태환,
〈도시화와 인구〉, 같은 책에서 참고.
26) —— 김영모, 〈한국적 시민의식〉, 《세대》, 1969. 10 참고.
27) —— 위의 글, 95쪽.
28) —— 한상진, 앞의 책, 특히 1-2장.
29) —— 《여원》 및 1950년대 여성잡지를 중심으로 아메리카니즘과 여성담론을 분석하는
논문으로는, 강소연, 〈1950년대 여성잡지에 표상된 미국문화와 여성담론〉, 《상허학보》
제18집, 상허학회, 2006.
30) —— 《여원》 외에, 특히 《세대》지에 실려 있는 이 시기 생활, 문화 관련 기사 및 정보 역시
폭넓게 활용했음을 밝혀둔다.
31) —— 당시 농촌에서 도시로 올라와 취업한 여성노동자들의 도시풍 라이프 패턴이나
패션에 대한 입장은, 장미경, 〈근대화와 1960, 70년대의 여성노동자〉, 이종구 외 저, 앞의 책
참고.
32) —— 1963년 2월 《여원》에 실린 영화촬영 기사 및 인터뷰 그리고 함께 실린 대본을 참고.
33) —— 〈여성의 생활력과 행복의 장기계획〉, 《여원》, 1958. 4, 61쪽.
34) —— 이관구, 〈40에서 또다시 꿈을〉, 《여원》, 1958. 4, 76쪽.
35) —— 《세대》, 1963, 8월호에 실린 광고.
36) —— 이는 《조선일보》의 1963년 1월 17일, 8월 25일 기사를 통해 확인할 수 있다. 더불어
문학 및 연예(영화, 라디오드라마 등)계의 일본작품 표절에 관한 자세한 정보는 최종률,
〈한국속의 일본-문학〉, 《세대》, 1965. 10; 정영일, 〈한국속의 일본-연예〉를 참조. 그리고
일본 대중문화의 영향을 파악할 수 있는 다른 글로는, 김병익, 〈한국속의 일본문화 공해론〉,
《지성과반지성》, 민음사, 1977 참고.
37) —— 《가정교사》와 《청춘교실》이 그 대표적인 작품이다. 《청춘교실》은 한국영상자료원에
필름상태로 소장되어 있으나 관람할 수 없었다. 《가정교사》는 현재 시나리오집만 남아 있다.
책은 문광사에서 출판되었고 모두 남아 있다. 일본-한국-영화-소설 사이에서 일어난

문화번역, 미디어 전환에 따른 변형 그리고 1960년대 청춘물의 문화정치적 의미에 관한 분석은 다음 기회로 넘긴다.
38) ── 박현태, 〈일본의 젊은이들〉, 《세대》, 1968. 3, 212~213쪽.
39) ── 1960년대 말이 되면 샐러리맨 문화와 가치관에 대한 비판도 나오기 시작한다. 이는 샐러리맨 집단의 특수성이 인지되기 시작했음을 의미한다. 자료로는, 신상초, 《샐러리맨 선언》, 지문각, 1969.
40) ── 나카무라 다케시, 《사회와 직장》, 이상영 역, 현대출판사, 1965.
41) ── 이에 대해서는, 吉見俊哉, 〈美國化と文化の政治學〉, 井上俊他 편, 《現代社會の社會學》, 岩波書店, 1997; 吉見俊哉, 〈冷戰體制とアメリカの消費〉, 《冷戰體制と資本の文化》, 岩波書店, 2002.
42) ── 개발기 한국사회에 형성된 이 공포/모방의 구조와 내용을 문화적 측면에서 살펴보기 위해서는 특히 한일협정과 일본자본의 유입과 그 문화적 반응에 주목해야 한다. 즉 세계주의와 민족주의의 길항을 인식하면서 후자의 중대성을 절감하게 되는 과정 및 외자도입(일본자본)이 당대인의 문화적 상상과 작업에 어떠한 영향을 미쳤는가 하는 점이다. 이는 일본을 향한 양가감정을 아주 또렷하게 표면화시킨 결정적인 계기로서, 이 '사건'은 경제적으로는 일본자본의 공식적 유입을 추진시켰지만 당대 한국 지식계의 문화적 상상과 비판 작업에도 심대하고 전면적인 영향을 미쳤다. 이에 대한 검토는 이른바 1960년대 '외자(外資)시대의 문화론'를 구성하는 데 필요할 것이다. 일본에 의한 문화식민지화 문제를 다룬 자료는 매우 많고, 대상 영역도 상품, 일상생활, 의식, 대중문화 분야(영화, 문학, 음악 등) 등으로 매우 폭넓고 다양하다. 몇몇 사례만을 들면 다음과 같다. 1965년 8월 《세대》는 사회, 경제, 정치, 문화 전반에 걸쳐 한일국교 이후의 문제를 논하는 특집코너를 마련한다. 그리고 보다 강경한 어조로 폭넓은 매판문화론 비판을 행한 것은 《청맥》 1965년 10월호다. 더불어 《사상계》는 1964년 4월호에 한일외교의 비판적 논의들을 싣는다. 《여원》은 1965년 9월호에 〈일본상품을 막아라〉라는 제목으로 대대적인 계몽론을 전개한다. 그 외 《아세아》는 사진자료를 실어 '우리 안에 있는 일본'이라는 관점에서 현실 진단을 하고 있다. 더불어 1965년을 전후해 강화된 '왜색문화'나 문화사대주의에 대한 비판, 매판자본론에서 변형되어 나온 매판문화론 그리고 한국 문화 수준의 저급성에 대한 당시의 많은 논의들은 문화 내셔널리즘이 구성되는 장기적 흐름 속에서 나타난, 1960년대적 맥락을 품은 돌출지점이라 할 수 있다.
43) ── 〈정상적 가계예산의 합리성〉, 《여원》, 1970. 4, 121쪽.
44) ── 이에 대해서는 신건, 〈1960-70년대 근대화 프로젝트와 여성담론에 관한 연구〉, 연세대 석사논문, 2000 참고. 그리고 이 시기 여성 노동자 관련 각종 통계 및 의식구조에 관해서는, 〈근대화와 1960, 70년대의 여성 노동자〉, 이종구 외저, 앞의 책 참고. 문학텍스트를 통해 당시 여성에 대한 재현적 재편 양상을 검토하고 있는 논문으로는, 김미란, 〈김승옥 문학의 개인화 전략과 젠더〉, 연세대 박사학위논문, 2005 참고.
45) ── 일본의 경우, 1955년에 20대였던 사람들을 중심으로 "주부화" 현상이 증가했다. 이에 대해서는, 하라 준스케·세이야마 가즈오, 《일본의 사회계층》, 정현숙 역, 한울아카데미, 2003 참고.

46) ── 〈왜 부녀자들이 집을 나서는가〉, 《여원》, 1969. 4 참고.
47) ── 김영자, 〈인력수출 그 안과 밖〉, 《여원》, 1966. 9 참고.
48) ── 윤혁기, 〈늘어가는 인력수출〉, 《조선일보》, 1965. 10. 17.
49) ── 〈아빠에 질세라 가계부 작전에 성공〉, 《여원》, 1970. 4.
50) ── 1968년 12월호의 《여원》에는 해외파견 기술자의 가정파탄률이 높아지고 있다는 보도가 실린다. 1968년 집계된 이혼판결 가운데 외국파견인의 이혼은 21건인데, 이 중 월남지역 파견인의 경우가 15건으로 가장 많다. 김은구, 〈허영과 환상의 함정〉, 《여원》, 1968. 12.
51) ── 일본의 경우도 전후 부흥기의 "욕망자연주의" 시대를 거쳐 고도성장과 소비혁명의 시대로 들어서면서 여성의 지위·역할에 변화가 생긴다. 이에 대한 사적 검토로서는, 上野千鶴子, 〈女の戰後文化史〉, 《問われる歷史と主体》, 岩波書店, 2003 참조.
52) ── 일본에서 텔레비전을 둘러싸고 "일억총백치화(一億總白痴化: 일본의 사회평론가 오야 소이치(大宅壯一)가 만들어낸 말로, 텔레비전이 일본의 전 국민을 바보로 만들고 있다는 뜻)"라는 말이 나온 것은 1958년이었다. 인용은 大宅壯一, 〈"一億總白痴化" 命名始末記〉(1958), 《戰後50年日本人の發言》, 文藝春秋社, 1995, 539쪽. 1966년경 일본에서 텔레비전 보급률은 94.1%에 이르게 된다. 그리고 전기세탁기는 75.5%, 전기냉장고는 61.1%의 보급률을 보인다. 1970년대에 들어서면 이미 '신기(神器)'란 것은 없어져버리는 소모품의 단계로 들어서고 자동차(car), 쿨러(cooler), 컬러텔레비전(color television)으로 성격화되는 3C의 시대가 열린다. 이에 대해서는, 淸水知久, 《1960年代-ことばが語る時代の氣分》, 有斐閣,, 1987, 30~33쪽; 伊藤正直·新田太郎 編, 《昭和の時代》, 小学館, 2005, 220쪽 참조.
53) ── 정비석, 〈67년에 본 일본과 일본여성〉, 《여원》, 1967. 6.
54) ── 해방 후 주택에 대해서는 유항류, 〈한국 중산층 주택의 변천에 관한 연구〉, 중앙대 석사학위논문, 1984 참고.
55) ── 김옥석, 〈아파트 생활이 어떠세요〉, 《세대》, 1967. 12.
56) ── 《여원》 1968. 5월호 합본부록 〈'68 소주택 가이드〉, 주택 설계 및 인테리어는 여원 초창기부터 매호 실렸던 코너다.
57) ── 〈문을 연 미국식 시장〉, 《여원》, 1968. 8. 서소문 고가도로에서 서울역 쪽으로 새로 생긴 "미국식 수퍼마켓"에 대한 보도다. 강조되는 것은 손수레와 "척척 계산해 주는 레지스타"가 있고 전용 주차장도 있다는 것이다.
58) ── 일본, 타이완, 홍콩, 필리핀 등 동아시아·동남아시아 지역 냉전문화에 대한 비교연구 성과로는 《동아시아 냉전문화의 역학: 1960-70년대 냉전기 동아시아 지역의 문화변동과 국민국가의 문화정치학》, 성공회대 동아시아연구소 국제컨퍼런스 자료집, 2007. 4. 20~21 참고. 일본의 경우는 이 자료집에 실린 시미즈 토모코, 〈문화냉전과 지브리 스튜디오의 탄생〉 참고.

| 참고문헌 |

《행복》,《사상계》,《세대》,《아세아》,《여원》,《청맥》,《조선일보》
《한국논쟁사》(손세일 편, 청람문화사, 1976)
《戰後50年日本人の發言》(文藝春秋社, 1995)

강소연, 〈1950년대 여성잡지에 표상된 미국문화와 여성담론〉,《상허학보》제18집, 상허학회, 2006.
국방국사연구소 편,《월남파병과 국가발전》, 국방군사연구소, 1996
김미란, 〈김승옥 문학의 개인화전략과 젠더〉, 연세대 박사학위논문, 2005.
김영모,《한국중산층 연구》, 중앙대학교출판부, 1997.
김채윤, 〈한국사회계층론 40년〉,《한국사회학》18집 여름호, 한국사회학회, 1984.
박태균, 〈1950, 60년대 경제개발 신화의 형성과 확산〉,《동향과전망》55호, 한국사회과학연구소, 2002.
_____ , 〈박정희의 동아시아인식과 아시아, 태평양 공동사회 구상〉,《역사비평》76호, 역사비평사, 2006 가을호.
신건, 〈1960-70년대 근대화 프로젝트와 여성담론에 관한 연구〉, 연세대학교 석사학위논문, 2000.
신상초,《샐러리맨 선언》, 지문각, 1969.
이종구 외,《1960-70년대 노동자의 생활세계와 정체성》, 한울아카데미, 2005.
정용욱, 〈5.16쿠데타 이후 지식인의 분화와 재편〉, 노영기 외 저,《1960년대 한국의 근대화와 지식인》, 선인, 2004.
한상진,《중민이론의 탐색》, 문학과지성사, 1991.
홍두승,《한국의 중산층》, 서울대학교 출판부, 2005.
홍석률, 〈1960년대 지성계의 동향-산업화와 근대화론의 대두와 지식인사회의 변동〉, 한국정신문화연구원 편,《1960년대사회변화 연구: 1973-1970》, 백산서당, 1999.
고모리 요이치,《천황 히로히토는 이렇게 말하였다》, 송태욱 역, 뿌리와이파리, 2004.
알프 뤼트케,《일상사란 무엇인가》, 나종석 외 역, 청년사, 2002.
하라 준스케 · 세이야마 가즈오,《일본의 사회계층》, 정현숙 역, 한울아카데미, 2003.

北原惇,《幼兒化する日本人》, リベルタ出版, 2005.
上野千鶴子, 〈女の戰後文化史〉,《問われる歷史と主体》, 岩波書店, 2003.
道場親信,《占領と平和》, 靑土社, 2005.
吉見俊哉, 〈美國化と文化の政治學〉, 井上俊他 編,《現代社會の社會學》, 岩波書店, 1997.
_____ , 〈冷戰体制とアメリカの消費〉,《冷戰体制と資本の文化》, 岩波書店, 2002.
淸水知久,《1960年代-ことばが語る時代の氣分》, 有斐閣, 1987.
内海愛子,《戰後補償から考える日本とアジア》, 山川出版社, 2006.
安藤愼三,《ベトナム特需》, 三一書房, 1967.
高度成長期考える? 編,《高度成長と日本》, 日本エディタースクール出版部, 1986.

> 냉전풍경 4: 일상 대중문화의 역학과 욕망학
> 음악적 공공 공간과 '순수/퇴폐' 의 정치(학)

| 주 |

1) ── 엄밀하게 말한다면 한국에서 노래운동과 민중가요라는 담론과 실천은 1980년대 이후에 확립되었지만, 그 초기적 형태와 실천은 1970년대 중반부터 발견된다. 따라서 이 글에서 사용하는 이 용어들은 '해석적 의미에서'라는 것을 밝혀 둔다.
2) ── 인터넷 덕택으로 우리는 1960~70년대 전 세계 각지에서 전개된 록 구성체의 사례를 알 수 있게 되었다. 예를 들어 http://60spunk.m78.com/를 참고하라. 이곳의 자료를 통해, 비서양사회에서 록 음악의 의미화 과정은 서양사회와 매우 달랐다는 점을 확인할 수 있다. 물론 이에 대해서는 더 깊은 연구가 필요하다.
3) ── '포크가 록보다 더 중요하다'는 이데올로기는 한국, 일본, 타이완 등 동아시아의 다른 나라들에서도 공유되는 것처럼 보인다. 서양사회에서 포크는 1960년대 중반 '포크 록'의 탄생을 통해 록으로 흡수되는 경향을 보이지만, 비서양사회에서는 포크와 록을 여전히 '다른' 음악으로 간주하는 문화적 실천이 있었고, 그 결과 포크와 록의 이분법은 적어도 1980년대 중반까지 지속되었다. 영어 문헌 가운데 일본의 포크 음악에 대해서는 Brasor(1997), 타이완의 포크 음악에 대해서는 Ho(2003)를 각각 참고하라.
4) ── 이 점에 대해서는 다른 글(Shin and Hom 2009, pp. 92~94)에서 다루었기 때문에 여기서 상세한 설명은 생략하기로 한다.
5) ── 우돈타니(Udon thani)와 나콘라차시마(Nakhon Ratchasima) 등지의 미군기지에는 미군 약 5만 명이 주둔했고, 그에 따라 많은 태국인들은 미군기지 내에서 임시직으로 일하면서 높은 소득을 올릴 수 있었다. 현지처, 웨이터, 음악인들도 여기 포함될 수 있다.
6) ── 홍콩 출신의 여성 포크 가수인 아그네스 찬(Agnes Chan)이 태국에서 포크 음악의 스타였다는 사실은 기억해 둘 만하다. 그녀는 '순수하고 때 묻지 않은' 존재임과 더불어 매우 '아시아적'이었기 때문이다. 미국 포크의 곡을 커버(리메이크)하거나 중국어 가사의 노래를 불렀음에도, 1972년 그녀의 태국 공연은 아주 성공적이었다.
7) ── 타마사트대학교의 진보적 대학생이자 작가이고 시인이었던 위타야콘 치앙쿨(Witthayakorn Chiangkul)은 이런 현상에 대해 비판적이었다. 그는 1971년에 쓴 〈나는 의미를 찾아 헤맨다〉라는 시를 통해 1973년의 10월 혁명에 영향을 준 인물인데, 대학생들이 캠퍼스 축구장을 댄스플로어로 사용하는 일을 비판했다.
8) ── 당시 출라롱콘대학교(Chulalongkorn University)에서 미국문학을 가르치던 한 영국인 교수는 밥 딜런의 〈Blowing in the Wind〉를 수업시간에 가르쳤다. 이 점 또한 록 음악이 아니라 포크 음악이 지성의 영역에 위치하고 있었음을 확인해 준다.
9) ── 세크손은 5년 동안 태국 북동부의 정글에서 태국공산당과 협력한 뒤 정글을 떠나서 미국의 코넬대학교로 유학을 떠났다. 현재는 타마사트대학교의 정치학 교수다. 그는

정치문제에 대해 여전히 능동적으로 참여하고 있지만 정글을 떠난 이후 더 이상 노래를 작곡하지 않고 있다. 반디트 리타콘(Bhandit Rittakon) 감독의 《달 사냥꾼(Moon Hunter)》(2001)은 1970년대 세크손의 실제 경험을 소재로 한 영화다.

10) ─── 카라반의 대표곡인 〈인간과 물소〉의 가사는 다음과 같다. "인간이 물소와 함께 일하는 것은 / 우리 역사에 깊이 뿌리내린 것이지 / 오랫동안 그들은 함께 일했고 / 아무 문제가 없었어 / 자, 와서 지금 가자 가자! / 우리의 쟁기를 들고 저 들로 / 가난과 걱정은 너무 오래 지속되었다 / 쓰라린 눈물이 마음속 깊이 너무 오래 떨어져 있었다 / 압제와 곤경은 너무 무겁다 / 이 노래는 죽음의 노래 / 삶은 즉각 파괴되었다 / 부르주아지는 저 높은 곳에 있고 농민은 저 낮은 곳에 비천하게 있다 / 하지만 둘 모두 곧 죽음을 맞이할 것이다."

11) ─── 쿠루촌의 〈전쟁이냐 평화냐〉의 가사를 번역하면 아래와 같다. "여기 미국이 오네. 우리의 주권은 미국에 점령당했지 / 하지만 태국 엘리트계급은 자발적으로 미국의 노예가 되려고 하네 / 너무 많은 태국 사람들이 한국전쟁에서 죽었지 / 하지만 그때 미국인들은 에어컨 딸린 방에서 조용히 자고 있었어 / 베트남전쟁이 일어나고 아시아의 다른 나라들로 전쟁이 확대되었지 / 많은 태국 군인들은 미국을 도우러 전장에 갔어 / 가족들도 모여들었지, 오! 태국 군인이여 / 태국 민중이여 단결하여 태국을 자유로운 나라로 만들라 / 제국주의를 파괴하고 못난 미국인들을 없애고 태국이여 일어나라." 한편 동일한 곡이 쿠루촌 멤버인 (여)가수 솜스리 마웅손카에우(Somsri Maungsonkaew)에 의해 〈한국으로부터의 탄식(Seang Kaon Jak Koaw Li)〉이라는 별도의 제목과 가사로 녹음되기도 했다. 하지만 이 곡의 원곡은 한국영화 《구원의 정화(久遠의 情火)》(이만흥, 1956)의 동명 주제가인데, 원래의 가사는 번안곡과 전혀 다르며 아무런 정치적 메시지도 담고 있지 않다.

12) ─── 중요한 음악 카페 가운데 하나인 세시봉에서는 음악 외에 다른 예술 퍼포먼스를 선보이기도 했다. 세시봉 외에도 디쉐네, 르네상스, 내쉬빌 등의 음악다방/음악감상실이 있었다.

13) ─── 1970년대 전반기에 이런 야간문화를 경험한 사람들의 증언에 따르면, 이런 업소들에는 히피처럼 차려입은 서양인들이 곳곳에 있었다고 한다. 그들의 기억에 따르면, "대마초 흡연은 맥주를 마시는 것만큼이나 통상적인 것"이었고 특정한 법적 규제도 당시에는 존재하지 않았다(대마관리법은 1976년에 제정되었다). 히피즘의 국제적인 문화적 흐름은 이 글의 범위 밖에 있고 더 많은 조사가 필요하다. 그렇지만 한국 포크송의 두 선구자가 외국에서 귀국한 경우라는 점은 주목할 필요가 있다. 그중 한 명인 이필원은 일본에서 성장했고, 다른 한 명인 한대수는 미국에서 성장했다.

14) ─── 여기서 가르친 세계 민요는 미국, 스페인, 스코틀랜드, 폴란드, 독일, 프랑스, 러시아, 이스라엘, 스위스, 보헤미아 등 대체로 아메리카와 유럽 계통이었다(김형찬 2002, 30).. '아시아 민요'가 존재하지 않았다는 점은 상징적이다.

15) ─── 서울대 미대 시절 도비두('도깨비 두 마리'라는 뜻)라는 듀엣(김민기·김영세)으로 활동하던 김민기는 청개구리에서의 활동을 거치면서 자신이 창작한 곡들을 공개적으로 알리게 되었다. 이 시기 그의 대표곡이자 대학생들의 애창곡 〈아침이슬〉(1970)에서는 기독교의 찬송가나 영가 스타일의 영향을 찾을 수 있다. 〈아침이슬〉은 양희은의 데뷔 앨범(1970)에 처음 녹음되었고, 1년 뒤 김민기의 독집 음반(1971)에도 수록되었다. 한편,

도비두 시절 남긴 세 곡의 레코딩(1970) 가운데 하나는 크리스마스캐럴인 〈첫번 크리스마스(The First Noel)〉이고, 양희은의 데뷔 앨범(1970)에는 〈All My Trial〉이 수록되어 있다. 이 사례들은 초기 한국 포크송의 작풍을 잘 보여준다. 한편 1972년 이후 김민기의 작풍은 민요와 국악을 수용해 대폭 변화한다. 김민기의 이력에 대한 보다 상세한 설명은 Hwang(2006)을 참고하라.

16) —— 1972년 '맷돌'이라고 불리는 일련의 공연이 열렸는데, 이 공연에서는 새롭게 창작된 노래들이 시연되었고, 공연들 가운데 하나가 음반으로 발표되기도 했다. 이 곡들은 유명 시인과 소설가들이 쓴 가사를 젊은 포크 가수들이 만든 곡조와 결합시킨 것이었다.

17) —— 김민기는 대학생 포크송 문화 내부에서 노래를 작곡하고 부르는 데 그치지 않고, 다른 음악인 및 연극인들과 교류하면서 〈소리굿 아구〉, 〈금관의 예수〉 등의 마당극 / 마당굿 작품들을 협작하고 협연했다. 일련의 경험을 통해 그는 1978년 노래굿 〈공장의 불빛〉을 창작하고 이듬해 이를 녹음해 '불법' 카세트테이프로 제작하는데, 이 작품은 통상 '민중가요의 효시'로 간주된다.

18) —— 이장희와 송창식은 포크 순수파라기보다는 여러 장르의 음악을 소화한 절충적인 팝 음악인이었다. 1973년부터 1975년 사이 이들은 당대를 풍미했던 여타 포크 가수들과 더불어 오리엔트프로덕션에 전속되어 있었고, 이곳의 전속 밴드인 '동방의 빛'이라는 록 밴드의 연주와 함께 음악을 제작하고 연주했다. 상세한 설명은 신현준 외(2005)를 참고하라.

19) —— 1970년대 한국의 청년문화 및 이에 대한 논쟁을 재조명하는 시도는 최근 비교적 활발하다. 대표적으로는 송은영(2005), Lee(2006)를 참고하라.

20) —— 문학평론가이자 당시 《동아일보》 기자였던 김병익은 논쟁의 발단과 마무리를 모두 맡은 인물이다. 김병익(1974)에서, 그는 그해 말 청년문화 논쟁을 정리하는 〈청년문화와 매스컴〉(《신문평론》, 1974년 11호)을 발표한다. 여기서 언급한 대학생들의 반응은 이 글에서 발췌한 것들이다.

21) —— 청년문화를 옹호하는 지식인이었던 사회학자 한완상은 《신동아》에서 전개된 청년문화에 대한 토론(노재봉·이어령·최인호·한완상 외, 1974)에서 청년문화를 1) 행동적 차원에서 사회의 구조적 개선, 2) 상징적 차원에서 전통문화와 서민문화의 재편성, 3) 대중문화적이고 모방적인 팝 컬처로 구분하며 토론을 총괄하면서 3)에 대해서는 비판적 시선을 거두지 않았다. 당시의 비판적 지식인들도 "건전한 청년문화"를 옹호하면서 "소비지향적 대중문화"와는 거리를 두었던 것이다. 따라서 1975년 이후 1)과 2)에 대해서는 더 이상 청년문화라는 용어를 사용하지 않았다는 점을 주목할 필요가 있다. 한편 위 《대학신문》의 기사는 한완상마저 "외국산 사회과학 타렌트"라고 비판했는데, 이 점은 진지하게 논의할 가치는 없지만 당시 엘리트 대학생의 심성구조를 잘 보여준다.

22) —— 김지하는 서울대학교 미학과 출신으로 대학생 시절이던 1964년 학생시위를 주도해 처음 투옥되었고 1966년 졸업 후 1969년 시 〈황톳길〉 등을 발표하며 문단에 등단했다. 1971년부터 시인, 학자, 음악인, 영화인이 모여 한국문화의 방향에 대해 토론하는 모임 폰트라(PONTRA: Poem on Trash, "쓰레기 위에 시를")를 결성해 주도적으로 활동했다(김민기도 이 모임의 동인이었다). 1970년 잡지 《사상계》에 권력층의 부정부패를 담은 담시 〈오적(五賊)〉을 발표했고, 1973년부터는 가톨릭 문화운동의 일환으로 〈나폴레옹

꼬냑〉〈구리 이순신〉 같은 작품을 창작해 마당극 운동을 주도했다. 그는 박정희 정권 동안 8년을 영어의 몸으로 지내면서 반독재 민주화운동의 상징적 인물이 되었다. 1960년대의 신세대, 이른바 '4·19세대'의 시대정신과 관련해 김지하의 사상을 논한 최근의 연구로는 김주현(1960)을 참고하라.

23) ── 《I.S.Songhits》는 팝송의 가사와 기타 코드를 제공하는 잡지였고, 《Starpics》는 영화 및 음악 잡지였다. 성격은 매우 달랐지만 이 둘은 태국에서 팝 음악과 팝 문화 일반을 전파하는 데 매우 중요한 역할을 했다.

24) ── 이 시기 포크 음악을 청취하거나 연주했던 태국의 대학생들은 정치적 사안에 대해 행동하는 것은 진지하게 고려하지 않았다. 이들 비정치적 대학생들은 뒤에 자유주의적 대학생들의 조절자가 되었는데, 비정치적 학생운동의 직접적 목적은 태국의 관료제가 아니라 비즈니스와 산업에 봉사하는 것이었다. 이 점은 1980년대 이후 태국 음악산업의 발전을 고려한다면 매우 중요한데, 당시의 대학생 가운데 몇몇은 뒤에 직업적 작곡가, 연주인, 비즈니스맨이 되었기 때문이다. 태국 음악산업의 거인으로 군림하게 될 GMM 그래미(GMM Grammy)의 공동 창업자인 레와트 푸티논(Rewat Phutinon)과 워크 포인트 엔터테인먼트(Work Point Entertainment)의 창업자 푸냐 니룬차이쿨(Punya Nirunchaikul)은 언제나 정치보다는 연예를 중시했다.

25) ── 가설적이지만 우리는 이 스타일을 '마오주의적 보헤미안'이라고 부르고 싶다. 이 스타일은 1980년대까지 진보적 대학생들에게 유행했다.

26) ── 이 곡의 가사는 고산족에 대한 것으로서 일정한 정치적 메시지가 있었음에도, 당시에는 아무도 이 가사를 진지하게 생각하지 않았다. 이 곡을 플렝 푸아 치위트에서 분리시킨 것은 가사가 아니라 멜로디였다. 부드러운 멜로디로 인해 청중들은 이 곡을 쉽게 수용했다.

27) ── 한 예로 1980년대 이후 플렝 푸아 치위트의 대표적 밴드인 카라바오(Carabao)는 2006년 9월 19일의 군부 쿠데타 이후 〈왕의 병사(Tahan Kong Pa Racha)〉라는 노래를 발표했는데, 이는 어떤 식으로든 '쿠데타 지지'라고 해석하는 데 무리가 없다. 실제로 밴드의 리더이자 타이 스타일의 로커(rocker)인 아드 카라바오(Ad Carabao)는 인민주의자이자 왕정 지지자다.

| 참고문헌 |

김병익, 〈오늘날의 젊은 우상들〉, 《동아일보》, 1974. 3. 29.
김병익, 〈청년문화와 매스컴〉, 《문화와 반문화》, 문장, 1974/1979.
김형찬, 〈한국 초기 통기타 음악의 사적 연구: 1975년까지 사회사적 흐름과 작가를 중심으로〉, 한국예술종합학교 음악원 석사학위논문, 2002.
대학신문 편집부, 〈지금은 진정한 목소리가 들려야 할 때다〉, 《대학신문》, 1974. 6. 3.
김주현, 〈'한국적인 것'의 담론 지형과 신세대 의식〉, 《상허학보》 제16집, 상허학회, 2006.
노재봉·이어령·최인호·한완상 외, 〈토론: 유행이냐 반항이냐〉, 《신동아》, 1974. 7.
송은영, 〈대중문화 현상으로서의 최인호 소설: 1970년대 청년문화/문학의 스타일과 소비풍속〉,

《상허학보》 제15집, 상허학회, 2005, pp. 419~445.
신현준 외(2005), 《한국 팝의 고고학 1970》, 한길아트, 2005.

Anonymous, "Song for Life after two decades.", *Buntueng Khadi Magazine* 8(75), 1996, pp. 9–13.
Anonymous, "Revolutionary Song.", *Decade Magazine* 1(1), 1991, pp. 38–46.
Anderson, Benedict and Ruchira Mendiones, *In the Mirror: Literature and Politics in Siam in American Era*, Bangkok: Duan Kamol Publishing, 1985.
Brasor, Philip and Tsubuku Masako, "Idol Chatter: The Evolution of J-Pop.", In *Japan Quarterly* (April-June), 1997.
Frith, Simon, "Critical Response.", In Robinson, Deanna Campbell, Elizabeth B. Buck and Marlene Cuthbert(eds.), *Music at the Margins: Popular Music and Global Cultural Diversity*, Newbury Park, California: Sage, 1991.
Grossberg, Lawrence, *We Gotta Get out of This Place: Popular Conservatism and Postmodern Culture*, Routledge, 1992.
Ho, Tung-hung, "The social formation of mandarin popular music industry in Taiwan", Dissertation submitted for the Degree of Doctor of Philosophy, Department of Sociology, Lancaster University, 2003.
Hwang, Okon, "The Ascent and politicization of pop music un Korea: from the 1960s to the 1980s.", In Keith Howard (ed.), *Korean Pop Music: Riding the Wave*, Folkestone, Kent: Global Oriental, 2006.
Jirawinitum, Lauchai, *The Old and the New Ideology of Pleang Pua Chiwit*, MA thesis, Faculty of Political Science, Thammasat University, 1989.
Lee, Herim Erin, "The Formation of 1970s Korean Youth Culture: Focusing on the cultural consumption of popular music.", Paper presented at the annual meeting of the International Communication Association, Sheraton New York, New York City, NY, 2006.
Lockhard, Craig A., *Dance of Life: Popular Music and Politics in Southeast Asia*, Honolulu: University of Hawaii Press, 1998.
Myers-Moro, "Songs for Life: Leftist Thai Popular Music in the 1970s." *The Journal of Popular Culture* 20(3), 1986.
Park, Chung-Shin, *Protestantism and Politics in Korea*, University of Washington Press, 2003.
Pasuk, Phongpaichai and Chris Baker, *Thailand: Economy and Politics*, London: Oxford University Press, 1997.
Sawangchot, Viriya, "Jao thui you nai (Where is the Buffalo).", In *Dontri Bon Thanon Kong Wathanathamsuksa*, Bangkok: Wathansala, 2006.
Sawangchot, Viriya, "Nueng sathawat kong Thai heavy(A Decade of Thai heavy metal).", A

paper presented at seminar series on "Media, Culture and Society.", Krirk University, Bangkok: Thailand, 1994.

Shin, Hyunjoon and Ho Tung-hung, "Translation of 'America' during the early Cold War period: a comparative study on the history of popular music in South Korea and Taiwan.", *Inter-Asia Cultural Studies* 10(1), 2009.

Siriyuvasak, Ubonrat, *Sethasatkanmuang klong rabob witthayu Thai kab ponkataob tor sithi manusayachon* (The Political Economy of Thai Broadcasting System and Its effect to Human Life), Bangkok: Chulalongkorn University press, 1999.

Skinner, George William and Thomas Kirsch(eds.), *Changes and Persistence in Thai Society*, Ithaca: Cornell University Press, 1975.

Yoshimi, Shunya, "'America' as desire and violence: Americanization in the postwar Japan and Asia in the cold war.", *Inter-Asia Culture Studies* 4(3), 2003.

냉전풍경 4: 일상 대중문화의 역학과 욕망학
주변부 스포츠 이벤트의 탄생과 국가나르시시즘

| 주 |

1) ── 이성욱, 〈희미한 옛사랑의 그림자〉, 《쇼쇼쇼: 김추자, 선데이서울 게다가 긴급조치》, 생각의 나무, 2004, 67쪽.
2) ── 《조선일보》, 1973. 12. 25 참고.
3) ── 메르데카컵은 1989~90년, 1994년, 1996~99년, 2002~2005년에는 열리지 않았다. 2007년은 메르데카컵이 열린 지 50주년이 되는 해인데, 말레이시아 올림픽대표팀이 미얀마를 3대 1로 이기며 우승해 컵 50주년을 자축했다.
4) ── 당시 양지축구단의 베스트 멤버는 다음과 같다.
GK: 이준옥, 이세연, FB: 김정남, 김호, 김기복, 김은, 서윤찬, 강수길, 임국찬, FW: 이회택, 조정수, 정병탁, 이이우, 배금수, 정강지, 박이천, 박광조, 허운정.
5) ── 다뚝 자이날 아비딘 빈 압둘 와히드 편저, 《말레이시아사》, 소병국 편역, 오름, 1998, 198쪽.
6) ── 김영애, 《태국사》, 한국외국어대학교출판부, 2001, 285~286쪽.
7) ── 장덕진, 〈축구를 통해 국민의 단결을 과시하자〉, 《월간축구》 1970년 5월호 참고.
8) ── 이 노래의 가사는 다음과 같다. "마을마다 직장마다 울려퍼지네/ 볼을 몰고 차고 뛰는 즐거운 함성/ 강철 같은 투지로 슛하면 골인/ 승리 속에 젊은이 영광 있으라/ 골을 향해 돌진하는 우리 용사들/ 맺어지는 우정이여 겨레의 힘이요/ 세계 정상 노리는 대한의

축구"(강준만, 《축구는 한국이다》, 인물과사상사, 2006년, 125쪽 참고).
9) ── 루이 알튀세르, 〈이데올로기와 이데올로기 국가장치〉, 이진수 역, 《레닌과 철학》, 백의, 1991, 178쪽.
10) ── 그람시, 《옥중수고 I》, 이상훈 역, 거름, 1986, 216쪽
11) ── 빌헬름 라이히, 《파시즘과 대중심리》, 황선길 역, 그린비, 2006 참고.
12) ── 당시 수출입국의 정책에 올인했던 한국의 대미, 대일수출 규모는 경제적 종속이라고 해도 과언이 아닐 정도로 절대적이었다. 1971년 한국의 전체 수출량의 75%가 미국과 일본의 시장에 의존했으며, 수입 의존도는 68%에 이르렀다(강준만, 2002(a), 36쪽)
13) ── 다음의 인용문을 보라. "당시 우리 축구 국가대표들은 우리의 영웅이었다. 우리도 영웅처럼 차고 싶었다. 그런 만큼 학교만 파하면 우리는 이회택의 역정을 상기하며 200원짜리 고무 축구공으로 살 터지는 시합을 벌이곤 했다."(이성욱, 위의 책, 69쪽)
14) ── 조희연, 〈'반공규율사회' 형 자본주의 발전과정에서의 노동자 계급의 '구성적' 출현〉, 이종구 외 저, 《1960-70년대 노동자의 생활세계와 정체성》, 이종구 외 지음, 한울아카데미, 2005, 141쪽.

| 참고문헌 |

강준만, 《축구는 한국이다: 한국 축구 124년사, 1882-2006》, 인물과사상사, 2006.
____, 《한국현대사산책 1~3》, 인물과사상사, 2002.
김영애, 《태국사》, 한국외국어대학교출판부, 2001.
다뚝 자이날 아비딘 빈 압둘 와히드 편저, 《말레이시아사》, 소병국 편역, 오름, 1998
대한축구협회 편, 《한국축구 100년사-증보판》, 대한축구협회, 2003.
배병휴, 《죽기 살기식 그때의 추억: 배병휴의 1970년대 이야기》, 경제풍월, 2006.
양종회 외, 《동남아시아의 사회계층: 5개국 비교연구》, 고려대학교출판부, 1996.
이성욱, 《쇼쇼쇼: 김추자, 선데이서울 게다가 긴급조치》, 생각의 나무, 2004.
장덕진, 〈축구를 통해 국민의 단결을 과시하자〉, 《월간축구》 1970년 5월호.
조희연, 〈'반공규율사회' 형 자본주의 발전과정에서의 노동자 계급의 '구성적' 출현〉, 이종구 외 저, 《1960-70년대 노동자의 생활세계와 정체성》, 한울아카데미, 2005.
한국정신문화연구원 편, 《1970년대 전반기의 정치사회변동》, 백산서당, 1999.
황병주, 〈박정희 시대 축구와 민족주의: 국가주의적 동원과 국민형성〉, 《당대비평》 통권 제19호, 생각의나무, 2002.

《조선일보》 디지털 아카이브, 1970년대 박스컵, 메르데카컵, 킹스컵 관련 기사들.

아시아 문화연구 총서 — 2

냉전 아시아의
문화풍경 2

: 1960~1970년대

편	성공회대 동아시아연구소
글쓴이	백원담, 미치바 지카노부(송태욱 역), 박경태, 이선이, 로왕상(김수현 역), 윤영도, 박자영, 조엘 데이비드(김수현 역), 염찬희, 커위펀(김현희 역), 이종님, 김예림, 신현준 · 뷔리야 사왕초트, 이동연
펴낸곳	현실문화연구
펴낸이	김수기
편집	좌세훈, 강진홍
디자인	김재은
마케팅	오주형
제작	이명혜

첫 번째 찍은 날 2009년 8월 31일
등록번호 제300-1999-194호
등록일자 1999년 4월 23일

주소 서울시 종로구 교북동 12-8번지 2층
전화 02)393-1125
팩스 02)393-1128
전자우편 hyunsilbook@paran.com

값 30,000원
ISBN 978-89-92214-76-6 94910
    978-89-92214-45-2(세트)

* 이 저서 내의 연구논문들은 2005-2007년 한국학술진흥재단의
  기초인문학연구지원으로 수행된 연구임. [KRF-2005-079-AM0045]